HERMENÊUTICA, CONSTITUIÇÃO, DECISÃO JUDICIAL
estudos em homenagem ao professor Lenio Luiz Streck

Conselho Editorial
André Luís Callegari
Carlos Alberto Molinaro
César Landa Arroyo
Daniel Francisco Mitidiero
Darci Guimarães Ribeiro
Draiton Gonzaga de Souza
Elaine Harzheim Macedo
Eugênio Facchini Neto
Giovani Agostini Saavedra
Ingo Wolfgang Sarlet
José Antonio Montilla Martos
Jose Luiz Bolzan de Morais
José Maria Porras Ramirez
José Maria Rosa Tesheiner
Leandro Paulsen
Lenio Luiz Streck
Miguel Àngel Presno Linera
Paulo Antônio Caliendo Velloso da Silveira
Paulo Mota Pinto

Dados Internacionais de Catalogação na Publicação (CIP)

H553   Hermenêutica, constituição, decisão judicial : estudos em homenagem ao professor Lenio Luiz Streck / organizadores Alexandre Morais da Rosa ... [et al.] ; Aldacy Rachid Coutinho ... [et al.]. – Porto Alegre : Livraria do Advogado Editora, 2016.
530 p. ; 25 cm.
ISBN 978-85-69538-40-0

1. Hermenêutica (Direito). 2. Direito - Filosofia. 3. Direito constitucional. 4. Direitos fundamentais. 5. Juízes - Decisões. I. Rosa, Alexande Morais da. II. Coutinho, Aldacy Rachid.

CDU 340.132
CDD 340.1

Índice para catálogo sistemático:
1. Hermenêutica (Direito)   340.132

(Bibliotecária responsável: Sabrina Leal Araujo – CRB 10/1507)

Alexandre Morais da Rosa
André Karam Trindade
Clarissa Tassinari
Márcio Gil Tostes dos Santos
Rafael Tomaz de Oliveira
(organizadores)

HERMENÊUTICA, CONSTITUIÇÃO, DECISÃO JUDICIAL
estudos em homenagem ao professor Lenio Luiz Streck

Aldacy Rachid Coutinho
Alfredo Culleton
António Avelãs Nunes
Arruda Alvim
Bernardo Gonçalves Fernandes
Carlos María Cárcova
Claudio Melim
Clèmerson Merlin Clève
Ernildo Stein
Fernando Facury Scaff
Georges Abboud
Gilberto Bercovici
Gilmar Ferreira Mendes
Ingo Wolfgang Sarlet
Ivan Guérios Curi
Jaci Rene Costa Garcia
Jacinto Nelson de Miranda Coutinho
João Maurício Adeodato
Joaquim José Gomes Canotilho

José Calvo González
Jose Luis Bolzan de Morais
Juan Antonio García Amado
Juraci Lopes Mourão
Luigi Ferrajoli
Luís Roberto Barroso
Luiz Alberto David Araujo
Marcelo Andrade Cattoni de Oliveira
Marco Aurélio Marrafon
Martonio Mont'Alverne Barreto Lima
Maurício Maia
Nelson Nery Junior
Otavio Luiz Rodrigues Junior
Paulo de Tarso Brandão
Paulo Márcio Cruz
Ricardo Lewandowski
Tercio Sampaio Ferraz Junior
Vicente de Paulo Barretto

Porto Alegre, 2016

© dos Autores, 2016

Capa, projeto gráfico e diagramação
Livraria do Advogado Editora

Revisão
Rosane Marques Borba

Imagem da capa
pixabay.com

Direitos desta edição reservados por
Livraria do Advogado Editora Ltda.
Rua Riachuelo, 1300
90010-273 Porto Alegre RS
Fone: 0800-51-7522
editora@livrariadoadvogado.com.br
www.doadvogado.com.br

Impresso no Brasil / Printed in Brazil

Sumário

Apresentação 7

Parte I – ESTADO E DEMOCRACIA 9

1. Crónica em tempo de guerra
   António Avelãs Nunes 11

2. Per una rifondazione garantista della separazione dei poteri
   Luigi Ferrajoli 54

3. A luta pelo Estado de Direito
   Gilberto Bercovici 73

4. O Estado e suas circunstâncias...
   Jose Luis Bolzan de Morais 94

5. A *mens legislatoris* constituinte no STF: entre *royalties* e ICMS
   Fernando Facury Scaff 106

Parte II – TEORIA DA CONSTITUIÇÃO 119

6. Um novo princípio político-dogmático: o princípio da concorrência prática de competência
   Joaquim José Gomes Canotilho 121

7. Constitucionalismo contemporâneo, jurisdição e mecanismos de controle da discricionariedade judicial
   Arruda Alvim 126

8. Controle de constitucionalidade das leis penais e o princípio da proporcionalidade
   Gilmar Ferreira Mendes 142

9. A função representativa e majoritária das cortes constitucionais
   Luís Roberto Barroso 159

10. Teoria tradicional e teoria crítica da Constituição: apontamentos
    Marcelo Andrade Cattoni de Oliveira 176

Parte III – DIREITOS FUNDAMENTAIS EM PERSPECTIVA 185

11. A relação entre juristocracia e ativismo judicial: os direitos fundamentais em risco
    Nelson Nery Junior e Georges Abboud 187

12. Audiência de custódia: em busca da autêntica jurisdição de liberdade
    Ricardo Lewandowski 210

13. Dignidade da pessoa humana, abertura material do catálogo de Direitos Fundamentais na Constituição Federal de 1988 e os riscos de um *pamprincipialismo* – levando a sério as advertências de Lenio Streck
    Ingo Wolfgang Sarlet 218

14. Protagonismo e voluntarismo judicial: diferença entre assegurar e negar a concretização dos direitos fundamentais
    Paulo de Tarso Brandão 238

15. Avanços legislativos na área da inclusão social: a Lei nº 13.146/2015
    Luiz Alberto David Araujo e Maurício Maia 254

Parte IV – FILOSOFIA E TEORIA DO DIREITO...267

16. A superação da metafísica não é o fim da metafísica
    Ernildo Stein..269

17. La norma fundamental es una ficción
    Carlos María Cárcova..279

18. A linguagem nos Tribunais (a linguagem dos juízes e advogados)
    Jacinto Nelson de Miranda Coutinho..286

19. Ponderação de princípios e tópica jurídica
    Tercio Sampaio Ferraz Junior...298

20. Origens Forenses da Retórica: bases históricas para uma perspectiva realista. Em homenagem a Lenio Streck
    João Maurício Adeodato..312

21. A formação de um jurista na Alemanha
    Otavio Luiz Rodrigues Junior..336

Parte V – HERMENÊUTICA E DECISÃO..363

22. A hermenêutica jurídica na doutrina pátria: as contribuições de Lenio Streck em *Verdade e Consenso*
    Bernardo Gonçalves Fernandes..365

23. Teorias interpretativas, capacidades institucionais e crítica
    Clèmerson Merlin Clève..373

24. Vilanova e Streck. Um diálogo impossível?
    Ivan Guérios Curi...404

25. Da hermenêutica filosófica à individuação do Direito: a decisão jurídica no pensamento de Lenio Streck
    Marco Aurélio Marrafon..420

26. Motivação das decisões judiciais: legitimação, controle e poder
    Juraci Lopes Mourão e Martonio Mont'Alverne Barreto Lima..................436

27. O desafio de uma hermenêutica jurídica transnacional: uma breve reflexão a partir da obra de Lenio Streck
    Paulo Márcio Cruz e Claudio Melim...450

28. Juízo reflexionante e ética hermenêutica crítica: primeiras notas
    Jaci Rene Costa Garcia e Vicente de Paulo Barretto..................................462

Parte VI – DIREITO E HUMANIDADES..479

29. Consistencia narrativa y relato procesal (estándares de discursividad en las narraciones judiciales)
    José Calvo González..481

30. Leyes y castigos a propósito de *La Isla del Doctor Moreau*, de H. G. Wells
    Juan Antonio García Amado..501

31. Com a palavra, o silêncio
    Aldacy Rachid Coutinho..511

32. O morto, corpo do morto e nós
    Alfredo Culleton..522

Apresentação

Lenio Streck sonhava com o dia quando jogaria sua primeira Copa do Mundo como goleiro da seleção brasileira. Levava a sério o papel estratégico que possui o jogador que atua exclusivamente na defesa do time. Jogava com a obstinação de quem quer fazer a diferença. E fez, para além do que poderia imaginar. Optou por não seguir a carreira de goleiro. Egoisticamente podemos dizer: ainda bem!

No campo jurídico, fez revolução. Com responsabilidade e comprometimento de bom goleiro, atuou como defensor (hermeneuta) da constituição. Reconhecendo sua importância para o Direito, á pouco mais de um ano, cinco amigos se reuniram para estabelecer as diretrizes básicas para realização de um projeto comum: homenagear a trajetória jurídica e acadêmica de Lenio Luiz Streck. Esses cinco amigos possuíam um elo entre si: todos participaram, em algum momento, da viravolta streckiana. Vale dizer, todos foram atingidos por um processo – custoso – de ressignificação do jurídico depois que tiveram contato com a obra e o trabalho do Professor Streck.

Agora temos a felicidade de apresentar ao público leitor o resultado deste projeto. Trata-se de um livro organizado a partir de diversas contribuições que contemplam, de algum modo, o amplo espectro de interesses refletido pelas pesquisas e pela docência de Lenio. Os autores que enviaram seus textos possuem, igualmente, algum tipo de vínculo significativo com o homenageado. São amigos, interlocutores, críticos, ex-alunos etc. Desse modo, os artigos que compõem este livro são, também, uma amostra autoevidente do caráter crítico e reflexivo que caracteriza a trajetória da construção dos marcos teóricos que acompanham o homenageado. Esse fato torna a obra algo maior do que um simples livro de festejos acadêmicos: ela se afirma como um laboratório a partir do qual pesquisadores do direito – iniciantes ou avançados – podem encontrar indícios, intuições e informações robustas para o desenvolvimento de novos estudos. Evidentemente, aqueles que navegam a nau dos desafios forenses cotidianos também poderão encontrar, nas prestigiosas contribuições contidas nesta obra, indicativos de soluções profissionais para a prática do direito constitucional e a concretização dos direitos fundamentais.

As contribuições reunidas são também caracterizadas pela diversidade temática. Há um caleidoscópio de matérias vinculadas às mais diversas investigações que caracterizam o tradicional saber jurídico: filosofia e teoria do direito, teoria da constituição, jurisdição constitucional, hermenêutica jurídica, humanidades, entre outras. Por certo, o que faz soprar o ar da atualidade nos textos é, marcadamente, a interdisciplinaridade que os conforma. Por isso, para organizar a distribuição dos capítulos aqui apresentados, optamos por estabelecer um conjunto de seis grupos, cujo fio condutor acaba sendo configurado a partir da trajetória do homenageado.

Nessa medida, agrupamos os textos nos seguintes eixos temáticos: *1. Estado e Democracia; 2. Teoria da Constituição; 3. Direitos Fundamentais em Perspectiva*, temas que se desdobram no contexto amplo das pesquisas de Lenio que envolvem, como uma espécie de *guarda-chuva epistemológico*, a relação entre Política e Direito. Já nos demais eixos, que são, respectivamente, *4. Filosofia e Teoria do Direito; 5. Hermenêutica e Decisão; 6. Direito e Humanidades* guarnecem os trabalhos que se dedicam a explorar os elementos filosóficos e teóricos do direito, de forma crítica e sofisticada, acabando por incorporar ensaios que aproximam o direito das chamadas humanidades (história, literatura, artes etc.). Nesse último ponto, importante registrar, que, há dez anos, Lenio apresenta um programa de televisão dedicado a encontrar elementos heurísticos para o Direito por meio da experiência literária. Trata-se de um projeto de sucesso chamado *Direito & Literatura,* veiculado nacionalmente pela TV Justiça.

Enfim, esta justa homenagem que a comunidade jurídica rende a Lenio é capitaneada por nós, organizadores, por razões acadêmicas e pessoais. É importante anotar que, ambas, encontram-se entrelaçadas. Como já registrado no início, os cinco organizadores tiveram, cada um ao seu modo, uma alteração de rota nos seus projetos de vida depois que se depararam com a obra de Lenio. E o reflexo mais evidente desse processo mostra-se, exatamente, no âmbito acadêmico, do modo como Lenio interveio (e continua intervindo) em nossa *formação*.

Não se trata apenas do simples fato de agregar novos conteúdos, preenchendo de luz os vazios de nossas consciências. É duvidoso que alguém seja capaz, efetivamente, de conquistar tal desiderato. Trata-se, acima de tudo, do fato de reconhecermos em Lenio a figura exemplar do *educador:* daquele que assume a tarefa – e a realiza com avassaladora efetividade – de *formar* juristas, que, à moda da ideia platônica da educação como reviravolta, consegue produzir um espaço que permite uma reorientação no modo como, tradicionalmente, os problemas jurídicos são retratados. Mais do que produzir no seu auditório a capacidade de "ver" os conteúdos novos, Lenio tem o dom, quase natural, de mostrar para o seu interlocutor um "novo olhar", que saiba perceber, dentro da cotidianidade das práticas jurídicas, aquelas que são as questões capitais da teoria jurídica contemporânea.

Tudo isso porque, antes de Procurador de Justiça aposentado e Advogado, Lenio Streck é professor. Como tal, desempenha um papel preponderante de educador. A educação, no contexto platônico, pode ser considerada uma arte de produzir a reviravolta. O educador tem o papel fundamental de retirar os desorientados do fundo da caverna. Não porque estes não possuem, por si só, a capacidade de enxergar. Antes, porque o educador deve provocar neles a possibilidade de reorientar a sua visão, de compor novos horizontes de sentido. E isso, como poucos, Lenio faz. E como!

Os Organizadores

Parte I
ESTADO E DEMOCRACIA

— 1 —

Crónica em tempo de guerra

ANTÓNIO AVELÃS NUNES[1]

Escrevi esta "crónica" em julho/2015, enquanto decorria o dramático processo de "negociações" entre os países e instituições credores da Grécia e o governo deste país devedor, com um mandato popular para pôr termo à austeridade que arruinou a economia do país e provocou uma grave crise social.

Pediram-me agora um artigo para um Livro de Homenagem ao meu Colega e meu Amigo Lenio Streck. Dado o pouco tempo de que disponho, pareceu-me que esta crónica podia servir para eu responder ao convite que muito me honra e ao qual não poderia dar outra resposta que não uma resposta positiva. Não tenho as capacidades de ironia nem a força demolidora do verbo de Lenio, mas creio que esta minha prosa se aproxima do estilo do meu Amigo Lenio: cada vez me apetece menos manter a "neutralidade académica" ao abordar a problemática que se coloca perante nós; e cada vez me falta mais a paciência para me manter nos limites da linguagem diplomática quando entro em diálogo com os servidores do capital, "carneiros todos, com carne de obedecer", como diria o poeta José Gomes Ferreira. Só espero que não tenha perdido e não venha a perder a boa educação. Um abraço, menino Lenio. Sessenta anos é a idade da juventude madura...

1. No início de 2010, veio a público a notícia de que, no meio do maior segredo (como convém aos negócios...), o banco americano *Goldman Sachs* tinha ajudado, ainda antes da presente crise, o Governo grego (conservador) a obter crédito no valor de milhares de milhões de euros.

O mesmo banco "aconselhou" depois o mesmo Governo sobre os "truques" de engenharia financeira necessários para falsificar as suas contas e enganar as autoridades comunitárias. Por estes sábios conselhos e serviços aquele banco terá cobrado 300 milhões de euros (pagos pelo povo grego, claro, que não entrou no negócio) e ganhou ainda muito dinheiro com os contratos de

---

[1] Professor de Economia Política da Faculdade de Direito de Coimbra. Doutor da Universidade Federal do Paraná. Professor Catedrático da Faculdade de Direito da Universidade de Coimbra e professor da Universidade Federal de Alagoas.

seguro de incumprimento da dívida grega, que recomendava aos clientes que convencia a emprestar dinheiro à Grécia a juros convidativos.[2]

O capital financeiro e os seus servidores ganharam fortunas com estas manobras, mas a Grécia endividou-se, e o povo grego, vítima da fraude, é agora acusado de ter cometido o "pecado" de viver acima das suas posses e condenado pelos "mercados" a "penitências" infernais.

Os chamados "mercados" estão aqui retratados de corpo inteiro. Quando estas manobras vieram a público, a Sr.ª Angela Merkel comentou, com ar "angelical" ("merkiavélico", diria Ulrich Beck), que seria "vergonhoso" que "os bancos, que já nos levaram à beira do precipício, tivessem igualmente participado na fabricação das estatísticas orçamentais da Grécia". Tudo "encenado", apenas para a fotografia e para alemão ver, ouvir e votar...

A verdade é que participaram. A verdade é que burlaram a União Europeia. E é verdade que tudo isto é *vergonhoso*. Mas nada disto é novo. É *o pão nosso de cada dia* neste *reino do neoliberalismo*, neste *mundo sem vergonha*, neste capitalismo alicerçado no *crime sistémico*.

E o crime compensa. Pelos serviços prestados, o *boss* do *Goldman Sachs* recebeu, nesse ano, um prémio de nove milhões de dólares. E o senhor Mario Draghi, que era o vice-presidente do *Goldman Sachs* para a Europa (e que, nessa qualidade, foi o responsável direto por aqueles "negócios" com o Governo grego), é hoje o Presidente do Banco Central Europeu, com o indispensável voto favorável da Sr.ª Merkel (acompanhado pelo voto favorável dos deputados socialistas no Parlamento Europeu). Certamente pelos relevantes serviços prestados ao capital financeiro e pelo respeito que demonstrou pela União Europeia, que passou a "servir" a mais alto nível, com a mesma devoção pelo interesse público e com o mesmo respeito pelas instituições comunitárias...

2. A presença do grande capital financeiro no "governo" da *Europa do capital* tornou-se indisfarçável com a nomeação (em 2012) de Lucas Papademus como Primeiro-Ministro da Grécia e de Mario Monti como Primeiro-Ministro da Itália. Nem um nem outro foram eleitos para os parlamentos dos seus países, e muito menos foram eleitos pelo povo para exercerem as funções que lhes foram cometidas. São ambos *banqueiros*, nomeados pelos seus "patrões" para esta "comissão de serviço" na vida política.

Mario Monti foi assessor do *Goldman Sachs* quando Mario Dragui era seu Diretor para a Europa, durante o período em que o banco americano orientou (regiamente pago) a "batota" feita pelo Governo grego da época. Não deixa de ser simbólico o facto de Mario Monti ostentar também no seu currículo a atividade como *conselheiro da Coca-Cola*.

Tal como Mario Draghi (que foi Diretor Executivo do Banco Mundial entre 1985 e 1990 e Governador do Banco de Itália, depois de, na qualidade de Diretor do *Goldman Sachs*, ter ajudado o Governo grego a ludibriar as autoridades da UE), Lucas Papademus colaborou, como Governador do Banco Central

---

[2] Indicações colhidas em S. Halimi, "O crime...", cit.

da Grécia, na falsificação das contas públicas deste país. Ele e Mario Monti pertencem à *Comissão Trilateral*.³

É inequívoco que os governos chefiados por Papademus e por Monti foram *governos de banqueiros*, apresentados como *governos de técnicos*, como se não fosse completamente absurdo admitir que pode haver uma *solução técnica* para problemas que são, essencialmente, *problemas políticos*. A verdade é que, não sendo *juntas militares*, eles foram verdadeiras *juntas civis* (Serge Halimi), constituídas à margem das regras do jogo democrático, humilhando os povos da Grécia e da Itália e traduzindo a menoridade da política e a negação da democracia.⁴

Estes episódios pouco honrosos para a Europa vieram tornar claro que quem manda nesta *Europa do capital* são os "mercados", os banqueiros, os especuladores, os donos do *Goldman Sachs* e os senhores da *Comissão Trilateral*, com a colaboração das *troikas* e dos *troikos* de serviço na burocracia de Bruxelas e nos governos da generalidade dos estados-membros.

À escala europeia, o *império do capital financeiro* é reconhecido por Philippe Legrain (um belga que é professor de Economia numa Universidade inglesa e que foi conselheiro do Presidente da Comissão Europeia Durão Barroso), quando diz que "os Governos identificam os bancos como campeões nacionais a proteger", "colocando os interesses dos bancos à frente dos interesses dos cidadãos" e quando fala de "uma relação quase corrupta entre bancos e políticos: muitos políticos seniores ou trabalharam em bancos ou esperam trabalhar depois". As políticas de combate à crise – entende Ph. Legrain – foram impostas sobretudo pelo "poder político dos bancos franceses e alemães". Quem viveu as coisas por dentro sabe do que fala.⁵

Os "mercados" têm rosto, como se vê. Estes são alguns dos rostos dos "mercados", alguns dos "mercadores" que trabalham para os especuladores, para aqueles que são "a sida [aids] da economia mundial", que especulam contra o euro atacando os estados-membros mais fracos da Eurozona, e que, como "governantes", se dedicam às tarefas de combater a crise que eles próprios desencadearam e que alimentam todos os dias.⁶

---

³ O presidente desta prestimosa instituição é o britânico Peter Sutherland, que já foi administrador do Goldman Sachs e também Comissário Europeu; o vice-presidente é o antigo Ministro checo da Economia, Vladimir Dlouhr, atualmente conselheiro do Goldman Sachs para a Europa Oriental. Eu não quero acreditar em bruxas, *pero que las hay, hay*.... Que o diga Anders Fogh Rasmussen, que passou de Primeiro-Ministro da Dinamarca para Secretário Geral da NATO, e os créditos que acumulou pelos seus bons serviços prestados permitiram a sua promoção a conselheiro do Goldman Sachs. Cá se fazem, cá se pagam...

⁴ Não é de estranhar, por isso mesmo, que do Governo Papademus tivessem feito parte "técnicos" pertencentes a um partido político de extrema-direita, impedido de participar em quaisquer governos desde a queda da ditadura militar na Grécia, em 1974.

⁵ Ver *Público*, 11.5.2014.

⁶ Um retrato mais completo dos rostos dos mercados financeiros pode ver-se em G. GEUENS, *ob. cit*. A verdade é que nos conselhos de administração do restrito clube de bancos, companhias de seguros, fundos de pensões, fundos de investimento e outras instituições financeiras que controlam metade de todo o capital cotado em bolsa à escala mundial sentam-se muitos antigos governantes (primeiros-ministros, chanceleres, ministros) de vários países europeus, não apenas conservadores, mas também socialistas, sociais-democratas e trabalhistas. Todos colaboram nos "negócios" do grande capital financeiro, todos estão ao serviço do *crime sistémico*. Foi muito falada, há anos, a passagem direta do social-democrata Gerhard Schröder de Chanceler da Alemanha para o conselho de administração da *Gazprom*, empresa com a qual tinha celebrado, naquela sua anterior qualidade, um importante contrato de fornecimento de gás. Mas outros antigos primeiros-mi-

É o reino tentacular dos *conglomerados financeiros*, verdadeiras *holdings* do *crime sistémico*: "jogos de casino", especulação à margem das leis, evasão e fraude fiscais, tráfico de droga, de armas e de mulheres, tudo à sombra desses santuários do capitalismo moderno que são os *paraísos fiscais*, que acolhem valores que representam cerca de 30% do PIB mundial. É muito dinheiro, que foge aos impostos e que faz falta para pagar tudo aquilo que nos dizem ter de acabar por não ser financeiramente sustentável.

Eles são a *sida da economia mundial*. Mas são eles que mandam em todos os Chirac, em todas as Merkel, em todos os Sarkozy, em todos os Hollande, e em todos os Obama. São eles os verdadeiros "ministros" da *igreja neoliberal*, cujos dogmas orientam a política das potências capitalistas dominantes, com particular realce para a UE, manietada pela camisa de forças em que os seus construtores a encerraram. Mas é bom que tenhamos a consciência de que estes "paraísos" não são uma criação da natureza. São criações do grande capital financeiro e dos seus estados. Podem ser facilmente destruídos se os povos do mundo quiserem. E não faltam razões para isso, porque eles são os santuários do *crime sistémico*, mantidos pelo poder político (o estado capitalista e as agências e instâncias internacionais) que pôs de pé, reforçou e sustenta as estruturas que permitiram e mantêm de pé o *capitalismo do crime sistémico*.

3. Na reunião de Londres (abril/2009), o G20 considerou "as grandes falhas no setor financeiro" como as "causas fundamentais da crise".

A própria Comissão Europeia atribuiu às instituições financeiras "comportamentos particularmente arriscados", em razão dos quais "o setor financeiro é considerado o grande responsável pela ocorrência e pela envergadura da crise e seus efeitos negativos nos níveis de endividamento público à es-

---

nistros participam neste "negócio": Jean-Luc Dehaene (Bélgica) é consultor do banco *Dexi*; Giuliano Amato (Itália) é consultor do *Deutsche Bank*; Tony Blair (RU) é consultor do *J. P. Morgan* (cfr. S. HALIMI, "Balanço...", cit.). Em 2009, ficou célebre a confissão de Sarkozy (*Le Point*, 3.7.2009): "Quando vejo os milhões que Clinton ganha, imagino que possa fazer o mesmo. Fico no cargo cinco anos e depois vou ganhar dinheiro, como Clinton". O exercício do mais alto cargo político é encarado, sem pudor, como um "investimento" que garante muito dinheiro fácil no futuro! Razão tem o super-lobbista Jack Abramoff quando "teoriza" nestes termos: "A melhor forma de uma empresa corromper um homem político é convencê-lo da perspectiva de um emprego futuro que lhe garantirá uma mina de dinheiro". A verdade é que, segundo Ibrahim WARD (*ob. cit.*, 11, de onde retirámos a citação anterior), Bill Clinton ganhou, no ano seguinte à sua saída da Casa Branca, 16 milhões de dólares em conferências e artigos de jornal. Mais recentemente, os jornais anunciaram que esta atividade "produtiva" rendeu ao casal Clinton, em 2014, a módica quantia de 25 milhões de dólares. Outro grande "empresário" desta mesma indústria é Tony Blair, que criou, para o efeito, uma série de "empresas", com diversos figurinos. Uma delas é a *Tony Blair Associates*, que se propõe "oferecer, numa ótica comercial, conselhos estratégicos sobre as tendências políticas e económicas e sobre a reforma dos estados". Tudo produtos altamente sofisticados, com grande valor acrescentado, fruto da mais apurada tecnologia..., que atraem clientes como o JP Morgan, a seguradora Zurich Financial Services, o Governo do Kuweit, o fundo de investimentos Mubadala (Abu Dhabi) e várias outras instituições financeiras e estados, "com predileção pelos oligarcas e cleptocratas do Médio Oriente, África e ex-União Soviética". Ibrahim Ward relata um dos muitos negócios altamente rentáveis deste político-empresário, realizado na segunda metade de 2012. Contratado para 'facilitar' o êxito de uma oferta pública de aquisição da Glencore (um dos gigantes mundiais no campo das matérias-primas) sobre uma empresa mineira propriedade do fundo soberano Qatar Holding, Tony Blair telefonou de imediato ao seu amigo Primeiro-Ministro do Qatar (administrador do Qatar Holding) e acertou com ele uma reunião em Londres entre as duas partes interessadas. Após três horas de reunião, o negócio ficou fechado e Blair terá cobrado um milhão e duzentos mil euros. Nada mau: 400 mil euros por hora... À sua escala, Portugal também está representado neste clube seleto. O antigo Primeiro-Ministro do PS José Sócrates foi nomeado, pouco tempo depois de ter saído do Governo, conselheiro para os negócios da América Latina da multinacional suíça da indústria farmacêutica Octapharma, com a qual o seu governo tinha feito negócios de milhões de euros por ajuste direto.

cala mundial" (*Comunicação* sobre "A Tributação do Sistema Financeiro", de 7.10.2010).

Em fev./2011, o Parlamento Europeu reconheceu publicamente (*Relatório Podimata*) que o comportamento irresponsável da banca "agravou e acelerou a crise orçamental e da dívida" e acarretou "um ónus inesperado dos orçamentos públicos, comprometendo perigosamente a criação de emprego, o financiamento do estado-providência e a concretização dos objetivos climáticos e ambientais", sublinhando, por outro lado, que o setor financeiro está subtributado e não tem dado qualquer contributo para pagar a crise, cujos custos têm sido suportados essencialmente pelos contribuintes.

A Comissão voltou ao tema em 28.9.2011, na *Proposta de Diretiva do Conselho Sobre um Sistema Comum de Imposto Sobre as Transações Financeiras*, onde sustenta que "o setor financeiro desempenhou um papel fundamental no desencadeamento da crise, enquanto os estados e os cidadãos europeus, na retaguarda, arcaram com os custos".

No final de 2011, foi a vez de o todo-poderoso ministro das Finanças alemão reconhecer que "a cupidez e a procura de lucros cada vez mais elevados nos mercados de capitais" têm "responsabilidade na crise bancária e económica, e depois na crise de países inteiros, com a qual estamos confrontados desde 2008".[7]

Já muita gente o sabia. Mas é importante vermos estes altos responsáveis reconhecer que cabe ao capital financeiro a responsabilidade da crise económica e social que está a pôr em causa a soberania e a independência de alguns países europeus e o bem-estar e a dignidade dos seus povos. Os dirigentes dos "países dominantes" sabem muito bem onde nasce o rio das nossas desgraças, porque eles estão entre os que alimentam o caudal desse rio de águas turvas. Por isso não se extrai nenhuma consequência daquele diagnóstico, apesar de a honestidade intelectual e política exigir que se fizesse pagar a crise aos que são responsáveis por ela, defendendo os povos europeus da *cupidez* dos especuladores. Ao invés, inventam-se razões para culpar as vítimas das suas próprias desgraças e castigam-se os "povos do sul" com violentíssimos *programas de austeridade*, "penitências" para expiar "pecados" que não cometeram. Simultaneamente, obrigam-se os estados "endividados" a endividar-se ainda mais, para que o capital financeiro possa receber os seus créditos e possa continuar a especular, para ganhar "lucros cada vez mais elevados", à custa dos salários, dos direitos e da dignidade dos trabalhadores e da soberania desses estados-membros da UE. É o *crime sistémico*, o crime perfeito e impune, apesar de toda a gente saber quem são os "criminosos" e quem os protege.

O ministro Schäuble conhece certamente muito bem a história do sistema bancário alemão, recheada de episódios de corrupção e de gestão danosa. Talvez a *cupidez* dos bancos alemães tenha tido alguma responsabilidade na crise bancária que também afetou a Alemanha, cujos contribuintes tiveram de pagar, entre 2008 e 2012, segundo dados da Comissão Europeia, 646 mil milhões de euros para salvar bancos alemães à beira da falência, o que faz da

---

[7] Segundo *Les Échos*, 16-12-2011.

Alemanha o país que mais gastou, a seguir ao Reino Unido, para não deixar falir bancos irresponsáveis (ou criminosos), mas *too big to fail*.[8]

O Ministro das Finanças alemão deve saber que a *cupidez* é um "pecado", mas tem sido um dos pregadores mais inflamados na difusão da tese de que a (inventada) crise da *dívida soberana dos povos do sul* é fruto do "pecado" dos *povos do sul*, povos preguiçosos que se habituaram a viver sem trabalhar, e que, por isso mesmo, têm de ser "castigados" com duras "penitências", para expiarem os seus "pecados". Esquece aquilo que sabe muito bem: que a crise que está a afetar países inteiros é, em grande parte, fruto da *cupidez e da procura de lucros* por parte dos *bancos-vampiros* que comandam a economia e a política na generalidade do mundo capitalista; que o grosso da despesa que endividou os estados periféricos do sul da Europa (e mesmo países ricos como os EUA) representa o custo da salvação dos ativos dos muito ricos do topo e da banca arruinada pelos "jogos de casino".[9]

A "paixão europeia pela austeridade" de que fala Paul Krugman (ou a "fixação europeia na austeridade" a que se refere Mark Blyth) alimenta-se desta "teologia" perversa.

Ela ajuda também a compreender a razão por que foi "inventada" a *crise das dívidas soberanas*, que é, em boa verdade, uma invenção para mascarar a *crise bancária* que obrigou os estados a endividar-se para salvar os bancos, uma crise que é, como Mark Blyth pôs em evidência, "uma crise transmutada e bem camuflada da banca", é "uma crise bancária habilmente e sobretudo politicamente transformada numa crise do setor público".[10]

Ela explica que o preço desta crise não esteja a ser pago pelos contribuintes alemães (que só pagaram para tapar os buracos do seu próprio sistema bancário), mas pelos "colonizados" *povos do sul*. Malhas que o império tece...

Ela explica também a razão por que, quando se tratou de "ajudar" os *povos do sul* em dificuldade, a Alemanha e a UE, comandada pela Alemanha, lhes tenham emprestado dinheiro a taxas de juro agiotas. Sabemos que o BCE tem ganho milhares de milhões de euros nos negócios com os títulos da dívida pública dos *países do sul*. Em 2012, o BCE aceitou devolver à Grécia mais de três mil milhões de euros que tinha ganho em operações sobre títulos da dívida pública grega. E a Alemanha aproveitou igualmente a crise resultante da *cupidez dos bancos* para ganhar dinheiro à custa dos *povos do sul*. Até finais de 2012, a Alemanha tinha ganho, com os negócios sobre a dívida soberana dos *povos do sul*, 41 mil milhões de euros.[11] Um estudo mais recente (divulgado em 10.8.2015) de um centro de investigação alemão, o Instituto de Investigação

---

[8] Dados colhidos em *Público*, 25.8.2013.

[9] Cfr. M. BLYTH, *ob. cit.*, 35.

[10] Cfr. Mark BLYTH, *ob. cit.*, 21-28 e 37. Trata-se de uma crise que pode suscitar, à escala europeia, um problema sem solução ao nível de cada estado nacional (e sem solução também ao nível da UE, tal como ela existe depois de Maastricht). Basta recordar que só os três maiores bancos franceses têm ativos de valor sensivelmente igual a 2,5 vezes o PIB da França (nos EUA, o valor total dos ativos de todo o sistema financeiro corresponde a cerca de 120% do PIB americano). Estes bancos não podem ser resgatados por um qualquer país e dificilmente podem ser resgatados pela União Europeia.

[11] *Expresso*, 24.8.2013. É claro que tanto o BCE como a Alemanha ganharam também (muito) dinheiro com os empréstimos a Portugal, à Irlanda, à Espanha...

Económica Leibnitz veio esclarecer que a Alemanha já lucrou com a chamada crise das dívidas soberanas mais de cem mil milhões de euros, importância que excede em muito os gastos dos contribuintes alemães com a "ajuda" aos *países do sul*. No caso da Grécia, este mesmo estudo garante que a Alemanha não perderá dinheiro, "mesmo que a Grécia não devolva um cêntimo".[12]

O ministro alemão sabe tudo isto (e muito mais) muito melhor do que eu. E talvez também saibam tudo isto os "comentadores" que, em Portugal e em outros países, vão todos os dias à TV dizer que temos de "comer e calar", porque os contribuintes alemães podem perder a paciência e deixar de pagar os "pecados" (ou os vícios) dos *povos do sul*. É um espetáculo pouco dignificante aquele a que vamos assistindo nestes tempos do *capitalismo do crime sistémico organizado*, nestes tempos em que o "dinheiro organizado" comanda e controla os grandes centros produtores e difusores da ideologia dominante, nomeadamente os poderosos meios de comunicação social de massas.

4. A crise que se abateu sobre a Europa a partir de 2008 está a transformar-se, perigosamente, numa *crise da democracia*. Para além das *políticas de austeridade* impostas pelas *troikas* ou pelos governos em exercício (reveladoras da violência da *luta de classes* em curso e da violência antidemocrática do *estado-ditadura-do-capital-financeiro*), basta ter em conta dois exemplos: *a)* as "juntas civis" impostas, durante mais de um ano (entre finais de 2011 e meados de 2013) ao povo grego e ao povo italiano (governos Papademus e Monti, banqueiros nomeados em comissão de serviço na esfera da governação, sem nunca terem sido eleitos para qualquer cargo político); *b)* a campanha orquestrada em Portugal contra a Constituição da República e contra o Tribunal Constitucional (campanha em que, com total despudor, participaram o Presidente da Comissão Europeia e vários Comissários, a Diretora-Geral do FMI e até o patrão das patrões, o Goldman Sachs).

Apesar da intensidade e da dramaticidade da crise que assola a Europa, a UE e as instituições comunitárias desapareceram de cena, agravando perigosamente o referido *défice democrático*: o normal funcionamento dos órgãos colegiais da UE deu lugar ao que Habermas chama de "intergovernamentalismo dos chefes do euro-clube, que atuam nos bastidores".[13] Com efeito, os "donos" da Europa resolvem tudo (ou não resolvem nada) à margem das instituições comunitárias (e, sobretudo, dos povos da Europa), no âmbito das *relações intergovernamentais*, quase sempre em encontros informais, por detrás da cortina, sob a batuta alemã. A igualdade entre os estados-membros, apesar de consagrada nos Tratados (só formalmente, porque o voto da Alemanha vale seis vezes o voto de Portugal...), é completamente ignorada, porque tudo é decidido em função dos interesses "imperiais" e dos calendários eleitorais da Alemanha.

Em termos gerais, as razões de alarme quanto à vida democrática na UE foram-se acentuando à medida que foi ficando claro que quem governa a "Europa" são os chamados "mercados", os grandes conglomerados financei-

---

[12] Cfr. *Avante!*, 13.8.2015.
[13] Cfr. *ob. cit.*, 136.

ros, os especuladores "viciados" nos jogos de cassino e organizados como os cartéis do crime, que Jacques Chirac chamou, em 1995, "a sida da economia mundial".

A crise veio pôr a nu a verdadeira face da *Europa neoliberal*, a *Europa do capital*, a Europa que os cidadãos europeus já recusaram: um grande mercado interno, com uma economia incapaz de crescer, um espaço sem um mínimo de solidariedade e de coesão social, sem o mínimo sentimento de pertença, um espaço em que alguns estados se assumiram como "donos da bola" e têm imposto as "regras do jogo", humilhando os trabalhadores europeus e tratando com laivos de superioridade rácica os *povos do sul*.

Logo que surgiram os problemas da dívida pública grega, muita gente esperou uma solução rápida do problema, que teriam sido ultrapassados, com pouco dinheiro, com uma operação de reestruturação da dívida da Grécia (o PIB grego não chega a 2% do PIB da zona euro). No entanto, na cimeira de 7-8 de maio de 2010, a Alemanha impôs o ponto de vista de que a situação da Grécia era um caso isolado, explicável pela irresponsabilidade, pela preguiça, pela incapacidade e por outros vícios do povo grego, que se habituou a viver bem sem trabalhar. Logo, se a crise é uma crise da Grécia, os gregos que paguem a crise, redimindo os seus "pecados" à custa de duras penitências, porque só assim os *povos do sul* aprendem a "lição".

Esta atitude do "conselho de administração" da *Europa do euro* é incompreensível: parece que os que se arvoram em "donos da Europa" não querem compreender todas as implicações de uma união monetária. Basta comparar com o que se passou em algumas situações idênticas ocorridas nos EUA. Se esta lógica fosse aplicada pelo Governo dos EUA (um estado federal que é também uma *união monetária*), os estados da Louisiana e do Mississipi teriam ficado entregues a si próprios e poderiam ter de *sair do dólar* na sequência da destruição provocada pelo furacão Katrina. Mais recentemente, a Califórnia teria sido obrigada a enfrentar sozinha as suas dificuldades financeiras e poderia ter sido obrigada a sair do dólar, quando teve que emitir moeda paralela (os famosos IOU – *I Owe You*, documentos de reconhecimento de dívida e promessa do respetivo pagamento, que circulam com o valor de moeda) porque não tinha liquidez em dólares para satisfazer as suas necessidades de pagamento. É claro que ninguém sequer pensou noutra coisa: a União americana assumiu esses problemas como seus, porque todos os estados americanos partilham o dólar como *moeda única*, e a existência de uma união monetária exige *solidariedade entre todos os seus membros* e um *orçamento federal* com suficiente capacidade redistributiva (*solidariedade* e *orçamento* que não existem na UE).

Perante a atitude da Alemanha relativamente à Grécia, Jürgen Habermas comentou: "A prioridade das preocupações nacionais [alemãs] nunca se manifestou com tanta clareza como na resistência robusta de uma Chanceler que, antes da sua derrota desastrosa no dia 8 de maio de 2010, bloqueou durante semanas a ajuda europeia à Grécia e o mecanismo de emergência para salvar o euro". E "acusou" Merkel de não ser capaz de ultrapassar "a consideração oportunista dos joguinhos da política interna", cedendo ao "medo das armas de destruição maciça da imprensa tabloide" (esquecendo "a força destrutiva das armas de destruição maciça dos mercados financeiros") e "bloqueando uma ação conjunta da União que teria apoiado atempadamente a Grécia contra a especulação que visava à bancarrota do estado". O filósofo alemão viu neste comportamento da Alemanha um sinal claro da arrogância hegemónica por parte do seu país, que parece estar a perder a consciência dos sacrifícios que impôs aos demais povos europeus durante o século XX ("a consciência de uma herança histórico-moral comprometedora"). E confessa: "apercebi-me, pela primeira vez, da possibilidade real de um fracasso do projeto europeu".[14]

Mas esta crise, a sua permanência e a sua evolução abriram também, como se vê, uma *crise da Europa*, uma crise da "Europa como ela é" (Jacques Chirac), uma crise deste "monumento" ao neoliberalismo fundamentalista em que os cidadãos e os povos da Europa não se reveem. Uma crise cujas raízes mais próximas talvez possam ir buscar-se à criação da UEM e ao modelo que lhe foi imposto pela Alemanha.

Na verdade, com a entrada em vigor do *Tratado de Maastricht* (1992) e a criação da UEM, pode dizer-se que a "Europa" passou a sofrer de outra *doença estrutural*, que veio agravar, substancialmente, o *défice democrático* do processo de integração que conduziu à União Europeia.

Como já disse, a UEM apresentou-se, desde o início, como uma solução disfuncional, que só teria alguma hipótese de sobreviver se fossem logo adotadas medidas que ajudassem a ultrapassar as disfunções originárias se tal projeto. Ora, como é notório, as políticas adotadas ao longo dos anos têm visado exatamente ao contrário e têm conseguido os seus objetivos. E a chamada *crise das dívidas soberanas* veio acelerar este processo.

Perita na "arte da hesitação deliberada" (Ulrich Beck), a Sr.ª Merkel fez tudo para esconder a *crise da UEM e do euro alemão* e as suas causas. E um dos expedientes para o conseguir foi o de atribuir a *culpa* da crise da Grécia (e dos *povos do sul*) aos defeitos destes povos (a Irlanda deve ter-se naturalizado...), tese que permitiu, por outro lado, justificar perante o mundo e perante os próprios povos inferiores (culpados das suas próprias desgraças), todas as penas infamantes a que foram condenados, pondo-lhes a rédea curta e tentando convencê-los de que a sua "cura" teria de passar por um calvário de sacrifícios (o sacrifício purifica!), indispensáveis para que eles aprendam que não podem continuar a viver acima das suas posses...

Merkel intoxicou os alemães com uma conversa que sabia agradar a boa parte da opinião pública do seu país, que parece continuar predisposta a acreditar facilmente na "verdade" dos *chefes*, sobretudo quando estes põem em relevo as "virtudes" do povo alemão, em confronto com os "vícios" dos *povos do sul*, *povos inferiores*, merecedores, por culpa própria, de todas as escravidões, incluindo a *escravidão por dívidas*. A chanceler levou os alemães a acreditar que são eles que estão a alimentar os "vícios" desta gentalha, meio (ou todo...) caminho andado para que os alemães (e os "alemães" de outros países) concluíssem não fazer sentido nem ser justo que sejam os "virtuosos" a alimentar os *vícios* e a pagar a "boa vida" dos "preguiçosos" *povos do sul*.[15]

---

[14] Cfr. J. Habermas, *ob. cit.*, 135-140 e 153/154.

[15] Dados recentes da OCDE (9-7-2015) referentes a 2014 mostram que os portugueses trabalharam, em média, 1875 horas, mais do que a média dos países membros da OCDE (1770 horas), sendo que os trabalhadores

É claro que a chanceler não disse aos alemães quanto é que eles tiveram de pagar para salvar os bancos alemães e para salvar os bancos de outros países da zona euro, nem lhes disse quanto é que a Alemanha tem ganho com o *deutsche euro*, com as *regras* de Maastricht, com a "independência" do BCE, com a *liberdade de circulação de capitais* (e outras *liberdades do capital*), com os empréstimos concedidos à Grécia para que esta pagasse negócios chorudos e escuros com empresas alemãs, com as "ajudas" dos programas de assistência financeira,[16] com as políticas de austeridade que impôs a gregos e a troianos para salvar os bancos alemães.

Este discurso racista e xenófobo agrada a grande parte do eleitorado alemão, e a Srª Merkel quer, acima de tudo, ser reeleita. Mas é claro que ele visa essencialmente a "esconder" as causas e a natureza da crise. E os mais avisados, como Ulrich Beck, vão lembrando ao mundo que "a arrogância dos europeus do Norte em relação aos países do Sul, alegadamente preguiçosos e sem disciplina, demonstra ignorância cultural e um esquecimento brutal da história".[17] E os que não esquecem as lições da História sabem muito bem que *o sono da razão gera monstros*.

Trata-se de uma *estratégia merkiavélica* (parafraseando Beck), que permite ignorar as causas da crise e a sua natureza, fugindo à sua caraterização como uma *crise do euro*, uma *crise da UEM*, uma *crise da UE*, crise perante a qual a Alemanha teria de assumir responsabilidades e "sacrifícios" correspondentes ao seu peso económico e político no seio da UE e às vantagens do referido "estatuto" do *deutsche euro*.

Ao longo destes já longos anos de crise, os dirigentes dos "países dominantes" da "Europa" recusaram políticas tendentes a reforçar a *coesão social* no seio da UE e no seio de cada um dos estados-membros, no âmbito de um objetivo estratégico de convergência, a médio prazo, dos níveis de desenvolvimento económico e social no espaço comunitário. Têm adiado soluções e têm imposto outras sempre na ótica dos seus próprios interesses nacionais; têm-se empenhado obstinadamente na tarefa de identificar os "pecadores" e de os castigar exemplarmente com a aplicação de verdadeiras "penas infamantes"; têm destruído as economias dos países mais débeis; têm gasto "muitas das suas energias em lutas de galos pela nomeação das figuras mais cinzentas para os seus cargos mais influentes." (Habermas).

Em suma: têm feito tudo o que não deveriam fazer, tudo ao contrário do que exigiria uma Europa assente na *cooperação* entre estados-membros com estatuto de igualdade, na *participação democrática* dos cidadãos europeus na definição do seu futuro, no respeito pela *dignidade* dos povos e dos estados

---

gregos ainda trabalharam mais horas (2042). Felizmente para eles, os trabalhadores alemães só trabalharam, em média, 1371 horas, menos 486 horas do que os trabalhadores portugueses e menos 671 horas do que os trabalhadores gregos.

[16] A verdade é que, "em vez de ter em conta o interesse europeu alargado, a Alemanha agiu no seu próprio interesse egoísta de credor" (Philippe Legrain). E os outros *estados-credores* fizeram o mesmo. A verdade também é que o dinheiro que a Alemanha emprestou aos devedores é uma pequena parte do total, o correspondente à sua quota no Mecanismo Europeu de Estabilidade Financeira (27,14%, menos de metade do que a Espanha e a França juntas – 59,19%), no BCE (17.9%) e no FMI (13%).

[17] Transcrevo Ulrich BECK, *ob. cit.*, 37.

da Europa. A culminar este processo, aprovaram em 2012 o chamado *Tratado Orçamental*, que, é, verdadeiramente, um novo *pacto colonial*, como explicarei à frente.

5. Quando a crise financeira iniciada nos EUA chegou à Europa, "o setor bancário dominou os Governos dos países e as instituições da zona euro (...), que foram a correr salvar os bancos, com consequências muito severas para as finanças públicas e sem resolver os problemas do setor bancário". Quem o afirma é Philippe Legrain, ex-conselheiro do Presidente da Comissão Europeia Durão Barroso.[18]

A prioridade de Sarkozy, de Jean-Claude Trichet (então Presidente do BCE) e de Dominique Strauss-Kahn (então Diretor-Geral do FMI) foi, acima de tudo, a de salvar os bancos franceses (talvez por um imperativo patriótico...), e a pressão dos bancos alemães acabou por convencer a Srª Merkel a deixar de lado a *regra do no bailout*, aceitando que a *troika* emprestasse dinheiro à Grécia para que esta pagasse aos bancos alemães e franceses.

A um ritmo acelerado, o *lixo* acumulado nos ativos dos bancos na sequência de operações bancárias irresponsáveis (algumas mesmo criminosas) da banca privada foi passando para entidades públicas, dividindo a Europa em *países credores* e *países devedores*, com os primeiros a defender com unhas e dentes o seu *dinheirinho* e os lucros dos 'seus' bancos. Perante a crise financeira, era natural, lógico e desejável que os países do euro se unissem, para ultrapassar *solidariamente* as dificuldades da crise. Este é o comportamento que se espera de entidades políticas (estados nacionais ou estados federados) que partilham a mesma moeda, que são membros da mesma zona monetária.

Para a "Europa", porém, este foi o tempo da *desunião europeia*, o tempo em que os portugueses (e outros "europeus") se apressaram a dizer que Portugal não era a Grécia, outros a dizer que a Espanha não era Portugal, outros ainda a dizer que a Itália não era a Espanha, e ainda outros a dizer que a França não era a Itália... Foi um espetáculo pouco edificante, que teve o "mérito" de pôr a nu a *natureza imperialista da UE*, as suas deficiências estruturais no plano democrático, o apetite de domínio dos países "dominantes" e do dominante capital financeiro.

"A zona euro – afirma Philippe Legrain – passou a ser gerida em função do interesse dos bancos do Centro (França e Alemanha), em vez de ser gerida no interesse dos cidadãos no seu conjunto". O salvamento dos bancos conduziu às políticas de *austeridade punitiva*, que provocaram "recessões desnecessariamente longas e tão severas que agravaram a situação das finanças públicas" dos países devedores. E isto – conclui Ph. Legrain – "é profundamente injusto e insustentável". Em vez da *solidariedade* própria de uma zona monetária e prometida por uma "Europa" que nunca existiu, a *Europa do capital* impôs aos *devedores do sul* duras penitências, tratando-os como *colónias*.

A chamada *crise das dívidas soberanas* dos *países do sul* veio tornar clara a vontade da Alemanha de pôr a Europa a *falar alemão*. A meu ver, a "leitura" alemã da crise e as políticas que dela têm resultado podem ter servido os in-

---

[18] Entrevista ao jornal *Público*, 11.5.2015.

teresses (conjunturais) da Alemanha, mas ameaçam destruir a Europa. Estão a destruir as economias europeias e estão a romper o tecido social dos estados europeus, e podem até destruir a "Europa" que os seus mentores têm vindo a construir à socapa, que poderá não resistir à *destruição da credibilidade do euro* enquanto moeda que aspirava ao estatuto de *moeda mundial de referência*, projeto em que tanto investiram os seus "inventores".

Vale a pena citar de novo o ex-conselheiro de Durão Barroso, porque é uma voz que vem de dentro do "vulcão": "A Europa está ser destruída, o apoio à Europa caiu a pique, velhos ressentimentos foram reavivados, outros nasceram, a par de tensões sociais no interior dos países". O diagnóstico é tão severo que Philippe Legrain defende que precisamos de "construiu uma democracia europeia a sério, mudar a natureza da Europa. Ou seja: precisamos de uma Primavera Europeia".[19]

Pela minha parte, direi que as desilusões (para quem teve ilusões) da *Primavera Árabe* aconselham a seguir, decididamente, a outra via sugerida por Legrain: *mudar a natureza da Europa*. Mas, para quem ainda tinha dúvidas, o desfecho da última 'crise grega' deixou muito claro que esta *Europa do capital* não muda, porque não quer mudar, muito menos muda a sua natureza, porque isso não está na sua natureza. Em suma: eu acho que precisamos de deitar fora esta "Europa", nascida com o Tratado de Roma e "refinada" com todos os outros tratados e "tratamentos" que foi sofrendo ao longo dos anos, e criar uma outra Europa, baseada na igualdade e na soberania dos estados, na cooperação entre todos os povos europeus e com todos os povos do mundo, uma *Europa dos trabalhadores*, que enterre de vez *a Europa imperialista, a Europa colonialista*.

6. Tal "leitura" e tais políticas podem muito bem anular os objetivos de paz originários das comunidades europeias (a começar pela CECA), que pressupunham um "projeto europeu" com uma *Alemanha europeia* (uma Alemanha com raízes fundas na "Europa" e respeitadora dos interesses europeus).

Em 1953, falando em Hamburgo para estudantes universitários, Thomas Mann exortava-os a construir uma *Alemanha europeia* e a rejeitar a ideia de uma *Europa alemã*. Este apelo foi recordado, recorrentemente, logo após a "reunificação" da Alemanha.[20] Hoje, não faltam razões, a meu ver, para temer que este apelo se tenha esfumado. A Alemanha, *cada vez mais alemã*, está a perder "a consciência de uma herança histórico-moral comprometedora" que, durante alguns anos após a 2ª Guerra Mundial, ditou uma atitude de "moderação diplomática e disponibilidade para adotar também as perspetivas dos outros".[21] E a "Europa", "governada" por esta *Alemanha alemã*, que coloca acima de tudo os interesses da Alemanha, tornou-se uma *Europa alemã*. "A crise do euro – escreveu Ulrich Beck – tem levado à emergência – até agora constante – da Europa alemã. (...) A Europa tornou-se alemã. (...) Mas dizê-lo abertamente

---

[19] A ideia da Primavera Europeia é abordada pelo autor num livro que publicou em 2014: *European Spring – Why our Economies and Politics are in a Mess*.

[20] Recordo um velho Mestre da Universidade de Coimbra do meu tempo de estudante, profundo conhecedor da Alemanha e da cultura alemã, a quem algumas vezes ouvi dizer: "gosto tanto da Alemanha, que prefiro que haja duas"...

[21] Cfr. J. HABERMAS, *ob. cit.*, 163-169.

significa quebrar um tabu". E – conclui o sociólogo alemão – "a Europa alemã viola as condições fundamentais de uma sociedade europeia na qual valha a pena viver".[22]

7. Logo que começou a ficar claro que as eleições legislativas de 21.1.2015 seriam ganhas por um partido que lutava contra as políticas de austeridade que provocaram na Grécia uma tragédia humanitária, a intervenção externa e as ameaças ao povo grego por parte de altos dignitários da UE e dos "países dominantes" tornaram-se mais evidentes.

Três dias antes do ato eleitoral, foi a vez de Mario Draghi, intervindo na qualidade de Presidente do BCE, avisar que o programa de *Quantitative Easing* (atrás referido) só seria aplicado à Grécia mediante certas condições. Os gregos compreenderam: se não comerem a sopa toda que Bruxelas vos põe no prato, terão o caldo entornado... Mas não votaram em quem os ameaçava.

Dois dias depois das eleições, o Presidente do *Eurogrupo* afirmou, segundo os jornais (27.1.2015), que "os gregos têm de compreender que os problemas fundamentais da sua economia não desapareceram só porque houve uma eleição". Traduzindo: não adianta terem feito, nas eleições, uma escolha diferente da que nós queríamos, porque nós vamos boicotar a vossa escolha.

Neste mesmo dia, a Agência Moody's proclamou, do seu trono imperial, que a vitória do Syriza "influía negativamente nas perspetivas de crescimento". Uma "sentença" terrível para um povo que viu o PIB baixar cerca de 25% em resultado das políticas colonialistas impostas pela *troika*.

E o *Financial Times* fez também o seu papel, ditando a sentença de morte do "criminoso": "Este governo não pode sobreviver".

Em 28.1.2015, um dos vice-presidentes da Comissão Europeia (J. Kartainen) disse, sem o mínimo de vergonha: "nós [a UE] não mudamos de política em função de eleições". Ficamos sem saber para que servem as eleições. Se as proibissem, sempre se poupava algum dinheirito...

A mesma cultura democrática transparece na proclamação do Ministro das Finanças alemão: "as eleições não mudam nada". Esta é a democracia do capital!

Na primeira ronda de negociações, os jornais anunciaram que o Presidente da Comissão Europeia e o Comissário Moscovici tinham chegado a um acordo com o governo grego. Só que, na reunião do *Eurogrupo* que deveria ratificá-lo, o respetivo presidente, verdadeiro moço de recados de Schäuble e Merkl, começou a reunião afirmando que aquele acordo não servia para base das negociações, apresentando uma alternativa "em alemão".

Em 16.2.2015, os ministros das finanças da zona euro, num gesto ternurento de "solidariedade europeia", avisaram o novo governo grego de que não contasse com o dinheiro da "metrópole" se recusasse continuar as *políticas de austeridade*. Com esta *declaração de guerra*, começava o processo de "negociações" em que só o governo grego fez cedências.[23]

---

[22] Ulrich Beck, *ob. cit.*, 11, 89 e 111.
[23] Num depoimento publicado em *Le Monde Diplomatique* (ed. port.), agosto/2015, Varoufakis vem dizer publicamente que, pouco depois da sua tomada de posse como Ministro das Finanças da Grécia, o Presidente

E o *New York Times* tirava de imediato a conclusão: "os mercados financeiros pensam que a Grécia não tem qualquer outra escolha que não seja abandonar o euro".

As "autoridades" europeias não permitiram que o governo grego utilizasse cerca de 1.100 milhões de euros de "ajudas" anteriores destinados a capitalizar a banca e que não chegaram a ser gastos nesse objetivo beneficente. E o BCE anunciou, contrariando compromissos assumidos anteriormente, que não devolveria à Grécia cerca de 1.800 milhões de euros por conta dos lucros que obteve com operações sobre a dívida grega.

Entretanto, beneficiando-se do sacrossanto *princípio da livre circulação de capitais*, os grandes empresários e os gregos muito ricos fizeram sair do País, durante os anos da "crise", mais de cem mil milhões de euros. Quem o disse foi o Presidente do Parlamento Europeu, Martin Schultz (jornais de 10.6.2015). Talvez tenham procurado na Alemanha um "porto seguro", ajudando a Sr ª Merkl a recorrer menos à emissão de dívida pública e a poupar milhares de milhões de euros (segundo cálculos do *Bundesbank*, a Alemanha poupou, por esta via, 120 mil milhões de euros entre 2007 e 2014).

Perante este relato, não pode fugir-se à sensação de que estamos diante de uma "associação criminosa" em que cada membro do *gang* faz a parte que lhe cabe do plano global traçado para aniquilar o inimigo a abater. Subscrevo esta conclusão de Wolfgang Streeck: "a integração europeia transformou-se numa catástrofe política e económica".[24]

8. Perante a *crise do euro* (e *crise da "Europa"*), prevaleceu, até hoje, a tese de que ela se deve aos "pecados" dos *povos do sul* e a tese de que tal "doença" se cura pela *penitência* e pelo *sacrifício purificador*, que anda de par com essa outra tese da *austeridade regeneradora*. Esta "leitura" da crise e as políticas adotadas para a enfrentar estão a destruir as economias europeias, estão a romper o tecido social dos estados europeus, estão a desperdiçar uma geração (os jovens desempregados, quatro em cada dez); podem acelerar o fracasso da "fantasia" da UEM e do euro (nomeadamente do euro enquanto moeda de referência nos pagamentos internacionais, capaz de pôr cobro ao monopólio do dólar) e podem mesmo pôr em causa a Europa de paz que se pretendeu construir com a criação da CECA (uma Europa desejosa de integrar, sem riscos, uma *Alemanha europeia*, uma Alemanha despida de projetos imperiais e solidária com os interesses de todo o Velho Continente).

Como muitos entenderam que para se ser bem visto nesta *Europa alemã* era necessário não ser (ou, pelo menos, não parecer) "pecador", foi deprimente ver-se os *países do sul*, em especial os devedores, a dizer, cada um deles, que era

---

do *Eurogrupo*, Jeroen Dijssebloem, o visitou em Atenas para o avisar de que o Governo do Syriza tinha de continuar a cumprir o *Memorando* imposto ao governo anterior de conservadores e socialistas (e as *políticas de austeridade* dele resultantes, que estavam a deixar a Grécia exangue) ou seria o fracasso, i.é, a Grécia – impossibilitada de se financiar junto dos "mercados" – ficaria sem financiamentos do BCE, o que implicaria o encerramento dos bancos. Como é sabido, foi isto mesmo que veio a acontecer, após várias ameaças neste sentido feitas em reuniões do *Eurogrupo*, ameaças que estimularam, como é óbvio e talvez fosse desejado pelos 'parceiros' da Grécia, a *fuga de capitais*.

[24] Cfr. W. Streeck, "Uma hegemonia...", cit.

melhor do que os outros. A União Europeia transformou-se numa melodramática *desunião europeia*.

Este "caldo de cultura" e este desejo de agradar ao "dono" têm cimentado a ideia de que é pecaminoso falar de reestruturação da dívida soberana dos países que, consabidamente, não têm condições para a pagar.

9. Muito falada tem sido a questão da dívida grega.

Uma *Comissão Internacional de Auditoria* apresentou um Relatório ao Parlamento grego (junho/2015) no qual defende que uma boa parte da dívida da Grécia deve considerar-se dívida *ilegal, ilegítima* e *odiosa*. E tal caraterização significa, segundo o Direito Internacional, que o povo grego não é obrigado a pagar tal dívida.

Uma parte dessa dívida vem ainda do tempo da ditadura militar. Outra parte foi constituída graças à generosidade de bancos alemães e franceses, sempre disponíveis para alimentar negócios chorudos que em nada beneficiaram o povo grego. Basta recordar os "negócios" relacionados com os Jogos Olímpicos de Atenas (um empreendimento altamente reprodutivo para a economia grega e para o povo grego e que custou o dobro dos Jogos Olímpicos de Sidney), alegremente e levianamente financiados pelos grandes bancos europeus (com os alemães à cabeça). É claro que coube a empresas alemãs a parte de leão dos "negócios" envolvidos naqueles "Jogos".

Já a Grécia respirava mal em virtude das dificuldades resultantes do peso da dívida, e a Alemanha emprestava dinheiro ao governo grego com a condição de este não reduzir os programas de aquisição de navios de guerra e outro material bélico que a Alemanha queria vender. E a Alemanha vendeu ao governo grego, por muitos milhares de milhões de euros, cinco submarinos Type-214, ao mesmo tempo que a França lhe vendia (em 2009, em plena crise!) vinte helicópteros militares NH-90, e o RU vendia quatro navios de guerra *Super Vita*, somando mais uns milhares de milhões de euros. O respeitado Instituto sueco SIPRI apurou que a Grécia absorveu, entre 2007 e 2011, 13% das exportações alemãs e 10% das exportações francesas de material de guerra, apresentando-se como um dos maiores importadores mundiais de armamento.[25] E o povo grego, vivendo acima das suas posses, desloca-se agora, de ilha em ilha, viajando em helicópteros, em fragatas ou em submarinos (de preferência estes, para encobrir os sinais exteriores de riqueza...). Se fossem devidamente contabilizados todos os malefícios do grande capital financeiro, dos políticos e das políticas ao seu serviço, o mundo perceberia melhor a origem dos males que nos afligem.

---

[25] Cfr. *Diário Económico* de 20.3.2012. Se não nos esquecermos de Portugal, como não recordar a fartura de autoestradas que semearam por esse Portugal fora (a pedido dos grandes empreiteiros e da banca, que sempre esteve por detrás de todas as negociatas das PPP) e o clima de "exaltação patriótica" com que "o bom povo português" assistiu à inauguração dos dez estádios de futebol para o Euro/2004 (dois só na capital, para fazer inveja a Milão, que tem dois clubes maiores e mais ricos que os de Lisboa, mas só tem um estádio para ambos!) e o júbilo com que se celebrou depois a compra dos dois submarinos à Alemanha. Felizmente, só quiseram vender-nos dois. Parece que também houve corrupção a olear estes negócios. Na Alemanha já foram condenados alguns dos intervenientes neles, por terem subornado interlocutores portugueses e gregos. Na Grécia, foi preso o próprio Ministro da Defesa, implicado nestes "negócios de estado". Em Portugal, as entidades competentes continuam a investigar, mas ainda não apuraram nada... Prova-se a corrupção ativa, mas não se prova a corrupção passiva. Mistérios da vida...

Uns anos atrás, durante mais de uma década, a Siemens conseguiu ganhar na Grécia, com base em subornos dos políticos gregos "amigos" das empresas alemãs, contratos milionários, praticamente "encomendados" pelo fornecedor e financiados com créditos concedidos por bancos alemães, que agora acusam os gregos preguiçosos de se terem endividado para viver acima das suas posses. O mínimo que se pode dizer é que não é justo obrigar o povo grego a pagar tal dívida.

Estes e outros "negócios" contaram certamente com a assessoria do Goldman Sachs (sob a batuta de Mario Draghi, atual Presidente do BCE), com a "generosidade" dos maiores bancos alemães e franceses (desejosos de não perder a oportunidade de ganhar bom dinheiro, mesmo que tais empréstimos fossem concedidos muitas vezes sem ter em conta as regras mínimas da prudência bancária) e com a cumplicidade das autoridades da UE.

Hoje ninguém nega – porque é impossível negá-lo – que o dinheiro das "ajudas" das *troikas* à Irlanda, a Portugal, à Espanha e à Grécia foi todo direitinho para os bancos. As economias destes países e os respetivos povos nem viram a cor de tal dinheiro. Um ex-conselheiro de Durão Barroso enquanto Presidente da Comissão Europeia tem vindo a público (em livro e em outros escritos) denunciar que o "auxílio" da UE à Grécia (e aos demais "países devedores") se destinou exclusivamente a salvar os grandes bancos alemães e franceses, fortemente expostos à dívida grega. E mostrou também que o ex-Diretor-Geral do FMI, Dominique Strauss-Kahn, deu igualmente o seu aval a vários empréstimos concedidos à Grécia quando o País já estava sobre-endividado, desrespeitando os estatutos do próprio FMI. Muito pode o capital financeiro!

10. A História mostra que não é de hoje o recurso à reestruturação das dívidas soberanas nem a invocação do princípio segundo o qual nenhum povo pode ser obrigado a pagar dívidas contraídas para o subjugar.[26]

Em 1861, o governo mexicano invocou o referido princípio para justificar a sua recusa de pagar dívidas contraídas pelo antigo ditador para dominar o povo mexicano. Desta vez, os credores (o Reino Unido, a França e a Espanha) impuseram os seus direitos pela força: ocuparam o País e impuseram como 'imperador' do México o príncipe Maximiliano da Áustria.

No final do século XIX, quando os EUA substituíram a Espanha no domínio de Cuba (só formalmente independente), o governo espanhol apresentou-se também para cobrar a Cuba empréstimos que tinham sido concedidos durante o domínio colonial. Desta vez, intervindo em defesa do seu "protetorado", os EUA invocaram exatamente aquele princípio para libertar o povo cubano do dever de pagar tal "dívida".

Já em 1918, foi a vez de a Rússia revolucionária se recusar, com aquele fundamento, a pagar a dívida contraída pelo Czar Nicolau II.

Também sabemos que, ao menos durante a primeira década posterior ao fim da 2ª Guerra Mundial, vários países beligerantes (entre os quais o RU e os EUA) conseguiram reduzir o montante das suas dívidas soberanas graças à

---

[26] Cfr. R. Lambert, *ob. cit.*

inflação, que lhes permitiu amortizar a dívida em moeda com menos poder de compra e pagar os juros a taxas reais negativas.

Toda a gente considerou isso natural, e os "investidores" tiveram de dar o seu contributo, porque os estados controlavam então os movimentos de capitais (a *fuga de capitais* era um crime passível de pena de prisão) e controlavam estritamente a atuação da banca (nacionalizada, em boa parte, no RU, na França e em outros países europeus).

No início deste terceiro milénio, o Governo de Nestor Kirchner comunicou ao FMI que não podia continuar a martirizar o seu povo, pelo que a Argentina suspenderia o pagamento dos encargos da dívida até que pudesse retomá-lo. O povo argentino passou momentos difíceis. Durante dois anos, a Argentina teve de recorrer a uma moeda paralela (o *corralito*), e o PIB baixou 4,5% em 2001 e 11% em 2002. Mas nos anos seguintes a economia cresceu a taxas entre 4% e 8%, o desemprego diminuiu significativamente, o país acabou por conseguir uma redução do montante da dívida e das taxas de juro e a prorrogação dos prazos de pagamento, e pagou a dívida ao FMI em 2006.

Em 2003, depois da ocupação do Iraque, os EUA invocaram o mesmo princípio para legitimar o não pagamento, pelo governo que tinha colocado à frente do Iraque, das dívidas contraídas por Saddam Hussein, alegando que o povo iraquiano não podia ser obrigado a pagar "dívidas contraídas em benefício do regime de um ditador em fuga". E o princípio valeu: os principais credores (Alemanha e França) aceitaram um perdão de 80% dos créditos que tinham apresentado para cobrança.

Como é sabido, no âmbito da presente crise iniciada em 2007/2008, a Islândia recusou as exigências dos seus credores (sobretudo bancos ingleses e franceses, que tinham "colonizado" os bancos islandeses), julgou e condenou os responsáveis pela bancarrota dos bancos, foi à sua vida e não se deu mal.

Apesar destes antecedentes, no caso da Grécia (de Portugal e de outros países), o princípio da renegociação e reestruturação da dívida tem sido recusado como "subversivo". E, no entanto, até o antigo conselheiro de Durão Barroso (atrás referido) defende, sem hesitações, que "Portugal deve procurar obter uma redução da dívida oficial" [a dívida junto dos países do euro]. Philippe Legrain insiste em que, para além de uma "reestruturação dos bancos", Portugal precisa de "um perdão da dívida que reduza os pagamentos a título de juros".

11. A História registra várias outras situações em que os países devedores foram autorizados a suspender o pagamento dos encargos da dívida durante os períodos de recessão e a dosear o montante dos encargos anuais a pagar em função de determinados indicadores (evolução do PIB, das receitas fiscais, do valor das exportações).

A História ensina também que há muitas formas de resolver os mesmos problemas. E a Alemanha deveria estar entre os primeiros países a não esquecer as lições da História. Tal como acontece com as pessoas e as instituições, também a História dos povos é feita de grandezas e misérias. E cada um tem que assumir a sua História por inteiro. Também a Alemanha, sem ter que ignorar as suas grandezas, não pode esquecer as suas misérias.

A Alemanha não pode esquecer que foi o devedor mais relapso ao longo do século XX, durante o qual cometeu, contra os povos da Europa e de todo o mundo, gravíssimos *crimes conta a Humanidade*.

A Alemanha não pode esquecer que as tropas da Alemanha nazi assassinaram, em 1940, mais de um milhão de gregos (muitos deles *deliberadamente mortos pela fome*), infligindo também à Grécia enormes prejuízos materiais, para além do roubo de obras de arte sem preço.

A Alemanha não pode esquecer que, apesar de tudo isso, se beneficiou do perdão de dívidas, contando-se a Grécia (e também a Espanha e a Irlanda) entre os países que, nos termos do *Acordo de Londres* (assinado em 27.2.1953), perdoaram dívidas à Alemanha, apenas oito anos depois do fim da Guerra.

Efetivamente, este *Acordo de Londres* reflete a solução encontrada para resolver o problema da dívida da Alemanha (uma dívida avaliada em 32 biliões de marcos), após negociações com 26 países credores (os principais eram os EUA, o RU, a Holanda e a Suíça).

Durante a conferência realizada em Lancaster House, o chanceler da RFA, Konrad Adenauer escreveu uma carta aos credores lembrando-lhes que era necessário "ter em conta a situação económica da RFA", a necessidade de ter em conta, nomeadamente, "o facto de a dívida e os encargos da dívida não aumentarem ao mesmo tempo que o crescimento económico diminui".

E os credores não tiveram dificuldade em compreender que impor à RFA políticas recessivas e fazer exigências duras no que toca ao pagamento da dívida não era o melhor caminho para assegurar a melhoria do nível de vida dos alemães e para garantir as condições para que a RFA pudesse pagar a dívida.

Os EUA propuseram o perdão total da dívida contraída pela Alemanha após a 2ª Guerra Mundial, mas o compromisso acabou por ser estabelecido nestes termos: *a)* perdão de 50% da dívida alemã (entre os credores que perdoaram dívida alemã estavam a Espanha, a Grécia e Irlanda); *b)* diferimento *sine die* das dívidas de guerra que seriam reclamadas à RFA (alguns autores admitem, por isso, que o perdão das dívidas da Alemanha terá rondado os 90%)[27]; *c)* redução considerável da taxa de juro (limite máximo de 5%); *d)* possibilidade de a RFA pagar na sua própria moeda; *e)* reescalonamento do pagamento dos restantes 50% para um prazo de trinta anos (algo mais para uma parcela desta dívida, de tal forma que a Alemanha só em 1990 pagou dívida contraída em 1920); *f)* o pagamento dos encargos da dívida seria feito apenas se houvesse saldo positivo da balança comercial da Alemanha, que não seria obrigada a lançar mão de outros recursos (reservas de divisas ou dívida nova) se não registasse, em dado ano, aquele saldo positivo (para o conseguir, a Alemanha era mesmo autorizada a introduzir barreiras às importações); *g)* o pagamento efetivo dos encargos da dívida foi condicionado à capacidade de pagamento da Alemanha, não podendo o serviço da dívida absorver mais do que 5% do valor das exportações, e admitindo-se a suspensão dos pagamentos e sua renegociação em caso de dificuldades económicas; *h)* os credores obrigavam-se a permitir à Alemanha garantir de forma duradoura o crescimento da sua

---

[27] Cfr. R. LAMBERT, *ob. cit.*

economia e a sua capacidade de negociação; *i)* o objetivo global do Acordo era o de permitir à Alemanha condições para prosseguir o crescimento económico sem sacrificar o consumo dos alemães.

Todos os autores concordam hoje que estas condições concedidas à Alemanha estão entre os fatores mais importantes para explicar o famoso "milagre alemão" da década de 1950.[28] No início de julho/2015, foi a vez de Habermas recordar isto mesmo: "A Alemanha deve o impulso que lhe permitiu o salto de que se alimenta ainda hoje à generosidade dos países credores [entre os quais a Grécia, digo eu. *AN*], que, pelo Acordo de Londres de 1953, eliminaram de uma penada cerca de metade das suas dívidas".[29] Por que não se aplica agora, à Grécia e a Portugal, esta mesma receita milagreira, resultante de uma *deliberação política*? Por que se quer, agora, reduzir a *política* à mera *aplicação de regras*?

O conhecimento da História torna ainda mais estranho e mais "criminoso" que as autoridades da UE tenham optado pela "condenação" dos países devedores a políticas de austeridade que provocaram recessões gravíssimas (25% de quebra do PIB na Grécia; cerca de 6,5% em Portugal), empobreceram e humilharam povos inteiros, aumentaram a dívida externa, reduziram a capacidade de pagamento da dívida (as dívidas da Grécia e de Portugal são impagáveis!) e minaram gravemente as bases da soberania nacional destes países. A UE, em vez de ajudar os "países do sul" a melhorar as suas economias, empresta-lhes dinheiro a taxas de juro agiotas e obriga-os a utilizar esse dinheiro apenas para pagar os encargos da dívida e para ajudar os bancos (exigência dos *Memorandos de Entendimento* impostos à Grécia e a Portugal), asfixia-os com *políticas de austeridade*, "confisca" as suas empresas públicas estratégicas, transforma-os em verdadeiras colónias.

A esta luz, impressiona-me muito que, perante as dificuldades por que passa o povo grego, alguns setores políticos e da comunicação social dominantes na Alemanha (talvez refletindo os sentimentos de uma parte da opinião pública alemã) tenham ido ao ponto de "aconselhar" os gregos a vender o Parthénon e as ilhas do Mar Egeu, e os portugueses a embarcar na "jangada de pedra" (tomando o título de um livro de José Saramago) rumo ao Brasil (para se juntarem aos índios da selva amazónica, pensarão eles...). É uma provocação primária e uma ofensa à dignidade de gregos e portugueses.

E impressiona-me ainda mais que o Ministro das Finanças alemão – que está sempre a dar lições aos *povos do sul*, exigindo-lhes que paguem as suas dívidas e impondo-lhes pesados sacrifícios punitivos –, tenha vindo a público

---

[28] Em sentido inverso, as condições de pagamento da dívida impostas a Portugal e à Grécia constituem verdadeiras *políticas de subdesenvolvimento*, empurrando estes países para um beco sem saída. Em 2013, Portugal pagou (só de juros!) cerca de 8,5 mil milhões de euros (montante equivalente a 40% das remunerações dos trabalhadores da Administração Pública, que representa três vezes a despesa com a Segurança Social e que é superior à despesa com o SNS. Estima-se que, entre 2015 e 2019, estes encargos representem 5,2% do PIB, cifra muito superior às estimativas otimistas do FMI quanto ao investimento nesse mesmo período: cerca de 2,4% em média anual. Como é possível o crescimento, num país que, ainda por cima, com as privatizações das grandes empresas, vê sair para o estrangeiro (a título de exportação de lucros) uma percentagem importante do rendimento criado em Portugal. É uma situação de *dependência* semelhante à das colónias.

[29] Informação colhida em <http://luizmullerpt.wordpress.com/2015/07/02/a-escandalosa-politica-da-europa-para-cpm-a-grecia-por-jurgen-habermas/>

dizer que a questão das reparações de guerra é assunto do passado. É uma arrogância que ofende o mundo inteiro, semelhante a daqueles que negam o holocausto. Triste sinal dos tempos...[30]

Este ministro alemão e todas as autoridades do seu país sabem muito bem que a Alemanha nunca pagou à Grécia um cêntimo que fosse para indemnizar o povo grego pelos danos morais e materiais que lhe foram infligidos pelas suas forças armadas. Não é fácil calcular os danos morais: qual a recompensa por uma pessoa assassinada? E por uma pessoa torturada e condenada a morrer à fome em campos de concentração? E qual a recompensa pelo roubo do património artístico e cultural de um povo? Mas poderão calcular-se os danos materiais. O governo grego fez as contas e anunciou ter direito a reclamar da Alemanha uma indemnização de 278 mil milhões de euros pelos danos causados pela agressão da Alemanha nazi. Chegava para resolver os problemas financeiros da Grécia, que refletem, aliás, ganhos fartos do capital alemão.

12. Apresentadas em regra, "patrioticamente", como indispensáveis à salvaguarda da soberania do país e ao cumprimento "honrado" dos compromissos assumidos, as *políticas de austeridade* têm-se traduzido, pelo contrário, no "confisco" da soberania dos povos "condenados" a sofrê-las, obrigados a pagar dívidas que alguém contraiu abusivamente em seu nome, dívidas que eles não podem pagar.

"Se quiser ser realista – escreveu Paul Krugman, que invoco de novo –, a Europa tem de se preparar para aceitar uma redução da dívida, o que poderá ser feito através da ajuda das economias mais fortes e de perdões parciais impostos aos credores privados, que terão de se contentar com receber menos em troca de receber alguma coisa".

"Só que realismo – comenta Krugman – é coisa que parece não abundar". No entanto, alguns partidos de esquerda e vários autores (entre os quais me incluo, na minha modéstia) têm vindo a defender que países como a Grécia e Portugal não poderão suportar por mais tempo as consequências das políticas recessivas que lhes estão a ser impostas nem os sacrifícios que estão a ser exigidos aos seus trabalhadores, e a defender a urgência de se pôr de pé, de forma concertada entre vários países vítimas da "paixão europeia pela austeridade", um movimento que se empenhe em organizar e fazer vencer um *programa de reestruturação da dívida* destes países.

Com muitos outros autores, defendo que as negociações com este objetivo devem ser antecedidas de uma *auditoria cidadã* às contas dos estados devedores, para se apurar – *em termos políticos* (e não puramente técnicos), com a participação dos cidadãos, dos sindicatos, dos partidos políticos – em que condições essa dívida foi contraída e qual o destino dos fundos tomados de empréstimo, por forma a saber-se qual a parte dessa dívida que deve ser considerada *dívida*

---

[30] Uma esperança de que seja feita justiça renasce com as declarações de Joachim Glauck, Presidente da Alemanha, que em 2.5.2015 declarou ao jornal *Sueddeutsche Zeitung* que os alemães de hoje são "descendentes daqueles que deixaram atrás de si uma senda de destruição na Europa durante a II Guerra Mundial", e, referindo-se especificamente á Grécia, reconheceu que, "vergonhosamente, há muito tempo que nos preocupamos pouco" com ela. Conclui que "o correto, para um país com consciência histórica como a Alemanha, é considerar as possibilidades existentes para a reparação dos danos causados". Num quadro tão pobre de ética, é um sinal positivo. Cfr. *Avante!*, 7.5.2015.

ilegítima (ou mesmo *dívida odiosa*). Porque o Direito Internacional reconhece que os povos têm o *direito* de não pagar as *dívidas ilegítimas* e as *dívidas odiosas* e os governos que respeitem o mandato dos seus eleitores têm o *dever* de não as pagar.[31]

Passada esta fase, uma *renegociação* e *reestruturação da dívida soberana* deve atender a estes pontos essenciais: fixação de um período razoável de carência (suspensão do pagamento dos encargos da dívida e da sua amortização); redução do montante da dívida (por exemplo, a que ultrapassa 60% do PIB), por perdão, mutualização ou outro instrumento; baixa da taxa de juro; alargamento dos prazos de pagamento; doseamento dos pagamentos a efetuar anualmente em função do volume das exportações ou da taxa de crescimento do PIB; reconhecimento do direito de suspender a satisfação dos encargos da dívida nos anos de recessão.

A verdade, porém, é que, por mais sensata que ela seja, esta ideia da renegociação e reestruturação da dívida tem tido a oposição radical dos santuários mais fundamentalistas do neoliberalismo, entre os quais o BCE, que vê no velho dogma das *finanças sãs* a panaceia capaz de resolver todos os problemas. Acreditam estes fanáticos da *austeridade* (exigida para garantir a estabilidade dos preços e o equilíbrio orçamental) que só ela pode gerar *confiança* (dos "mercados" e dos investidores) e que só a *confiança* pode criar emprego.

O problema é que a confiança está a fazer-se rogada, exigindo cada vez mais sacrifícios aos trabalhadores. A recessão acentua-se e prolonga-se, e o desemprego aumenta... É o resultado conhecido das velhas receitas liberais, pré-keynesianas, que, até ao início da década de 1970, se julgavam mortas e enterradas. Em nome da ortodoxia neoliberal, em vez de se combater o desemprego, atacam-se os desempregados, como se fossem criminosos,[32] e "conduzem-se países à falência para evitar a falência de bancos".[33]

13. Mesmo nesta *Europa austeritária*, receou-se, a certa altura, que o "inferno" para que vinham empurrando a Grécia poderia obrigar este país a declarar a cessação de pagamentos e o abandono do euro. E vários autores avisaram que a Grécia poderia não ir sozinha para o "inferno". Entre outros, Paul Krugman: "É fácil ver como esta pode ser a primeira peça de um dominó que se estende a grande parte da Europa, (...), que pode tornar-se no centro de uma nova crise financeira".[34]

Neste contexto, começou a ganhar terreno, em meados de 2011, a ideia da inevitabilidade da reestruturação da dívida externa grega, processo que começou a pôr-se em prática, mais na sombra do que às claras, porque a posição oficial era (e ainda é...) a de recusar qualquer ideia de renegociação e reestruturação da dívida.

---

[31] Cfr. F. Chesnais, *ob. cit.*

[32] Não espanta que assim seja, se tivermos presente que todos os *ayatholas* do neoliberalismo (Hayek, Milton Friedman e todos os clérigos desta "religião") consideram que o desemprego é um problema menor, porque o desemprego é sempre *desemprego voluntário*. Para maiores desenvolvimentos, ver o meu livro *Uma Volta ao Mundo...*, cit., 115ss.

[33] Cfr. M. Castells, *ob. cit.*

[34] Cfr. P. Krugman, *Acabem...*, cit.

O então Presidente do *Eurogrupo* começou a falar da necessidade de uma *reestruturação soft* da dívida grega. E, em finais de junho/início de julho/2011, a Alemanha e a França (que, talvez por defeito de fabrico, sempre gostaram de se substituir à "Europa") começaram também a dar sinais de alguma flexibilidade, admitindo a renegociação com a participação voluntária dos bancos privados. Talvez tenham concluído que esta poderia ser a solução para acautelar da melhor maneira os interesses dos "seus" bancos, com elevado grau de exposição à dívida grega, e para não se arriscarem a perder o *deutsche euro*, que tão bons serviços tem prestado aos poderes imperiais.

De acordo com as notícias vindas a lume, no início de julho/2011, os bancos privados (sobretudo franceses e alemães) aceitaram reformar 70% da dívida de curto prazo e de médio prazo, substituindo-a por títulos de dívida pagável num prazo de trinta anos, com uma taxa de juro entre 5,5% e 8%, conforme a taxa de crescimento do PIB grego que vier a verificar-se. Os especialistas chamaram a atenção para o facto de esta operação (que teve o acordo da entidade que congrega a banca europeia, a *Autoridade Bancária Europeia – EBA*) assentar em um novo "produto financeiro", particularmente complexo, que poderá conduzir a uma situação idêntica à que decorreu dos empréstimos *subprime* nos EUA.[35]

Esta solução teve como contrapartida a condenação da Grécia à adoção de mais medidas de austeridade, pouco compatíveis com o estatuto de um estado soberano. Fortemente pressionadas, as autoridades gregas aceitaram o "acordo" ("rollover agreement"), que lhes foi imposto. Mas quando o Primeiro-Ministro Papandreou falou em ouvir o povo através de referendo, puseram-no na rua.

Em março/2012, deram-se mais alguns pequenos passos no mesmo sentido.

No entanto, apesar de o governo grego da altura ter sido "nomeado" pela *troika* e pelos "mercados", os créditos dos "sócios" da *troika* não entraram no acordo. E a *troika* impôs condições (compensação aos credores, recapitalização da banca, etc.) que quase esvaziaram os efeitos positivos desta "reestruturação". Para entregar mais uma prestação do empréstimo concedido à Grécia, a *troika* impôs ainda um novo *programa de austeridade*, persistindo – apetece dizer *criminosamente* – em condenar o povo grego a mais desemprego e a mais miséria e em destruir a economia do país, obrigando a Grécia a um programa de privatizações que transfere para as mãos do grande capital estrangeiro (com os alemães na primeira linha), a preços de saldo, o que resta do setor empresarial do estado.

Para comemorar a façanha, o Ministro das Finanças alemão e o porta-voz da Comissão Europeia apressaram-se a dizer que, aliviada um pouco a carga, o governo grego tinha de cumprir escrupulosamente as exigências da *troika*..., exigências que, ainda que não escrupulosamente cumpridas, produziram, no período entre 2010 e 2012, uma diminuição acumulada do PIB de 25%, e conduziram a uma taxa de desemprego próxima dos 27%.

---

[35] Cfr. W. Münchau, *ob. cit..*

Esta reestruturação viciada não corrigiu nada na trajetória da dívida grega, antes agravou a situação geral no país. A tal ponto que foi inevitável uma nova reestruturação, mais uma vez "comandada" pela *troika* (ou pela Alemanha, disfarçada de *troika*). Após as eleições de junho/2012 (marcadas pela escandalosa chantagem sobre o povo grego e pela ingerência nos assuntos internos da Grécia por parte das agências e dos estados ao serviço do capital financeiro), o governo de coligação (conservadores e socialistas) anuncia o seu propósito de renegociar as condições da dívida, aceitando cumprir as "metas" impostas pelos credores. Desta vez, entraram também os créditos das entidades representadas na *troika*. O resultado – tanto quanto se sabe – traduziu-se na concessão de um período de carência; no adiantamento de parte do dinheiro emprestado para financiar a recompra de dívida externa grega no mercado secundário a um preço inferior ao da sua emissão (o que configura, indiretamente, uma redução da dívida); no compromisso de entregar ao estado grego os lucros obtidos pelo BCE nas operações sobre a dívida grega; no perdão de parte da dívida; no aumento dos prazos de maturidade dos empréstimos e na baixa das taxas de juro.

Teriam feito o justo e o correto se estas facilidades tivessem sido concedidas antes de as políticas de austeridade terem destruído a economia grega e terem privado o estado grego de meios para promover o desenvolvimento autónomo do país. É óbvio, de todo o modo, que não se trata de reestruturação a sério, porque, depois dos malefícios infligidos ao povo grego (que o deixaram praticamente exangue), as medidas adotadas não proporcionam à Grécia condições mínimas para poder fazer crescer a sua economia, gerar emprego e criar riqueza.

14. Apesar de algumas cedências na prática, o princípio da reestruturação e negociação da dívida soberana dos países mais fracos e mais sujeitos aos chamados choques assimétricos (Grécia, Portugal e outros pequenos países da zona euro) continua a ser oficialmente recusado, em nome da boa moralidade doméstica, segundo a qual quem deve paga! O contrário é algo de "subversivo".

A persistência nesta atitude absurda só poderá conduzir a uma situação em que estes países sejam empurrados para fora do euro, ainda que contra a sua vontade. A menos que estes países aceitem ser "escravos", continuando a aplicar as *políticas de austeridade* que têm criado verdadeiras tragédias humanitárias sem terem resolvido nenhum dos problemas de equilíbrio financeiro que se propuseram resolver.

A verdade é que todos sabem (UE, BCE, FMI, até o Ministro Schäuble) que esta dívida grega (como a dívida contraída pelos governos portugueses) é impagável. No início de 2015, o *Financial Times* reconhece (27.1.2015) que "o reembolso da dívida [da dívida imputada à Grécia] implicaria que a Grécia se transformasse numa economia escrava". É isto mesmo que pretendem os defensores das *políticas de austeridade* e os devotos das *regras alemãs* da UEM: "escravizar" os *devedores*, transformando os estados do sul em *colónias* da *Europa alemã*, com *economias escravas*. É isto que está em causa. O resto é pura encenação.

Contra este projeto colonialista e escravagista, é imperioso, a meu ver, desmontar o "argumento" de que a zona euro tem *regras* e de que todos têm de as aceitar e de as cumprir "religiosamente".

Os *aplicadores das regras* (que muitas vezes são aqueles que as definem) vêm-se comportando como verdadeiros administradores coloniais e têm provocado danos gravíssimos à vida democrática, à economia, à soberania e à dignidade dos povos submetidos ao *império das regras*. Exercendo o poder sem qualquer controlo democrático (como é próprio do poder imperial), os *aplicadores de regras* julgam-se por certo politicamente irresponsáveis, porque se limitam a cumprir regras e cumprir regras não é fazer política.[36]

Pois bem. É preciso dizer a esses "irresponsáveis" que essas *regras* foram impostas por uns para subjugar outros e – como sempre fizeram os colonialistas – sem nunca perguntar aos povos "colonizados" se estavam de acordo com elas. É preciso recordar-lhes que essas regras são concebidas sempre em função dos interesses do capital financeiro contra os interesses e os direitos dos povos.

E, sobretudo, é preciso dizer-lhes que, se essas *regras* empobrecem, humilham, colonizam e escravizam alguns povos (elas *pecam contra a dignidade dos povos* – J. C. Juncker *dixit*), estes não têm que as aceitar, assim como os presos nos campos de concentração não têm de aceitar as *regras do campo*, impostas pelos opressores.

Como todos os povos colonizados, os países condenados à *escravidão por dívidas* têm o direito e o dever de lutar contra as *regras* impostas pelos colonizadores, que atentam contra a sua dignidade. É um direito reconhecido pela Carta das Nações Unidas. Os democratas só podem estar ao lado dos povos que lutam contra essas *regras* e essas *políticas de austeridade*, tal como estiveram contra o *colonialismo* e contra o *apartheid* (um *crime contra a Humanidade*), porque ninguém tem o direito de ofender a dignidade de povos inteiros e de os condenar ao estatuto de *colónias*, com *economias escravas*.

15. O que acabo de escrever ganhou mais razão de ser depois do que se passou nos dois "assaltos" da luta entre a Grécia *devedora* e os seus credores, em janeiro-fevereiro/2015 e em junho-julho/2015.

Sucederam-se as reuniões *decisivas para o futuro da Grécia*. E as notícias iam tornando claro que não havia *negociações* nenhumas, apenas "combates" em que os *credores* procuravam impor à Grécia *devedora* mais medidas de austeridade, batendo sempre a tecla da necessidade de cumprir as *regras*, ainda que estas tenham sido já classificadas de "estúpidas" e "medievais" por um Presidente da Comissão Europeia em exercício de funções.

Os "responsáveis" europeus deram, durante esses longos dias, um triste espetáculo de mediocridade, de hipocrisia e de falta de cultura democrática. Em condições de democracia, *a política* e *os políticos* servem para construir so-

---

[36] Referindo-se às consequências trágicas das políticas de austeridade impostas a Portugal e à Grécia pelos responsáveis das *troikas*, Philippe Legrain comenta: "Mas as pessoas que cometeram estes erros não foram responsabilizadas. E depois perguntam-se porque é que os europeus já não gostam da Europa. É surpreendente?" (*Público*, 11.5 2014).

luções para os problemas que afligem os povos (é isto a democracia: *governo para o povo*), ainda que para tanto tenham de *meter as regras na gaveta*. Porque *cumprir regras* é tarefa de burocratas, não de políticos.

Sabe-se que o Governo grego propôs medidas de combate à corrupção e à evasão e fraude fiscais, bem como o aumento dos impostos sobre o rendimento dos mais ricos, sobre os lucros das grandes empresas e sobre os produtos de luxo.

É certo que rejeitou as propostas absurdas (provocatórias) dos *credores* de alcançar um saldo primário positivo de 3% do PIB em 2015 e 4,5% em 2016, mas aceitou trabalhar para um saldo positivo de 0,6% do PIB em 2015, 1,5% em 2016, 2,5% em 2017 e 3,5% nos cinco anos seguintes. Em consequência, teve de aceitar também o aumento do IVA sobre os medicamentos para 6,5% e do IVA sobre produtos alimentares básicos, água e eletricidade para 11% (os credores queriam impor taxas mais elevadas para quase todos os bens e obrigar o Governo a acabar com os descontos fiscais para as ilhas gregas).

O Governo de Atenas aceitou igualmente um programa de privatizações que renderia 3,2 mil milhões de euros em 2015/2016, mil milhões de euros em 2017-2019 e 10,8 mil milhões de euros no período posterior a 2020. Mas propôs que se constituísse, com essas receitas, uma provisão para garantir os direitos dos trabalhadores das empresas privatizadas e para investimento e que o restante fosse canalizado para financiar a Segurança Social e um banco de investimento que o Governo pretendia criar.

O Governo de Tsipras aceitou aumentar progressivamente a idade de reforma e diminuir gradualmente as reformas antecipadas aos 62 anos. E admitiu adiar para depois de 2016 a reposição do salário mínimo ao nível de 2010, mas propôs igualmente a adoção de medidas de combate ao "trabalho negro" e à fuga aos descontos para a Segurança Social.

Perante estas cedências relativamente ao seu programa eleitoral (o chamado *Programa de Salónica*), o Governo do Syriza pretendia que os *credores* aceitassem algumas medidas de alívio no que toca ao montante dos juros a pagar em 2015/2016 e proporcionassem à Grécia um programa de financiamento de medidas destinadas a promover o crescimento económico do país no período 2016-2021.

16. Pois bem. A "Europa" está reduzida a um ringue de luta livre entre *devedores* e *credores*, com estes a recorrerem a toda a espécie de *golpes baixos*. Neste contexto, apesar destas cedências do Governo grego, os representantes dos *credores* iam fazendo proclamações verdadeiramente insultuosas para os governantes gregos e para o povo da Grécia. O Governo da Grécia e o seu Primeiro-Ministro (que apresentou um programa social-democrata moderado, cometendo talvez o "crime" de "ressuscitar" Keynes e as políticas keynesianas) eram rotulados de *radicais*.[37]

---

[37] O alvo mais apetecido passou a ser, rapidamente, o Ministro Varoufakis, talvez porque, pouco depois de ter tomado posse, ele próprio se rotulou de *marxista errático*. Ora, pelo que posso extrair das suas declarações e entrevistas tornadas públicas, penso que Yanis Varoufakis é um neo-keynesiano, à maneira de Paul Krugman, Joseph Stiglitz e James Galbraith, o que já é ser muito de esquerda, num tempo em que os sociais-democratas europeus são cúmplices dos neoliberais na *morte de Keynes* e na salga da sua sepultura, para que

O ministro Schäuble classificou o Ministro das Finanças grego de "estupidamente ingénuo".

A Diretora-Geral do FMI disse um dia que era preciso continuar a dialogar, mas que o diálogo só valia a pena "com adultos na sala". Incrível a falta de educação desta senhora. Não é admissível que um funcionário internacional chame garoto ao Primeiro-Ministro de um estado-membro da Organização em que trabalha. O ordenado principesco que aufere justifica que se espere dela, pelo menos, que seja bem-educada, uma vez que a competência dela e do FMI andam pelas ruas da amargura, depois dos erros crassos que cometeu e reconheceu (mas não emendou), das previsões erráticas e erradas que vem fazendo e das políticas que vem defendendo (umas vezes num sentido, outras vezes em sentido contrário).

Do que transpirava dessas reuniões ia resultando também que continuava a discutir-se a partir do pressuposto de que o chamado *problema da dívida da Grécia* é um *problema dos gregos*, que têm de aceitar todas as "penas" impostas pelos *credores* (creio que só o Primeiro-Ministro grego insistia em continuar a falar de *parceiros...*).

De acordo com a informação de que disponho, creio poder afirmar que o Governo grego foi para estas negociações com os *credores* (fev./2015) sem ter um plano B (um plano de saída do euro, se tal fosse necessário), com base na ideia de que, na sua grande maioria, os gregos queriam permanecer no euro e com base no pressuposto de que, no quadro da UEM, era possível encontrar uma solução que servisse os interesses do povo grego.

Posso compreender aquela ideia, porque, segundo as sondagens, as reportagens e os comentários que tenho visto e lido, os gregos dão muita importância ao facto de terem a mesma moeda de outros (grandes) países da Europa. Há quem veja nesta ligação afetiva ao euro por parte do povo grego o reflexo de um sentimento de que a entrada no euro significou, para este povo tão martirizado (que foi berço da civilização europeia), o regresso definitivo à Europa (à sua *casa europeia*), depois da dureza da ocupação otomana e da quebra de identidade que ela terá significado.

Mas, politicamente, não posso acompanhar o pressuposto de que é possível permanecer no euro e, ao mesmo tempo, pôr termo às *políticas de austeridade* e ao *retrocesso civilizacional* que elas representam.

E porque assim penso, não me surpreende o resultado negativo e muito desgastante daquela ronda de negociações para o Governo do Syriza, que caiu na armadilha que ele próprio ajudou a preparar. Deixando claro que não tinha um plano alternativo, e proclamando que o seu objetivo prioritário era o de manter a Grécia na zona euro, o Governo grego só podia esperar uma pesada

---

não volte a nascer. De resto, li há tempos que a sua preocupação fundamental era a de *salvar o capitalismo de si próprio*, uma preocupação tipicamente keynesiana. No plano da ação política, sabe-se que, antes de se aproximar de Tsipras e do Syriza, Varoufakis foi assessor do Primeiro-Ministro George Papandreou. Ainda há pouco (agosto/2015) Varoufakis "chorou", num depoimento publicado em *Le Monde Diplomatique*, o fim da "Europa que, desde a adolescência, sempre considerei [ele, Varoufakis] como uma bússola". Quem pensa assim não pode considerar-se um *perigoso esquerdista*. Quem ler o *Programa de Salónica* (o programa eleitoral do Syriza) não pode deixar de concluir, aliás, que ele não vai além do que, segundo os critérios de há um quarto de século, seria considerado um programa social-democrata moderado.

derrota no combate que ia travar com os "credores inimigos", mais experientes e mais fortes (até porque sabiam muito bem que o governo grego precisava de financiamento e que o sistema bancário grego precisava de liquidez).

Sem surpresa, estas negociações de fev./2015 terminaram de forma desastrosa para a Grécia e de forma desonrosa para os *credores*. A estratégia de tentar mudar as regras de funcionamento da zona euro para, dentro dela, transformar a economia e a sociedade gregas, ficou esvaziada. Porque a "Europa" é o que é: uma construção imperialista hoje inteiramente dominada pelo grande capital financeiro.

17. Começa a ficar claro, a meu ver, que, como já vi escrito, "a Europa não tem um problema grego, tem um problema alemão", um problema que se traduz no regresso da irracionalidade, da arrogância, da embriaguez do poder por parte da elite dirigente da Alemanha, que se vangloria de que "agora na Europa fala-se alemão" e que parece continuar a contar com um povo fiel e obediente aos desígnios dos chefes. Um problema que reside no regresso da *Alemanha alemã* a uma *Europa alemã*. A *Alemanha alemã* reconstituiu o seu *espaço vital* no centro e no leste da Europa e vai "colonizando" os *povos do sul*, todos a trabalhar para a Alemanha. A *Europa alemã* transformou-se numa espécie de *Europa de Vichy*, capitulacionista e colaboracionista, fazendo exatamente o contrário do que pedia Thomas Mann em 1953: uma *Alemanha europeia* numa *Europa europeia*, não uma *Europa alemã* comandada por uma *Alemanha alemã*.

Entretanto, com os fumos saídos dessas reuniões vinham ciscos incandescentes e incendiários, acenando com a possibilidade de a Grécia ter de sair da zona euro, uma arma utilizada a preceito porque os *credores* conheciam as sondagens indicativas de que a maioria dos gregos é favorável à permanência da Grécia no euro, sendo que esta é também a posição oficial do Governo do Syriza. Ameaçar com a "expulsão" da Grécia do clube do euro era, pois, uma maneira de semear junto dos gregos o *medo* de serem expulsos de casa (da "Europa"), remetidos de novo, talvez, para as garras do império otomano...

Esta música ia permanecendo em antena por inspiração de Schäuble, que contou, como sempre, com alguns ajudantes. O Ministro das Finanças da Áustria proclamou aos quatro ventos (3.7.2015) que "o problema da saída da Grécia do euro resolve-se facilmente". Mais brilhante foi Cavaco Silva, que veio explicar ao mundo que a zona euro tem 19 membros, pelo que, se sair um, ainda ficam 18. Lindo menino! Mostrou que sabe fazer uma conta de diminuir que se aprende na 1ª classe. Mas mostrou também que não percebe nada do que é a UEM, nem percebe o que significa o euro, nem percebe nada da Europa, e mostrou ainda que é completamente ignorante no domínio da História e da política. Uma vergonha.

Apesar destas "lições", muita gente se foi apercebendo de que a saída da Grécia da zona euro punha a "Europa" a navegar por *mares nunca dantes navegados*. E o medo do Adamastor ressurgiu: poderia ficar em causa o futuro do euro e o futuro da Europa.

Pouco antes de Cavaco Silva falar, o Presidente em exercício do Conselho Europeu declarava: "não tenho dúvidas de que este é o momento mais crítico da história da Europa e da zona euro".

Por essa altura, foi também a vez de a Sr.ª Merkel vir a público, assustada: "Se perdermos a capacidade de encontrar compromissos, então a Europa está perdida"; "se o euro falha, a Europa falha".[38]

Mas falta classe e clarividência a estes "chefezinhos" da "Europa": não têm qualquer visão política do que seja a Europa e não fazem a mínima ideia do que querem fazer com a Europa. A "Europa" está à deriva.

18. Segundo o testemunho do Ministro das Finanças da Grécia, em 25 de junho o governo grego tinha "cedido em nove décimos das exigências dos seus interlocutores (...), quase só com uma exceção: uma ligeira reestruturação da dívida, sem cortes nos montantes, através da troca de títulos". Nem assim o Governo grego conseguiu o mínimo dos mínimos que estava disposto a aceitar: "qualquer coisa que se parecesse com um acordo honroso". "Com a esperança de que um dia eles aceitassem negociar e encontrar-nos a meio caminho – continua Varoufakis –, nós aceitámos continuar a participar nesta mascarada". O problema é que os *credores* "tinham apenas um objetivo: humilhar o nosso governo e forçar-nos a capitular, mesmo que isso significasse a impossibilidade definitiva de os países credores recuperarem o investimento feito ou o fracasso do programa de reforma que só nós podíamos convencer os gregos a aceitar". Os credores – conclui o Ministro grego – exigiam "uma capitulação espetacular, que mostrasse aos olhos do mundo que nós tínhamos ajoelhado".

Perante esta leitura do processo de falsas negociações e em desespero de causa (vendo que os socialistas europeus lhe negavam o apoio que talvez esperasse, dada a moderação das suas propostas), o Primeiro-Ministro grego anunciou, em 27 de junho/2015, a realização de um referendo, marcado para 5 de julho de 2015, para que o povo se pronunciasse (SIM ou NÃO) sobre o *programa de austeridade* que os *credores* lhe queriam impor.

Tsipras justificou a sua decisão como uma reação às propostas do *Eurogrupo*, que considerou um "ultimato dirigido contra a democracia grega", destinado a "humilhar todo um povo". Desta vez, os *credores* não conseguiram fazer a Tsipras o que fizeram em 2012 a George Papandreou: despedi-lo e pôr em seu lugar uma "junta civil" comandada por um banqueiro. Mas os dirigentes dos *países credores* e da UE ficaram furiosos. E não o esconderam.

Entretanto, em 30.6.2015, a Grécia falhou o pagamento de 1,6 mil milhões de euros ao FMI. Poucos dias antes do referendo, o BCE (desrespeitando claramente o seu mandato, que o obriga a garantir a estabilidade financeira na zona do euro) suspendeu a linha de assistência de emergência destinada a fornecer liquidez à banca (a chamada ELA – *Emergency Liquidity Assistance*). O Governo grego teve de fechar os bancos para evitar a corrida aos depósitos e impor o controlo de capitais, fixando um limite de sessenta euros diários para levantamentos em caixas multibanco.

Alguns ministros do Governo do Syriza entendiam que, quando se chegasse a esta situação de os credores obrigarem as autoridades gregas a fe-

---

[38] Transcrevo dos órgãos de comunicação social de 29.6.2015. Na minha opinião, as aparentes divergências entre Merkel e o seu Ministro das Finanças talvez traduzam apenas um acordo entre eles (expresso ou tácito) no sentido de um fazer o papel de *polícia bom*, encarregando-se o outro (Schäuble, neste caso) do papel de *polícia mau*.

char os bancos, o Governo deveria reagir pondo em marcha o processo de abandono do euro por parte da Grécia. O líder desta corrente era o Ministro das Finanças, Yanis Varoufakis. Na interessante entrevista que concedeu à *New Stateman*, sublinha a importância de saber "lidar corretamente com um *Grexit*", reconhecendo que "a gestão do colapso de uma união monetária exige uma grande perícia" e admitindo não ter a certeza de que a Grécia tenha essa capacidade "sem a ajuda de pessoas de fora". De todo o modo, revela ter criado no Ministério das Finanças um pequeno grupo que estava a estudar a problemática envolvida numa eventual saída do euro. Sublinha, porém, que "uma coisa é fazer isso a nível de quatro ou cinco pessoas e outra bem diferente é preparar o país para uma situação dessas. Para preparar o país – sublinha ele – tem de ser tomada uma decisão ao nível do Governo, e essa decisão nunca foi tomada".

Na mesma entrevista, Varoufakis esclarece que, na sua ótica, o Governo grego deveria ser muito cuidadoso para não ativar um processo de saída imediata do euro. Mas logo acrescenta ser sua opinião que, "no momento em que o Eurogrupo obrigasse o Governo a fechar os bancos, deveríamos dinamizar esse processo". Diz também que há mais de um mês vinha avisando o Governo da sua convicção de que, mais dia menos dia, o BCE iria mesmo forçar o encerramento dos bancos (o que considerava uma "ação agressiva de potência incrível"), "a fim de arrastar a Grécia para um acordo humilhante". Quando esta situação se verificasse (coisa que a maioria dos membros do Governo grego acreditava que nunca viria a acontecer), o Ministro Varoufakis entendia que a Grécia deveria "responder de forma enérgica", pondo em marcha o processo de saída do euro, "mas sem passar para lá do ponto de não retorno".

A proposta que o então Ministro das Finanças apresentou ao Governo grego não era, pois, a de "ir diretamente para uma nova moeda". Essa proposta incluía três medidas: *1)* "emitir os nossos próprios títulos ou, pelo menos, anunciar que iríamos emitir a nossa própria liquidez denominada em euros"; *2)* "cancelar os títulos gregos de 2012 detidos pelo BCE ou anunciar que o iríamos fazer"; *3)* "assumir o controlo do Banco da Grécia".

Segundo informa Varoufakis, esta proposta – que considero adequada e prudente – não foi aprovada pelo Governo grego, o que significa, creio eu, que ela não teve o apoio do Primeiro-Ministro Tsipras.

19. Com a campanha para o referendo a decorrer, vários responsáveis da UE e algumas instituições intensificaram a *sementeira do medo*, acenando com o papão da saída do euro e com o inferno que se seguiria. Mais um episódio da costumada ingerência da eurocracia e dos governantes de vários estados-membros da UE nos assuntos internos de outros estados. Mesmo os socialistas com responsabilidades de governo alinharam nesta "guerra", à semelhança dos seus camaradas que, ao votarem no *Bundestag* os créditos da guerra, no dia 4 de agosto de 1914, abriram caminho à 1ª Guerra Mundial.

Em 3.7.2015, o Presidente da Comissão Europeia foi claro: "a vitória do NÃO deixará a Grécia dramaticamente enfraquecida". Jean-Claude Juncker é muito claro: "não pode haver escolhas democráticas contra os Tratados europeus".[39]

E o Presidente do Parlamento Europeu, o social-democrata alemão Martin Schultz (que gosta de se fazer passar por *homem de esquerda*), não poupou no "chumbo" sobre o povo grego, avisando que o voto NÃO significaria o *fim imediato do financiamento europeu*, pelo que a Grécia ficaria "sem dinheiro, os salários não poderiam ser pagos, o sistema de saúde deixaria de funcionar, o fornecimento de eletricidade e o sistema de transportes públicos ficaria paralisado".[40] A fúria dos "deuses" abate-se, impiedosa, sobre os "pecadores"!

Segundo a comunicação social, o Primeiro-Ministro grego, assustado, terá chegado a propor inverter a sua posição e apelar ao voto no SIM se houvesse algumas cedências da parte dos *credores*. Mas estes não aceitaram este "sacrifício" de Alexis Tsipras.

Reagindo ao fogo inimigo, o Ministro das Finanças da Grécia deixou cair o verniz diplomático e disse uma verdade do tamanho do mundo: "o que estão a fazer à Grécia tem um nome: terrorismo".

Contra a corrente, surgiam também vários apoios ao povo grego, pouco divulgados nos *media*, porque não encaixavam nos critérios jornalísticos da imprensa livre. Um deles foi o do Prémio Nobel Joseph Stiglitz (29.6.2015), segundo o qual o voto NÃO "deixaria pelo menos aberta a possibilidade de a Grécia agarrar o seu destino com as suas próprias mãos".

20. O referendo realizou-se sem problemas (quem diria que um estado ineficiente seria capaz de organizar um referendo com esta importância e com esta envergadura em tão poucos dias?). Apesar dos bancos fechados, da falta de dinheiro e da campanha de terror, as *políticas de austeridade* receberam um rotundo NÃO de 67% dos gregos (os que anularam os votos porque queriam ir mais longe também recusaram estas políticas).

Conhecido o resultado do referendo, o vice-chanceler alemão (Presidente do SPD) fez a declaração de guerra (5.7.2015): "destruíram a última ponte sobre a qual um compromisso poderia ter sido alcançado". Para bom entendedor, o recado estava dado: agora têm de aceitar uma *rendição incondicional*, caso contrário são "chutados" para fora do euro.

O Presidente do *Eurogrupo* (social-democrata holandês) tocou a mesa música: "este resultado é muito lamentável para o futuro da Grécia".

O BCE (ao qual cabe – recordo de novo – a responsabilidade de manter a estabilidade do sistema financeiro no seio do *Eurosistema*) recusou um pedido do Banco Central da Grécia para aumentar o montante da linha de emergência ELA, mantendo o limite fixado em 26.6.2015, mas exigindo garantias mais fortes para conceber o mesmo montante de liquidez. É claro que foi necessário

---

[39] *Le Figaro*, 3.7.2015. Isto quer dizer que pertencer à UE significa, para os povos que nela se integram, a *perda da soberania*, porque a soberania deixa de residir no *povo soberano* para residir nos Tratados estruturantes da UE. Perante as *regras* impostas por estes Tratados, o povo soberano não pode fazer escolhas democráticas. É o fim da democracia! É o *totalitarismo das regras* impostas pelo grande capital financeiro! É a *ditadura do grande capital financeiro*!

[40] *Expresso* de 7.7.2015.

continuar com os bancos fechados, com graves prejuízos para as famílias e para as empresas (a economia).

Foi comovente assistir à vitória da coragem sobre o medo, da resistência sobre o colaboracionismo, da dignidade sobre o servilismo, dos homens sobre os "carneiros", da cidadania sobre o terrorismo, da política sobre as "regras", da democracia sobre o "fascismo de mercado", da paz sobre a guerra, da verdade sobre a manipulação dela pela "comunicação social dominante".[41]

No entanto, ao admitir que é possível manter-se na Eurozona e, simultaneamente, libertar-se do garrote das *políticas de austeridade* e das ofensas à sua dignidade que elas implicam, o povo grego colocou a si próprio um problema tão impossível de resolver como a *quadratura do círculo*, uma equação que o fragiliza na "guerra" que os *credores* vêm travando contra ele, manejando com mestria a arma do medo, ao ameaçar com a "expulsão" da Grécia da zona euro (o famoso *Grexit*).

É fundamental não esquecer que a UEM não significa liberdade, independência, soberania, mas empobrecimento, submissão, colonização, "escravidão". É fundamental ter presente que a austeridade é, em grande medida, filha do euro, das estruturas da UEM, das malhas tecidas no *Tratado de Maastricht*. Acresce que o *Tratado Orçamental* (verdadeiro "golpe de estado europeu", como lhe chamou R.-M. Jennar) é um autêntico *pacto de subdesenvolvimento*, um *pacto colonial*. Um dito popular português ensina que *não se podem pedir peras ao olmo*. O povo grego deve dizer isto mesmo, desta ou de outra maneira. Quer dizer: nem o povo português, nem o povo grego, nem os povos da Europa podem pedir a esta "Europa" desenvolvimento económico, justiça social, solidariedade, soberania, democracia. Porque isto não está na sua natureza de *Europa do capital*.

Recordo o que escreve o *Financial Times* (27.1.2015): "o reembolso da dívida [da dívida imputada à Grécia] implicaria que a Grécia se transformasse numa economia escrava". É isto mesmo que pretendem os defensores das *políticas de austeridade* e os devotos das *regras alemãs* da UEM: "escravizar" os *devedores* (os *povos do sul*) transformando em *colónias* da *Europa alemã* os *estados do sul*. É isto que está em causa. O resto é pura encenação. Como Paul Krugman explicita, a austeridade "exige *sacrifícios humanos* para apaziguar deuses invisíveis" (mas sobejamente conhecidos, digo eu).

21. Na minha maneira de ver, o Governo grego e o partido que o apoia cometeram o erro político de não terem compreendido isto mesmo. E fico sem saber qual a razão que levou Alexis Tsipras a convocar o referendo. Convocou o povo a pronunciar-se em referendo e fez campanha pelo NÃO. O povo grego, corajosamente, deu-lhe o apoio que pediu. Perante esta lição de dignidade, não consigo descortinar as motivações que levaram o Primeiro-Ministro grego a fazer aprovar no Parlamento, logo a seguir, um *programa de austeridade* ainda mais violento do que aquele que tinha sido rejeitado em referendo, programa que teve a oposição de dois dos ministros do seu Governo e de vários depu-

---

[41] José Vítor Malheiros (*Expresso*, 7.7.2015) mediu o tempo dedicado nas seis principais estações de TV do nosso país às duas grandes manifestações a favor do SIM e do NÃO. A cobertura da primeira preencheu 46 minutos, a da 2ª não mereceu mais do que oito minutos. Esta é a liberdade de imprensa do capital!

tados do Syriza, mas que contou com os votos favoráveis dos partidos que há anos vêm explorando e "endividando" o povo grego, que entregaram a Grécia à *troika*, que submeteram o povo grego às *políticas de austeridade* dos "programas de resgate" (contra os quais o Syriza sempre votou), e que votaram SIM no referendo.

É legítimo perguntar: para que foi convocado o referendo? Acreditaria Alexis Tsipras que o SIM ia ganhar, ficando desse modo legitimado para aceitar o *diktat* dos *credores*? Se acreditava na vitória do NÃO, fica difícil de entender que não tenha ao menos respeitado a lição de dignidade do povo grego, deitando para o lixo, através de uma votação no Parlamento, o voto do povo soberano no referendo de 5.7.2015. Não era de esperar que este governo se juntasse aos *credores* para, também ele, ofender a dignidade do povo grego.

A verdade é que, antes da realização do referendo, Varoufakis declarou que, em caso de vitória do SIM, se demitiria do cargo de Ministro das Finanças, enquanto Tsipras garantia que, democraticamente, respeitaria a vontade do povo grego, qualquer que ela fosse. E é estranho o que contou Varoufakis, segundo os jornais: depois de conhecido o resultado do referendo, ficou muito surpreendido por ter encontrado Tsipras melancólico no seu gabinete.

Perante o resultado do referendo, o ministro Varoufakis ainda acreditou que o "impulso incrível" dado pelo povo grego iria possibilitar a "resposta enérgica" por ele defendida: *iniciar o processo da saída do euro, sem nunca ultrapassar o ponto de não retorno*. A sua desilusão foi enorme, como se deduz destas palavras (entrevista atrás referida): "naquela mesma noite, o Governo decidiu que a vontade do povo grego – o retumbante NÃO – não deveria ser o que ativaria a abordagem enérgica. Em vez disso, deveria levar a grandes concessões à outra parte: a reunião do conselho de líderes políticos, com o nosso Primeiro-Ministro a aceitar a premissa de que, aconteça o que acontecer, faça a outra parte o que fizer, nunca iremos responder de uma forma que os desafie. E isso, na prática – conclui Varoufakis, com inteira razão, a meu ver – significa curvarmo-nos. Deixamos de negociar".

O que é certo é que Alexis Tsipras e a maioria do Governo do Syriza mantiveram a prioridade concedida ao objetivo de permanecer no euro e o Primeiro-Ministro reafirmou isso mesmo publicamente. Ou seja: *afirmou que estava disposto a render-se aos credores, abdicando de negociar*. E assim fez.

22. Com o voto do Parlamento na mala, o Primeiro-Ministro (que, horas depois do referendo, perdeu o seu Ministro das Finanças, que se tinha tornado incómodo para os *credores* e talvez também para ele próprio) partiu para Bruxelas, pensando que iria jogar um jogo só para cumprir calendário, com a vitória assegurada, talvez sonhando com uma qualquer *austeridade de rosto humano*. Enganou-se redondamente, porque esqueceu que *Roma não paga a traidores*, e os "romanos-credores" sentiram-se *traídos* (a palavra é de Jean-Claude Juncker) por Tsipras quando decidiu convocar o referendo e muito mais traídos se sentiram quando viram o resultado do referendo e perceberam que o povo grego não cedeu à chantagem nem ao medo, fazendo valer a sua dignidade, para além dos cálculos políticos.

O Primeiro-ministro grego partiu para a "guerra" confiante na vitória (até porque as suas exigências eram mínimas e as cedências eram muitas e importantes, em confronto com o *Programa de Salónica* e o programa da coligação no Governo), mas sem se ter preparado para a "guerra", porque não tinha estudado e estruturado um plano B para a hipótese (previsível, dado o currículo das *troikas*) de correrem mal as negociações com os *credores*.

Seguiram-se reuniões várias, de dia e de noite, numa verdadeira maratona, porque, afinal, os *credores* também tiveram medo de que a Grécia saísse do euro (poderia abrir-se uma fenda no dique que poderiam não conseguir tapar...) e também porque, do outro lado do Atlântico, Obama lhes fez ver a importância do que estava em causa, para além das contas de merceeiro, no plano da economia mundial e no plano geoestratégico global do imperialismo.

No meio disto tudo, custa a perceber que as questões em cima da mesa, tão importantes (*decisivas* é a palavra mágica...) à escala da Grécia, à escala da UE e da Europa, à escala da NATO e à escala mundial, tenham sido analisadas e decididas em reuniões do *Eurogrupo*, ao nível de "contabilistas", confiadas a uma estrutura que não existe nos Tratados como instituição europeia, um órgão informal, mas que tem, afinal, sem qualquer apoio legal expresso, um papel decisivo na análise e na resolução do falsamente chamado *problema grego*, que é, sem sombra de dúvida, o mais grave problema político que a "Europa" já enfrentou.[42]

Todos sabemos que a CECA foi criada por razões políticas. Que a CEE foi criada por razões políticas. Que foram razões políticas que justificaram a entrada da Grécia na CEE (1981); que levaram à entrada de Portugal e da Espanha na CEE, estimulada e apoiada "carinhosamente" pela "Europa" (1986); que ditaram o alargamento aos países da Europa central e de leste (nomeadamente aos que tinham integrado a comunidade socialista europeia e que, historicamente, fazem parte do *espaço vital* da Alemanha); que conduziram à criação da UEM e do euro.

O que estão a fazer as *instituições políticas* da UE, o Parlamento Europeu, a Comissão Europeia e até o Conselho de Chefes de Estado e de Governo? Quem decide sobre os problemas políticos mais importantes da "Europa" são os ministros das finanças? Os problemas em discussão são um problema de contas? Que 'Europa' é esta? É uma vergonha para os europeus. Oxalá não venha a ser o coveiro da democracia e da paz na Europa, neste ano em que passam cem anos (bem medidos) sobre o início da 1ª Guerra Mundial (que começou nos Balcãs, lembram-se?) e setenta anos sobre o fim da 2ª Guerra Mundial.

---

[42] Na já citada entrevista à *New Stateman*, Varoufakis classifica assim o *Eurogrupo*: "é um grupo que não está previsto em nenhum dos Tratados, mas que tem o maior poder para determinar a vida dos europeus. Não responde perante ninguém, dado que é inexistente, não está previsto na lei. Não são guardadas atas e é confidencial. Assim, nenhum cidadão jamais saberá o que é dito lá dentro. As suas decisões são quase de vida ou de morte, mas nenhum membro tem de responder perante ninguém". E relata um episódio que retrata bem o "estilo de trabalho" deste *organismo inexistente*. Um dia, diz Varoufakis, "tentei falar de Economia no *Eurogrupo*, o que ninguém faz. (...) Não houve nenhum comentário. (...) Se tivesse cantado o hino nacional sueco teria obtido a mesma reação. (...) Nem sequer houve aborrecimento, foi como se eu não tivesse falado". Anotação do Prof. Yanis Varoufakis (que diz ter trabalhado muito a sua intervenção, para lhe dar coerência e credibilidade): "isso é surpreendente para alguém que está habituado ao debate académico".

23. Em 12.7.2015, foi tornada pública a plataforma de entendimento que os *credores* impuseram à Grécia e da qual constam as exigências apontadas como a condição *sine qua non* para um eventual futuro terceiro resgate com base em empréstimos concedidos pelo Mecanismo Europeu de Estabilidade (MEE). É um ultimato mais humilhante para o povo grego do que o *Tratado de Versalhes* para a Alemanha vencida na 1ª Guerra Mundial.

Tal como por ocasião do *Pacto de Munique*, em 1938, toda a "Europa democrática", governada por conservadores ou por socialistas (no caso da Alemanha governada por uma grande coligação entre os dois partidos destas "famílias" políticas), aceitou agora também a *vergonha* deste *diktat* humilhante imposto à Grécia pelos *credores*. Esta operação ainda não recorreu ao "modelo chileno dos anos 1970" (cito de novo Wolfgang Streeck), talvez porque, como refere o sociólogo alemão, esta é *uma opção que não está ainda atualmente disponível*. A subjugação do "inimigo" derrotado, espezinhando, como no Chile de Allende, a vontade democraticamente expressa pelo povo soberano, não recorreu, desta vez, aos tanques de um qualquer Pinochet. E não utilizou sequer os meios técnicos mais sofisticados que dispensam os tanques: os aviões, os *drones*, os bombardeamentos cirúrgicos (que só produzem *danos colaterais*). Mas é um golpe do mesmo tipo: um golpe contra a democracia e contra a soberania de um povo, impiedosamente sacrificado aos interesses do *império dos credores* e do capital financeiro que governa o mundo. A guerra está a regressar à Europa, mas os soldados invasores usam fardas e armamento muito diferentes dos utilizados anteriormente. Os "senhores da guerra", porém, são praticamente os mesmos.

Dramaticamente, tal como aqueles que assinaram com a Alemanha nazi o *Pacto da vergonha* (Munique, 1938), também agora os dirigentes socialistas no poder (França e Itália) e os partidos socialistas na oposição (alguns dos quais estão entre os que chamavam Tsipras de *radical irresponsável* e agora o apelidam de *realista corajoso*) proclamam aos quatro ventos, orgulhosos do seu feito, que, graças a eles, foi conseguido este "acordo" (recusam ver nele um *ultimato humilhante*), que salvou a Grécia, o euro e a Europa. Não aprenderam nada com a História.

O FMI veio agora dizer (um dia destes dirá exatamente o contrário...) que, no caso da Grécia, a dívida é *altamente insustentável*, adiantando que, com as medidas propostas pelos *credores*, "a dívida pública grega permanecerá em níveis muito elevados ao longo de décadas e altamente vulnerável a choques", admitindo que atinja um pico de 200% do PIB em 2018, prevendo que só lá para 2040 a dívida venha a situar-se à roda de 70% do PIB, e defendendo, por isso mesmo, a necessidade de uma *reestruturação da dívida bastante ampla* (perdão de 30% da dívida, concessão de um prazo de carência de trinta anos e prorrogação do prazo de vencimento da dívida por outros vinte anos).[43]

---

[43] Quando, antes de anunciado o referendo, se pensou que poderia chegar-se a um acordo, os jornais deram conta de um documento de trabalho distribuído aos deputados alemães (na previsão de que viessem a ser chamados a votar esse acordo), no qual se dizia que, mesmo depois de aplicadas as medidas nele previstas, a dívida grega se situaria ainda, em 2030, à volta de 120% do PIB. A própria Comissão Europeia prevê que a dívida grega possa representar 187% do PIB em 2020, 176% em 2022 e 143% em 2030. Esta dívida não é nem nunca será pagável, tanto mais que, com a "ajuda" do *programa de austeridade* aceite pelo Primeiro-Ministro grego, há já previsões que apontam para uma quebra do PIB que pode chegar a -10% em 2015/2016 (com uma quebra de 4% anuais durante os próximos anos). A pergunta que se impõe é esta: como poderá

Mas a verdade é que a Alemanha (e outros "alemães" da *Europa do capital*) tentou impedir a publicação do Relatório em que o FMI defende este ponto de vista. Acabou por vir a público por pressão dos EUA (quem pode, manda...). E o "acordo" imposto à Grécia ignora, olimpicamente (talvez em homenagem à Grécia...) tal questão. Limita-se a declarar que "existem graves preocupações quanto à sustentabilidade da dívida grega", mas logo acrescenta que tal situação se deve ao "afrouxamento das políticas durante os últimos doze meses".[44] E continua: "o Eurogrupo mantém-se disposto a ponderar, se necessário, possíveis medidas adicionais (eventual alargamento dos períodos de carência e dos prazos de pagamento)", mas adverte que "estas medidas ficarão dependentes da aplicação integral" do tratamento de choque austeritário imposto pelos credores. E remata: "a Cimeira do Euro salienta que não podem ser efetuados cortes nominais da dívida". Acabou a conversa.[45]

O medo do *Grexit* por parte dos *credores* e, muito provavelmente, a pressão da Administração americana, terão levado o FMI a declarar, em 14.7.2015, que "a dívida da Grécia só pode tornar-se sustentável através de medidas de alívio que vão muito além daquilo que a Europa está, até agora, disposta a conceder".

Por outro lado, Mario Draghi vem revelando um discurso do BCE não inteiramente coincidente com o de Schäuble (que continua a defender em público a saída da Grécia da zona euro, pelo menos temporariamente), sustentando que a Grécia precisa *urgentemente* de um "alívio da dívida" no âmbito do que permitem os Tratados da UE, recordando que o BCE tem "um mandato para cumprir" e que não deixará de o cumprir, e concluindo que "a Grécia é e continuará a ser um membro da zona euro". Até parece que é o BCE que manda na *Europa alemã*...

---

sobreviver um regime democrático a mais esta hecatombe, num país em que o PIB já teve uma quebra de 26% do PIB nos últimos cinco anos e tem uma taxa de desemprego de 27%, sem conseguir uma saída para os seus jovens?

[44] O que é, consabidamente, uma mentira. Além do mais, é público que o PIB tinha baixado 0,4% no último trimestre de 2014 (ainda no tempo do *governo amigo dos credores*), e é público também que o governo do Syriza conseguiu aumentar o saldo primário positivo e conseguiu também alguns resultados positivos em matéria de balança de pagamentos.

[45] Mas todos sabemos que não há regra sem excepção. Veja-se o que se escreve no editorial do *Financial Times* de 11.6.2015: "Os credores da Ucrânia têm de partilhar a dor do país" e "têm de aceitar um perdão de dívida", pelo que há já um "pacote de apoios internacional [aposto que a Alemanha de Schäuble é um dos apoiantes!] (...) que admite a reestruturação da dívida e cortará em 15,3 mil milhões de euros os juros a pagar nos próximos quatro anos", para que a dívida seja gerível tendo em conta a produção do país. O mesmo editorial acrescenta que alguns credores privados "resistem a um perdão de dívida", mas logo dá a sentença: "terão de ceder! Têm a obrigação moral de concordar com uma reestruturação que permita reduzir a dívida para níveis sustentáveis". E defende o *Financial Times* "a utilização de mecanismos de indexação ao PIB", porque esta é a solução "melhor para todas as partes". E tira a seguinte moralidade: "em matéria de tal importância geopolítica, não se pode permitir que os interesses financeiros privados ditem as políticas públicas". Apoiado! Isto é que é *fazer política* em vez de *aplicar regras*! Os *inexistentes* do Eurogrupo deviam ler este editorial e meditar no que nele se diz. E os Chefes de Estado e de Governo deveriam fazer o mesmo esforço de leitura e meditação. Recomendo o mesmo exercício aos responsáveis do FMI. Recusaram ao Nepal qualquer perdão de dívida, apesar de este país ter sofrido há tão pouco tempo os efeitos de uma catástrofe natural particularmente devastadora. Têm dito que não poderão apoiar a Grécia (as *regras* estatutárias não o permitem...) se este país não oferecer garantias de sustentabilidade da dívida e se o governo grego não der provas de empenhamento na execução do *programa de austeridade* contido no *diktat* de 12.7.2015. Mas garantiram à Ucrânia que "os fundos do FMI continuarão disponíveis mesmo que o país falhe nos pagamentos aos seus credores privados". Informações colhidas em J. Cadima, "Prisão de povos", *Avante!* de 16.7.2015.

A própria Comissão Europeia vem-se pronunciando no sentido de que a dívida grega só poderá tornar-se sustentável se beneficiar de "uma alteração de perfil muito substancial", com maturidades mais longas para os empréstimos atuais e futuros, moratória no pagamento de juros e taxas de juro mais baixas (taxas AAA). Alguma coisa mexe...

Porque todos sabem, a começar pelos *credores*, que este ultimato não resolve nada, nem o problema da dívida, nem o problema da permanência da Grécia na zona euro. Bem prega a Comissão Europeia (e alguns "comentadores orgânicos") que este "acordo" permitiu ultrapassar definitivamente a ameaça de um *Grexit*. Mas ninguém leva a sério estas "sentenças".

Mais grave ainda. Este ultimato deu passos atrás no que toca à resolução do verdadeiro problema da Grécia: uma estrutura produtiva distorcida,[46] fraco crescimento económico, forte dependência da importação de produtos essenciais (alimentos, energia, medicamentos, equipamentos).

24. A referida plataforma de entendimento começa por enfatizar o seguinte: "A Cimeira do Euro sublinha a necessidade crucial de restabelecer a confiança com as autoridades gregas". Mas é claro que não é de *confiança* que se trata, porque, neste capítulo, as autoridades que representam os *credores* é que não oferecem confiança alguma. Quem precisa justificar a *confiança* nelas são as autoridades europeias, as mesmas que patrocinaram negócios escuros, inspirados pelo *Goldman Sachs* e outros, que levaram a Grécia à ruína, em proveito das empresas alemãs e dos grandes bancos alemães e franceses e dos seus amigos gregos (conservadores e socialistas).

Em "tradução" minha (e acredito que, neste caso, o tradutor não é traidor), o que a afirmação que transcrevi significa é isto: os *credores vitoriosos* sublinham que a Grécia vencida tem de se *render incondicionalmente* aos nossos comandos e o governo grego tem de "colaborar" com as "tropas ocupantes" (que vão regressar ao território ocupado, talvez não fardadas de *troika* mas fardadas de *instituições*), ainda que para tal tenha de desrespeitar e castigar o seu povo. Só assim as autoridades gregas terão a nossa *confiança*.

Para merecer esta *confiança*, o governo da Grécia tem de cumprir a sentença a que foi condenado de revogar, por via legislativa, decisões do Supremo Tribunal da Grécia favoráveis aos pensionistas e de revogar, a curtíssimo prazo, a legislação que ele próprio promulgou durante os cinco meses de governo de Syriza com a qual a *troika* não concorda.

Para "restabelecer a confiança", o *ultimato dos credores* obriga o Governo grego a reconhecer que são frutos das suas políticas algumas das dificuldades por que passa atualmente a Grécia. Obriga-se a vítima das *políticas de austeridade* que lhe foram impostas a atribuir a si própria a culpa dos seus sofrimentos, ilibando os carrascos dos "crimes" que cometeram contra o bem-estar e a dignidade do povo grego. É puro sadismo.

---

[46] Desde a adesão à CEE, em 1981, a parte da indústria no PIB baixou de 17% (1980) para 10% (2009), tendo-se registado uma quebra da produção industrial de 30% entre 2009 e 2013 (uma quebra maior do que a do PIB, que se cifra em -26%: de 242 mil milhões de euros em 2008 para 179 mil milhões em 2014). A agricultura enfraqueceu e perdeu peso na economia, estando muito longe de garantir ao povo grego uma razoável *autonomia alimentar* (uma das bases da soberania).

O *diktat* de 12.7.2015 obriga também o Parlamento grego a aprovar, no prazo de dois ou três dias, legislação vária e complexa, que, inclusivamente, obriga o governo grego a "introduzir cortes quase automáticos nas despesas no caso de desvio em relação aos objetivos ambiciosos relativos ao saldo primário, depois de consultado o Conselho Orçamental e sob reserva de aprovação prévia pelas Instituições" (FMI, UE e BCE). É uma humilhação para o Parlamento grego, obrigado a *votar de cruz* (incluindo a perda de competências próprias dos parlamentos, e obrigado a aceitar que, em certas condições, haja *cortes automáticos das despesas*, i.é, sem qualquer intervenção do Parlamento).

É mais um sinal preocupante da *crise da democracia representativa*, assim desrespeitada por aqueles que se dizem os seus mais fiéis defensores. Tal "democracia" só serve para enfeitar discursos, mas ninguém a leva a sério. Talvez estejam a brincar com o fogo.

Para além de medidas mais gravosas do que as aplicadas nos últimos cinco anos, aquela plataforma impõe ainda: "um programa de privatizações significativamente reforçado" (o saque depois da vitória!); a "modernização rigorosa da contratação coletiva" (realce-se o cinismo da palavra *modernização* quando se impõe um regresso ao passado, contrariando as Convenções da OIT); a facilitação dos despedimentos coletivos "segundo as melhores práticas da UE nesta matéria"; a revisão da legislação laboral "alinhada pelas boas práticas internacionais e europeias", evitando "o regresso a políticas do passado, incompatíveis com os objetivos da promoção do crescimento sustentável e inclusivo"; a adoção de "um vasto programa de reforma do sistema de pensões"; a "racionalização do sistema do IVA" (i.é, o aumento brutal da carga fiscal que vai incidir sobre os mais pobres e que vai afetar negativamente o turismo, que é o setor mais importante da economia grega e o único que tem vindo a crescer); a adoção de medidas para "reduzir ainda mais os custos da Administração Pública" (traduzindo: baixar ainda mais os salários e despedir mais trabalhadores); a publicação a curtíssimo prazo de um Código de Processo Civil, certamente para tornar mais expeditos e mais céleres os processos de penhora, execução de hipotecas e despejo de pessoas que não conseguem pagar as prestações do empréstimo para comprar a casa em que habitam ou as prestações e outros encargos das oficinas, lojas, escritórios ou restaurantes em que ganham a sua vida; a obrigação do governo grego de apresentar um pedido de assistência financeira ao MEE, obrigatoriamente acompanhado de pedido idêntico junto do FMI (estranha exigência, que é uma confissão da "menoridade" das instituições da UE; será porque, dado o seu passado, o FMI dá mais garantias como "polícia de última instância"?).

Em cada linha, uma afronta ao governo da Grécia e ao povo grego!

Como se vê pela terminologia utilizada, este texto é um monumento ao cinismo e à hipocrisia políticas, utilizando uma linguagem que humilha o povo grego, ao mesmo tempo que procura esconder a verdadeira dimensão do *castigo* que lhe está a infligir.

Para suprema humilhação, o "acordo" obriga a Grécia a constituir um "fundo independente" constituído por "ativos gregos de valor", esperando os *credores* que a sua venda venha a render 50 mil milhões de euros (cerca de ¼ do

PIB grego), que serão assim distribuídos: 25 mil milhões vão diretamente para os *credores-vencedores*; 12,5 mil milhões de euros ficam cativos como contrapartida (garantia) de um eventual abatimento dos créditos do devedor-vencido; 12,5 mil milhões ficarão disponíveis para investimento sob a vigilância dos *credores*. Trata-se, em boa verdade, de uma *caução* exigida pelos *credores*, que não poderá garantir que eles recebam tudo o que a Grécia deve, mas que é mais uma humilhação ao povo grego. Humilhação que esteve para ser muito maior, porque, quase até ao fim, esteve previsto que este fundo fosse sediado em Luxemburgo e gerido por uma entidade independente.

Pergunto: se as empresas públicas já foram privatizadas ou devem ser privatizadas imediatamente, que ativos são estes? Fala-se do velho aeroporto de Hellinikon (abandonado desde 2001), dos correios, da empresa petrolífera e da companhia de eletricidade. Mas estamos longíssimo dos 50 mil milhões de euros. O que resta então? As ilhas do Mar Egeu, as praias, o Parthénon, obras de arte, o recheio dos museus?

Hipocritamente, o *diktat dos credores* faz uma declaração tipo *polícia bom*: "A Comissão irá trabalhar em estreita colaboração com as autoridades gregas para mobilizar até 35 mil milhões de euros para financiar a economia".

Mas é claro que não se dispensa o acompanhamento dos representantes dos credores. Mais. Esta mesma Comissão Europeia tem bloqueado o pagamento à Grécia de 35 mil milhões de fundos estruturais a que a Grécia tem direito como membro da UE. Por outro lado, esta promessa de agora está a contar, diria o nosso povo, com *o ovo no cú da pita*, i.é, com o famigerado *Plano Juncker*, que nunca mais arranca e que, na minha opinião, não passa de uma quimera, assente na miragem de uma chuva de investimentos privados...[47]

Com estas "armas" os credores derrotaram o povo grego, vão continuar a tarefa de destruir a sua economia, vão aumentar o desemprego, a pobreza e a exclusão social, com a certeza de que a dívida só poderá aumentar e de que a capacidade da Grécia para pagá-la vai continuar a ser cada vez mais reduzida. "Não há exemplos de países que tenham recuperado de uma crise através da austeridade" (Joseph Stiglitz).

O que os credores estão a impor ao povo grego são décadas de *trabalho escravo* ao serviço dos *senhores-credores*. É o regresso da *escravidão por dívidas*. Este *diktat* é o retrato da *Europa do euro*, da *Europa alemã* que confiscou a *soberania* dos estados-membros com a promessa de trocá-la por uma *solidariedade* que agora lhes nega. Os povos da "Europa" ficaram sem uma coisa e sem a outra.

---

[47] As estatísticas mostram que, para além da baixa do PIB entre 2008 e 2014, a Grécia sofreu também uma quebra acentuada do investimento: a Formação Bruta do Capital Fixo (FBCF) passou de 23,7% do PIB em 2008 para 11,6% do PIB em 2014. Para termos uma noção da dimensão do desastre, comparemos com o que passou, a este nível, no mesmo período, em Portugal e na Espanha: em Portugal a FBCF baixou de 22,8% do PIB em 2008 para 14,9% em 2014; na Espanha, baixou de 22,2% do PIB em 2008 para 18,9% em 2014. Não é arriscado concluir que o investimento em capital novo ficou abaixo da amortização do capital fixo, o que significa que a capacidade produtiva instalada na Grécia é hoje inferior à que existia antes da crise e do *tratamento de choque* a que o país foi sujeito pelas *políticas de austeridade*. Fica uma pergunta: quais são os privados (os *salvadores* esperados pelos artífices do *Plano Juncker*) que vão investir num país em tais condições, um país que as próprias autoridades da UE classificam como um país com uma administração pública ineficiente, desestruturado, endividado até aos ossos, com um povo preguiçoso... Alguém acredita que os investidores privados investem para salvar países carecidos de ajuda? Leiam Adam Smith!

E, sem *soberania*, perderam também o único espaço em que podem exercer a *cidadania* e praticar a *democracia*.

25. No plano pessoal, posso oferecer toda a compreensão a quem tem de tomar decisões em circunstâncias tão dramáticas. Mas, no plano político, não posso deixar de dizer que esses decisores têm de assumir a responsabilidade política por se terem deixado cair na emboscada que lhes foi preparada pelo poderoso e sagaz "inimigo" cuja força não poderiam desconhecer.

Falhada, nas condições que refiro atrás, a ronda negocial de fev./2015, penso que o Governo da Grécia deveria ter concluído que, ainda que continuasse a acreditar na viabilidade da sua estratégia de permanecer no euro e conseguir um "bom acordo" com os *credores* (um acordo que permitisse aliviar o garrote da austeridade e criar condições para que a economia grega pudesse crescer e criar emprego e riqueza), tal estratégia (que eu acho que ficou esvaziada em fevereiro) só poderia ter algum êxito se os credores fossem confrontados com a hipótese da saída da Grécia da zona euro em caso de fracasso das negociações.

Não foi essa a opção de Tsipras e do seu Governo, que iniciou este segundo *round* do combate com os *credores* sem ter preparado o complexo dossiê da saída do euro, apesar de o Syriza ter dito, durante a campanha eleitoral de que saiu vitorioso, não estar disponível para suportar "nenhum sacrifício pelo euro". E não se preocupou em fazer pedagogia política junto da opinião pública grega com vista a ganhar o seu apoio para a "batalha" que iria travar contra os *credores* no mês de junho/2015. Partiu para ela com a mesma ingenuidade com que tinha encarado a ronda de fevereiro. E, sem poder utilizar a possibilidade de saída do euro como arma negocial (por não ter estudado nem preparado esta alternativa, talvez por não concordar politicamente com ela), o resultado foi ainda mais desastroso do que em fevereiro.

Os factos dão plena razão a Varoufakis: como digo atrás, o Primeiro-Ministro grego colocou-se num beco sem saída, e foi obrigado a *capitular*, aceitando (quase ajudando a preparar) a *rendição incondicional* que o "inimigo" sempre desejou. Foi uma humilhação para o povo grego, depois da lição de dignidade que deu no referendo.

Estas considerações não apagam a minha ideia de que a responsabilidade política dos *credores* da Grécia no castigo e na humilhação que infligiram ao povo grego é muito maior do que a de Tsipras e do seu Governo. Porque os *credores* sabiam muito bem que a Grécia não estava preparada para uma alternativa à austeridade punitiva e empobrecedora e puxaram a corda até que, já quase sem poder respirar, Tsipras aceitou o *ultimato de rendição incondicional*.

Quanto ao que se passou no Parlamento grego na noite de 15 para 16 de julho/2015, tenho de dizer que estou ao lado da Presidente do Parlamento grego, na justificação do seu voto contra o *ultimato dos credores*: "Não temos o direito de interpretar o NÃO dos eleitores como um SIM". E não posso apoiar o gesto político daqueles deputados que declararam "votar contra as nossas [deles] consciências e apoiar o acordo", sabendo que 67% dos seus concidadãos rejeitaram clara e corajosamente as *políticas de austeridade* impostas por tal "acordo".

Deixando de lado os deputados em si mesmos, o que vale a pena sublinhar é que a dita *democracia representativa* está a tornar-se uma farsa. Não podendo ignorar a vontade do povo grego expressa em referendo dias antes, os que se dizem seus *representantes* (os que votaram a favor da aceitação do *ultimato*) não honraram o mandato democrático que receberam através do sufrágio universal e desrespeitaram o *povo soberano* que os elegeu. Podem dar as voltas que quiserem, podem adulterar o significado das palavras, mas isto não é democracia, é a negação dela.

Uma nota mais: o Parlamento grego votou a submissão ao *ultimato dos credores*, com 64 votos contra e seis abstenções. Durante o debate, o Primeiro-Ministro Alexis Tsipras voltou a dizer que *não acreditava* nas medidas constantes na proposta final dos credores e que *não concordava* com elas, mas votou a favor da sua aceitação, alegando que não tinha outra alternativa. Alguém pensa que este Primeiro-Ministro (que agiu, confessadamente, em *estado de necessidade*) tem condições pessoais e políticas para executar um programa em que *não acredita* e com o qual *não concorda*? Obrigá-lo a aceitar tal programa e a comprometer-se a executá-lo foi um gesto deliberado de humilhação, tanto mais que, para além da confissão pública do FMI, não é admissível que algum dirigente europeu *acredite* em tal programa e entenda que a Grécia poderá algum dia pagar a sua dívida. Como disse um dirigente finlandês, "o que era importante para nós, desde o início, era conseguir condicionantes duras. Sentimos que isso foi conseguido no acordo". É claro que este foi o objetivo de todos os *credores* que impuseram o *ultimato* a Tsipras no dia 12.7.2015: obrigá-lo a aceitar *condições duras*. E ele acabou por aceitar *condições muito duras*.

E duas perguntas finais. Será válido um "acordo" assinado sob coação por quem *não acredita* nas (e *não concorda* com as) medidas nele inscritas? As dívidas resultantes deste *diktat* poderão ser exigidas ao povo grego, que tão expressivamente rejeitou as propostas dos *credores*? Não se tratará de *dívidas ilegítimas* ou mesmo de *dívidas odiosas*, que, segundo o Direito Internacional, os povos não têm que pagar?

26. Esta guerra dos *credores* contra o povo grego foi travada (e ganha pelos *credores-agressores*) também para deixar claro aos *povos das colónias do sul* que, nesta *Europa do euro*, nesta *Europa do capital*, nesta *Europa alemã*, quem dita as regras são os *senhores-credores* da "metrópole". Aos povos das "colónias" resta aceitar, submissamente, a sua sorte de colonizados, humilhados e ofendidos, "escravizados".

O exemplo recente da Grécia mostra, a meu ver, entre outras coisas, que, no quadro da UEM, não tem qualquer viabilidade nenhum programa sério de renegociação e reestruturação da dívida soberana, por mais insustentável que seja essa dívida. Nesta "Europa" agora dividida em *credores* e *devedores*, os primeiros recusam qualquer possibilidade de reestruturação da dívida que asfixia os devedores.

A Alemanha, que lidera as tropas dos *credores* nesta *guerra* contra os *devedores*, esqueceu o *Acordo de Londres* (1953), que garantiu o seu desenvolvimento e impõe às "colónias" condições que vão em sentido inverso ao daquelas que lhe foram generosamente oferecidas. Por que este "esquecimento" da

História? A verdade é que a Grécia ofereceu dura resistência ao invasor nazi e não pode hoje, por força das circunstâncias, ser uma peça importante na defesa do "mundo livre" contra a "ameaça comunista", no quadro da guerra fria. Querem castigar o povo grego por isso? Recordem-se, senhores *credores*, que, por umas e por outras, a Grécia pagou o preço elevadíssimo de uma guerra civil particularmente dramática, que lhe foi imposta para "combater o perigo comunista". No referendo de 5 de julho de 2015, o povo grego deu à Europa e ao mundo mais uma lição de dignidade: de novo a resistência venceu o colaboracionismo. O povo grego tem direito a não ser tratado com menos respeito do que aquele que o povo alemão mereceu (inclusivamente por parte da Grécia) oito anos apenas depois de os povos da Europa (e o povo grego está no quadro de honra!) terem libertado o mundo da barbárie nazi.

Concluo com Jürgen Habermas, em entrevista ao *Guardian* (16.7.2015): o governo da Sr.ª Merkel, ao impor a Tsipras a *rendição incondicional*, praticou um "ato de punição" contra o governo do Syriza e contra o povo grego. E acrescenta: "o governo alemão, incluindo a sua fação social-democrata, (...) revelou-se desavergonhadamente como o disciplinador-chefe da Europa e pela primeira vez pediu abertamente uma hegemonia alemã na Europa", o que justifica o temor do filósofo alemão de que este gesto "tenha deitado fora numa noite todo o capital político que uma Alemanha melhor acumulou ao longo de meio século".

A análise do dramático processo que forçou o Primeiro-Ministro grego a assinar um documento em que *não acredita* e com o qual *não concorda* pôs em evidência que a *Europa de Maastricht* e do *Tratado Orçamental* apagou do chamado "espírito europeu" qualquer ideia de *coesão* e de *solidariedade*.

Pôs em evidência que, talvez na sua maioria, os cidadãos de cada um dos estados-membros não se sentem *concidadãos* dos naturais de outro país da UE (sobretudo se este for *devedor*). Pôs em evidência que o *povo europeu* não existe. Já sabemos que Dominique Strauss-Kahn disse um dia que, depois de feita a "Europa", era preciso *produzir os europeus*. Mas ele saiu da cena política, e o projeto deve ter sido posto de lado...

Pôs em evidência também que esta *Europa do capital e do euro* não muda. Os povos que querem salvar a sua independência como estados e a sua dignidade como povos têm de libertar-se das cadeias do euro.

À luz do que fica dito, é inevitável reconhecer que sai reforçada a razão dos que, em Portugal, defendem a urgente necessidade de analisar todas as implicações da saída do euro, preparando o País para tomar essa decisão quando as condições o aconselharem, sem se deixar colocar na situação de ser corrido, como agora quiseram fazer à Grécia (temporariamente, por um período de cinco anos, ou a título definitivo).

Toda a gente diz que Schäuble tem o sonho (e um plano para o realizar) de correr a Grécia do euro. Numa das reuniões do *Eurogrupo* antes do "acordo" imposto a Tsipras após o referendo de 5.7.2015 foi presente uma proposta formal da Alemanha no sentido de afastar a Grécia do euro durante cinco anos, proposta que foi posta de lado dada a oposição da França. Mas o Presidente da Comissão Europeia já tinha admitido antes que "a Comissão tem um cenário de *Grexit* preparado e em detalhe" (*Público*, de 8.7.2015). A premeditação é clara... De resto, em devido tempo, a comunicação social deu conta de que já em 2011 o Ministro das Finanças alemão terá proposto ao governo grego uma saída negociada (apoiada) do euro.

Segundo o jornal *Libération* (12.7.2015), o Presidente da Comissão Europeia (que aparece nos telejornais a dar beijinhos fraternos a Tsipras) terá dito ao Primeiro-Ministro grego numa das reuniões entre os *credores* e o governo grego: "Se o Eurogrupo funcionasse como uma democracia parlamentar, tu já estarias fora, porque quase todos os teus parceiros o desejam".[48]

Uma proposta mais refinada (mais cínica) foi apresentada por François Hollande já no início de agosto/2015: reservar o euro para um núcleo duro de sete países (os *sete magníficos*, os *donos da "Europa"*) e criar um euro fraco para os restantes. Estes são os mais fracos (os *devedores*), que se sabe vão continuar a ficar cada vez mais fracos e mais pobres. Para isso estão a destruir as suas economias e baixar os salários e os direitos dos trabalhadores, sabendo que uma economia assente em mão de obra barata só poderá tornar-se ainda mais pobre. E, pelos vistos, os "pobres" não têm lugar no *clube dos ricos* que é a UE. A menos que aceitem transformar-se em *economias escravas* (*Financial Times*) no seio da UE imperialista. O *euro alemão* não oferece outra alternativa: os "pobres", ou aceitam "as perdas de soberania" e "as ofensas à sua dignidade nacional" (Ulrich Beck) e o seu papel de *povos-escravizados-pela-dívida* e pela *impossibilidade de crescer* (repito: é este o objetivo do *Tratado Orçamental* enquanto *pacto colonial/pacto de subdesenvolvimento*) ou acabam por ser escorraçados do clube do euro. Se alguém pensou que o euro poderia ser uma espécie de cimento da "Europa", a história da moeda única europeia desfez esse "sonho lindo": o *euro alemão* está a destruir a Europa e, se os povos europeus não tomarem em mãos o seu destino, ele acabará por forçar a implosão da Europa.

De muitos lados vem a previsão (sobretudo à luz do que agora se passou no embate entre o povo grego e os *credores*) de que, mais cedo do que tarde, a Grécia vai ter de sair da zona euro. E de muitos lados vem também a previsão de que Portugal virá a seguir.

O melhor é os portugueses estarem preparados para o que aí vier. Porque só deste modo estarão em condições de acertar com os "donos" da UEM uma saída que diminua os custos que ela implica para os trabalhadores e para a economia nacional. Todos concordaremos, com efeito, em que a solução preferível é sempre uma saída negociada e apoiada. O processo de saída iniciar-se-á com a declaração da impossibilidade de pagar a dívida e os encargos dela. Mas a dívida não desaparece. Por isso é que é importante a colaboração das instituições da UEM, que poderá traduzir-se na redução do montante da dívida e na definição de outros pontos da necessária reestruturação da dívida, bem como na garantia do BCE relativa à sustentabilidade do sistema bancário do país que abandona o euro e no seu apoio à manutenção da inevitável desvalorização da

---

[48] Já alguém imaginou o Congresso americano (que é um parlamento que funciona segundo as regras da *democracia parlamentar*, ou não?) votar, democraticamente, a expulsão dos EUA (da união monetária americana) de um qualquer dos estados federados que têm tido gravíssimos problemas de natureza financeira? Passa pela cabeça de alguém que o Parlamento alemão encare uma solução deste tipo para qualquer dos estados federados alemães? E são estes senhores os defensores do *federalismo europeu*! Que beleza de federalismo!

nova moeda dentro de limites toleráveis (20%-25%), ajudando o país a defender-se de movimentos especulativos contra a nova moeda.[49]

E talvez possamos ser otimistas e esperar que esta seja a solução preferível também para a aristocracia dos *credores*, que se veriam livres dos "problemas" que lhes criam os incivilizados *povos do sul* (os *devedores*). Só não pensarão assim se assumirem, sem reservas, que o seu objetivo último é o de *colonizar* e *escravizar* os *devedores*.

Uma coisa é certa. Depois do que os *credores* fizeram à Grécia, é obrigatório extrair pelo menos esta lição, como fez Varoufakis: "Negociar com medo é algo que nunca mais deve acontecer a nenhum povo da região".

Deste episódio "grego" resulta também muito claro que Portugal pode vir a ser forçado a uma "saída sem rede". Portugal nunca deve assumir esta solução, mas não deve fugir a ela, se os *credores* a impuserem. Historicamente, esta foi, aliás, a situação da generalidade dos povos colonizados, que tiveram de conquistar a sua independência em guerra aberta com os colonizadores e enfrentar ainda, após a independência, a hostilidade e o boicote político e económico da antiga potência colonial.

---

[49] Sobre esta problemática, ver F. Louçã e J. Ferreira do Amaral, *ob. cit.*

— 2 —

Per una rifondazione garantista della separazione dei poteri

LUIGI FERRAJOLI[1]

Sommario: 1. Tipologia, geografia e separazione dei poteri; 2. La separazione tra i pubblici poteri; 2.1. Governo e giurisdizione: due diverse fonti di legittimazione; 2.2. Una nuova tipologia dei pubblici poteri: funzioni di governo e funzioni di garanzia, primaria e secondaria; 2.3. Crisi della legalità e della separazione dei poteri; 3. La separazione tra poteri pubblici istituzionali e poteri extra-istituzionali; 3.1. Poteri statali e poteri sociali. Sfera pubblica e partiti politici; 3.2. Poteri pubblici e poteri economici. Politica ed economia; 3.3. Contro le odierne confusioni tra i poteri. Il ruolo della legalità.

1. Tipologia, geografia e separazione dei poteri

Questo saggio intende proporre un ripensamento e un aggiornamento della classica tripartizione e separazione dei poteri – legislativo, esecutivo e giudiziario – formulata oltre due secoli e mezzo fa da Montesquieu. Quella tripartizione rispondeva chiaramente, all'epoca in cui fu formulata, all'esigenza di garantire la separazione e l'indipendenza del potere legislativo da quello esecutivo, detenuto allora dal monarca, e del potere giudiziario sia dal primo che dal secondo.

La tesi che sosterrò è che questa tripartizione non è più in grado di disegnare l'odierno sistema dei poteri e non è più sufficiente a garantire un'effettiva separazione tra tutti i poteri. Per tre ragioni: in primo luogo perché, nelle nostre democrazie, il potere esecutivo e il potere legislativo hanno oggi in comune la legittimazione politico-rappresentativa e, almeno in quelle parlamentari, sono – ed è giusto che siano – assai più condivisi che separati; in secondo luogo perché, con lo sviluppo dello stato sociale e in attuazione dei diritti sociali costituzionalmente stabiliti, nella geografia dei pubblici poteri hanno fatto la loro comparsa funzioni come l'istruzione, l'assistenza sanitaria, la previdenza e l'assistenza che non esistevano due secoli e mezzo fa e che certamente non sono assimilabili a nessuno dei tre classici poteri della tipologia montesquieviana; in terzo luogo perché una geografia dei poteri non può oggi ignorare i poteri extra-istituzionali: da un lato i poteri sociali dei partiti

---

[1] Professor Ordinário de Teoria e Filosofia do Direito na Università degli Studi Roma Tre.

politici, oggi in crisi, che formano la base, in democrazia, delle istituzioni politiche rappresentative; dall'altro i poteri economici e finanziari privati i quali, in forza del loro carattere globale, hanno assunto una straordinaria e crescente invadenza sulle sfere pubbliche nazionali e condizionano ormai apertamente e pesantemente le funzioni politiche, sia legislative che di governo.

Proporrò quindi una modificazione della tradizionale tipologia dei poteri: in primo luogo sostituendo alla tradizionale tripartizione dei poteri pubblici una bipartizione, quella tra *funzioni di governo* e *funzioni di garanzia*, corrispondente all'antica distinzione tra *gubernaculum* e *iurisdictio*; in secondo luogo includendo, tra le funzioni di garanzia, oltre alle classiche funzioni giurisdizionali che ho chiamato *funzioni di garanzia secondaria*, anche le funzioni amministrative di garanzia dei diritti fondamentali, e in particolare dei diritti sociali, che ho chiamato *funzioni di garanzia primaria*; in terzo luogo allargando il principio della separazione a quei poteri extra-istituzionali che sono da un lato i poteri sociali delle forze politiche e, dall'altro, quelli di tipo economico e finanziario.

Dividerò pertanto questo intervento in due parti. La prima parte sarà dedicata alla separazione dei pubblici poteri sulla quale si fonda lo stato di diritto (§ 2): alla classica separazione tra funzioni giurisdizionali e funzioni di governo (§ 2.1); al suo aggiornamento sulla base della nuova geografia e tipologia dei poteri pubblici (§ 2.2); alla sua crisi odierna provocata dal dissesto della legalità (§ 2.3). La seconda parte sarà dedicata alla separazione necessaria altresì tra poteri pubblici e poteri extra-statali sulla quale si fonda la democrazia (§ 3): alla separazione tra istituzioni rappresentative e partiti politici (§ 3.1); alla separazione tra poteri pubblici e poteri economici privati (§ 3.2); alla crisi, infine, della democrazia determinata dalle loro odierne confusioni (§ 3.3).

A fondamento delle distinzioni e soprattutto delle separazioni tra questi diversi tipi o figure di potere ci sono, chiaramente, fonti di legittimazione diverse e in gran parte opposte: la cura degli interessi pubblici generali e la rappresentanza politica quali fonti di legittimazione delle funzioni di governo; l'applicazione della legge a garanzia dei diritti delle persone alla base della legittimità delle funzioni di garanzia; l'autodeterminazione nella gestione degli interessi privati alla base dei poteri economici e finanziari. E' proprio perché legittimati e, soprattutto, orientati da fonti diverse e virtualmente opposte di legittimazione che questi poteri tendono, ove non siano separati da forme di incompatibilità, non solo ad accumularsi e a confondersi in capo alle medesime persone, ma anche a travolgere i limiti loro imposti dagli altri poteri e a deviarne e condizionarne o, peggio, a neutralizzarne l'esercizio. Precisamente, ribaltando i limiti loro imposti dagli altri poteri, i poteri privati, sia economici che finanziari, tendono a sopraffare e di fatto a governare l'esercizio dei poteri politici; i poteri economici e quelli politici tendono a prevaricare o a condizionare i poteri sociali e culturali; i poteri politici, infine, tendono a limitare il potere giudiziario e le altre funzioni di garanzia, quando non sono essi stessi oggetto di invadenze e di interferenze ad opera degli abusi del potere giudiziario. Di qui la necessità di idonee garanzie dirette ad assicurare le separazioni tra i diversi tipi di potere, cioè a garantirne l'indipendenza e la non interferenza degli uni nell'esercizio degli altri.

2. La separazione tra i pubblici poteri

La prima separazione è quella, interna alla sfera pubblica, tra i pubblici poteri. Su di essa si fonda lo stato di diritto, ossia la soggezione alla legge di qualunque potere pubblico: del potere esecutivo, e perciò dell'amministrazione, e del potere giudiziario, e perciò della giurisdizione, l'uno e l'altro sottoposti alla legislazione. E' la classica separazione disegnata da Montesquieu, la quale tuttavia, come ho accennato all'inizio e come meglio si vedrà più oltre, riflette solo in parte, a seguito dello sviluppo della democrazia e dello stato sociale, l'odierna tipologia e geografia dei pubblici poteri.

2.1. Governo e giurisdizione: due diverse fonti di legittimazione

La separazione montesquieviana che resta tuttora fondamentale nella struttura dello stato di diritto è quella tra potere giudiziario e qualunque altro potere, a cominciare dai poteri politici di governo.

Il potere giudiziario è oggi definito, nell'ordinamento italiano, dall'art. 101 della Costituzione: "La giustizia è amministrata in nome del popolo", stabilisce il primo comma di questo articolo, il cui secondo comma aggiunge che "i giudici sono soggetti soltanto alle leggi". Come si conciliano queste due norme, da un lato il riferimento al popolo, in nome del quale la giustizia è amministrata, dall'altro la soggezione dei giudici alla legge e soltanto alla legge? Si conciliano, evidentemente, sulla base del principio della sovranità popolare stabilito nell'art. 1: "la sovranità appartiene al popolo, che la esercita nelle forme e nei limiti della Costituzione". Anche il potere giudiziario – ci dice il primo comma dell'art. 101 sulla giustizia "amministrata in nome del popolo" – trova il suo fondamento, come il potere legislativo e quello di governo, nella sovranità popolare. Ma la sovranità popolare assunta a fondamento della giurisdizione – ci dicono il secondo comma dell'art. 101 sulla soggezione dei giudici "soltanto alla legge" e l'art. 25 capoverso sul principio di legalità ("Nessuno può essere punito se non in forza di una legge che sia entrata in vigore prima del fatto commesso") – altro non è che la volontà popolare quale si è manifestata nella legge emanata, prima del fatto sottoposto a giudizio, dal Parlamento, cioè dall'istituzione che, per il suo carattere elettivo, di tale volontà è politicamente rappresentativa. Il potere giudiziario, in breve, in tanto è fondato come gli altri pubblici poteri sulla sovranità popolare in quanto il suo esercizio è rigidamente sottoposto alla legge e "soltanto" alla legge, che della sovranità popolare si propone come espressione.

E' in questa soggezione *soltanto* alla legge che risiede l'indipendenza della giurisdizione, a garanzia della quale gli articoli 104 e 105 della nostra Costituzione aggiungono che "la magistratura costituisce un ordine autonomo e indipendente da ogni altro potere" e "spettano al Consiglio superiore della magistratura... le assunzioni, le assegnazioni e i trasferimenti, le promozioni e i provvedimenti disciplinari nei riguardi dei magistrati". Si è così dato attuazione alla separazione dei poteri ben due secoli dopo la sua teorizzazione nell'*Esprit des lois* di Montesquieu del 1748. Nello Stato italiano pre-costituzionale, infatti, non poteva parlarsi, propriamente, di separazione e di indipendenza del potere giudiziario dal potere politico. "La giustizia emana dal re ed è amministrata dai giudici che egli istituisce", dichiarava l'art. 68 dello Statuto albertino del 1848. E l'art. 129 dell'ordinamento giudiziario del 1865 stabiliva: "il Pubblico Ministero è il rappresentante del potere esecutivo presso l'autorità giudiziaria ed è posto sotto la direzione del Ministro della giustizia". Inoltre l'art. 231 del medesimo ordinamento affidava al Pubblico ministero, dipendente dall'esecutivo, l'azione disciplinare nei confronti di tutti i magistrati.

Si capisce allora quale sia il fondamento teorico della separazione dei poteri e, in particolare, dell'indipendenza del potere giudiziario dal potere politico stabilite dalla Costituzione italiana come da tutte le costituzioni degli ordinamenti avanzati. Questo fondamento risiede chiaramente nella diversità e nella virtuale opposizione delle loro fonti di legittimazione: l'"autorità", che forma il fondamento della *legis-latio* e più in generale di quelle che ho più sopra chiamato *funzioni di governo*, e la "verità", che forma invece il fondamento della *iuris-dictio* e più in generale di tutte quelle che, come si vedrà nel prossimo sotto-paragrafo, ho chiamato *funzioni di garanzia*. Questa differenza si afferma con la modernità. La svolta avviene con l'Illuminismo e con la Rivoluzione francese. Essa si produce, precisamente, con l'affermazione del *principio di legalità* quale norma di riconoscimento del diritto esistente e con il conseguente mutamento delle condizioni di validità e, ancor prima, di esistenza delle norme giuridiche: *auctoritas, non veritas facit legem*, sostenne Hobbes capovolgendo la norma di riconoscimento del diritto giurisprudenziale pre-moderno, allora non a caso sostenuta dai giuristi, *veritas non auctoritas facit legem*. Con la conseguenza che la prima formula, quella giuspositivistica, consente di fondare il giudizio sulla verità della motivazione – *veritas, non auctoritas facit iudicium* – cioè sull'applicazione della legge e sull'accertamento di quanto dalla legge è pre-disposto; mentre la seconda, quella giusnaturalistica, in assenza di rigidi vincoli legali e a causa delle diverse e soggettive concezioni dei giudici circa la cosiddetta *veritas* delle norme applicate, finiva di fatto per fondarlo sull'opposto principio *auctoritas non veritas facit iudicium*.

Per questo possiamo ben dire che con il positivismo giuridico e con il primato della legislazione sulla giurisdizione e sull'amministrazione nascono la politica moderna come fonte primaria del diritto – della sua produzione, ma anche della sua critica e della sua trasformazione – e, insieme, la legalità delle attività giudiziarie e amministrative: il diritto diventa un prodotto della politica e il suo principale strumento di governo, e la giurisdizione, al pari dell'amministrazione, si sottomette alla legge. E' poi accaduto, grazie a quell'ulteriore e successivo mutamento di paradigma del diritto che è stato prodotto dall'introduzione di costituzioni rigide, che la politica, nello stato costituzionale di diritto, pur continuando ad essere il motore della produzione giuridica, è stata a sua volta subordinata alla Costituzione, e perciò al controllo di legittimità delle corti costituzionali nella forma, di nuovo, dell'accertamento dell'invalidità delle leggi da essa prodotte, ossia della loro contraddizione con le norme costituzionali.

La differenza tra la fonte di legittimazione delle funzioni politiche di governo e quella delle funzioni giurisdizionali diventa pertanto ancor più chiara e trasparente in democrazia. Il fondamento della legis-lazione e del governo è ora la rappresentanza della volontà popolare. Trattandosi di funzioni nomotetiche o di governo, il cui esercizio consiste nella creazione di norme o comunque di decisioni che innovano o modificano il sistema giuridico, la loro legittimità, in democrazia, proviene dall'essere espressione, diretta o indiretta, della volontà popolare, cioè degli stessi governati. Al contrario il fondamento della giuris-dizione, come dice la stessa parola, è la dizione del diritto, cioè l'accertamento di quanto la legge dispone in ordine ai fatti oggetto di giudizio: la giurisdizione si configura e si ridefinisce perciò come applicazione di ciò che dispone la legge, ossia della volontà legislativa manifestatasi prima del fatto giudicato, e quindi come un'attività tendenzialmente cognitiva in fatto e ricognitiva in diritto.

Ne consegue una differenziazione della grammatica delle pubbliche funzioni, quanto meno nel loro modello teorico e normativo. Nel capitolo IX dei miei *Principia iuris* ho caratterizzato l'esercizio delle funzioni legislative e delle funzioni di governo come *applicazione formale* delle sole norme formali sulla produzione, cioè delle regole di competenza sul 'chi' e delle regole procedurali sul 'come' della produzione medesima, le une e le altre relative soltanto alla *forma* degli atti nei quali consiste tale esercizio. Quanto alla *sostanza*, cioè al 'che cosa' delle decisioni, mentre nello stato legislativo di diritto il legislatore è privo di limiti e l'amministrazione è vincolata soltanto al *rispetto*, cioè alla non violazione delle leggi ordinarie, nello stato costituzionale di diritto anche il legislatore viene vincolato al *rispetto* della costituzione. Legislatori e governanti sono peraltro dotati di autonomia politica e di discrezionalità decisionale, nel senso che possono decidere qualunque cosa, nelle forme prestabilite dalle norme di competenza e di procedura, con il solo limite del rispetto, cioè della coerenza, o compatibilità o non contraddizione dei contenuti, ossia dei significati delle loro decisioni con le norme, costituzionali o legislative a seconda che si tratti di legislazione o amministrazione, ad essi sopraordinate.

Diversa è la grammatica della giurisdizione, cioè della figura del potere corrispondente a quella greca dei *dikastes*. Le funzioni giurisdizionali sono vincolate all'*applicazione* non soltanto formale, ma anche sostanziale della legge. Cosa vuol dire, infatti, *applicazione sostanziale*? Vuol dire che non soltanto il 'chi' e il 'come', ma anche il 'che cosa' delle decisioni giudiziarie deve corrispondere, e non solo non contraddire, a quanto previsto dalla legge; che perciò il fatto concreto sottoposto a giudizio deve essere giudicato sulla base della sua corrispondenza o meno alla fattispecie astratta prevista dalla legge, cioè dell'implicazione della qualificazione giuridica in concreto del fatto giudicato da parte della sua astratta previsione e qualificazione giuridica normativa; che la giurisdizione, in breve, deve consistere, secondo il suo modello teorico, in un'attività prevalentemente cognitiva, cioè nell'accertamento, sia pure relativo e approssimativo, come è del resto l'accertamento di qualunque verità empirica, della verità processuale, sia giuridica che fattuale, dei presupposti della decisione. Per questo la fonte di legittimazione della giurisdizione è non l'autorità ma la verità, quale è attestata dalle motivazioni, in fatto e in diritto, delle sue pronunce: non dunque la rappresentatività politica del soggetto della decisione, bensì la verificazione giuridica tramite interpretazione della legge e la verificazione fattuale tramite valutazione delle prove delle tesi assunte a base della decisione. Diversamente dagli altri precetti giuridici, infatti, una pronuncia giudiziaria è non soltanto valida, ma anche giusta, se e solo se la sua motivazione si propone e si accredita, mediante l'argomentazione probatoria e l'argomentazione interpretativa, come plausibilmente "vera", in fatto e in diritto, pur con tutti i limiti che ovviamente, come vedremo più oltre, riconosciamo a questa pretesa.

2.2. Una nuova tipologia dei pubblici poteri: funzioni di governo e funzioni di garanzia, primaria e secondaria

E' su questa differenza delle loro fonti di legittimazione che si basa la separazione tra poteri di governo e potere giudiziario e l'indipendenza del secondo dai primi, espressa dal principio della sua soggezione *soltanto* alla legge: nessuna maggioranza, neanche l'unanimità dei consensi o dei dissensi, infatti, può rendere vera o falsa la motivazione di una pronuncia giudiziaria. E' la natura tendenzialmente cognitiva sia dell'induzione probatoria, sulla quale si basa la verità fattuale, sia dell'interpretazione della legge, sulla quale si basa la verità giuridica, che vale ad escludere, come ogni altra attività conoscitiva, ogni condizionamento di potere che possa interferire sul corretto accertamento del vero. E' questo il senso, a fondamento dell'indipendenza e della separazione dei poteri, della nota esclamazione "ci sarà pure un giudice a Berlino!": deve pur esserci a Berlino un giudice indipendente che sulla base di un corretto accertamento processuale sia in grado (e un giudice è tale se e solo se è in grado) di assolvere quando tutti, dalla pubblica opinione al potere politico, chiedono o auspicano la condanna, e di condannare quando tutti chiedono o auspicano l'assoluzione. Il consenso della maggioranza, o peggio la dipendenza dal potere politico che della maggioranza è espressione, può solo disturbare e deformare l'imparziale e disinteressato accertamento del "vero" nel quale consiste la soggezione del giudice soltanto alla legge.

C'è poi un secondo fondamento della separazione dei poteri, dell'indipendenza dei giudici e del carattere contro-maggioritario del potere giudiziario: il suo ruolo di garanzia dei diritti, i quali sono sempre, come scrisse Ronald Dworkin, virtualmente contro la maggioranza e, più in generale, contro qualunque potere. E' questo un fondamento che è diventato ancor più forte ed evidente, unitamente all'espansione del potere giudiziario, nelle odierne democrazie costituzionali: per il fitto elenco di diritti fondamentali affidati dalle costituzioni odierne alla garanzia giurisdizionale; per il controllo di costituzionalità sulle leggi invalide, parimenti affidato all'iniziativa e poi alle decisioni dei giudici; per l'espansione del ruolo della sfera pubblica e delle attività dei pubblici poteri e conseguentemente del controllo giudiziario sulle loro possibili illegalità. E' chiaro che se i diritti sono contro la maggioranza, altrettanto devono esserlo le loro garanzie giurisdizionali: solo giudici e pubblici ministeri indipendenti da qualunque potere sono in grado di garantire i diritti dei cittadini contro le loro violazioni da parte dei poteri politici e amministrativi. Per questo la separazione dei poteri e la garanzia dei diritti – cioè i due valori enunciati congiuntamente dal celebre art.16 della Dichiarazione francese del 1789 – sono tra loro connesse: perché l'una forma il presupposto dell'altra e dall'altra è giustificata e legittimata. Entrambi i fondamenti della giurisdizione – il ruolo di garanzia dei diritti e l'accertamento della verità processuale

– suppongono insomma la sua separazione da qualunque altro potere, proprio perché entrambi richiedono la soggezione del giudice soltanto alla legge.

Ebbene, tutte queste caratteristiche del potere giudiziario, a me pare, – il carattere tendenzialmente cognitivo del suo esercizio quale applicazione sostanziale della legge sulla base dell'accertamento dei presupposti dalla legge stabiliti, la sua legittimazione consistente non già nel consenso politico della maggioranza o dell'opinione pubblica ma nel ruolo di garanzia dei diritti, il suo carattere contro-maggioritario a causa del carattere contro-maggioritario dei diritti garantiti e, perciò, la necessità funzionale della sua indipendenza da impropri condizionamenti di potere a garanzia dell'uguaglianza – si rinvengono oggi anche in altre pubbliche funzioni e istituzioni, diverse da quelle riconducibili alla figura del giudicante e a quella greca dei *dikastes*: in quelle che ho chiamato *funzioni* e *istituzioni amministrative di garanzia primaria*.

Vengo così alla prima modificazione e complicazione cui ho all'inizio accennato della geografia dei poteri nell'odierna democrazia costituzionale, rispetto alla classica tripartizione e separazione – tra legislativo, esecutivo e giudiziario – formulata da Montesquieu più di due secoli fa. Con la costruzione dello stato sociale e, soprattutto, con il mutamento di paradigma intervenuto nei nostri sistemi politici con la costituzionalizzazione di diritti sociali come il diritto all'istruzione e alla salute, si sono sviluppate istituzioni e funzioni – la scuola, la sanità pubblica, la previdenza e l'assistenza sociale – che ovviamente erano ignote all'esperienza giuridica settecentesca. Queste funzioni, non potendo essere collocate all'interno del potere legislativo o del potere giudiziario, lo sono state all'interno di quel grande contenitore che è la Pubblica Amministrazione, ponendosi alle dipendenze del potere esecutivo e condividendo con questo, pur se ad esse non pertinente, la medesima fonte legittimazione di tipo politico e maggioritario. Ma è chiaro che si tratta di funzioni di garanzia primaria, che al pari delle funzioni giurisdizionali di garanzia secondaria sono legittimate dall'accertamento dei diritti da esse garantiti e dovrebbero perciò essere separate e indipendenti dalle funzioni politiche di governo.

D'altro canto nelle odierne democrazie il potere esecutivo non è più detenuto da un monarca privo di legittimazione democratica, bensì da un governo che ha la medesima fonte di legittimazione del potere legislativo e che, nelle democrazie parlamentari, non è più separato dal Parlamento ma è a questo variamente connesso: dal rapporto di fiducia, dalle funzioni legislative attribuite anche al governo in concorso con il Parlamento e dal potere di scioglimento del Parlamento conferito al presidente del consiglio e/o al presidente della Repubblica.

Tutto questo richiede, a me pare, una profonda revisione della classica separazione dei poteri. In primo luogo va riconosciuto, come ho detto all'inizio, che il potere esecutivo e quello legislativo, quanto meno nelle democrazie parlamentari, non sono più separati ma sono largamente connessi e variamente condivisi e condividono inoltre la stessa fonte di legittimazione, consistente nella rappresentatività politica e popolare; sicché possiamo accomunarli nella medesima classe delle *funzioni di governo*, più o meno condivise tra potere esecutivo e potere legislativo, inteso con "condivisione" un tipo di organizzazione del potere esattamente opposto alla "separazione" perché consistente nella distribuzione del medesimo potere decisionale tra più organi e soggetti. In secondo luogo dobbiamo riconoscere che gran parte delle nuove funzioni attribuite alla sfera pubblica dallo sviluppo dello stato sociale e dalla costituzionalizzazione dei diritti sociali, come l'istruzione pubblica, l'assistenza sanitaria e la previdenza sociale, non hanno nulla a che vedere con le *funzioni amministrative di governo*, come per esempio quelle in materia di politica estera, di politica economica o di ordine pubblico che giustamente dipendono dalle funzioni politiche di governo legittimate, in democrazia, dalla rappresentanza politica. Quelle funzioni vanno al contrario configurate come *funzioni amministrative di garanzia primaria*, che essendo deputate all'immediata soddisfazione dei diritti di tutti e di ciascuno richiedono la stessa indipendenza e separazione dalle *funzioni di governo* tradizionalmente assicurate alle *funzioni giurisdizionali di garanzia secondaria*.

Abbiamo così due figure del potere pubblico – quella dei poteri o delle *funzioni di governo* e quella dei poteri o delle *funzioni di garanzia* – corrispondenti alle due grandi forme o dimensioni dell'esperienza: volontà e conoscenza, potere e sapere, disposizione e accertamento, consenso e verità, produzione e applicazione del diritto, *legis-latio* e *iuris-dictio*. La prima dimensione disegna quella che ho chiamato la *sfera del decidibile*, cui appartengono le *funzioni di governo*, tra le quali vanno incluse sia le funzioni legislative che quelle governative in senso stretto, nonché quelle, a queste ausiliarie, di tipo amministrativo. La seconda dimensione corrisponde invece a quella che ho chiamato la *sfera dell'indecidibile* (*che* o *che non*), in attuazione e a difesa della quale sono istituite quelle che ho chiamato *funzioni di garanzia* e tra le quali vanno incluse sia la *funzione giudiziaria di garanzia secondaria*, sia le *funzioni amministrative di garanzia primaria* dei diritti di libertà e dei diritti sociali, le une e le altre vincolate alla legge. Le funzioni di governo corrispondono allo spazio della politica, i cui parametri di valutazione sono l'efficienza e l'utilità dei risultati ottenuti dal punto di vista degli interessi generali e le cui fonti di legittimazione sono perciò la rappresentanza politica e il consenso. Le funzioni di garanzia corrispondono invece allo spazio della giurisdizione e dell'amministrazione vincolate all'applicazione sostanziale della legge, i cui criteri di valutazione e la cui fonte di legittimazione consistono nel corretto accertamento dei presupposti legali del loro esercizio.

2.3. *Crisi della legalità e della separazione dei poteri*

La separazione dei poteri fin qui illustrata tra funzioni di governo e funzioni di garanzia riflette chiaramente un modello teorico e normativo, mai effettivamente realizzato e mai, neppure, pienamente realizzabile. Il suo presupposto, rappresentato dalla soggezione soltanto alla legge delle funzioni di garanzia, richiede infatti quella che, soprattutto in materia penale, è la prima garanzia contro l'arbitrio: la stretta legalità, o tassatività o determinatezza del linguaggio legale, cioè la previsione legislativa in astratto nei termini quanto più possibile chiari e precisi, ma mai perfettamente tali, dei presupposti delle decisioni affidate alle funzioni di garanzia, sia amministrative o primarie che giudiziarie o secondarie. La soggezione alla legge dipende, in breve, dalla semantica del linguaggio legale: i poteri delle istituzioni di garanzia, infatti, sono sempre poteri-sapere, tanto più legittimi quanto maggiore è il sapere, grazie alla stretta legalità e perciò all'effettività dei vincoli legali imposti al loro esercizio, e tanto più illegittimi quanto maggiore è il potere, a causa dell'indeterminatezza della legge e perciò della debolezza della sua capacità regolativa.

Oggi quel modello teorico e normativo è in crisi. Si tratta di una crisi profonda, che si manifesta in forme diverse nelle funzioni giurisdizionali di garanzia secondaria e in quelle amministrative di garanzia primaria.

Per quanto riguarda la giurisdizione, la crisi è il prodotto di un vero e proprio crollo del principio di stretta legalità. Ovviamente la stretta legalità è sempre imperfetta, a causa dei margini inevitabili di imprecisione e vaghezza del linguaggio legale. Il giudice non sarà mai, perché non può esserlo, "bocca della legge", secondo l'illusoria formula montesquieviana, a causa dei margini insopprimibili di discrezionalità giudiziaria sia nell'interpretazione giuridica che nella valutazione delle prove. Questi margini possono essere ridotti da un sistema adeguato di garanzie, ma certamente non possono essere eliminati, a causa del carattere comunque opinabile della verità giuridica e probabilistico della verità fattuale. La verità processuale certa e assoluta è insomma irraggiungibile, come lo è del resto qualunque altra verità empirica. In materia processuale potrà solo parlarsi di un grado più o meno elevato di certezza, conseguente al grado più o meno elevato dell'effettività delle garanzie sostanziali e processuali, prima tra tutte quella della stretta legalità o tassatività. E dovrà quindi riconoscersi una fisiologica, insopprimibile dimensione politica della giurisdizione, che pesa sulla responsabilità dei giudici dai quali richiede perciò il rispetto di talune elementari massime deontologiche: la consapevolezza del carattere comunque terribile e odioso del loro potere e perciò il rifiuto di ogni arroganza e supponenza; il valore e il costume del dubbio come abito morale e intellettuale, legato a sua volta alla consapevolezza che è sempre possibile l'errore, sia in fatto che in diritto; il rifiuto infine della tentazione di ogni forma di attivismo e protagonismo extra-processuale, onde impedire il sospetto di strumentalizzazioni politiche della giurisdizione. Sono queste regole che vengono violate tutte le volte che i giudici e i pubblici ministeri, contravvenendo alla grammatica della separazione dei poteri e ai differenti fondamenti assiologici dei diversi poteri, vanno alla ricerca del consenso forzando il principio di stretta legalità e così inseguendo un'impropria legittimazione politica. Il populismo politico è sempre una minaccia per la democrazia. Ma ancor più intollerabile è il populismo giudiziario, che punta per di più ad acquisire, demagogicamente, una fonte di legittimazione che è propria dei poteri politici.

Ciò che peraltro determina la crisi odierna della giurisdizione è il fatto che quei margini inevitabili e fisiologici della discrezionalità giudiziaria sono oggi diventati patologici. A causa di molteplici fattori: in primo luogo la complicazione del sistema delle fonti, che non è più solo nazionale ma è anche e sempre più sovranazionale, senza che siano sempre chiaramente determinate le diverse sfere di competenza e le loro relazioni gerarchiche; in secondo luogo l'inflazione della produzione legislativa, che in materia penale è giunta al punto da provocare quella dichiarazione di bancarotta del sistema che è stata la sentenza con cui la Corte costituzionale, nel 1988, ha dichiarato che in taluni casi non è più sostenibile il principio della non scusabilità della legge penale non essendo più nessuno in grado di conoscere le decine di migliaia di norme penali accumulatesi nel nostro ordinamento; in terzo luogo la crisi della legalità non più solo sul piano quantitativo ma anche sul piano qualitativo, essendo il linguaggio legale divenuto sempre più oscuro, confuso, tortuoso e talora contraddittorio ed essendosi i testi di legge trasformati in complicati e sterminati labirinti, carichi di rinvii ad altri testi normativi, di formule polisense, di neologismi talora incomprensibili e di divagazioni dall'incerto statuto prescrittivo. Ne risulta compromessa la capacità regolativa del diritto, così nei confronti dei cittadini come dei giudici, e un aumento patologico della discrezionalità giudiziaria che pesa sulla certezza del diritto e perciò sulle nostre libertà. E ne risultano offuscati, conseguentemente, il principio della soggezione dei giudici alla legge e quello della separazione dei poteri. E' sempre più difficile infatti, di fronte a una simile crisi della legalità, continuare a configurare la giurisdizione come un'attività prevalentemente cognitiva, di applicazione, anziché di produzione del diritto.

Si aggiunga che questo processo di crescente espansione del potere giudiziario e di progressiva usurpazione delle funzioni legislative è oggi non solo riconosciuto ma anche legittimato, assecondato e alimentato da una concezione sempre più diffusa della giurisdizione come fonte creativa di diritto, che mal si concilia con il principio della separazione. Convergono, in questo orientamento, filoni culturali diversi: il paleo-giuspositivismo kelseniano, secondo il quale ogni atto normativo è insieme applicazione (di norme sopraordinate) e creazione (di norme subordinate), senza differenze qualitative ma solo quantitative tra discrezionalità legislativa e discrezionalità giudiziaria; il neo-giusnaturalismo principialista, che configura le norme, soprattutto costituzionali, non come regole vincolanti suscettibili di applicazione alle loro violazioni, bensì come principi oggetto di ponderazione o bilanciamento; le diversi correnti del realismo giuridico, le quali ritengono inevitabile, e comunque propongono come modello normativo, l'attività creativa delle corti, soprattutto di quelle supreme o costituzionali; il neo-pandettismo, infine, dei giuristi nostalgici del diritto giurisprudenziale premoderno, che essi vedono riprodotto dalle forme odierne del dialogo tra le corti dei diversi paesi e perciò dallo sviluppo di una sorta di giurisprudenza costituzionale transnazionale. Il risultato di questo ruolo creativo assunto o comunque rivendicato dalla giurisdizione, di sostanziale supplenza rispetto all'incapacità regolativa della legislazione, è in tutti i casi una lesione dello stato di diritto: è il venir meno della soggezione dei giudici alla legge e perciò del principale fondamento della separazione dei poteri. Ed è chiaro che una simile lesione favorisce le mai abbandonate tendenze dei poteri politici a limitare comunque l'indipendenza della giurisdizione.

Un fenomeno opposto si è invece prodotto nel rapporto tra funzioni di governo e funzioni amministrative di garanzia primaria: non già l'espansione, ma la riduzione delle funzioni amministrative di garanzia primaria ad opera di un'attività legislativa e di governo incurante dei vincoli costituzionali rappresentati dai diritti sociali costituzionalmente stabiliti. Mi riferisco ai tagli alle spese a garanzia dei diritti sociali alla salute, all'istruzione e alla previdenza e, per altro verso, allo smantellamento dei diritti dei lavoratori, ad opera delle politiche antisociali adottate, ormai da molti anni, dai nostri governi per far fronte alla crisi economica e rivelatesi oltre tutto, anche a tal fine, fallimentari. La crisi si manifesta, in questo caso, in una legislazione chiaramente in contrasto con i vincoli costituzionali; ed è favorita della mancata separazione di cui ho sopra parlato tra funzioni politiche di governo e funzioni amministrative di garanzia primaria. Essendosi queste funzioni – la scuola, la sanità pubblica, la previdenza e l'assistenza – sviluppate all'interno della Pubblica amministrazione alle dirette dipendenze del potere esecutivo, esse sono state agevolmente aggredite dalle funzioni di governo senza alcuna possibile garanzia di difesa della loro autonomia.

In tutti i casi all'origine dell'indebolimento delle funzioni di garanzia, sia secondarie che primarie, è la confusione dei poteri, conseguente a sua volta a una crisi patologica della legalità: crisi della capacità regolativa della legge e perciò sviluppo della giurisdizione come fonte di nuovo diritto, *extra* o peggio *contra legem*, con conseguente usurpazione delle funzioni legislative da parte delle funzioni giudiziarie; tentativi di riduzione dell'indipendenza del potere giudiziario da parte dei titolari dei poteri di governo, anche a tutela della loro impunità per la loro crescente corruzione; crisi, per altro verso, della soggezione della legge alla costituzione, e perciò spazio aperto, in nome della cosiddetta "governabilità", alle politiche e alle legislazioni antisociali, con conseguente sopraffazione delle funzioni di garanzia primaria da parte delle funzioni legislative e di governo.

Entrambe queste crisi sono il segno e il prodotto di una debolezza, o peggio dell'assenza della politica, cioè della sua capacità legislativa e, più ancora, del suo ruolo di garanzia dei diritti pur costituzionalmente stabiliti. La politica, infatti, dovrebbe da un lato rispettare ed attuare i limiti e i vincoli costituzionali e, dall'altro. ben potrebbe limitare la discrezionalità giudiziaria rifondando la legalità ordinaria, come dirò più oltre, con leggi chiare e inequivoche e perciò vincolanti nei confronti dei giudici. In tutti questi anni essa ha invece ignorato ed anzi alimentato lo sfascio della legalità, perseguendo la difesa dei propri spazi illegittimi con leggi *ad personam*, abbassamento dei termini di prescrizione dei reati economici, introduzione di forme di responsabilità civile dei giudici in grado di intimidirne e scoraggiarne le iniziative nei confronti dei potenti e, insieme, leggi di riduzione dei diritti dei lavoratori e dei diritti sociali.

3. La separazione tra poteri pubblici istituzionali e poteri extra-istituzionali

Come si spiega questa aggressione della politica alle funzioni di garanzia e, in particolare, alle garanzie dei diritti sociali e del lavoro? Si spiega con il progressivo declino dal suo orizzonte dei limiti e dei vincoli costituzionali, determinato a sua volta da un duplice ordine di confusioni e collusioni tra poteri istituzionali e poteri extra-istituzionali: da un lato dalla neutralizzazione delle forze e dei poteri sociali tradizionalmente mediati dai partiti; dall'altro dalla subordinazione sempre più aperta della politica ai poteri economici e finanziari.

Vengo così al secondo allargamento della tipologia dei poteri di cui ho parlato all'inizio. Se la separazione intra-istituzionale tra i pubblici poteri è alla base dello stato di diritto, la separazione tra poteri pubblici e poteri extra-istituzionali è alla base della democrazia. Precisamente, la separazione delle forze e dei poteri sociali organizzate dai partiti da parte dei poteri politici e rappresentativi di governo è alla base della democrazia politica. La separazione dei poteri politici di governo dai poteri economici privati e finanziari è essenziale, oltre che alla democrazia politica, all'attuazione dei diritti costituzionalmente stabiliti e perciò alla democrazia costituzionale.

3.1. Poteri statali e poteri sociali. Sfera pubblica e partiti politici

La prima di queste due separazioni forma il presupposto elementare della democrazia rappresentativa. In tanto un sistema politico è rappresentativo del pluralismo degli interessi e delle volontà dell'elettorato, in quanto le organizzazioni politiche deputate all'organizzazione delle forze sociali, cioè i partiti politici, siano separati dallo Stato, a cominciare dalle istituzioni rappresentative. La rappresentanza politica, infatti, suppone, ovviamente, la distinzione tra istituzioni rappresentative e forze sociali e politiche dalle prime rappresentate. Questa distinzione si è oggi appannata e, di fatto, è venuta meno. I partiti politici, che l'art.49 della nostra Costituzione configura come le libere associazioni attraverso le quali i cittadini esercitano il diritto di "concorrere con metodo democratico a determinare la politica nazionale", si sono di fatto progressivamente integrati e pressoché identificati con le stesse istituzioni rappresentative, cioè con gli organi titolari dei poteri politici di governo.

Per questo la rifondazione della rappresentanza attraverso una riforma democratica dei partiti, rappresenta oggi – non solo in Italia – la vera, pregiudiziale questione costituzionale. Sono letteralmente crollate la credibilità dei partiti e il loro ruolo di mediazione rappresentativa tra società e Stato. I partiti sono oggi tra le istituzioni più screditate. Sono venute meno, con la scomparsa della passione civile che animava la loro vita interna, la partecipazione e il coinvolgimento diretto dei cittadini nella vita politica. E' cresciuta l'astensione dal voto e il voto, a destra e a sinistra, è diventato espressione, ben più che del consenso, del dissenso, o peggio del disprezzo per le formazioni avversarie. Oggi la nostra democrazia è in crisi perché la società non è, e comunque non si sente in nessun senso rappresentata. I partiti hanno perso il loro radicamento nella società e si sono trasformati in costose burocrazie saldamente integrate negli apparati dello Stato e delle altre istituzioni politiche. La loro distanza dalla società si è sviluppata parallelamente alla loro progressiva identificazione con le istituzioni pubbliche: non solo con le istituzioni rappresentative, ma anche con quelle della Pubblica amministrazione, da essi variamente occupate. E' venuta meno, conseguentemente, quella alterità tra società e Stato, tra partiti e sistema istituzionale che forma l'ovvio presupposto della mediazione rappresentativa.

E' chiaro che questa crisi può essere superata solo se i partiti torneranno ad essere – come furono nei loro momenti più alti, quando nacquero, a sinistra, come partiti operai, e poi, in Italia, all'indomani della Liberazione – organi della società, soggetti rappresentati anziché rappresentanti, e quindi strumenti della partecipazione dei cittadini alla vita politica secondo quanto stabilito dal già ricordato articolo 49. Ma è anche chiaro che questa loro riabilitazione non può essere affidata alla loro autonomia, della quale essi hanno da molti anni fatto uso per statalizzarsi, cioè per trasformarsi in istituzioni parastatali. Il solo rimedio alle degenerazioni in atto, a cominciare dall'assenza di democrazia interna, è l'eteronomia della legge.

Una legge di attuazione dell'articolo 49 dovrebbe perciò imporre ai partiti uno statuto democratico, basato quanto meno sui classici principi della democrazia politica: l'uguaglianza e la pari dignità degli iscritti, il rispetto per il dissenso, la libertà della critica e le garanzie dell'opposizione interna, la separazione dei poteri, la previsione di assemblee di base dirette ad orientare le riunioni e le decisioni degli organi dirigenti. Ma dovrebbe soprattutto, a garanzia del ruolo di mediazione rappresentativa tra società e Stato affidato ai partiti, garantire la separazione tra cariche di partito e funzioni pubbliche, anche elettive. I partiti dovrebbero, in breve, essere separati dallo Stato – non solo dagli apparati della Pubblica Amministrazione, ma anche dalle istituzioni politiche elettive – e deputati alla formulazione dei programmi di governo, alla scelta dei candidati alle elezioni e alla responsabilizzazione degli eletti, ma non anche alla diretta gestione della cosa pubblica. Per molteplici ragioni: in primo luogo perché siano favoriti il loro radicamento sociale e con esso, grazie all'alterità tra rappresentanti e rappresentati, il loro ruolo di mediazione rappresentativa tra istituzioni pubbliche elettive ed elettorato attivo; in secondo luogo per evitare i conflitti di interesse che si manifestano nelle auto-candidature dei dirigenti e nelle varie forme di cooptazione dei candidati sulla base della loro fedeltà a quanti li hanno, di fatto, designati; in terzo luogo per impedire la confusione dei poteri tra controllori e controllati e consentire la responsabilità dei secondi di fronte ai primi; in quarto luogo per determinare un più rapido e fisiologico ricambio dei gruppi dirigenti e del ceto politico e una migliore selezione sia dei dirigenti dei partiti che degli eletti nelle istituzioni rappresentative.

Occorrerebbe perciò introdurre forme di incompatibilità tra cariche di partito e cariche elettive istituzionali, in forza delle quali i dirigenti di partito avrebbero l'onere di dimettersi all'atto dell'elezione nelle istituzioni rappresentative. Si porrebbe così fine all'odierna occupazione delle istituzioni da parte dei partiti, i quali dovrebbero essere investiti di funzioni soltanto di indirizzo politico, e non anche direttamente di pubblici poteri. Solo una simile riforma può porre rimedio alla crisi di rappresentatività e credibilità dei partiti che sta ormai trasferendosi sul parlamento e sulla stessa democrazia rappresentativa. Solo il venir meno degli attuali conflitti di interesse, che si manifestano nell'auto-elezione o nella cooptazione di fatto da parte dei capi dei partiti dell'intero personale politico, varrebbe a restaurare il rapporto di rappresentanza tra istituzioni elettive ed elettorato, a radicare i partiti nella società, a ridurre il loro discredito odierno e a restituire loro autorevolezza e capacità di attrazione e aggregazione sociale, nonché di controllo e responsabilizzazione degli eletti. Infine, solo la rifondazione democratica dei partiti, quali organizzazioni direttamente sociali, può immunizzare la politica dai pesanti condizionamenti di interessi che provengono dalla crescente invadenza dei poteri economici nella sfera pubblica.

3.2. Poteri pubblici e poteri economici. Politica ed economia

Vengo così alla seconda, ancor più importante separazione tra poteri pubblici o istituzionali e poteri privati extra-istituzionali, oggi sempre più decisiva per il futuro della democrazia. Mi sembra che un convegno come il nostro, dedicato alla tipologia dei poteri, non possa ignorare la figura odierna più invadente, sregolata e selvaggia del potere: quella dei poteri economici e finanziari nell'attuale mondo globalizzato. Non so se i nostri amici antichisti siano in grado di indicare una figura archetipica ad essa corrispondente nel lessico antico, accanto alle figure del legislatore o *nomothetes*, del governante o *kybernetes* e del giudice o *dikastes*. Ciò che è certo è che questo ulteriore tipo di potere non può essere trascurato. Esso è infatti il potere oggi dominante che, in assenza di regole idonee a limitarlo, è in grado di assoggettare, deformare e deviare tutti gli altri poteri.

Si pone qui una questione teorica di fondo, di teoria del diritto e di filosofia politica, che ho sollevato e discusso più volte. Nella nostra tradizione filosofico-politica, da Locke in poi, il potere è sempre stato identificato con i soli poteri pubblici; e il rapporto tra potere e diritto, come dice la stessa locuzione "stato di diritto", è sempre stato pensato come subordinazione al diritto soltanto dello Stato, cioè dei soli poteri pubblici o statali, e non anche del mercato, cioè dei poteri economici e privati. Per questo non è stato sviluppato, a fianco del costituzionalismo di diritto pubblico, un costituzionalismo di diritto privato: perché i poteri economici privati sono stati semplicemente ignorati, grazie alla loro configurazione come libertà. Il mercato, infatti, è stato sempre concepito come sfera di libertà, attraverso l'identificazione di proprietà e libertà, di autonomia privata e diritti di libertà, l'una e gli altri accomunati nell'unica categoria delle libertà fondamentali. "Vite, libertà, averi, sono cose ch'io denomino, con termine generale, proprietà", scrisse Locke, essendo il diritto di proprietà, questa la sua tesi ben nota e suggestiva, innanzitutto proprietà sul proprio corpo, e quindi sul proprio lavoro e sui frutti del proprio lavoro e perciò, simultaneamente, libera autodeterminazione e proprietà di se medesimi. Ebbene, questa identificazione è diventata senso comune sia nella tradizione filosofico-politica che in quella tecnico-giuridica. In entrambe queste tradizioni, diritti reali di proprietà, diritti di autonomia privata e libertà fondamentali sono stati volta a volta confusi nell'unica categoria della proprietà, oppure in quella della libertà o ancora, come nel lessico corrente adottato da Thomas Marshall, nella figura dei "diritti civili".

Libertà e proprietà sono invece concetti strutturalmente diversi. Sono anzitutto non solo diversi ma opposti, per la loro opposta struttura, i diritti di libertà e i diritti reali di proprietà: i primi spettanti ugualmente a tutti, quali diritti universali (di tutti, in quanto persone o cittadini), perciò indisponibili, inalienabili e inviolabili; i secondi spettanti singolarmente a ciascuno con esclusione degli altri, perciò disponibili, alienabili e trasferibili. Se i diritti fondamentali di libertà formano la base dell'uguaglianza, i diritti patrimoniali o reali di proprietà formano la base della disuguaglianza. Ma sono strutturalmente diversi anche i diritti di libertà dai diritti civili di autonomia e di iniziativa economica, cioè dai diritti di disporre dei beni di proprietà e di intraprendere attività imprenditoriali. I diritti di questo secondo tipo infatti, pur essendo fondamentali perché spettanti a tutti al pari dei diritti di libertà, sono anche, al pari dei diritti reali di proprietà, diritti-potere. Lo sono, se con "potere" intendiamo qualunque facoltà il cui esercizio produce effetti nella sfera giuridica altrui. Non lo sono, al contrario, i diritti di libertà: non solo le semplici immunità fondamentali come l'*habeas corpus*, la libertà di coscienza o l'immunità da torture, delle quali non è configurabile nessun esercizio, ma neanche le libertà attive o libertà-facoltà, come le libertà di stampa, di associazione e di riunione, il cui esercizio non produce effetti giuridici nella sfera altrui. Purtroppo a questa confusione tra libertà e proprietà è stata subalterna anche la cultura della sinistra di tradizione comunista, che sul solco di Locke ha accomunato la libertà alla proprietà; con la differenza che mentre la tradizione liberale ha assimilato la proprietà alla libertà, così accreditando la prima con il valore associato alla seconda, la tradizione comunista ha assimilato le libertà, cosiddette borghesi, alla proprietà, così screditando le prime con il disvalore associato alla seconda e finendo perciò con il negare sia le une che l'altra. Insomma, questa confusione tra proprietà e libertà ha occultato la natura di poteri sia dei diritti reali che dei diritti civili di proprietà in opposizione ai non-poteri nei quali consistono tutte le libertà. L'ideologia liberista ha poi rafforzato questa operazione, configurando le libertà economiche come le principali libertà fondamentali e, per di più, accreditando le leggi del mercato come leggi naturali che sarebbe irrealistico, ancor prima che illiberale, tentare di disciplinare e limitare.

Riconoscere il carattere di "poteri" dei diritti patrimoniali o reali e dei diritti fondamentali di autonomia privata è invece il primo passo in direzione di un costituzionalismo di diritto privato, basato sulla loro rigida subordinazione alla legge e alla costituzione, non essendo ammissibili nello stato "di diritto", e meno che mai nello stato costituzionale di diritto, poteri assoluti non soggetti al diritto. Anche il mercato, su questa base, va perciò sottoposto a limiti e a vincoli, quale "mercato di diritto" non meno dello Stato. Anche i poteri economici privati, non meno dei poteri politici e pubblici, vanno sottoposti alla legge e, soprattutto, alla costituzione e a tutti i diritti fondamentali costituzionalmente stabiliti.

Il secondo e ancor più importante passo è la rigida separazione tra "pubblico" e "privato", tra poteri pubblici e poteri economici, che dovrebbe far parte del costituzionalismo profondo dello Stato moderno ancor prima che della stessa democrazia. Lo Stato moderno nasce infatti come sfera pubblica separata dalle e sopraordinata alle sfere private dell'economia, confuse invece nel vecchio stato patrimoniale e negli antichi regimi di tipo feudale. Si manifesta qui, in maniera ancor più evidente e vistosa, il nesso formulato all'inizio tra separazione dei poteri e diversità delle loro fonti di legittimazione. La fonte di legittimazione dei poteri economici privati è l'autodeterminazione nella cura dei propri interessi: consiste, in breve, negli interessi privati, dei quali nessuno è interprete migliore dei loro stessi titolari. Di qui l'inevitabile conflitto di interessi provocato dalla diversità ed anzi dall'opposizione tra interessi privati o individuali e interessi pubblici o collettivi: un conflitto, peraltro, che, allorquando i relativi poteri cadono in mano alla stessa persona, inevitabilmente si risolve nel primato degli interessi personali, i quali divorano, assoggettandoli e strumentalizzandoli, gli interessi pubblici e generali. Ne abbiamo avuto, in Italia, una penosa e ventennale esperienza.

3.3. Contro le odierne confusioni tra i poteri. Il ruolo della legalità

Si conferma così l'ipotesi di lavoro che ho all'inizio avanzato. In mancanza delle separazioni finora illustrate si produce un inevitabile ribaltamento dei rapporti tra poteri e, conseguentemente, una deformazione delle relative funzioni. Le separazioni garantiscono infatti che i poteri sociali controllino, e i poteri e le funzioni di garanzia frenino e vincolino i poteri di governo, in attuazione dei limiti e dei vincoli a questi imposti dai diritti costituzionalmente stipulati. Garantiscono inoltre che i poteri di governo frenino e disciplinino i poteri economici e finanziari, onde arginarne la naturale rapacità e impedire che essi governino i poteri politici anziché esserne governati. In assenza di separazioni accade invece esattamente il contrario: che i poteri economici privati sopraffanno i poteri politici e che i poteri politici divorano i poteri sociali e sopraffanno le funzioni di garanzia.

Precisamente, la confusione dei poteri ha come inevitabile effetto il capovolgimento della gerarchia democratica dei poteri, Ne consegue infatti che i poteri più privi di limiti, ossia dotati di un maggior grado di autonomia come sono indubbiamente i poteri economici privati – per loro natura guidati unicamente dagli interessi personali e legittimati dalla cultura dominante come libertà –, finiscono per prevalere fino ad asservirli sui poteri politici; e che i poteri politici elettivi e rappresentativi tendono a neutralizzare i partiti, trasformandoli in loro propaggini e strumenti e, insieme, a prevalere e a divorare le funzioni amministrative di garanzia primaria, tuttora da essi istituzionalmente dipendenti. Insomma, in assenza di separazioni tendono a prevalere i poteri più sregolati e meno vincolati su quelli più regolati: i poteri privati, legittimati dall'autonomia negoziale nella tutela dei propri personali interessi, sui poteri politici di governo, legittimati dalla rappresentanza politica nella tutela dei pubblici interessi, e questi sia sui poteri delle forze sociali organizzate nei partiti, che dovrebbero al contrario controllarli, che sulle funzioni di garanzia che dovrebbero a loro volta vincolarli alla tutela e al soddisfacimento dei diritti fondamentali di tutti.

E' quanto è accaduto e sta ancora accadendo in Italia e, più in generale, in tutto l'occidente capitalistico, grazie anche all'asimmetria tra il carattere globale dei mercati e il carattere tuttora prevalentemente locale della politica e del diritto e perciò alla mancanza di una sfera pubblica all'altezza dei poteri economici e finanziari. Si è in primo luogo ribaltato il rapporto tra politica ed economia, tra poteri pubblici e poteri privati. Non è più la politica che governa l'economia, non sono più le istituzioni politiche rappresentative che dettano regole ai mercati, ma esattamente al contrario è la finanza globale che governa la politica dettando alle istituzioni democratiche politiche antisociali. Si sono così capovolte la gerarchia delle fonti e la separazione dei poteri, con conseguente regressione premoderna alle forme dello stato patrimoniale: sono i poteri economici e finanziari che sono oggi di fatto sopra-ordinati ai poteri politici di governo, cui dettano politiche a loro esclusivo vantaggio. E troppo spesso, in assenza di rigide garanzie di separazione, le due figure di potere si confondono fra loro, a causa dei tanti conflitti di interesse e delle tante forme di corruzione che inquinano oggi le istituzioni democratiche.

In secondo luogo, alla subalternità della politica all'economia e alla finanza e alla sua impotenza rispetto ai poteri finanziari del mercato corrisponde una sua rinnovata onnipotenza e prepotenza sia nei confronti delle funzioni e delle istituzioni di garanzia, che dei partiti, ridotti a macchine elettorali, e della loro base sociale. In tanto, infatti, la politica può ignorare i limiti e i vincoli costituzionali in ossequio ai dettami del mercato, in quanto acquisisca, mediante adeguate riforme istituzionali che neutralizzino i partiti e verticalizzino e personalizzino il potere politico, la massima onnipotenza nel governo della società. Questa onnipotenza politica si manifesta perciò nei confronti delle funzioni amministrative di garanzia primaria, grazie alla dipendenza di queste dai poteri di governo, e nell'aggressione e nel tendenziale smantellamento dello stato sociale: nei tagli alla spesa pubblica in materia di salute e di istruzione, nell'abbassamento della qualità delle prestazioni sociali, nell'introduzione di forme pur lievi di monetizzazione delle prestazioni pubbliche in contraddizione con il carattere uguale e quindi gratuito richiesto dal carattere universale dei diritti sociali fondamentali, nella distruzione infine del vecchio diritto del lavoro e dei diritti dei lavoratori.

Quanto alle funzioni e alle istituzioni di garanzia secondaria, cioè alle funzioni giurisdizionali, la loro rigida separazione istituzionale dalle funzioni di governo garantita dalla costituzione non ne ha consentito la sopraffazione da parte dei poteri politici e economici. La prepotenza della politica si è però manifestata in un aperto conflitto, che è giunto in Italia all'aggressione permanente della magistratura da parte del ceto politico di governo, in risposta alle inchieste giudiziarie per reati di corruzione dalle quali questo è stato massicciamente investito. L'argomento privilegiato di questa campagna denigratoria è la cosiddetta politicizzazione dei giudici che perseguono i reati degli esponenti politici. Quando invece è vero esattamente il contrario: i giudici hanno cessato di fare politica allorquando hanno cominciato ad applicare la legge ugualmente a tutti. Dove invece si è avuto una impropria pur se in parte inevitabile invadenza del potere giudiziario nella sfera della politica è stato nello sviluppo più sopra illustrato del ruolo creativo della giurisdizione, provocato in gran parte dal dissesto della legalità e, almeno sotto questo aspetto, imputabile al venir meno delle capacità di governo della politica.

Il risultato di questa crisi della politica, e di riflesso della legalità, sono due regressioni pre-moderne. In primo luogo la regressione dello stato di diritto, che come si è detto è nato come sfera pubblica separata e sopraordinata alle sfere economiche private, a forme di confusione tra sovranità e proprietà, tra politica ed economia, tra pubblico e privato che ricordano il vecchio stato patrimoniale e i vecchi regimi feudali pre-moderni. In secondo luogo la regressione dello stato di diritto allo stato giurisdizionale e al modello del diritto giurisprudenziale, grazie a un attivismo giudiziario reso possibile dalla crisi della legalità e assecondato, come ho ricordato, dalle odierne concezioni postkelseniane o principialiste o realiste o neopandettiste della giurisdizione come fonte creativa di diritto anche *extra legem*.

Se tutto questo è vero, la possibile risposta alla crisi in atto non può che muovere dal riconoscimento che la legalità è il solo limite all'esercizio arbitrario di qualunque potere; che le separazione tra funzioni di applicazione e funzioni di produzione del diritto e, per altro verso, tra poteri politici e poteri e forze sociali dai primi rappresentati, nonché tra poteri economici e poteri pubblici sono le sole garanzie della non sopraffazione degli uni da parte degli altri; che infine la rifondazione della legalità quale limite, e della separazione quale freno all'esercizio altrimenti selvaggio dei poteri richiede la riabilitazione di un forte ruolo di governo della politica, della quale la legislazione è pur sempre un prodotto.

Una rifondazione della legalità si richiede in primo luogo a garanzia della soggezione dei giudici alla legge. E' chiaro che questa rifondazione è un compito che spetta unicamente alla politica. Ma non si è ancora capito che c'è un solo modo per la politica per ridurre l'arbitrio giudiziario e sottoporre i giudici alle leggi, e perciò alla politica medesima della quale le leggi sono il prodotto: che il legislatore faccia bene il suo mestiere, cioè sappia scrivere le leggi in modo chiaro e quanto più possibile non equivoco. Non dimentichiamo che la formula di Montesquieu del giudice bocca della legge, che ovviamente disegna un modello limite irrealizzabile, quando fu proclamata ebbe un valore rivoluzionario. Di qui la responsabilità del legislatore e la necessità di rifondare un grado quanto più elevato possibile della stretta legalità, soprattutto in materia penale, attraverso lo sviluppo di una scienza della legislazione informata a taluni banali principi enunciati dalla tradizione illuminista, da Montesquieu a Beccaria, da Filangieri a Jeremy Bentham: la formulazione delle leggi in termini chiari, la deflazione legislativa, il divieto di formule oscure, la ricodificazione infine dell'intero diritto. In questa prospettiva una garanzia contro l'inflazione legislativa sarebbe, almeno in materia penale, una banale riforma che propongo da anni: il rafforzamento e la trasformazione della vecchia riserva di legge, concepita dalla tradizione illuministica contro l'incertezza e la contraddittorietà del diritto giurisprudenziale, in una riserva di codice – tutte le norme in tema di reati e pene nel codice, nessuna fuori del codice – in grado di porre un argine all'incertezza e alla contraddittorietà del diritto legislativo provocate dalla deriva inflazionistica della legislazione ordinaria.

La riabilitazione del ruolo di governo della politica e della funzione della legislazione quale sistema di limiti e di vincoli si richiede d'altro canto, ancor più evidentemente, per porre un freno ai poteri selvaggi del mercato: in primo luogo per subordinare alla legge e alla salvaguardia dei diritti fondamentali e dei pubblici interessi tutti i poteri economici e finanziari; in secondo luogo per sottrarre al mercato e all'appropriazione privata una lunga serie di beni vitali, l'accesso ai quali va garantito a tutti in quanto beni comuni, oggetto di diritti fondamentali. A questo scopo si richiede lo sviluppo di una sfera pubblica sovranazionale all'altezza dei poteri globali, siano essi politici o economici o finanziari e, per altro verso, la garanzia della separazione tra poteri pubblici e poteri privati attraverso rigide forme di incompatibilità idonee a impedire conflitti di interessi e, più in generale, condizionamenti dei primi da parte dei secondi.

E' difficile dire se questa duplice rifondazione della legalità e della politica si produrrà prima dei disastri economici e sociali e delle catastrofi ambientali e umanitarie prodotte dalla crisi dell'una e dell'altra e dallo spazio aperto al proliferare di poteri selvaggi. Nulla consente, purtroppo, di essere ottimisti. Sappiamo solo che una tale rifondazione richiede, dopo i fallimenti dell'attuale anomia e di fronte alle terribili sfide globali, la riaffermazione della ragione e, insieme, lo sviluppo di una rinnovata passione per la politica quale cura degli interessi vitali di tutti.

— 3 —

A luta pelo Estado de Direito

GILBERTO BERCOVICI[1]

Sumário: 1. Introdução; 2. Definição histórica do Estado de Direito; 2.1. *Rule of Law*; 2.2. *Rechtsstaat*; 2.3. *État Légal* e *État de Droit*; 3. Características comuns das experiências históricas de Estado de Direito; 4. O Estado de Direito no século XX: a questão da legitimidade; 5. A crise do Estado de Direito.

Ao Lenio, Grande Líder da Bancada Jurássica

1. Introdução

O Estado de Direito também esteve, como não poderia deixar de ser, entre os temas do principal e mais influente debate do direito público do século XX: o debate travado durante a República de Weimar, na Alemanha.[2] O curioso, no entanto, é a semelhança das conclusões sobre o Estado de Direito a que chegaram dois dos principais publicistas envolvidos neste debate: os antípodas Hans Kelsen e Carl Schmitt.

Kelsen é um crítico severo da concepção que torna o Estado de Direito sinônimo de democracia e proteção aos direitos individuais. Metodologicamente, Kelsen critica esta concepção porque, em sua teoria, é impossível distinguir o Estado do direito, ambos são idênticos. O Estado não pode ser conhecido pela ciência do direito como um objeto diferente do direito. Esta, aliás, é a principal crítica que ele faz a Jellinek e à célebre teoria da autolimitação do Estado,[3] a teo-

---

[1] Professor Titular de Direito Econômico e Economia Política da Faculdade de Direito da Universidade de São Paulo. Professor do Programa de Pós-Graduação em Direito Político e Econômico da Universidade Presbiteriana Mackenzie. Doutor em Direito do Estado e Livre-Docente em Direito Econômico pela Universidade de São Paulo.

[2] Vide Manfred FRIEDRICH, "Der Methoden- und Richtungsstreit: Zur Grundlagendiskussion der Weimarer Staatsrechtslehre", *Archiv des öffentlichen Rechts*, vol. 102, 1977, pp. 161-209; Michael STOLLEIS, *Geschichte des öffentlichen Rechts in Deutschland*, München, Verlag C.H. Beck, 1999, vol. 3, pp. 153-202 e Gilberto BERCOVICI, *Constituição e Estado de Exceção Permanente: Atualidade de Weimar*, Rio de Janeiro: Azougue Editorial, 2004.

[3] Hans KELSEN, *Hauptprobleme der Staatsrechtslehre*, reimpr. da 2ª ed., Aalen, Scientia Verlag, 1960, pp. 395-412 e 429-450; Hans KELSEN, *Der soziologische und der juristische Staatsbegriff: Kritische Untersuchung des Verhältnisses von Staat und Recht*, reimpr. da 2ª ed, Aalen, Scientia Verlag, 1962, pp. 132-140; Hans KELSEN, *Allgemeine Staatslehre*, reimpr., Wien, Verlag der Österreichischen Staatsdruckerei, 1993, pp. 74-76 e Hans KELSEN, *Reine Rechtslehre*, reimpr. da 2ª ed, Wien, Verlag der Österreichische Staatsdruckerei, 1992, pp. 288-289, 314-315 e 319-320.

ria em que o Estado se autolimita pelo direito que cria, de que tratarei adiante. Para Kelsen, considerar Estado de Direito como sinônimo de sistema democrático ou de segurança jurídica, é um pré-julgamento jusnaturalista. Afinal, para ele, o Estado pode transformar tudo, não importa o conteúdo ou a finalidade, em direito. Kelsen escreve literalmente em seu *Deus e o Estado* (*Gott und Staat*): "*todo direito é direito estatal, assim como todo Estado é um Estado de Direito*".[4] Mesmo em seu exílio nos Estados Unidos, quando Kelsen tem uma proximidade muito maior com a tradição anglo-saxônica do *rule of law*, na segunda edição da *Teoria Pura do Direito*, de 1960, ao afirmar que a expressão "Estado de Direito" é utilizada comumente para designar um tipo de Estado peculiar, que responde aos postulados da democracia e da segurança jurídica, Kelsen volta a insistir que esta expressão, "Estado de Direito", é um "pleonasmo".[5]

Carl Schmitt, por sua vez, em sua *Teoria da Constituição*, de 1928, afirma que os elementos próprios do Estado de Direito, como os direitos fundamentais e a separação de poderes, não implicam forma política alguma.[6] O Estado de Direito, para Schmitt, não significa por si mesmo nem uma constituição, nem uma forma política própria. Por isso, o Estado de Direito não pode compreender em si a unidade política. A visão de Schmitt sobre o Estado de Direito como dotado de nenhum significado para a unidade política vai, inclusive, fundamentar sua acirrada polêmica com Otto Koellreuter, durante os primeiros anos da ditadura nazista na Alemanha. Neste debate, ao contrário da maior parte dos juristas vinculados ao Terceiro Reich, Schmitt vai se colocar firmemente contra o entendimento do Estado nacional-socialista como um Estado de Direito.[7] Afinal, Estado de Direito, para Carl Schmitt, não quer dizer absolutamente nada para a formação da unidade política.

Hans Kelsen e Carl Schmitt, partindo de metodologias e pressupostos absolutamente contrapostos, chegam a conclusões semelhantes sobre o Estado de Direito: para um, não quer dizer nada; para o outro, pode significar qualquer coisa. A pergunta que permanece é: o que é, então, Estado de Direito?

2. Definição histórica do Estado de Direito

Para entender o que é Estado de Direito, acredito ser necessária uma reconstrução histórica, analisando e comparando três modelos diferentes de organização político-jurídica que são traduzidos, indistintamente, como Estado de Direito: o modelo do *rule of law*, na Inglaterra e, posteriormente, nos Estados

---

[4] Hans KELSEN, "Gott und Staat" in Hans KLECATSKY; René MARCIC & Herbert SCHAMBECK (orgs.), *Die Wiener Rechtstheoretische Schule: Schriften von Hans Kelsen, Adolf Merkl, Alfred Verdross*, 2ª ed, Stuttgart/Wien, Franz Steiner Verlag/Verlag Österreich, 2010, vol. 1, p. 151.

[5] Hans KELSEN, *Reine Rechtslehre* cit., p. 314 e Carlos Miguel HERRERA, *Théorie Juridique et Politique chez Hans Kelsen*, Paris, Éditions Kimé, 1997, pp. 112-115. Devo, ainda, destacar que esta crítica kelseniana ao Estado de Direito é sustentada hoje por Michel Troper. Cf. Michel TROPER, "Réflexions autour de la Théorie Kelsenienne de l'Etat" in *Pour Une Théorie Juridique de l'État*, Paris, PUF, 1994, pp. 143-160.

[6] Carl SCHMITT, *Verfassungslehre*, 8ª ed, Berlin, Duncker & Humblot, 1993, pp. 200-220.

[7] Carl SCHMITT, "Der Rechtsstaat" in *Staat, Grossraum, Nomos: Arbeiten aus den Jahren 1916-1969*, Berlin, Duncker & Humblot, 1995, pp. 108-120; Carl SCHMITT, "Was bedeutet der Streit um den 'Rechtsstaat'?" in *Staat, Grossraum, Nomos* cit., pp. 121-132 e Christian HILGER, *Rechtsstaatsbegriffe im Dritten Reich: Eine Strukturanalyse*, Tübingen, Mohr Siebeck, 2003, especialmente pp. 33-73 e 93-108.

Unidos, o modelo alemão do *Rechtsstaat* e o modelo francês que contrapõe o *État Légal* ao *État de Droit*.[8]

2.1. Rule of Law

O *Rule of Law* inglês é fruto de um século, o século XVII, de agitações revolucionárias e de guerras civis, consagrando a codivisão da soberania (o *King-in-Parliament*) e o primado da *common law*, o que significa que a ordem jurídica não é decidida apenas pelo soberano, mas que também é derivada da tradição imemorial das tradicionais "liberdades dos ingleses" (*"english liberties"*), que o poder político também deve levar em consideração.

O autor que consagra a expressão *Rule of Law* é Albert Venn Dicey, com seu tratado *Introduction to the Study of the Law of the Constitution*, de 1885. Embora, no século XVII, ainda, Edward Coke tenha enumerado algumas características do que chamamos de *Rule of Law*, é Dicey, influenciado pela escola da *Analytical Jurisprudence*, de Jeremy Bentham e de John Austin, quem vai consagrar o modelo liberal do *Rule of Law* britânico. Dicey enumera como característica do *Rule of Law* inglês a igualdade jurídica dos indivíduos, independentemente de *status* e condições econômicas. Todos estão submetidos igualmente à *ordinary law*, que é aplicada a todos pelos juízes comuns, não por um órgão jurisdicional especial. A segunda característica é a sinergia normativa entre o Parlamento e os tribunais: a regulação dos casos concretos resulta de decisões oriundas de duas fontes que, de fato, são igualmente soberanas: a soberania legislativa do Parlamento, ou seja, do *King-in-Parliament*, com a lei sendo proveniente da vontade conjunta da coroa, lordes e comuns; e a tradição da *common law*, manifestada pelos juízes ordinários, que garantem a tradição jurisprudencial, embora não possam anular propriamente os atos do Parlamento. E, neste sentido, é célebre a frase de De Lolme, de que o Parlamento pode fazer tudo, exceto transformar um homem em mulher. Mas, como afirma expressamente Dicey: o Parlamento é o legislador supremo, mas a partir do momento em que manifesta sua vontade legislativa, esta vontade está sujeita à interpretação dos juízes ordinários. A soberania da lei, da *statute law*, é mediada pelas cortes do *common law*. O terceiro princípio, para Dicey, é a tutela dos direitos subjetivos, que tem uma longa tradição na história britânica de resistência ao absolutismo e preservação das "liberdades dos ingleses".[9]

A originalidade do *Rule of Law* está, segundo William Blackstone, no caráter difuso e diferenciado do poder. A falta de uma constituição rígida também não impediu o estabelecimento do *rule of law*. Pelo contrário, ele se funda no

---

[8] Posso, ainda, citar como textos paradigmáticos desta reconstrução histórica o livro de Luc HEUSCHLING, *État de Droit, Rechtsstaat, Rule of Law*, Paris, Dalloz, 2002, e as obras coletivas organizadas por Olivier JOUANJAN, *Figures de l'État de Droit: Le Rechtsstaat dans l'Histoire Intellectuelle et Constitutionnelle de l'Allemagne*, Strasbourg, Presses Universitaires de Strasbourg, 2001, e por Pietro COSTA e Danilo ZOLO, *Lo Stato di Diritto: Storia, Teoria, Critica*, 3ª ed, Milano, Feltrinelli, 2006, isto para não mencionar o texto clássico de Ernst-Wolfgang BÖCKENFÖRDE, "Entstehung und Wandel des Rechtsstaatsbegriffs" *in Recht, Staat, Freiheit – Studien zur Rechtsphilosophie, Staatstheorie und Verfassungsgeschichte*, Frankfurt am Main, Suhrkamp, 1991, pp. 143-169.

[9] Albert Venn DICEY, *Introduction to the Study of the Law of the Constitution*, reimpr. da 8ª ed (1915), Indianapolis, Liberty Fund, 1982, pp. 3-39, 107-122 e 268-273.

discurso da *ancient constitution* e do governo misto, cuja importância para a estruturação do sistema jurídico-político inglês é notória.[10]

Na Inglaterra, a partir dos anos 1930, a concepção de Dicey de *Rule of Law* vai ser combatida e marginalizada por uma série de novos autores,[11] que defendem novas perspectivas a partir de um contexto de crescimento do aparato burocrático, dos poderes discricionários e dos novos aspectos do Estado Social, identificando os princípios do *Rule of Law* de Dicey com o liberalismo, e não com a democracia. O ressurgimento do interesse da doutrina britânica no tema somente se dará a partir dos anos 1980.

Já nos Estados Unidos, a tradição britânica do *Rule of Law* terá que se conciliar com uma constituição escrita, cuja soberania é contraposta diretamente à função legislativa do Congresso, entendida pelos norte-americanos como mais perigosa para as liberdades fundamentais e para o direito de propriedade que o próprio poder executivo. Afinal, a revolução americana é uma luta contra a soberania do Parlamento inglês. A forma de impedir a ameaça representada pelas maiorias parlamentares foi a consagração da rigidez constitucional, o recurso ao *judicial review* e a instituição, a partir do célebre caso Marbury vs. Madison, de um poder não previsto no texto constitucional de 1787: o poder de a Suprema Corte controlar a constitucionalidade das leis e demais atos normativos.[12]

2.2. Rechtsstaat

A primeira vez que se utilizou o termo *Rechtsstaat* foi em 1798, na obra *Literatur der Staatslehre: Ein Versuch*, publicada em Estrasburgo por Johann Wilhelm Placidus, em que este autor faz menção a Kant e seus discípulos como "Escola crítica" ou "Escola dos teóricos do Estado de Direito" (*"die kritische oder die Schule der Rechts-Staats-Lehrer"*). A vinculação estabelecida, portanto, é entre Kant e o *Rechtsstaat*. O termo *Rechtsstaat* não faz parte do léxico filosófico de Kant, mas o conceito está na ideia de Estado como reunião de uma multiplicidade de homens sob as leis jurídicas, sob o direito externo.[13] Embora haja um debate sobre a inclusão da doutrina kantiana entre as doutrinas liberais[14]

---

[10] Sobre a tradição do "governo misto" e da "constituição mista", provenientes de Políbio e recorrentes na formação do constitucionalismo ocidental, especialmente na tradição inglesa, vide, por todos, J. G. A. POCOCK, *The Machiavellian Moment: Florentine Political Thought and the Atlantic Republican Tradition*, Princeton, Princeton University Press, 1975, especialmente capítulos IX e XI, pp. 272-273, 277, 286, 297-300, 304-308, 315-316, 323-328, 364-371, 382 e 395.

[11] Harold J. LASKI, *A Grammar of Politics*, reimpr., London/New York, Routledge, 1997; William ROBSON, *Justice and Administrative Law – A Study of British Constitution*, London, Macmillan, 1928 e William Ivor JENNINGS, *The Law and the Constitution*, London, University of London Press, 1933. Sobre este debate, vide Martin LOUGHLIN, *Public Law and Political Theory*, reimpr., Oxford/New York, Oxford University Press, 2003, pp. 105-137 e 165-181 e Luc HEUSCHLING, *État de Droit, Rechtsstaat, Rule of Law cit.*, pp. 261-265.

[12] Paul W. KAHN, *The Reign of Law: Marbury v. Madison and the Construction of America*, New Haven/London, Yale University Press, 1997, pp. 3-5, 10-27, 49-52, 174 e 206-229.

[13] Immanuel KANT, *Metaphysische Anfangsgründe der Rechtslehre*, Königsberg, Friedrich Nikolovius, 1797, § 45, pp. 164-165. Vide, ainda, Jean-François KERVÉGAN, "L'État de Droit dans l'Idéalisme Allemand: Kant, Fichte, Hegel" *in* Olivier JOUANJAN (org.), *Figures de l'État de Droit cit.*, pp. 109-116.

[14] Norberto BOBBIO, *Direito e Estado no Pensamento de Emanuel Kant*, 4ª ed, Brasília, EdUnB, 1997, pp. 132-136 e Ernst-Wolfgang BÖCKENFÖRDE, "Entstehung und Wandel des Rechtsstaatsbegriffs" *cit.*, pp. 146-148.

ou republicanas,[15] o que nos interessa aqui é o fato de que a concepção kantiana de Estado não é um conceito empírico, mas uma ideia normativa de onde partirá toda a reflexão posterior.

O *Rechtsstaat* evoca a exigência moderna de colocar em uma forma racional a sociedade de indivíduos livres e iguais sob o Estado. O Estado se concilia com um conteúdo liberal e igualitário das leis, o direito racional, contraposto ao direito da sociedade estamental e de privilégios. Neste sentido, a força política do termo *Rechtsstaat* vai ser utilizada tanto no campo liberal, como no campo conservador, que não vai aceitar ser chamada por seus adversários como adeptos de um "Estado de não direito" ou de um Estado despótico ou arbitrário, o que gera uma polêmica constante sobre a atribuição de seu verdadeiro significado.

No entanto, para além das oposições doutrinárias, há uma certa unidade conceitual em torno do *Rechtsstaat*. Liberal ou conservadora, a noção de *Rechtsstaat* se desenvolve a partir da reação aos eventos revolucionários da França. O governo revolucionário jacobino e o Terror fazem com que os liberais questionem a compatibilidade do governo democrático com o governo racional. Por outro lado, os conservadores são obrigados a levar em consideração as demandas por autonomia e representação, mesmo que, em um primeiro momento, ainda sob as formas tradicionais de estamentos. Do lado liberal, a representação institui a distância necessária do povo para consigo mesmo, o governo da discussão e da publicidade, portanto, o governo racional. A doutrina liberal do *Rechtsstaat* toma, assim, considerável distância em relação aos princípios revolucionários, inclusive os de 1789, como direito de resistência, monocameralismo, soberania nacional ou popular, ao mesmo tempo em que os conservadores assimilam várias das inovações liberais.[16]

Na primeira metade do século XIX, fala-se em *Rechtsstaat*, mas não importa o direito do qual se fala. Tanto faz se é o direito individualista e racional ou o direito histórico (romano ou germânico). O que o *Rechtsstaat* questiona não é a forma do direito, mas a soberania. O *Rechtsstaat* não é o Estado da soberania do príncipe, nem o Estado da soberania do povo, é somente o Estado do direito, tentando esvaziar a soberania como poder ilimitado.

Os primeiros debates sobre o *Rechtsstaat* ocorrem na Alemanha do Sul (Baden, Baviera e Wurtemberg), onde, após o Congresso de Viena, serão outorgadas as primeiras cartas constitucionais alemãs, baseadas no modelo francês de 1814. Os autores liberais vão tentar estabelecer uma leitura destes textos mais favorável às suas concepções. Destacam-se, neste momento, grandes publicistas como Karl Von Rotteck, Carl Theodor Welcker, Johann Christoph Von Aretin e, finalmente, Robert Von Mohl. Todos são representativos do espírito liberal do *Vormärz* (o período anterior à revolução de 1848), cujos conceitos foram difundidos pela célebre enciclopédia *Staats-Lexicon*, que, nas palavras do próprio Rotteck, consistia em uma profissão de fé que pudesse unir os liberais

---

[15] Vide, por todos, Ingeborg MAUS, *Zur Aufklärung der Demokratietheorie – Rechts – und demokratietheoretische Überlegungen im Anschluß an Kant*, Frankfurt am Main, Suhrkamp, 1994.

[16] Para este debate, vide Gilberto BERCOVICI, *Soberania e Constituição: Para uma Crítica do Constitucionalismo*, 2ª ed, São Paulo: Quartier Latin, 2013, pp. 158-177.

(não republicanos) e os conservadores moderados em torno de visões comuns, a partir de um *Rechtsstaat*, que, em princípio, é um Estado racional governado pela opinião pública.[17]

O grande divulgador, no entanto, da ideia de *Rechtsstaat* foi Robert Von Mohl, que considera o Estado de Direito como um gênero de Estado (Estado patriarcal, teocrático, patrimonial, antigo – grego ou romano, despótico e de direito). Sua essência reside na proteção e promoção do desenvolvimento de todas as capacidades naturais do indivíduo e da coletividade.[18] Von Mohl liga a noção liberal de *Rechtsstaat* com uma doutrina dos fins do Estado, aproximando-se da visão de Lorenz Von Stein e sua monarquia social, em que este defendia a atuação da administração pública em uma série de tarefas com o objetivo de melhorar as condições sociais da população, ou de parcelas desta, buscando uma nova forma de legitimar o regime monárquico.[19]

A visão de Von Mohl e de Von Stein não será vitoriosa em 1848. Com a derrota da revolução, o debate em torno do *Rechtsstaat* adota outra linha, contraposta à visão chamada de material, a linha da formalização e despolitização do conceito de *Rechtsstaat*, que já havia sido anunciada pelo conservador Friedrich Julius Stahl. Para ele, o Estado de Direito não se caracteriza por uma doutrina de objetivos e conteúdos atribuídos ao Estado, mas unicamente pela forma de realizar suas finalidades, ou seja, o Estado de Direito não é um gênero de Estado, mas uma forma de atuação estatal.[20]

Esta formalização iniciada por Stahl vai ser desenvolvida a partir da construção da nova ciência do direito público, do positivismo de Carl Friedrich Gerber e de Paul Laband. Com o purismo metodológico defendido por estes autores, a expressão Estado de Direito não joga nenhum papel importante em sua discussão. O debate se dá em torno da personalidade jurídica do Estado, não mais em torno do Estado de Direito, cuja discussão é tornada irrelevante. A doutrina do Estado de Direito (*Rechtsstaat*) foi substituída pela doutrina do direito do Estado (*Staatsrecht*).[21]

Esta lógica de formalização e despolitização faz com que cada vez mais o centro da doutrina do Estado de Direito se desloque da legislação para a execução, para a administração. Otto Mayer sintetiza isto em uma frase: "*O Estado de Direito não é nada mais do que o Estado do direito administrativo bem ordenado*".[22] Estado este que também deve reconhecer aos administrados o direito de contestar suas decisões perante um juiz. O princípio da legalidade é

---

[17] Ernst-Wolfgang BÖCKENFÖRDE, "Der Deutsche Typ der konstitutionellen Monarchie im 19. Jahrhundert" *in Recht, Staat, Freiheit* cit., pp. 273-305 e Dieter GRIMM, *Deutsche Verfassungsgeschichte, 1776-1866: Vom Beginn des modernen Verfassungsstaats bis zur Auflösung des Deutschen Bundes*, Frankfurt-am-Main, Suhrkamp, 1988, pp. 110-141.

[18] Robert von MOHL, *Encyclopädie der Staatswissenschaften*, 2ª ed, Freiburg/Tübingen, J. C. B. Mohr (Paul Siebeck), 1872, pp. 324-333 e 598-615.

[19] Lorenz von STEIN, *Geschichte der sozialen Bewegung in Frankreich von 1789 bis auf unsere Tage*, München, Drei Masken Verlag, 1921, vol. 1, pp. 39-40, 120-124, 129-131 e 137-138 e vol. 3, pp. 15-41.

[20] Luc HEUSCHLING, *État de Droit, Rechtsstaat, Rule of Law* cit., pp. 97-100 e Christoph SCHÖNBERGER, "État de Droit et État Conservateur: Friedrich Julius Stahl" *in* Olivier JOUANJAN (org.), *Figures de l'État de Droit* cit., pp. 177-191.

[21] Vide Gilberto BERCOVICI, *Soberania e Constituição* cit., pp. 242-253.

[22] Otto MAYER, *Deutsches Verwaltungsrecht*, reimpr. da 3ª ed, Berlin, Duncker & Humblot, 2004, §5, p. 62.

a chave de compreensão do Estado de Direito. Abaixo da legislação, o Estado de Direito vai postular a completa regularidade e legalidade da administração pública e da justiça. A perspectiva de garantias dos direitos também muda e a preocupação se desloca dos órgãos legislativos para as formas de controle judicial, especialmente o controle judicial da administração. Neste contexto, destacam-se tanto Otto Bähr, liberal seguidor da *Genossenschaftslehre* de Otto von Gierke, que defendia a instituição de tribunais de direito público, entendendo o controle judicial como complemento indispensável da representação; como o também liberal Rudolf Gneist, defensor ardoroso da justiça administrativa, que, influenciado pela literatura publicista inglesa, via como uma forma de expressão do *selfgovernment*. Para ambos, a justiça administrativa deveria representar o verdadeiro limite do poder político pela tutela dos direitos dos cidadãos prescritos em nível constitucional e fundados na legislação do Estado. A liberdade, assim, dependeria muito mais da administração do que da constituição.[23]

O tema *Rechtsstaat* ainda vai retornar com Georg Jellinek e sua *Allgemeine Staatslehre* (Teoria Geral do Estado), ao tratar da autolimitação do Estado, ideia pioneiramente elaborada por Rudolf von Jhering, e dos direitos públicos subjetivos. Para Jellinek, a liberdade só ocorre fundada e nos limites fixados pela lei. A esfera de liberdade deriva da autolimitação, ou seja, do limite que o Estado impõe a si mesmo através das leis, que é o único limite do poder no *Rechtsstaat*. O Estado, então, se autolimita e, perseguindo sempre o interesse geral, estabelece relações jurídicas com os indivíduos, que são os direitos públicos subjetivos. Os direitos públicos subjetivos são prerrogativas dos indivíduos, não meros reflexos do ordenamento jurídico, mas só são reconhecidos pelo pertencimento ao Estado. Para Jellinek, o Estado de Direito é o Estado soberano que, ao se autolimitar, se coloca como pessoa jurídica, ou seja, sujeito de direito, titular de direitos e obrigações, tendo que respeitar tanto o direito objetivo como os direitos subjetivos dos indivíduos com quem tem relações jurídicas.[24]

2.3. *État Légal e État de Droit*

A expressão "Estado de Direito" não faz parte do vocabulário da Revolução Francesa, que consagra princípios como república e constituição, mas não a ideia de "Estado de Direito" propriamente dita. O próprio artigo 16 da Declaração dos Direitos do Homem e do Cidadão, de 1789, ao proclamar que toda sociedade em que não haja separação de poderes e a garantia dos direitos não tem constituição, está consagrando dois dos elementos que, posteriormente, serão considerados essenciais para um Estado de Direito.[25] Os revolucionários

---

[23] Cf. Willy ZIMMER, "Une Conception Organiciste de l'État de Droit: Otto Bähr et Otto von Gierke" *in* Olivier JOUANJAN (org.), *Figures de l'État de Droit cit.*, pp. 221-227 e Caroula ARGYRIADIS-KERVÉGAN, "Rudolf Gneist: La Justice Administrative, Institution Nécessaire de l'État de Droit" *in* Olivier JOUANJAN (org.), *Figures de l'État de Droit cit.*, pp. 241-252.

[24] Georg JELLINEK, *Allgemeine Staatslehre*, reimpr. da 3ª ed, Darmstadt, Wissenschaftliche Buchgesellschaft, 1960, pp. 367-375, 386-388 e 788-795.

[25] Michel TROPER, *La Séparation des Pouvoirs et l'Histoire Constitutionnelle Française*, reimpr., Paris, L.G.D.J., 2009, pp. 157-160.

tinham uma visão otimista da soberania, seja ela da Nação, seja ela do povo. Os direitos e as liberdades são solenemente proclamados, dando pouca atenção às garantias propriamente ditas. A tentação despótica do poder seria bloqueada pela própria natureza da nação ou do povo como portadores da soberania. A questão dos limites do poder só será colocada em pauta novamente com o Terror e a necessidade de salvar a *"patrie en danger"*,[26] que, com o fim do período jacobino, a partir da reação termidoriana, vai sobrepôr a soberania nacional à soberania popular.[27]

Falar em "Estado de Direito" na França antes de 1870 é incorrer no erro de se empregar um conceito anacrônico, transpondo um conceito e uma analogia que não têm, necessariamente, vinculação com as definições e compreensões da época. A expressão *"État de droit"*, segundo Marie-Joëlle Redor, não é utilizada pelos publicistas franceses até o final do século XIX, pois estava associada à teoria alemã da autolimitação do Estado, combatida pela maior parte dos autores franceses. Na França, a legitimidade do sistema era proveniente da submissão de todos à lei, fruto da vontade geral. Essa supremacia da lei caracterizaria o *État legal*.[28] A distinção entre os dois modelos vai ser destacada por Carré de Malberg em sua *Contribution à la Théorie Générale de l'État*, publicada em 1922, embora escrita antes da primeira guerra mundial.[29] O debate central entre estas duas concepções está vinculado à supremacia do legislativo. A maioria dos juristas vai buscar limitar o legislador, reinterpretando as teorias revolucionárias da soberania, rejeitando Rousseau e denunciando a crise de representatividade advinda com a democratização e a ampliação do sufrágio. O parlamento francês é o órgão visado, com seu excesso de legicentrismo, devendo ser relativizado em favor do poder executivo ou pelos controles judiciais. A denúncia das imperfeições do *État légal* era uma tentativa de sugerir um novo modelo de organização jurídico-política, com a ampliação do papel jurisdicional. A garantia da liberdade dos cidadãos e da racionalidade do sistema passa para o juiz, especialmente o juiz administrativo, com a ampliação de atribuições do *Conseil d'État*. A dessacralização da lei e o Estado de direito implicariam em garantias judiciais contra a onipotência legislativa e a "tirania do número". No Estado de direito, o direito não é só a lei, mas todo o ordenamento, lógico, racional e coerente. A autonomização do direito, segundo Redor, vai implicar na juridificação da política e do Estado e a efetividade do direito é a condição de efetividade do poder estatal.[30]

---

[26] Olivier JOUANJAN, "La Suspension de la Constitution de 1793", *Droits* n° 17, 1993, pp. 125-138.

[27] Michel TROPER, *La Séparation des Pouvoirs et l'Histoire Constitutionnelle Française* cit., pp. 188-200. Sobre o debate entre soberania nacional e soberania popular na França, vide Guillaume BACOT, *Carré de Malberg et l'Origine de la Distinction entre Souvraineté du Peuple et Souvraineté Nationale*, 2ª ed, Paris, CNRS Editions, 2001.

[28] Marie-Joëlle REDOR, *De l'État Legal a l'État de Droit: L'Évolution des Conceptions de la Doctrine Publiciste Française, 1879-1914*, Paris, Economica/Presses Universitaires d'Aix-Marseille, 1992, pp. 10-16, 30-31, 167-170 e 322-328

[29] Raymond CARRÉ DE MALBERG, *Contribution à la Théorie Générale de l'État*, reimpr., Paris, CNRS, 1962, vol. 1, pp. 488-494.

[30] Marie-Joëlle REDOR, *De l'État Legal a l'État de Droit* cit., pp. 183-257 e 260-316.

3. Características comuns das experiências históricas de Estado de Direito

Apesar de todas as diferenças históricas dos vários modelos que costumam se denominar "Estado de Direito", há alguns elementos comuns em sua estruturação. Em primeiro lugar, todos os modelos de Estado de Direito são pessimistas em relação ao poder político, visto sempre como perigoso e potencialmente arbitrário. Em compensação, todos são otimistas em termos normativos, pois todos os modelos entendem que a periculosidade do poder pode ser contida por instrumentos jurídicos. Em termos estruturais e de organização, segundo Danilo Zolo, o Estado de Direito consolida internamente às estruturas do Estado moderno dois princípios fundamentais: o da difusão do poder e o da distribuição do poder.[31]

Estão incluídos no princípio da difusão do poder, uma série de postulados básicos do Estado de Direito, como a igualdade jurídica, a segurança jurídica e o reconhecimento dos direitos fundamentais. A igualdade jurídica, em breves palavras, é representada pela célebre expressão de que todos são iguais perante a lei. A igualdade de que se trata é a igualdade liberal, da sociedade atomística dos indivíduos, em que a igualdade está restrita a um espaço formal e abstrato, cuja máxima é tratar igualmente os iguais e desigualmente os desiguais.[32]

A segurança jurídica trata da certeza e da previsibilidade, partindo do pressuposto de que o poder visível é mais facilmente controlado. O Estado de Direito é um Estado da segurança jurídica, na expressão de Celso Antônio Bandeira de Mello.[33] O direito à segurança, cujo núcleo está expresso tanto na Declaração Universal dos Direitos do Homem e do Cidadão, de 1948, quanto no artigo 5º, *caput*, da Constituição de 1988, ainda se manifesta na proteção do ato jurídico perfeito, da coisa julgada e dos direitos adquiridos e na vedação da retroatividade das leis penal e tributária, salvo da lei penal quando for mais benigna (artigos 5º, XXXVI e XL e 150, III da Constituição de 1988). Além deste aspecto, a segurança jurídica também diz respeito à eficácia e efetividade dos direitos, pois trata-se da confiança dos cidadãos no ordenamento jurídico e na ordem constitucional.[34]

No que diz respeito, ainda, ao reconhecimento dos direitos fundamentais, na conformação clássica do Estado de Direito trata-se dos direitos civis e políticos, para utilizar a classificação tripartite célebre de Thomas Marshall.[35] Os

---

[31] Danilo ZOLO, "Teoria e Critica dello Stato di Diritto" *in* Pietro COSTA & Danilo ZOLO (orgs.), *Lo Stato di Diritto cit.*, pp. 33-34 e 37-44.

[32] Vide, por todos, Celso Antônio BANDEIRA DE MELLO, *Conteúdo Jurídico do Princípio da Igualdade*, 3ª ed, São Paulo, Malheiros, 1995.

[33] Celso Antônio BANDEIRA DE MELLO, *Curso de Direito Administrativo*, 28ª ed, São Paulo: Malheiros, 2011, pp. 87 e 124-125.

[34] Sobre a questão da segurança jurídica, vide o extenso e profundo debate trazido em Heleno Taveira TÔRRES, *Direito Constitucional Tributário e Segurança Jurídica: Metódica da Segurança Jurídica do Sistema Constitucional Tributário*, 2ª ed, São Paulo: RT, 2012 e Humberto ÁVILA, *Segurança Jurídica: Entre Permanência, Mudança e Realização no Direito Tributário*, São Paulo: Malheiros, 2011.

[35] T. H. MARSHALL, "Citizenship and Social Class" *in* T. H. MARSHALL & Tom BOTTOMORE, *Citizenship and Social Class*, London: Pluto Press, 1992, pp. 8-27.

direitos sociais, substancialmente, ainda são estranhos a essa lógica liberal do Estado de Direito.[36]

O princípio da diferenciação do poder, por sua vez, engloba o discurso liberal de distinção entre Estado e sociedade civil e a chamada separação de poderes, com a distinção entre legislação e administração, o primado do legislativo e da lei e a autonomia dos juízes. A garantia do Estado moderado e da liberdade política é a preocupação do discurso da separação de poderes, baseado nas reflexões de Montesquieu. A separação de poderes adotada pelo Estado de Direito clássico não sustenta a eficiência do governo, mas sua inação.[37] Para Charles Eisenmann, o princípio supremo e característico deste sistema constitucional, inspirado em Montesquieu, é assegurar o primado da lei geral, que concretiza a independência jurídica recíproca da administração e do legislativo. O governo só será bom se as leis forem boas. A independência dos poderes não é de fato, mas puramente jurídica, de atribuição de funções. Os poderes não devem ser confiados a um mesmo órgão, e os órgãos estatais não podem ser compostos identicamente pelas mesmas pessoas, estruturando-se um sistema complexo de freios e contrapesos.[38]

A ideia predominante na doutrina política ocidental do século XIX era a da supremacia da lei. A lei era entendida como proveniente da Nação, representada no Parlamento. A lei garantia os direitos e deveria ser obedecida também pelo Estado, personificação jurídica da Nação. Na descrição de António Manuel Hespanha, trata-se de uma *"hetero-normação pela qual o Estado-Nação (Estado-razão) impõe ao Estado-administração (Estado-vontade-ação) o respeito, na sua actividade quotidiana e conjuntural, pelos princípios permanentes da convivência social, positivados na vida nacional e consagrados nas leis"*.[39] O primado do legislativo, assim, implica o princípio da legalidade e da reserva de lei,[40] por um lado, e o debate sobre o respeito do poder legislativo aos direitos fundamentais, particularmente os individuais, que será solucionado pelas vias política (no caso da Inglaterra e da França, por exemplo) ou judicial (no caso dos Estados Unidos).

Na primeira metade do século XX, este dilema clássico entre soberania e controle do poder ilimitado dos parlamentos no Estado de Direito vai ser solucionado por Kelsen, com sua argumentação a favor da unidade do ordenamento jurídico, com a teoria escalonada do ordenamento (a *Stufenbaulehre*, de Adolf Merkl) e a supremacia hierárquica da constituição garantida por um tri-

---

[36] Para a concepção de Carl Schmitt sobre os direitos sociais como não sendo direitos fundamentais em sentido autêntico, vide Carl SCHMITT, *Verfassungslehre cit.*, pp. 169-170 e 181-182.

[37] M. J. C. VILE, *Constitutionalism and the Separation of Powers*, 2ª ed, Indianapolis, Liberty Fund, 1998, pp. 91-106 e Giovanni TARELLO, *Storia della Cultura Giuridica Moderna: Assolutismo e Codificazione del Diritto*, reimpr., Bologna, Il Mulino, 2000, pp. 285-295.

[38] Charles EISENMANN, "L'Esprit des Lois et la Séparation des Pouvoirs" in *Cahiers de Philosophie Politique* n° 2-3: *Montesquieu*, Bruxelles: Éditions Ousia, 1985, pp. 31-34 e Charles EISENMANN, "La Pensée Constitutionnelle de Montesquieu" in *Cahiers de Philosophie Politique* n° 2-3: *Montesquieu cit.*, pp. 50-54.

[39] António Manuel HESPANHA, *Guiando a Mão Invisível: Direitos, Estado e Lei no Liberalismo Monárquico Português*, Coimbra: Almedina, 2004, pp. 196-198.

[40] Otto MAYER, *Deutsches Verwaltungsrecht cit.*, §6, pp. 68-73 e Fritz OSSENBÜHL, "Vorrang und Vorbehalt des Gesetzes" in Josef ISENSEE & Paul KIRCHHOF (orgs.), *Handbuch des Staatsrechts der Bundesrepublik Deutschland*, 3ª ed, Heidelberg, C. F. Müller Verlag, 2007, vol. 5, pp. 184-220.

bunal constitucional.⁴¹ Estavam, assim, estipuladas as bases do que seria mais tarde chamado de Estado Constitucional.

4. O Estado de Direito no século XX: a questão da legitimidade

A doutrina clássica do Estado de Direito se distancia da doutrina democrática. Embora vários autores afirmem que a proteção dos direitos fundamentais é uma condição essencial para a democracia, tentando compatibilizar os discursos,⁴² o que se pode afirmar é que as instituições do Estado de Direito são indiferentes a vários aspectos centrais da concepção democrática de Estado. O mais comum é que haja referências pontuais ao caráter representativo do poder legislativo, mas a teoria do Estado de Direito não trata da soberania popular ou da participação do cidadão nas decisões coletivas. O Estado de Direito não se contrapõe necessariamente a regimes oligárquicos que despolitizam seu povo, estando mais próximo da teoria liberal do que da teoria democrática.

O desafio que se coloca ao Estado de Direito, a partir do final do século XIX e do início do século XX, é como se tornar compatível com a ascensão da democracia de massas do sufrágio universal e a necessidade de inclusão destas massas no Estado. A transformação progressiva dos regimes liberais (nominais ou efetivos) europeus em democracias de massa, processo que se acelera logo após a Primeira Guerra Mundial, vai gerar uma crise sem precedentes no modelo jurídico oitocentista de Estado de Direito. Com raríssimas exceções, como Carré de Malberg,⁴³ os teóricos do Estado e os publicistas não vão conseguir lidar com esse novo fenômeno do início do século XX: a participação popular e a ampliação da democracia. O consenso liberal estava rompido e, diante deste quadro, Hermann Heller não hesita em anunciar a "crise da Teoria Geral do Estado",⁴⁴ para a qual há várias respostas,⁴⁵ desde a perplexidade liberal que via a crise definitiva da democracia e da estatalidade europeias, passando pela procedimentalização da democracia (Kelsen), pela busca de alternativas autoritárias de reconstrução da unidade política supostamente perdida com a democracia (Schmitt), pela legitimação fragmentária e pluralista do Estado pelos

---

⁴¹ Hans KELSEN, "Die Lehre von den drei Gewalten oder Funktionen des Staates" *in* Hans KLECATSKY; René MARCIC & Herbert SCHAMBECK (orgs.), *Die Wiener Rechtstheoretische Schule* cit., vol. 2, pp. 1634 e 1650-1652; Hans KELSEN, *Allgemeine Staatslehre* cit., pp. 248-250; Hans KELSEN, *Reine Rechtslehre* cit., pp. 228-230 e Adolf MERKL, "Prolegomena einer Theorie des rechtlichen Stufenbaues" *in* Hans KLECATSKY; René MARCIC & Herbert SCHAMBECK (orgs.), *Die Wiener Rechtstheoretische Schule* cit., vol. 2, pp. 1071-111.

⁴² Como autor paradigmático que defende esta posição, vide Jürgen HABERMAS, *Faktizität und Geltung: Beiträge zur Diskurstheorie des Rechts und des demokratischen Rechtsstaats*, reimpr., Frankfurt am Main, Suhrkamp, 2006.

⁴³ Raymond CARRÉ DE MALBERG, *La Loi, Expression de la Volonté Générale: Étude sur le Concept de la Loi dans la Constitution de 1875*, ed. fac-similar, Paris: Economica, 1984, pp. 16-24, 66-69 e 202-222 e Raymond CARRÉ DE MALBERG, "Considérations Théoriques sur la Question de la Combinaison du Referendum avec le Parlementarisme", *Revue du Droit Public et de la Science Politique en France et a l'Étranger*, tomo 48, 1931, pp. 225-244. Vide, ainda, Gilberto BERCOVICI, *Soberania e Constituição* cit., pp. 297-300.

⁴⁴ Hermann HELLER, "Die Krisis der Staatslehre" *in Gesammelte Schriften*, 2ª ed, Tübingen, J.C.B. Mohr (Paul Siebeck), 1992, vol. 2, p. 5. Vide também pp. 14-15.

⁴⁵ Vide, para a análise de algumas destas respostas, Gilberto BERCOVICI, "A Constituição Dirigente e a Crise da Teoria da Constituição" *in* Cláudio Pereira de Souza NETO; Gilberto BERCOVICI; José Filomeno de MORAES Filho & Martonio Mont'Alverne Barreto LIMA, *Teoria da Constituição: Estudos sobre o Lugar da Política no Direito Constitucional*, Rio de Janeiro, Lumen Juris, 2003, pp. 85-103.

seus fins (Duguit) até a visão de uma democracia socialista que consagraria a unidade política na pluralidade democrática (Heller). É neste contexto que vai se dar o debate entre Estado de Direito liberal e Estado Social de Direito.

A transição do Estado de Direito Liberal ao Estado Social se dá aos poucos, com o Estado liberal, ao longo do tempo, emendando-se, contradizendo-se, mudando seus parâmetros.[46] O Estado deixa de ser apenas o poder soberano para, também, na concepção de François Ewald, tornar-se o principal responsável pelo direito à vida, concretizado por meio dos direitos sociais.[47]

Consolida-se, a partir de então, a noção do Estado como promotor dos direitos fundamentais, principalmente pelo reconhecimento do conflito social como questão jurídica e pela consagração da função distributiva como um dos principais atributos do Estado. No entanto, o reconhecimento do conflito e do papel redistributivo do Estado concorre com as tendências de esterilização das políticas públicas como conquista política e de associação do capitalismo com formas autoritárias de organização social. O reconhecimento do conflito como questão jurídica e da função distributiva a ser exercida pelo Estado não pode ser compreendida simplesmente como uma evolução do espírito. O século XX foi pródigo de embates e entrechoques que foram expondo, progressivamente, a contradição constitutiva do modo de produção capitalista.

Do ponto de vista da organização racional do Estado, o afloramento da contradição e as demandas por direitos das classes exploradas vai dar ensejo a um conjunto de programas, projetos e atividades públicas. O reconhecimento da insuficiência do mercado em prover bem-estar e reduzir desigualdades impõe ao Estado uma agenda positiva que, antes de representar mera concessão do aparelho estatal às pressões sociais, significa um início de transformação do Estado para além da representação dos interesses de uma determinada classe. Na descrição célebre de Fábio Konder Comparato, trata-se, com o Estado social, do *government by policies*, que vai além do *government by law* do liberalismo.[48]

Neste ponto, é interessante notar uma das principais divisas do movimento operário à época da formação do Estado Social. Consciente das transformações históricas do Estado, o movimento dos trabalhadores declarava ser o sujeito das políticas e não meramente o seu objeto. Não se tratava simplesmente de reconhecer as condições de hipossuficiência, de positivar direitos sociais ou implementar políticas de segurança social. Os direitos sociais eram concebidos como uma forma de transformação do Estado e de superação da dicotomia Estado e sociedade civil, com a conquista histórica pela classe trabalhadora da verdadeira emancipação social.

Neste debate, vários autores e experiências constitucionais vão buscar compatibilizar o Estado de Direito, ou alguns de seus postulados, às necessi-

---

[46] No Brasil, ninguém melhor descreveu esta passagem do que Paulo Bonavides, com seu livro Paulo BONAVIDES, *Do Estado Liberal ao Estado Social*, 6ª ed, São Paulo: Malheiros, 1996.

[47] François EWALD, *L'État Providence*, Paris, Grasset & Fasquelle, 1986, pp. 18-22, 24-25, 53-54, 342-345, 349-351 e 363-372.

[48] Fábio Konder COMPARATO, "Um Quadro Institucional para o Desenvolvimento Democrático" in Hélio JAGUARIBE *et al.*, *Brasil, Sociedade Democrática*, 2ª ed, Rio de Janeiro: José Olympio, 1986, pp. 397-399 e 407-408 e Fábio Konder COMPARATO, "Planejar o Desenvolvimento: a Perspectiva Institucional" in *Para Viver a Democracia*, São Paulo: Brasiliense, 1989, pp. 96-100.

dades de inclusão social e de democratização do poder. Hermann Heller, por exemplo, é o primeiro a utilizar a expressão "Estado Social de Direito", durante o debate de Weimar. A Teoria do Estado de Heller é, ao mesmo tempo, uma teoria da democracia e da democracia socialista. Heller, simultaneamente, estuda a tradição do pensamento político ocidental e propõe a superação do Estado de classe pelo socialismo. Heller entende a democracia como a única forma de legitimação do poder político e a Europa, nos anos 1920, vivia em um contexto de transição da democracia individualista para a democracia social. Para Heller, a democracia e a efetividade do poder político estavam ameaçados pela ausência de homogeneidade social e por serem dotados de um suporte econômico insuficiente para unificar de modo efetivo as clivagens sociais. O risco era a democracia se tornar uma ditadura disfarçada das classes dominantes se não se promovesse a expansão da democracia para as esferas social e econômica.[49]

A crise se manifestava, para Heller, na cultura europeia do Estado de Direito, que tinha sofrido profundas modificações após a Primeira Guerra Mundial. Com o capitalismo desenvolvido e organizado que se consolida e a consciência política do proletariado, as exigências de ampliação da democracia burguesa voltam-se para a democracia social. O aumento da participação dos trabalhadores no Parlamento começa a incomodar a burguesia, jurídica e politicamente equiparada ao proletariado. Este, por sua vez, fraco economicamente, tenta limitar o poder econômico privado pela lei, buscando submeter a economia ao Estado de Direito, aumentando a exigência de prestações sociais e até ameaçando com a limitação ou desapropriação da propriedade. Desta forma, Heller entende que a invocação do princípio democrático pelo capitalismo cria uma situação que acaba ameaçando a própria burguesia. Como não há possibilidade de excluir o proletariado do Poder Legislativo pelo Estado de Direito, a burguesia começa a renegá-lo, contestando a submissão à lei (submissão à vontade da maioria) e partindo em busca do apoio de soluções ditatoriais que reestabeleçam o seu predomínio político e social. Deste modo, ao condenar o Estado de Direito, a democracia e o parlamentarismo, a burguesia estaria renegando sua história, vítima de seus próprios equívocos e limitações. O dilema da Alemanha no início da década de 1930 era, para Hermann Heller, a opção entre a ditadura fascista e o Estado de Direito. E a alternativa que ele propõe é a do aprofundamento do Estado de Direito, na direção do Estado Social de Direito.[50]

Para Hermann Heller, o Estado de Direito puro deve se transformar em um Estado de bem-estar democrático e social, de modo que a "anarquia da produção capitalista" seja substituída pelo ordenamento justo da vida econômica. O controle estatal dos interesses econômicos auxiliará na realização da democracia substancial, integrando o proletariado na unidade do Estado. O Estado Social de Heller é, assim, um Estado Socialista. A política deve se impor sobre a economia em um modelo estatal de integração, por meio do socialismo

---

[49] Hermann HELLER, "Politische Demokratie und soziale Homogenität" *in Gesammelte Schriften* cit., vol. 2, pp. 427 e 431.
[50] Hermann HELLER, *Rechtsstaat oder Diktatur? in Gesammelte Schriften* cit., vol. 2, pp. 445-458 e 460-462.

democrático e a implementação da democracia na esfera econômica. A opção de Heller pelo Estado Social não se destinava a aperfeiçoar ou a legitimar o capitalismo, como fizeram os chamados Estados Sociais do pós-Segunda Guerra Mundial. Heller é anticapitalista, e o seu Estado Social de Direito é um Estado Socialista e Democrático.[51]

A partir do segundo pós-guerra, o debate sobre Estado Social e Estado de Direito irá se dar em outros termos, bem distintos da visão de Hermann Heller. Na concepção de Hans Friedrich Zacher,[52] o Estado Social e Democrático de Direito é um Estado Social que se realiza mediante os procedimentos, a forma e os limites inerentes ao Estado de Direito, em suma, é um Estado de Direito voltado à realização da justiça social. Com este Estado Social de Direito, a partir do segundo pós-guerra, novos conteúdos são acrescidos aos princípios nucleares do Estado de Direito: os princípios da difusão e da diferenciação do poder.

O objetivo primordial do Estado Social é a busca da igualdade, com a garantia da liberdade.[53] O Estado não se limita mais a promover a igualdade formal, a igualdade jurídica. A igualdade procurada é a igualdade material, não mais perante a lei, mas através da lei. A igualdade não limita a liberdade. O que o Estado busca garantir é a igualdade de oportunidades, o que implica a liberdade, justificando a intervenção estatal.[54] Afinal, se em um primeiro momento bastava ao Estado reconhecer a igualdade jurídica para evitar o colapso do sistema pelo aprofundamento de suas contradições, no século XX a manutenção do sistema vai exigir do Estado o reconhecimento da diferença, a assimilação parcial do conflito, para que se mantenham as condições objetivas necessárias à livre circulação do capital e ao apaziguamento da radical contradição do sistema. Em suma, na formulação de Ruy Fausto, no capitalismo clássico a identidade (das partes) ocultava a contradição (entre as classes). No capitalismo contemporâneo não é mais a identidade, mas a diferença que oculta a contradição.[55]

O direito à segurança jurídica vai além das garantias tradicionais, incorporando o conteúdo de direito à segurança social, que se manifesta, entre

---

[51] Cf. Hermann HELLER, "Ziele und Grenzen einer deutschen Verfassungsreform" in *Gesammelte Schriften cit.*, vol. 2, pp. 415-416. Vide também Christoph MÜLLER, "Hermann Heller: Leben, Werk, Wirkung" in Hermann HELLER, *Gesammelte Schriften cit.*, vol. 3, pp. 431-432 e 448-450. No mesmo sentido, vide a análise de Franz NEUMANN, "Die soziale Bedeutung der Grundrechte in der Weimarer Verfassung" in *Wirtschaft, Staat, Demokratie: Aufsätze 1930-1954*, Frankfurt am Main, Suhrkamp, 1978, pp. 69-73.

[52] Hans Friedrich ZACHER, "Das soziale Staatsziel" in Josef ISENSEE & Paul KIRCHHOF, (orgs.), *Handbuch des Staatsrechts der Bundesrepublik Deutschland cit.*, vol. 2, pp. 729-735.

[53] Paulo BONAVIDES, *Do Estado Liberal ao Estado Social cit.*, pp. 57-62, 175-181 e 202-204 e Manuel GARCÍA-PELAYO, *Las Transformaciones del Estado Contemporáneo*, 2ª ed, Madrid: Alianza Editorial, 1995, pp. 26-27, 33-35 e 48-51.

[54] Vide Fábio Konder COMPARATO, "Igualdade, Desigualdades", *Revista Trimestral de Direito Público* nº 1, 1993, pp. 69-78 e Paulo Bonavides, nos ensaios "A Isonomia em face dos Artigos 39, §1º, 135 e 241 da Constituição Federal" e "O Princípio da Igualdade como Limitação à Atuação do Estado", ambos publicados em Paulo BONAVIDES, *A Constituição Aberta: Temas Políticos e Constitucionais da Atualidade com ênfase no Federalismo das Regiões*, 2ª ed, São Paulo: Malheiros, 1996, pp. 96-128.

[55] Ruy FAUSTO, *Marx: Lógica e Política*, São Paulo: Brasiliense, 1987, tomo II, pp. 287-329.

outros meios, pelo princípio da proibição do retrocesso social.⁵⁶ A ideia de "reserva do possível", por sua vez, busca limitar a proibição do retrocesso social.⁵⁷ Extremamente polêmica, contra a interpretação da reserva do possível como "cláusula obstaculizadora" da realização do programa constitucional se coloca a defesa da prestação mínima de determinados direitos sociais como direito subjetivo de todos, fundado na dignidade da pessoa humana. Estas concepções estão também vinculadas ao debate sobre a garantia do mínimo existencial, em que alguns autores buscam sustentar se o mínimo existencial deve ser restrito à garantia da sobrevivência física, ou seja, à noção liberal de mínimo suficiente para assegurar o exercício das liberdades fundamentais, ou se deve servir como mínimo sindicável, mas que deve ser compreendido e efetivado na perspectiva de um horizonte eficacial progressivamente mais vasto, entendendo-se que a Constituição, em termos de direitos sociais, aponta para o máximo possível.⁵⁸ Afinal, com o Estado Social de Direito, o reconhecimento dos direitos fundamentais ganha mais importância ainda como dimensão essencial da comunidade política, incluindo os direitos sociais, econômicos e culturais.

Há, ainda, os que acrescentam a dimensão ambiental ao Estado de Direito, entendendo que o Estado deve conformar suas políticas e estruturas de forma ecologicamente sustentada, pois se trata da responsabilidade dos poderes públicos perante as gerações futuras.⁵⁹

Em relação à diferenciação do poder, o Estado Social de Direito também traz mudanças significativas. A distinção clássica entre Estado e sociedade civil era funcional para o Estado de Direito liberal neutro e não intervencionista, que tinha autonomia frente a sociedade. Com a separação clara entre Estado e sociedade, o Estado encontrava-se separado e acima da sociedade. A extensão e amplitude do sufrágio e da democracia, no entanto, derrubaram a separação Estado/sociedade. A distinção entre Estado e sociedade desaparece justamente com a democratização, com o Estado tornando-se a auto-organização da sociedade, pois o povo ocupa o Estado.⁶⁰

---

⁵⁶ José Joaquim Gomes CANOTILHO, *Direito Constitucional e Teoria da Constituição*, 7ª ed, Coimbra: Almedina, 2004, pp. 338-340 e Ingo Wolfgang SARLET, *A Eficácia dos Direitos Fundamentais: Uma Teoria Geral dos Direitos Fundamentais na Perspectiva Constitucional*, 10ª ed, Porto Alegre, Livraria do Advogado, 2009, pp. 433-457.

⁵⁷ José Joaquim Gomes CANOTILHO, *Direito Constitucional e Teoria da Constituição cit.*, pp. 480-482 e Ingo Wolfgang SARLET, *A Eficácia dos Direitos Fundamentais cit.*, pp. 284-289.

⁵⁸ Em defesa de uma visão liberal do chamado "mínimo existencial", contraditória com os direitos sociais garantidos pela Constituição de 1988, vide Ricardo Lobo TORRES, *O Direito ao Mínimo Existencial*, Rio de Janeiro: Renovar, 2009. Para outra visão sobre o "mínimo existencial" mais adequada à Constituição de 1988, vide Andreas J. KRELL, *Direitos Sociais e Controle Judicial no Brasil e na Alemanha: Os (Des)Caminhos de um Direito Constitucional "Comparado"*, Porto Alegre: Sergio Antonio Fabris Editor, 2002, pp. 59-65. No campo do direito privado, vide as interessantes e bem fundamentadas considerações de Luiz Edson FACHIN, *Estatuto Jurídico do Patrimônio Mínimo*, 2ª ed, Rio de Janeiro: Renovar, 2006.

⁵⁹ José Joaquim Gomes CANOTILHO, *Estado de Direito*, Lisboa, Fundação Mário Soares/Gradiva, 1999, pp. 43-45; José Joaquim Gomes CANOTILHO, "Estado Constitucional Ecológico e Democracia Sustentada" in Sérgio Sérvulo da CUNHA & Eros Roberto GRAU (orgs.), *Estudos de Direito Constitucional Em Homenagem a José Afonso da Silva*, São Paulo: Malheiros, 2003, pp. 100-110 e Ingo Wolfgang SARLET & Tiago FENSTERSEIFER, *Princípios do Direito Ambiental*, São Paulo: Saraiva, 2014, pp. 27-34.

⁶⁰ Estas concepções vão ser atualizadas e desenvolvidas em todos os autores que tratam do Estado Social de Direito, como, por exemplo, Ernst-Wolfgang Böckenförde, Paulo Bonavides, Manuel García-Pelayo, entre muitos outros.

No contexto de um Estado intervencionista e dinâmico, como o Estado Social de Direito, a "separação de poderes", com a distinção absoluta entre legislação e administração, é relativizada com a hegemonia do poder executivo sobre os demais poderes. Com o advento da democracia de massas, não apenas o legislativo, mas também o executivo, eleito diretamente, adquiriu funções representativas e ainda vai ter que responder às crescentes necessidades sociais e econômicas da população, adquirindo, inclusive, o poder de estatuir normas, das mais variadas espécies e graus hierárquicos.[61]

A garantia da legalidade, fundamental para a atuação da Administração Pública, é mantida, com o princípio de que a Administração só pode fazer aquilo que a lei permite,[62] mas a lei, na expressão de Jacques Chevalier, é dessacralizada.[63] A legalidade se expande para o campo material, como a prevista no artigo 5º, II, da Constituição de 1988, deixando de ser apenas formal.

Ainda no tocante à limitação do poder estatal, Canotilho ressalta o princípio da justa medida, ou seja, da proibição do excesso, teorizado ainda na década de 1960 por Peter Lerche,[64] devendo o Estado Social de Direito se pautar pelas noções de adequação, razoabilidade e proporcionalidade, além de ter que responder pelos seus atos, como, por exemplo, consagra a Constituição de 1988 em seu artigo 37, §6º, ao tratar da responsabilidade objetiva do Estado.

O Estado Social de Direito destaca-se também não apenas pela garantia do direito de acesso ao direito e aos tribunais, concretizada na série de garantias processuais e procedimentais. Estas garantias são o fundamento do Estado de Direito, pois a relação entre prestação jurisdicional e liberdade, afirma, com razão, José Ignácio Botelho de Mesquita, é uma relação de causa e efeito, na medida em que a liberdade na prestação jurisdicional condiciona a liberdade individual.[65] Mas o Estado Social de Direito não é apenas um Estado de Justiça, ele vai além, porque busca instituir um Estado de Justiça Social.

Na Alemanha, o discurso do *Rechtsstaat* teve um imenso sucesso sob a Lei Fundamental, com inúmeras definições buscando compatibilizar o Estado de Direito com a democracia e o Estado Social, a partir dos artigos 20 e 28 da Lei Fundamental. Konrad Hesse, por exemplo, definiu que, no Estado de Direito, o direito e o Estado estão intimamente imbricados, condicionando-se mutuamente, de forma que todo reforço do Estado significa um reforço do próprio *Rechtsstaat*. O Estado de Direito alemão, segundo a Lei Fundamental, na visão

---

[61] Renato ALESSI, *Principi di Diritto Amministrativo*, Milano: Giuffrè, 1966, vol. 1, pp. 4-7 e 13-16 e Eros Roberto GRAU, "Crítica da 'Separação dos Poderes': As Funções Estatais, os Regulamentos e a Legalidade no Direito Brasileiro, as 'Leis-Medida'" in *O Direito Posto e o Direito Pressuposto*, 7ª ed, São Paulo: Malheiros, 2008, pp. 230-244.

[62] Celso Antônio BANDEIRA DE MELLO, *Curso de Direito Administrativo* cit., pp. 99-106.

[63] Jacques CHEVALLIER, "La Dimension Symbolique du Principe de Légalité", *Revue du Droit Public et de la Science Politique en France et a l'Étranger*, 1990 – nº 6, novembro/dezembro de 1990, pp. 1665-1667.

[64] Peter LERCHE, *Übermass und Verfassungsrecht: Zur Bindung des Gesetzgebers an die Grundsätze der Verhältnismäßigkeit und der Erforderlichkeit*, 2ª ed, Goldbach, Keip Verlag, 1999, pp. XI-XXIX, 50-53, 81-97, 134-161 e 315-349; José Joaquim Gomes CANOTILHO, *Direito Constitucional e Teoria da Constituição* cit., pp. 266-273 e Lenio Luiz STRECK, "Da Proibição de Excesso (*Übermassverbot*) à Proibição de Proteção Deficiente (*Untermassverbot*): De Como Não Há Blindagem Contra Normas Penais Inconstitucionais", *Revista do Instituto de Hermenêutica Jurídica*, vol. 1, nº 2, 2004, pp. 243-283.

[65] José Ignacio Botelho de MESQUITA, "O Princípio da Liberdade na Prestação Jurisdicional" in *Teses, Estudos e Pareceres de Processo Civil*, São Paulo: RT, 2005, vol. 2, pp. 33-37.

de Hesse, não se limita a ser um mero sistema de garantias da liberdade formal, mas também tem conteúdo material. Ou seja, o Estado da Lei Fundamental não se reduz a proteger e a conservar, mas também planeja, guia, presta, distribui. Mas realiza todas estas tarefas sob a forma do Estado de Direito.[66]

Para combater o Estado Social da Lei Fundamental alemã, Ernst Forsthoff, discípulo de Carl Schmitt, vai alegar que o Estado Social e o Estado de Direito são incompatíveis dentro de uma mesma Constituição. A suposta antinomia entre Estado de Direito e Estado Social tem um caráter ideológico de que a reestruturação democrático-social não pode ser feita pelo Estado de Direito, refletindo a ideia de que a Constituição representa apenas uma limitação do poder estatal. Desta forma, os fins político-sociais devem ser relegados para a administração, sendo o Estado Social, consequentemente, contrário às liberdades individuais. A conclusão deste raciocínio é a incompatibilidade entre o Estado de Direito e o Estado Social no plano de uma mesma Constituição.[67]

A partir da década de 1960, em contraposição a Forsthoff, Wolfgang Abendroth foi o grande defensor da paternidade helleriana do Estado Social de Direito. Para ele, a formulação do Estado Social de Direito da Lei Fundamental quis preservar o conteúdo concreto das propostas de Heller.[68] No entanto, o Estado Social de Direito de Heller é distinto destas concepções. O Estado Social de Direito do segundo pós-guerra busca um capitalismo social, de raízes solidaristas, próximo das concepções de Lorenz von Stein de reforma social pela administração como forma de evitar a ruptura com a ordem capitalista. Heller, por sua vez, propõe um Estado socialista, com a socialização dos meios de produção e a regulação planificada da economia.

O debate sobre Estado de Direito e inclusão democrática e social na periferia do capitalismo em geral, e na América Latina e no Brasil, em particular, vai se dar em outros termos. Afinal, como bem afirmam Lenio Streck e Jose Luis Bolzan de Morais, não houve *Welfare State* no Brasil.[69]

O grande protagonista será o chamado Estado Desenvolvimentista.[70] A condição do Estado desenvolvimentista como Estado periférico irá exigir que ele seja algo mais do que o Estado Social tradicional. A estrutura do Estado Social europeu e as intervenções keynesianas na economia são insuficientes para a atuação do Estado na América Latina. A teoria de Keynes valoriza, também, os centros nacionais de decisão para a obtenção do pleno emprego. Entretanto,

---

[66] Konrad HESSE, "Der Rechtsstaat im Verfassungssystem des Grundgesetzes" *in* Mehdi TOHIDIPUR (org.), *Der bürgerliche Rechtsstaat*, Frankfurt am Main, Suhrkamp, 1978, vol. 1, pp. 290-314.

[67] Ernst FORSTHOFF, "Verfassungsprobleme des Sozialstaats" *in* Ernst FORSTHOFF (org.), *Rechtsstaatlichkeit und Sozialstaatlichkeit: Aufsätze und Essays*, Darmstadt, Wissenschaftliche Buchgesellschaft, 1968, p. 145. Para Forsthoff, o Estado Social deve se limitar ao âmbito administrativo, não podendo se alçar à categoria constitucional, pois a Constituição não é lei social ("*Eine Verfassung kann nicht Socialgesetz sein*"), devendo, além de tudo, ser breve, cf. Ernst FORSTHOFF, "Begriff und Wesen des sozialen Rechtsstaates" *in* Ernst FORSTHOFF (org.), *Rechtsstaatlichkeit und Sozialstaatlichkeit cit.*, pp. 171-174 e 180.

[68] Wolfgang ABENDROTH, "Der demokratische und soziale Rechtsstaat als politischer Auftrag" *in* Mehdi TOHIDIPUR (org.), *Der bürgerliche Rechtsstaat cit.*, vol. 1, pp. 276-277.

[69] Lenio Luiz STRECK & José Luis Bolzan de MORAIS, *Ciência Política e Teoria do Estado*, 8ª ed, Porto Alegre: Livraria do Advogado, 2014, pp. 81-90.

[70] Sobre o Estado desenvolvimentista, vide Gilberto BERCOVICI, *Constituição Econômica e Desenvolvimento: Uma Leitura a partir da Constituição de 1988*, São Paulo: Malheiros, 2005, pp. 45-68.

se a luta contra o desemprego exige a atuação do Estado, esta é muito mais necessária para promover as modificações estruturais necessárias para a superação do subdesenvolvimento. O papel do Estado na América Latina deve ser muito mais amplo e profundo do que nos países centrais.[71]

No caso brasileiro, por exemplo, o Estado nunca foi propriamente keynesiano, muito menos socialdemocrata, mas estendeu sua presença para quase todos os setores econômicos e sociais. Foi um Estado forte para disciplinar o trabalho e a cidadania, mas fraco perante o poder econômico privado. Por isso, sempre foi obrigado a promover uma "fuga para frente", pelos caminhos de menor resistência, criando uma estrutura industrial desenvolvida, mas sem autonomia tecnológica e sustentação financeira.[72]

Talvez, a proposta mais próxima da concepção de Estado Social de Hermann Heller seja a conceituação que o espanhol Elías Díaz faz do Estado Democrático de Direito. A democracia política, segundo Elías Díaz, exige como base a democracia econômica. Para ele, é impossível compatibilizar a democracia e o capitalismo. A correspondência existe entre a democracia e o socialismo, que coincidem e se institucionalizam no Estado Democrático de Direito, que, assim, supera o Estado Social de Direito. O Estado Democrático de Direito, para Elías Díaz, deve ter uma estrutura econômica socialista, necessária para a construção atual de uma verdadeira democracia.[73]

José Joaquim Gomes Canotilho identifica o Estado de Direito Democrático com o Estado Democrático de Direito, tentando conciliar ambas as concepções. A doutrina brasileira costuma fazer o mesmo, destacando, na Constituição de 1988 os dispositivos referentes ao Estado de Direito (como, por exemplo, os artigos 2º, 5º, 37, 95 e 150) e ao Estado Democrático (por exemplo, artigos 1º, 14 e 17), demonstrando o resultado como uma espécie de síntese que caracterizaria o Estado brasileiro conformado pela constituição de 1988 como um Estado Democrático de Direito ou um Estado de Direito Democrático, indistintamente.[74]

5. A crise do Estado de Direito

Durante o apogeu do Estado Social, o partido político era o grande ator da democracia constitucional, com a tarefa de desenvolver a constituição e seu conteúdo. Com a crise dos partidos políticos e de seu papel de destaque na política constitucional, a tendência foi, segundo Fioravanti, a de emancipação da constituição da unidade política pressuposta, seja do poder constituinte, seja do Estado soberano. Este esvaziamento do papel do partido político vai

---

[71] Adolfo GURRIERI, "Vigencia del Estado Planificador en la Crisis Actual", *Revista de la CEPAL* nº 31, abril de 1987, pp. 203-205.

[72] José Luís FIORI, "Para uma Economia Política do Estado Brasileiro" in *Em Busca do Dissenso Perdido: Ensaios Críticos sobre a Festejada Crise do Estado*, Rio de Janeiro: Insight, 1995, pp. 149-151.

[73] Elías DÍAZ, *Estado de Derecho y Sociedad Democratica*, 9ª ed, Madrid: Taurus, 1998, pp. 132-137, 142 e 172-178.

[74] José Joaquim Gomes CANOTILHO, *Direito Constitucional e Teoria da Constituição* cit., pp. 230-231 e 254-255; José Joaquim Gomes CANOTILHO, *Estado de Direito* cit., pp. 27-36 e José Afonso da SILVA, "O Estado Democrático de Direito", *Revista da Procuradoria Geral do Estado de São Paulo* nº 30, dezembro de 1988, pp. 61-74.

ser preenchido por outro poder, que vai assumir a função de protagonista do debate e da prática constitucionais: o tribunal. Os juízes, e não mais a política partidário-parlamentar, vão se arrogar a função de concretizar a constituição. Ou seja, o primado do parlamento ou do executivo vai ser substituído pelo primado dos tribunais, gerando uma série de novos desafios para a teoria constitucional.[75]

A esta transformação das relações entre constituição, Estado e política, irá se somar o discurso da "crise do Estado". O fundamento deste discurso é a chamada crise fiscal do Estado, teorizada pelo americano James O'Connor, em 1973.[76] O papel do Estado na economia passou a ser cada vez mais contestado. Propõe-se um Estado neoliberal, pautado e condicionado pelo mercado, ou seja, a economia de mercado determina as decisões políticas e jurídicas, relativizando a autoridade governamental.

Apesar das tentativas de desmantelamento da denominada "revolução conservadora", o Estado Social não foi substituído. Eliminar as funções assistencial e redistributiva do Estado seria deslegitimá-lo de maneira irreversível. Na realidade, o que vem ocorrendo, desde o início das tentativas de desmonte do Estado Social, é a concretização de profundos cortes setoriais. Embora autores mais afoitos tenham até falado em fim do Estado, este discurso nos dias de hoje não tem qualquer fundamento.[77]

Vivemos, hoje, em um tempo de "mal-estar constitucional",[78] em uma época em que cada governante busca um texto à sua imagem e semelhança. Apesar disto, o Estado de Direito retorna ao debate ocidental após o fim do socialismo real e em meio à crise da democracia representativa, em conjunto com o debate sobre direitos fundamentais, ou seja, como uma teoria que coloca em primeiro plano a tutela dos direitos do homem, no contexto do que Norberto Bobbio chamou de "Era dos Direitos".[79] Ou seja, o Estado de Direito é pensado em termos de garantia dos direitos, especialmente os individuais ou de liberdade.

Os institutos do Estado de Direito são hoje pensados explicitamente sob a influência de uma filosofia política individualista, que subordina a dimensão pública e o interesse geral ao primado absoluto dos valores e expectativas individuais. Joseph Raz, por exemplo, defende uma visão absolutamente formal de *rule of law*, entendido como o regime sob o qual o poder político está submetido à lei. Mas não a qualquer lei, mas à lei que garanta previsibilidade dos

---

[75] Maurizio FIORAVANTI, *Costituzione e Popolo Sovrano: La Costituzione Italiana nella Storia del Costituzionalismo Moderno*, Bologna: Il Mulino, 1998, pp. 12-20 e Maurizio FIORAVANTI, "Costituzione e Politica: Balancio di Fine Secolo" in *La Scienza del Diritto Pubblico: Dottrine dello Stato e della Costituzione tra Otto e Novecento*, Milano: Giuffrè, 2001, vol. 2, pp. 878-886.

[76] James O'CONNOR, *The Fiscal Crisis of the State*, 4ª ed, New Brunswick/London: Transaction Publishers, 2009.

[77] Dalmo de Abreu DALLARI, *O Futuro do Estado*, São Paulo: Saraiva, 2001, pp. 109-115.

[78] José Joaquim Gomes CANOTILHO, *Constituição Dirigente e Vinculação do Legislador: Contributo para a Compreensão das Normas Constitucionais Programáticas*, 2ª ed, Coimbra: Coimbra Ed., 2001, pp. V-VIII. Vide a pertinente crítica de Lenio Luiz STRECK, *Jurisdição Constitucional e Decisão Jurídica*, 3ª ed, São Paulo: RT, 2013, pp. 29-31 e 83-108.

[79] Norberto BOBBIO, *A Era dos Direitos*, Rio de Janeiro: Campus, 1992, pp. 49-64.

atos estatais, que seja clara, tenha caráter geral e estabilidade e que possa ser controlada por juízes independentes.[80]

A legitimação do sistema político, assim, tem como fonte primária a realização destes valores e a satisfação destas expectativas individuais, tanto no debate europeu continental, quanto no debate anglo-saxão sobre Estado de Direito. O Estado de Direito, assim, é cada vez mais entendido de acordo com a expressão de Friedrich von Hayek, como "ordem política mínima", capaz de assegurar uma ordem política estável e determinado grau de tutela dos direitos fundamentais individuais, garantindo o livre funcionamento da ordem de mercado.[81]

A concepção do Estado de Direito como "ordem política mínima" pode significar duas coisas: ou que a estrutura consagrada do Estado de Direito é uma estrutura que não tem nenhuma alternativa contraposta no mundo ocidental que não seja anárquica ou autoritária. Ou então, em sentido distinto, isto pode significar que, enquanto a tutela dos direitos civis seria algo normal no Estado de Direito, apenas com uma forte pressão conflituosa se poderia superar esse nível mínimo para restituir efetividade aos direitos políticos, que deixariam de ser meros legitimadores de procedimentos eleitorais, e garantir sucesso para expectativas e reivindicações socialmente mais amplas.

Portanto, segundo Danilo Zolo, estariam contrapostas duas concepções de Estado de Direito, ainda. Há o modelo que entende a "democracia constitucional" como limitada à tutela dos direitos individuais, por meio do equilíbrio entre os poderes do Estado, de uma constituição rígida e alguma forma de controle de constitucionalidade. Assim, os princípios constitucionais são retirados da esfera do conflito político e das maiorias parlamentares e enviados para a custódia "imparcial" dos juízes, cuja atuação, na expressão consagrada de Ronald Dworkin, pode ser considerada uma "leitura moral" da Constituição.[82]

Outro modelo seria uma forma ativista e conflituosa de tutela dos direitos fundamentais e de funcionamento do Estado de Direito: a existência e garantia dos direitos seriam fundadas na realidade e no conflito sociais. Nas palavras de Zolo, esta alternativa realista e maquiaveliana poderia ser intitulada, seguindo a formulação clássica de Rudolf von Jhering, como "luta pelo direito".[83] Afinal, mesmo quando solenemente proclamados em declarações, os direitos fundamentais são resultado da luta política e do conflito social.[84]

No entanto, apesar do retorno ao debate jurídico e político, o Estado de Direito não é, ainda, uma concepção ou um modelo de Estado vitorioso. Os desafios à sua implementação ainda são muitos na atualidade. Por exemplo, o Estado Social de Direito dos países centrais vem substituindo as prestações

---

[80] Joseph RAZ, "The Rule of Law and its Virtue" in *The Autority of Law: Essays on Law and Morality*, reimpr., Oxford/New York: Oxford University Press, 2002, pp. 210-229.

[81] Friedrich A. HAYEK, *The Constitution of Liberty*, reimpr., Chicago/London: The University of Chicago Press, 1999, pp. 148-249.

[82] Danilo ZOLO, "Teoria e Critica dello Stato di Diritto" cit., pp. 67-72. Vide, ainda, Ronald DWORKIN, *Freedom's Law: The Moral Reading of the American Constitution*, reimpr., Oxford/New York: Oxford University Press, 2005.

[83] Rudolf von JHERING, *Der Kampf ums Recht*, 8ª ed, Frankfurt-am-Main: Vittorio Klostermann, 2003.

[84] Danilo ZOLO, "Teoria e Critica dello Stato di Diritto" cit., pp. 72-73.

sociais pelo aumento de suas funções repressivas, com a preocupação com segurança cada vez maior, especialmente em virtude do terrorismo, arriscando a se transformar em uma espécie de "Estado Penal", seguindo o exemplo do que vem acontecendo nos Estados Unidos desde o 11 de setembro de 2001. Já na periferia do capitalismo, no caso brasileiro, o que há é, ao lado do Estado Constitucional, um estado de exceção econômico permanente, em que os direitos e garantias são violados ou suspensos para garantir a acumulação de capital.[85]

Neste contexto, o alerta de Hermann Heller, feito em 1929, sobre as duas alternativas: Estado de Direito ou Ditadura?, continua atual.[86] Em vez do fascismo clássico, enfrenta-se hoje o "fascismo social", o fascismo de mercado, o fascismo do fundamentalismo religioso.[87] O Estado de Direito não é o vitorioso inconteste do discurso liberal, pelo contrário. A inclusão do povo no Estado e a garantia da integração social ainda são desafios não solucionados. A implementação e a consolidação da Democracia, do Estado de Direito e da República não é uma tarefa já realizada, mas ainda uma luta de nosso tempo.

---

[85] Gilberto BERCOVICI, *Constituição e Estado de Exceção Permanente* cit., pp. 171-180 e Gilberto BERCOVICI, *Soberania e Constituição* cit., pp. 319-343.

[86] Hermann HELLER, *Rechtsstaat oder Diktatur?* cit., pp. 461-462.

[87] Sobre o "fascismo social", vide Boaventura de Sousa SANTOS, "Poderá o Direito Ser Emancipatório?", *Revista Crítica de Ciências Sociais* n° 65, maio de 2003, pp. 20-27.

— 4 —

O Estado e suas circunstâncias...

JOSE LUIS BOLZAN DE MORAIS[1]

> *Afinal, a evoluçao da Teoria do Estado (...) implica o surgimento da "politização" da Constituição. Do normativismo constitucional saltamos para a Teoria Material da Constituição. Este é o momento da imbricação entre Constituição e política. E o Estado Democrático de Direito será o locus privilegiado desse acontecimento.*
> (STRECK, Lenio. *Verdade e Consenso*. 4. ed. São Paulo: Saraiva. 2011. p. 79)

Convidado a participar desta obra coletiva, uma homenagem a Lenio Streck que, para além do grande jurista contemporâneo brasileiro que é, também é uma daquelas pessoas que temos tido a oportunidade não apenas de acompanhar em sua trajetória acadêmica mas, também, de compartilhar trabalhos e, acima de tudo, uma amizade que já ultrapassa décadas.

Neste período, muito experimentamos nesta parceria. Em especial, o que nos traz aqui, as preocupações em torno ao papel da filosofia política para os juristas, para sua formação e suas práticas. Foi isso que nos levou a compartilharmos a escrita de um trabalho acadêmico voltado à formação dos bacharéis em direito. O livro "Ciência Política e Teoria do Estado", já em sua 8ª edição, cujo objeto é, acima de tudo, pôr em discussão a maior das instituições jurídico-políticas modernas: o Estado.

Neste trabalho, para além de revisitarmos as formas tradicionais de tratamento deste objeto – o Estado – expusemos algumas perspectivas que, tradicionalmente, não aparecem nos textos comumente utilizados nas escolas de Direito. Em especial, dedicamo-nos a pôr em questão as condições e possibilidade de produção e reprodução do próprio Estado na contemporaneidade.

Por isso, em um livro em homenagem a este pensador e amigo só podemos retornar este tema que, desde a primeira edição de *Ciência Política e Teoria do Estado*, nos reuniu em torno a tais preocupações, agora para indicar alguns elementos indicativos da importância, para os juristas, de compreendê-lo adequadamente, em especial diante do contexto e das circunstâncias que

---

[1] Professor do PPGD/UNISINOS. Pesquisador Produtividade CNPq. Procurador do Estado do Rio Grande do Sul.

afetam as bases tradicionais da Teoria do Estado ensinada nas Faculdades de Direito.

As inflexões que incidem sobre a estatalidade moderna têm produzido transformações profundas na forma e conteúdos que o Estado tem experimentado, bem como e em consequência, na produção e aplicação do Direito como um de seus instrumentos privilegiados para a construção de um projeto civilizatório que vem demarcado por características próprias, bem como tem experimentado avanços e retrocessos, sucessos e fracassos ao longo do que convencionamos nomear como "modernidade".

E esta referência (a modernidade) precisa estar sempre presente quando falamos de Estado, pois não há como entendê-lo fora dela, muito embora seus traços já venham se constituindo anteriormente e, possivelmente, poderá se projetar para além de um tempo no qual suas características mais marcantes estejam confrontadas por "novos tempos", como têm indicado os trabalhos de Saskia Sassen.[2]

Assim, há que se demarcar, desde logo, que esta instituição jurídico-política (o Estado) tem como uma de suas referências a história. É uma instituição "histórica". Tem origem, um desenrolar e...um fim(?), sem que isso possa, por óbvio, ser entendido maniqueisticamente ou que se esteja, aqui, adotando uma perspectiva da história como um desenrolar "evolutivo" e sequencial de fatos e acontecimentos. O que se quer demarcar com isso é o caráter "não natural" desta instituição, o seu sentido instrumental e, correlatamente, contingencial.

Há, também, que se ter presente que, de outro lado, esta é, também, uma instituição "geográfica", seja por suas origens, o que nos leva a ter presente seu fator colonial(ista), seja por sua pretensão à universalidade, seja, por fim, à sua demarcação geográfica, como territorialidade, o que também serve como delimitador da potência estatal – *soberania* –, tanto quanto à sua superioridade interna, quanto na sua igualdade externa.

Ou seja, havemos de reconhecer que o Estado não esteve sempre no "entre nós", sequer está presente em todos os "recantos" do planeta Terra, apesar do "sucesso" e da força atrativa que esta instituição carrega consigo.[3]

Desde a perspectiva de "crise"[4] como expressão de uma transição/transformação/superação dos modelos e práticas modernos, pode ser – e é – sentida a necessidade de uma reflexão que tenha por substrato o *locus* privilegiado do Direito, o Estado, apontando para circunstâncias e ingredientes peculiares ao debate da Filosofia "política", seja na sua perspectiva originária, seja em face

---

[2] Ver, exemplificativamente: SASSEN, Saskia. *Territory, Authority, Rights*: From Medieval to Global Assemblages. Princeton University Press, 2006

[3] Ver: CHEVALLIER, Jacques. *O Estado pós-moderno*. Tradução: Marçal Justen Filho. Belo Horizonte: Fórum, 2009.

[4] A noção de "crise" não necessariamente carrega uma marca negativa, de fim, de destruição, de ruína. Pode, isto sim, aportar o novo, e este como momento inaugural onde tudo está "à disposição". Como anota Peter Pál Pelbart, ancorado em François Tosquelles: *El momento de la crisis, disse él, es aquel en el que ya nada parece posible. Pero también es el momento en que se cruzan muchas transformaciones...Es decir, la crisis es conjunción del 'nada es posible' y del 'todo es posible'*...Ver: *Una crisis de sentido es la condición necesária para que algo nuevo aparezca*. In: FERNANDEZ-SAVATER, Amador. *Fuera de Lugar. Conversaciones entre crisis e transformación*. Madrid: Acuarela y Machado Grupo de Distribución. 2013. p. 45 e 46

dos novos contextos que interferem não só no "lugar" do e para o Direito como também na sua mesma capacidade de apresentar-se como instrumento apto a dar forma e conteúdo para um, outro(?), modelo de socie(abili)dade humana.

Por outro lado, também fundamental é a tomada de posição frente ao que poderíamos nomear provisoriamente como a retomada do debate acerca das relações entre teoria e práxis para a e na formação do jurista.

Ou seja, a questão da Filosofia Política "no" Direito passa, hoje, pelo necessário conhecimento e ambientação das construções teóricas e das experimentações práticas dos modelos político-institucionais em um ambiente completamente distinto daquele no qual a experiência moderna se constituiu, ou seja, o de um Estado dotado de um poder incontrastável – dito, soberano –, em um ambiente geográfico delimitado – dito, território –, cujas fronteiras estabeleciam uma impermeabilização entre o mundo interno (nacional) e o externo/estrangeiro (internacional) e construíam uma identificação forjada a partir de elementos artificiais, conferindo "previlégios" àqueles todos que eram destinatários de suas previsões – dito, povo – excluindo os demais.

Hoje, nada mais é assim. O Estado se vê confrontado em seu poder, permeabilizado em suas fronteiras, diluído em seus membros. E, por isso mesmo, cada dia é mais necessário buscar compreender estas "circunstâncias" novas e inéditas a fim de podermos estar aptos a lidar com este "novo", até mesmo confrontá-lo em nome das conquistas modernas ainda incompletas ou irrealizadas em muitos lugares, forjando respostas compatíveis.

Dito isto, fica demarcado que é preciso buscar a especificidade da Filosofia "política" que nos ajuda a compreender e nos permite aceder ao *locus* privilegiado da produção e aplicação do Direito erigido pela e na modernidade, assim como contribui definitivamente para o entendimento das circunstâncias e afetações que uma mudança paradigmática produz na e para a construção de estruturas jurídicas aptas à desformalização e desconstrução dos modelos e práticas até então assumidos como fórmulas "definitivas", assim como das consequências e dos riscos aqui envolvidos. E, assim, poder-se-á manter uma postura crítico-reflexiva que nos dê elementos para atuarmos fortemente neste processo.

Dito de outra forma, e tomando emprestadas as sugestões de Giacomo Marramao, é preciso termos em conta que estamos passando de uma "modernidade nação" para uma "modernidade mundo", e que isso não se experimenta sem rupturas e incertezas. Como sustenta o mesmo autor, vivemos entre o "não mais" e o "ainda não". Submetidos a uma "babelização" que nos joga na "incerteza da crise".[5]

Não é desinteressante relembrar que o pensamento filosófico-político moderno foi o ambiente privilegiado no qual se desenvolveram as compreensões fundantes para a definição, fundamentação e legitimação do Estado como instituição peculiar à modernidade e, a partir disso, para a construção de uma ordem jurídico-política suportada em tal ideia, com uma estrutura normativa

---

[5] Ver: MARRAMAO, Giiacomo. Dopo babele. Per un cosmopolitismo dela differenza. *Eikasia. Revista de Filosofia*. Año IV. Nº 25 (mayo 2009). <http://www.revistadeFilosofia.org>, acesso em 20/4/2015.

específica como resultado da atuação deste poder soberano, sendo esta, ela mesma, uma concepção resultante da reflexão filosófica própria da cultura iluminista.

Se, no contexto moderno, a Filosofia "política" aportou as referências fundamentais para o desenvolvimento da formação jurídica, na contemporaneidade, em um ambiente de profundas alterações, o seu papel mantém-se inalterado enquanto instrumento necessário e eficaz para ajudar a compreender a realidade cambiante do Estado enquanto *locus* privilegiado do direito e da política ou, mesmo, como espaço concorrencial em um ambiente plural – pós-moderno ou neofeudal,[6] como vem sendo sugerido – ou até mesmo para enfrentar os dilemas de exceção permanente recuperados no contexto do combate às "novas" formas da violência,[7] para referir apenas algumas das questões emergentes.

Em um ambiente onde as palavras de ordem são globalização/mundialização,[8] neoliberalismo (embora mais pareça "neocapitalismo"[9]), governança,[10] crise[11] entre outras tão em voga, a questão que se coloca diz com o papel e o próprio objeto da Filosofia "política", o qual deixa de ser o Estado, como ente privilegiado, e passa a ser a própria estupefação diante do exaurimento de sua potência tradicional e a ausência de respostas suficientes às dúvidas recorrentes, talvez, com isso, mantendo vivas as preocupações em torno do exercício do poder, em especial, o político, de sua legitimação, de sua forma, de seu ambiente etc.

Aqui, parece-nos que está revigorado o espaço da e para a Filosofia "política". Um lugar onde se perde a referência ao uno – o Estado –, mas revigora-se o debate acerca das próprias circunstâncias da política, como também de sua inexorabilidade para a construção de uma sociedade que não venha marcada exclusivamente pelo fim da história, como o fim da própria identidade humana, como algumas tendências pretendiam.

Dito de outro modo, se o repensar o Estado (Moderno) faz parte de nossa agenda cotidiana e se o Direito (Moderno) se apresenta como projeção da ação estatal – legislativa, executiva ou jurisdicional – mesmo já não mais – se foi algum dia – com exclusividade, na sua produção ou aplicação, então forçoso é concluir que as novas circunstâncias que (re) e (des) organizam a vida con-

---

[6] Ver: CHEVALLIER, Jacques. Op. cit.

[7] Ver: AGAMBEN, Giorgio. *Estado de Exceção*. São Paulo: Boitempo. 2004

[8] *La globalizzazione è per un verso uniformazione tecnoeconomica e finanziario-mercantile con i conseguenti fenomeni di deterritorializzazione e interdipendenza crescente tra le diverse aree del pianeta, per l'altro è invece un trend altrettanto accelerato di differenziazione e riterritorializzazione delle identità: di rilocalizzazione dei processi di identificazione simbolica. Tra i due aspetti, che il lessico sociologico tende a compendiare nell'ossimoro del glocal, intercorre a mio avviso una relazione interfacciale. Ma allo stesso tempo si può creare un cortocircuito pericoloso e dagli effetti paralizzanti.* Ver: MARRAMAO, Giacomo. Il Mondo e l'occidente oggi. Il problema di una sfera pubblica globale. <www.fondazionebasso.it/_.../marramao.doc>. Acesso em 21.01.2015.

[9] Ver: AVELÃS NUNES, Antonio Jose. *O Estado capitalista e suas máscaras*. Lisboa: Avante. 2013.

[10] Ver: CANOTILHO, José Joaquim Gomes. O Estado Garantidor. Claros-Escuros de um conceito. In: AVELÃS NUNES, António José e COUTINHO, Jacinto Nelson de Miranda (Orgs.). *O Direito do Futuro e o Futuro do Direito*. Coimbra: Almedina. 2008. p. 571-576.

[11] Ver: BOLZAN DE MORAIS, Jose Luis. As crises do Estado e da Constituição e a transformação espaço-temporal dos direitos humanos. *Col. Estado e Constituição*. nº 1. 2ª ed. Porto Alegre: Livraria do Advogado. 2011.

temporânea não afastam o pensamento filosófico "político", apenas deslocam, eventualmente, o seu objeto, desfocando a centralidade do Estado e passando a compor um mosaico multifacetado de espaços, instâncias e formas.

Ao contrário de sua negação, a(s) crise(s) das fórmulas tradicionais de autoridade revigoram a reflexão filosófico "política", até mesmo porque fora dela, como instância dialógica mediadora das relações sociais, haveria o retorno à barbárie, uma situação de anomia, cujo resultado seria o da velha fórmula hobbesiana: a guerra de todos contra todos!

Ou seja, a Filosofia "política" contemporânea, quando se confronta com a(s) crise(s) do Estado, assume um papel revigorado, tendo que dar conta das novas circunstâncias que "constituem" o social sem a onipresença do grande Leviatã.

Com isso, a dramatização da vida cotidiana passa a ser observada não apenas desde um lugar hegemônico – o estatal – mas ganha novas instâncias e foros, exigindo o domínio de novas formas de saber e de ação prática, de novos arranjos.

Por isso o jurista contemporâneo vê o seu universo ao mesmo tempo se desmoronando e se reconstruindo – como próprio da crise – agora sob novas bases e dotado de uma multiplicidade até então relegada a segundo plano diante da onipresença e supremacia da ação estatal.

Não é a toa que o caráter plural do Direito ficou submetido ao longo da modernidade à univocidade do Estado, apesar das diversas tendências e lutas pluralistas que alguns setores da teoria jurídica travaram neste período.

Hoje ganha força e consistência, para o bem e para o mal, o caráter plural do Direito, assumindo múltiplas facetas, como também provindo de muitas origens e adotando diversas estratégias de atuação. Talvez pudéssemos falar em um ("neo")pluralismo, marcado pela coexistência de ordens jurídicas diversas da estatal, do que é exemplo a discussão que se constrói em torno ao nomeado Novo Constitucionalismo Latino-Americano (NCLA).[12]

Não há, pois, como sonegar a existência de diversos "direitos", advindos de instâncias normativas distintas e dotados de mecanismos e fórmulas de aplicação diversas, seja na perspectiva da globalização ou do globolocalismo, seja pela experiência do NCLA, como referido antes.

Vivenciamos, então, um novo momento neofeudal (para uns) ou, quiçá, pós-moderno (para outros) das relações sociais, com a ruptura das construções modernas e um processo de desfazimento da instância de autoridade comum erigida pela modernidade e, com isso, caminhamos inexoravelmente para uma "bladerunnerização" da vida, ou somos atores – principais ou coadjuvantes – de um processo de transição que carrega muito daquilo que vem da tradição moderna, mas, ao mesmo tempo, põe em pauta esquemas sociorregulatórios renovados ou, mesmo, até então inéditos ou, ainda, vivenciamos o fim de uma

---

[12] Ver: BOLZAN DE MORAIS, Jose Luis; BARROS, Flaviane de Magalhães (Orgs.). *Novo Constitucionalismo Latino Americano*. O debate sobre novos sistemas de justiça, ativismo judicial e formação de juízes. Belo Horizonte: Arraes. 2014.

era e o início de algo que ainda não tem uma conformação assimilável pela nossa racionalidade.

De qualquer maneira, é inegável que estamos em meio a um turbilhão e que, neste contexto, temos muitas dúvidas. Entretanto, no interior deste redemoinho, o papel da Filosofia "política" "no" Direito permanece como sendo aquele de aportar recursos teórico-reflexivos adequados para a compreensão das próprias circunstâncias que nos afetam, tendo presente a inexorável necessidade de continuidade da história, sob pena de presenciarmos a morte da própria subjetividade, como antes dito.

Neste "continuar da história", a compreensão e a prática do Direito não podem abdicar da Filosofia "política", pois de outra forma não encontraríamos respostas suficientes e eficientes para a compreensão desta transição das formas políticas, bem como e por isso mesmo teríamos imensas dificuldades – se não estivéssemos mesmo impossibilitados – para forjar um conhecimento jurídico apto ao caráter multinível, trans ou interconectado[13] da autoridade e do direito contemporâneos, diferentemente de sua unidade moderna; à sua insuperável abertura, em contraposição ao fechamento característico do direito territorializado próprio aos Estados Nacionais; à dimensão intercultural peculiar à questão crucial da eficácia dos direitos fundamentais e, mesmo, das relações privadas em um mundo global, entre outras questões, tais como o fim das dicotomias, o problema da exclusão social, da violência, da guerra, da macrocriminalidade, dos deslocamentos humanos, dos novíssimos bens comuns etc.

Isto tudo nos leva àquilo que Stefano Rodotà sugere como o "fim da geografia", com o objetivo de pensar uma "outra" globalização, uma cujo objeto central fossem os direitos, e não a economia – o mercado –, como ressalta.[14]

Para S. Rodotà, estamos diante de um novo momento histórico que põe em evidência, de um lado, a "revolução da igualdade" e, de outro, a "revolução da dignidade", inaugurando uma "nova antropologia" e dando origem, em consequência, a uma "revolução dos bens comuns", além de uma "revolução da internet" onde o Direito vem (deve vir) sempre, profundamente implicado.[15]

Cada uma dessas "revoluções" põe em pauta aspectos inéditos que afetam inovadoramente o Direito e seus atores – inclusive, dos seus *loci* de produção e origem –, tendo presente que tal se dá não pela perda do próprio Direito, de sua ausência, mas da consciência em torno de sua busca constante, de sua "novidade".

Neste quadro – de uma "outra globalização possível" – chama a atenção para as transformações que se operam, sobretudo com a perda dos "confins"

---

[13] Ver, exemplificativamente: PERNICE, Ingolf. The Global Dimension of Multilevel Constitutionalism: A Legal Response to the Challenges of Globalisation. In: *Common Values In International Law*: Essays In Honor Of Christian Tomuschat. p. 973-1005; CANOTILHO, José Joaquim Gomes. *"Brancosos" e a Interconstitucionalidade: itinerários dos discursos sobre a historicidade constitucional*. Lisboa: Almedina, 2006; NEVES, Marcelo. *Transconstitucionalismo*. São Paulo: Martins Fontes. 2009.

[14] *I diritti fondamentali in tal modo diventano il tramite di um'altra connessione possibili, e per la quale si deve politicamente lavorare, racchiusa nella formula "globalizzazione attraverso i diritti, non attraverso i mercati"*. Op. Cit., p. 14.

[15] S. Rodotà, op. cit., p. 14 e 15.

ou dos limites tradicionalmente reconhecidos. Fala, assim, de um "fim da geografia", o qual implica pensá-los – os direitos – *in una dimensione sconfinata*,[16] tendo presente que um e outro não se excluem, mas evidenciam sua coimplicação, neutralizando os limites excludentes dos "confins" – como limites territoriais (geográficos) ou simbólicos – próprios da estatalidade moderna.[17]

Desde este "reconhecimento", evidenciado, particularmente, pela "revolução da internet"[18] – que, descentralizando o mundo, transforma a linguagem da política – identifica o "mundo novo dos direitos", tendo presente que, mesmo neste quadro referencial, não se pode perder de vista o papel do direito, ou melhor, dos direitos.[19]

E tal tem seu ponto de sustentação no reconhecimento de que experienciamos/"experimentamos" uma "reinvenção" que põe em pauta aqueles que, com ela, pretendem liberar-se do "peso" dos direitos e os que pensam ser possível fazer frente a isso "fechando-se na sua antiga cidadela".

Para sair desta encruzilhada, chama atenção o autor, é preciso ter presente, desde logo, que não se pode falar de uma única "era dos direitos", mas, sim, de pensá-la no plural – pensá-las, portanto – como "eras" dos direitos, tanto diacrônica quanto sincronicamente.[20]

Portanto, o que vivenciamos contemporaneamente é uma "nova" era dos direitos, na qual há que se prestar atenção aos novos fatores que condicionam as fórmulas tradicionais sem, contudo, fazê-las desaparecer. E, para um novo momento histórico, exigem-se respostas compatíveis com suas circunstâncias.

Entre o fim da experiência moderna e uma nova fase, dominada pela lógica de mercado, põe-se outra possibilidade, uma "nova" era dos direitos. Aquela dos "diritti come 'patrimonio comune dell'umanità'",[21] que, ao mesmo tempo que se inaugura em uma era da pós-geografia, traz questões inéditas: novos

---

[16] Id. ibid., p. 22 e 23.

[17] *Il fenomeno più appariscente è certo quello dei continui attraversamenti o della cancellazione/ridefinizione dei confini, sia per individuare la condizione dei soggetti, sia per stabilire come le continue "delocalizzazzioni" incidano sulla definizzione, la portata e la garanzia dei diritti*. S. Rodotà, op. cit., p. 26

[18] Veja-se, em particular, a terceira parte deste livro (*La macchina*, p. 312 e ss) e, na segunda parte, o item VIII que trata do "direito à verdade" (p. 211-231).

[19] Como diz S. Rodotà, p. 42: *È ingenua, e per molti versi sorprendente, la tesi che vede i diritti inservibili in um mondo ormai prigionero della lógica econômica*.

[20] *Sappiamo che l'invenzione dei diritti appartiene alla modernitá occidentale, che stretta è la sua connessione con le rivendicazioni individualiste e proprietarie della borghesia vittoriosa, che l'evoluzione successiva, sul continente europeo soprattutto, invece è tutta legata all'irruzione di um altro soggetto, la classe operaia, che impone la modifica del quadro costituzionale, conduce addirittura verso uma nuova forma di Stato che, per Il ruolo assunto dai diritti sociali, si conviene de definirre "Welfare State", "Stato sociale", "Sozialstaat", "État-providence". Nella modernità, dunque, insediamento e forza dei diritti sobno parte integrante della vicenda dei "soggetti storici" della trasformazione politica, econômica, sociale, che próprio ai diritti affidano l'innovazione e il suo consolidamento. Ma che cossa accade quando quei soggetti si trasformano, mutano ruolo e funzione, non sono più quelli che danno il tonno al tempo vissuto? Quando è il volto anônimo dell'economia a identificare i tratti del mondo globale, quando si insiste sul fatto che i mercati "votano" e le istituzioni finanziare "giudicano", e quindi si appropriano di funzioni che appartengono alla democrazia e sembrano ridurre all'unica loro misura tutti i diritti? Quando la tecnologia spinge verso le frontiere del post-umano, e quindi immediatamente ci si domanda se davvero possano sopravvivere diritti non a caso definiti, anche nel linguaggio giuridico, "umani"?* (Op. cit., p. 42/43)

[21] Op. cit., p. 43. Para S. Rodotà, *i beni comuni delineano l'opposto dell'indivdualismo – una società nella quale sono continui gli scambi e le interazioni tra individuale e sociale, dove appunto la ricostruzione del legame sociale diviene tema centrale*. (p. 122/123). Esta questão ganha outra perspectiva na obra: HARDT, M. e NEGRI, A. *Comune. Oltre il privato e il pubblico*. Milano: Rizzoli. 2010.

sujeitos históricos, novas formas de dominação – entre condensação (guerra humanitária) e fragmentação ("babelização" da linguagem dos direitos). Uma era na qual ainda se vive entre identidades locais produtoras de culturas próprias e em competição, ao mesmo tempo que se lhes toma como um "terreno comum" a partir das diversidades que viabilizam *il radicamento di ciascuno nel comune del mondo*,[22] característico deste "ambiente babélico" que é constitui o que Giacomo Marramao nomeia "globolocalismo".[23]

E, aqui, emerge outro aspecto trazido e tratado pelo autor: as relações entre democracia e direito. Como anota, a construção de um patrimônio comum e global de direitos fundamentais parece deslocar os procedimentos da democracia representativa, concentrando-se no ambiente judiciário,[24] nas instituições de garantia, utilizando a terminologia de L. Ferrajoli.[25]

Tomando em conta tal circunstância apresenta-se, novamente, o problema das novas condições históricas que afetam os instrumentos tradicionais da ordem político-institucional da modernidade, o que, ao mesmo tempo, põe em cena o debate acerca da repercussão deste processo de *"global community of courts"* nos limites tradicionais dos Estados Nacionais e mesmo nas estruturas supranacionais estruturadas organicamente, reforçando a necessidade de repensar as fórmulas modernas, inclusive na perspectiva de recuperação de alguns de seus modelos.

Exemplo disso é a retomada do conceito de deveres como meio para (re)construir a ideia de democracia e um sentido de cidadania alicerçado na obrigação política e em uma rede de relações cívicas e não apenas em direitos em torno dos quais se constrói uma disputa excludente,[26] pondo em discussão, em um outro sentido, a questão da crescente demanda por direitos sem nenhum vínculo com deveres que, entre outras questões, legitima o egoísmo individual.[27]

E tal discussão tem como ponto de inflexão a apropriação dos direitos e a *lotta per i diritti* como estratégia individualística e egoísta de satisfação de

---

[22] Id. Ibid., p. 44. Este tema pode ser evidenciado quando se enfrenta a questão da cidadania. Esta deixa de ser um elemento de exclusão do outro, passando a funcionar como meio de reconhecimento. Um exemplo desta transição pode ser percebido na tentativa do Brasil em abandonar uma legislação da época da ditadura militar, como aquela do Estatuto do Estrangeiro (Lei nº 6815/80), baseada na soberania, segurança e no interesse nacional, com a proposição de uma Lei de Migrações, cujo fundamento está na hospitalidade, no acolhimento e no reconhecimento e atribuição de direitos. Sobre isso ver a proposta de nova legislação apresentada pela Comissão de Especialistas, da qual fizemos parte, ao Ministro da Justiça do Brasil em agosto de 2014 (www.iri.usp.br).

[23] Ver: MARRAMAO, Giacomo. Dopo babele...

[24] *Non è soltanto il sistema delle fonti ad essere profondamente modificato, con la perdita di peso della legislazione parlamentare, ma appare vulnerato l'equilibrio tra i poteri attraverso la "montée em puissance des juges". Ma, di nuovo, il problema è se sia possibile analizzare la realtà che abbiamo di fronte con le categorie, storicamente, costitutive e perciò ritenute irrinunciabili, di un passato dal quale non sembra possibile distaccarsi senza intaccare i fondamenti stessi dell'ordine democrático.* S. Rodotá, op. cit., p. 47.

[25] Nesta perspectiva, ver: FERRAJOLI, Luigi. Pricipia Iuris. *Teoria del diritto e della democrazia*. Vol. II. Roma/Bari: LATERZA. 2007.

[26] VIOLANTE, Luciano. Il dovere di avere doveri. Torino: EINAUDI. 2014.

[27] *L'espansione tendenzialmente illimitata dei diritti, separata dalla valorizzazione dei doveri, e potenziata dalla crescente giurisdizionalizzazione, non costituiscono un rimedio, ma rappresentano le manifestazioni più evidenti delle difficoltà della democrazia costituzionale....* Ver: VIOLANTE, Luciano. Op. cit. p. XIV.

interesses, que, se não é uma consequência do dito neoconstitucionalismo[28] ganha dimensões exponenciais desde sua inauguração, maximizada em países de modernidade tardia, como o Brasil, bastando, para isso, levar em conta a *luta pelo direito à saúde* diariamente presente nos tribunais do País.

É preciso retomar o equilíbrio entre direitos e deveres, o que não significa um antagonismo com a política dos direitos, porém se apresenta *come complesso di scelte che integrano la prima per una visione fedele alla intera Costituzione del rapporto fra cittadini e Republica, fra i cittadini tra loro, e permetta la creazione di condizioni per le quali ciascuno possa realizzare il pieno sviluppo della própria personalità nell'ambito delle comunità nelle quali vive.*[29]

Nesta perspectiva, para o autor, há que se promover um "encontro" entre *rigidez constitucional* e *rigor constitucional*, significando isso a coerência entre deveres e comportamentos, seja de cidadãos, seja de instituições, a partir de uma *ética republicana* que promova uma *integração* no interior mesmo de um Estado pluralista, o que não pode estar alicerçado em uma intervenção do juiz que, favorecendo aquele que demanda, priva todos os demais que se encontram, inclusive, nas mesmas condições.

Assim, resumida, a preocupação do autor pode vir traduzida pela preocupação em torno do problema da legitimidade democrática. *Come risolvere il problema dell'assenza di uma legittimazione democrática di giudici ai quali viene riconosciuto il potere di effettuare scelte discrezionali proprie dela politica?*[30]

Preocupa-se, assim, com o desequilíbrio que se produz entre direitos e deveres, bem como nas relações entre as funções características da organização estatal moderna, na fórmula tripartite e, como isso repercute na construção e consolidação da cidadania e da república.

De certo modo esta é a questão que se apresenta para os autores. Ambos estão preocupados com o transbordamento das instituições político-jurídicas modernas. Ambos desenvolvem – com vieses próprios, evidentemente – a emergência de problemas decorrentes das circunstâncias e arranjos atuais, buscando reconhecer a necessidade de respostas novas para uma "nova" *era dos direitos* (S. Rodotà) ou justificando a necessidade de um reforço das esferas próprias de decisão, sobretudo do espaço da política como ambiente adequado para a disputa em torno àquilo que ainda não foi objeto de consenso político (L. Violante).

As referências tomadas emprestadas destes autores permitem, ainda, pensar novos arranjos, não ficando, como indica S. Rodotà, preso a "esquemas" clássicos que já não respondem adequadamente às circunstâncias contempo-

---

[28] *Il neocostituzionalismo sembra non avere alcuna fidúcia nella lotta política, nelle possibilita di cambiamento delle maggioranze, nell'impegno dei cittadini per obiettivi politici di carattere generale. Eppure la democrazia si nutre di questa tensione ed è viva con i suoi valori quando le parti del mondo político si confrontano e si misurano sugli obbiettivi del paese e quando i cittadini dell'una o dell'altra opinione le seguono condividendo o opponendosi. Non è compito del costituzionalismo, vechio o nuovo, sollecitare il conflito político. Ma nelle riflessioni sulla democrazia dovrebbero essere riconosciuti i limiti strutturali del diritto e della giurisdizione, la funzione democrática del conflito e gli effetti di sterilizzazione della democrazia che avrebbe uma delega illimitata ai giudici per il riconoscimento di nuovi diritti.* VIOLANTE, L. op. cit., p. 146.

[29] VIOLANTE, L. Op. cit., p. 81.

[30] Ver: VIOLANTE, Luciano. Op. cit. p. 41.

râneas. Muitos são os problemas e distintas são as características da "sociedade complexa" atual a exigir dos juristas, no particular, a construção de novas fórmulas que, ao mesmo tempo que assegurem e expandam as conquistas da tradição, estejam aptas a confrontar e dar vazão ao "novo" que se lhes apresenta.

Nesta linha, pode-se elencar, como, aliás, o fazem a sua maneira os autores aqui tratados, alguns temas que emergem, tais como os "novos(símos)" direitos que, confirmando a assertiva de N. Bobbio,[31] nascem das também inéditas condições e circunstâncias de vida atuais, conectados, para o bem e para o mal, às novas tecnologias, aos novos riscos sociais e a uma temporalidade diversa – acelerada – e que se contrapõe aos mecanismos decisórios da modernidade cujo tempo (diferido) é muito lento para a emergência que caracteriza a contemporaneidade.

Ainda reconhecer uma "nova geografia" – *sconfinata*, como diz S. Rodotà – que desconstitui a pretensão – e que nunca deixou de ser apenas isso – monista moderna desde uma ordem soberana única exercida territorialmente e "imposta" sobre um grupo de pessoas identificadas por uma cidadania artificial e diferenciadora definida por este mesmo poder.

Tudo isso não pode passar despercebido para os juristas, impondo-lhes, na esteira de S. Rodotà, não apenas reconhecer este "novo ambiente" como ter a capacidade de, percebendo-o, reagir criativa e habilmente na construção de respostas.

É preciso reconhecer, não há dúvida nisso, que os tempos são outros.

Estes novos tempos – complexos e líquidos, como caracterizado por parte da literatura contemporânea – traduzem-se em novos arranjos que relegam ao museu[32] as fórmulas modernas, mesmo que elas ainda estejam aí, pois permanecem como instrumentos de ação político-jurídica.

O dilema que nos afeta diz, então, com o reconhecimento desta nova era – não só de direitos, mas também de deveres –, a compreensão dos seus contornos, a estruturação de instrumentos que lhe sejam adequados, a compatibilização de um projeto de salvaguarda de conquistas e de construção de novas fórmulas asseguradoras de uma vida digna para a humanidade diante dos novos dilemas e dos novos dramas, bem lembrando dos déficits que ainda experimenta relativamente às promessas não efetivadas para todos e que, nos dias atuais, parecem em franca regressão, mesmo nos até então "países centrais" da economia capitalista.

Há que se promover este *aggiornamento* institucional, reconhecendo, ao lado dos novos conteúdos, novos papéis para velhos atores, assim como novas estruturas para atores inéditos. Tudo isso em um tempo de convivência tensionada entre o "novo" e o "velho".

---

[31] Veja-se a respeito o seu *L'età dei diritti*, como já referido antes.
[32] Nesta linha, também: VERDÚ, Pablo Lucas. *Materiales para um Museo de Antigüedades y Curiosidades Constitucionales*. Madrid: Dykinson, 2011.

Poder-se-ia, na esteira de Giorgio Agamben, ao invés de ficar preso ao "museu de institucionalidades", profanar um conjunto de "verdades" para fazer um uso novo das mesmas.[33]

Para – tentar – entender todas as circunstâncias que podem envolver uma nova era dos direitos, para, inclusive, a contrapor à globalização econômica, é preciso saber compreender as circunstâncias da estatalidade moderna – do Estado e suas circunstâncias – a fim de ser capaz de enfrentar os desafios inéditos que as *crises* permitem serem pensados a partir, em especial, do *tudo é possível*.

Referências bibliográficas

AGAMBEN, Giorgio. *Estado de Exceção*. São Paulo: Boitempo. 2004.

——. *Profanações*. Tradução de Selvino J. Assmann. São Paulo: Boitempo, 2007. 91 p.

AVELÃS NUNES, António José. *As voltas que o mundo dá....* Reflexões a propósito das aventuras e desventuras do Estado Social. Rio de Janeiro: Lumen Juris. 2011.

——. *O Estado capitalista e suas máscaras*. Lisboa: Avante. 2013.

BOBBIO, Norberto. *L'età dei diritti*. Torino: EINAUDI. 1990.

BOLZAN DE MORAIS, Jose Luis e BARROS, Flaviane de Magalhães (Orgs.). *Novo Constitucionalismo Latino Americano*. O debate sobre novos sistemas de justice, ativismo judicial e formação de juízes. Belo Horizonte: Arraes. 2014.

——. *As crises do estado e da constituição e a transformação espacial dos direitos humanos*. 2ª ed. Col. Estado e Constituição. Nº 1. Porto Alegre: Livraria do Advogado, 2011.

——; SALDANHA, Jânia Maria Lopes; VIEIRA, Gustavo Oliveira. O Constitucionalismo e a Internacionalização dos Direitos Humanos. In: BOLZAN DE MORAIS, Jose Luis; COPETTI NETO, Alfredo (Orgs.). *Estado e Constituição*: a internacionalização do direito a partir dos direitos humanos, UNIJUI, 2013.

——.; STRECK, Lenio Luiz. *Ciência política e teoria do estado*. 8ª ed. Porto Alegre: Livraria do Advogado, 2014.

BONAVIDES, Paulo. *Do Estado Liberal ao Estado Social*. 4ª ed. Rio de Janeiro: FORENSE. 1980.

CANOTILHO, José Joaquim Gomes. *"Brancosos" e a Interconstitucionalidade:* itinerários dos discursos sobre a historicidade constitucional. Lisboa: Almedina, 2006.

CASTELLS, Manuel. *The power of identity*: The information age – economy, society and culture. 2ª ed. Chichester: Wiley-Blackwell, 2010. v. 2. 538 p.

CHEVALLIER, Jacques. *O Estado pós-moderno*. Tradução: Marçal Justen Filho. Belo Horizonte: Fórum, 2009.

FERNANDEZ-SAVATER, Amador. *Fuera de Lugar. Conversaciones entre crisis e transformación*. Madrid: Acuarela y Machado Grupo de Distribución. 2013.

FERRAJOLI, Luigi. *Democracia y garantismo*. Tradução de Perfecto Andrés Ibáñez. Madrid: Trotta, 2008.

——. *Principia iuris*: Teoria del diritto e della democrazia. Bari: Laterza, 2007. 3v.

HARDT, M. e NEGRI, A. *Comune*. Oltre il privato e il pubblico. Milano: 2010

——; NEGRI, Antonio. *Declaração*. Isto não é um manifesto. São Paulo. N-1 Editores. 2014.

HIRSCHL, Ran. "Juristocracy" – Political, not Juridical. *The good society*, Pennsylvania, v. 13, n. 3, p. 6-11, 2004. DOI: 10.1353/gso. 2005.

——. The Judicialization of Mega-Politics and the Rise of Political Courts. *The annual review of political science*, v. 11, p. 93-118, June 2008.

MARRAMAO, Giacomo. *Dopo babele. Per un cosmopolitismo dela differenza*. Eikasia. Revista de Filosofia. Año IV. Nº 25 (mayo 2009). http://www.revistadeFilosofia.org. Acesso em 20/4/2015.

——. *Il Mondo e l'occidente oggi*. Il problema di una sfera pubblica globale. www.fondazionebasso.it/_.../marramao.doc. Acesso em 21.01.2015

MAUS, Ingeborg. Judiciário como superego da sociedade: o papel da atividade jurisprudencial na "sociedade órfã". *Novos Estudos CEBRAP*, São Paulo, n. 58, pp. 183-202. nov. 2000.

NEVES, Marcelo. *Transconstitucionalismo*. São Paulo: Martins Fontes. 2009.

PERNICE, Ingolf. The Global Dimension of Multilevel Constitutionalism: A Legal Response to the Challenges of Globalisation. In: *Common Values In International Law*. Essays In Honor Of Christian Tomuschat. p. 973–1005.

RODOTÀ, Stefano. *Il diritto di avere diritti*. Roma-Bari: Laterza. 2012.

---

[33] Profanar remete ao ideal romano de retirar do templo algo que lá foi guardado como sacralizado, retirado da vida comum. Significa fazer novo uso de algo que, anteriormente, foi blindado contra os seres humanos. Ver: AGAMBEN, Giorgio. Profanações. Tradução de Selvino J. Assmann. São Paulo: Boitempo, 2007. 91 p.

SASSEN, Saskia. *Territory, Authority, Rights*: From Medieval to Global Assemblages. Princeton University Press, 2006.
SORENSEN, Georg. *La transformación del Estado*. Mas allá del mito del repliegue. Trad. Ramón Cotarelo. Valencia: Tirant lo Blanch, 2010.
VERDÚ, Pablo Lucas. Materiales para um Museo de Antigüedades y Curiosidades Constitucionales. Madrid: Dykinson, 2011.
VIOLANTE, Luciano. *Il dovere di avere doveri*. Torino: Giulio Einaudi editore. 2014.

— 5 —

A mens legislatoris constituinte no STF: entre *royalties* e ICMS

FERNANDO FACURY SCAFF[1]

Sumário: I. Posição da questão; II. Exposição dos casos; III. A interpretação pela *mens legislatoris;* IV. Conclusões.

I. Posição da questão

01. O objetivo deste trabalho é identificar casos nos quais o STF julgou aplicando a categoria hermenêutica da *mens legislatoris*, em especial naqueles em que o Ministro Nelson Jobim atuou de forma mais destacada, como o *intérprete autêntico da vontade do legislador constituinte*, muitas vezes contra expresso texto normativo.

Colhem-se dois julgados para demonstrar a afirmativa acima exposta: o MS 24.312, cuja Relatora foi a Ministra Ellen Gracie, em que se discutia a competência fiscalizatória das verbas transferidas, se do Tribunal de Contas do ente público arrecadador (no caso, o da União) ou do ente público beneficiário da transferência (no caso, o do Estado do Rio de Janeiro), e o RE 198.088, cujo relator foi o Ministro Ilmar Galvão, no qual se discutia se a questão do ICMS sobre combustíveis e energia elétrica, para se identificar se se tratava de uma norma isentiva, aplicada ao contribuinte, ou uma norma de rateio federativo de receitas, entre o Estado de origem e o de destino desses bens.

Nos debates, e nas decisões adotadas, verifica-se predominância da posição do STF para validar a interpretação da Constituição através do velho método da *mens legislatoris*, em especial a partir da fala do Ministro Nelson Jobim, que possuía uma posição de destaque naquela Corte, durante o período em que a integrou, em face de ter sido Relator-Adjunto da Comissão de Sistematização da Assembleia Nacional Constituinte.

---

[1] Professor da Universidade de São Paulo. Livre-docente e Doutor em Direito pela USP. Professor da Universidade Federal do Pará. Advogado. Sócio do escritório Silveira, Athias, Soriano de Mello, Guimarães, Pinheiro e Scaff – Advogados.

II. Exposição dos casos

02. A análise da *mens legislatoris* e da influência do Ministro Nelson Jobim como o porta-voz da *vontade constituinte* no STF pode ser vista no julgamento do Mandado de Segurança 24.312, impetrado originalmente no STF pelo Tribunal de Contas do Estado do Rio de Janeiro contra o Tribunal de Contas da União, em que foi relatora a Min. Ellen Gracie, julgado em 19 de fevereiro de 2003.

A questão de fundo dizia respeito à competência do Tribunal de Contas da União para apreciar a parcela das receitas de *royalties* que são arrecadadas pela União e transferidas para os Estados. Normas do Decreto 1/1991 e do Regimento Interno do TCU atribuíam-lhe competência para apreciar essas contas. O TCE-RJ se insurgiu contra essas normas por entender que, por ser verba do Estado-Membro, ele seria competente para exercer essa atividade fiscalizatória.

O voto da Ministra-Relatora foi *originalmente* pela improcedência do pedido formulado pelo TCE-RJ, afirmando a competência do TCU para fiscalizar essas receitas, pois oriundas do patrimônio da União, o que induzia "à conclusão de serem também da União, e não dos Estados, o resultado da exploração desses recursos". Ou seja, a receita pertence a quem pertence o patrimônio – foi esse o sentido exposto no voto *inicial* da Ministra-Relatora – sendo o patrimônio da União, as receitas pertenceriam à esta e, por conseguinte a competência fiscalizatória seria do TCU, e não do TCE-RJ.

Após a exposição do voto da Ministra-Relatora, intervieram os Ministros Sepúlveda Pertence, com pertinentes e ligeiras observações, e Nelson Jobim, com longa intervenção de caráter histórico, relatando fatos que teriam ocorrido à época da Assembleia Constituinte, da qual foi Relator-Adjunto da Comissão de Sistematização – esse é o ponto a ser explorado.

No voto proferido pelo Ministro Jobim, em caráter de *obter dictum*, foi dito que o § 1º do art. 20 da Constituição criou uma compensação financeira pela exploração de minério, petróleo e potenciais de energia hidráulica, a qual teria surgido como compensação pela cobrança de ICMS no destino, quando da comercialização desses dois últimos itens. A regra geral de tributação de ICMS é de mais forte incidência na origem, excetuado o petróleo e energia elétrica, cuja tributação é no destino. Por esse motivo, criou-se essa *compensação financeira* – teria havido na Constituinte a criação de um *sistema político-financeiro compensatório* entre uma e outra exação.

Nas palavras do Min. Jobim:

> Houve uma grande discussão na Constituinte sobre se o ICMS tinha de ser na origem ou no destino. A decisão foi que o ICMS tinha que ser na origem, ou seja, os estados do Sul continuavam gratuitamente tributando as poupanças consumidas nos estados do Norte e Nordeste. Aí surgiu um problema envolvendo dois grandes assuntos: energia elétrica – recursos hídricos – e petróleo.
>
> Ocorreu o seguinte: os estados onde ficasse sediada a produção de petróleo e a produção de energia elétrica acabariam recebendo ICMS incidente sobre petróleo e energia elétrica.
>
> (...)

Então, qual foi o entendimento político naquela época que deu origem a dois dispositivos na Constituição? Daí por que preciso ler o parágrafo 1.º do art. 20 em combinação com o inciso X do art. 155, ambos da Constituição Federal.

O que se fez? Estabeleceu-se que o ICMS não incidiria sobre operações que se destinassem a outros estados – petróleo, inclusive lubrificantes líquidos, gasosos e derivados e energia elétrica – ou seja, tirou-se da origem a incidência do ICMS.

Vejam bem, toda a produção de petróleo realizada no Estado do Rio de Janeiro, ou toda a produção de energia elétrica, no Paraná e no Pará, eram decorrentes de investimentos da União, porque o monopólio era da União. Toda a arrecadação do país contribuiu para aquela produção.

Assim, decidiu-se da seguinte forma: tira-se o ICMS da origem e se dá aos estados uma compensação financeira pela perda dessa receita.

Então, Min. Ellen, estou tentando recompor a questão histórica, com isso, estou entendendo que não é uma receita da União que liberalmente está dando, por convênio, ao Estado; é uma receita originária dos Estados, face à compensação financeira da exploração em seu território de um bem, de um produto sobre o qual não incide o ICMS. Essa é a origem do problema.

Após essa e outras manifestações de membros da Corte, a Ministra-Relatora mudou seu voto e concedeu a segurança pretendida. O STF deu provimento ao pleito do TCE-RJ e declarou a inconstitucionalidade das normas atacadas, afirmando a competência do órgão estadual.

Existem vários aspectos relevantes nesse acórdão,[2] mas o que se quer destacar é o enfoque adotado pelo Min. Jobim, correlacionando a criação da compensação financeira do § 1º do art. 20 da CF com a questão da origem e do destino da cobrança do ICMS, em especial quanto ao *petróleo* e *energia hidráulica*.[3]

Embora essa alegação não traga nenhuma consequência jurídico-positiva, é algo que merece maior investigação, pois está na raiz da constitucionalização dos *royalties* do art. 20, § 1º, CF, bem como das diversas disputas federativas por seu rateio.

03. Um primeiro aspecto a ser analisado diz respeito à legislação pretérita à Constituição de 1988.

Efetivamente já existia a cobrança de *royalties* sobre a exploração de petróleo desde 1953, em face do art. 27 da Lei 2.004. Logo, o que foi feito durante os trabalhos constituintes foi ampliar essa exação para os potenciais de recursos hídricos e os recursos minerais, e elevar tal obrigação ao nível constitucional. Em dado momento, inclusive, os constituintes cogitaram fortemente em cobrar *royalties* sobre a exploração de todo e qualquer recurso natural – isso inclusive chegou a ser inscrito nos textos dos anteprojetos da Constituição de 1988.[4]

Constata-se também que o *ICM – Imposto sobre a Circulação de Mercadorias* (que foi ampliado pela Constituição de 1988, transformando-se no atual ICMS), não incidia sobre esses bens públicos, pois vigia anteriormente à Constituição de 1988 o sistema de *impostos únicos*. Por este, a energia elétrica era tributada pelo IUEE – Imposto Único sobre Energia Elétrica, os combustíveis tributados pelo IUC – Imposto Único sobre Combustíveis Líquidos e Gasosos e os mine-

---

[2] Ver Fernando Facury Scaff, *Royalties do Petróleo, Minério e Energia*. SP: RT, 2014, Capítulos II e IV.

[3] Registra-se que os recursos minerais ficaram de fora dessa questão tributária, pois a incidência permanece ocorrendo por intermédio da fórmula regular do ICMS, predominantemente na origem

[4] Ver Fernando Facury Scaff, *Royalties do Petróleo, Minério e Energia*. SP: RT, 2014, Capítulo II.

rais pelo IUM – Imposto Único sobre os Minerais. A competência tributária para esses impostos era da União, que os partilhava com os demais entes da Federação, contudo, em face de terem baixas alíquotas, sua arrecadação era proporcionalmente diminuta. Logo, a ampliação do âmbito de competência do ICMS para alcançar esses bens foi uma novidade da Constituição de 1988, que não possuía paralelo anteriormente.

Tudo indica que tenha havido uma decisão política de excepcionar da regra geral do ICMS (tributação mais forte na origem) a comercialização de petróleo, gás e energia hidráulica (tributação no destino), em face da extinção do sistema de impostos únicos. Mas, para poder afirmar a existência dessa *troca política entre* uma exação (*compensação financeira sobre os Recursos Naturais Não Renováveis, prevista no § 1º do art. 20 da CF*) por outra (*ICMS no destino na comercialização de petróleo, gás e energia hidráulica, prevista no art. 155, § 2º, X, b, CF*),[5] foi necessário analisar os trabalhos constituintes e verificar se o *obter dictum* do Ministro Jobim tem correlação com os fatos ocorridos naquela ocasião.

04. Ao manusear os Anais da Constituinte, publicados pelo Senado Federal,[6] constata-se a ânsia pela constitucionalização de alguma espécie de compensação financeira pela exploração dos recursos naturais – fosse através de fórmulas tributárias ou financeiras.[7]

Esses debates demonstram ter havido um acordo *político* durante a Assembleia Nacional Constituinte que vinculou a concessão de *royalties* aos Estados produtores de petróleo e energia elétrica à renúncia de uma futura receita com o ICMS.[8]

Há, portanto, uma correlação *genética* entre os dois artigos da Constituição, o § 1º do art. 20 (que trata de *royalties*) e a letra *b* do inciso X, § 2º, do art. 155 (que trata da incidência do ICMS sobre petróleo e energia elétrica). Teoricamente, para análises de direito positivo, essa correlação não possui maior relevância, mas, para fins de análise histórica e política, é de suma importância saber a estruturação dessa parcela do pacto federativo brasileiro de 1988.

É claro o acordo *político* havido entre os grupos envolvidos visando compensar as perdas com a adoção de um regime jurídico diferenciado com o ICMS *no destino*, respeitadas todas as ressalvas já feitas quanto à sua validade em termos de *direito positivo*. Uma coisa é afirmar a existência do acordo político – o que parece bastante claro ter ocorrido – outra coisa é fazer com que esse fato prevaleça como determinante para a interpretação jurídica dessas normas.

---

[5] Que estabelece que o ICMS não incidirá sobre: "b) sobre operações que destinem a outros Estados petróleo, inclusive lubrificantes, combustíveis líquidos e gasosos dele derivados, e energia elétrica;".

[6] Versão em CD-ROM, editada por ocasião dos 20 anos da Constituição (2008) pela Secretaria Especial de Editoração e Publicações e pela Subsecretaria de Anais do Senado Federal, com todos os projetos e Diários da Assembleia Nacional Constituinte. Pode ser efetuado o *download* dos arquivos diretamente do site do Senado Federal: <http://www.senado.gov.br/publicacoes/anais/asp/CT_Abertura.asp>, último acesso em: 15.12.2012. Para detalhada análise dos debates constituintes sobre esse assunto, ver Fernando Facury Scaff, *Royalties do Petróleo, Minério e Energia*. SP: RT, 2014, Capítulo II.

[7] Gustavo Kaercher Loureiro expõe essa trajetória dos debates constituintes sob outros pontos de referência, o que apenas demonstra outra ótica sob o mesmo fato; ver *Participações governamentais na indústria do petróleo – Evolução normativa*. Porto Alegre: Sergio Antonio Fabris, 2012, p. 152 e ss.

[8] Análise detalhada dos debates constituintes pode ser encontrada em Fernando Facury Scaff, *Royalties do Petróleo, Minério e Energia*. SP: RT, 2014, Capítulo II.

Adotar essa interpretação como válida implica acatar a tese interpretativa da *mens legislatoris*, o que não está sendo proposto – a despeito de o STF ter assim procedido, como será visto adiante.

05. O mesmo recurso à *mens legislatoris* do Ministro do STF (e ex-deputado constituinte) Nelson Jobim ocorreu no julgamento efetuado entre os dias 10-02 e 17.05.2000 no RE 198.088, cujo relator foi o Min. Ilmar Galvão, em que se discutia a interpretação do art. 155, § 2º, X, *b*, da CF no que diz respeito à incidência de ICMS sobre combustíveis e lubrificantes.

O texto da norma constitucional estabelece que o ICMS:

X – Não incidirá:

(...)

b) sobre operações que destinem a outros Estados petróleo, inclusive lubrificantes, combustíveis líquidos e gasosos dele derivados, e energia elétrica.

Uma leitura direta, sem conhecimento do histórico constituinte acima relatado, demonstra o prescritor da norma afastando a incidência do ICMS nas operações interestaduais realizadas com os produtos mencionados. Assim, essas operações não teriam a incidência de ICMS, beneficiando o contribuinte e, consequentemente, o usuário desses bens de uso essencial na economia. Esse é o entendimento da doutrina de direito tributário, como pode ser visto pela análise de vários autores.

Sacha Calmon[9] entende neste sentido a referida norma:

O art. 155, X, *b*, traduz imunidade (não incidência por determinação constitucional = imunidade). A regra é compreensível, à luz do interesse nacional em favor do mercado comum brasileiro e do barateamento do custo desses insumos, vitais não só à produção de mercadorias, como à vida do povo em geral. O dispositivo é autoaplicável. Aliás, era inevitável a construção dessa regra de imunidade após a subsunção dos antigos impostos únicos ao ICMS dos Estados.

Roque Antonio Carrazza[10] segue a mesma diretriz:

Estamos, aqui, diante de uma imunidade objetiva. As *operações interestaduais* com energia elétrica e com petróleo e seus derivados – ao contrário das *operações internas*, isto é, que se realizam dentro do território de um único Estado ou do Distrito Federal – são intributáveis por meio de ICMS. (...) Também são imunes a este imposto os negócios jurídicos (venda, troca, doação etc.) com petróleo e seus derivados que levam o produto de um Estado a outro (ou ao Distrito Federal) e do Distrito Federal a um Estado. *A qualificação do destinatário do produto não tem força jurídica bastante para afastar este benefício constitucional*. É que esta é uma imunidade ampla e irrestrita, alcançando todas as operações interestaduais com petróleo, inclusive lubrificantes e combustíveis líquidos e gasosos dele derivados.

E ainda, prosseguindo o rol de doutrinadores que seguem o mesmo sentido interpretativo, Hugo de Brito Machado:[11]

O objetivo da imunidade em questão é evitar que o petróleo e os combustíveis dele derivados, assim como a energia elétrica, cheguem a Estados diversos daqueles em que são produzidos excessivamente onerados, pois sobre as mesmas já pesa o ônus do transporte, *sendo razoável, assim, evitar sejam onerados também pelo ICMS*.

---

[9] Sacha Calmon Navarro Coelho, *Curso de direito tributário brasileiro*, Rio de Janeiro: Forense, 2006, p. 385.

[10] Roque Antonio Carrazza, *ICMS*, São Paulo: Malheiros, 2007, p. 441.

[11] Hugo de Brito Machado, O ICMS e a Emenda 33, *Revista Dialética de Direito Tributário*, São Paulo: Dialética, vol. 80, p. 44 e ss, maio 2002. No mesmo diapasão, Fernando Facury Scaff; Pedro Bentes Pinheiro Filho, ICMS sobre as operações interestaduais com petróleo e seus derivados, e os efeitos da coisa julgada tributária, *Revista Dialética de Direito Tributário*, São Paulo: Dialética, n. 152, p. 134, maio 2008,

No mesmo sentido de desoneração completa da operação em favor dos contribuintes e usuários, leciona Heleno Taveira Torres:[12]

> A norma de imunidade do art. 155, § 2.º, X, b, da CF/1988 impede a incidência do ICMS nas "operações" com petróleo, lubrificantes e combustíveis dele derivados, destinados a outros Estados. Proíbe, assim, a imposição deste produto na operação como um todo, na entrada e na saída destes produtos. Afasta a competência do Estado de origem e do Estado de destino destas mercadorias, para tributar tais operações. Estende-se à entrada e à saída, que são ambas as etapas de uma operação, "faces de uma mesma moeda".

06. Ocorre que, a despeito de a doutrina acima relatada estabelecer que não haveria incidência naquela operação, fruto de leitura expressa do texto constitucional, não foi essa a compreensão do STF.

No RE 198.088, uma empresa localizada no Estado de São Paulo adquiria combustíveis de outra empresa localizada no Estado do Rio de Janeiro. O Fisco paulista cobrava ICMS. A empresa arguiu em seu proveito a norma constitucional do art. 155, § 2º, inciso X, letra b, supratranscrita, dentre outras, visando a se eximir do pagamento do tributo.

Durante o julgamento, duas posições foram adotadas pelo Tribunal. Uma, capitaneada pelo Relator, Min. Ilmar Galvão, e pelo Ministro Jobim, e outra, na qual o Min. Marco Aurélio ficou isolado. Vejam-se os argumentos de lado a lado.

07. O Min. Ilmar Galvão votou no sentido de que a norma em questão não veiculava preceito referente à imunidade, mas a não incidência, restrita ao Estado de origem, não abrangendo o Estado de destino. E que tal norma não beneficia o consumidor, mas o Estado de destino do produto, ao qual caberá todo o ICMS incidente, até a operação final.[13] Ou seja, ao invés de ler o texto, tal qual escrito, como uma não incidência, leu como se tivesse sido estabelecido uma espécie de *partilha federativa de recursos*, na qual só o Estado de destino do bem fosse beneficiado pelos recursos, e não o de origem.

O Min. Jobim, nos debates que teve com o Min. Marco Aurélio, relatou os acordos constituintes e a criação dos *royalties* no art. 20, § 1.º como medida compensatória aos Estados produtores de petróleo e energia, em face da adoção do ICMS no destino – exatamente como exposto acima.

A divergência foi apresentada pelo Min. Marco Aurélio, que restou isolado, e atacou a interpretação histórica e a *mens legislatoris*, que estava contida na interpretação da corrente que se tornou majoritária. Disse o Ministro:

> Repita-se: não se está diante de preceito constitucional voltado a um melhor equilíbrio na distribuição dos tributos, o que seria, confesso, desejável. O que previsto na alínea *"b"* concerne não à atribuição da cobrança a este ou àquele Estado, mas à imunidade, ficando esta ligada, ante a ordem natural das coisas, à operação como um grande todo. Destinando-se a mercadoria nela envolvida a outro Estado, descabe cogitar, relativamente a esta e não a outra operação que possa se mostrar subsequente, da incidência do ICMS, quer se trate de petróleo e derivados, quer de energia elétrica. (...)
>
> Todavia, cumpre levar em conta o teor do preceito, o alcance da norma tal como se contém, descabendo a exumação da vontade do legislador e sem distinguir-se no campo interpretativo a qualificação do destinatário da mercadoria se contribuinte, ou não. A imunidade surge linear e assim deve ser observada, porquanto

---

[12] Heleno Taveira Torres, ICMS, substituição tributária e imunidade nas operações interestaduais com petróleo e derivados, *Revista de Direito Tributário*, São Paulo: Ed. RT, vol. 922, p. 482-483, ago. 2012.

[13] Acórdão, p. 622.

tanto vulnera a norma aquele que inclui no respectivo âmbito hipótese não contemplada, como também o que exclui situação por ela alcançada.[14]

O debate ocorrido nesse julgamento, entre os Min. Marco Aurélio e Nelson Jobim, é sintomático da divergência interpretativa adotada e merece transcrição:[15]

> Min. Nelson Jobim: Então, veja o que se passaria: esta interpretação determinaria que todos os consumidores passariam a adquirir insumos no Estado produtor, e isto é nada mais nada menos, que destruir toda possibilidade de uma circulação sem conflitos dos tributos no País.
>
> Min. Marco Aurélio: Vamos reescrever a Constituição Federal?
>
> Min. Nelson Jobim: Não, não vamos reescrevê-la. Nunca se falou em uma interpretação igual à de V. Exa.; desde 1988 que é assim. Tanto é que os tribunais locais decidiram corretamente.
>
> Min. Marco Aurélio: Há profissional da advocacia sustentando de tal maneira, e creio que temos muitos processos em andamento versando essa matéria.
>
> Ministro Nelson Jobim: O que os tribunais decidiram é exatamente o que se vem fazendo desde 1988. O que se passa é que, se decidirmos dessa forma, não acompanhando o Ministro Ilmar Galvão, vamos estabelecer uma situação rigorosamente absurda no que diz respeito à partilha do tributo incidente sobre a situação.
>
> Ministro Marco Aurélio: Acaba-se, então, com a imunidade. Foi o que já disse: o preceito não define o beneficiário do tributo.
>
> Ministro Nelson Jobim – V. Exa. não interpretou corretamente essa situação. Essa imunidade não é a que V. Exa. está lendo, é nada mais, nada menos, que a atribuição ao Estado de destino daquilo que vem da origem. Está na norma, está no contexto geral do próprio tributo. O funcionamento do tributo determina essa situação.
>
> Ministro Marco Aurélio – Não está na norma, Excelência. Onde se diz que não incide na operação, leia-se incide em parte da operação, envolvido o Estado destinatário, ou seja, a alusiva ao recebimento da mercadoria. E isso? Vamos reescrever a Constituição.
>
> Ministro Nelson Jobim: *É exatamente isso.*

Esse debate se revela ainda mais interessante quando se verifica a forma pela qual o Ministro Jobim correlaciona o papel da história com a atividade interpretativa dos juristas. Em trecho da palestra proferida posteriormente a esse julgamento, em 24.06.2002, transformado em artigo publicado sob o título de *Aspectos Jurídicos da abertura do mercado de petróleo*, menciona:

> (...) há que se lembrar que tudo que está posto é algo que se produz na história, não é algo que venha de determinadas elucubrações acadêmicas. Tudo é um produto da história e vale e é eficaz enquanto funciona na história. Afastada a possibilidade de funcionamento na história, desaparece a necessidade da instituição ou da categoria jurídica. Ou seja, *o grande problema dos juristas é que cada vez mais eles se afastam da história, por uma razão, inclusive, de orgulho pessoal, eles querem ser a história, porque eles querem determinar as linhas da história.*[16]

Ou seja, pela ótica do Ministro Jobim, só se pode interpretar as normas de forma atrelada à história, não havendo a possibilidade de despregamento do texto do contexto em que foi produzido. Seguramente isso é importante, mas não pode ser determinante e nem mesmo exclusivo na atividade exegética.

A ementa do acórdão foi lavrada consagrando a *mens legislatoris* e a *interpretação histórica* e confirmando no âmbito judicial os *acordos políticos* efetuados

---

[14] Acórdão, p. 636-637.

[15] Acórdão, p. 646 e 647.

[16] Jobim, Nelson. Aspectos jurídicos da abertura do mercado de petróleo, in: Marilda Rosado (coord.), *Estudos e pareceres – Direito do petróleo e gás*, Rio de Janeiro: Renovar, 2005, p. 399

na Assembleia Constituinte de 1988, embora o texto normativo aponte claramente em sentido diverso:

> Benefício fiscal que não foi instituído em prol do consumidor, mas do Estado de destino dos produtos em causa, ao qual caberá, em sua totalidade, o ICMS sobre eles incidente, desde a remessa até o consumo.
>
> Consequente descabimento das teses da imunidade e da inconstitucionalidade dos textos legais, com que a empresa consumidora dos produtos em causa pretendeu obviar, no caso, a exigência tributária do Estado de São Paulo.

Prevaleceu a exegese vinculada às razões históricas e à *mens legislatoris*, decorrentes de uma espécie de *interpretação autêntica* em face da situação ímpar vivida pelo Min. Jobim, que havia exercido funções relevantes na Assembleia Constituinte. E isso ocorreu tanto nesse caso quanto no anterior, relatado pela Min. Ellen Gracie. E isso certamente influenciou a tomada de decisões do STF em vários outros casos.

É interessante notar que essas decisões deitaram raízes no sistema jurídico brasileiro. Duas ADINs propostas por dois Estados da Federação (Espírito Santo, ADI 4916; e Rio de Janeiro, ADIn 4.917) se utilizaram dessas duas decisões do STF e de argumentos de *mens legislatoris* e de *mens legis* para atacar a Lei 12.734/2012, na parte em que alterou as Leis 9.478/1997 e 12.351/2010, que estabeleceu nova partilha para os *royalties* do petróleo, reduzindo os percentuais que antes lhe eram destinados.

Essa operação política, juridicamente validada pelo STF, gera incontáveis reclamações federativas pelos Estados prejudicados, pois os valores envolvidos como *receita de royalties* que "compensariam" as *perdas com o ICMS cobrado no Estado de destino* são desproporcionais. O montante "perdido" de ICMS é muito superior às "compensações" patrimoniais com os royalties. Cláudio Pinho informa que a tributação do setor de petróleo, com foco na imunidade interestadual das operações, já foi objeto de uma Comissão Parlamentar de Inquérito pela Assembleia Legislativa do Rio de Janeiro que, nos termos da Res. 3/1995, trouxe as seguintes conclusões:[17]

> Não sabemos a intenção do legislador, que atribuiu esta nociva imunidade à operação interestadual de combustíveis, que tantos prejuízos nos trouxe, mas nos salta aos olhos o desinteresse pela sua correção no texto constitucional.

III. A interpretação pela *mens legislatoris*

08. Ao comentar sobre a interpretação pela sistemática da *mens legislatoris*, Carlos Maximiliano fulmina: "Se descerem a exumar o *pensamento* do legislador, perder-se-ão em um báratro de dúvidas maiores ainda e mais inextricáveis do que as resultantes do contexto".[18]

E prossegue o autor, ao tratar do que denominou de "materiais legislativos", que correspondem aos debates parlamentares que geraram as normas analisadas pelo Poder Judiciário:

---

[17] Cláudio A. Pinho, *Pré-sal* – história, doutrina e comentários às leis, Belo Horizonte: Legal, 2010, p. 41.

[18] Carlos Maximiliano, *Hermenêutica e aplicação do direito*, 4. ed., Rio de Janeiro: Livraria e Editora Freitas Bastos, 1947, p. 89.

> Embora ainda apreciáveis, os Materiais Legislativos têm seu prestígio em decadência, desde que a *teoria da vontade*, o processo psicológico, a *mens legislatoris*, cedeu primazia ao sistema das normas objetivadas. (...) O conteúdo da lei é independente do que pretendeu o autor.[19]
>
> (...)
>
> A grande dificuldade a respeito dos debates orais consiste em saber como e quando influiu no voto coletivo esta ou aquela opinião individual. Mil vezes mais do que os argumentos *expressos*, de ordem social ou jurídica, preponderam, com frequência, *os ocultos*, e às vezes até inconfessáveis, de natureza política.[20]

A despeito desse repto de Carlos Maximiliano, constata-se que o STF, pelo menos nessas duas ocasiões, acatou integralmente a interpretação pela *mens legislatoris*, fazendo prevalecer a opinião de um *intérprete autêntico*, como o Deputado Constituinte Nelson Jobim, posteriormente guindado a Ministro daquela Corte Suprema.

Os debates constituintes demonstraram que a *vontade do legislador* seguia trilhas federativas, mas o texto expresso não espelha aquilo que ali foi "acordado". É extremamente difícil interpretar a norma do art. 155, § 2º, X, *b*, da CF, como fez o STF, exceto se for utilizada a fórmula da *mens legislatoris*, com o *locus privilegiado* do Min. Jobim, em face dos diversos órgãos por onde havia transitado naquele contexto.

Assim, na interpretação da questão da cobrança do ICMS interestadual sobre energia elétrica e petróleo, o STF se utilizou da *mens legislatoris*, a despeito do alerta de Gilmar Mendes contra seu uso, contido na obra *Jurisdição Constitucional*, na qual destaca:

> Segundo a jurisprudência do Supremo Tribunal Federal, a interpretação conforme a Constituição conhece limites. Eles resultam tanto da expressão literal da lei, quanto da chamada *vontade do legislador*. A interpretação conforme a Constituição é, por isso, apenas admissível se não configurar violência contra a expressão literal do texto e não alterar o significado do texto normativo, com mudança radical da própria concepção original do legislador.
>
> A prática demonstra que o Tribunal não confere maior significado à chamada *intenção do legislador*, ou evita investigá-la, se a interpretação conforme a Constituição se mostra possível dentro dos limites da expressão literal do texto.[21]

Constata-se que nesses dois casos a teoria exposta em obra doutrinária, pelo também Ministro Gilmar Mendes, de que "o Tribunal não confere maior significado à chamada *intenção do legislador*" não se mostrou adequada, contando inclusive com seu voto nos dois julgamentos acima referidos.

Lenio Streck formula uma questão singular ao inquirir:

> O que vale mais, a vontade da lei ou a vontade do legislador? Tem importância saber/descobrir o que é que o "legislador" quis dizer ao elaborar o texto normativo? Qual era sua intenção? É possível descobrir a "vontade da lei"? Pode uma norma querer alguma coisa? É possível descobrir o "espírito" de uma lei?[22]

É bem verdade ser difícil distinguir entre a *vontade da lei* e a *vontade do legislador*, existindo um terreno pantanoso a ser explorado entre um e outro cânone interpretativo. Didaticamente, essas correntes podem ser separadas, conforme preleciona Tercio Sampaio Ferraz Jr.,[23] que as divide em *subjetivistas*

---

[19] Carlos Maximiliano, *Hermenêutica e aplicação do direito* cit., p. 178.
[20] Carlos Maximiliano, *Hermenêutica e aplicação do direito* cit., p. 181-182.
[21] Gilmar Mendes, *Jurisdição constitucional*, 4. ed., São Paulo: Saraiva, 2004, p. 319.
[22] Lenio Streck, *Hermenêutica jurídica e(m) crise*, Porto Alegre: Livraria do Advogado, 1999, p. 78.
[23] Tercio Sampaio Ferraz Jr., *Introdução ao estudo do direito*, 3. ed., São Paulo: Atlas, 2001, p. 260 e ss.

(*vontade do legislador*) e *objetivistas* (*vontade da lei*), e acaba por colocar a ambas, quando analisadas de forma extremada, em polos opostos, mas ambos tirânicos, pois o subjetivismo (vontade do legislador) favorece o autoritarismo do legislador, colocando sua figura em relevo – tal como feito no nazismo, em que, na ultima *ratio*, as normas deveriam ser interpretadas de acordo com a *vontade do Fuhrer*. No mesmo sentido, o *objetivismo (vontade da lei)* também registra possibilidades autoritárias, centradas no *intérprete da norma*, e não no legislador – o que leva alguns doutrinadores a afirmar ser o Direito "aquilo que os Tribunais dizem que ele é".

Ainda sobre a interpretação constitucional, Luiz Roberto Barroso e Ana Paula de Barcellos destacam a existência de uma *nova metodologia interpretativa*, consubstanciando aquilo que se convencionou chamar de *neoconstitucionalismo*, e que envolve a análise de diversos *princípios*, entre eles o da *Interpretação conforme a Constituição*,[24] o qual:

> (...) consiste na expressa exclusão de uma determinada interpretação da norma, uma ação corretiva, que importa em declaração de inconstitucionalidade sem redução de texto. *Em qualquer de suas aplicações, o princípio tem por limite as possibilidades semânticas do texto, para que o intérprete não se converta indevidamente em um legislador positivo.*[25]

A despeito dessa advertência, grassa o *panprincipialismo* no *neoconstitucionalismo*, a partir de uma análise direta dos princípios constitucionais, sem mediação normativa, seja legal ou mesmo constitucional. E isso acaba por acarretar uma considerável discricionariedade nas mãos do intérprete, sob pretextos *objetivistas*. Afinal, ao descartar a mediação normativa e julgar por princípios, o aplicador judicial da norma passa a se tornar legislador. Normas também cumprem funções relevantes no sistema jurídico, e não apenas os princípios. E isso, passados mais de 25 anos de regime democrático, torna-se inaceitável. É como se a democracia brasileira precisasse ser tutelada pelos tribunais, pois o Poder Legislativo estaria "interditado" por incapacidade funcional. Trata-se de um desrespeito à vontade do legislador ordinário, eleito democraticamente.

Virgílio Afonso da Silva ataca o *sincretismo metodológico* existente no Brasil[26] e comenta de forma crítica a importação de métodos interpretativos estrangeiros, em especial os germânicos, na área constitucional:

> Não é difícil perceber que a doutrina jurídica recebe de forma muitas vezes pouco ponderada as teorias desenvolvidas no exterior. E, nesse cenário, a doutrina alemã parece gozar de uma posição privilegiada, já que, por razões desconhecidas, *tudo* que é produzido na literatura jurídica germânica parece ser encarado como revestido de uma aura de cientificidade e verdade indiscutíveis.
>
> No âmbito da interpretação constitucional o caso pode ser considerado como ainda mais peculiar, já que não se trata da recepção de um modelo teórico *enraizado* e *sedimentado* em um determinado país. É possível que se suponha que os 'novos' métodos de interpretação constitucional sejam métodos longamente desen-

---

[24] Virgílio Afonso da Silva. Interpretação constitucional e sincretismo metodológico, in: Virgílio Afonso da Silva (Org.). *Interpretação constitucional*, 2. ed., 1. tir., São Paulo: Malheiros, 2007, p. 133.

[25] Luiz Roberto Barroso; Ana Paula de Barcellos, O começo da história. A nova interpretação constitucional e o papel dos princípios no direito brasileiro, in: *A nova interpretação constitucional* – Ponderação, direitos fundamentais e relações privadas, Rio de Janeiro: Renovar, 2003, p. 361.

[26] Virgílio Afonso da Silva, Interpretação constitucional e sincretismo metodológico, in: Virgílio Afonso da Silva (Org.), *Interpretação constitucional* cit., p. 133.

volvidos pela doutrina jurídica alemã e aplicados sistematicamente pelo Tribunal Constitucional daquele país. Não o são.[27]

Lenio Streck[28] trata especificamente sobre a inutilidade da distinção entre *voluntas legis* e *voluntas legislatoris*, esclarecendo:

> Por fim, não esqueçamos que o regime nazista foi implementado sem alterar a Constituição de Weimar. Disso se pode concluir que a dicotomia que se sustentou – e ainda se sustenta – tão somente a partir de um fundamento ideológico. Afinal, uma ou outra (vontade do legislador ou vontade da lei) dependem, sempre, da "vontade" do intérprete. E isso refoge àquilo que devemos entender por hermenêutica no Estado Democrático de Direito. (...) O Poder Judiciário decidiu (acerca de outro assunto) com sua "vontade de poder" ignorando ambas as posturas, o que demonstra, para além da grave crise da teoria do direito que perpassa a operacionalidade do direito, a perfeita inutilidade da distinção *voluntas legis-voluntas legislatoris*.

Nos casos em apreço (MS 24.312/STF, Relatora Min. Ellen Gracie e RE 198.088, Rel. Min. Ilmar Galvão), contudo, o STF decidiu conforme a *mens legislatoris* exposta de viva voz pelo Min. Nelson Jobim, em contraste com o que consta do texto normativo vigente. Nesse caso, a *mens legislatoris* acatada pelo STF se transformou em *mens legis*, unindo o que didaticamente foi separado por Tercio Sampaio Ferraz. Venceu, no caso, a vontade do intérprete, sob um ou outro pretexto, sem nenhum amparo no texto constitucional.

IV. Conclusões

09. Os dois casos acima relatados demonstram a influência *ad hominem* na interpretação constitucional realizada pelo STF, destacada através da presença do Ministro Nelson Jobim na Corte, colocando-se como uma voz que falava a partir de um lugar constituinte, representando a *mens legislatoris* que prevaleceu nos julgamentos.

Concordamos com Streck quando afirma que:

> Definitivamente, o intérprete não escolhe o sentido que melhor lhe convém. O resultado da interpretação não é o resultado de escolhas majoritárias e/ou produto de convencionalismos. (...) No Estado Democrático de Direito, assume especial relevância – e não poderia ser diferente – a produção democrática do direito. Inúmeros exemplos de *terrae brasiis* apontam para a permanência – em plena democracia e em pleno paradigma constitucional – de um serôdio protagonismo judicial.[29]

Os dois casos relatados bem demonstram a correção da afirmativa de Lenio Streck.

Deve-se ter cautela com a análise interpretativa adotada, pois é capaz de gerar monstros, como os que surgiram no período nazista, ainda mais quando se verifica a enorme concentração de poder que existe no STF, que faz as vezes de Corte Constitucional, cumulativamente com a de ápice do sistema judicial brasileiro. Nenhuma Corte Constitucional no mundo concentra tanto a possibilidade de controle concentrado de constitucionalidade, sob os moldes do sistema europeu, quanto a possibilidade de controle difuso de constitucionalidade, formado pelo sistema norte-americano, mantendo julgadores vitalícios até os 75 anos de idade.

---

[27] Virgílio Afonso da Silva, Interpretação constitucional... cit., p. 142-143.
[28] Lenio Streck. *Voluntas Legis versus Voluntas Legislatoris: Esclarecendo a inutilidade da distinção*. Direitos Fundamentais & Justiça, ano 7, n. 25, p. 151-169. Porto Alegre: HS Ed., out.-dez-2013, p. 168.
[29] Lenio Streck, Jurisdição Constitucional e Decisão Jurídica, 4ª. ed. SP: Ed. RT, 2014, p. 311.

É poder demais sem controle, exceto o da doutrina, a quem cabe o dever de dizer, quando couber, que "o rei está nu", como na fábula de Hans Christian Andersen, denominada *A Roupa Nova do Rei*. Isso *deve* ser feito, pois o Direito não é o que dizem os tribunais, o STF incluso. As Cortes julgam os casos concretos ou analisam as normas colocadas sob sua frente, e decidem sobre elas. São os tribunais que dizem o Direito na análise concreta *sub judice*. Mas a análise jurídica não acaba aí – a função da doutrina é analisar essas decisões e verificar sua integridade e compatibilidade em face do ordenamento jurídico, sob pena de passo a passo, a democracia ser sequestrada, como no famoso conto de Julio Cortázar, *A Casa Tomada*, quando os verdadeiros donos da casa são paulatinamente expulsos de cada cômodo, até se verem no olho da rua. Os verdadeiros *Donos do Poder* somos nós, o povo, para usar uma referência norte-americana, e não aqueles denunciados por Raymundo Faoro em sua obra de igual nome.

Deve-se sempre estar atento a isso. O preço do resgate da democracia pode ser muito doloroso.

Parte II
TEORIA DA CONSTITUIÇÃO

— 6 —

Um novo princípio político-dogmático: o princípio da concorrência prática de competência

JOAQUIM JOSÉ GOMES CANOTILHO[1]

Sumário: §§1 Estamos na rede. Um novo princípio jurídico político-dogmático: o princípio da concordância prática de competências; §§2 *La force normative au singulaire*; §§3 Interjurisdicionalidade; §§ 4 O calcanhar de Aquiles: que legitimação democrática para a rede da interjurisdicionalidade?

§§1
Estamos na rede. Um novo princípio jurídico político-dogmático: o princípio da concordância prática de competências

É fascinante o modo como os juristas (aqui sobretudo constitucionalistas) estão hoje abertos aos problemas político-jurídicos e ao modo como recebem os *inputs* problematizadores das novas-velhas questões das comunidades de pessoas e de povos. Recebi um *email* em inglês transcrevendo o artigo do Jürgen Habermas sobre a crise grega. O título é sugestivo *"Why Angela Merkel is wrong on Greece"*. No dia seguinte, um amigo advogado faz-me chegar, também via internet, à versão portuguesa do mesmo artigo com o título *"O Governo dos banqueiros"*. Outro remédio não tive senão procurar a versão original do artigo publicado pelo Suddeutsche Zeitung, de 22 de junho de 2015, e cujo título é mais chegado à versão inglesa, *"Habermas: Warum Merkels Griechenland Politik ein Fehler ist"*. O que interessa aqui é saber a razão deste introito e perguntar se, ainda hoje, faz sentido dizer que os tribunais proferem sentenças vinculativas em nome do povo. A resposta é simples e recebe a inspiração do primeiro parágrafo do artigo já referido:

> A recente sentença do Tribunal de Justiça da União Europeia lança uma luz forte (penetrante) sobre a deficiente construção de uma união monetária sem união política. No verão de 2012, tiveram de agradecer a Mário Draghi que, com uma frase simples (e união) salvou a moeda das desastrosas consequências de um colapso iminente.

Com efeito, Draghi, ao anunciar que faria tudo o que fosse necessário para sustentar o euro e que compraria dívida pública em quantidade ilimitada, o Presidente do Banco Central Europeu suscitou um importante problema de

---
[1] Catedrático de Direito Constitucional da Universidade de Coimbra.

competência: "simulou uma soberania fiscal que efectivamente não possuía, pois são os bancos centrais dos Estados-Membros que, em última instância, aprovam os créditos". O Tribunal não considerou esta competência como de todo contrária ao texto dos Tratados e deixou subjacente na sua sentença que o BCE, com poucas restrições podia ocupar o espaço de credor em última instância. O Tribunal Constitucional alemão seguirá provavelmente a sentença do Tribunal de Justiça da União Europeia, com as tradicionais precisões. Em resumo, poderemos dizer que estamos perante um delicado exercício de concordância prática de competências:

- Competências entre entidades bancárias (Banco Central Europeu e Bancos Centrais dos Estados-Membros)

- Competências entre tribunais: o Tribunal de Justiça da União Europeia e o Tribunal Constitucional dos Estados-Membros.

§§2
La force normative au singulaire

A articulação entre Bancos e a concordância prática de competências jurisdicionais coloca com toda a acuidade um problema central que C. Thibierge designou sugestivamente como *force normative au singulier*. Afinal qual é objecto da força normativa: a força da norma? De que norma? A força do direito? De que direito? De forças sobre a norma? De que forças? Mas sobre quem, sobre o quê se exerce a força normativa? Sobre o sujeito de direitos ou sobre comportamentos de sujeitos? Mas quais sujeitos e quais comportamentos? Sobre o próprio direito? Mas qual direito?

Acrescentaremos mais: qual direito aplicado por que tribunais? O tema atravessa os continentes e os oceanos. Nos últimos tempos formulam-se interrogações "Au nom di qui? The European Court of Justice between Member--States, Civil Society, Union Citizens".[2]

Um conhecido autor, Armin Von Bogdandy, em coautoria com Ingo Venzke, publicou recentemente um livro com o sugestivo título "In Wessen Namen? Internationale Gerichte in Zeiten global Regierens".[3]

Esta complexa problemática explica a denodada procura, nos últimos anos, de um *jus constitutionale commune*. *Jus constitutionale commune*, incorporado em constelações normativas, onde os tribunais dizem um direito envolto de forças sobre as normas. Referimo-nos às forças dos Estados-Membros, da sociedade civil e das uniões de cidadãos. No plano doutrinal, isso é visível em recentes coletâneas de estudos sobre o direito comum e a integração por via do direito.[4]

---

[2] European Law Journal, 13- 2009, p. 308-407.

[3] SuhrKamp, Berlin, 2014.

[4] Cfr. Von Bogdandy (org.), *Jus Constitutionale Commune na America Latina*, Instituto de Investigaciones Juridicas, Mexico, 2010 ; Von Bogdandy (org.), *Integración suramericana através del derecho? Un analisis interdisciplinario y focal*, Centro de Estudios Politicos e Constitucionales, Madrid, 2009. Na Europa regista-se a ambiciosa tentativa de organizar um *Handbuch Jus Publicum Europeum*, Cfr. Von Bogdandy/Cruz Villálon/Huber (org.), C.F. Müller, Vol. I, Heidelberg, 2007.

§§3
Interjurisdicionalidade

A nosso ver, mais do que um direito constitucional comum, pretende-se uma *Rule of Law* para além do Estado. E na implantação deste império do direito para além do esquema estatal, desempenhariam um papel nuclear os tribunais. Num livro recente, um conhecido especialista da cultura jurídica (Álvaro Laborinho) fazia o juízo de prognose, afirmado que o século em curso seria o "século dos tribunais". Mas de que tribunais? E em nome de quem exercem eles a *jurisdictio*? Além do problema de legitimação, coloca-se o problema funcional: Tribunais, para quê? Basta olhar para os inventários de tribunais individualizados pela doutrina para verificarmos que a interjurisdicionalidade implica um *entrelaçamento* de tribunais nacionais, internacionais e supranacionais e uma *circularidade* normativa de particular intensidade reticular. Uma decisão do Conselho de Segurança das Nações Unidas pode ser confirmada e anulada por Tribunais. Uma medida regulativa das entidades reguladoras não só coloca problema de competências mas também esquemas de prejudicialidade e de questões prévias fabricados segundo as forças sobre a força normativa do acto regulador.

Tribunais, tribunais para que vos queremos? Para vivermos as sentenças prudenciais ditadas pelos autores antes de ascendermos aos paraísos dos vários deuses? Tribunais, tribunais, o que fazeis? Suspendam-se as reflexões sobre este ponto e dessacralizemos os hinos ao direito e à justiça e peregrinemos sobre as terras saibrosas das funcionalidades dos sistemas. É, pois, o momento de observar as observações colhidas no direito dos códigos e dos tribunais. Distinguiremos quatro missões: (i) solução de litígios entre sujeitos, privados ou públicos, individuais ou jurídicos, num caso concreto; (ii) estabilização de expectativas normativas, mesmo que não resolva o litígio, mas afirme quem tem a quem não tem direito, confirmando a validade e normatividade do direito; (iii) extrinsecção ou criação do direito não apenas para concretizar a norma do caso, mas também para densificar juridicamente o sentido do direito. Um caso célebre foi o da Corte Interamericana dos Direitos Humanos incidente sobre leis de amnistia que outra coisa não eram senão a revogação de sentenças justas e um prémio para a impunidade.[5] É incontornável a função de controlo e legitimação do poder público. Apontando para a multifuncionalidade, é mister abordar o tema que Sabino Cassese aprofundou há poucos anos.[6] Os tribunais exercem um poder público e nessa precisa qualidade e nessa precisa função afirmam alguns autores que eles se inserem no fenómeno global do governar ou da "*governance*". Mas, erguidos a poderes públicos que exercem poderes ou funções públicas, correr-se-á o risco de serem mais uma "Torre de Babel" na heterotopia global. De um tribunal de Direitos Humanos a um *Appelate Body* da Organização Mundial de Comércio até ao Tribunal Penal Internacional, passando pelos Tribunais Internacionais e os Tribunais Desportivos, chegarí-

---

[5] Cfr. Christina Binder, "Auf dem Weg zum lateinamerikanischen Verfassungsgericht? Die Rechtsprechung der Interamerikanischen Menschengerichtshof im Bereich der Amnestien", in *Zeitschrift für Auslandisches öffentliches Recht und Völkerrecht*, 71, (2011), p. 1-29.

[6] Sabino Cassese, *I Tribunali di Babele. I giudici alla ricerca di un nuovo ordine globale*, Donzelli, Roma, 2009.

amos ao mundo da "virtude coactivadora", referido por Robert Bork: *Coercing Virtue – The Worldwide Rule of Judges*,[7] sem que se saiba em nome de quem eles decidem e sob que medida de justiça eles prolatam sentenças.[8] Precisamente por isso, o velho problema da legitimação democrática dos tribunais e das suas decisões não é nem pode ser uma simples dimensão epigonal do estado de direito democrático. Qualquer que seja o refrão – "Em nome do povo", da "República", da "Nação", ou, mesmo, do "Rei" e da "Rainha" – as chamadas "instituições judiciais" não dispensam o teste da sua legitimação, quer se trate de instituições nacionais quer de instituições internacionais. A colocação do problema legitimatório passa, assim, por uma de três compreensões da jurisdicionalidade. A primeira poderá chamar-se uma compreensão *estatalmente* orientada, vendo os tribunais como instrumento de resolução de litígio numa ordem mundial. A segunda abandona o modelo estatocêntrico, considerando os tribunais como órgãos da comunidade internacional baseada em valores. A terceira reconduz os tribunais internacionais a instituições de *regimes jurídicos* (ou regime jurídico global).

§§4
O calcanhar de Aquiles: que legitimação democrática para a rede da interjurisdicionalidade?

Alguns trabalhos recentes levantam poderosos argumentos relativamente à incerteza do fundamento da legitimação democrática dos tribunais constitucionalmente internacionalizados ou internacionalmente constitucionalizados.[9]

Comecemos pelo próprio Tribunal de Justiça da União Europeia. Não deixa de ser significativo que o Tratado da União Europeia, no Título II – Disposições relativas aos princípios democráticos (arts. 9º a 13º) – fala em cidadania da União, de democracia representativa, de responsividade "em nome do povo e dos estados", em "nome das Partes", "em nome da comunidade internacional dos Estados". Parece que a síntese legitimadora "em nome dos povos e dos cidadãos" reflecte com mais rigor a dificuldade da construção de uma compreensão democrática da jurisdição. Ela ainda permite aos tetranetos de Rousseau e de Kant não transmutar numa simples "community" os desafios da transparência, participação e deliberação independente das instituições judiciárias. Mas não nos esqueçamos do tópico troncal do problema em causa. Aos tribunais compete a tarefa de solucionar problemas de *competência* como acontece no caso Marbury vs Madison. Recentemente, as sentenças do Tribunal Constitucional Alemão – Maastricht Urteil e Lissabon Urteil – vieram mesmo associar o neo-hegelianismo estatal com a captação jurisdicional da identidade de uma comunidade. Tudo se trata, afinal, de saber quem julga os actos *ultra-vires*, quem viola as regras da competência e quem tem a última palavra.

---

[7] Washington/DC, 2003.

[8] Cfr. Virgilio Afonso da Silva, "Deciding without deliberating", *International Journal of Constitutional Law*, 12 (2011), p. 309-332.

[9] Os títulos são sugestivos: Guy Canivet (org.), *Independence, Accountability and the Judiciary*, British Institute of International and Comparative Law, London, 2008; Marlies Glasius, *Do International Criminal Courts Require Democratic Legitimacy*, European Journal of International Law, 23 (2012), p. 43-66.

Um excelente livro dedicado ao problema sugeriu-nos o próximo princípio de interpretação que proporei ao meu auditório fictício de alunos: o princípio da concordância prática na interpretação de competências.[10] Hoje, o nosso discurso termina como acabou: o Senhor Mário Draghi terá de ver quantos sestércios são necessários para não ultrapassar os limites da sua competência. Os Tribunais Constitucionais e o Tribunal de Justiça da União Europeia não declinarão, por certo, a sua competência para a descoberta de invalidades. *Null and void* na senda os "actos *ultra-vires*". Tudo jurídico e jurisdicional, mas humanamente trágico!

Bilhete Postal: Como vê, Meu Querido Amigo Lenio Streck, a contemporaneidade pouco tem de ontológico e ôntico. E a própria fenomenologia não está preparada para estas "instanteinadas" nucleares. Um abraço pessoalíssimo do *JJ Gomes Canotilho*.

---

[10] Cfr. Franz Mayer, *Kompetenzüberschreitung und Letzenentscheidung. Das Maastricht-Urteil des Bundesverfassungsgerichts und die Letzentscheidung über Ultra-Vires-Akte in Mehrebenen System.*

— 7 —

Constitucionalismo contemporâneo, jurisdição e mecanismos de controle da discricionariedade judicial

ARRUDA ALVIM[1]

Sumário: 1. A evolução sofrida pela crescente e prática importância do papel das Constituições; 1.1. O papel da magistratura e dos parlamentos; 1.2. Superação do liberalismo, novos direitos e modificação, no plano prático, do papel das constituições; 2. Impactos sobre o conceito e os objetivos da jurisdição; 3. O papel contemporâneo das Constituições e um ângulo da evolução da hermenêutica – o princípio da proporcionalidade; 4. O impacto da constitucionalização do direito sobre a jurisprudência nos ordenamentos de *civil law:* estabilização e (ou) evolução do direito?; 5. Breves conclusões.

1. A evolução sofrida pela crescente e prática importância do papel das Constituições

1.1. O papel da magistratura e dos parlamentos

O fenômeno atualmente chamado de *constitucionalização* do direito remete à tendência contemporânea de fazer atuar, no plano prático, a supremacia constitucional. É importante, para compreender a evolução do direito constitucional, frisar que, no plano teórico, desde muito antigamente, se afirma que as Constituições se sobrepõem ao direito ordinário; em termos práticos, todavia, *ajustando-se a afirmação teórica à sua realização prática,* isso ocorreu no sistema continental europeu – diferentemente dos Estados Unidos, em que sempre as Constituições gozaram de grandeza *teórica* e *prática* – somente no século XX.

A preocupação com a efetivação das normas constitucionais deve-se, sobretudo, à superação do modelo de Estado liberal-burguês, oriundo da revolução francesa e, correlatamente, ao engrandecimento do papel do juiz nos ordenamentos de *civil law.*

As Constituições liberais protegiam o indivíduo contra o Estado, com o propósito de assegurar o exercício da liberdade, de forma extremada. O instrumento fundamental de realização da liberdade foi a adoção do sistema da lei.

---

[1] Professor livre-docente, titular e coordenador de área, no mestrado e no doutorado, de Direito Civil, na Pontífica Universidade Católica de São Paulo - PUC-SP.

Transferido que foi o poder político do rei para o do povo, a lei era tida como se realmente fosse a expressão da vontade geral. O papel dos juízes era *apequenado*, submissos que estavam à *letra* da lei. Percebeu-se o predomínio dos Parlamentos, cujas leis, em fins do século XVIII e no início do século XIX, eram insuscetíveis de serem sequer interpretadas.

Nos pontos centrais do tecido legislativo, preponderavam normas mais minuciosas, com mais elementos definidores das situações e condutas em que deveriam incidir, de tal sorte que essa técnica legislativa estabelecia condições normativas para melhor controle do juiz, *i.e.*, preponderância radical da *mens legislatoris*. Ainda que fossem utilizados conceitos vagos, esses não se alojavam em pontos capitais do sistema jurídico, diferentemente do que atualmente ocorre. Some-se, ainda, em nosso tempo, a alta significação dos princípios,[2] tema que será abordado mais adiante.

Nos momentos próximos do final do século XVIII em diante negou-se ao juiz, sequer, a possibilidade de interpretação literal, a qual veio a ser admitida aproximadamente na altura da terceira década do século XIX.

A desconfiança compreensível dos legisladores franceses em relação aos juízes, porque oriundos da antiga nobreza, restringiu a atividade jurisdicional a um âmbito estrito.

A Corte de Cassação francesa nasceu como órgão anexo ou auxiliar do *Corps Legislatif*. Sucessivamente, veio a admitir-se a *interpretação literal*, e, por isso mesmo, ainda ancorada na *mens legislatoris*. Deve-se ter presente que, no meio da década de 1880 cristalizou-se alteração de profundo significado, no que diz respeito à hermenêutica, reconhecendo-se ao juiz um campo maior de atuação, falando-se, então, em interpretação sociológica.

Proximamente ao fim do século XIX, mercê dos trabalhos de Wach, Binding e Kohler, quase simultâneos (e coincidentes nos seus propósitos), verificou-se a inviabilidade – porque não mais atendia aos anseios sociais dominantes – de uma tal limitação na hermenêutica, passando-se, então, a cogitar de hermenêutica, gravitando, agora já não mais em torno da vontade do legislador, senão que procurando entender a vontade da lei, *i.e.*, passou-se a admitir a interpretação teleológica.[3] Essa mutação no âmbito da hermenêutica acabou prevalecendo e esse entendimento, oriundo da Alemanha, explicava-se porque esta já sobrepujava a França em prestígio no campo do direito.

Refere-se Mauro Cappelletti[4] aos limites possíveis ou ao espectro limitado da interpretação nessa época. Pode-se – no particular, atentos às origens do Tribunal de Cassação francês, decorrente da lei de 19.11.1790 –, dizer que o escopo da atividade jurisdicional (no dizer de P. Foriers) era o de assegurar--se "um controle da lei, do seu conteúdo, de sua observância (...) com o fito de

---

[2] Para um enfoque lapidar a respeito de *princípios*, v. a obra de WAMBIER, Teresa Arruda Alvim. *Recurso Especial, Recurso Extraordinário e Ação Rescisória*. São Paulo: RT, 2008, itens 3.1., 3.1.1., p. 61 e ss.

[3] V., sobre isto: LARENZ, Karl. *Metodologia da Ciência do Direito*. 3ª ed. portuguesa, tradução da 6ª ed. alemã (1991), Lisboa: Fundação Calouste Gulbekian, 1997, pp. 42-43.

[4] Cf. CAPPELLETTI, Mauro. *O Controle Judicial de Constitucionalidade das Leis no Direito Comparado*. Tradução de Aroldo Plínio Gonçalves. Porto Alegre: Sérgio Antonio Fabris, 1992, cap. I, § 4º, p. 40 e ss.

salvaguardar a obra legislativa".[5] Em relação ao que se disse, deve-se remarcar que o objetivo era o de preservar a lei, com o significado perdurável e preciso tal como no momento em que havia sido editada. De certa forma, nesse contexto, ficava fora da possibilidade de um controle eficiente tendo em vista o referencial do direito constitucional. É o que observa Mauro Cappelletti, debitando essa situação à ausência, na Europa, de um sistema eficaz de controle da constitucionalidade.[6]

Disse Georges Ripert que, com o Código de Napoleão, o reinado do direito começava e que o Código Civil francês foi, durante muito tempo, havido como intangível, dizendo um outro autor que nesse Código somente se poderia tocar "com a mão trêmula".[7] [8] A ideia de segurança ligava-se em grande parte à de previsibilidade e muito mais à de manutenção do *status quo*.

1.2. Superação do liberalismo, novos direitos e modificação, no plano prático, do papel das constituições

Se as primeiras constituições se preocuparam em proteger os indivíduos contra o Estado, ocupando-se a lei infraconstitucional de impor o direito com maior *segurança* e *previsibilidade*, posteriormente chegou-se à conclusão de que de uma atuação do Estado nas sociedades não se poderia prescindir.[9]

Sucessivamente à ideologia do liberalismo – em que o Estado abdicava de interferir na vida social –, surgiu a consciência de que determinadas situações haveriam de ser protegidas, por obra do legislador. Isso passou a ser feito originariamente pelas próprias constituições, com a previsão de proteção aos direitos sociais, abrigando os direitos fundamentais oriundos das relações de trabalho, referentes à habitação, à saúde, e à educação etc. E, nos dias contemporâneos, as constituições vieram a dotar o Estado de instrumentos destinados a uma proteção maior de grandes partes da sociedade e vieram então ser consagrados os direitos relacionados ao meio ambiente, ao consumidor e outros de calibre menos significativo, cuja titularidade é *coletiva*. Naturalmente, a previsão desses direitos levou a mutações na legislação ordinária.

Diante da nova consciência do Ocidente em relação ao papel das Constituições – exceção feita aos Estados Unidos, que sempre tiveram consciência aguda do significado *prático* de sua Constituição – os textos constitucio-

---

[5] V. PERELMAN, Chaïm. *Logica giuridica – Nuova retorica*. Milano: Giuffrè, 1979, n° 26, p. 75.

[6] CAPPELLETTI, Mauro. *Le Pouvoir de Juges*. Paris: Presses Universitaires d'Aix-Marseille e Econômica, 1990. V. o estudo *Le Pouvoir Judiciaire dans un État fédéral*, p. 284, nota 4, onde diz: "De même l'absence d'un contrôle judiciaire de constitucionalité a été l'une des principales raisons qui ont rendu vain en Europe, au XIXème siècle et dans la première moitié du XXème siècle les efforts faits pour assurer la suprématie du droit constitutionnel et limiter de façon efficace les pouvoirs du Parlement" (v. também, no mesmo trabalho nota 17, p. 289, em relação à Suíça, onde há ausência de controle sobre a constitucionalidade, senão que, apenas, há controle "sur la conformité des lois cantonales au droit fédéral"; e, nota 28, p. 291, noticiando os esforços desenvolvidos na Áustria e Alemanha, esta com a Constituição de Weimar, para colmatar a lacuna ou alterar essa situação).

[7] RIPERT, Georges. *Le Déclin du Droit – Études sur la Legislation Contemporaine, Paris*: LGDJ, 1949, n° 2, p. 2 e ss.

[8] V., a respeito: RIPERT, Georges. *Le Déclin du Droit*, cit., n° 2, p. 3.

[9] Foram as Constituições de Weimar, e, antes, a Mexicana de 1917, que primeiro consagraram direitos sociais.

nais passaram a ter mais decisiva e *prática* influência na vida social, *"jugulando mais intensamente"* o direito ordinário. Nesse sentido, é acertada a proposição de Lenio Streck, segundo a qual: "A 'nova espécie de direito', eivada de direitos fundamentais e com cláusula de garantia contra o arbítrio, *não se dá simplesmente na formulação legislativa e na 'vontade geral'*".[10] Os direitos fundamentais são contramajoritários, porquanto a Constituição estabelece, nas palavras do mesmo Streck, "uma ruptura com a discricionariedade política que sempre sustentou o paleojuspositivismo".[11]

Acrescentaram-se a isso os sistemas de controle de constitucionalidade, em que veio se estabelecer praticamente a possibilidade de avaliação das leis ordinárias com o texto constitucional, com vistas à compatibilidade daquelas com este, e à supressão das leis inconstitucionais. Em muitos casos, nos dias contemporâneos, ocorrem aplicações diretas dos textos constitucionais.[12]

Isso, todavia, exige a máxima cautela, devendo atentar para a observação de Robert Alexy. Diz este: "Se o Judiciário pretendesse resolver os conflitos privados valendo-se apenas da Constituição, e, fazendo tábula rasa da legislação ordinária, ele agiria de forma incompatível com a proteção da segurança jurídica". Se o juiz assim agir, prossegue, "pesará sobre ele o ônus da argu-

---

[10] STRECK, Lenio Luiz. Neoconstitucionalismo, positivismo e pós-positivismo. In: FERRAJOLI, Luigi; STRECK, Lenio Luiz; TRINDADE, André Karam (org.). *Garantismo, hermenêutica e (neo)constitucionalismo: um debate com Luigi Ferrajoli*. Porto Alegre: Livraria do Advogado, 2012, p. 78.

[11] *Idem ibidem*. Ressalte-se que a expressão "paleojuspositivismo" é utilizada como sinônimo de "positivismo exegético".

[12] A jurisprudência vem, pouco a pouco, abrindo espaço à aplicação imediata do direito constitucional às relações jurídicas em geral, inclusive àquelas de caráter privado. Diz Claus-Wilhelm-Canaris, na introdução da obra *Direitos Fundamentais e Direito Privado* (Coimbra: Almedina, 2003, trad. Ingo Wolfgang Sarlet e Paulo Mota Pinto), que o século XXI (este século) será o século da aplicação direta das Constituições, inclusive no próprio direito privado. Por aplicabilidade direta – no sentido por nós aqui adotado – designa-se a incidência dos direitos fundamentais sem qualquer mediação legislativa. Nesse ponto, deve ser registrado que na opinião de Canaris a natureza direta dessa aplicação depende também da não intermediação do juiz, sentido que se afasta parcialmente do aqui adotado (*Cf.*, sobre o ponto, a análise de MARINONI, Luiz Guilherme. *Teoria Geral do Processo*. São Paulo: RT, 2010, item 6.6, pp. 77 e ss., especialmente pp. 82 e 83, n.r. 58 e 59). Canotilho observa o seguinte: "Aplicabilidade direta significa, desde logo, nesta sede – direitos, liberdades e garantias – a rejeição da 'idéia criacionista' conducente ao desprezo dos direitos fundamentais enquanto não forem positivados a nível legal. Neste sentido, escreveu sugestivamente um autor (K. Krüger) que, na época atual, se assistia à deslocação da doutrina dos 'direitos fundamentais dentro da reserva da lei' para a doutrina da *reserva de lei dentro dos direitos fundamentais*... Significa também que eles [os direitos fundamentais] *valem diretamente contra a lei*, quando esta estabelece restrições em desconformidade com a constituição (...)". (*Direito Constitucional e Teoria da Constituição*, 7ª ed., 2ª tir., Coimbra: Almedina, 2003, Parte 4ª, cap. 3, p. 1.178). Entre nós, podem-se citar diversas hipóteses jurisprudenciais de aplicação direta das normas constitucionais, tanto no âmbito das relações privadas como nas relações que envolvam o Estado. Analisamos, em nossos *Comentários ao código civil brasileiro: Do Direito das Coisas. V. XI. T. I.* (Rio de Janeiro: Gen-Forense, 2009, pp. 361 e ss.), julgado em que o Tribunal de Justiça do Estado de São Paulo (*cf. RT* 723/205) procedeu à aplicação direta do princípio da função social da propriedade – e da posse – para afastar a pretensão reivindicatória sobre área ocupada e favelizada, atribuindo a esse princípio (da função social) significado que ultrapassa aquele que lhe confere a lei ordinária (inclusive o CC). Virgílio Afonso da Silva (*A constitucionalização do direito. Os direitos fundamentais nas relações entre particulares*. 1ª ed., 2ª tiragem. São Paulo: Malheiros, 2008, n. 5.6.2.1 p. 93 e ss.) cita outros dois exemplos, ambos extraídos de julgados do Supremo Tribunal Federal: a) aplicação direta do princípio do devido processo legal às relações privadas, em hipótese de expulsão sumária de membro de cooperativa (STF, RE 158.215, Rel. Min. Marco Aurélio Mello, j. 7.6.1996); b) aplicação direta do princípio da igualdade às relações de trabalho em favor de um funcionário de companhia aérea brasileiro, cujo plano de carreira diferia daquele aplicado aos funcionários estrangeiros pela companhia (STF, RE 161.243, Rel. Min. Carlos Velloso, j. 19.12.1996).

mentação, pois terá de demonstrar que a solução alvitrada pelo legislador não proporciona a tutela do direito fundamental exigida pela Constituição".[13]

Ainda quanto ao tema da aplicação direta das normas constitucionais, Virgílio Afonso da Silva[14] anota uma preocupação específica no que concerne às relações entre particulares. Segundo o autor, é preciso notar que

> O modelo de aplicabilidade direta dos direitos fundamentais às relações entre particulares não implica que todo direito fundamental necessariamente seja aplicável a tais relações. A verificação dessa aplicabilidade deve ser individualizada e dependerá das características de cada norma de direito fundamental. Nesse sentido, o que o modelo propõe é mais restrito do que se costuma imagina. Ele apenas sustenta que *se* o direito fundamental for aplicável às relações entre particulares, *então* essa aplicabilidade será direta. Mas o modelo não exclui a possibilidade de que alguns direitos sejam aplicáveis somente nas relações cidadãos-Estado.

Mas superou-se, de certa forma, um profundo paradoxo, consistente em que os textos constitucionais – especialmente os instituidores de direito – careciam, praticamente sempre, de regulamentação ordinária. Esse paradoxo consistia em que o legislador ordinário *conteria, limitaria, barraria* o constituinte, salvo a hipótese deste mesmo subordinar a vigência do texto constitucional a uma regulamentação infraconstitucional.

Pode-se afirmar que houve, de fato, a prática da supremacia constitucional sobre as normas jurídicas, sob diversas perspectivas. À valorização da Constituição seguem-se novos critérios e princípios hermenêuticos que propiciam formas de controle e efetivação das normas jurídicas à luz da Constituição. Correlatamente, os princípios consagrados na Constituição adquirem crescente importância e normatividade, do que resultam **(a)** o engrandecimento crescente e paulatino da figura do juiz (e, daí, o engrandecimento do Poder Judiciário, sublinhando-se nesse contexto a significação das supremas cortes); **(b)** a alteração *paralela* do tecido normativo, em que o legislador acabou por modelar, em *pontos centrais*,[15] o sistema jurídico, *com a utilização de conceitos vagos e de cláusulas gerais*, objetivando atribuir ou liberalizar maior espaço para o juiz, ao lado de imprimir ao sistema jurídico um sentido social, deliberadamente desconhecido nos quadros do liberalismo; **(c)** particularmente, maior conscientização do papel da Constituição, com significação engrandecida do direito constitucional – ajustando-se uma postura teórica com o seu exigente sentido prático –, que passa a submeter mais rígida e eficazmente a legislação infraconstitucional.

---

[13] V. ALEXY, Robert. *Teoría de los derechos fundamentales*. Madrid: Centro de Estudios Políticos y Constitucionales, 2001, p. 523.

[14] *A constitucionalização ...*, cit., p. 19, n. 6.5.1.

[15] Por exemplo, dois institutos centrais do Direito, a propriedade e o contrato. A propriedade era considerada como direito absoluto (com significado ou *pretenso* significado no plano do direito e enfático no plano ideológico ou da crença social), afirmado como posto precedentemente ao Estado, ao qual incumbia respeitar e disciplinar, sem restringir; e o contrato, em que avultava a *vontade dos contratantes*, valia *como lei entre as partes* e convivia num ambiente de escassas normas de ordem pública e de uma noção *radical* de liberdade. Ambos os institutos *eram rigidamente disciplinados*, a propriedade como direito absoluto e o contrato regrado pela vontade (o que é contratual, é justo [Fouillé]). Atualmente, a propriedade, constitucionalmente garantida (art. 5º, XII, CF), implica para o proprietário o desempenho de uma *função social* (CF, art. 5º, XXIII). No art. 1.228, § 1º, do CC são referidos diversos outros direitos que interferem e delimitam o direito de propriedade. O direito de propriedade *tem de conviver* com esses outros direitos. E o contrato, será legítimo quando a sua função social seja observada (CC, art. 421), sob pena de nulidade (art. 2.035, parágrafo único). Este texto se refere à função social do contrato através da qual não pode ser violada a função social da propriedade, e, trata-se de uma hipótese de nulidade *aberta*, que atribui grande escala de deliberação ao juiz.

2. Impactos sobre o conceito e os objetivos da jurisdição

A evolução do constitucionalismo repercute diretamente na teoria geral do processo; em especial, no próprio conceito de jurisdição. A função jurisdicional, comumente definida como aquela de "dizer o direito no processo de conhecimento e, quando necessário, realizá-lo coativamente (processo de execução)",[16] deve, atualmente, ser compreendida de maneira mais ampla que a simples formulação da norma jurídica concreta, a partir da lei abstrata. Não se pretende, com essa afirmação, refutar totalmente a concepção de Chiovenda, pois a jurisdição visa, de fato, aplicar e realizar o direito;[17] apenas se intenta demonstrar que a aplicação do direito ao caso é feita por um processo mais complexo que a mera subsunção da lei abstrata e geral ao caso concreto.

Contemporaneamente, a tarefa dos juízes não mais é vista, exclusivamente, como só a de aplicar a lei dedutivamente [entenda-se isto como pura e simples "subsunção *do fato à norma*/dedução *do comando normativo*"].[18] A recomendação doutrinária enfatizada aos juízes, acompanhada dos valores que presidem nos dias correntes a aplicação do direito, é a de que procedam à perquirição do valor de Justiça subjacente às normas (ainda que em relação às normas minuciosas isso compreensivelmente se faça em menor escala) e, em aplicando-as, haverão de realizar esse valor [às vezes "quase que apesar da norma"].[19] Essa é uma *tendência* do direito contemporâneo, com particular reflexo na atividade jurisdicional.

Nesse ponto, oportuna a afirmação de Montero Aroca de que, no processo civil, a função jurisdicional deve centrar-se em que o juiz é o último garante dos direitos que o ordenamento jurídico confere ao indivíduo, com ênfase para os direitos fundamentais.[20]

Entre outros aspectos, a função jurisdicional é ampliada para comportar a análise do alcance e significado dos conceitos jurídicos indeterminados, a efetivação das normas constitucionais – mormente dos princípios –, bem como o controle da validade e eficácia das normas jurídicas em geral.

---

[16] Essa a definição que adotamos, em linhas gerais, em nosso *Manual de Direito Processual Civil*, 16ª ed., São Paulo: Revista dos Tribunais, 2013, primeira parte, capítulo IV, n. 50, p. 205.

[17] Cf. CHIOVENDA, Giuseppe. *Instituições de direito processual civil*, 2. ed. Trad. G. Menegale, São Paulo: Saraiva, 1965, vol. 2, § 19, n. 140, p. 11.

[18] Confira-se, entretanto, restringindo a missão dos juízes à estrita aplicação das leis: COING, Helmut. *Grundzüge der Rechtsphilosophie [Linhas fundamentais da filosofia do direito]*. 2. ed. Berlim, Walter de Gruyter, 1969, p. 349; este mesmo autor, contudo, na 4.ª edição da mesma obra [Berlim, 1985], mantendo o precedente ponto de vista, entende que a aplicação da lei – o que, implicitamente aceita existir –, nos conduza um outro campo, qual seja, o da criação do direito – no original [transcrito na 4ª edição, p. 342] "Damit befinde ich mich aber nicht mehr im Bereich der Gesetzesanwendung, sondem, wie Gény richtig ausgeführt hat, in einem ganz anderen Feld, nämlich dem der freien Forschung, die passande Regel für den zur Entscheidung stehenden Fall sucht, also im Bereich der Rechtserschöpfung".

[19] V. ALLEN, Carleton Kemp. *Law in the making [A feitura da lei (inglesa)]*, 5. ed., Oxford: Clarendon Press, 1951, p. 227, onde diz que os juízes hão de atentar para os princípios da razão, da moralidade e da utilidade social, os quais são a fonte básica, não só no direito inglês, como também, em todas as leis – no original: "To those principles of reason, morality and social utility which are the fountain – head not only of English law but of all law".

[20] MONTERO AROCA, Juan. *La prueba en el proceso civil*. Navarra: Thomson Civitas, 2005, 4ª ed., Cap. I, p. 44.

Em contrapartida, a abrangência cada vez maior na atuação dos juízes e tribunais na aplicação do direito, passa a exigir uma conduta coerente do Judiciário, de tal modo que o estudo da jurisprudência passa a merecer especial atenção. A propósito do tema, anota Lenio Streck que a falta de critério na utilização – e até na *"invenção"* – de princípios constitucionais conduziu ao surgimento das súmulas vinculantes e da repercussão geral no Brasil. Na visão do autor, esses institutos vinculativos configuram uma "resposta darwiniana" ao "estado de natureza hermenêutico", representado por ativismos e decisionismos.[21]

3. O papel contemporâneo das Constituições e um ângulo da evolução da hermenêutica – o princípio da proporcionalidade

O surgimento de diversos direitos e garantias de índole constitucional, assim como o soerguimento de outros a tal estatura, conduziu, pois, o intérprete do direito à necessidade de rever o modo de aplicação das normas infraconstitucionais, mediante interpretação mais próxima, *mais intensamente* ligada à Constituição Federal.

Nesse contexto, os princípios constitucionais ganham especial relevo, tanto pelo reconhecimento de sua caracterização como verdadeiras *normas*, como também por sua importância no âmbito da hermenêutica.[22] Dentre todos os princípios constitucionais, sublinha-se aqui a importância do princípio da proporcionalidade, porquanto destina-se à própria aplicação do direito (particularmente o constitucional, e, também o infraconstitucional), influindo seus critérios na interpretação dos demais princípios e das regras.

De fato, o princípio da proporcionalidade constitui-se num genuíno epílogo do grau de influência das constituições sobre os ordenamentos jurídicos, ao permitir que se identifiquem parâmetros *mais profundos e sofisticados* de interpretação e controle da validade das normas jurídicas. Esses consistem em que, a partir da previsão constitucional de determinados direitos, particularmente valorizados – os direitos fundamentais, principalmente – não é legítimo, por inconstitucionalidade, ao legislador ordinário estabelecer restrições injustificáveis em relação àqueles.

É interessante observar-se que não se aplica esse princípio, exclusivamente, na estrita e rígida submissão da lei à Constituição, senão que também no direito administrativo [de resto, onde foi originariamente concebido ou idealizado], no direito penal, onde comporta vasta aplicação, e, igualmente, em outros ramos do direito.[23] [24]

---

[21] STRECK, Lenio Luiz. Neoconstitucionalismo, positivismo e pós-positivismo, *cit.*, pp.74-75.

[22] No Brasil, as novas concepções dos princípios como normas efetivas e as técnicas para sua aplicação e diferenciação das regras jurídicas têm como principais referências as obras de Robert Dworkin (*Taking Rights Seriously*. Cambridge: Harvard University Press, 1977) e Robert Alexy (*Teoria de Los Derechos Fundamentales*. Madrid: Centro de Estudos Políticos e Constitucionales, 2001), amplamente utilizadas pelos estudiosos brasileiros na análise da nova hermenêutica constitucional.

[23] V. a obra de CORREA, Teresa Aguado. *"O princípio da Proporcionalidade no Direito Penal"*, Madrid: EERSA, 1999, ed. *passim*.

[24] Claus-Wilhelm Canaris (*Direitos Fundamentais e Direito Privado*. Coimbra: Almedina, 2003, tradução de Ingo Wolfgang Sarlet e Paulo Mota Pinto), refere-se a inumeráveis exemplos assentados, total ou parcialmente, no critério da proporcionalidade. Nesta obra o autor aborda assuntos, também, estribado no critério

O princípio (ou máxima) da proporcionalidade se conecta estreitamente com a teoria dos princípios. Desdobra-se, segundo ALEXY, em máximas parciais, quais sejam, a da **(i)** adequação, a da **(ii)** necessidade (postulado do meio mais benigno) e a da **(iii)** proporcionalidade em sentido estrito.[25]

De outra parte, segundo este mesmo autor, "princípios são mandatos de otimização com relação às possibilidades jurídicas e fáticas".[26]

É por isto que, alguns autores, comparando o chamado princípio da razoabilidade com o princípio da proporcionalidade, afirmam que este vai além do que aquele alcança.[27] Como esclarece entre nós Helenilson Cunha Pontes,[28] aqui, no campo do princípio da proporcionalidade, não se exige apenas "que a atuação estatal e a decisão jurídica sejam razoáveis, mas que sejam os melhores meios de maximização das aspirações constitucionais".

Luís Roberto Barroso,[29] abordando a temática relativa ao princípio da razoabilidade, diz que:

> O princípio da razoabilidade é um parâmetro de valoração dos atos do Poder Público para aferir se eles estão informados pelo valor superior inerente a todo ordenamento jurídico: a justiça. Sendo mais fácil de ser sentido do que conceituado, o princípio se dilui em um conjunto de proposições que não o libertam de uma dimensão exclusivamente subjetiva. É razoável o que seja conforme à razão, supondo equilíbrio, moderação e harmonia, o que não seja arbitrário ou caprichoso; o que corresponda ao senso comum, aos valores vigentes em dado momento ou lugar.

Para Maria Rosynete Oliveira Lima,[30] o princípio da proporcionalidade enseja a procura de um equilíbrio entre o exercício do poder estatal e a preservação dos direitos fundamentais do homem, fazendo brotar, na jurisprudência e doutrina pátrias, análises que ora chamou de razoabilidade, ora de proporcionalidade, não só da atuação administrativa, mas também legislativa.

Gilmar Ferreira Mendes – que no texto a seguir se refere a ambos os princípios, como sinônimos –,[31] vendo, já há algum tempo, o princípio (da proporcionalidade) como consolidado na jurisprudência do Supremo Tribunal Federal, disse: "o desenvolvimento do princípio da proporcionalidade ou da razoabilidade como postulado constitucional autônomo que tem sua *sedes materiae* na

---

de "princípio da insuficiência", ou seja, quando o legislador ordinário se omite em disciplinar aquilo que deveria tê-lo feito, ou, fazendo-o, o faz insuficientemente em relação à significação e à grandeza do direito fundamental. Como exemplo, indique-se o que está às pp. 91 e seguintes, tendo em vista a relação entre a Constituição e o direito ordinário, à luz de pretensão de filho, nascido fora de casamento, dirigida contra a sua mãe, com vistas à obtenção de dados de identidade sobre a pessoa do seu pai biológico. Às pp. 92 e 93 são *sopesados* todos os valores em jogo, ponderando o autor, em que medida "o resultado depende de considerações situadas ao nível do direito civil, e não de uma ponderação de direitos fundamentais especificamente jurídico-constitucional" (p. 93, *fine*).

[25] ALEXY, Robert. *Teoría de los Derechos Fundamentales*. Madrid: Centro de Estudos Políticos e Constitucionales, 2001, cap. III, 8, p. 111.

[26] ALEXY, Robert. *Teoría de los Derechos Fundamentales, cit.,*, cap. III, 8, p. 112.

[27] PONTES, Helenilson Cunha. *O princípio da proporcionalidade e o Direito Tributário,* São Paulo: Dialética, 2000, pp. 190-191.

[28] *O princípio da proporcionalidade e o Direito Tributário,* cit., pp. 190-191.

[29] *Interpretação e Aplicação da Constituição, Fundamentos de uma Dogmática Constitucional Transformadora.* São Paulo: Saraiva, 1996, pp. 205-206.

[30] *Devido Processo Legal,* Porto Alegre: 1999, ed. Sergio Antonio Fabris Editor, pp. 273-276.

[31] *A proporcionalidade na jurisprudência do Supremo Tribunal Federal,* Repertório de Jurisprudência IOB, n. 23/94, 1ª quinzena de dezembro de 1994: 469/475.

disposição constitucional que disciplina o devido processo legal (art. 5º, LIV)"; afirma, a seguir, que há "de maneira inequívoca a possibilidade de se declarar a inconstitucionalidade da lei em caso de sua dispensabilidade (inexigibilidade), inadequação (falta de utilidade para o fim perseguido) ou de ausência de razoabilidade em sentido estrito (desproporção entre o objetivo perseguido e o ônus imposto ao atingido)".

Conforme ainda ressalta Gilmar Ferreira Mendes,[32] subsidiado por forte aparato doutrinário alemão, o pressuposto da adequação (*Geeigenetheit*) exige que as medidas interventivas adotadas pelo Estado se mostrem aptas a atingir os objetivos pretendidos. O requisito da necessidade ou da exigibilidade (*Notwendigkeit oder Erforderlichkeit*) significa que nenhum meio menos gravoso para o indivíduo revelar-se-ia igualmente eficaz na consecução dos objetivos pretendidos, e, que, portanto, o meio gravoso concretamente utilizado não merece censura. Assim, apenas o que é adequado é necessário, mas nem tudo o que é adequado pode ser necessário.

Um juízo correto sobre a proporcionalidade da medida há de resultar da rigorosa ponderação entre o significado da intervenção para o fim a ser atingido e os objetivos perseguidos pelo legislador (proporcionalidade ou razoabilidade em sentido estrito).

Mas, parece-nos legítimo dizer que, por causa do princípio da proporcionalidade, os textos constitucionais é que se "engrandeceram", dentro de um contexto mais amplo e crescente de maior significação das constituições, de tal forma que as leis disciplinadoras de direitos fundamentais haverão de concretizar mandamentos constitucionais precisamente à luz da dimensão neles cunhada.

Deve-se acentuar, nesse itinerário, marcado pelo crescente engrandecimento da figura do juiz e do Poder Judiciário, mais "próximos" do direito constitucional, que o que se verificou foi uma constante e crescente abertura para uma maior proteção jurisdicional, fazendo-se com que cada vez mais pudessem estar à disposição do juiz, no plano do processo, instrumentos mais ajustados à realização do Direito, da restauração do ilícito que houvesse ocorrido e mesmo de caminhos novos para evitar que o ilícito ocorresse ou que se repetisse, e, quando verificado, que viesse a ser minimizado.

Parece-nos ter-se reconhecido maior espaço para o juiz, no exame da lei, a partir da conscientização intensificada de que esta deve submeter-se à Constituição,[33] em especial em relação aos direitos fundamentais, viabilizando um controle mais intenso e profundo da constitucionalidade das leis.

Ressalte-se, todavia, que não se trata de uma abertura à discricionariedade judicial, o que equivaleria a transferir a discricionariedade política do

---

[32] *Direitos Fundamentais e Controle de Constitucionalidade,* São Paulo: Celso Bastos Editor, 1998, p. 39.

[33] Nesse sentido, ainda Lenio Streck: "Por tudo isso, é possível sustentar que, no Estado Democrático de Direito, há – ou deveria haver – um sensível deslocamento do centro de decisões do Legislativo e do Executivo para o plano da justiça constitucional. (...) Pode-se dizer, nesse sentido, que no Estado Liberal, o centro de decisão apontava para o Legislativo (o que não é proibido é permitido, direitos negativos); no Estado Social, a primazia ficava com o Executivo, em face da necessidade de realizar políticas públicas e sustentar a intervenção do Estado na economia; já no estado Democrático de Direito, o foco de tensão se volta para o Judiciário". (*Hermenêutica Jurídica e(m) Crise,* 4ª ed., Porto Alegre: Livraria do Advogado Editora, 2003, pp. 52 e 53).

parlamento – positivismo exegético e primado da lei – para o Judiciário, legitimando, de igual forma, arbitrariedades. Parece-nos, como pareceu a Lenio Streck, que a possibilidade de interpretação não se confunde com o caráter discricionário da aplicação do direito.[34]

As teorias instrumentais, como a de Alexy, racionalizam o processo decisório e permitem o seu controle. Há autores, como é o caso o próprio professor Lenio Streck, que as considera falhas ou insuficientes,[35] criando outras, mas o fato é que a mera preocupação com a argumentação lógica e, pois, com o fundamento racional das decisões fundadas em princípios, já desponta como aspecto do Estado Democrático de Direito. Há, nesse ponto, uma fuga à ideia de discricionariedade judicial, uma forma de controle do subjetivismo das decisões judiciais.

Isto porque, precisamente, pela aplicação do princípio da proporcionalidade, o que se colima, talvez primordialmente, é um *radical* primado por método *refinado* da Constituição, em especial no que concerne aos direitos fundamentais.

Constituiu-se, nesse contexto, o princípio da proporcionalidade como que – segundo nos parece –, um coroamento de toda essa evolução, numa de suas facetas, consolidando-se teoria particular da validade das normas infraconstitucionais, com vistas a um maior e mais eficiente resguardo de direitos fundamentais, que não devem ser "arranhados" ou "minimizados", pela legislação ordinária, não compatível com a grandeza desses direitos, tais como tenham sido cunhados na Constituição.[36] Trata-se de um rigoroso resguardo desses direitos.

Proporcionou-se, assim, um critério representativo de uma sintonia fina entre textos constitucionais em que se preveem direitos fundamentais, viabilizando que se identifiquem ou que se flagrem inconstitucionalidades – menos evidentes, ou, em tempos passados, menos detectáveis, ou, então havidas mesmo como inexistentes – decorrentes do descompasso entre o significado albergado pelo texto constitucional e não corretamente compreendido ou obedecido pelo legislador ordinário. Por outras palavras, entende-se, hoje, que tais valores constitucionais tem de ser considerados e ser eficazes na inteireza com que hajam sido assumidos e protegidos pela Constituição, havendo, por

---

[34] *Cf.* a distinção feita pelo autor em Neoconstitucionalismo, positivismo e pós-positivismo, *op. cit.*, pp. 90-91.

[35] *Cf.*, sobre o tema, o capítulo 4 da obra *Verdade e consenso*. 5ª ed. São Paulo: Saraiva, 2014, pp. 57 e ss..

[36] Nesse sentido, ainda esta vez, Lenio Streck: "Trata-se, enfim, segundo o jurista italiano (Ferrajoli), de um câmbio revolucionário de paradigma no Direito: alteram-se em primeiro lugar, as condições de validade das leis que dependem do respeito já não somente em relação às normas processuais sobre a sua formação, *senão também em relação às normas substantivas sobre seu conteúdo,* isto é, dependem de sua coerência com os princípios de justiça estabelecidos pela Constituição; em segundo lugar, altera-se a natureza da função jurisdicional e a relação entre o juiz e a lei, que já não é, como no paradigma juspositivista, sujeição à letra da lei qualquer que seja o seu significado, senão que é uma sujeição, sobremodo, à Constituição que impõe ao juiz a crítica das leis inválidas através de sua reinterpretação em sentido constitucional e sua declaração de inconstitucionalidade; em terceiro, altera-se o papel da ciência jurídica, que, devido ao câmbio paradigmático, resulta investida de sua função à não somente descritiva, como no velho paradigma paleojuspositivista, senão crítica e construtiva em relação ao seu objeto; crítica em relação às antinomias e às lacunas da legislação vigente em relação aos imperativos constitucionais, e construtiva relativamente à introdução de técnicas de garantia que exigem para superá-las; altera-se, sobremodo, a natureza mesma da democracia." (*Hermenêutica Jurídica e(m) Crise*, 4ª ed., *cit.*, pp. 48 -49).

isso, para o conteúdo da lei ordinária, critérios preordenados a que isso não ocorra.

Com isso, quer-se que não haja restrições a direitos fundamentais *desnecessariamente*, i e., que a disciplina, por lei ordinária, não seja inadequada à preservação da inteireza de tais direitos; eventuais delimitações haverão de considerar o equilíbrio ou a proporcionalidade entre dois direitos fundamentais.

Em decorrência, o Judiciário deve ser considerado também, senão fundamentalmente, como uma *longa manus* expressiva do constituinte, na fiscalização dessa rigorosa congruência entre as leis ordinárias concretizadoras de mandamentos constitucionais em relação ao que a Constituição a respeito dispõe. O princípio da proporcionalidade presta-se, sob essa ótica, a balizar a validade das normas infraconstitucionais quando, através destas, se estabeleçam restrições desnecessárias ou desproporcionais a direitos e garantias de índole constitucional.

Deve-se ponderar, contudo, que o controle ensejado pelo princípio da proporcionalidade não se restringe à análise abstrata das normas, por ser possível que, no plano concreto, uma norma formalmente válida (i.e. constitucional, em tese) possa infringir a Constituição quando aplicada a uma hipótese específica.

Para essas hipóteses de inconstitucionalidade da aplicação da norma em casos específicos – que pela doutrina foram denominadas *hard cases* (casos difíceis) –, aplicam-se as teorias relativas à ponderação das normas constitucionais, que possibilitam a análise da constitucionalidade das normas em cada caso específico, por um processo intelectual que "tem como fio condutor o princípio constitucional da *proporcionalidade* ou da *razoabilidade*".[37] A título exemplificativo, Luís Roberto Barroso identifica alguns dos principais temas constitucionais cujo equacionamento depende da ponderação de valores – ou seja, da utilização dos parâmetros ofertados pelo princípio da proporcionalidade –, que bem ilustram a importância da proporcionalidade como balizadora da atividade judicial: "**(i)** o debate acerca da relativização da coisa julgada, onde se contrapõem o princípio da segurança jurídica e outros valores socialmente relevantes, como a justiça, a proteção dos direitos da personalidade e outros; **(ii)** o debate acerca da denominada 'eficácia horizontal dos direitos fundamentais', envolvendo a aplicação das normas constitucionais às relações privadas, onde se contrapõem a autonomia da vontade e a efetivação dos direitos fundamentais; **(iii)** o debate acerca da liberdade de imprensa, liberdade de expressão e o direito à informação em contraste com o direito à honra, à imagem e à vida privada".

O que se percebe é que, por um lado, a incidência do princípio da proporcionalidade amplia a margem de atuação do órgão jurisdicional na aplicação do direito – que, há muito, deixou de refletir a previsão fria da lei infraconstitucional –, e, por outro, fornece ao juiz parâmetros que, embora não possam

---

[37] BARROSO, Luís Roberto. *O Direito Constitucional e a Efetividade de suas Normas: Limites e possibilidades da Constituição Brasileira*. 7ª ed. Rio de Janeiro: Renovar, 2003, p. 301.

ser considerados totalmente objetivos, *reduzem significativamente a subjetividade da interpretação das normas jurídicas*.

Desse modo, a análise do alcance e significado dos conceitos jurídicos indeterminados, bem como o controle da validade e eficácia das normas jurídicas, deve se orientar pelos critérios de adequação e necessidade precedentemente descritos, de forma a evitar-se o sacrifício desnecessário de direitos e garantias constitucionais em detrimento de valores menos relevantes.

4. O impacto da constitucionalização do direito sobre a jurisprudência nos ordenamentos de *civil law*: estabilização e (ou) evolução do direito?

Como já salientado, o professor Lenio Streck aponta para o fenômeno da criação de enunciados de súmulas como uma resposta darwiniana à ampliação dos poderes do juiz. E, nesse ponto, há de se concordar que, aplicadas como são as súmulas brasileiras,[38] há grandes possibilidades de transferência, ao Judiciário, dos poderes antes alocados no Legislativo.

Por outro lado, o fortalecimento da jurisprudência, nos moldes em que vem sendo implementado no Novo Código de Processo Civil[39] e a partir dos influxos do sistemas de *common law*, parece ser uma contrapartida mais adequada, apta a refrear possíveis voluntarismos na aplicação das normas jurídicas e, por que não dizer, a propiciar uma solução mais adequada aos litígios sob a perspectiva da justiça. E acreditamos que isso ocorrerá sob a condição de que os magistrados brasileiros efetivamente atentem, no momento da elaboração das decisões, para os critérios que guiam a argumentação e interpretação dos precedentes.

Se, por um lado, o recrudescimento da atividade judiciária enfatiza a necessidade de os magistrados aplicarem de forma livre e independente as normas ao caso específico como requisito imprescindível à realização de justiça, por outro, reforça-se a necessidade de imprimir-se alguma uniformidade a esta atividade dos magistrados, a fim de prevenir incoerências e instabilidade no sistema.

A conscientização da importância do recurso ao precedente, ao mesmo tempo em que propicia a evolução do *direito vivo*, sem a ambição de estrangulá-lo nos compartimentos estanques dos códigos e das leis ordinárias, aproxima (mas não identifica) os países de *civil law* daqueles de tradição angloameri-

---

[38] Concordamos com Lenio Streck (*Súmulas no Direito Brasileiro – Eficácia, poder e função: A Ilegitimidade Constitucional do Efeito Vinculante*, Porto Alegre: Livraria do Advogado, 1995) quando argumenta que, por prestar muito mais à uniformização da atividade interpretativa que à evolução do direito, a edição de súmulas de caráter obrigatório deve ser – como constitucionalmente é – medida extrema, de natureza excepcional, que o pressupõe uma série de requisitos).

[39] Conferir, exemplificativamente: arts. 926 a 928 do CPC/15 (sobre o dever dos tribunais de uniformizar sua jurisprudência, torná-la estável e, sobretudo, coerente); arts. 976 a 987 (do incidente de resolução de demandas repetitivas) e arts. 1.036 a 1.041, do CPC/15 (do julgamento dos recursos repetitivos).

cana,⁴⁰ no que concerne às técnicas de argumentação e à forma de se conceber o raciocínio jurídico.

O que importa salientar – e esse parece ser o principal ponto de contato existente com o sistema angloamericano – é que a tendência contemporânea de atribuir eficácia obrigatória ao precedente reflete a necessidade de *estabilização* do direito, atualmente reforçada pelo constitucionalismo contemporâneo e pela maior abertura das normas jurídicas.

Um sistema que consagre maior liberdade do magistrado para analisar o direito aplicável diante do caso particular deve, por isso mesmo, assegurar-se de que, num dado momento histórico, situações fáticas semelhantes não sejam tratadas de maneira dissonante.

O desprendimento dos textos herméticos e minuciosos da lei e a desnecessidade de regulamentação precisa e detalhada das normas constitucionais não são atributos indissociáveis de valores como segurança e previsibilidade.

O direito, para ser justo, deve acompanhar a evolução das relações sociais, da cultura, das tradições; mas não pode, num mesmo contexto jurídico e cronológico, permitir a desigualdade no tratamento de casos semelhantes.

O que ocorre, a partir do abandono da concepção liberal, em que a previsibilidade estava contida nas prescrições generalistas e fechadas da *lei* – então compreendido como *o texto de lei infraconstitucional* –, é uma maior abertura para o desenvolvimento do raciocínio jurídico a partir das hipóteses fáticas, com a fixação de novos parâmetros para a solução jurídica, *igualmente previsíveis*, porém mais sensíveis às mutações sociais.

Em suma, a *certeza* permanece como um dos mais significativos valores funcionais do direito.⁴¹ Verifica-se, porém, uma migração, da *previsibilidade*, antes encartada no texto de lei ordinária, para o momento da *aplicação* do direito. Nos ordenamentos de *civil law*, essa aplicação ocorre, sobretudo, mediante interpretação do comando normativo escrito.⁴²

Parece-nos, todavia, que a certeza imprimida pelos precedentes possuirá uma margem maior de objetividade e racionalidade desde que observados os cuidados mínimos para a construção e para a interpretação da *ratio decidendi*. Nesse ponto, é essencial notar que, conquanto não se saiba, no momento da elaboração da decisão, que esta é destinada a tornar-se um precedente, os

---

⁴⁰ Sem nos descurarmos da atenuação cada vez maior na divisão dos ordenamentos em *famílias* – até porque os sistemas de precedentes angloamericanos não são idênticos em todos os ordenamentos –, o fato é que, tradicionalmente, nos países de *civil law*, a lei ainda desempenha o papel de traçar a pauta de conduta dos cidadãos; nos sistemas de *common law*, esta tarefa é desempenhada pelos precedentes (*Cf.* WAMBIER, Teresa Arruda Alvim. Interpretação da lei e de precedentes: *civil law* e *common law*. Revista dos Tribunais, v. 893, mar-2010, pp. 33 e ss.).

⁴¹ Sob este ângulo, Mônica Sifuentes acrescenta: "A certeza vem ainda considerada em relação à outra necessidade fundamental da experiência jurídica, a Justiça, princípio ao mesmo tempo imanente e transcendente do direito. Se a justiça pressupõe certa ordem, a certeza é condição para sua realização, de modo que, sob esse prisma, esses valores se integram, como aspectos complementares da mesma realidade. Sendo a certeza um elemento essencial à norma jurídica, uma lei ou ato normativo incerto conduz a uma situação contrária ao direito, que impõe todo esforço no sentido de sua superação." (*Súmula Vinculante – Um estudo sobre o poder normativo dos Tribunais*, São Paulo: Saraiva, 2005, p. 291, n° 4.5).

⁴² Essa observação se afigura relevante tendo em vista que, nos sistemas de *common law*, não é incomum depararmo-nos com precedentes "puros", que não sejam interpretativos da lei ou da Constituição.

Tribunais sempre possuem a expectativa de que tal possa vir a ocorrer. Ainda, especificamente no Brasil, há hipóteses em que a construção e identificação do precedente ocorre no mesmo momento – referimo-nos, aqui, ao incidente de resolução de demandas repetitivas (arts. 976 a 987 do CPC/15) e ao julgamento de recursos repetitivos (arts. 1.036 a 1.041 do CPC/15, já previsto no CPC/73 – arts. 541-B e 541-C).

Como se sabe, o precedente "fornece uma regra [universalizável] que pode ser aplicada como critério de decisão no caso sucessivo em função de identidade ou – como acontece em regra – de analogia entre os fatos do primeiro caso e os fatos do segundo caso".[43] A identificação ou aproximação dos fatos relevantes é feita, como é intuitivo, pelo julgador do caso *sucessivo*, o que, obviamente, libera o julgador do caso precedente de identificar de forma clara a *rule* aplicável – exceto nos casos de julgamentos repetitivos, previstos no CPC brasileiro. Isso não o isenta, porém, de deixar claras as razões de decidir *naquele caso específico*, bem como de, nos casos difíceis, raciocinar a partir de exemplos, a fim de detectar quais são as especificidades determinantes para a aplicação de um norma jurídica e, com isso, concluir a que universo de fatos jurídicos ela se aplica.

Com efeito, no momento da identificação do precedente é que se procede à identificação: a) do *objeto designado* na *ratio decidendi* (norma jurídica geral, seu contexto e, eventualmente, quaisquer elementos essenciais – *conditio sine qua non* – para a conclusão jurídica), bem como b) do *grau de especificação* desse objeto (o argumento que constitui a premissa necessária da decisão, o fundamento suficiente, a norma que constitui a premissa necessária mas não suficiente da decisão etc.).

Desse modo, é evidente que se os julgadores inseridos num sistema de precedentes puderem, sempre que uma questão lhes for submetida à apreciação, precisar as razões de suas próprias decisões a partir desses elementos, restará viabilizado o controle dos argumentos jurídicos utilizados a partir do debate em casos futuros.[44] Naturalmente que a norma universalizante não estará ali estabelecida, senão que será extraída a partir do julgamento dos casos futuros; mas, se estiverem claros os argumentos da decisão naquele caso espe-

---

[43] TARUFFO, Michele. Precedente e jurisprudência. *Revista de Processo*, V. 199, set-2011, p. 140.

[44] Referimo-nos ao *debate* em casos futuros por acreditar, com Taruffo, que a vinculatividade dos precedentes não é absoluta sequer nos sistemas de *common law*. Na visão do autor, sequer é apropriado falar em *vinculatividade*, sendo preferível fazer alusão à *força* do precedente para indicar a maior ou menor intensidade com a qual ele influi sobre as decisões sucessivas. E, para afastar o uso da expressão, esclarece, sinteticamente, a complexidade da tarefa do magistrado ao aplicar o precedente: "(...) Mesmo no sistema inglês, que parece ser aquele no qual o precedente é dotado de maior eficácia, os juízes usam numerosas e sofisticadas técnicas argumentativas, dentre as quais o *distinguishing* e o *overulling*, a fim de não se considerarem vinculados ao precedente que não pretendem seguir. Permanece, portanto, verdadeiro que naquele sistema o precedente é dotado de notável força, já que se espera que, em geral, o juiz sucessivo o siga – como, de fato, normalmente acontece – mas essa força é sempre *defeasible*, uma vez que o segundo juiz pode deixar de atender o precedente quando considere oportuno assim fazer a fim de formular uma decisão mais justa ao caso que deve decidir. No sistema americano, a força do precedente existe, mas em grau menor: os juízes americanos aplicam os precedentes com grande discricionariedade, ou seja – por assim dizer – quando não encontram razões suficientes para não o fazer. O *stare decisis* continua a existir, portanto, e por isso os juízes normalmente explicam porque não pretendem fazer seguir o precedente: parece, todavia, claro que o precedente tem eficácia só quando o segundo juiz dele compartilha. No caso contrário, vem *overruled*." (Precedente e jurisprudência, cit., com remissões bibliográficas às notas de rodapé de nos 14 e 15).

cífico, será mais fácil vislumbrar a norma aplicável a casos futuros, bem como será mais fácil identificar *a que casos futuros se aplica o precedente.*

Ressalte-se, todavia, que, nos casos de julgamentos repetitivos, previstos tanto no CPC/73 como no CPC/15, parece-nos fundamental, pela peculiar circunstância de já serem julgados os paradigmas com o objetivo de se aplicar a solução jurídica a casos futuros, que o julgador enuncie *norma a ser aplicada nos casos futuros, em toda a sua extensão,* atentando, se for o caso, para as peculiaridades a serem observadas.

As técnicas argumentativas utilizadas para afastar a aplicabilidade de um precedente, de que são exemplos o *distinguishing*[45] e o *overruling*,[46] reforçam ainda mais o controle sobre a justiça das decisões. Especialmente no tocante ao *overruling,* dá-se a constante necessidade de se verificar se o precedente não foi superado; assim, olhando para o passado, os julgadores dos casos presentes deverá analisar se o entendimento a ele aplicado ainda subsiste no contexto presente ou se os argumentos e a interpretação ali contidos já não se revelam compatíveis com a ordem constitucional.[47]

Todo esse aparato argumentativo é instrumento para a *estabilização* da jurisprudência, comprometida com a busca da *melhor resposta possível.* Ciente o julgador de que sua decisão poderá vir a ser invocada como precedente, e dotado do instrumental argumentativo necessário para a demonstração da *ratio decidendi,* aumentarão as possibilidades de justiça tanto na elaboração das decisões e como na sua utilização como precedentes.

Paralelamente, as técnicas de argumentação servem como mecanismo viabilizador da *evolução responsável* do direito, por permitirem, observados certos critérios, o afastamento dos precedentes pela aplicação de normas mais específicas (*distinguishing*) ou pela incidência de normas diferentes das já superadas (*overruling*).

5. Breves conclusões

O objetivo desse artigo foi, de início, demonstrar como a evolução do constitucionalismo alcançou a supremacia das constituições *na prática,* supe-

---

[45] Designa-se por *distinguishing* o afastamento da aplicação de um precedente em decorrência das peculiaridades do caso a ser julgado, que impedem a convergência entre os fatos relevantes e a fundamentação utilizada no precedente ao caso atual (CROSS, Rupert; HARRIS, J. W. *Precedent in english law.* Oxford: Clarendon Press, 2004, p. 125).

[46] Por *overruling* entende-se a revogação de um precedente que seja considerado ultrapassado ou equivocado. Para uma visão mais ampla das formas de revogação do precedente: CRUZ E TUCCI, José Rogério, *Precedente judicial como fonte do direito.* São Paulo: RT, 2004, pp. 175 e ss.; PORTES, Maira. Instrumentos para revogação de precedentes no sistema de *common law.* In: MARINONI, Luiz Guilherme (coord.). *A força dos precedentes.* Salvador: Podivm, 2010, pp. 109-120.

[47] Observe-se que a Constituição se renova de acordo com as circunstâncias de sua existência (BÖCKENFORDE, Ernst Wolfgang. La democracia como principio constitucional. In: *Estudios sobre el estado de derecho y la democracia.* Madrid: Trotta, 2002, pp. 50-51). Nesse sentido, assevera Konrad Hesse que "Toda Constituição, ainda que considerada como simples construção teórica, deve encontrar um germe material de sua força vital no tempo, nas circunstâncias, no caráter nacional, necessitando apenas de desenvolvimento. (*A força normativa da Constituição.* Tradução de Gilmar Ferreira Mendes. Porto Alegre: Sergio Antonio Fabris, 1991, pp. 17-18).

rando a ideia do *primado da lei* (positivismo exegético) e, com isso, alçando a função jurisdicional ao objetivo de tutelar direitos fundamentais.

Assentada essa premissa, concluiu-se que o desprendimento do direito aos textos legais infraconstitucionais, ao lado da modificação da estrutura desses textos (menos minudentes e herméticos), traz consigo a inevitável ampliação dos poderes jurisdicionais.

Nesse contexto, despontam alguns mecanismos importantes para a racionalização e o controle das decisões judiciais, com vistas a se evitar que o poder discricionário, antes atribuído ao legislador, migre para as mãos do judiciário.

Um dos possíveis caminhos por nós apontados consiste na utilização do princípio da proporcionalidade, na justa medida em que confere maior significação às constituições e obriga a legislação infraconstitucional a disciplinar direitos fundamentais à luz da dimensão cunhada pelos princípios constitucionais.

A proporcionalidade possui uma dupla função, que à primeira vista, poderia parecer antagônica: amplia, de um lado, a margem de interpretação e argumentação do órgão jurisdicional na aplicação do direito; por outra via, fornece ao juiz parâmetros capazes de *reduzir significativamente a subjetividade da interpretação das normas jurídicas*.

Outro mecanismo que, possivelmente, servirá para refrear a indesejável discricionariedade judiciária consiste na criteriosa adoção de um sistema de precedentes.

É certo que a ampliação da margem de interpretação do direito valoriza a capacidade do juiz de aplicar da norma aos casos específicos; não menos certo, contudo, é que essa capacidade não pode servir para justificar a discrepância de entendimentos sobre um mesmo tema, no seio do poder judiciário.

O desenvolvimento de técnicas de argumentação adequadas para a identificação do precedente e do respectivo âmbito de aplicação é, sem dúvida, um caminho para a estabilização do direito e a prevenção daquilo que muitos denominam "loteria judicial".

A compreensão de tais técnicas auxiliará na elaboração das decisões e no controle da adequação de seus fundamentos àquilo que se considere justo numa dada sociedade em determinado momento histórico.

Concomitantemente, a adoção de técnicas argumentativas tendentes a *afastar* a aplicação de um precedente ou mesmo a revogá-lo garantem a evolução do direito em conformidade com os parâmetros de justiça existentes num dado contexto e momento histórico.

Parece-nos, à luz de tudo o que se expôs, que tanto o recurso à proporcionalidade como a adoção consciente de um sistema de precedentes viabilizam a implementação das soluções jurídicas à luz das mutações sociais.

Tais mecanismos propiciam, cada qual à sua forma, uma redução considerável dos subjetivismos judiciais, aumentando as chances de decisões mais justas e conforme com os direitos fundamentais.

— 8 —

Controle de constitucionalidade das leis penais e o princípio da proporcionalidade[1]

GILMAR FERREIRA MENDES[2]

Sumário: 1. Introdução; 2. Mandados constitucionais de criminalização; 3. O dever de proteção e o princípio da proporcionalidade; 4. Os níveis de intensidade e o modelo exigente de controle de constitucionalidade das leis em matéria penal; 5. Crimes de perigo abstrato em face do princípio da proporcionalidade; 6. Conclusão; Referências.

1. Introdução

A Constituição Federal estabeleceu mandados de criminalização que impõem ao legislador o dever de observância ao princípio da proporcionalidade como proibição de excesso e como proibição de proteção insuficiente. A ideia é a de que a intervenção estatal por meio do Direito Penal, como *ultima ratio* deve ser sempre guiada pelo princípio da proporcionalidade.

A reserva de lei penal configura-se como reserva legal proporcional (*Vorbehalt des verhältnismässigen Gesetzes*): a proibição de excesso (*Übermassverbot*) funciona como limite máximo e a proibição de proteção insuficiente (*Untermassverbot*), como limite mínimo da intervenção legislativa penal.

Abre-se, com isso, a possibilidade do controle da constitucionalidade da atividade legislativa em matéria penal. Por um lado, a Constituição confere ao legislador uma margem discricionária de avaliação, valoração e conformação quanto às medidas eficazes e suficientes para a proteção do bem jurídico penal, e, por outro, também impõe ao legislador os limites do dever de respeito ao princípio da proporcionalidade.

Nesse contexto, é possível concluir pela viabilidade da fiscalização judicial da constitucionalidade dessa atividade legislativa. O Supremo Tribunal Federal está apto a examinar se o legislador considerou suficientemente os

---

[1] O artigo foi elaborado com base nos votos do autor proferidos no Recurso Extraordinário 635.659 e no Habeas Corpus 102.087.

[2] Ministro do Supremo Tribunal Federal; Professor de Direito Constitucional nos cursos de graduação e pós-graduação da Faculdade de Direito da Universidade de Brasília (UnB) e do Instituto Brasiliense de Direito Público (IDP). Doutor em Direito pela Universidade de Münster, Alemanha.

fatos e prognoses e se utilizou de sua margem de ação de forma adequada para a proteção suficiente dos bens jurídicos fundamentais.

O artigo versará sobre o controle de constitucionalidade das leis penais e o princípio da proporcionalidade e compreenderá uma vertente teórica ao tratar dos mandados constitucionais de criminalização, do dever de proteção, bem como dos níveis de intensidade e do modelo exigente de controle de constitucionalidade das leis em matéria penal; e uma vertente pragmática ao abordar a questão dos crimes de perigo abstrato em face do princípio da proporcionalidade.

2. Mandados constitucionais de criminalização

A Constituição de 1988 contém um significativo elenco de normas que, em princípio, não outorgam direitos, mas que, antes, determinam a criminalização de condutas.

Mencionem-se, a propósito, as seguintes disposições constantes do art. 5º:

XLI – a lei punirá qualquer discriminação atentatória dos direitos e liberdades fundamentais;

XLII – a prática do racismo constitui crime inafiançável e imprescritível, sujeito à pena de reclusão, nos termos da lei;

XLIII – a lei considerará crimes inafiançáveis e insuscetíveis de graça ou anistia a prática da tortura, o tráfico ilícito de entorpecentes e drogas afins, o terrorismo e os definidos como crimes hediondos, por eles respondendo os mandantes, os executores e os que, podendo evitá-los, se omitirem;

XLIV – constitui crime inafiançável e imprescritível a ação de grupos armados, civis ou militares, contra a ordem constitucional e o Estado Democrático;

Também o art. 7º, inciso X, contempla norma clara a propósito:

Art. 7º São direitos dos trabalhadores urbanos e rurais, além de outros que visem à melhoria de sua condição social:

(...)

X – proteção do salário na forma da lei, constituindo crime sua retenção dolosa.

Em sentido idêntico, dispõe o art. 227, § 4º, da Constituição:

Art. 227. É dever da família, da sociedade e do Estado assegurar à criança, ao adolescente e ao jovem, com absoluta prioridade, o direito à vida, à saúde, à alimentação, à educação, ao lazer, à profissionalização, à cultura, à dignidade, ao respeito, à liberdade e à convivência familiar e comunitária, além de colocá-los a salvo de toda forma de negligência, discriminação, exploração, violência, crueldade e opressão.

(...)

§ 4º. A lei punirá severamente o abuso, a violência e a exploração sexual da criança e do adolescente.

Também o art. 225, § 3º, dispõe de forma semelhante:

Art. 225. Todos têm direito ao meio ambiente ecologicamente equilibrado, bem de uso comum do povo e essencial à sadia qualidade de vida, impondo-se ao Poder Público e à coletividade o dever de defendê-lo e preservá-lo para presentes e futuras gerações.

(...)

§ 3º. As condutas e atividades consideradas lesivas ao meio ambiente sujeitarão os infratores, pessoas físicas ou jurídicas, a sanções penais e administrativas, independentemente da obrigação de reparar os danos causados.

É possível identificar, em todas esses dispositivos, mandados de criminalização dirigidos ao legislador, tendo em conta os bens e valores objeto de proteção.

Em verdade, tais disposições se traduzem em importante dimensão dos direitos fundamentais, decorrente de sua feição objetiva na ordem constitucional. Tal concepção legitima a ideia de que o Estado se obriga não apenas a observar os direitos de qualquer indivíduo em face do Poder Público (*direito fundamental enquanto direito de proteção ou de defesa – "Abwehrrecht)*, como também a garantir os direitos fundamentais contra agressão de terceiros (*Schutzpflicht des Staats*).[3]

Os direitos fundamentais não podem, portanto, ser considerados apenas como proibições de intervenção; expessam, igualmente, um postulado de proteção. Utilizando-se da formulação de Canaris, pode-se dizer que os direitos fundamentais contemplam não apenas uma proibição de excesso (*Übermassverbote*), como também uma proibição de proteção insuficiente (*Untermassverbote*).[4]

A forma como esse dever será satisfeito constitui, muitas vezes, tarefa dos órgãos estatais, que dispõem de alguma liberdade de conformação.[5] Não raras vezes, a ordem constitucional identifica o dever de proteção e define a forma de sua realização.

A jurisprudência da Corte Constitucional alemã acabou por consolidar o entendimento no sentido de que o significado objetivo dos direitos fundamentais resulta o dever do Estado não apenas de se abster de intervir no âmbito de proteção desses direitos, mas também de proteger tais direitos contra a agressão ensejada por atos de terceiros.[6]

Essa interpretação da Corte Constitucional empresta, sem dúvida, nova dimensão aos direitos fundamentais, fazendo com que o Estado evolua da posição de "adversário" para uma função de guardião desses direitos.[7]

3. O dever de proteção e o princípio da proporcionalidade

A noção de um dever genérico de proteção fundado nos direitos fundamentais relativiza sobremaneira a separação entre a ordem constitucional e a ordem legal, permitindo que se reconheça uma irradiação dos efeitos desses direitos sobre toda a ordem jurídica.[8]

Assim, ainda que não se reconheça, em todos os casos, uma pretensão subjetiva contra o Estado, tem-se, inequivocamente, a identificação de um de-

---

[3] HESSE, Konrad. *Grundzüge des Verfassungsrechts der Bundesrepublik Deutschland*. 16. ed. Heidelberg, 1988, p. 155-156.

[4] CANARIS, Claus-Wilhelm. *Grundrechtswirkungen und Verhältnismässigkeitsprinzip in der richterlichen Anwendung und Fortbildung des Privatsrechts*, JuS 1989, p. 161 (163).

[5] HESSE, Konrad. *Grundzüge des Verfassungsrechts der Bundesrepublik Deutschland*. 16. ed. Heidelberg, 1988, p. 155.

[6] Cf., a propósito, BverfGE, 39, 1 e s.; 46, 160 (164); 49, 89 (140 e s.); 53, 50 (57 e s.); 56, 54 (78); 66; 39 (61); 77 170 (229 s.); 77, 381 (402 e s.); ver, também, DIETLEIN, Johannes. *Die Lehre von den grundrechtlichen Schutzpflichten*. Berlin, 1991, p. 18.

[7] Cf., a propósito, DIETELEIN, Johannes. *Die Lehre von den grundrechtlichen Schutzpflichten*, cit. p. 17 e ss.

[8] von MÜNCH, Ingo. *Grundgesetz-Kommentar*, Kommentar zu Vorbemerkung Art 1-19, N° 22.

ver deste de tomar todas as providências necessárias para a realização ou concretização dos direitos fundamentais.⁹

Nos termos da doutrina e com base na jurisprudência da Corte Constitucional alemã, pode-se estabelecer a seguinte classificação do dever de proteção:

a) dever de proibição (*Verbotspflicht*), consistente no dever de se proibir uma determinada conduta;

b) dever de segurança (*Sicherheitspflicht*), que impõe ao Estado o dever de proteger o indivíduo contra ataques de terceiros mediante a adoção de medidas diversas;

c) dever de evitar riscos (*Risikopflicht*), que autoriza o Estado a atuar com o objetivo de evitar riscos para o cidadão em geral, mediante a adoção de medidas de proteção ou de prevenção especialmente em relação ao desenvolvimento técnico ou tecnológico.¹⁰

Discutiu-se intensamente se haveria um direito subjetivo à observância do dever de proteção ou, em outros termos, se haveria um direito fundamental à proteção. A Corte Constitucional acabou por reconhecer esse direito, enfatizando que a não observância de um dever de proteção corresponde a uma lesão do direito fundamental previsto no art. 2, II, da Lei Fundamental.¹¹

Assim, as normas constitucionais brasileiras referidas explicitam o dever de proteção identificado pelo constituinte e traduzido em mandados de criminalização expressos dirigidos ao legislador.

Segundo Luciano Feldens, os mandados constitucionais de criminalização atuam como limitações à liberdade de configuração do legislador penal e impõem a instituição de um sistema de proteção por meio de normas penais.¹²

Registre-se que os mandados de criminalização expressos não são uma singularidade da Constituição brasileira. Outras constituições adotam orientações assemelhadas (Cf. Constituição espanhola, art. 45, 1, 2 e 3; art. 46, "c", e art. 55; Constituição italiana, art. 13; Constituição da França, art. 68; Lei Fundamental da Alemanha, art. 26, I).

É inequívoco, porém, que a Constituição brasileira de 1988 adotou, muito provavelmente, um dos mais amplos, senão o mais amplo, "catálogo" de mandados de criminalização expressos de que se tem notícia.

Ao lado dessa ideia de mandados de criminalização expressos, convém observar que configura prática corriqueira na ordem jurídica a concretização de deveres de proteção mediante a criminalização de condutas.

Outras vezes cogita-se mesmo de mandados de criminalização implícitos, tendo em vista uma ordem de valores estabelecida pela Constituição. Assim, levando-se em conta o dever de proteção e a proibição de uma proteção deficiente ou insuficiente (*Untermassverbot*), cumpriria ao legislador estatuir o sistema de proteção constitucional penal adequado.

---

⁹ von MÜNCH, Ingo. *Grundgesetz-Kommentar*, cit.

¹⁰ RICHTER, Ingo; SCHUPPERT, Gunnar Folke. *Casebook Verfassungsrecht*. 3. ed.München, 1996, p. 35-36.

¹¹ Cf. BVerfGE 77, 170 (214); ver também RICHTER, Ingo; SCHUPPERT, Gunnar Folke. *Casebook Verfassungsrecht*, p. 36-37.

¹² FELDENS, Luciano. *A Constituição Penal*: a dupla face da proporcionalidade no controle de normas penais. Porto Alegre: Livraria do Advogado; 2005.

Em muitos casos, a eleição da norma penal pode se conter no âmbito daquilo que se costuma chamar de discrição legislativa, tendo em vista desenvolvimentos históricos, circunstâncias específicas ou opções ligadas a um certo experimentalismo institucional.

A ordem constitucional confere ao legislador margens de ação[13] para decidir quais medidas devem ser adotadas para a proteção penal eficiente dos bens jurídicos fundamentais. É certo, por outro lado, que a atuação do legislador sempre estará limitada pelo princípio da proporcionalidade.

Assim, na dogmática alemã, é conhecida a diferenciação entre o princípio da proporcionalidade como proibição de excesso (*Übermassverbot*) e como proibição de proteção deficiente (*Untermassverbot*). No primeiro caso, o princípio da proporcionalidade funciona como parâmetro de aferição da constitucionalidade das intervenções nos direitos fundamentais enquanto proibições de intervenção. No segundo, a consideração dos direitos fundamentais como imperativos de tutela (Canaris) imprime ao princípio da proporcionalidade uma estrutura diferenciada.[14]

O ato não será adequado caso não proteja o direito fundamental de maneira ótima; não será necessário na hipótese de existirem medidas alternativas que favoreçam ainda mais a realização do direito fundamental; e violará o subprincípio da proporcionalidade em sentido estrito se o grau de satisfação do fim legislativo for inferior ao grau em que não se realiza o direito fundamental de proteção.[15]

Na jurisprudência do Tribunal Constitucional alemão, a utilização do princípio da proporcionalidade como proibição de proteção deficiente pode ser observada na segunda decisão sobre o aborto (BVerfGE 88, 203,1993). O *Bundesverfassungsgericht* assim se pronunciou:

> O Estado, para cumprir com seu dever de proteção, deve empregar medidas suficientes de caráter normativo e material, que levem a alcançar – atendendo à contraposição de bens jurídicos – a uma proteção adequada, e como tal, efetiva (proibição de insuficiência).
>
> (...)
>
> É tarefa do legislador determinar, detalhadamente, o tipo e a extensão da proteção. A Constituição fixa a proteção com meta, não detalhando, porém, sua configuração. No entanto, o legislador deve observar a proibição de insuficiência (...).Considerando-se bens jurídicos contrapostos, necessária se faz uma proteção adequada. Decisivo é que a proteção seja eficiente como tal. As medidas tomadas pelo legislador devem ser suficientes para uma proteção adequada e eficiente e, além disso, basear-se em cuidadosas averiguações de fatos e avaliações racionalmente sustentáveis (...).

Os mandados constitucionais de criminalização impõem, portanto, ao legislador o dever de observância do princípio da proporcionalidade, o que consiste na ideia da intervenção estatal por meio do Direito Penal como *ultima ratio*.

---

[13] Cf. ALEXY, Robert. Epílogo a la Teoría de los Derechos Fundamentales. *Revista Española de Derecho Constitucional*. Madrid: Centro de Estudios políticos y Constitucionales, n° 66, ano 22, p. 13-64, sep.-dic./2002.

[14] "Uma transposição, sem modificações, do estrito princípio da proporcionalidade, como foi desenvolvido no contexto da proibição de excesso, para a concretização da proibição de insuficiência, não é, pois, aceitável, ainda que, evidentemente, também aqui considerações de proporcionalidade desempenhem um papel, tal como em todas as soluções de ponderação". CANARIS, Claus-Wilhelm. *Direitos Fundamentais e Direito Privado*. Coimbra: Almedina; 2003.

[15] Cf. BERNAL PULIDO, Carlos. *El principio de proporcionalidad y los derechos fundamentales*. Madrid: Centro de Estudios Políticos y Constitucionales; 2003, p. 798 e ss.

4. Os níveis de intensidade e o modelo exigente de controle de constitucionalidade das leis em matéria penal

Na medida em que a pena constitui a forma de intervenção estatal mais severa no âmbito de liberdade individual, e que, portanto, o direito penal e o processual penal devem revestir-se de maiores garantias materiais e processuais, o controle de constitucionalidade em matéria penal deve ser realizado de forma ainda mais rigorosa do que aquele destinado a averiguar a legitimidade constitucional de outros tipos de intervenção legislativa em direitos fundamentais dotados de menor potencial ofensivo.

Em outros termos, se a atividade legislativa de definição de tipos e cominação de penas constitui, *prima facie*, uma intervenção de alta intensidade em direitos fundamentais, a fiscalização jurisdicional da adequação constitucional dessa atividade deve ser tanto mais exigente e rigorosa por parte do órgão que tem em seu encargo o controle da constitucionalidade das leis.

Esse entendimento pode ser traduzido segundo o postulado do princípio da proporcionalidade em sentido estrito, o qual, conforme menciona Alexy, "pode ser formulado como uma lei de ponderação cuja fórmula mais simples voltada para os direitos fundamentais diz: quanto mais intensa se revelar a intervenção em um dado direito fundamental, maiores hão de se revelar os fundamentos justificadores dessa intervenção".[16]

A tarefa do Tribunal Constitucional é, portanto, a de fiscalizar a legitimidade constitucional da atividade legislativa em matéria penal, lastreado pelo princípio da proporcionalidade, seguindo, dessa forma, a máxima: quanto mais intensa seja a intervenção legislativa penal em um direito fundamental, mais intenso deve ser o controle de sua constitucionalidade realizado pelo Tribunal Constitucional.

Essas são as premissas para a construção de um modelo exigente de controle de constitucionalidade das leis em matéria penal, baseado em níveis de intensidade.[17]

Nesse sentido, podem ser distinguidos 3 (três) níveis ou graus de intensidade do controle de constitucionalidade de leis penais, consoante as diretrizes elaboradas pela doutrina e jurisprudência constitucional alemã.

Na famosa decisão (*Urteil*) Mitbestimmungsgesetz, do Primeiro Senado, de 1º de março de 1979, prolatada na audiência de 28, 29 e 30 de novembro e 1º de dezembro de 1978 – BVerfGE 50, 290 –, o Tribunal Constitucional alemão distinguiu os seguintes graus de intensidade do controle de constitucionalidade das leis: a) controle de evidência (*Evidenzkontrolle*); b) controle de sustentabilidade ou justificabilidade (*Vertretbarkeitskontrolle*); c) controle material de intensidade (*intensivierten inhaltlichen Kontrolle*).

---

[16] ALEXY, Robert. *Colisão e ponderação como problema fundamental da dogmática dos direitos fundamentais*. Palestra proferida na Fundação Casa de Rui Barbosa, Rio de Janeiro, em 10.12.1998. Tradução informal de Gilmar Ferreira Mendes.

[17] Cf.: LOPERA MESA, Gloria Patricia. *Principio de proporcionalidad y ley penal*. Bases para un modelo de control de constitucionalidad de leyes penales. Madrid: Centro de Estudios Políticos y Constitucionales; 2006.

No primeiro nível, o controle de constitucionalidade realizado pelo Tribunal deve reconhecer ao legislador uma ampla margem de avaliação, valoração e conformação quanto às medidas eficazes e suficientes para a proteção do bem jurídico. A norma somente poderá ser declarada inconstitucional quando as medidas adotadas pelo legislador são visivelmente inidôneas para a efetiva proteção desse bem jurídico.

Não obstante, o Tribunal deixa ressaltado que "a observância da margem de configuração do legislador não pode levar a uma redução do que, a despeito de quaisquer transformações, a Constituição pretende garantir de maneira imutável, ou seja, ela não pode levar a uma redução das liberdades individuais que são garantidas nos direitos fundamentais individuais, sem as quais uma vida com dignidade humana não é possível, segundo a concepção da '*Grundgesetz*'" (BVerfGE 50, 290).

O Tribunal conclui que "a tarefa (do controle de constitucionalidade) consiste, portanto, em unir a liberdade fundamental própria da configuração político-econômica e político-social" – ou político-criminal, se quisermos contextualizar essa afirmação – "que devem permanecer reservadas ao legislador, com a proteção da liberdade, à qual o indivíduo tem direito justamente também em face do legislador" (BVerfGE 50, 290).

Esse controle de evidência foi delineado também na decisão BVerfGE 77,170 (*Lagerung Chemischer Waffen*), na qual o Tribunal deixou assentado o seguinte entendimento:

> Para o cumprimento dos deveres de tutela (*Schutzpflichten*) derivados do Art. 2, II, 1 GG, cabe ao Legislativo, assim como ao Executivo, uma ampla margem de avaliação, valoração e conformação (poder discricionário), que também deixa espaço para, por exemplo, dar atenção a interesses públicos e privados concorrentes. Essa ampla liberdade de conformação pode ser controlada pelos tribunais tão somente de maneira restrita, dependendo da peculiaridade da matéria em questão, das possibilidades de formação de um juízo suficientemente seguro e do significado dos bens jurídicos em jogo.

Assim, o Tribunal fixou o entendimento de que a admissão de um recurso constitucional (*Verfassungsbeschwerde*) pressupõe a demonstração, "de maneira concludente, que o Poder Público não adotou quaisquer medidas preventivas de proteção, ou que evidentemente as regulamentações e medidas adotadas são totalmente inadequadas ou completamente insuficientes para o alcance do objetivo de proteção".

Assim, um controle de evidência em matéria penal será exercido pelo Tribunal com observância da ampla margem de avaliação, valoração e conformação conferida constitucionalmente ao legislador quanto à adoção das medidas mais adequadas para a proteção do bem jurídico penal. Uma eventual declaração de inconstitucionalidade deve se basear na patente inidoneidade das medidas escolhidas pelo legislador para os objetivos perseguidos pela política criminal.

No segundo nível, o controle de sustentabilidade ou de justificabilidade (*Vertretbarkeitskontrolle*) está orientado a verificar se a decisão legislativa foi tomada após uma apreciação objetiva e justificável de todas as fontes de conhecimento disponíveis no momento da promulgação da lei (BVerfGE 50, 290).

Também na decisão *Mühlenstrukturgesetz* (BVerfGE 39, 210), o Tribunal Constitucional alemão fixou esse entendimento, nos seguintes termos:

> O exame de constitucionalidade compreende primeiramente a verificação de se o legislador buscou inteirar-se, correta e suficientemente, da situação fática existente à época da promulgação da lei. O legislador tem uma ampla margem de avaliação (discricionariedade) na avaliação dos perigos que ameaçam a coletividade. Mesmo quando, no momento da atividade legislativa, parece remota a possibilidade da ocorrência de perigos para um bem coletivo, não é defeso ao legislador que tome medidas preventivas tempestivamente, contanto que suas concepções sobre o possível desenvolvimento perigoso no caso de sua omissão, não se choquem de tal sorte com as leis da ciência econômica ou da experiência prática, que elas não possam mais representar uma base racional para as medidas legislativas [BVerfGE 25, 1 (17); 38, 61 (87)]. Nesse caso, deve-se partir fundamentalmente de uma avaliação de relações (dados da realidade social) possível ao legislador quando da elaboração da lei [BVerfGE 25, 1 (12 s.)]. Contanto que ele tenha usado os meios de estudo que lhe estavam à disposição, os (eventuais) erros (que vierem a se revelar no futuro, n. org) sobre o desenvolvimento econômico devem ser tolerados.

Nesse segundo nível, portanto, o controle de constitucionalidade estende-se à questão de se o legislador levantou e considerou diligente e suficientemente todas as informações disponíveis e se realizou prognósticos sobre as consequências da aplicação da norma, enfim se o legislador valeu-se de sua margem de ação de "maneira sustentável".[18]

Nesse sentido, uma das decisões mais importantes da Corte alemã pode ser encontrada no famoso caso Cannabis (BVerfGE 90, 145), em que o Tribunal confirmou a constitucionalidade da tipificação penal da aquisição e porte para consumo de produtos derivados da planta *cannabis sativa*.

Ao analisar o caso, sob o ângulo do princípio da proporcionalidade, que incide com maior rigor no exame de um dispositivo penal, a Corte enfatizou que cabe ao legislador uma ampla margem de avaliação quanto à adequação e à necessidade de certa medida para o alcance do fim almejado, o que pressupõe também a discricionariedade para a realização de prognósticos quanto às consequências da medida adotada. Os argumentos utilizados estão bem representados no seguinte trecho da decisão:

> Sob o ponto de vista material, ressalvadas as garantias constitucionais especiais, o princípio da proporcionalidade oferece o parâmetro geral constitucional, segundo o qual a liberdade de ação pode ser restringida [cf. BVerfGE 75, 108 (154 s.); 80, 137 (153)]. Esse princípio tem um significado mais intenso no exame de um dispositivo penal, que, enquanto sanção mais forte à disposição do Estado, expressa um juízo de valor ético-social negativo sobre uma determinada ação do cidadão [cf. BVerfGE 25, 269 (286); 88, 203 (258). Se há previsão de pena privativa de liberdade, isso possibilita uma intervenção no direito fundamental da liberdade da pessoa, protegido pelo Art. 2 II 2 GG. A liberdade da pessoa, que a Grundgesetz caracteriza como 'inviolável', é um bem jurídico tão elevado que nele somente se pode intervir com base na reserva legal do Art. 2 II 3 GG, por motivos especialmente graves. Independentemente do fato de que tais intervenções também podem ser cogitadas sob determinados pressupostos, quando servirem para impedir que o atingido promova contra si próprio um dano pessoal maior [BVerfGE 22, 180 (219); 58, 208 (224 et seg.); 59, 275 (278); 60, 123 (132)], elas, em geral, somente são permitidas se a proteção de outros ou da comunidade assim o exigir, observando-se o princípio da proporcionalidade.
>
> Segundo esse princípio, uma lei que restringe o direito fundamental deve ser adequada e necessária para o alcance almejado. Uma lei é adequada se o propósito almejado puder ser promovido com o seu auxílio; é necessária se o legislador não puder selecionar um outro meio de igual eficácia, mas que não restrinja, ou que restrinja menos, o direito fundamental [cf. BVerfGE 30, 292 (316); 63, 88 (115); 67, 157 (173, 176)]. Na avaliação da adequação e da necessidade do meio escolhido para o alcance dos objetivos buscados, como na avaliação e prognóstico a serem feitos, neste contexto, dos perigos que ameaçam o indivíduo ou a comunidade, cabe ao legislador uma margem (discricionária) de avaliação, a qual o Tribunal Constitucional

---

[18] *BVerfGE* 88, 203, 1993.

Federal – dependendo da particularidade do assunto em questão, das possibilidades de formar um julgamento suficientemente seguro e dos bens jurídicos que estão em jogo – poderá revisar somente em extensão limitada (cf. BVerfGE 77, 170 (215); 88, 203 (262)].

Além disso, numa ponderação geral entre a gravidade da intervenção e o peso, bem como da urgência dos motivos justificadores, deve ser respeitado o limite da exigibilidade para os destinatários da proibição [cf. BVerfGE 30, 292 (316); 67, 157 (178); 81, 70 (92)]. A medida não deve, portanto, onerá-lo excessivamente (proibição de excesso ou proporcionalidade em sentido estrito: cf. BVerfGE 48, 396 (402); 83, 1 (19). No âmbito da punibilidade estatal, deriva do princípio da culpa, que tem a sua base no Art. 1 I GG [cf. BVerfGE 45, 187 (228)], e do princípio da proporcionalidade, que deve ser deduzido do princípio do Estado de direito e dos direitos de liberdade, que a gravidade de um delito e a culpa do autor devem estar numa proporção justa em relação à pena. Uma previsão de pena não pode, quanto ao seu tipo e à sua extensão, ser inadequada em relação ao comportamento sujeito à aplicação da pena. O tipo penal e a consequência jurídica devem estar racionalmente correlacionados [cf. BVerGE 54, 100 (108)].

É, em princípio, tarefa do legislador determinar de maneira vinculante o âmbito da ação punível, observando a respectiva situação em seus pormenores. O Tribunal Constitucional Federal não pode examinar a decisão do legislador no sentido de se verificar se foi escolhida a solução mais adequada, mais sensata ou mais justa. Tem apenas que zelar para que o dispositivo penal esteja materialmente em sintonia com as determinações da Constituição e com os princípios constitucionais não escritos, bem como para que corresponda às decisões fundamentais da Grundgesetz [cf. BVerfGE 80, 244 (255)].

No caso, o *Bundesverfassungsgericht*, após analisar uma grande quantidade de dados e argumentos sobre o tema, reconhece que ainda não estaria concluída, à época, a discussão político-criminal a respeito da melhor alternativa para se alcançar a redução do consumo de *cannabis*, se por meio da penalização ou por meio da liberação da conduta. E, justamente devido à incerteza quanto ao efetivo grau de periculosidade social do consumo da *cannabis* e à polêmica existente, tanto no plano científico como no político-social, em torno da eficácia da intervenção por meio do direito penal, é que não se poderia reprovar, do ponto de vista de sua constitucionalidade, a avaliação realizada pelo legislador, naquele estágio do conhecimento, a respeito da adequação e da necessidade da medida penal.

O Tribunal admite que, "se o legislador nesse contexto se fixa na interpretação de que a proibição geral de *cannabis* sancionada criminalmente afastaria um número maior de consumidores em potencial do que a suspensão da previsão de pena e que, portanto, seria mais adequada para a proteção dos bens jurídicos, isto deve ser tolerado constitucionalmente, pois o legislador tem a prerrogativa de avaliação e de decisão na escolha entre diversos caminhos potencialmente apropriados para o alcance do objetivo de uma lei".[19]

Dessa forma, não se pode deixar de considerar que, no âmbito desse denominado controle de sustentabilidade ou de justificabilidade (*Vertretbarkeitskontrolle*), assumem especial relevo as técnicas procedimentais postas à disposição do Tribunal e destinadas à verificação dos fatos e prognoses legislativos, como a admissão de *amicus curiae* e a realização de audiências públicas, previstas em nosso ordenamento jurídico pela Lei 9.868/99.

Em verdade, no controle abstrato de normas não se procede apenas a um simples contraste entre a disposição do direito ordinário e os princípios constitucionais. Ao revés, também aqui fica evidente que se aprecia a relação entre a lei e o problema que se lhe apresenta em face do parâmetro constitucional.

---

[19] *BVerfGE* 90, 145, 1994.

Em outros termos, a aferição dos chamados fatos legislativos constitui parte essencial do chamado controle de constitucionalidade, de modo que a verificação desses fatos relaciona-se íntima e indissociavelmente com a própria competência do Tribunal.[20]

No âmbito do controle de constitucionalidade em matéria penal, devem as Cortes Constitucionais, na maior medida possível, inteirar-se dos diagnósticos e prognósticos realizados pelo legislador para a confecção de determinada política criminal, pois é este conhecimento dos dados da realidade – os quais serviram de pressuposto da atividade legislativa – que lhe permitirá averiguar se o órgão legislador utilizou-se de sua margem de ação de maneira sustentável e justificada.

No terceiro nível, o controle material intensivo (*intensivierten inhaltlichen Kontrolle*) aplica-se às intervenções legislativas que, por afetarem intensamente bens jurídicos de extraordinária importância, como a vida e a liberdade individual, devem ser submetidas a um controle mais rígido por parte dos Tribunais Constitucionais, com base no princípio da proporcionalidade em sentido estrito. Assim, quando esteja evidente a grave afetação de bens jurídicos fundamentais de suma relevância, poderão os Tribunais desconsiderar as avaliações e valorações fáticas realizadas pelo legislador para então fiscalizar se a intervenção no direito fundamental em causa está devidamente justificada por razões de extraordinária importância.

Essa fase do controle foi efetivamente definida na citada decisão *Mitbestimmungsgesetz* (BVerfGE 50, 290), mas já havia ficado explicitada na célebre decisão *Apothekenurteil* (BVerfGE 7, 377, 1958), em que se discutiu o âmbito de proteção do direito fundamental à liberdade de profissão. Na ocasião, o Tribunal assim fixou seu entendimento:

> As limitações ao poder regulamentar, que são derivadas da observância do direito fundamental, são mandamentos constitucionais materiais que são endereçados, em primeira linha, ao próprio legislador. Sua observância deve ser, entretanto, fiscalizada pelo Tribunal Constitucional Federal. Se uma restrição da livre escolha profissional estiver no 'último degrau' (dos pressupostos objetivos de sua admissão), o Tribunal Constitucional Federal deve primeiro examinar se um bem jurídico coletivo prevalecente está ameaçado e se a regulamentação legislativa pode mesmo servir à defesa contra esse perigo. Ele deve, além disso, também examinar se justamente a intervenção perpetrada é inevitavelmente ordenada para a proteção do referido bem; em outras palavras, se o legislador não poderia ter efetivado a proteção com regulamentações de um 'degrau' anterior.
>
> Contra um exame no último sentido supra declinado objetou-se que ele ultrapassaria a competência de um tribunal, pois um tribunal não poderia avaliar se uma medida legislativa certa seria ordenada, vez que ele não poderia saber se haveria outros meios igualmente eficazes e se eles poderiam ser realizados pelo legislador. Isso só poderia ser feito quando se conhecem não somente todas as relações sociais a serem ordenadas, como também as possibilidades da legislação. Essa concepção, que pretende, principalmente a partir de considerações pragmáticas, limitar a competência do Tribunal Constitucional Federal é, por vezes, teoricamente fundamentada com a informação de que o Tribunal, por causa da utilização de uma ampla competência de exame, interferiria na esfera do legislador, e com isso se chocaria contra o princípio da divisão de poderes.
>
> O Tribunal Constitucional não pode concordar com essa posição. Ao Tribunal foi atribuída a proteção dos direitos fundamentais em face do legislador. Quando da interpretação de um direito fundamental resultarem

---

[20] Cf. MENDES, Gilmar Ferreira. Controle de constitucionalidade: hermenêutica constitucional e revisão de fatos e prognoses legislativos pelo órgão judicial. In: Direitos Fundamentais e Controle de Constitucionalidade. Estudos de Direito Constitucional. São Paulo: Saraiva; 2007, p. 471 e ss.

limites ao legislador, o tribunal deve poder fiscalizar a observância deles por parte dele, legislador. Ele não pode subtrair-se à esta tarefa se não quiser, na prática, desvalorizar em grande parte os direitos fundamentais e acabar com a sua função atribuída pela Grundgesetz.

A exigência frequentemente feita nesse contexto segundo o qual o legislador deveria, entre vários meios igualmente adequados, livremente decidir, não resolveria o problema ora em pauta. Tal exigência tem em vista o caso (normal) de um direito fundamental que não se constitui de uma área de proteção gradual (como, p. ex., na decisão BVerfGE 2, 266).

Nesse caso, o legislador encontra-se, entretanto, dentro de determinados limites, livre para a escolha entre várias medidas legislativas igualmente adequadas, vez que elas todas atingem o mesmo direito fundamental em seu conteúdo único e não diferenciado. Não obstante, em se tratando de um direito fundamental que encerra em si zonas mais fortes e mais fracas de proteção da liberdade, torna-se necessário que a jurisdição constitucional verifique se os pressupostos para uma regulamentação estão presentes no degrau onde a liberdade é protegida ao máximo. Em outras palavras, necessário se faz que se possa avaliar se medidas legislativas no degrau inferior não teriam sido suficientes, ou seja, se deste modo a intervenção perpetrada fosse 'inexoravelmente obrigatória'. Se se quisesse deixar ao legislador também a escolha entre os 'meios igualmente adequados', que correspondessem a degraus diferentes uns dos outros, isso acarretaria que justamente intervenções que limitem ao máximo o direito fundamental seriam, em razão de seu efeito muito eficaz para o alcance da meta almejada, as mais frequentes escolhidas e seriam aceitas sem exame. Uma proteção efetiva da área de liberdade, que o Art. 12 I GG pretende proteger com mais ênfase, não seria, destarte, mais garantida.

Nesse terceiro nível, portanto, os Tribunais examinarão se a medida legislativa interventiva em dado bem jurídico é necessariamente obrigatória, do ponto de vista da Constituição, para a proteção de outros bens jurídicos igualmente relevantes. O controle é mais rígido, ao adentrar no próprio exame da ponderação de bens e valores realizada pelo legislador.

Assim, no exercício do controle material intensivo, os Tribunais procedem a análise de se a medida penal – que *prima facie* constitui uma intervenção em direitos fundamentais – mantém uma relação de proporcionalidade com as metas fixadas pela política criminal, destinadas, ao fim e ao cabo, à promoção da segurança e da incolumidade públicas, enfim, da paz social.

Tais premissas devem balizar a construção de um modelo rígido de controle de constitucionalidade de leis em matéria penal, tendo em vista a proteção dos direitos e garantias fundamentais. O Tribunal deve sempre levar em conta que a Constituição confere ao legislador amplas margens de ação para eleger os bens jurídicos penais e avaliar as medidas adequadas e necessárias para a efetiva proteção desses bens.

Porém, uma vez que se ateste que as medidas legislativas adotadas transbordam os limites impostos pela Constituição – o que poderá ser verificado com base no princípio da proporcionalidade como proibição de excesso (*Übermassverbot*) e como proibição de proteção deficiente (*Untermassverbot*) –, deverá ser exercido um rígido controle sobre a atividade legislativa, declarando a inconstitucionalidade de leis penais transgressoras de princípios constitucionais.

5. Crimes de perigo abstrato em face do princípio da proporcionalidade

Apesar da existência de ampla controvérsia doutrinária, os crimes de perigo abstrato podem ser identificados como aqueles em que não se exige nem a efetiva lesão ao bem jurídico protegido pela norma, nem à configuração do perigo em concreto a esse bem jurídico.

Nessa espécie de delito, o legislador penal não toma como pressuposto da criminalização a lesão ou o perigo de lesão concreta a determinado bem jurídico, mas se baseando em dados empíricos, seleciona grupos ou classes de condutas que geralmente trazem consigo o indesejado perigo a algum bem jurídico fundamental.

Os tipos de perigo abstrato descrevem ações que, segundo a experiência, produzem efetiva lesão ou perigo de lesão a um bem jurídico digno de proteção penal, ainda que concretamente essa lesão ou esse perigo de lesão não venham a ocorrer.

O legislador formula, desse modo, uma presunção absoluta a respeito da periculosidade de determinada conduta em relação ao bem jurídico que pretende proteger. O perigo, nesse sentido, não é concreto, mas apenas abstrato. Não é necessário, portanto, que, no caso concreto, a lesão ou o perigo de lesão venham a se efetivar. O delito estará consumado com a mera conduta descrita na lei penal.

Cabe observar que a definição de crimes de perigo abstrato não representa, por si só, comportamento inconstitucional por parte do legislador penal. A tipificação de condutas que geram perigo em abstrato acaba se mostrando, muitas vezes, como alternativa mais eficaz para a proteção de bens de caráter difuso ou coletivo, como, por exemplo, o meio ambiente, a saúde pública, entre outros, o que permite ao legislador optar por um direito penal nitidamente preventivo.

Portanto, pode o legislador, dentro de suas margens de avaliação e de decisão, definir as medidas mais adequadas e necessárias à efetiva proteção de bens jurídicos dessa natureza.

Por outro lado, não é difícil entender as características e os contornos da delicada relação entre os delitos de perigo abstrato e os princípios da lesividade ou ofensividade, os quais, por sua vez, estão intrinsecamente relacionados com o princípio da proporcionalidade. A atividade legislativa de produção de tipos de perigo abstrato deve, por isso, ser objeto de rígida fiscalização a respeito de sua constitucionalidade.

Em primeiro lugar, no âmbito de análise segundo a máxima da adequação, é possível constatar que não serão idôneos para proteção de determinado bem jurídico os atos legislativos criadores de tipos de perigo abstrato que incriminem meras infrações administrativas, as quais não têm aptidão para produzir, sequer potencialmente, qualquer perigo em concreto para o bem jurídico em questão.

Isso quer dizer que os crimes de perigo abstrato devem se restringir aos comportamentos que, segundo os diagnósticos e prognósticos realizados pelo legislador com base em dados e análises científicas disponíveis no momento legislativo – e, daí, a importância da verificação de fatos e prognoses legislativos em sede de controle judicial de constitucionalidade – geralmente configuram perigo para o bem jurídico protegido, estando descartados aqueles que, apenas de forma excepcional, podem ensejar tal perigo. Conforme as lições de Aguado Correa:

> Como conclusión, podemos afirmar que serán idóneos los delitos de peligro abstracto para la protección de bienes jurídicos cuando, según la forma y la intensidad de los ataques, sea necesaria su protección frente a peligros abstractos; cuando se trate de prohibir comportamientos que no afectan de modo alguno al bien jurídico correspondiente serán inidóneos. Por otra parte, únicamente será idónea la prohibición penal de acciones peligrosas en abstracto cuando las distintas formas de actuación que se prohiben normalmente supongan un peligro para el bien jurídico protegido y no cuando tan solamente em casos excepcionales puede suponer un peligro para el mismo.[21]

Destarte, segundo a máxima da necessidade, quando houver medidas mais eficazes para a proteção do bem jurídico-penal, porém menos gravosas para os direitos individuais em jogo, os crimes de perigo abstrato serão contrários aos princípios da subsidiariedade e da ofensividade e, dessa forma, ao princípio da proporcionalidade. Meros ilícitos que são objeto de responsabilização jurídica eficaz por meio do Direito Civil ou do Direito Administrativo tornam desnecessária a intervenção do Direito Penal, que deve operar apenas como *ultima ratio*.

Assim, como explica Aguado Correa:

> Para que los delitos de peligro abstracto resulten compatibles con el principio de ofensividad es necesario: por una parte, que a través de los mismos se intente proteger bienes jurídicos merecedores de pena, es decir, constitucionalmente legítimos y dotados de una especial relevancia social, puesto que implican una ampliación muy importante de la tutela penal; por otra parte, que a través de los delitos de peligro abstracto se tipifiquen aquellas conductas que aparezcan como generalmente peligrosas para el bien jurídico que se trata de proteger, y no aquellas conductas que sólo en algunos casos aparecen como peligrosas; en último lugar, que en el caso concreto el comportamiento sea efectivamente peligroso para el bien jurídico protegido.[22]

No âmbito da proporcionalidade em sentido estrito, deverá ser verificado se a restrição a direitos fundamentais como resultado da incriminação de comportamentos perigosos em abstrato pode manter uma relação de proporcionalidade com a proteção do bem jurídico em questão alcançada pela medida normativa de caráter penal. Em outras palavras, quanto maior for a intervenção penal em direitos fundamentais dos afetados, maior deverá ser a efetiva proteção do bem jurídico por ela almejada. No entendimento de Aguado Correa:

> El tercer nivel del principio de proporcionalidad em sentido amplio pretende ser un control de signo opuesto de aquellas medidas que han sido consideradas idóneas y necesarias, en el sentido de si los medios utilizados, que son los que causan esa restricción de derechos fundamentales en los afectados, se encuentran en una relación de proporción con la protección del bien jurídico que a través de los mismos se pretende alcanzar. Este examen puede llevar a la conclusión de que un medio en principio idóneo y necesario para la protección del bien jurídico, no debe ser utilizado porque el menoscabo de derechos fundamentales del afectado que conlleva supera el aumento de protección del bien jurídico, de manera que la utilización de dicho medio de protección puede ser reputado desproporcionado. Ello implica que bajo determinadas circunstancias se deja de proteger legitimamente el bien jurídico porque, de lo contrario, se produciría um menoscabo desproporcionado de los derechos fundamentales.[23]

---

[21] Cf AGUADO CORREA, Teresa. *El principio de proporcionalidad en Derecho Penal*. Madrid: Edersa; 1999, pp. 341 e ss.
[22] Idem, p. 394.
[23] Idem, p. 403.

Nesse contexto, destacam-se dois precedentes da Suprema Corte em que condutas tipificadas como crimes de perigo abstrato foram valoradas sob o enfoque do princípio da proporcionalidade.

No RE 583.523, com repercussão geral, Rel. Min. Gilmar Mendes (j. 13.10.2013, Tribunal Pleno), em que declarada, por unanimidade, a inconstitucionalidade da criminalização da posse não justificada de instrumento de emprego usual na prática de furto (artigo 25, do Decreto-Lei n. 3.688/1941), ressaltou-se que a norma não se mostrava adequada, porque não protegia de maneira ótima o direito fundamental ao patrimônio e à incolumidade pública, na medida em que se restringia, de forma discriminatória, às pessoas descritas no tipo (vadio ou mendigo, ou reincidente em crime de furto ou roubo, ou sujeito à liberdade vigiada).

O Relator também assentou que a criminalização da conduta não se mostrava necessária, porque poderia ser suprida por medidas alternativas que favorecessem, ainda mais, a proteção aos bens jurídicos que se pretendeu resguardar. Por fim, que a contravenção penal em questão violava o subprincípio da proporcionalidade em sentido estrito, visto que a punição de uma conduta apenas quando realizada por pessoas determinadas, segundo critérios discriminatórios, mostrava-se inferior ao grau em que não se realiza o direito fundamental de proteção.

Na ADI 3112/DF, de relatoria do Ministro Ricardo Lewandowski (j. 2.5.2007, Tribunal Pleno), o Supremo Tribunal Federal apreciou a constitucionalidade de diversos dispositivos do Estatuto do Desarmamento (Lei 10.826/2013). O diploma foi contestado ao argumento de que havia ferido o direito constitucional à segurança individual e ao exercício da legítima defesa (CF, art. 5º, *caput*, e art. 20, § 4º, IV), lesionado o direito de propriedade (CF, art. 5º, *caput*), desatendido o princípio da razoabilidade e vulnerado o devido processo legal (CF, art. 5º, LIV).

Dentre os vários dispositivos acoimados de inconstitucionais pela petição inicial, estava aquele referente ao aumento de 21 para 25 anos da idade mínima para se adquirir uma arma de fogo.

Quanto a esse ponto, realizando verdadeiro cotejo entre a medida legislativa penal e a realidade a que se dirigia, o Tribunal, baseado em certos diagnósticos e prognósticos – os quais estavam bem explicitados nas informações prestadas pelo do Congresso Nacional, como a demonstração das estatísticas de que a violência por meio de armas de fogo atinge principalmente os homens com até 24 anos de idade –, entendeu que a medida afigurava-se adequada e necessária, para atingir os fins almejados no bojo da política criminal de desarmamento.[24]

Quanto ao art. 21 do Estatuto do Desarmamento, aduziu-se que, ao estabelecer que os delitos capitulados nos arts. 16, 17 e 18 são insuscetíveis de liberdade provisória, o dispositivo haveria violado os princípios da presunção de inocência e do devido processo legal.

---

[24] ADI 3.112, Rel. Min. Ricardo Lewandowski, *DJ* de 26.10.2007.

O Tribunal considerou que a norma do art. 21 do Estatuto partia do pressuposto de que a prisão é sempre necessária, sem levar em consideração, na análise das razões acautelatórias, as especificidades fáticas do caso concreto.

A necessidade da prisão decorreria diretamente da imposição legal, retirando-se do juiz o poder de, em face das circunstâncias específicas do caso, avaliar a presença dos requisitos do art. 312 do Código de Processo Penal: necessidade de garantir a ordem pública, a ordem econômica, por conveniência da instrução criminal, ou assegurar a aplicação da lei penal, havendo prova da existência do crime e indício suficiente de autoria.

Considerou-se, ademais, que o legislador viola o princípio da presunção de inocência quando, no âmbito de uma política criminal de enrijecimento do controle de certas atividades (como o uso e comércio das armas de fogo e munições), proíbe a liberdade provisória, com ou sem fiança, tornando obrigatória a prisão cautelar do acusado pelos crimes nela definidos. Tratava-se de um excesso legislativo e, portanto, de uma violação ao princípio da proporcionalidade como proibição de excesso (*Übermassverbot*), que exige a atuação do Tribunal quanto ao controle de sua constitucionalidade.[25]

Nos dois precedentes, diante das circunstâncias específicas do caso concreto trazido a julgamento, coube à Corte aferir o grau potencial de lesão aos bens jurídicos que se buscou tutelar por meio do direito penal. Portanto, essas devem ser as premissas para a construção de um modelo rígido de controle de constitucionalidade de leis em matéria penal, fundado no princípio da proporcionalidade.

Outro caso relevante, nesse contexto, foi objeto da Arguição de descumprimento de preceito fundamental (ADPF) 187/DF, de relatoria do Ministro Celso de Mello, em que se debateu a questão da "marcha da maconha".[26] A Suprema Corte analisou o caso sob o enfoque dos direitos fundamentais da liberdade de reunião e da liberdade de manifestação de pensamento e julgou procedente o pedido, dando ao art. 287 do Código Penal, interpretação conforme à Constituição, "de forma a excluir qualquer exegese que possa ensejar a criminalização da defesa da legalização das drogas, ou de qualquer substância entorpecente específica, inclusive através de manifestações e eventos públicos".

Ressalte-se ainda que, recentemente, o Min. Gilmar Mendes apresentou voto no sentido de dar provimento ao Recurso Extraordinário 635.659, que versa a respeito da criminalização da posse de drogas para consumo pessoal. Ao analisar o caso a luz do princípio da proporcionalidade, defendeu que fosse declarada a inconstitucionalidade, sem redução de texto, do art. 28 da Lei 11.343/2006, de forma a afastar do referido dispositivo todo e qualquer efeito de natureza penal.

No entanto, foram ressaltadas algumas medidas que deveriam ser adotadas como, por exemplo, conferir, por dependência lógica, interpretação con-

---

[25] Cf., exemplificativamente, ADI 3.112, Rel. Min. Ricardo Lewandowski, *DJ* de 26.10.2007 e ADI 1.194, Redator(a) para o acórdão Min. Cármen Lúcia, *DJ* de 11-9-2009.

[26] ADPF 187, Rel. Min. Celso de Mello, julg. em 15.6.2011. Sobre o julgamento, HORBACH, Beatriz Bastide. "Os limites da liberdade de expressão: o confronto de entendimentos do Supremo Tribunal Federal nos casos Ellwanger e Marcha da Maconha". In: *Direitos Fundamentais e Justiça*, ano 6, n. 20, p. 218-235, jun/set, 2012.

forme à Constituição ao art. 50, *caput*, da Lei 11.343/06, no sentido de que, na prisão em flagrante por tráfico de droga, o preso deve, como condição de validade da conversão da prisão em flagrante em prisão preventiva, ser imediatamente apresentado ao juiz.

Especialmente no crime de porte de entorpecentes, essa apresentação imediata do preso ao juízo afigura-se fundamental para a concretização do direito de ampla defesa e de contraditório do acusado. Isso porque, nesses casos, a avaliação do *standart* probatório muitas vezes indica uma linha tênue entre a configuração do porte pessoal e a caracterização do tráfico de drogas. Além disso, verifica-se ainda um protagonismo exacerbado da autoridade policial no enquadramento jurídico desse delito, que muitas vezes importa em cerceamento indevido de liberdades individuais.

É nesse contexto que o CNJ, por meio de parcerias com Tribunais de Justiça, tem fomentado o projeto "Audiência de Custódia" em vários estados do país. Há ainda propostas de regulamentação do tema, como a do Projeto de Lei do Senado nº 544/2011 que pretende alterar a legislação processual penal para fixar o prazo de vinte quatro horas de apresentação do preso à autoridade judicial, após efetivada sua prisão em flagrante.

6. Conclusão

O Direito Penal é certamente o instrumento mais contundente de que se vale o Estado para disciplinar a conduta dos indivíduos. Na medida em que a pena constitui a forma de intervenção estatal mais severa no âmbito de liberdade individual, o Direito Penal e o Processual Penal devem se revestir de maiores garantias materiais e processuais.

Desse modo, o controle de constitucionalidade em matéria penal deve ser realizado de maneira mais rigorosa do que aquele destinado a averiguar a legitimidade constitucional de outros tipos de intervenção legislativa em direitos fundamentais dotados de menor potencial ofensivo.

A existência de mandados de criminalização expressos na Constituição Federal está baseada na ideia de um dever genérico de proteção. É nesse sentido que tais mandados atuam como limitações à liberdade de configuração do legislador penal.

Nesse contexto, a tarefa dos Tribunais Constitucionais consiste na fiscalização da legitimidade constitucional da atividade legislativa em matéria penal e deve ser pautada pelo princípio da proporcionalidade. Portanto, parte-se do postulado de que quanto mais intensa a intervenção legislativa penal em um direito fundamental, mais intenso deve ser o controle de sua constitucionalidade.

Referências

AGUADO CORREA, Teresa. *El principio de proporcionalidad en Derecho Penal*. Madrid: Edersa; 1999.

ALEXY, Robert. *Colisão e ponderação como problema fundamental da dogmática dos direitos fundamentais*. Palestra proferida na Fundação Casa de Rui Barbosa, Rio de Janeiro, em 10.12.1998. Tradução informal de Gilmar Ferreira Mendes.

——. Epílogo a la Teoría de los Derechos Fundamentales. *Revista Española de Derecho Constitucional*. Madrid: Centro de Estudios políticos y Constitucionales, nº 66, ano 22, p. 13-64, sep.-dic./2002.

BERNAL PULIDO, Carlos. *El principio de proporcionalidad y los derechos fundamentales*. Madrid: Centro de Estudios Políticos y Constitucionales, 2003.

CANARIS, Claus-Wilhelm. *Direitos Fundamentais e Direito Privado*. Coimbra: Almedina, 2003.

——. *Grundrechtswirkungen und Verhältnismässigkeitsprinzip in der richterlichen Anwendung und Fortbildung des Privatsrechts*, JuS 1989.

DIETLEIN, Johannes. *Die Lehre von den grundrechtlichen Schutzpflichten*. Berlin, 1991.

FELDENS, Luciano. *A Constituição Penal*: a dupla face da proporcionalidade no controle de normas penais. Porto Alegre: Livraria do Advogado, 2005.

HESSE, Konrad. *Grundzüge des Verfassungsrechts der Bundesrepublik Deutschland*. 16. ed. Heidelberg, 1988.

HORBACH, Beatriz Bastide. "Os limites da liberdade de expressão: o confronto de entendimentos do Supremo Tribunal Federal nos casos Ellwanger e Marcha da Maconha". In: *Direitos Fundamentais e Justiça*, ano 6, n. 20, p. 218-235, jun/set, 2012.

LOPERA MESA, Gloria Patricia. *Principio de proporcionalidad y ley penal. Bases para un modelo de control de constitucionalidad de leyes penales*. Madrid: Centro de Estudios Políticos y Constitucionales, 2006.

MENDES, Gilmar Ferreira. *Controle de constitucionalidade*: hermenêutica constitucional e revisão de fatos e prognoses legislativos pelo órgão judicial. In: *Direitos Fundamentais e Controle de Constitucionalidade*. Estudos de Direito Constitucional. São Paulo: Saraiva, 2007.

RICHTER, Ingo; SCHUPPERT, Gunnar Folke. *Casebook Verfassungsrecht*. 3. Ed. München, 1996.

VON MÜNCH, Ingo. *Grundgesetz-Kommentar*, Kommentar zu Vorbemerkung Art 1-19, Nº 22.

— 9 —

A função representativa e majoritária das cortes constitucionais[1]

LUÍS ROBERTO BARROSO[2]

Sumário: Nota prévia; I. Introdução; II. O novo direito constitucional e a ascensão do Judiciário; III. A expansão da jurisdição constitucional e seus diferentes papéis; A. O papel contramajoritário das cortes supremas; B. A crise da representação política; C. O papel representativo do Supremo Tribunal Federal; VII. Conclusão.

Nota prévia

O Professor Lenio Luiz Streck e eu temos sido companheiros de vida acadêmica ao longo das décadas. Não somos militantes das mesmas linhas de pensamento. Pelo contrário, temos perspectivas diferentes sobre questões diversas, como jurisdição constitucional, interpretação construtiva e o papel de juízes e tribunais como agentes da história. Porém, aproximamo-nos, por caminhos diferentes, no esforço de desenvolver um pensamento jurídico nacional consistente e de consolidar as instituições democráticas, que nos trouxeram luz após a noite ditatorial da qual ambos fomos contemporâneos. A ciência e os avanços sociais dependem do entrechoque de ideias, e não do pensamento único. "Bastar-se a si mesmo", escreveu Vinícius de Moraes, "é a maior solidão". Por esta razão, associo-me com prazer à merecida homenagem à trajetória acadêmica do Professor Lenio Streck com um trabalho que ele adoraria contestar e debater. É isso que move a vida acadêmica e empurra a história.

I. Introdução

Dois professores debatiam acerca do papel do Poder Judiciário e das cortes supremas nas democracias, em uma das mais renomadas universidades

---

[1] O presente texto é uma adaptação, especialmente para esta coletânea, de um trabalho maior, intitulado "A razão sem voto: o Supremo Tribunal Federal e o governo da maioria".

[2] Ministro do Supremo Tribunal Federal. Professor Titular de Direito Constitucional da Universidade do Estado do Rio de Janeiro – UERJ. Mestre em Direito pela Universidade de Yale. Doutor e Livre-Docente pela UERJ. Professor Visitante na Universidade de Poitiers, França (2010). *Visiting Scholar* na Universidade de Harvard (2011).

do mundo. Ambos eram progressistas e tinham compromissos com o avanço social. O primeiro achava que só o Legislativo poderia consagrar direitos e conquistas. O segundo achava que o Legislativo deveria ter preferência em atuar. Mas se não agisse, a atribuição se transferia para o Judiciário. Eis o diálogo entre ambos:

> Professor 1: "A longo prazo as pessoas, por meio do Poder Legislativo, farão as escolhas certas, assegurando os direitos fundamentais de todos, aí incluídos o direito de uma mulher interromper a gestação que não deseja ou de casais homossexuais poderem expressar livremente o seu amor. É só uma questão de esperar a hora certa".
>
> Professor 2: "E, até lá, o que se deve dizer a dois parceiros do mesmo sexo que desejam viver o seu afeto e seu projeto de vida em comum agora? Ou à mulher que deseja interromper uma gestação inviável que lhe causa grande sofrimento? Ou a um pai negro que deseja que seu filho tenha acesso a uma educação que ele nunca pôde ter? Desculpe, a história está um pouco atrasada; volte daqui a uma ou duas gerações?".[3]

O texto que se segue lida, precisamente, com essa dualidade de perspectivas. Nele se explora o tema do papel representativo das cortes supremas, sua função iluminista e as situações em que elas podem, legitimamente, *empurrar a história*. Escrito para um seminário realizado em Belo Horizonte, no Brasil, o texto se utiliza de alguns aspectos da experiência e da jurisprudência brasileira. O argumento desenvolvido, todavia, baseia-se na literatura internacional e tem pretensão de validade universal, aplicando-se a boa parte dos Estados constitucionais democráticos contemporâneos.

A conclusão a que se chega é bastante simples e facilmente demonstrável, apesar de contrariar em alguma medida o conhecimento convencional: em alguns cenários, em razão das múltiplas circunstâncias que afetam ou paralisam o processo político majoritário, cabe à suprema corte ou ao tribunal constitucional assegurar o governo da maioria e a igual dignidade de todos os cidadãos. A política majoritária, conduzida por representantes eleitos, é um componente vital para a democracia. Mas a democracia é muito mais do que a mera expressão numérica de uma maior quantidade de votos. Para além desse aspecto puramente formal, ela possui uma dimensão substantiva, que abrange a preservação de valores e direitos fundamentais. A essas duas dimensões – formal e substantiva – soma-se, ainda, uma dimensão deliberativa, feita de debate público, argumentos e persuasão. A democracia contemporânea, portanto, exige votos, direitos e razões. Esse é o tema do presente ensaio.

II. O novo direito constitucional e a ascensão do Judiciário

Ao final da Segunda Guerra Mundial, países da Europa continental passaram por um importante redesenho institucional, com repercussões de curto, médio e longo prazo sobre o mundo romano-germânico em geral. O direito constitucional saiu do conflito inteiramente reconfigurado, tanto quanto ao

---

[3] O debate foi na Universidade de Harvard entre o Professor Mark Tushnet e o autor desse texto, realizado em 7 nov. 2011. Intitulado *Politics and the Judiciary*, encontra-se disponível em vídeo em <https://www.youtube.com/watch?v=giC_vOBn-bc>. Sobre o tema, v., de autoria de Mark Tushnet, *Taking the constitution away from the courts*, 1999; e *Weak courts, strong rights*: judicial review and social welfare rights in comparative constitutional law, 2008. De autoria de Luís Roberto Barroso, v. Constituição, democracia e supremacia judicial: direito e política no Brasil contemporâneo, in *O novo direito constitucional brasileiro*: contribuições para a construção teórica e prática da jurisdição constitucional no Brasil, 2012.

seu objeto (novas constituições foram promulgadas), quanto no tocante ao seu papel (centralidade da Constituição em lugar da lei), como, ainda, com relação aos meios e modos de interpretar e aplicar as suas normas (surgimento da nova hermenêutica constitucional). Ao lado dessas transformações dogmáticas, ocorreu igualmente uma notável mudança institucional, representada pela criação de tribunais constitucionais e uma progressiva ascensão do Poder Judiciário. No lugar do Estado legislativo de direito, que se consolidara no século XIX, surge o Estado constitucional de direito, com todas as suas implicações.[4] Esse novo modelo tem sido identificado como constitucionalismo do pós-guerra, novo direito constitucional ou neoconstitucionalismo.[5]

Este novo direito constitucional se desenvolve em um ambiente de transformações profundas da cultura jurídica, que incluíram: (i) a atenuação do formalismo jurídico, (ii) o desenvolvimento de uma visão filosófica pós-positivista e (iii) a passagem da Constituição para o centro do sistema jurídico. Os textos constitucionais se tornam mais analíticos, com a previsão de um catálogo extenso de direitos fundamentais. Por outro lado, as sociedades ficam mais complexas e plurais. Como consequência, diminui a capacidade de previsão normativa expressa de uma grande quantidade de questões, aumentando a indeterminação do direito. Nesse ambiente, tanto a Constituição como as leis transferem parte da competência decisória para os intérpretes judiciais, mediante o emprego de princípios e cláusulas de textura aberta. A interpretação judicial, por sua vez, recorre com maior frequência a conceitos e técnicas como ponderação, proporcionalidade e razoabilidade.

Concomitantemente a esses desenvolvimentos filosóficos, teóricos e práticos, verificou-se uma importante ascensão institucional do Poder Judiciário. O fenômeno é mundial e também está associado historicamente ao final da Segunda Guerra Mundial. A partir daí, o mundo deu-se conta de que a existência de um Judiciário independente e forte é um importante elemento de preservação das instituições democráticas e dos direitos fundamentais. A esse fator somam-se, ainda, um certo desencanto com a política majoritária e a incapacidade dos parlamentos de produzirem consenso em relação a determinados temas controvertidos. O termo *neoconstitucionalismo* é, em última análise, *descritivo* dessa nova realidade, em que há expansão do papel da Constituição, ascensão do Judiciário e uma interpretação jurídica menos formalista e positivista. Mas a ideia de neoconstitucionalismo tem, igualmente, uma dimensão *normativa*, ao endossar essas transformações. Trata-se, portanto, não apenas de um modo de descrever o direito constitucional contemporâneo, mas também de desejá-lo. Um direito que deixa a sua zona de conforto tradicional, que é o

---

[4] Sobre o tema, v. Luigi Ferrajoli, Pasado y futuro del Estado de derecho. In: Miguel Carbonell (org.), *Neoconstitucionalismo(s)*, 2003.

[5] A ideia de neoconstitucionalismo é frequentemente associada à filosofia política e jurídica de autores como Ronald Dworkin, Robert Alexy e Carlos Nino, embora nenhum deles tenha utilizado diretamente o termo, que se tornou mais comum em países como Itália, Espanha e Brasil. Para duas coletâneas importantes sobre o tema, em língua espanhola, v. Miguel Carbonell, *Neoconstitucionalismo(s)*, 2003, e *Teoría del neoconstitucionalismo:* ensayos escogidos, 2007. As ideias desenvolvidas nos dois parágrafos seguintes foram sistematizadas, originariamente, em Luís Roberto Barroso, Neoconstitucionalismo e constitucionalização do Direito, *Revista de Direito Administrativo* 240:1, 2005.

da conservação de conquistas políticas relevantes, e passa a ter, também, uma função promocional, constituindo-se em instrumento de avanço social.

III. A expansão da jurisdição constitucional e seus diferentes papéis

Ao longo da segunda metade do século XX, os países da Europa continental e os que seguem a tradição romano-germânica, de uma maneira geral, assistiram a uma importante mudança de paradigma em relação ao desenho e à teoria constitucionais: a passagem do Estado legislativo de direito para o Estado constitucional de direito.[6] No modelo antigo, a Constituição era compreendida, essencialmente, como um documento político, cujas normas não eram aplicáveis diretamente, ficando na dependência de desenvolvimento pelo legislador ou pelo administrador. Tampouco existia o controle de constitucionalidade das leis pelo Judiciário – ou, onde existia, era tímido e pouco relevante. Nesse ambiente, vigorava a centralidade da lei e a supremacia do parlamento. No Estado constitucional de direito, a Constituição passa a valer como norma jurídica. A partir daí, ela não apenas disciplina o modo de produção das leis e atos normativos, como estabelece determinados limites para o seu conteúdo, além de impor deveres de atuação ao Estado. Nesse novo modelo, vigora a centralidade da Constituição e a supremacia judicial, como tal entendida a primazia de um tribunal constitucional ou suprema corte na interpretação final e vinculante das normas constitucionais.

A expressão *jurisdição constitucional* designa a interpretação e aplicação da Constituição por órgãos judiciais. Nos Estados Unidos e nos países que adotam o seu modelo de *judicial review* – como é o caso do Brasil –, essa competência é exercida por todos os juízes e tribunais, situando-se a suprema corte no topo do sistema. A jurisdição constitucional compreende duas atuações particulares. A primeira, de aplicação direta da Constituição às situações nela contempladas. Por exemplo, o reconhecimento de que determinada competência é do governo federal, e não dos estados, ou o direito à liberdade de expressão sem censura prévia. Também se insere na aplicação direta da Constituição a competência, mais complexa e politicamente delicada, de sanar omissões inconstitucionais, nos casos em que a ausência de norma regulamentadora frustra o exercício de um direito fundamental. A segunda atuação envolve a aplicação indireta da Constituição, que se dá quando o intérprete a utiliza como parâmetro para aferir a validade de uma norma infraconstitucional (controle de constitucionalidade) ou para atribuir a ela o melhor sentido, em meio a diferentes possibilidades (interpretação conforme a Constituição). Em suma: a jurisdição constitucional compreende o poder exercido por juízes e tribunais na aplicação direta da Constituição, no desempenho do controle de constitucionalidade das leis e dos atos do Poder Público em geral e na interpretação do ordenamento infraconstitucional conforme a Constituição.

---

[6] Sobre o tema, v. Luigi Ferrajoli, Pasado y futuro Del Estado de Derecho. In: Miguel Carbonell (org.), *Neo constitucionalismo(s)*, 2003, p. 14-17; e Gustavo Zagrebelsky, *El Derecho Dúctil*: Ley, Derechos, Justicia, 2005, p. 21-41.

Do ponto de vista político-institucional, o desempenho da jurisdição constitucional por supremas cortes ou tribunais constitucionais mundo afora envolve dois tipos de atuação: a contramajoritária e a representativa. A atuação contramajoritária é um dos temas mais analisados na teoria constitucional, que há muitas décadas discute a legitimidade democrática da invalidação de atos do Legislativo e do Executivo por órgão jurisdicional. Já a função representativa tem sido largamente ignorada pela doutrina e pelos formadores de opinião em geral. Nada obstante isso, em algumas partes do mundo, e destacadamente no Brasil, este segundo papel se tornou não apenas mais visível como, circunstancialmente, mais importante. O presente artigo procura lançar luz sobre esse fenômeno, que tem passado curiosamente despercebido, apesar de ser, possivelmente, a mais importante transformação institucional da última década.

A. O papel contramajoritário das cortes supremas

Supremas cortes e cortes constitucionais em geral – inclusive o Supremo Tribunal Federal brasileiro – exercem o controle de constitucionalidade dos atos normativos, inclusive os emanados do Poder Legislativo e da chefia do Poder Executivo. No desempenho de tal atribuição, podem invalidar atos do Congresso ou do Parlamento – compostos por representantes eleitos pelo povo – e do Presidente da República, eleito com mais de meia centena de milhões de votos. Vale dizer: no caso brasileiro, onze Ministros do Supremo Tribunal Federal (na verdade seis, pois basta a maioria absoluta), que jamais receberam um voto popular, podem sobrepor a sua interpretação da Constituição à que foi feita por agentes políticos investidos de mandato representativo e legitimidade democrática. A essa circunstância, que gera uma aparente incongruência no âmbito de um Estado democrático, a teoria constitucional deu o apelido de "dificuldade contramajoritária".[7]

A despeito de resistências teóricas pontuais,[8] esse papel contramajoritário do controle judicial de constitucionalidade tornou-se quase universalmente aceito. A legitimidade democrática da jurisdição constitucional tem sido assentada com base em dois fundamentos principais: a) a proteção dos direitos fundamentais, que correspondem ao mínimo ético e à reserva de justiça de uma comunidade política,[9] insuscetíveis de serem atropelados por deliberação política majoritária; e b) a proteção das regras do jogo democrático e dos canais de participação política de todos.[10] A maior parte dos países do mundo confere ao Judiciário e, mais particularmente à sua suprema corte ou corte constitucional, o *status* de sentinela contra o risco da tirania das maiorias.[11] Evita-se, assim, que

---

[7] A expressão se tornou clássica a partir da obra de Alexander Bickel, *The least dangerous branch:* the Supreme Court at the bar of politics, 1986, p. 16 e s. A primeira edição do livro é de 1962.

[8] E.g., Jeremy Waldron, The Core of the Case against Judicial Review. *The Yale Law Journal* 115:1346, 2006; Mark Tushnet, *Taking the Constitution away from the Courts*, 2000; e Larry Kramer, *The people themselves:* popular constitutionalims and judicial review, 2004.

[9] A equiparação entre direitos humanos e reserva mínima de justiça é feita por Robert Alexy em diversos de seus trabalhos. V., *e.g.*, *La institucionalización de la justicia*, 2005, p. 76.

[10] Para esta visão processualista do papel da jurisdição constitucional, v. John Hart Ely, *Democracy and distrust*, 1980.

[11] A expressão foi utilizada por John Stuart Mill, *On Liberty*, 1874, p. 13: "A tirania da maioria é agora geralmente incluída entre os males contra os quais a sociedade precisa ser protegida (...)".

possam deturpar o processo democrático ou oprimir as minorias. Há razoável consenso, nos dias atuais, de que o conceito de democracia transcende a ideia de governo da maioria, exigindo a incorporação de outros valores fundamentais.

Um desses valores fundamentais é o direito de cada indivíduo a igual respeito e consideração,[12] isto é, a ser tratado com a mesma dignidade dos demais – o que inclui ter os seus interesses e opiniões levados em conta. A democracia, portanto, para além da dimensão procedimental de ser o governo da maioria, possui igualmente uma dimensão substantiva, que inclui igualdade, liberdade e justiça. É isso que a transforma, verdadeiramente, em um projeto coletivo de autogoverno, em que ninguém é deliberadamente deixado para trás. Mais do que o direito de participação igualitária, democracia significa que os vencidos no processo político, assim como os segmentos minoritários em geral, não estão desamparados e entregues à própria sorte. Justamente ao contrário, conservam a sua condição de membros igualmente dignos da comunidade política.[13] Em quase todo o mundo, o guardião dessas promessas[14] é a suprema corte ou o tribunal constitucional, por sua capacidade de ser um fórum de princípios[15] – isto é, de valores constitucionais, e não de política – e de razão pública – isto é, de argumentos que possam ser aceitos por todos os envolvidos no debate.[16] Seus membros não dependem do processo eleitoral e suas decisões têm de fornecer argumentos normativos e racionais que a suportem.

Cumpre registrar que, no Brasil, esse papel contramajoritário do Supremo Tribunal Federal tem sido exercido, como é próprio, com razoável parcimônia. De fato, nas situações em que não estejam em jogo direitos fundamentais e os pressupostos da democracia, a Corte tem sido deferente para com a liberdade de conformação do legislador e a razoável discricionariedade do administrador. Por isso mesmo, é relativamente baixo o número de dispositivos de leis federais efetivamente declarados inconstitucionais, sob a vigência da Constituição de 1988.[17] É certo que, em uma singularidade brasileira, existem alguns precedentes de dispositivos de emendas constitucionais cuja invalidade foi declarada pelo Supremo Tribunal Federal.[18] Mas, também aqui, nada de especial significação, em quantidade e qualidade. Anote-se, por relevante, que em alguns casos emblemáticos de judicialização de decisões políticas – como a legitimidade ou não das pesquisas com células-tronco embrionárias, a validade ou não de lei federal que previa ações afirmativas em favor de negros no acesso

---

[12] Ronald Dworkin, *Taking Rights Seriously*, 1997, p. 181. A primeira edição é de 1977.

[13] V. Eduardo Mendonça, *A Democracia das Massas e a Democracia das Pessoas*: Uma Reflexão sobre a Dificuldade Contramajoritária. Mimeografado, 2014, p. 84.

[14] A expressão consta do título do livro de Antoine Garapon, *O juiz e a democracia*: o guardião das promessas, 1999.

[15] Ronald Dworkin, The Forum of Principle, *New York University Law Review* 56:469, 1981.

[16] John Rawls, *Political Liberalism*, 2005, p. 231 e s. A primeira edição é de 1993.

[17] Com base em levantamento elaborado pela Secretaria de Gestão Estratégica do Supremo Tribunal Federal, foi possível identificar 93 dispositivos de lei federal declarados inconstitucionais, desde o início de vigência da Constituição de 1988 – um número pouco expressivo, ainda mais quando se considera que foram editadas, no mesmo período, nada menos que 5.379 leis ordinárias federais, somadas a outras 88 leis complementares.

[18] V. STF, DJ 09.03.1994, ADI 939, Rel. Min. Sydney Sanches; STF, ADI 1.946, DJ 16.05.2003, Rel. Min. Sydney Sanches; STF, DJ 18.02.2005, ADI 3.128, Rel. p/ o acórdão Min. Cezar Peluso; STF, DJe 19.05.2011, MC na ADI 2.356, Rel. p/ o acórdão Min. Ayres Britto; STF, DJe 19.12.2013, ADI 4.357 e ADI 4.425, Rel. Min. Luiz Fux.

a universidades e a constitucionalidade do decreto do Presidente da República que demarcou uma extensa área do Estado de Roraima como reserva indígena –, a posição do Tribunal, em todos eles, foi de autocontenção e de preservação da decisão tomada pelo Congresso Nacional ou pelo Presidente da República.

Até aqui procurou-se justificar a legitimidade democrática do papel contramajoritário exercido pela jurisdição constitucional, bem como demonstrar que não há superposição plena entre o conceito de democracia e o princípio majoritário. Antes de analisar o tema da função representativa das cortes supremas e concluir o presente ensaio, cabe enfrentar uma questão complexa e delicada em todo o mundo, materializada na seguinte indagação: até que ponto é possível afirmar, sem apegar-se a uma ficção ou a uma idealização desconectada dos fatos, que os atos legislativos correspondem, efetivamente, à vontade majoritária?

B. A crise da representação política

Há muitas décadas, em todo o mundo democrático, é recorrente o discurso acerca da crise dos parlamentos e das dificuldades da representação política. Da Escandinávia à América Latina, um misto de ceticismo, indiferença e insatisfação assinala a relação da sociedade civil com a classe política. Nos países em que o voto não é obrigatório, os índices de abstenção revelam o desinteresse geral. Em países de voto obrigatório, como o Brasil, um percentual muito baixo de eleitores é capaz de se recordar em quem votou nas últimas eleições parlamentares. Disfuncionalidade, corrupção, captura por interesses privados são temas globalmente associados à atividade política. E, não obstante isso, em qualquer Estado democrático, política é um gênero de primeira necessidade. Mas as insuficiências da democracia representativa, na quadra atual, são excessivamente óbvias para serem ignoradas.

A consequência inevitável é a dificuldade de o sistema representativo expressar, efetivamente, a vontade majoritária da população. Como dito, o fenômeno é em certa medida universal. Nos Estados Unidos, cuja política interna tem visibilidade global, os desmandos do financiamento eleitoral, a indesejável infiltração da religião no espaço público e a radicalização de alguns discursos partidários deterioraram o debate público e afastaram o cidadão comum. Vicissitudes análogas acometem países da América Latina e da Europa, com populismos de esquerda, em uma, e de direita, em outra. No Brasil, por igual, vive-se uma situação delicada, em que a atividade política desprendeu-se da sociedade civil, que passou a vê-la com indiferença, desconfiança ou desprezo. Ao longo dos anos, a ampla exposição das disfunções do financiamento eleitoral, das relações oblíquas entre Executivo e parlamentares e do exercício de cargos públicos para benefício próprio revelou as mazelas de um sistema que gera muita indignação e poucos resultados. Em suma: a doutrina, que antes se interessava pelo tema da dificuldade contramajoritária dos tribunais constitucionais, começa a voltar atenção para o déficit democrático da representação política.[19]

---

[19] V., *e.g.*, Mark A. Graber, The Countermajoritarian Difficulty: From Courts to Congress to Constitutional Order, *Annual Review of Law and Social Science* 4:361-62 (2008). V. tb. Luís Roberto Barroso, *Neoconstitucionalismo e Constitucionalização do Direito:* O Triunfo Tardio do Direito Constitucional no Brasil, *Revista de Direito Administrativo* 240:1, 2005, p. 41.

Essa crise de legitimidade, representatividade e funcionalidade dos parlamentos gerou, como primeira consequência, em diferentes partes do mundo, um fortalecimento do Poder Executivo. Nos últimos anos, porém, e com especial expressão no Brasil, tem-se verificado uma expansão do Poder Judiciário e, notadamente, do Supremo Tribunal Federal. Em curioso paradoxo, o fato é que em muitas situações juízes e tribunais se tornaram mais representativos dos anseios e demandas sociais do que as instâncias políticas tradicionais. É estranho, mas vivemos uma quadra em que a sociedade se identifica mais com seus juízes do que com seus parlamentares. Um exemplo ilustra bem a afirmação: quando o Congresso Nacional aprovou as pesquisas com células-tronco embrionárias, o tema passou despercebido. Quando a lei foi questionada no Supremo Tribunal Federal, assistiu-se a um debate nacional. É imperativo procurar compreender melhor este fenômeno, explorar-lhe eventuais potencialidades positivas e remediar a distorção que ele representa. A teoria constitucional ainda não elaborou analiticamente o tema, a despeito da constatação inevitável: a democracia já não flui exclusivamente pelas instâncias políticas tradicionais.

C. O papel representativo do Supremo Tribunal Federal

> A grande arte em política não é ouvir os
> que falam, é ouvir os que se calam.
> Etienne Lamy

Ao longo do texto, procurou-se ressaltar a substantivação do conceito de democracia, que, além de não se identificar integralmente com o princípio majoritário, tem procurado novos mecanismos de expressão. Um deles foi a transferência de poder político – aí incluído certo grau de criação judicial do direito – para órgãos como o Supremo Tribunal Federal. O presente tópico procura explorar esse fenômeno, tanto na sua dinâmica interna quanto nas suas causas e consequências. No arranjo institucional contemporâneo, em que se dá a confluência entre a democracia representativa e a democracia deliberativa,[20] o exercício do poder e da autoridade é legitimado por votos e por argumentos. É fora de dúvida que o modelo tradicional de separação de Poderes, concebido no século XIX e que sobreviveu ao século XX, já não dá conta de justificar, em toda a extensão, a estrutura e funcionamento do constitucionalismo contemporâneo. Para utilizar um lugar comum, parodiando Antonio Gramsci, vivemos um momento em que o velho já morreu, e o novo ainda não nasceu.[21]

A doutrina da dificuldade contramajoritária, estudada anteriormente, assenta-se na premissa de que as decisões dos órgãos eletivos, como o Congresso

---

[20] A ideia de democracia deliberativa tem como precursores autores como John Rawls, com sua ênfase na razão, e Jurgen Habermas, com sua ênfase na comunicação. Sobre democracia deliberativa, v., entre muitos, em língua inglesa, Amy Gutmann e Dennis Thompson, *Why Deliberative Democracy?*, 2004; em português, Cláudio Pereira de Souza Neto, *Teoria Constitucional e Democracia Deliberativa*, 2006.

[21] Antonio Gramsci, *Cadernos do Cárcere*, 1926-1937. Disponível, na versão em espanhol, em <http://pt.scribd.com/doc/63460598/Gramsci-Antonio-Cuadernos-de-La-Carcel-Tomo-1-OCR>: "A crise consiste precisamente no fato de que o velho está morrendo e o novo não pode nascer. Nesse interregno, uma grande variedade de sintomas mórbidos aparecem". V. tb., entrevista do sociólogo Zigmunt Bauman, disponível em <http://www.ihu.unisinos.br/noticias/24025-%60%60o-velho-mundo-esta-morrendo-mas-o-novo-ainda-nao-nasceu%60%60-entrevista-com-zigmunt-bauman>.

Nacional, seriam sempre expressão da vontade majoritária. E que, ao revés, as decisões proferidas por uma corte suprema, cujos membros não são eleitos, jamais seriam. Qualquer estudo empírico desacreditaria as duas proposições. Por numerosas razões, o Legislativo nem sempre expressa o sentimento da maioria.[22] Além do já mencionado déficit democrático resultante das falhas do sistema eleitoral e partidário, é possível apontar algumas outras. Em primeiro lugar, minorias parlamentares podem funcionar como *veto players*,[23] obstruindo o processamento da vontade da própria maioria parlamentar. Em outros casos, o autointeresse da Casa legislativa leva-a a decisões que frustram o sentimento popular. Além disso, parlamentos em todo o mundo estão sujeitos à captura eventual por interesses especiais, eufemismo que identifica o atendimento a interesses de certos agentes influentes do ponto de vista político ou econômico, ainda quando em conflito com o interesse coletivo.[24]

Por outro lado, não é incomum nem surpreendente que o Judiciário, em certos contextos, seja melhor intérprete do sentimento majoritário. Inúmeras razões contribuem para isso. Inicio por uma que é menos explorada pela doutrina em geral, mas particularmente significativa no Brasil. Juízes são recrutados, na primeira instância, mediante concurso público. Isso significa que pessoas vindas de diferentes origens sociais, desde que tenham cursado uma Faculdade de Direito e tenham feito um estudo sistemático aplicado, podem ingressar na magistratura. Essa ordem de coisas produziu, ao longo dos anos, um drástico efeito democratizador do Judiciário. Por outro lado, o acesso a uma vaga no Congresso envolve um custo financeiro elevado, que obriga o candidato, com frequência, a buscar financiamentos e parcerias com diferentes atores econômicos e empresariais. Esse fato produz uma inevitável aliança com alguns interesses particulares. Por essa razão, em algumas circunstâncias, juízes são capazes de representar melhor – ou com mais independência – a vontade da sociedade. Poder-se-ia contrapor que este argumento não é válido para os integrantes do Supremo Tribunal Federal. Na prática, porém, a quase integralidade dos Ministros integrantes da Corte é composta por egressos de carreiras jurídicas cujo ingresso se faz por disputados concursos públicos.[25]

Diversas outras razões se acrescem a esta. Em primeiro lugar, juízes possuem a garantia da vitaliciedade. Como consequência, não estão sujeitos às

---

[22] Sobre o tema, v. Corinna Barrett Lain, Upside-down Judicial Review, *The Georgetown Law Review* 101:113, 2012-2103. V. tb. Michael J. Klarman, The Majoritarian Judicial Review: The Entrenchment Problem, *The Georgetown Law Journal* 85:49, 1996-1997.

[23] *Veto players* são atores individuais ou coletivos com capacidade de parar o jogo ou impedir o avanço de uma agenda. Sobre o tema, v. Pedro Abramovay, *Separação de Poderes e Medidas Provisórias*, 2012, p. 44 e s.

[24] Este tema tem sido objeto de estudo, nos Estados Unidos, por parte da chamada *public choice theory*, que procura desmistificar a associação entre lei e vontade da maioria. Para um resumo desses argumentos, v. Rodrigo Brandão, *Supremacia Judicial* versus *Diálogos Institucionais*: A Quem Cabe a Ultima Palavra sobre o Sentido da Constituição, 2012, p. 205.

[25] Na composição de julho de 2014: Celso de Mello era integrante do Ministério Público de São Paulo. Gilmar Mendes e Joaquim Barbosa vieram do Ministério Público Federal. Carmen Lúcia e Luís Roberto Barroso eram procuradores do Estado. Luiz Fux e Teori Zavascki proveem, respectivamente, da magistratura estadual e federal. Rosa Weber, da magistratura do trabalho. Os outros três Ministros, embora não concursados para ingresso nas instituições que integravam, vieram de carreiras vitoriosas: Marco Aurélio Mello (Procuradoria do Trabalho e, depois, Ministro do TST), Ricardo Lewandowski (Desembargador do Tribunal de Justiça de São Paulo, tendo ingressado na magistratura pelo quinto constitucional) e Dias Toffoli (Advogado-Geral da União).

circunstâncias de curto prazo da política eleitoral, nem tampouco, ao menos em princípio, a tentações populistas. Uma segunda razão é que os órgãos judiciais somente podem atuar por iniciativa das partes: ações judiciais não se instauram de ofício. Ademais, juízes e tribunais não podem julgar além do que foi pedido e têm o dever de ouvir todos os interessados. No caso do Supremo Tribunal Federal, no Brasil, além da atuação obrigatória do Procurador-Geral da República e do Advogado-Geral da União em diversas ações, existe a possibilidade de convocação de audiências públicas e da atuação de *amici curiae*. Por fim, mas não menos importante, decisões judiciais precisam ser motivadas. Isso significa que, para serem válidas, jamais poderão ser um ato de pura vontade discricionária: a ordem jurídica impõe ao juiz de qualquer grau o dever de apresentar razões, isto é, os fundamentos e argumentos do seu raciocínio e convencimento.

Convém aprofundar um pouco mais este último ponto. Em uma visão tradicional e puramente majoritária da democracia, ela se resumiria a uma *legitimação eleitoral* do poder. Por esse critério, o fascismo na Itália ou o nazismo na Alemanha poderiam ser vistos como democráticos, ao menos no momento em que se instalaram no poder e pelo período em que tiveram apoio da maioria da população. Aliás, por esse último critério, até mesmo o período Médici, no Brasil, passaria no teste. Não é uma boa tese. Além do momento da investidura, o poder se legitima, também, por suas ações e pelos fins visados.[26] Cabe aqui retomar a ideia de democracia deliberativa, que se funda, precisamente, em uma *legitimação discursiva*: as decisões políticas devem ser produzidas após debate público livre, amplo e aberto, ao fim do qual se forneçam as *razões* das opções feitas. Por isso se ter afirmado, anteriormente, que a democracia contemporânea é feita de votos e argumentos. Um *insight* importante nesse domínio é fornecido pelo jusfilósofo alemão Robert Alexy, que se refere à corte constitucional como *representante argumentativo da sociedade*. Segundo ele, a única maneira de reconciliar a jurisdição constitucional com a democracia é concebê-la, também, como uma representação popular. Pessoas racionais são capazes de aceitar argumentos sólidos e corretos. O constitucionalismo democrático possui uma legitimação discursiva, que é um projeto de institucionalização da razão e da correção.[27]

Cabe fazer algumas observações adicionais. A primeira delas de caráter terminológico. Se se admite a tese de que os órgãos representativos podem não refletir a vontade majoritária, decisão judicial que infirme um ato do Congresso pode não ser contramajoritária. O que ela será, invariavelmente, é *contrarrepresentativa*,[28] entendendo-se o parlamento como o órgão por excelência de representação popular. De parte isso, cumpre fazer um contraponto à assertiva, feita parágrafos atrás, de que juízes eram menos suscetíveis a tentações populistas. Isso não significa que estejam imunes a essa disfunção. Notadamente

---

[26] V. Diogo de Figueiredo Moreira Neto, *Teoria do poder*, Parte I, 1992, p. 228-231, em que discorre sobre a legitimidade *originária, corrente* e *finalística* do poder político.

[27] V. Robert Alexy, Balancing, constitutional review, and representation, *International Journal of Constitutional Law* 3:572, 2005, p. 578 e s.

[28] Tal particularidade foi bem captada por Eduardo Mendonça, *A democracia das massas e a democracia das pessoas:* uma reflexão sobre a dificuldade contramajoritária, 2014, p. 213 e s.

em uma época de julgamentos televisados,[29] cobertura da imprensa e reflexos na opinião pública, o impulso de agradar a plateia é um risco que não pode ser descartado. Mas penso que qualquer observador isento testemunhará que esta não é a regra. É pertinente advertir, ainda, para um outro risco. Juízes são aprovados em concursos árduos e competitivos, que exigem longa preparação, constituindo quadros qualificados do serviço público. Tal fato pode trazer a pretensão de sobrepor uma certa racionalidade judicial às circunstâncias dos outros Poderes, cuja lógica de atuação, muitas vezes, é mais complexa e menos cartesiana. Por evidente, a arrogância judicial é tão ruim quanto qualquer outra, e há de ser evitada.

O fato de não estarem sujeitas a certas vicissitudes que acometem os dois ramos políticos dos Poderes não é, naturalmente, garantia de que as supremas cortes se inclinarão em favor das posições majoritárias da sociedade. A verdade, no entanto, é que uma observação atenta da realidade revela que é isso mesmo o que acontece. Nos Estados Unidos, décadas de estudos empíricos demonstram o ponto.[30] Também no Brasil tem sido assim. Em dois pronunciamentos relevantes, o Supremo Tribunal Federal chancelou a proibição do nepotismo nos três Poderes,[31] em claro alinhamento com as demandas da sociedade em matéria de moralidade administrativa. A tese vencida era a de que somente o legislador poderia impor esse tipo de restrição.[32] Também ao apreciar a legitimidade da criação do Conselho Nacional de Justiça – CNJ – como órgão de controle do Judiciário e ao afirmar a competência concorrente do Conselho para instaurar processos disciplinares contra magistrados, o STF atendeu ao anseio social pela reforma do Judiciário, apesar da resistência de setores da própria magistratura.[33] No tocante à fidelidade partidária, a posição do STF foi ainda mais arrojada, ao determinar a perda do mandato por parlamentar que trocasse de partido.[34] Embora tenha sofrido crítica por excesso de ativismo, é fora de dúvida que a decisão atendeu a um anseio social que não obteve resposta do Congresso. Outro exemplo: no julgamento, ainda não concluído, no qual se discute a legitimidade ou não da participação de empresas privadas no financiamento eleitoral, o STF, claramente espelhando um sentimento majori-

---

[29] No Brasil, as sessões do Supremo Tribunal Federal, inclusive na fase de deliberação, são transmitidas pela televisão aberta.

[30] V. Corinna Barrett Lain, Upside-down judicial review, *The Georgetown Law Review* 101:113, 2012-2103, p. 158. V. tb. Robert A. Dahl, Decision-making in a democracy: the Supreme Court as a national policy-maker, *Journal of Public Law* 6: 279, 1957, p. 285; e Jeffrey Rosen, *The most democratic branch:* how the courts serve America, 2006, p. xii: "Longe de proteger as minorias contra a tirania das maiorias ou contrabalançar a vontade do povo, os tribunais, ao longo da maior parte da história americana, têm se inclinado por refletir a visão constitucional das maiorias". Na mesma linha, como assinalado, v. Mark Tushnet, *Taking the Constitution away from the courts*, 1999, p. 153.

[31] Assim se deu no julgamento da ADC nº 13, Rel. Min. Carlos Ayres Britto, e na edição da Súmula Vinulante nº 13, que proíbe a nomeação de parentes até o terceiro grau para cargos em comissão ou funções gratificadas.

[32] Em defesa do ponto de vista de que o CNJ não teria o poder de impor tal vedação, v. Lenio Streck, Ingo Wolfgang Sarlet e Clemerson Merlin Cleve, Os Limites Constitucionais das Resoluções do Conselho Nacional de Justiça (CNJ) e do Conselho Nacional do Ministério Público (CNMP). Disponível em <http://www.egov.ufsc.br/portal/sites/default/files/anexos/15653-15654-1-PB.pdf>.

[33] ADI nº 3367, Rel. Min. Cezar Peluso, e ADI nº 4.638, Rel. Min. Marco Aurélio.

[34] MS nº 26.604, Rel. Min. Cármen Lúcia.

tário, sinaliza com a diminuição do peso do dinheiro no processo eleitoral.³⁵ A Corte acaba realizando, em fatias, de modo incompleto e sem possibilidade de sistematização, a reforma política que a sociedade clama.

Para além do papel puramente representativo, supremas cortes desempenham, ocasionalmente, o papel de vanguarda iluminista, encarregada de empurrar a história quando ela emperra. Trata-se de uma competência perigosa, a ser exercida com grande parcimônia, pelo risco democrático que ela representa e para que as cortes constitucionais não se transformem em instâncias hegemônicas. Mas, vez por outra, trata-se de papel imprescindível. Nos Estados Unidos, foi por impulso da Suprema Corte que se declarou a ilegitimidade da segregação racial nas escolas públicas, no julgamento de *Brown v. Board of Education*.³⁶ Na África do Sul, coube ao Tribunal Constitucional abolir a pena de morte.³⁷ Na Alemanha, o Tribunal Constitucional Federal deu a última palavra sobre a validade da criminalização da negação do holocausto.³⁸ A Suprema Corte de Israel reafirmou a absoluta proibição da tortura, mesmo na hipótese de interrogatório de suspeitos de terrorismo, em um ambiente social conflagrado, que se tornara leniente com tal prática.³⁹

No Brasil, o Supremo Tribunal Federal equiparou as uniões homoafetivas às uniões estáveis convencionais, abrindo caminho para o casamento entre pessoas do mesmo sexo.⁴⁰ Talvez esta não fosse uma posição majoritária na sociedade, mas a proteção de um direito fundamental à igualdade legitimava a atuação. Semelhantemente se passou com a permissão para a interrupção da gestação de fetos anencefálicos.⁴¹ São exemplos emblemáticos do papel iluminista da jurisdição constitucional. Nesses dois casos específicos, um fenômeno chamou a atenção. Em razão da natureza polêmica dos dois temas, uma quantidade expressiva de juristas se posicionou contrariamente às decisões – "não por serem contrários ao mérito, absolutamente não..." –, mas por entenderem se tratar de matéria da competência do legislador, e não do Supremo Tribunal Federal. Como havia direitos fundamentais em jogo, esta não parece ser a melhor posição. Ela contrapõe o princípio formal da democracia – as maiorias políticas é que têm legitimidade para decidir – aos princípios materiais da igualdade e da dignidade da pessoa humana, favorecendo o primeiro em ambos os casos.⁴² Coloca-se o procedimento acima do resultado, o que não parece um bom critério.⁴³

---

³⁵ ADI nº 4.650, Rel. Min. Luiz Fux.

³⁶ 347 U.S. 483 (1954).

³⁷ *S v. Makwanyane and Another* (CCT3/94) [1995] ZACC 3. Disponível em <http://www.constitutionalcourt.org.za/Archimages/2353.pdf>.

³⁸ 90 *BVerfGe* 241 (1994). V. Winfried Brugger, Ban on Or Protection of Hate Speech? Some Observations Based on German and American Law,*Tulane European& Civil Law Forum*, n. 17, 2002, p.1.

³⁹ *Public Committee Against Torture in Israel v. The State of Israel & The General Security Service*. HCJ 5100/94 (1999). Disponível em <http://elyon1.court.gov.il/files_eng/94/000/051/a09/94051000.a09.pdf>.

⁴⁰ ADPF nº 132 e ADI nº 142, Rel. Min. Carlos Ayres Britto.

⁴¹ ADPF nº 54, Rel. Min. Marco Aurélio.

⁴² Sobre princípios formais e materiais, e critérios para a ponderação entre ambos, v. Robert Alexy, Princípios formais. In: Alexandre Travessoni Gomes Trivisonno, Aziz Tuffi Saliba e Mônica Sette Lopes (orgs.), *Princípios Formais e Outros Aspectos da Teoria Discursiva*, 2014. Na p. 20, escreveu Alexy: "Admitir uma competência do legislador democraticamente legitimado de interferir em um direito fundamental simplesmente

Às vezes, ocorre na sociedade uma reação a certos avanços propostos pela suprema corte. Nos Estados Unidos, esse fenômeno recebe o nome de *backlash*. Um caso paradigmático de reação do Legislativo se deu contra o julgamento de *Furman v. Georgia*,[44] em 1972, no qual a Suprema Corte considerou inconstitucional a pena de morte, tal como aplicada em 39 Estados da Federação.[45] O fundamento principal era o descritério nas decisões dos júris e o impacto desproporcional sobre as minorias. Em 1976, no entanto, a maioria dos Estados havia aprovado novas leis sobre pena de morte, contornando o julgado da Suprema Corte. Em *Gregg v. Georgia*,[46] a Suprema Corte manteve a validade da nova versão da legislação penal daquele Estado. Também em *Roe v. Wade*,[47] a célebre decisão que descriminalizou o aborto, as reações foram imensas, até hoje dividindo opiniões de maneira radical.[48] No Brasil, houve alguns poucos casos de reação normativa a decisões do Supremo Tribunal Federal, como, por exemplo, em relação ao foro especial para certas autoridades,[49] às taxas municipais de iluminação pública,[50] à progressividade das alíquotas do imposto sobre propriedade urbana,[51] à cobrança de contribuição previdenciária de inativos[52] e à definição do número de vereadores das câmaras municipais.[53]

Em favor da tese que se vem sustentando ao longo do presente trabalho, acerca do importante papel democrático da jurisdição constitucional, é possível apresentar uma coleção significativa de decisões do Supremo Tribunal Federal que contribuíram para o avanço social no Brasil. Todas elas têm natureza constitucional, mas produzem impacto em um ramo específico do Direito, como enunciado abaixo:

> *Direito civil:* proibição da prisão por dívida no caso de depositário infiel, reconhecendo a eficácia e prevalência do Pacto de San Jose da Costa Rica em relação ao direito interno.

---

porque ele é democraticamente legitimado destruriria a prioridade da constituição sobre a legislação parlamentar ordinária".

[43] Inúmeros autores têm posição diversa. V. por todos, Jurgen Habermas, *Between Facts and Norms*, 1996, p.

[44] 408 U.S. 238 (1972).

[45] Para um estudo da questão, v. Corinna Barrett Lain, Upside-down judicial review, *The Georgetown Law Review* 101:113, 2012, p. 12 e s.

[46] 428 U.S. 153 (1976).

[47] 410 U.S. 113 (1973).

[48] Sobre o tema, v. Robert Post e Reva Siegel, Roe Rage: Democratic Constitutionalism and Backlash, *Harvard Civil Rights-Civil Liberties Law Review*, 2007; Yale School, Public Law Working Paper No. 131. Disponível em <http://ssrn.com/abstract=990968>.

[49] O Congresso Nacional aprovou uma lei restabelecendo a competência do Supremo Tribunal Federal para julgar autoridades públicas, após haverem deixado o cargo. A lei procurava superar precedente do próprio Tribunal. No entanto, em um caso singular de reação jurisdicional à reação legislativa, o Supremo Tribunal Federal declarou a inconstitucionalidade da lei, afirmando que não caberia ao Congresso, mediante lei ordinária, rever a interpretação do texto constitucional dada pelo Tribunal. V. STF, ADI 2.797, DJ 19.12.2006, Rel. Min. Sepúlveda Pertence.

[50] A Emenda Constitucional nº 39/02 superou o entendimento que fora fixado pelo STF no julgamento do RE 233.332/RJ, Rel. Min. Ilmar Galvão.

[51] A Emenda Constitucional nº 29/2000 superou o entendimento da Corte e admitiu expressamente a progressividade.

[52] A Emenda Constitucional nº 41/03 superou o entendimento que fora firmado no julgamento da ADI 2010/DF, Rel. Min. Celso de Mello.

[53] A Emenda Constitucional nº 58/09 superou em parte o entendimento que fora firmado no julgamento do RE 197.917/SP, Rel. Min. Maurício Corrêa.

Direito penal: declaração da inconstitucionalidade da proibição de progressão para regime mais favorável de cumprimento de pena, em caso de crimes de tráfico de drogas e outros considerados hediondos.

Direito administrativo: vedação do nepotismo nos três Poderes.

Direito à saúde: determinação de fornecimento de gratuito de medicamentos necessários ao tratamento da AIDS em pacientes sem recursos financeiros.

Direito à educação: direito à educação infantil, aí incluídos o atendimento em creche e o acesso à pré-escola, reconhecendo o dever do Poder Público de dar efetividade a esse direito.

Direitos políticos: proibição de livre mudança de partido após a eleição, sob pena de perda do mandato, por violação ao princípio democrático.

Direitos dos trabalhadores públicos: regulamentação, por via de mandado de injunção, do direito de greve dos servidores e trabalhadores do serviço público.

Direito dos deficientes físicos: direito de passe livre no sistema de transporte coletivo interestadual a pessoas portadoras de deficiência, comprovadamente carentes.

Proteção das minorias:

i) Judeus: a liberdade de expressão não inclui manifestações de racismo, aí incluído o anti-semitismo.

ii) Negros: validação de ações afirmativas em favor de negros, pardos e índios.

iii) Homossexuais: equiparação das relações homoafetivas às uniões estáveis convencionais e direito ao casamento civil.

iv) Comunidades indígenas: demarcação da reserva indígena Raposa Serra do Sol em área contínua.

Liberdade de pesquisa científica: declaração da constitucionalidade das pesquisas com células-tronco embrionárias.

Direito das mulheres: direito à antecipação terapêutica do parto em caso de feto anencefálico; constitucionalidade da Lei Maria da Penha, que reprime a violência doméstica contra a mulher.

Três últimos comentários antes de encerrar. Primeiro: a jurisdição constitucional, como se procurou demonstrar acima, tem servido bem ao país. A preocupação com abusos por parte de juízes e tribunais não é infundada, e é preciso estar preparado para evitar que ocorram.[54] Porém, no mundo real, são muito limitadas as decisões do Supremo Tribunal Federal às quais se possa imputar a pecha de haverem ultrapassado a fronteira aceitável. E, nos poucos casos em que isso ocorreu, o próprio Tribunal cuidou de remediar.[55] Portanto, não se deve desprezar, por um temor imaginário, as potencialidades democráticas e civilizatórias de uma corte constitucional. A crítica à atuação do Supremo Tribunal Federal, desejável e legítima em uma sociedade plural e aberta, provém mais de atores insatisfeitos com alguns resultados e de um nicho acadêmico minoritário, que opera sobre premissas teóricas diversas das que vão aqui enunciadas. A propósito, cabe formular uma pergunta crucial:[56] o argumento de que a jurisdição constitucional tem atuado em padrões antidemocráticos não deveria vir acompanhado de uma insatisfação popular com o papel desempenhado pela suprema corte? O que dizer, então, se ocorre exatamente o contrário: no Brasil e no mundo, os índices de aprovação que ostenta a

---

[54] Para uma reflexão sobre o tema, tendo como marco teórico a teoria dos sistemas, de Niklas Luhmann, v. Celso Fernandes Campilongo, *Política, Sistema Jurídico e Decisão Judicial*, 2001, p. 63.

[55] No julgamento envolvendo a demarcação da Terra Indígena Raposa Serra do Sol, em embargos de declaração, foi restringido o alcance das denominadas "condicionantes" ali estabelecidas, para explicitar que não vinculavam, prospectivamente, novas demarcações. V. Pet. 3388 – ED, Rel. Min. Luís Roberto Barroso.

[56] V. Eduardo Mendonça, *A Democracia das Massas e a Democracia das Pessoas:* Uma Reflexão sobre a Dificuldade Contramajoritária, 2014, p. 19-20

corte constitucional costumam estar bem acima dos do Legislativo.⁵⁷ Por certo não se devem extrair desse fato conclusões precipitadas nem excessivamente abrangentes. Porém, uma crítica formulada com base em uma visão formal da democracia, mas sem povo, não deve impressionar.

O segundo comentário é intuitivo. Como já se teve oportunidade de afirmar diversas vezes, decisão política, como regra geral, deve ser tomada por quem tem voto. Portanto, o Poder Legislativo e o chefe do Poder Executivo têm uma preferência geral *prima facie* para tratar de todas as matérias de interesse do Estado e da sociedade. E, quando tenham atuado, os órgãos judiciais devem ser deferentes para com as escolhas legislativas ou administrativas feitas pelos agentes públicos legitimados pelo voto popular. A jurisdição constitucional somente deve se impor, nesses casos, se a contrariedade à Constituição for evidente, se houver afronta a direito fundamental ou comprometimento dos pressupostos do Estado democrático. Porém, como o leitor terá intuído até aqui, a jurisdição constitucional desempenha um papel de maior destaque quando o Poder Legislativo não tenha atuado. É nas lacunas normativas ou nas omissões inconstitucionais que o STF assume um papel de eventual protagonismo. Como consequência, no fundo, é o próprio Congresso que detém a decisão final, inclusive sobre o nível de judicialização da vida.

Merece registro incidental, antes de encerrar o presente trabalho, um fenômeno conhecido na doutrina como *diálogo constitucional* ou *diálogo institucional*.⁵⁸ Embora a corte constitucional ou corte suprema seja o intérprete final da Constituição em cada caso, três situações dignas de nota podem subverter ou atenuar esta circunstância, a saber: a) a interpretação da Corte pode ser superada por ato do Parlamento ou do Congresso, normalmente mediante emenda constitucional; b) a Corte pode devolver a matéria ao Legislativo, fixando um prazo para a deliberação ou c) a Corte pode conclamar o Legislativo a atuar, o chamado "apelo ao legislador". Na experiência brasileira existem diversos precedentes relativos à primeira hipótese, como no caso do teto remuneratório dos servidores públicos⁵⁹ e da base de cálculo para incidência de contribuição previdenciária,⁶⁰ além dos já referidos anteriormente nesse mesmo tópico.

Em relação à segunda hipótese, referente à fixação de prazo para o Congresso legislar, há precedentes em relação à criação de Municípios⁶¹ ou à reformulação dos critérios adotados no Fundo de Participações dos Estados,⁶²

---

⁵⁷ Segundo pesquisa do IBOPE, realizada em 2012, o índice de confiança dos brasileiros no STF é de 54 pontos (em uma escala de 0 a 100). O do Congresso é 39 pontos. V. http://www.conjur.com.br/2012-dez-24/populacao-confia-stf-congresso-nacional-ibope.

⁵⁸ A expressão tem origem na doutrina canadense. V. Peter Hogg e Allison A. Bushell, The Charter Dialogue between Courts and Legislatures (Or Perhaps the Chart Isn't Such a Bad Thing after All), *Osgoode Hall Law Journal* 35:75, 1997.

⁵⁹ ADI 14, Rel. Min. Celio Borja, j. 13.09.89. No início da vigência da Constituição de 1988, o STF entendeu que o teto remuneratório do art. 37, XI não se aplicava às "vantagens pessoais", frustrando, na prática, a contenção dos abusos nessa matéria. Foram necessárias duas emendas constitucionais para superar tal entendimento: a de nº 19, de 1998, e a de nº 41, de 2003.

⁶⁰ RE 166.772, Rel. Min. Marco Aurélio, *DJ* 16 dez. 1994.

⁶¹ ADI 2240, Rel. Min. Eros Grau.

⁶² ADI 3682, Rel. Min. Gilmar Mendes. Neste caso, o STF fixou o prazo de 18 meses para o Congresso Nacional sanar a omissão relativamente à edição da lei complementar exigida pelo art. 18, § 4º da CF, tida como indispensável para a criação de Municípios por lei estadual. V. tb. ADI.

embora nem sempre se dê o adequado cumprimento dentro do período demarcado pela decisão. Por fim, relativamente à terceira hipótese, por muitos anos foi esse o sentido dado pela jurisprudência do STF ao mandado de injunção.[63] Um caso muito significativo de diálogo institucional informal se deu em relação ao art. 7º, I, da Constituição, que prevê a edição de lei complementar disciplinando a indenização compensatória contra a despedida arbitrária ou sem justa causa de um trabalhador. No julgamento de mandado de injunção, o plenário do Supremo Tribunal Federal deliberou que iria fixar, ele próprio, o critério indenizatório, tendo em vista a omissão de mais de duas décadas do Congresso em fazê-lo.[64] Diante de tal perspectiva, o Congresso aprovou em tempo recorde a Lei nº 12.506/2011, provendo a respeito.

Mais recentemente, dois casos de diálogo institucional tiveram lugar. Ao decidir ação penal contra um Senador da República, o STF, por maioria apertada de votos, interpretou o art. 55, VI e seu § 2º no sentido de caber à Casa legislativa decretar a perda do mandato de parlamentar que sofresse condenação criminal transitada em julgado.[65] Ministros que afirmaram a posição vencedora registraram sua crítica severa à fórmula imposta pela Constituição, instando o Congresso a revisitar o tema.[66] Pouco tempo após o julgamento, o Senado Federal aprovou Proposta de Emenda Constitucional superadora desse tratamento deficiente da matéria. Em final de 2014, a Proposta ainda se encontrava em tramitação na Câmara. Em outro caso, um Deputado Federal foi condenado a mais de 13 anos de prisão, em regime inicial fechado.[67] Submetida a questão da perda do seu mandato à Câmara dos Deputados, a maioria deliberou não cassá-lo. Em mandado de segurança impetrado contra esta decisão, foi concedida liminar pelo relator, sob o fundamento de que em caso de prisão em regime fechado, a perda do mandato deveria se dar por declaração da Mesa e não por deliberação política do Plenário.[68] Antes do julgamento do mérito do mandado de segurança, a Câmara dos Deputados suprimiu a previsão de voto secreto na matéria e deliberou pela cassação.

O que se deduz desse registro final é que o modelo vigente não pode ser caracterizado como de supremacia judicial. O Supremo Tribunal Federal tem a prerrogativa de ser o intérprete final do direito, nos casos que são a ele submetidos, mas não é o dono da Constituição. Justamente ao contrário, o sentido e o alcance das normas constitucionais são fixados em interação com a sociedade, com os outros Poderes e com as instituições em geral. A perda de interlocução com a sociedade, a eventual incapacidade de justificar suas decisões ou de ser compreendido, retiraria o acatamento e a legitimidade do Tribunal. Por outro lado, qualquer pretensão de hegemonia sobre os outros Poderes sujeitaria o

---

[63] O mandado de injunção é uma ação criada pela Constituição brasileira destinada a remediar omissões legislativas inconstitucionais. Por largo período, o STF entendeu que a única decisão possível em mandado de injunção era comunicar ao Congresso Nacional seu estado de mora e omissão. Posteriormente, o Tribunal passou a criar ele próprio, normalmente por analogia com alguma lei existente, a norma faltante.

[64] MI 943/DF, Rel. Min. Gilmar Mendes.

[65] AP 565, Rel. Minª Carmen Lúcia (caso Ivo Cassol).

[66] V. meu voto no MS 32.326, Rel. Luís Roberto Barroso.

[67] AP 396, Rel. Minª Carmen Lúcia (caso Natan Donadon).

[68] MS 32326, Rel. Min. Luís Roberto Barroso.

Supremo a uma mudança do seu desenho institucional ou à superação de seus precedentes por alteração no direito, competências que pertencem ao Congresso Nacional. Portanto, o poder do Supremo Tribunal Federal tem limites claros. Na vida institucional, como na vida em geral, ninguém é bom demais e, sobretudo, ninguém é bom sozinho.

VII. Conclusão

Nas décadas que se seguiram ao final da Segunda Guerra Mundial, verificou-se uma vertiginosa ascensão institucional do Poder Judiciário e da jurisdição constitucional. Não seria exagero afirmar que prevaleceu, em diversas partes do mundo, o modelo americano de constitucionalismo, com suas características de centralidade da Constituição, controle judicial de constitucionalidade e judicialização das controvérsias envolvendo direitos fundamentais. No presente texto, procurei demonstrar que cortes supremas – como o Supremo Tribunal Federal brasileiro, por exemplo – passaram a desempenhar, simultaneamente ao papel contramajoritário tradicional, uma função representativa, pela qual atendem a demandas sociais que não foram satisfeitas pelo processo político majoritário. Por evidente, no desempenho de tal atribuição, o juiz constitucional não está autorizado a impor a suas próprias convicções. Pautado pelo material jurídico relevante (normas, doutrinas, precedentes), pelos princípios constitucionais e pelos valores civilizatórios, cabe-lhe interpretar o sentimento social, o espírito de seu tempo e o sentido da história. Com a dose certa de prudência e de ousadia.

Como se percebe claramente, sou um defensor da jurisdição constitucional. A meu crédito, tenho essa posição desde muito antes de me tornar juiz constitucional. Acho que ela desempenha um papel relevante mesmo em democracias maduras, como Estados Unidos, Alemanha ou Canadá. Mas considero-a ainda mais importante em países de redemocratização recente ou de democratização tardia. Nesses Estados, como é comum, o processo político majoritário não consegue satisfazer plenamente as demandas sociais, em razão de distorções históricas na distribuição de poder e riqueza. Por certo, não se deve viver a ilusão de que o Judiciário seja imune a essas distorções. Porém, circunstâncias associadas ao modo de investidura de seus membros, às suas garantias institucionais e ao tipo de relação que mantêm com a sociedade (que não é ligada ao voto ou a objetivos de curto prazo) potencializa sua aptidão para o uso da razão e a proteção dos direitos fundamentais. Por evidente, a condição imprescindível é que consiga escapar da política ordinária – como tem sido, felizmente, o caso do Brasil.

— 10 —

Teoria tradicional e teoria crítica da Constituição: apontamentos

MARCELO ANDRADE CATTONI DE OLIVEIRA[1]

Sumário: 1. Introdução; 2. Excurso sobre a proposta de "Teoria da Constituição Dirigente Adequada a Países de Modernidade Tardia", de Lenio Streck; 3. O sentido de uma Teoria Crítica da Constituição; Referências.

1. Introdução

Em "Teoria Tradicional e Teoria Crítica", de 1937, Max Horkheimer (2008, p. 223-271) sintetizou os marcos teóricos fundamentais para uma teoria crítica da sociedade, na tradição do que se convencionou chamar, mais tarde, de "frankfurtiana".

Do que se busca reter aqui, desse texto seminal, em contraponto àquilo que nele se poderia chamar de *teoria tradicional* – o(s) positivismo(s) em geral –, pode-se considerar, sobretudo, o legado de uma abordagem interdisciplinar, histórica, crítico-reconstrutiva e antidualista; assim como as amplas tarefas de uma teoria crítica da sociedade, da modernidade e da razão.

O que se procura, portanto, é agora reler a proposta de Horkheimer a partir do que Habermas escreve sobre a Teoria Crítica e seus desafios, ao final de sua *Teoria do Agir Comunicativo* (Habermas, 2001, II, p. 527-572); e, trazendo a questão para o campo do direito, nos dois primeiros capítulos de *Facticidade e Validade* (Habermas, 1998, p. 63-146), especialmente, a proposta de reconstrução da tensão entre facticidade e validade na própria realidade dos processos políticos e sociais. Mas também, para além de Habermas, a partir do que escreve Honneth sobre o legado da Teoria Crítica, por exemplo, nos textos reunidos em *Patologias da Razão* (Honneth, 2009, p. 19-53), marcando o compromisso com uma perspectiva "crítico-reconstrutiva com ressalvas genealógicas"; e, trazendo a questão para o campo das reflexões sobre a justiça para além do direito, na introdução à obra *Direito da Liberdade* (2014), "Uma teoria da justiça

---

[1] Mestre e Doutor em Direito Constitucional (UFMG). Professor Associado IV de Teoria da Constituição e de Direito Constitucional (UFMG). Bolsista do CNPq – 1D.

como análise da sociedade", a perspectiva de uma "reconstrução normativa" (Honneth, 2014, p. 13-25).

Sobre esse pano de fundo, o que marca uma teoria tradicional da constituição e o que diferencia uma teoria crítica da constituição? Como reler a história do processo de constitucionalização brasileiro na perspectiva de uma teoria crítica da constituição?

Se duas questões centrais emergem do contexto de formação da teoria da constituição como disciplina autônoma, a da legitimidade e a da efetividade das ordens constitucionais, quando se procurou inicialmente repensar o próprio estatuto da legalidade constitucional em transformação, na virada do constitucionalismo liberal em crise para o constitucionalismo social, uma teoria tradicional da constituição é fortemente marcada, em sua perspectiva de abordagem, pelo dualismo entre *norma* e *realidade* ou entre *constituição formal* e *constituição material*; quaisquer que sejam as formas de reocupação ou de equivalência funcional da distinção: *constituição normativa* e *constituição nominal* (como em Karl Loewenstein) ou mesmo *constitucionalização simbólica* e *constitucionalização normativa* (como em Marcelo Neves), etc. Dualismo, esse, que não se supera buscando apenas suprimir um dos lados da distinção, nem estabelecer uma pseudodialética entre eles, na linha, por exemplo, de um *incerto* culturalismo jurídico (como em Miguel Reale ou em seus herdeiros, de *direita* ou de *esquerda*).

Aliás, antes do que uma teoria normativista da constituição, defende-se que a teoria tradicional da constituição, no Brasil, é de matriz culturalista e reflete, no direito, os pré-conceitos, dilemas e mitos típicos de determinadas leituras que na área foram e são feitas da chamada "tradição dos retratos e intérpretes do Brasil" (do *idealismo constitucional* de que falava Oliveira Vianna, passando pela *plasticidade* de Gilberto Freire, pela *cordialidade* de Sérgio Buarque de Holanda e, sobretudo, pelo *patrimonialismo* de Raimundo Faoro, assim como pelas "ideias fora do lugar", de Roberto Schwarz, até o que, por exemplo, Roberto da Mata considera "o que faz do Brasil, Brasil", etc.).

Como chama atenção Jessé Souza, ao menos desde *Modernização Seletiva* (Souza, 2000), essa tradição deixa entrever uma autointerpretação dominante dos brasileiros sobre si mesmos, seja do ponto de vista da teoria social e de sua reflexão metódica, seja na própria prática social e institucional, que consagra a ideia segundo a qual o Brasil seria um país singularmente marcado pelo atraso social, pelo subdesenvolvimento econômico, pelo personalismo e pelo patronato político como por resíduos e traços pré-modernos, cujos referenciais críticos, idealizados, seriam, sobretudo, os Estados Unidos da América ou a União Europeia. Compartilhada por parcela significativa da teoria jurídica brasileira, mesmo por uma doutrina constitucional que se considera crítica e progressista, essa verdadeira "sociologia da inautenticidade" (Jessé Souza) ritualiza um suposto "defeito cultural de origem" do Brasil e se desdobra na consequente visão segundo a qual a história jurídico-política brasileira deve ser compreendida como uma "trajetória de fracasso" na construção do Estado de Direito, da democracia e da justiça social.

Em contraposição a essa teoria *culturalista*, defende-se uma teoria crítica da constituição que se diferencie desse enfoque teórico tradicional, de tal modo a superar esse dualismo e a se apresentar como uma teoria "concretista" e "crítico-reconstrutiva", capaz de reconhecer as questões de legitimidade e de efetividade como "tensões constitutivas" (Menelick de Carvalho Netto) ou "conflitos concretos" (Friedrich Müller) da/na normatividade do direito e do direito constitucional.

2. Excurso sobre a proposta de "Teoria da Constituição Dirigente Adequada a Países de Modernidade Tardia", de Lenio Streck

Em Lenio Streck, a chamada *Teoria da Constituição Dirigente Adequada a Países de Modernidade Tardia* (TCDAPMT) foi elaborada, inicialmente, no contexto da discussão em torno do que seria uma revisão empreendida por Gomes Canotilho das teses expostas em *Constituição Dirigente e Vinculação do Legislador* (Canotilho, 1982), em prol de um "constitucionalismo reflexivo" e aberto aos desenvolvimentos da democracia, que exigiriam uma nova compreensão das relações entre Direito e política, Constituição e democracia (Cf., sobretudo, Streck, 2011a, p. 165-173; Streck, 2013, p. 126-148).

Assim, a tese central desenvolvida em *Constituição Dirigente* poderia ser sintetizada na ideia até então defendida por Gomes Canotilho de que a Constituição dirigiria o legislativo no processo de concretização de um programa de transformações sociais, econômicas e culturais, que predefiniriam as tarefas e mesmo os fins últimos de atuação política.

Diferentemente de teses anteriores que, como é o caso da defendida por José Afonso da Silva, em *Aplicabilidade das Normas Constitucionais* (1998), sustentavam a dependência da própria normatividade constitucional à atuação legislativa, Gomes Canotilho sustentava a posição segundo a qual tal dependência deveria ser reinterpretada no sentido de uma exigência constitucional de legislar; invertendo, portanto, a semiótica, diria o sentido performativo, da relação de vinculação do legislativo à Constituição.

Todavia, uma leitura excessiva dessa vinculação legislativa à Constituição dirigente poderia apresentar uma série de problemas institucionais, entre eles, o de como reagir a omissões inconstitucionais do legislativo, na hipótese da impossibilidade de se coagir o legislativo a legislar. Essa tarefa seria da jurisdição constitucional? E em que medida, em que sentido? E, também, uma questão de legitimidade: poderia a Constituição reduzir significativamente a legislação à execução de políticas predefinidas em seu texto?

Sobre o pano de fundo das mudanças políticas, das transformações ideológicas e dos novos debates teóricos que se seguiram ao fim dos anos 80, início dos anos 90, do século XX, Gomes Canotilho pretendeu repensar o sentido do caráter dirigente das Constituições que, como a portuguesa, enfrentavam tanto o desafio da globalização econômica e do neoliberalismo, o "esgotamento das energias utópicas" (Habermas), a crise de legitimidade e de operacionalidade do Estado Social, o colapso do bloco soviético, a formação dos blocos econômicos regionais e a integração comunitária, o sentido dos direitos humanos e da democracia social. Questões, essas, que, do ponto de vista do debate constitucional, afetavam, mais uma vez, o próprio estatuto científico da Teoria da Constituição, a possibilidade de se falar em um "conceito ocidental de constituição" (Rogério Soares), construído historicamente a partir de uma relação entre direito e política, no marco dos paradigmas social e democrático de direito.

Algo que, inclusive, foi festejado por juristas reacionários que, como Manoel Gonçalves Ferreira Filho, sobre o pano de fundo do momento histórico brasileiro, passaram a celebrar a "morte da Constituição Dirigente". O que exigiu o posicionamento de setores progressistas e mesmo um esclarecimento por parte do próprio Canotilho.

Para Gomes Canotilho haveria, até certo ponto, que se rever, no sentido de um constitucionalismo reflexivo e supostamente procedimental, o caráter dirigente de uma Constituição como a portuguesa, afastando qualquer conotação excessivamente dirigista constitucional que impossibilitasse reconhecer o que seria uma dignidade própria a novos desenvolvimentos político-legislativos, próprios a uma espécie de visão constitucional pós-revolucionária e voltada à integração europeia.

Lenio Streck, por outro lado, irá defender naquele contexto histórico a tese segundo a qual em razão do caráter estrutural de problemas sociais, econômicos, culturais e políticos, próprios a um "país periférico" e de "modernização tardia" como o Brasil, não faria sentido abandonar uma doutrina do caráter dirigente da Constituição (Coutinho, 2003, p.81). Para ele, naquele momento de inícios dos anos 2000, a discussão sobre se a *Constituição dirigente morreu* deveria ser *contextualizada* (Coutinho, 2003, p.81). E, ali, em que sentido? De que não se poderia falar propriamente numa "teoria geral da Constituição", mas em Teoria das Constituições. Assim, mais do que por razões epistemológicas, Streck afirmava que *não há um constitucionalismo, mas vários constitucionalismos*:

A Constituição (e cada Constituição) depende de sua identidade nacional, das especificidades de cada Estado Nacional e de sua inserção no cenário internacional. Do mesmo modo, não há "um constitucionalismo", e, sim, *vários constitucionalismos*. É necessário, assim, que se entenda a teoria da Constituição enquanto uma teoria que resguarde as especificidades histórico-factuais de cada Estado nacional. Desse modo, a teoria da Constituição deve conter um núcleo (básico) que albergue as conquistas civilizatórias próprias do Estado Democrático (e Social) de Direito, assentado, como especificado na tradição, no binômio "democracia e direitos humanos-fundamentais". Dito de outro modo, afora o núcleo mínimo universal que conforma uma teoria geral da Constituição, que pode ser considerado comum a todos os países que adotaram formas democrático-constitucionais de governo, há um núcleo específico de cada Constituição, que, inexoravelmente, *será diferenciado de Estado-Nação para Estado-Nação*. Refiro-me a o que se pode denominar de núcleo de direitos sociais-fundamentais plasmados em cada texto que atendam ao cumprimento das promessas (incumpridas) da modernidade" (Coutinho, 2003, p.82)

Ou seja, sobre o pano de fundo das vivências políticas dos anos 90, em um país historicamente de excluídos sociais, econômicos e políticos, de pessoas incapazes de exercer na sua plenitude a cidadania e de políticos que exercessem republicanamente as tarefas a eles atribuídas pela Constituição de 1988, Lenio Streck acreditava que apenas uma *Nova Crítica do Direito*, fundada em uma *doutrina substancialista da constituição* e ciosa na defesa do caráter constitucional dirigente, poderia e deveria subsidiar a atuação adequada da jurisdição constitucional, mais agressiva na concretização dos direitos sociais fundamentais

(Streck, 2004, p. 867-868). Uma jurisdição constitucional, que fizesse frente aos impasses políticos em face da necessidade de efetivação dos programas constitucionais e que, assim, baseada numa teoria constitucional axiologicamente orientada, pudesse contribuir decisivamente para a superação da situação de "baixa constitucionalidade" (Streck, 2004, p. 843), ou seja, de atraso nacional no processo de realização e da conquista plenas das chamadas "promessas [incumpridas] da modernidade" (Streck, 2004, p. 844).

Fazendo-se, agora, uma comparação entre as formulações iniciais e as mais recentes, tomando agora como fio condutor de nossas análises a quarta edição, de 2011, da obra *Verdade e Consenso: Constituição, Hermenêutica e Teorias Discursivas*, veremos que, oito anos após a primeira formulação, a chamada Teoria da Constituição Adequada a Países de Modernidade Tardia (TCAPMT) procurou acompanhar e lidar criticamente com novos desafios institucionais e políticos (por exemplo, a recepção tardia de uma jurisprudência dos valores pelo Supremo Tribunal Federal e por parte da doutrina constitucional brasileira), passando por importantes modificações, especialmente, de uma visão axiológica e teleologizante a uma visão dentológica da Constituição; da atribuição de um papel ativista da jurisdição constitucional a uma crítica à *judicialização da política*; e, no que se refere ao estatuto da doutrina, a uma teoria não tanto ou apenas preocupada em subsidiar a atuação, mas também e sobretudo vigilante quanto a excessos, a descaminhos e a desacertos da jurisdição constitucional.

Nesse sentido, caberia, entretanto, indagar sobre a persistência ou não, e em que medida, de um viés que em princípio se poderia chamar de *culturalista* na Teoria da Constituição (que se pretende, afinal, ainda *adequada a países de modernidade tardia*) proposta por Lenio Streck, considerando-se, especialmente, uma das reflexões centrais e mais recentes que desenvolve sobre o tema, como, por exemplo, no ponto 6.3, "A Constituição como algo substantivo e porque ainda deve 'constituir-a-ação'. A inadequação de uma teoria geral do constitucionalismo. A necessidade de uma teoria da Constituição adequada", da referida quarta edição de *Verdade e Consenso* (Streck, 2011a, p. 165-173; todavia, cf, também, Streck, 2013, p. 126-148)

Streck começa, em princípio, mantendo, em linhas gerais, a suposição *loewensteiniana* de que condições específicas de atraso social, econômico, político e cultural criariam obstáculos para a realização de promessas incumpridas da modernidade e justificariam, portanto, falar em uma teoria constitucional adequada a países de modernidade (no sentido de *modernização*) tardia como o Brasil. Além disso, um núcleo constitucional, que pretende enfrentar esses atrasos, constitui uma espécie de essência ou alma nacional de um Estado específico. Assim seria papel, portanto, para Streck, da *teoria da constituição adequada a países de modernidade tardia* refletir tanto sobre essas condições específicas de atraso e de obstáculo à efetividade constitucional, quanto sobre esse núcleo constitucional identificador de uma determinada constituição.

Todavia, – e este é um ponto decisivo no desenvolvimento dessas ideias –, uma tensão entre *universal* e *particular*, ou seja, entre o reconhecimento e a possibilidade de se falar numa teoria geral da constituição, por um lado, e a exigência de uma teoria da constituição adequada a países de modernidade tardia, por outro, agora perpassa, de modo decisivo, toda a reflexão de Streck:

> Para tanto, a teoria da Constituição deve conter um núcleo (básico) que albergue as conquistas civilizatórias próprias do Estado Democrático (e Social) de Direito, assentado, como já se viu à saciedade, no binômio democracia e direitos fundamentais-sociais. Esse núcleo derivado do Estado Democrático de Direito faz parte, hoje, de um núcleo básico geral-universal que comporta elementos que poderiam confortar uma teoria geral da Constituição e do constitucionalismo do ocidente. Já os demais substratos constitucionais aptos a confortar uma teoria da Constituição derivam das especificidades regionais e da identidade nacional de cada Estado.
>
> Dito de outro modo, afora o núcleo mínimo universal que conforma uma teoria geral da Constituição, que pode ser considerado comum a todos os países que adotam formas democrático-constitucionais de governo, há um núcleo específico de cada Constituição, que, inexoravelmente, será diferenciado de Estado para Estado. (Streck, 2011a, p. 168)

Além disso, se antes seria a jurisdição constitucional a grande responsável por garantir efetividade ao núcleo substancialista e identificador das especificidades da constituição em face da imaturidade política do povo, da indignidade da política, do presidencialismo de coalizão, etc., hoje a doutrina constitucional deve deixar para trás o mero papel de pretender subsidiar a jurisdição constitucional e assumir um papel crítico e mesmo terapêutico, inclusive oferecendo uma teoria da decisão jurídica, não apenas em face da dinâmica política do legislativo ou/e do executivo, mas também de guardiã republicana da autonomia do Direito em face dos seus "predadores": questionando e denunciando os descaminhos da jurisdição constitucional resistente a uma doutrina constitucionalmente adequada, na tarefa de dar concretude à Constituição (Cf., também, Streck, 2011b, p. 368-378; Streck, 2013, p. 925-948)

Em última análise, se Lenio Streck ainda parte de certos pressupostos históricos e sociológicos, cuja retórica ainda poderia ser remetida à tradição dos retratos e intérpretes do Brasil, ou seja, a modernização dita tardia, os obstáculos à efetividade constitucional e a imaturidade da cidadania, cabe chamar atenção para o maior acento em sua reflexão para o papel civilizatório universal do constitucionalismo (que aqui não se reduz de forma alguma ao liberalismo), a ser defendido, todavia, com base em uma teoria "geral" da constituição, que serve, inclusive, de critério normativo para criticar a realidade constitucional particular.

Aqui, diferentemente do que poderia ser uma visão naturalizada da sociedade e de seus obstáculos supostamente congênitos à modernização, uma teoria da constituição adequada a países de modernidade tardia parece, antes, assumir um papel que se poderia chamar de *mediador*, tanto hermenêutico-crítico, inclusive a oferecer uma teoria da decisão, quanto pragmático (político), entre uma realidade própria a esse contexto particular e as exigências universalizantes do constitucionalismo.

Assim, enquanto parcela significativa da doutrina constitucional brasileira, seja à esquerda, seja à direita, ainda se aferra à iconografia clássica da "suposta falta do povo soberano", Streck segue, sobretudo, a trilha do constitucionalista, ciente e cioso de uma democracia fundada e internamente constituída pelos direitos fundamentais, inclusive sociais e políticos, como princípio de legitimidade constitucional, em face do risco permanente de fechamento da identidade constitucional, seja em maiorias políticas conjunturais no governo ou no Congresso, seja no Judiciário e mesmo no Ministério Público, que pretendem assumir o lugar dessa soberania popular.

Em termos clássicos, *para além de Loewenstein e diversamente de Schmitt*, Streck empreende sua defesa da "força normativa da constituição", para usar a expressão de Konrad Hesse, por meio do resgate do papel crítico da doutrina e da aposta na sua tarefa mediadora, como modo de esclarecimento e de contribuição para a superação de tensões presentes numa realidade constitucional *intransparente*.

3. O sentido de uma Teoria Crítica da Constituição

Se, como pode-se perceber, a proposta de uma "Teoria da Constituição Dirigente Adequada a Países de Modernidade Tardia", de Lenio Streck, procura explorar, para além de um mero culturalismo *residual*, a tensão hermenêutica entre o desafio de se conceber um enfoque teórico-constitucional adequado a "países de modernidade tardia" e as exigências universalizantes do constitucionalismo moderno subjacentes a uma teoria "geral" da constituição, a proposta de teoria crítica da constituição, aqui apresentada, procura lidar com a tensão entre local e global, realidade particular e geral, bem como com a tarefa crítica da teoria do direito, partindo de pressupostos sociológicos e filosóficos, todavia, *diferentes*: respectivamente, a noção de "modernização seletiva" (Jessé Souza), que afasta a ideia de que o Brasil seria atrasado ou tardiamente moderno, pois defende que a sociedade brasileira é seletivamente moderna. E a chamada perspectiva "reconstrutiva", embora com "ressalvas genealógicas" (Axel Honneth), que pretende fazer uma crítica social imanente do direito e da sociedade, com base nos princípios do constitucionalismo, posto que eles *já se encontram inscritos*, ainda que parcialmente, na própria realidade da sociedade, sem, todavia, reduzir o sentido normativo desses princípios ao horizonte hermenêutico da tradição; reconhecendo, portanto, seu caráter aberto, polêmico, insaturável e, por isso, irrenunciável, sobre o pano de fundo de disputas paradigmáticas e de lutas sociais e políticas, que permeiam o processo de constitucionalização como aprendizado social de longa duração.

Para isso, uma teoria crítica da constituição se propõe abrir para uma teoria da justificação normativa do constitucionalismo como aprendizado social de longo prazo e para uma teoria sociológico-política da tensão entre os princípios do constitucionalismo e dos processos sociais e políticos, todavia, no interior da própria realidade da sociedade (Cattoni, 2014).

Assim, uma teoria crítica da constituição pode se apresentar como "chave interpretativa" – compreensão da história institucional e reconstrução dos princípios que dão sentido a essa história – do direito constitucional democrático, ao mesmo tempo em que pode contribuir polemicamente para o aprimoramento desse direito (Cattoni, 2014).

Em última análise, para uma teoria crítica da constituição, uma constituição é legítima e efetiva, não em função de uma correspondência ou concordância, em maior ou menor medida, entre os processos político-sociais e um suposto conteúdo dado, pré-estabelecido ou supostamente originário das normas constitucionais; ou mesmo em face de princípios do constitucionalismo universais que correm sempre o risco de serem criticados como "ideias fora do lugar". Mas na medida em que o sentido *de* constituição e o sentido *da* constituição se traduzem numa disputa hermenêutica e crítica, política, na realidade efetiva da esfera pública.

Uma constituição é, portanto, legítima e efetiva enquanto tema ou base das controvérsias jurídicas e políticas. Quando assim mobiliza a esfera pública política em torno das interpretações paradigmáticas que concorrem, ao longo das lutas políticas e sociais por reconhecimento,[2] para a compreensão e reconstrução dos princípios do Estado de Direito e dos direitos fundamentais.

Nesses termos, inclusive, que é a pesquisa que tenho desenvolvido, nos últimos anos, busca contribuir para uma *nova história e teoria do processo de constitucionalização brasileiro*, através da *reconstrução* do modo como o processo de constitucionalização brasileiro articula memória e projeto, experiência e expectativa – e, assim, deixa entrever as suas relações com o tempo histórico. Parte-se da hipótese, no marco de uma *filosofia crítica da história*, segundo a qual a constitucionalização brasileira pode ser reconstruída como processo não linear e descontínuo, de lutas por reconhecimento e de aprendizagem social com o direito e com a política, que se realiza ao longo da história, todavia sujeito a interrupções e a tropeços, mas que também é capaz de se autocorrigir. As perspectivas e os marcos teóricos assumem, assim, a herança e os desafios atuais da tradição da Teoria Crítica da Sociedade, no sentido de uma *nova história e teoria do processo de constitucionalização brasileiro*. *Entrecruzados* de forma *tensa e complexa*, tais perspectivas e marcos devem, pois, buscar *desconstruir e romper* com as visões teóricas, presentes na chamada "tradição dos retratos ou intérpretes do Brasil", da qual parcela significativa da doutrina constitucional brasileira faz parte. Essa teoria tradicional, culturalista, da constituição é marcada, em última análise, por uma leitura *teológico-política da falta de povo soberano*; por uma convergência, em maior ou menor medida, quanto à proposta de uma *modernização autoritária*, no quadro de uma *democracia possível* e de uma concepção dualista da chamada *brasilidade*; e, *por isso*, contribui perfomativamente para narrativas de *reificação* da história constitucional brasileira ao impedir ou a impossibilitar, com consequências deslegitimizantes, o reconhecimento de lutas da cidadania por direitos, que constituem internamente o processo político de aprendizado social com o direito, de *longa duração* (Cattoni, 2012)

---

[2] Uma contribuição importante para a teoria da constituição é a de Nelson Camatta Moreira (2010) que, ao mesmo tempo, busca dialogar tanto com a obra de Lenio Streck, quanto com a de Jessé Souza. Embora ambos busquemos realizar uma crítica social que parta de princípios normativos imanentes, inscritos ainda que parcialmente, à própria realidade da sociedade, minha proposta de Teoria Crítica da Constituição se diferencia da proposta de Teoria da Constituição Dirigente apresentada por Camatta, justamente, porque, smj, sua proposta tende, até então, a reduzir a crítica social ao sentido hermenêutico imanente dos princípios, ao passo que, diferentemente, procuro adotar uma perspectiva reconstrutiva que reconheça o caráter imanente, embora transcendente de contexto, dos princípios; e – o que considero decisivo – também porque ele toma, em seu diálogo com Jessé Souza, a ideia de "política de reconhecimento" em Charles Taylor, ao passo que, diferentemente, busco levar a sério o sentido normativo das lutas por reconhecimento, com Axel Honneth, de novos sujeitos e de novos direitos, subjacentes às disputas paradigmáticas e à construção jurídico-política e social do direito, ao longo da história do processo de constitucionalização, como aprendizado social de longa duração. Isso traz consequências extremamente importantes para a teoria da constituição que, entretanto, extrapola os objetivos do presente texto. Para isso, e mesmo para se saber até que ponto essa primeira análise se manteria, imprescindível será considerar a recém publicada obra de teoria da constituição, organizada por Camatta: *Teoria da Constituição: modernidade, identidade e (lutas por) reconhecimento* (Unijuí, 2015).

Referências

CANOTILHO, J. J. Gomes. *Constituição dirigente e vinculação do legislador*. Coimbra: Coimbra, 1982.

CATTONI, Marcelo. Nova História do Processo de Constitucionalização Brasileira e Teoria Crítica, 2012. (Disponível em www.academia.edu)

——. *Teoria da Constituição*. Belo Horizonte: Initia Via, 2014.

COUTINHO, Jacinto Nelson (org.) *Canotilho e Constituição dirigente*. Rio de Janeiro: Renovar, 2003.

HABERMAS, Jürgen. *Teoría de la acción comunicativa*, vol. II. Madrid: Taurus, 2001.

——. *Facticidad y validez*. Madrid: Trotta, 1998.

HONNETH, Axel. Pathologies of Reason: On the legacy of Critical Theory. New York: Columbia University, 2009.

——. *El derecho de la liberdad*. Buenos Aires: Katz, 2014.

HORKHEIMER, Max. *Teoría crítica*. Buenos Aires: Amorrotu, 2008.

MOREIRA, Nelson Camatta. *Fundamentos de uma teoria da constituição dirigente*. Florianópolis: Conceito, 2010.

SILVA, José Afonso da. *Aplicabilidade das normas constitucionais*. São Paulo: Malheiros, 1998.

SOUZA, Jessé. *Modernização seletiva*. Brasília: Unb, 2000.

STRECK, Lenio Luiz. *Jurisdição constitucional e hermenêutica*: uma nova crítica do direito. Rio de Janeiro: Forense, 2004.

——. *Verdade e Consenso*: Constituição, Hermenêutica e Teorias Discursivas. 4ed. São Paulo: Saraiva, 2011a.

——. *Hermenêutica jurídica e(m) crise*: uma exploração hermenêutica da construção do direito. Porto Alegre: Livraria do Advogado, 2011b.

——. *Jurisdição constitucional e decisão jurídica*. São Paulo: Revista dos Tribunais, 2013.

Parte III
DIREITOS FUNDAMENTAIS EM PERSPECTIVA

Parte II.
DIREITOS FUNDAMENTAIS
EM PERSPECTIVA

— 11 —

A relação entre juristocracia e ativismo judicial: os direitos fundamentais em risco

NELSON NERY JUNIOR[1]

GEORGES ABBOUD[2]

Sumário: 1. O aumento dos poderes dos Tribunais Superiores e o risco de uma Juristocracia; 2. Acepções sobre o termo *ativismo* e sobre a vinculação legal na democracia constitucional; 3. A legislação vincula o julgador. A lei somente pode ser afastada do caso concreto se constatada sua inconstitucionalidade; 4. A inconstitucionalidade da *objetivação* da atividade jurisdicional do STF e do STJ no julgamento dos recursos excepcionais.

1. O aumento dos poderes dos Tribunais Superiores e o risco de uma Juristocracia

Nas últimas duas décadas, temos acompanhado vertiginoso deslocamento da solução de diversas questões sensíveis da sociedade para o Judiciário, principalmente no âmbito dos Tribunais Superiores.

Essa crescente judicialização, em grande parte, se deve ao constitucionalismo contemporâneo, e não é perniciosa, desde que não incorra em ativismos. Assim, a partir da consagração dos direitos fundamentais como limites intransponíveis para o Poder Público e para os particulares, diversas questões que anteriormente seriam consideradas meramente omissões ou invasões legítimas do Estado, tornaram-se judicializáveis.

Essa judicialização de novos direitos e conflitos, bem como uma nova cadeia normativo-constitucional a reger a atuação do Poder Público em todas suas esferas, juntamente com a consolidação do controle de constitucionalidade, atribui uma nova dimensão ao Poder Judiciário, tornando-o o *locus* privilegiado para a resolução das questões político-constitucionais mais importantes

---

[1] Professor Titular da Faculdade de Direito da Pontifícia Universidade Católica de São Paulo (PUC-SP). Livre-Docente, Doutor e Mestre em Direito pela PUC-SP. Doutorado em Direito Processual Civil pela Friedrich-Alexander Universität Erlangen-Nürnberg (Alemanha). Professor Titular de Direito da Universidade Estadual Paulista "Júlio de Mesquita Filho" (UNESP). Advogado.

[2] Mestre e Doutor em direitos e difusos coletivos pela PUC-SP. Professor da graduação da PUC-SP. Professor do programa de Mestrado e Doutorado da Faculdade Autônoma de São Paulo – FADISP. Advogado.

da nação.³ Tanto assim é que, na última década, começaram a surgir estudos – muitos deles oriundos da ciência política – que dão conta da expansão do *judge made law* no continente Europeu e, mais recentemente, pelos países periféricos (hoje chamados de emergentes, como é o caso do Brasil).⁴ Ou seja, as transformações operadas pelo constitucionalismo do segundo pós-guerra e o papel efetivo desempenhado pelo Tribunal Constitucional Federal (*Bundesverfassungsgericht*) alemão para efetividade da Lei Fundamental de Bonn de 1949, passam por essa tendência, hoje global, de "expansão do poder judicial".

Ocorre que até o momento, grande parcela de nossa doutrina não se atentou para o risco de agigantamento dos poderes dos Tribunais Superiores.

Vale dizer, é no mínimo, irracional pretender-se racionalizar o sistema apostando no aumento dos poderes dos Tribunais Superiores num paradigma em que o Judiciário pode julgar discricionariamente. Tal irracionalidade pode gerar efeitos perversos e, inclusive, o engessamento do sistema.

A forma de vinculação proposta pelo CPC/2015 é bastante problemática no que se refere ao dinamismo do sistema. Dentre os diversos riscos, podemos citar o de se consolidar entendimento a partir de um único caso e, tendo em vista que os recursos ficarão sobrestados ou em virtude do regime de julgamentos repetitivos ou em função do incidente de demandas repetitivas, torna-se praticamente impossível fazer com o que STF e o STJ reapreciem a mesma questão, até mesmo porque não subirão novos recursos sobre a mesma *quaestio iuris* em razão do sistema *sui generis* de vinculação jurisprudencial a ser instituído pelo CPC/2015 e já presente em larga medida em função dos arts. 543-B e 543-C. Ou seja, para se alterar um entendimento jurisprudencial no Brasil, a única alternativa restante seria por meio de lei. Nesse contexto, o nosso país passaria a ser o único em que a lei atualiza a jurisprudência – e não o contrário.

Dessa maneira, a atribuição desmedida de efeitos vinculantes às decisões das Cortes Superiores impede a formação da própria jurisprudência, que se torna engessada. Afinal, a jurisprudência, para se constituir como fonte do direito, na legítima acepção da palavra, tem que ser fruto de históricas e reiteradas decisões dos tribunais, com as contradições e evoluções que são ínsitas a todo processo histórico.

Entretanto, se utilizarmos o efeito vinculante para os processos repetitivos, apesar de se obter o aumento da velocidade dos processos, corre-se o risco

---

³ O próprio STF é exemplo disso, grande parte das questões mais relevantes do ponto de vista político constitucional tem sido decidida pelo STF, *e.g.*, fidelidade partidária, aborto, casamento homoafetivo, federalismo etc. Tornar o Judiciário um local privilegiado para o equacionamento dessas questões não é um problema em si. O problema configura-se quando o Judiciário confere respostas ativistas a essas questões, ou ainda, quando se antecipa ao próprio legislativo, eliminando uma esfera democrática de discussão de determinados temas. Nesse contexto, o Judiciário que é contramajoritário por excelência passa a atuar em substituição ao Legislativo aniquilando assim a discussão jurídico-legislativa democrática, o que termina por fulminar a própria legitimação da maioria que é ínsita ao regime democrático.

⁴ Nesse sentido, é importante mencionar as seguintes obras: Chester Neal Tate e Torbjörn Vallinder. *The global expansion of Judicial Power: the judicialization of politics*, cit.,; Martin Shapiro e Alec Stone Sweet. *On law, politics & judicialization*. New York: Oxford University Press, 2002; Ran Hirschl. *Towards juristocracy. The origins and consequences of the new constitutionalism*. Cambridge: Harvard University Press, 2007. Há também textos traduzidos para o português e publicados recentemente na *Revista de Direito Administrativo* da Fundação Getúlio Vargas: Ran Hirschl. *O novo constitucionalismo e a judicialização da política pura no mundo*, In: *Revista de Direito Administrativo*, n. 251, maio/agosto de 2009, p. 139-175.

de sepultar a própria jurisprudência, que seria delimitada e fixada a partir de uma única decisão dos tribunais superiores. Decisão está que no nosso paradigma atual de decisão admite que ela seja dada com base na discricionariedade.

Por exemplo, se fosse dotada de efeito vinculante, a decisão do STF que considerou ilegítimos os filhos havidos fora do casamento, ainda assim teria sido possível sua modificação posteriormente pelo STF? Como seria possível ao STF alterar seu posicionamento, se nenhum outro caso versando sobre essa mesma *quaestio iuris*, em razão do efeito vinculante, não subiria (seria julgado) mais ao Supremo Tribunal Federal?

Além do exemplo do tema do depositário infiel, infinitas questões jurídicas poderiam tornar-se engessadas e de difícil revisão pelos Tribunais Superiores. Caso a jurisprudência com efeito vinculante fosse utilizada de maneira desmedida. Isso ocorreria porque, após o STF ou o STJ fixar sua tese – mesmo que oriunda do julgamento de um único caso –, todos os demais casos deveriam ser solucionados de forma automática e irrefletida, impedindo, inclusive, que os novos casos contendo a mesma questão jurídica pudessem subir ao STF ou STJ para, até mesmo, oportunizar-lhes a possibilidade de alterarem seu entendimento jurisprudencial. Esse risco se avolumou com a modificação do CPC-2015 a partir da Lei 13.256/16, que determinou a manutenção do juízo de admissibilidade do REsp e do RE nos Tribunais *a quo*. Dessa maneira, continuamos com o sistema atual, que impede a admissibilidade direta pelo STJ ou STF. Essa modificação aliada ao recrudescimento dos provimentos vinculantes conforme disposto no art. 927 do CPC/2015 cria risco de engessamento da atividade interpretativa. Apesar de o CPC/2015 admitir a revisão do entendimento jurídico oriundo de RE ou REsp repetitivos, a barreira da admissibilidade impede que o jurisdicionado apresente o recurso contendo o requerimento de reexame *diretamente* ao Tribunal Superior, que é o seu prolator

Nesse diapasão, não se pode justificar a instituição desmedida da jurisprudência com efeito vinculante, sob o argumento de que estaria sendo introduzido em nosso ordenamento o sistema do *stare decisis*. Em consonância com o que afirmamos, não se deve nunca perder de vista que o *stare decisis* é mais do que a aplicação da regra de solução análoga para casos iguais, pois essa seria uma visão muito simplificada de um procedimento altamente complexo que, por séculos, se estruturou naquelas comunidades. A doutrina do *stare decisis*, em sua acepção técnica, surgiu apenas mais tarde, mediante uma sistematização das decisões, que distinguia a elaboração/construção (*holding*) do caso que consistiria no precedente e seria vinculante para casos futuros, e o *dictum*, que consistia na argumentação utilizada pela corte, dispensável à decisão e, desse modo, não vinculante.

Essa argumentação demonstra o quão diferente é a mecânica dos sistemas de precedente em relação a nossa técnica de utilização da solução paradigma para processos repetitivos. A utilização do precedente para solucionar o caso concreto exige intensa interpretação e realização de contraditório entre as partes. Já o uso dos arts. 543-B e 543-C do CPC/73 dispensaria nova argumentação das partes – até mesmo porque o processo em que elas atuam estaria sobrestado – para que o juiz decidisse imediatamente a lide a partir do que ficou estabelecido na decisão paradigma (piloto), proferida pelo STF ou STJ.

Em termos simples, não há nenhum esboço de *stare decisis* na hipótese acima descrita, dado que as partes que tiveram seu recurso sobrestado sequer puderam reiterar e construir argumentos com base na decisão piloto. Destarte, não há argumentação por precedentes no sistema vinculatório brasileiro. O que não quer dizer que não podemos realizar um argumento de precedentes. Todavia, para atingir tal desiderato, é, até mesmo, desnecessária a atribuição, por via legislativa, de efeitos vinculantes

A partir dessa perspectiva, que o artigo se preocupa em demonstrar os riscos em novamente apostarmos no aumento dos poderes dos Tribunais Superiores do Brasil, criando situação que não encontra paralelo no direito comparado de cariz democrático. Sendo assim, faremos o exame de julgados do STJ acerca de questão processual *simples:* a desistência do recurso. Ou seja, a finalidade não é examinar o instituto da desistência do recurso em seus meandros processuais. A finalidade consiste em usar o acórdão do STJ para ilustrar como têm havido julgamentos ativistas pelos nossos Tribunais Superiores juntamente com o risco da atribuição de efeito vinculante para esses julgados.

2. Acepções sobre o termo *ativismo* e sobre a vinculação legal na democracia constitucional

O termo ativismo tem sido empregado com verdadeira poluição semântica,[5] ora descrevendo fenômenos distintos, ora sendo utilizado para legitimar decisões judiciais apenas em função do seu resultado.[6]

O enfrentamento da questão do ativismo exige análise longa e aprofundada acerca da evolução desse fenômeno, mediante amplo exame do tema no *common law*, investigando a relação do ativismo com a *judicial review*[7] e institutos afins, tais como o *legislative override/ Notwithstanding clause* do Canadá.[8]

---

[5] Cf. Wolfgang Stegmüller. *A filosofia contemporânea*. São Paulo: EPU, 1977, vs. 1 e 2, *passim*.

[6] Para um exame aprofundado do tema, ver: Lenio Luiz Streck. *Verdade e Consenso*, 4ª ed., São Paulo: Saraiva, 2011, n. 4.2, pp. 51/55. Do mesmo autor, *O que é isto? – decido conforme minha consciência*, 2ª ed., Porto Alegre: Livraria do Advogado, 2011, *passim*. Ver, ainda, a obra de Clarissa Tassinari. *Jurisdição e ativismo judicial*: limites da atuação do Judiciário. Porto Alegre: Livraria do Advogado, 2013.

[7] Sobre o tema, merece destaque o trabalho de Mark Tushnet, no qual esse autor desenvolve duas perspectivas para se examinar a *judicial review*: a *weak judicial review* e a *strong judicial review*. A partir desses dois conceitos, evidencia as vantagens e as desvantagens de cada uma delas, demonstrando como o processo democrático reage a cada uma delas. Ademais, ressalta o autor que o que efetivamente é constitucional nem sempre responde a um código binário (constitucional/inconstitucional), daí a depender da perspectiva adotada – se *weak/strong judicial review* –, modificam-se os principais agentes responsáveis pelas mudanças sociais em uma democracia, se o Legislativo ou o Judiciário. Sobre a questão, ver: Mark Tushnet. *Weak Courts, Strong Rights: judicial review and social Welfare Rights in comparative Constitutional Law*, New Jersey: Princeton University Press, 2008, cap. 1/3, em especial, pp. 16, 33/35, e p. 39.

[8] *Legislative override*, ou *Notwithstanding clause*, constituem designações doutrinárias para descrever o dispositivo na Seção 33 da Canadian Charter of Rights and Freedoms, nos seguintes termos:
33. (1) Parliament or the legislature of a province may expressly declare in an Act of Parliament or of the legislature, as the case may be, that the Act or a provision thereof shall operate notwithstanding a provision included in section 2 or sections 7 to 15 of this Charter.
Marginal note: Operation of exception
(2) An Act or a provision of an Act in respect of which a declaration made under this section is in effect shall have such operation as it would have but for the provision of this Charter referred to in the declaration.

O escopo do presente artigo, e mais especificamente deste item, não é examinar de maneira aprofundada o fenômeno do ativismo. O que efetivamente pretendemos é apresentar contribuição para não mais obnubilar o referido conceito a fim de, em seguida, examinar algumas decisões de nossas Cortes Superiores (STF/STJ) à luz das premissas que enumeraremos nesta parte do estudo.

Alguns segmentos doutrinários preferem identificar o bom e o mau ativismo. Nesse sentido, Pablo L. Manili afirma que o bom ativismo proporciona, dentre outros, os seguintes benefícios para o jurisdicionado: 1) cria direitos, ou seja, assegura diretos não previstos expressamente em nenhum diploma normativo; 2) amplia as garantias processuais para proteção dos direitos; 3) assinala ao Congresso a necessidade de reforma legislativa em determinada matéria; 4) controla os excessos do poder em geral; 5) flexibiliza certas decisões legislativas restritivas de direitos; 6) implementa mecanismos para superar a inconstitucionalidade por omissão.[9]

Em contrapartida, o citado autor enumera diversas decisões casuísticas e ilegais da Suprema Corte de seu país para demonstrar o mau ativismo.[10]

De nossa parte, entendemos que o ativismo é pernicioso para o Estado Democrático de Direito não podendo, portanto, diferenciar-se entre o bom e o mau ativismo. Ativismo é toda decisão judicial que se fundamenta em convicções pessoais, senso de justiça do intérprete em detrimento da legalidade vigente, legalidade aqui entendida como *legitimidade do sistema jurídico*, e não como mero positivismo estrito ou subsunção do fato ao texto normativo.

Nesse ponto, as situações aventadas por Pablo Manili como bom ativismo, em nossa concepção, não se tratam de decisões ativistas. São, na realidade, decisões que concretizam e aplicam diretamente o texto constitucional e sua principiologia.

Exemplo paradigmático dessa atuação do Judiciário é o correto uso das decisões aditivas/manipulativas, em sede de jurisdição constitucional, para correção de deficiência e omissão da função legislativa, a fim de se preserva-

---

Marginal note: Five year limitation
(3) A declaration made under subsection (1) shall cease to have effect five years after it comes into force or on such earlier date as may be specified in the declaration.
Marginal note: Re-enactment
(4) Parliament or the legislature of a province may re-enact a declaration made under subsection (1).
Marginal note: Five year limitation
(5) Subsection (3) applies in respect of a re-enactment made under subsection (4).
Assim, por meio do *legislative override*, o Parlamento tem a possibilidade de imunizar a lei em relação a uma decisão de inconstitucionalidade pelo prazo renovável de cinco anos. Ou seja, não apenas o Parlamento tem a possibilidade de *ignorar* a decisão da Corte Constitucional, ele ainda pode imunizar a lei por um período de cinco anos. A *Notwithstanding clause* tem sido pouquíssimo utilizada em sua força plena pelo Parlamento Canadense. Contudo, sua presença criou um sistema diferenciado de *judicial review* (*weak judicial review*), em que o Parlamento dialoga com maior frequência com o Judiciário para se definir o alcance e a inconstitucionalidade de determinadas leis. Ademais, o *legislative override* impõe debate sobre coalisões parlamentares e definições de políticas majoritárias pelo Tribunal Constitucional. Para exame sobre o tema, ver: Mark Tushnet. *Weak Courts, Strong Rights*, cit., Cap. 3, pp. 51-66.

[9] Pablo L. Manili. El activismo en la jurisprudencia de la Corte Suprema, *in Revista Juridica Argentina La Ley. Derecho Constitucional. Doctrinas Esenciales*, t. I, Linares Quintana e Carlos S. Fayt (orgs). Buenos Aires: La Ley, 2008, n. II, pp. 1147/1153.

[10] Pablo L. Manili. *El activismo en la jurisprudencia de la Corte Suprema*, in n. II, pp. 1153/1156.

rem direitos fundamentais, o que não quer dizer que o Judiciário está legitimado a substituir a função legiferante do Congresso Nacional.[11]

Por óbvio que, ao caracterizarmos o ativismo como *afastamento da legalidade vigente*, não estamos afirmando que o jurista esteja vinculado à legalidade estrita. O que asseveramos é que, ao Judiciário não é lícito deixar de aplicar a lei, salvo se ela for inconstitucional. Por consequência, o *texto constitucional* configura limite intransponível para qualquer decisão judicial, mormente as proferidas pelo Supremo Tribunal Federal.

Nesse ponto, não se pode perder de vista que a decisão de um juiz que conceda tutela judicial atípica para fornecer remédio ou tratamento a segurado do INSS não deve necessariamente ser classificada como ativista. Pelo contrário, trata-se de decisão que concretiza direito fundamental do cidadão à saúde. Essa decisão, desde que devidamente motivada nos termos da CF 6° e CF 93 IX não deverá ser inquinada de ativista, porque está pautada na legalidade e na legitimidade constitucional.

No Brasil, o ativismo – entendido como o desapego à legalidade vigente a pretexto de fazer prevalecer a justiça da decisão – pode ser visualizado em diversas manifestações doutrinário-forenses, tais como: relativização [*rectius*: "desconsideração"] da coisa julgada; atribuição de efeito vinculante para decisões e súmulas inconstitucionais; *objetivação* do controle difuso de constitucionalidade que, ontologicamente, é subjetivo; a ideia de que o destinatário da prova é o juiz, e não o processo; a possibilidade de realizar motivação concisa limitando-se o órgão julgador a enumerar uma série de ementas de supostos casos paradigmas ou simples referência a enunciado de súmula vinculante; a alegação de mutação constitucional contra texto expresso da Constituição; a substituição, pelo Judiciário, da função constitucional legislativa, dentre outros.

Ou seja, o ativismo não possui ideologia ou orientação política predefinida. Pode ser extremamente liberal (análise puramente econômica do direito) ou de extrema esquerda (viés marxista). O que efetivamente caracteriza o ativismo é a substituição da legalidade vigente e do texto constitucional pelo senso de justiça e pelas convicções pessoais do magistrado da ocasião.[12]

Assim, não se pode perder de vista que o Judiciário, ao decidir toda forma de lide a ele apresentada, já está previamente comprometido com a ordem constitucional vigente, o que lhe impõe ao efetuar sua motivação demonstrar os fundamentos jurídicos, sejam eles legais ou principiológicos, que o levaram a decidir daquela forma. Em suma, o Judiciário deve demonstrar, através da fundamentação, porque aquela decisão tomada é a mais consentânea com nossa Constituição Federal.[13]

---

[11] Sobre decisões aditivas e manipulativas e sua relação com a concretização de direitos fundamentais, ver: Georges Abboud. *Processo Constitucional Brasileiro*, São Paulo: Revista dos Tribunais, 2016, n. 3.25.5, p. 316.

[12] Nesse contexto é que nos afigura inconstitucional qualquer atividade jurisdicional baseada na equidade que possa opor-se ao próprio texto constitucional, ainda que proferida em sede arbitral. Sobre a questão, ver: Nelson Nery Junior. Julgamento arbitral por equidade e prescrição, *in Revista de Direito Privado*, n. 45, 2011, p. 323; Georges Abboud. *Jurisdição constitucional e direitos fundamentais*, cit., n. 7.3.4, pp. 397-404.

[13] Nesse ponto, necessária transcrição do posicionamento de Lenio Streck, *verbis*: "Fundamentalmente – e nesse sentido não importa qual o sistema jurídico em discussão –, trata-se de superar as teses convenciona-

Em verdade, no Brasil, o termo *ativismo* tem sido utilizado para justificar inúmeras decisões que, perante uma análise um pouco mais aprofundada, facilmente seriam identificadas como inconstitucionais ou ilegais.

Ilustrativas nesse sentido são as decisões dos Ministros Gilmar Mendes e Eros Roberto Grau na Reclamação 4335 que pretendiam criar uma falsa *mutação constitucional à brasileira*.

Dizemos *falsa mutação constitucional à brasileira* para criticar essa tentativa de pequeno setor do STF de criação de inviável e inconstitucional modalidade de mutação constitucional, que ultrapassa o único limite que se impõe a toda e qualquer afirmação de mutação constitucional: o *texto constitucional*.[14]

O mais elaborado estudo já feito sobre mutação constitucional foi escrito pelo chinês Hsü Dau-Lin.[15] Mutação constitucional, segundo Dau-Lin, é a contraposição produzida na Constituição escrita com a situação jurídica real.

Quando existe congruência entre o texto normativo constitucional e a realidade, duas hipóteses se apresentam. A primeira consiste na circunstância de a realidade seguir a norma, configurando a validez normal do direito constitucional. A segunda consiste no fato de a norma seguir a realidade, configurando reforma da Constituição.

A mutação constitucional caracteriza uma incongruência entre as normas constitucionais, por um lado, e a realidade constitucional de outro. Trata-se, pois, de situação entre a Constituição escrita e a realidade constitucional. Só pode haver mutação constitucional em países que possuem Constituição escrita.[16]

A autorização para que se faça mutação constitucional por meio de nova interpretação jurisdicional do texto constitucional somente pode ocorrer se "no alcance da norma constitucional aparecerem fatos novos que não foram previstos anteriormente, ou se os antigos fatos já conhecidos se apresentarem no desenvolvimento de sua organização, em uma nova relação ou em um novo significado",[17] mas, repita-se ainda uma vez, essa autorização provém de pro-

---

listas e pragmatistas a partir da *obrigação de os juízes respeitarem a integridade do direito e a aplica-lo coerentemente*. Numa palavra: resposta correta *(adequada à Constituição e não à consciência do intérprete)* tem um grau de abrangência que evita decisões *ad hoc*. Entenda-se, aqui, a importância das decisões em sede de jurisdição constitucional, pelo seu papel de proporcionar a aplicação em casos similares. Haverá coerência se os mesmos princípios que foram aplicados nas decisões forem aplicados para os outros casos idênticos; mas, mais do que isso, estará assegurada a integridade do direito a partir da força normativa da Constituição" (Lenio Luiz Streck. O que é isto? – *decido conforme minha consciência*, cit., n. 7, p. 109).

[14] José Joaquim Gomes Canotilho. *Direito constitucional e teoria da constituição*, 7ª ed., Coimbra: Almedina, 2004, p. 1229; Nelson Nery Junior e Rosa Maria de Andrade Nery. *Constituição Federal Comentada*, 3ª ed., São Paulo: Revista dos Tribunais, 2012, coment. 15 CF 52, p. 503.

[15] Hsü Dau-Lin. *Die Verfassungswandlung*, Berlin-Leipzig: Walter de Gruyter, 1932, *passim*.

[16] Prefácio de Pablo Lucas Verdú *in* Hsü Dau-Lin. *Mutación de la constitución*, Oñati: Instituto Vasco de Administración Pública, tradução de Pablo Lucas Verdú e Christian Förster, 1998, p. 9.

[17] *BVerfGE* 2, 380 [401]. No mesmo sentido, em estudo sobre os limites da mutação constitucional: Konrad Hesse. *Grenzen der Verfassungswandllung, in Festschrift für Ulrich Scheuner zum 70. Geburtstag*, Berlin: Duncker & Humblot, 1973, pp. 123/124. Transição constitucional é sinônimo de mutação constitucional (José Joaquim Gomes Canotilho. *Direito constitucional e teoria da constituição*, 7ª ed., Coimbra: Almedina, 2004, p. 1228; Jorge Miranda . *Manual de direito constitucional*, v. II, 3ª ed., Coimbra: Coimbra Editora, 1996, n. 36, p. 130 *et seq.* e n. 37, p. 139).V. Peter Badura. *in* Josef Isensee e Paul Kirchhof (editores). *Handbuch des Staatsrechts der Bundesrepublik Deutschland*, v. VII (*Normativität und Schutz der Verfassung. Internationale Beziehungen*), 3ª ed., Heidelberg: C.F.Müller Verlag, 1992, § 160, ns. 13/15, pp. 63/65.

cesso natural, não intencional e imperceptível, pois é inadmissível mutação constitucional anunciada previamente!

Os votos dos Ministros Gilmar Mendes e Eros Grau "anunciam" a mutação constitucional. A *intencionalidade* é a diferença que existe entre mutação constitucional e alteração constitucional.[18]

Quando se anuncia ou prenuncia que determinada circunstância está sendo modificada pelo tribunal constitucional porque se trataria de mutação constitucional, na verdade está ocorrendo ruptura do sistema, com ofensa flagrante ao texto e ao espírito da Constituição, porque o anunciador ou prenunciador está demonstrando à evidência sua *intenção* de modificar a Constituição sem o *due process* legislativo.[19]

Vale salientar que os votos dos Ministros Gilmar Mendes e Eros Grau na Reclamação 4335 ferem frontalmente texto constitucional expresso, *in casu*, a CF 52 X, porquanto neles restou decidido que a Resolução do Senado da República não mais teria o condão de suspender a execução da lei declarada inconstitucional pelo STF em sede de controle difuso, mas tão somente em conferir publicidade ao acórdão do STF!

Nesse contexto, o Min. Eros Grau vinha defendendo a tese da mutação constitucional relativamente à CF 52 X, seguindo a linha de entendimento do Min. Gilmar Mendes. A matéria já foi julgada pelo STF não tendo prevalecido o entendimento acerca da mutação constitucional.

Ocorre que a CF 52 X, que estabelece essa competência para o Senado Federal, é dispositivo da tradição do direito constitucional brasileiro, no sentido de conferir-se à Câmara Alta o poder, legítimo, de suspender a execução da lei, mas não de revogá-la. Se o ato é *típico* do Poder Legislativo, o Poder Judiciário (STF) só pode sindicá-lo no mérito, vale dizer, examiná-lo e decidir sobre sua higidez constitucional ou não, em sede de controle abstrato, mediante o devido processo legal.

Em outros termos, nossa Constituição não equipara controle abstrato ao controle concreto e, por consequência, é defeso ao intérprete fazê-lo, mesmo – e principalmente – que esse intérprete seja o STF. A Constituição Federal não deu poderes para o STF, em sede de controle concreto, de aniquilar a lei que entende inconstitucional, mas apenas o poder de, em assim reconhecendo, deixar de aplicá-la na solução da lide. Nesse caso concreto, o STF decide a *lide* existente entre as partes do processo. Trata-se de *processo subjetivo*, cujo *objeto litigioso* está limitado pela petição inicial do autor e não pode ser aumentado de ofício.[20]

---

[18] Georg Jellinek. *Verfassungsänderung und Verfassungswandlung*, Berlin: Verlag O. Häring, 1906, pp. 8/21.

[19] Nelson Nery Junior. *Anotações sobre mutação constitucional*: alteração da Constituição sem modificação do texto, decisionismo e "Verfassungsstaat", *in* George Salomão Leite e Ingo Wolfgang Sarlet (coords.). *Direitos fundamentais e estado constitucional*: estudos em homenagem a J.J. Gomes Canotilho, São Paulo/Coimbra: Revista dos Tribunais/Coimbra Editora, 2009, pp. 79/109.

[20] Nelson Nery Junior. *Prefácio, in* Georges Abboud. *Jurisdição constitucional e direitos fundamentais*, São Paulo: Revista dos Tribunais, 2011. Ver ainda: Nelson NERY JUNIOR. *Anotações sobre mutação constitucional*: alteração da Constituição sem modificação do texto, decisionismo e Verfassungsstaat, *in* George Salomão Leite e Ingo Wolfgang Sarlet. (orgs.). *Direitos fundamentais e estado constitucional*: Estudos em homenagem a J. J. Gomes Canotilho, São Paulo: Revista dos Tribunais, 2009, pp. 79-109.

Outro exemplo de ativismo praticado pelo STF consubstancia-se na decisão da Min. Ellen Gracie no Agravo de Instrumento nº 375011 (Informativo STF/365), que dispensou o preenchimento do requisito do prequestionamento de um recurso extraordinário, sob o fundamento de dar efetividade a posicionamento do STF sobre questão constitucional. No voto, o recurso extraordinário foi equiparado a remédio de controle abstrato de constitucionalidade; assim, dispensou-se o prequestionamento para assegurar posicionamento do STF sobre matéria.

Com a devida *venia*, discordamos desse voto, não obstante as valorosas intenções que o motivaram. Trata-se de decisão discricionária violadora de texto expresso da Constituição Federal. Quando a Constituição estabelece o prequestionamento (*rectius*: "*causas decididas*") como requisito para a admissão do recurso extraordinário (CF 102 III), não pode o STF dispensá-lo em nenhuma hipótese, ainda que seja para assegurar posicionamento consolidado pela Corte.

Se prosperar esse posicionamento, o que impedirá que o STF desconsidere outros institutos e garantias constitucionais pétreas como a coisa julgada, o ato jurídico perfeito ou o direito adquirido a fim de assegurar seu posicionamento? Afinal, os fundamentos para tanto seriam os mesmos, vale dizer, são casos em que a decisão do Supremo contraria texto expresso da Constituição.[21]

A partir da figura do ativismo judicial, pretende-se imbuir de legitimidade e justificarem-se decisões que são verdadeiramente inconstitucionais. Em um Estado Democrático de Direito não há lugar para o Judiciário fundamentar suas decisões em suas convicções pessoais, morais, religiosas etc.

Nessa perspectiva que a CF 5º II estabelece o princípio da legalidade, evidenciando a importância de a legalidade (CF + legislação) constituir o fundamento de legitimidade para motivarem-se as decisões. Em outras palavras, no Estado Democrático de Direito, o Judiciário não pode decidir da forma que quiser. A aplicação da lei não é uma opção do juiz. O senso de justiça de cada magistrado não constitui fundamento legítimo para motivação da decisão.

No Estado Democrático de Direito, o Judiciário tem o dever de demonstrar os fundamentos jurídicos que o fizeram decidir dessa ou daquela maneira. Desse modo, ainda que o juiz considere injustas as figuras, por exemplo, da revelia, da usucapião, da prescrição, apenas para ficarmos nesse exemplo, deverá aplicá-las quando for o caso, porque contempladas na legislação vigente que, por sua vez, vincula sua atividade decisória.

Enfim, o juiz não pode se desapegar do arcabouço normativo-constitucional que vincula sua atividade para decidir com base em convicções e em seu senso de justiça. O juiz e todos os Tribunais, principalmente o STF, têm o dever de prestar contas à sociedade, demonstrando os fundamentos jurídicos da motivação de sua decisão. Daí o porquê de somente Zeus poder ser ativista, justamente porque não precisava prestar contas a ninguém.

---

[21] Para uma crítica a essa decisão, ver: Georges Abboud. *Jurisdição constitucional e direitos fundamentais*, cit., n. 2.1.2.1, p. 98. Para mais críticas às decisões ativistas do STF, ver: Georges Abboud. *Processo Constitucional brasileiro*, cit., n. 3.26, p. 321 *et seq*.

Em *Prometeu Acorrentado*,[22] Ésquilo narra a história de Prometeu, filho de Titã, notoriamente conhecido por sua astúcia e inteligência, que teria roubado de Zeus o fogo para entregá-lo aos mortais. Tal ato teria causado a ira de Zeus, que o condenou a um sofrimento sem fim: ser acorrentado em rochedo para ter seu fígado devorado todos os dias por uma águia.

No início do texto, menciona-se a vitória de Zeus sobre os Titãs (Crono) e já se anuncia que, a partir da vitória, o Olimpo passava a ser regido por novas leis: as *arbitrárias leis* de Zeus em razão da vitória sobre os Titãs. Zeus, agora absoluto, não precisava mais prestar contas a ninguém.

Prometeu, sempre ciente do ato que o condenou, lamentava-se por não compreender as razões que fizeram Zeus ter tamanha ira por seu ato. Afinal, ele havia sido importante na derrota sobre os Titãs. O maior inconformismo de Prometeu era não entender as razões pelas quais ele não foi condenado ao Inferno de Hades – Tártaro (que seria o mais natural), mas em vez disso, a sofrer todos os dias verdadeiro suplício.

Prometeu, já sentindo e percebendo a arbitrariedade e a severidade de Zeus, concluía que Zeus era duro e austero e *que a Justiça media-se por sua própria vontade*. A vontade de Zeus era critério para aferição de justeza das coisas.

É nessa perspectiva que afirmamos que somente Zeus poderia ser ativista. Apenas em um sistema em que predomina a vontade do mais forte é que se poderia medir a justiça pela vontade de alguém, por mais absurda que ela fosse. No Estado Democrático de Direito, a justiça não se mede pela vontade de ninguém, nem pela do STF, pois todo juiz ao decidir precisa prestar contas de porque sua decisão é a melhor para o caso, a decisão mais consentânea com o texto constitucional, bem como qual a sua principiologia.

À luz das premissas acima expostas passamos a examinar a decisão do STJ no julgamento da QOREsp 1.063.343, que negou à parte a possibilidade de desistir do recurso por ela interposto.

3. A legislação vincula o julgador. A lei somente pode ser afastada do caso concreto se constatada sua inconstitucionalidade

No julgamento da QOREsp 1.063.343, o Superior Tribunal de Justiça negou à parte a possibilidade de desistir do recurso, com fundamento em interesse público, tendo em vista esse recurso ter sido selecionado como paradigma para fins da aplicação do CPC 543-C/73.

Novamente, no julgamento do REsp 1.308.830,[23] o interesse público foi invocado como fundamento normativo para impedir a parte de desistir de seu

---

[22] Dentre diversas traduções, ver: Ésquilo. *Prometeu Acorrentado*, São Paulo, Abril Cultural, 1982.

[23] A questão de ordem suscitada pela Ministra-Relatora foi proferida nos seguintes termos:

"Cuida-se de pedido de desistência formulado pelas partes, não só *após* a inclusão do processo em pauta, mas na *véspera* da respectiva sessão de julgamento. O pedido encontra amparo no art. 501 do CPC, que possibilita ao recorrente 'a qualquer tempo, sem a anuência do recorrido ou dos litisconsortes, desistir do recurso'. A disposição legal revela com clareza e precisão o direito subjetivo da parte de desistir do recurso interposto sempre que lhe parecer conveniente.

Não se pode, entretanto, interpretar o comando legal de forma isolada, atendo-se apenas à sua literalidade e ignorando o contexto em que está inserido. Na hipótese específica dos pedidos de desistência, a faculdade conferida pelo art. 501 do CPC deve guardar coerência com a sistemática recursal vigente, com especial atenção para as funções desempenhadas pelo órgão ao qual é destinado o recurso de que se pretende desistir. Nesse aspecto, não se pode olvidar que o CPC em vigor foi editado em 1973, enquanto o STJ foi criado pela CF/88, ou seja, 15 anos depois, fruto de um movimento iniciado em 1985, durante período de redemocratização em que ficou clara a necessidade de se impor modificações na estrutura do Poder Judiciário, notadamente com a criação de um órgão de confluência de todas as vertentes jurisdicionais não especializadas, responsável por uniformizar a interpretação da legislação federal em âmbito nacional, baseado nos primados constitucionais e na garantia e defesa do Estado de Direito.

Em outras palavras, a exegese do art. 501 do CPC deve ser feita à luz da realidade surgida após a criação do STJ, levando-se em consideração o seu papel, que transcende o de ser simplesmente a última palavra em âmbito infraconstitucional, sobressaindo o dever de fixar teses de direito que servirão de referência para as instâncias ordinárias de todo o país. A partir daí, infere-se que o julgamento dos recursos submetidos ao STJ ultrapassa o interesse individual das partes nele envolvidas, alcançando toda a coletividade para a qual suas decisões irradiam efeitos. Aliás, no julgamento de questão de ordem no REsp 1.063.343/RS, minha relatoria, DJe de 04.06.2009, a Corte Especial entendeu por inadmissível pedido de desistência formulado em sede de recurso especial no qual tenha havido determinação de processamento na forma do art. 543-C do CPC. Naquela ocasião, após análise da natureza dos processos repetitivos – concluindo tratar-se de uma sistemática de coletivização 'cuja orientação repercutirá tanto no plano *individual*, resolvendo a controvérsia *inter partes*, quanto na esfera *coletiva*, norteando o julgamento dos múltiplos recursos que discutam idêntica questão de direito' – consignei que 'a todo recorrente é dado o direito de dispor de seu interesse recursal, jamais do interesse coletivo'. Agora, numa reflexão mais detida sobre o tema, vejo que essa premissa na realidade é válida de forma indistinta para o julgamento de todos os recursos especiais, cujo resultado sempre abrigará intrinsecamente um interesse coletivo, ainda que aqueles sujeitos ao procedimento do art. 543-C do CPC possam tê-lo em maior proporção. Sendo assim, o pedido de desistência não deve servir de empecilho a que o STJ prossiga na apreciação do mérito recursal, consolidando orientação que possa vir a ser aplicada em outros processos versando sobre idêntica questão de direito. Do contrário, estar-se-ia chancelando uma prática extremamente perigosa e perniciosa, conferindo à parte o poder de determinar ou influenciar, arbitrariamente, a atividade jurisdicional que cumpre o dever constitucional do STJ, podendo ser caracterizado como verdadeiro atentado à dignidade da Justiça. Com efeito, autorizar o recorrente a livremente desistir dos seus recursos especiais, viabiliza a manipulação da jurisprudência desta Corte, conduzindo os rumos da sua atividade de uniformização, pois a parte poderá atuar no sentido de que sejam julgados apenas aqueles processos em que, pela prévia análise do posicionamento de cada Relator, Turma ou Seção, o resultado lhe será favorável.

A questão ganha contornos ainda mais tormentosos ante a constatação de que essa conduta somente será possível àquele que figura em diversos processos (de regra no polo passivo) e que resulta vencido nas instâncias ordinárias. Somente partes nessas condições é que poderão interpor vários recursos especiais versando sobre a mesma questão de direito que, mediante livre distribuição, certamente chegarão a todos os Ministros da Seção competente para o respectivo julgamento. Com isso, via desistência, será possível escolher quais Ministros levarão o tema ao colegiado na condição de Relatores e, pior, será possível subtrair de uma determinada Turma a apreciação da controvérsia. Vale dizer, o aludido risco de manipulação ficará potencialmente concentrado nas mãos daqueles que, em virtude de prática considerada lesiva por um grande número de pessoas, se tornem réus contumazes em processos e venham a ser efetivamente condenados pelas instâncias ordinárias. Ou seja, a chance de influenciar de forma decisiva a jurisprudência do STJ será diretamente proporcional à abrangência do suposto dano e ao seu reconhecimento pelas instâncias ordinárias. Em síntese, deve prevalecer, como regra, o direito da parte à desistência, mas verificada a existência de relevante interesse público, pode o Relator, mediante decisão fundamentada, promover o julgamento do recurso especial para possibilitar a apreciação da respectiva questão de direito, sem prejuízo de, ao final, conforme o caso, considerar prejudicada a sua aplicação à hipótese específica dos autos. Não se ignora que, no particular, o pedido de desistência contou com a anuência do recorrido, mas essa circunstância se torna absolutamente irrelevante diante do mencionado interesse público coletivo do julgamento, aliado ao fato de que a definição, pelo colegiado, da tese de direito atrelada ao mérito da controvérsia não impede que se declare o recurso prejudicado em vista do acordo celebrado pelas partes. Ademais, se a concordância do recorrido pudesse excepcionar a regra acima definida – de a desistência não impedir o julgamento do recurso especial – agregar-se-ia outro elemento preocupante a esses pedidos, qual seja, de que a chance de manipulação ficasse ao alcance de um grupo ainda mais seleto, daqueles que têm poder econômico suficiente para oferecer condições vantajosas à parte contrária, induzindo-a a celebrar acordo. Nesse contexto, inclusive, mesmo figurando como recorrida no processo a parte, mediante proposta financeiramente tentadora de acordo, pode forçar a transação e induzir o pedido de desistência do recurso. Na hipótese específica dos autos, o interesse coletivo que envolve a controvérsia é incontestável, não apenas pelo número de usuários que se utilizam dos serviços prestados pela GOOGLE via ORKUT, mas sobretudo em virtude da enorme difusão das redes sociais virtuais não só no Brasil, mas em todo o planeta, e da sua crescente utilização como artifício para a consecução de atividades ilegais. Trata-se de questão global, de repercussão internacional, que tem ocupado juristas de todo o mundo. Não bastasse isso, numa rápida pesquisa junto ao distribuidor, constata-se ser a GOOGLE recorrente em cerca de 200 processos em trâmite neste Tribunal, grande parte deles tendo recurso, uma vez que o julgamento da lide individual seria de interesse de toda a coletividade.

Entretanto, o Código de Processo Civil de 1973, em seu artigo 501, admite expressamente a possibilidade de o litigante renunciar a qualquer tempo seu recurso, inclusive, sem necessidade de o recorrido ou o litisconsorte anuírem a essa decisão. *Verbis:* CPC 501: "O recorrente poderá, a qualquer tempo, sem a anuência do recorrido ou dos litisconsortes, desistir do recurso".

Acerca do CPC 501, já salientamos que a desistência recursal é um negócio jurídico unilateral não receptício, segundo o qual a parte que já interpôs recurso contra decisão judicial declara sua vontade em não ver prosseguir o procedimento recursal, que, em consequência da desistência, tem de ser extinto. Inclusive, opera-se, independentemente da concordância do recorrido, produzindo efeitos desde que é efetuada, sem necessidade de homologação.[24]

Percebe-se que o STJ julgou de forma contrária ao que estabelece o CPC 501. Ou seja, desaplicou o referido dispositivo legal no caso concreto.

Sobre a possibilidade de o recorrente poder desistir de seu recurso especial ou extraordinário, já anotamos que essa desistência é viável mesmo que tenha sido aplicado o rito do recurso repetitivo nos termos do CPC 543-B e 543-C. Isto porque o caso que será julgado pelo STF e/ou STJ como recurso repetitivo tem, como matéria de fundo, lide individual que encerra discussão sobre direito subjetivo. Eventual má-fé do recorrente, com a quebra do dever de lealdade processual e o agir com má-fé objetiva ou subjetiva, desde que reconhecida pelo tribunal, pode ensejar a pena de *improbus litigator* prevista no CPC 17 e 18. O que não pode ocorre é, sob alegação de que o recorrente teria desistido do REsp por má-fé, ignorar-se o ato unilateral não receptício da desistência e, a despeito de inexistir pressuposto de admissibilidade desse REsp pelo só fato da desistência conhecer-se do recurso![25]

A partir da leitura da notícia veiculada pelo sítio eletrônico do próprio Superior Tribunal de Justiça, é possível depreender que o *motivo* jurídico para não se aplicar o CPC 501 consistiria no interesse público que envolvia a matéria a ser julgada.

Em outros termos, o STJ julgou em desacordo com a legalidade vigente sob pretexto de sua motivação estar pautada no interesse público. Ocorre que o

---

por objeto a mesma questão de direito versada nos presentes autos. Finalmente, destaco o notório poder econômico da GOOGLE, cuja marca foi avaliada com a mais valiosa do mundo em 2011, com valor estimado em mais de 40 bilhões de Dólares (http://g1.globo.com/economia/negocios/noticia/2011/03/google-e-marca-mais-valiosa-do-mundo-em-2011-diz-brand-finance.html), circunstância que lhe permite, potencialmente, firmar acordos em todos os processos que julgar conveniente, viabilizando pedidos de desistência, mesmo naqueles em que figure como recorrida. Forte nessas razões, INDEFIRO o pedido de desistência, manifestando-me no sentido de que prossiga com o julgamento do recurso especial, de modo que, vindo o seu mérito a ser efetivamente apreciado pelo colegiado, seja fixada tese de direito tendente à consolidação da jurisprudência do STJ" (STJ, 3ª T., (QO)REsp 1.308.830-RS, rel. Min. Nancy Andrighi).

[24] Nelson Nery Junior e Rosa Maria de Andrade Nery. *Código de processo civil comentado e legislação extravagante*, 14ª ed., São Paulo: Revista dos Tribunais, 2014, coments. 1 e 2 CPC 501, pp. 1025/1026. No mesmo sentido, José Carlos Barbosa Moreira. *Comentários ao Código de Processo Civil*, v. V, 16ª ed., Rio de Janeiro: Forense, 2011, n. 182, pp. 332-337.

[25] Nelson Nery Junior e Rosa Maria de Andrade Nery. *Código de processo civil comentado e legislação extravagante*, 12ª ed., cit., coment. 4 CPC 543-C, pp. 1123/1124.

interesse público não configura elemento jurídico que permite que o Judiciário se afaste da legalidade vigente.

Essa decisão ilustra a defasada concepção que se utiliza de interesse público.

A fórmula que postula a sempre primazia do interesse público sobre o particular é simplificação errônea e frequente do problema que existe entre o interesse público e os direitos fundamentais.[26]

O erro consiste em ignorar-se que os direitos fundamentais são constitutivos, tanto para o indivíduo como para a comunidade, ou seja, são constituídos não apenas em favor do indivíduo, porquanto cumprem uma função social e constituem o fundamento funcional da democracia.

Disso se conclui que a garantia e o exercício dos direitos fundamentais estão caracterizados por um entrecruzamento de interesses públicos e interesses individuais.[27]

Não se pode simplesmente suprimir direitos dos particulares sob a mera alegação de que haveria interesse público e que estes se sobreporiam ao privado.

Nem se trata de afirmar que o direito à desistência recursal possui natureza de direito fundamental. O que se pretende demonstrar é o equívoco de se suprimirem direitos, faculdades e a própria lei com base, tão somente, em suposto interesse público.

Na realidade, no Estado Constitucional há o poder-dever de motivar-se ato que afirma existir interesse público, razão pela qual é defeso ao Poder Judiciário aplicar a lei quando entender seja conveniente.

---

[26] Cf. Peter Häberle. *La garantía del contenido esencial de los derechos fundamentales*, Madrid: Dykinson, 2003, n. 1, p. 25; Nelson Nery Junior. *Público vs. privado?* A natureza constitucional dos direitos e garantias fundamentais, cit., n. 3, p. 250. Georges Abboud. *O mito da supremacia do interesse público sobre o privado – a dimensão constitucional dos direitos fundamentais e os requisitos necessários para se autorizar restrição a direitos fundamentais*, RT 907, n. 5, p. 95. Ver também: Nelson Nery Junior e Rosa Maria de Andrade Nery. *Constituição federal comentada*, 3ª ed., cit., 3 CF 5º, p. 217. Sobre esse ponto, merece destaque a assertiva de Alexandre Gustavo Melo Franco Bahia: "Na apreciação dos Recursos Extraordinários – como de resto em toda prestação jurisdicional – há uma tensão entre o 'interesse público' e os 'interesses das partes', se compreendermos que a decisão deve ser consistente com o Direito vigente e racionalmente aceitável (...) Desde o paradigma do Estado Democrático de Direito, público e privado são co-originais, não sendo possível estabelecer uma relação de prioridade entre eles. A ênfase que se dá na prevalência do interesse público está diretamente relacionada à confusão (mencionada acima) entre os estritos requisitos de admissibilidade e o caráter mesmo de 'recurso' que tanto o Recurso Extraordinário quanto o Recurso Especial possuem, isto é, de prolongarem *o processo em curso, sobrestando o trânsito em julgado*. Em razão dessa compreensão acerca do papel dos Recursos Extraordinários é que os Tribunais Superiores mantêm *controles tão rígidos sobre a admissibilidade*, criando tantos óbices a partir de interpretações restritivas do Ordenamento, até chegar-se à argüição de relevância (e à transcendência) (...) As considerações até aqui empreendidas não transformam os Tribunais Superiores em 'terceiro/quarto graus' de jurisdição, já que não basta a sucumbência para que o recurso seja admitido; o recorrente terá de mostrar a ocorrência de alguma das hipóteses citadas. Os Recursos Extraordinários possuem – também – a função de uniformizar a jurisprudência em torno da *questão constitucional* e da *questão federal* (apenas que, repita-se, essa perspectiva só é válida de um ponto de vista institucional. Dizer que não basta a sucumbência não fundamenta a anômala posição em que são colocados. As 'questões constitucional e federal' são somente requisitos especiais de procedibilidade dos recursos extraordinários" (Alexandre Gustavo Melo Franco Bahia. *Recursos extraordinários no STF e no STJ*, Curitiba: Juruá, 2009, n. 3.8, pp. 196-197).

[27] Georges Abboud. *O mito da supremacia do interesse público sobre o privado*. A dimensão constitucional dos direitos fundamentais e os requisitos necessários para se autorizar restrição a direitos fundamentais, cit., n. 5, p. 97.

Nas ocasiões em que o Poder Público age dessa forma, decretação do "interesse público" é ato arbitrário do Estado que, como Midas, coloca o selo de "público" em tudo o que toca.[28]

Assim, o que de fato merece exame sobre as mencionadas decisões do STJ é indagar-se em que circunstâncias essa medida se coaduna com o Estado Democrático de Direito, ao afastar a legalidade vigente em função do interesse público. Seria possível, desse modo, aumentar/diminuir prazo prescricional em razão do interesse público? Ou, ainda, modificar-se regime de nulidade em virtude de interesse público?

Evidente que as respostas dos questionamentos lançados no parágrafo acima devem ser negativas. A legalidade não está à disposição dos Tribunais. Não existe opção constitucionalmente válida que permita ao Judiciário, *sponte sua*, optar em aplicar ou não a lei, ao argumento de que assim o faz para preservar o interesse público.

Sendo assim, para possuir fundamentação consistente, o STJ deveria realizar, pelo menos, o controle de constitucionalidade do CPC 501. Vale dizer, não é lícito ao STJ admitir que seja constitucional e vigente o CPC 501 e negar sua aplicação ao caso concreto. Ao STJ e a todo o Judiciário brasileiro, não é lícito recusar-se a aplicar a lei.[29]

Com maior razão, seria defeso ao STJ decidir da forma como fez, indeferindo a desistência recursal por considerá-la violadora de interesse público ou abusiva. No mínimo, se o STJ considerasse a decisão abusiva, deveria fazê-lo com fundamento na legislação vigente, conferindo, por consequência, a sanção imposta pela própria lei.[30]

Analisando essa decisão do STJ, Lenio Streck ressalta que, nas palavras do STJ, restou claro que o recurso especial não pertence mais às partes, mas apenas, ou quase tão somente, ao interesse público, que seria, na verdade, uma "anemia significativa", nela cabendo qualquer coisa que interesse ao Judiciário e ao Poder Público para fins pragmáticos. Urge ressaltar que o Estado, no caso o STJ, não pode agir como Midas e colocar o selo de "público" aos casos que lhe aprouver em detrimento dos direitos fundamentais e garantias processuais dos particulares. Ademais, a desistência do recurso, nos termos do CPC 501, constitui ato unilateral que, na dicção do CPC, independe da anuência da parte para que valha e produza efeitos. Nas palavras do autor, se a parte desistir, não há recurso.[31]

Além disso, se fosse realmente o caso de se aplicar o CPC 543-C, bastava tão somente ao STJ pinçar outro recurso dentre os múltiplos existentes e solu-

---

[28] Georges Abboud. *O mito da supremacia do interesse público sobre o privado*. A dimensão constitucional dos direitos fundamentais e os requisitos necessários para se autorizar restrição a direitos fundamentais, cit., n. 6.2.3, p. 109.

[29] Georges Abboud. *Jurisdição constitucional e direitos fundamentais*, São Paulo: Revista dos Tribunais, 2011, n. 9.3.1, p. 457.

[30] Georges Abboud. *Jurisdição constitucional e direitos fundamentais*, cit., 2011, n. 9.3.1, p. 457.

[31] Lenio Luiz Streck. *Verdade e consenso*, cit., n. 13.6, pp. 603/604. No sentido em que é criticada a utilização do interesse público, ver: Georges Abboud. *O mito da supremacia do interesse público sobre o privado* – A dimensão constitucional dos direitos fundamentais e os requisitos necessários para se autorizar restrição a direitos fundamentais, cit., especialmente, n. 6.2.3, p. 109.

cionar a questão jurídica subjacente. Do mesmo modo, o STJ teria diversas outras oportunidades para manifestar-se sobre a mesma questão posta no recurso do qual se desistira.

As citadas decisões judiciais permitem demonstrar como, em diversos aspectos, existe *deficit* qualitativo na fundamentação dos pronunciamentos judiciais, porque, de certa forma, os juízes, em diversas hipóteses, admitem o afastamento da legalidade com fundamento em convicções pessoais.

Essas modalidades de decisões são absolutamente discricionárias, na medida em que com fundamento em convencimento pessoal, sob o pretexto de interesse público, admitem que seja afastada a legalidade vigente. Como não existe discricionariedade judicial, a expressão aqui quer significar que decisão discricionária é decisão inconstitucional e/ou ilegal.

Em um Estado Constitucional, não se pode perder de vista que a legislação vincula a atuação dos juízes e, por consequência, a eles só é permitido desaplicar a legislação quando reconhecem, mediante o controle difuso de constitucionalidade, a inconstitucionalidade da referida lei.[32]

Na realidade, esse tipo de decisão suspende a legalidade vigente a fim de fazer prevalecer o ponto de vista do julgador. Por meio delas é criada situação de estado de exceção em que a necessidade do julgador o faz abrir mão da legislação vigente. Nessa perspectiva, a lei formalmente continua vigente e válida; todavia, sua aplicação é excepcionada [negada] em relação ao caso concreto, em razão de interesse público.[33]

As decisões ora analisadas, que devem ser consideradas apenas paradigmas, demonstram que existe verdadeiro *deficit* qualitativo na fundamentação das decisões judiciais, que não pode ser corrigido pelo simples recrudescimento do efeito vinculante.

Desse modo, o STJ, cujo mister constitucional mais nobre é, pelo recurso especial, preservar o respeito e a autoridade da lei federal no País e uniformizar o seu entendimento, negou vigência (já em duas oportunidades) ao CPC 501, por considerá-lo em desacordo com o interesse público e defasado em relação à nossa realidade social.

O STJ, a quem cabe garantir o respeito à lei federal e à uniformização do entendimento da lei federal no Brasil, com as decisões ora analisadas negou vigência ao CPC 501. Não existe em nosso ordenamento vigente previsão constitucional ou legal que autorize o STJ a julgar a tese jurídica subjacente quando aquele que recorreu por meio de recurso especial desiste do recurso.

No Estado Constitucional, ao Judiciário somente é lícito afastar a aplicação da lei em relação ao caso concreto quando reconhece, *incidenter tantum*, a inconstitucionalidade dessa lei, tarefa que faz mediante o controle difuso de constitucionalidade. A possibilidade de declarar inconstitucional a lei federal em abstrato é atribuição exclusiva do Supremo Tribunal Federal (CF 102 I *a*).

---

[32] Georges Abboud. *Jurisdição constitucional e direitos fundamentais*, cit., n. 9.3.1, p. 458.
[33] Sobre o tema, ver: Giorgio Agamben. *Estado de exceção*, São Paulo: Boitempo, 2004, *passim*. Georges Abboud. *Jurisdição constitucional e direitos fundamentais*, cit., n. 4.4.2, p. 319 *et seq*. Ver também: Nelson Nery Junior e Rosa Maria de Andrade Nery. *Constituição Federal comentada*, 3ª ed., cit., coment. 51 CF 5º, p. 226.

As mencionadas decisões do STJ são sintomas da insegurança jurídica que infelizmente tem ocorrido em nosso País. Atualmente, tem recrudescido, em sede doutrinária e legislativa, a tendência em incrementar-se o efeito vinculante dos pronunciamentos dos Tribunais Superiores.

Todavia, é importante ressaltar que esse *fetichismo* pelo efeito vinculante não pode desvirtuar a força normativa da legislação vigente.

Por conseguinte, não é porque em nosso sistema existem súmulas vinculantes e decisões judiciais dotadas de efeito vinculante que a lei não possui efeito vinculante.

Em outros termos, a lei vincula o Poder Judiciário, motivo por que deve interpretá-la e aplicá-la no caso concreto. Ao juiz não é dado aplicá-la quando a considerar adequada ou quando estiver em consonância com suas convicções pessoais.

Com efeito, a insegurança jurídica em nosso sistema, trazida pela jurisprudência lotérica, não se deve à inexistência de efeito vinculante em todas as decisões do STF e do STJ. Pensar assim sugere que a lei não seria também dotada de efeito vinculante. De modo que o Judiciário poderia descumprir a lei, mas não a súmula vinculante, por exemplo. Aos juízes e tribunais, é defeso ignorar tanto a lei quanto a súmula vinculante, somente podendo fazê-lo se declarar incidentemente inconstitucional o texto normativo da lei ou da súmula vinculante.

Existe o mau vezo de nosso Judiciário, em seu imaginário e na crença incorreta de setores da doutrina, que ainda considera a lei como algo que está à disposição do juiz, como se lhe fosse lícito deixar de aplicá-la.

Esse equívoco é oriundo do *deficit* qualitativo das decisões, mais precisamente, da falta de motivação adequada, procedimento que infringe a CF 93 IX, e não em função da falta de efeito vinculante das decisões dos tribunais superiores.[34]

É verdadeiro equívoco apontar a falta de efeito vinculante das decisões das Cortes Superiores como causa da insegurança jurídica ignorando-se, assim, a verdadeira discricionariedade [arbitrariedade] judicial que impera em nosso sistema, que ocasiona reflexos no ativismo judicial e na nulidade de diversas decisões em virtude de omissão e falta/deficiência de fundamentação.

Faz-se necessário ressaltar que os pronunciamentos que possuem efeito vinculante também necessitam interpretação para serem utilizados, de modo que tal como a própria legislação, nada garante que as decisões dotadas do referido efeito não serão afastadas em diversos casos, com fundamento em convicções pessoais do magistrado.[35]

A função jurisdicional, principalmente a constitucional, ganha força e legitimidade, não com aumento inconsequente de suas decisões dotadas de efeito vinculante, como tem acontecido no Brasil, mas, sim, por meio de fun-

---

[34] Para uma análise empírica que demonstra o aumento de processos a despeito de recrudescimento do efeito vinculante, ver: Georges Abboud. *Processo Constitucional Brasileiro*, cit., n. 9, p. 677 *et seq.*

[35] Eros Roberto Grau. Sobre a produção legislativa e sobre a produção normativa do direito oficial: o chamado efeito vinculante, *Revista Trimestral de Direito Público*, São Paulo: Malheiros, 1996, n. 16, p. 37.

damentação constitucional rigorosa de suas decisões. Essa é a verdadeira fonte de legitimidade das decisões do Judiciário, que não podem mais se basear em meras convicções pessoais de seus julgadores, mas em critérios racionais imputáveis e contidos no próprio texto constitucional.[36]

Se em um Estado Democrático de Direito não conseguimos ao menos concretizar a obrigatoriedade de o Judiciário submeter-se à legislação vigente, nada assegura que o recrudescimento de decisões dotadas de efeito vinculante contribuirá para avanço qualitativo da democracia, com incremento na fundamentação das decisões e redução da discricionariedade judicial. Por isso, vale dizer que, hodiernamente, configura grande avanço para concretização da democracia a consolidação da tese de que o Judiciário está vinculado à legislação vigente (Constituição + lei), somente podendo desvincular-se dela quando, ao realizar o controle difuso de constitucionalidade, reconhece a inconstitucionalidade da lei ou de ato normativo e, *ipso facto*, deixa de aplicá-lo.[37]

4. A inconstitucionalidade da *objetivação* da atividade jurisdicional do STF e do STJ no julgamento dos recursos excepcionais

Além da discricionariedade ínsita às decisões ora comentadas, outro ponto que está subjacente à polêmica merece análise, consistente na função a ser exercida pelo STJ e pelo STF.

Acerca do tema, merece destaque a obra de Daniel Mitidiero.[38] É louvável a iniciativa do autor em dedicar a obra exclusivamente para explorar a função das Cortes Superiores. Ocorre que, com a devida vênia, a obra contém equívocos de nomenclatura, filosóficos e hermenêuticos que nos impedem de concordar com as conclusões apresentadas pelo autor.[39]

Basicamente, o autor incorre nos dois principais equívocos que têm sustentado grande parte de nossas reformas legislativas: (i) a obra está pautada

---

[36] Georges Abboud. *Jurisdição constitucional e direitos fundamentais*, cit., n. 9.3.1, p. 458.

[37] Georges Abboud. *Jurisdição constitucional e direitos fundamentais*, cit., n. 9.3.1, pp. 458-459. Nesse sentido, Lenio Luiz Streck ressalta que: "Eis o ovo da serpente. Obedecer à risca o texto da lei democraticamente construída (já superada – a toda evidência – a questão da distinção entre direito e moral) não tem nada a ver com a exegese à moda antiga (positivismo primitivo). No primeiro caso, a moral ficava de fora; agora, no Estado Democrático de Direito, ela é co-originária. Falamos hoje, pois, de uma outro ou de uma nova legalidade. Como exemplo, cito a literalidade (*sic*) do art. 212 do CPP (na nova redação trazida pela Lei n° 11.690/08, que inverte a ordem das perguntas às testemunhas). Ora, aplicar o dispositivo em tela é não só obedecer (também) literalmente (*sic*) à Constituição (o que não nos parece ruim, pois não?), como institucionalizar o sistema acusatório, tão reclamado pelos processualistas penais. A legalidade reclamada, neste caso, é uma legalidade constituída a partir dos princípios que são o marco da história institucional do direito/ uma legalidade, enfim, que se forma no horizonte daquilo que foi, prospectivamente, estabelecido pelo texto constitucional. Simples, pois! Por tudo isso, cumprir a letra da lei significa sim, nos marcos de um regime democrático como o nosso, um avanço considerável. A isso, deve-se agregar a seguinte consequência, tanto aquele que diz que texto e norma (ou vigência e validade) são a mesma coisa, como aquele que diz que estão desolados (no caso, as posturas axiologistas, realistas, etc.), são positivistas. Para ser mais simples: Kelsen, Hart e Ross foram todos positivistas. Do mesmo modo que são positivistas, hoje, os juristas que apostam na discricionariedade judicial...! Ou em ativismos judiciais irresponsáveis (o que dá no mesmo). Seja isso para o bem ou para o mal". (Lenio Luiz Streck. *O que é isto? decido conforme minha consciência*, cit., n. 5.1, pp. 81-82). V. Georges Abboud. *Jurisdição constitucional e direitos fundamentais*, cit., n. 9.3.1, p. 458.

[38] Daniel Mitidiero. *Cortes Superiores e Cortes Supremas*, SP: RT, 2013.

[39] Para maior detalhamento, conferir: Georges Abboud. *Discricionariedade administrativa e judicial*, SP: RT, 2014, n. 3.6.3, p. 407 *et seq*.

num resgate de um *realismo jurídico primitivo,* como se o direito pudesse ser restrito àquilo que decidem os Tribunais Superiores, no caso do Brasil, STF e o STJ; (ii) o foco do problema do Judiciário é todo deslocado para as Cortes Superiores e sua padronização decisória, sem se preocupar com uma teoria da decisão judicial que anteceda o recrudescimento dos poderes dos Tribunais Superiores. A tese foca-se em apenas um dos vértices, o superior, ignora a questão do ativismo e da discricionariedade, questões cujo desenlace é fundamental para se trabalhar com reformas legislativas ou propostas doutrinárias que contribuam para aumentar o poder dos Tribunais Superiores.

O autor estrutura toda a obra afirmando que haveria duas formas de Cortes: as Superiores e as Supremas. As Cortes Superiores utilizariam uma compreensão cognitivista do Direito, e sua atividade jurisdicional seria mera declaração de uma norma preexistente e, por finalidade, ela teria tão somente a de controlar decisão recorrida mediante jurisprudência uniforme. Já a Corte Suprema está vinculada a uma compreensão não cognitivista, e a jurisdição seria uma reconstrução e outorga de sentidos a textos e elementos não textuais da ordem jurídica. O escopo da Corte Suprema é dar unidade ao Direito mediante a formação de precedentes.[40]

A partir dessa divisão, tem início uma série de equívocos na obra do autor, *e.g.,* Corte Superior pressupõe uma interpretação *formalista* de descoberta de significados.[41] A Corte Superior seria uma corte de controle, e não de interpretação do direito, sendo a interpretação da lei um meio para obtenção do controle de legalidade das decisões.[42] Outrossim, para a Corte Superior, não seria uma anomalia a existência concomitante de diversas interpretações acerca da mesma lei.[43]

O mesmo grau de equívoco é mantido quando se trata daquilo que é designado por Cortes Supremas. Essa Corte admitiria a dissociação entre texto e norma, a dissociação entre princípios, regras e postulados, para ela, o caso concreto seria mero pretexto para que ela pudesse realizar a formação de precedentes que vinculariam toda a sociedade, uma vez que sua atuação é voltada para o futuro.[44] A razão da existência dessa Corte seria *"interpretar adequadamente o Direito".*[45]

A premissa do paradigma suprarresumido é equivocada. Ela parte da ideia de que seria possível diferenciar paradigma filosófico-hermenêutico a depender de qual tribunal decidirá a questão jurídica. Por exemplo, no modelo proposto por Mitidiero, a Corte Superior está condenada para sempre a um modelo exegético de positivismo primitivo, uma vez que ela usa subsunção e não pode fazer a dissociação entre texto e norma. Já a Corte Suprema admitiria a dissociação entre texto e norma, contudo, para ela, pouco importa o caso

---

[40] Daniel Mitidiero. *Cortes Superiores e Cortes Supremas,* cit., p. 32.
[41] Daniel Mitidiero. *Cortes Superiores e Cortes Supremas,* cit., p. 34/35.
[42] Daniel Mitidiero. *Cortes Superiores e Cortes Supremas,* cit., p. 43.
[43] Daniel Mitidiero. *Cortes Superiores e Cortes Supremas,* cit., p. 44.
[44] Daniel Mitidiero. *Cortes Superiores e Cortes Supremas,* cit., p. 53 *et seq.*
[45] Daniel Mitidiero. *Cortes Superiores e Cortes Supremas,* cit., p. 68.

concreto, o que de fato interessa é a formação de precedentes para o futuro a partir dos casos julgados.

De início, o autor equivoca-se ao não observar o alerta de Gadamer acerca do caráter indepassável da linguagem. A linguagem sempre nos antecede. A hermenêutica permite integrar o processo aplicativo dentro do processo interpretativo, a *aplicatio* gadameriana é companheira indissociável de toda a atividade interpretativa.[46] Daí que, com Gadamer, pode-se concluir que *"o conhecimento do sentido de um texto jurídico e sua aplicação a um caso concreto não são atos separados, mas um processo unitário"*.[47] Conforme demonstramos ao longo do primeiro capítulo, diante de um acesso hermenêutico, não se concebe mais a interpretação como algo a ser descoberto na intenção da lei ou do legislador por meio da aplicação de um método, como professam as correntes *objetivistas* (*voluntas legis*) ou subjetivistas (*voluntas legislatoris*) da interpretação jurídica.[48]

Essa impossibilidade de descoberta de sentido oculto em texto vale para qualquer ato interpretativo, seja um texto jurídico, religioso ou filosófico. Outrossim, a inexistência de uma verdade ou sentido oculto e ínsito a uma essência contida na textitude vale para qualquer intérprete, inclusive o judicial, seja ele uma Corte Suprema, Superior ou um juiz singular. Em termos simplificados, a superação da ideia de que haveria uma descoberta de sentido nos textos já foi conquistada pela hermenêutica no âmbito filosófico. Por que essa superação valeria para todos os intérpretes, judiciais e não judiciais, mas não valeria para aquilo designado por Corte Superior?

Obviamente que a resposta é negativa, não há uma seletividade do paradigma hermenêutico. Daí, conforme largamente afirmado, a norma é um produto da interpretação, ela tem o caráter de atribuição de sentido a um texto que se manifesta na linguagem, a partir de um processo de mediação com a Tradição, que é o espaço de atuação do jurista.

A atividade interpretativa é sempre histórica, porque o texto somente é abordável a partir da historicidade do intérprete. Portanto, o jurista não se torna um ser histórico apenas quando se desdobra sobre o produto da cultura no estudo da disciplina "história", mas, mesmo quando efetua uma interpretação no nível de um campo, como é o do direito, ali também operam com ele os efeitos da história. Esse, talvez, seja o mais importante significado daquilo que Gadamer chama "consciência da história efeitual".[49] Na interpretação do texto,

---

[46] Antonio Osuna Fernández-Largo. *La hermenêutica jurídica de Hans-Georg Gadamer*, Valladolid: Secretariado de Publicaciones Universidad del Valladolid, 1992, pp. 51/52.

[47] Hans Georg Gadamer. *Verdade e Método*, v. I., cit., p. 463.

[48] No contexto desta "busca metafísica das vontades" (que obviamente encontra problemas filosóficos sérios), também o presidente do Supremo Tribunal Alemão, Günter Hisch, professa a tese de que o problema metodológico da interpretação do direito se resume a uma decisão pelo intérprete, sobre aquilo o que se busca como *telos* interpretativo, ou seja, a *vontade da lei* ou a *vontade do legislador*. Nas palavras do autor: *"el método de la interpretación de la le yes la brújula de la determinación de derecho. La pregunta fundamental es si el objetivo de la interpretación es lá investigación y el respeto de la voluntad real del legislador o si lo es el sentido normative de la ley. Esta dicotomía de las llamadas teorías subjetiva y objetiva marcó la doctrina filosófico-jurídica y metodológica relevante de los siglos XIX y XX en Europa"*. Günter Hisch. *La jurisdicción en el Estado de derecho: entre la sujeición a la ley y la interpretación cuasilegislativa*, in *Anuario de Derecho Constitucional Latinoamericano*, Ano 14, Berlin/Montevideo: Konrad – Adenauer – Stiftung, 2008, pp. 127/147).

[49] É importante esclarecer que essa historicidade que as teorias hermenêuticas reivindicam como horizonte no qual o saber das ciências humanas acontece não se confunde com uma espécie de consciência historioló-

ocorre uma fusão de horizontes, um diálogo hermenêutico que possibilita a compreensão do texto.

Nesse contexto, não há interpretação fora da história, logo, não há uma compreensão originária da norma e, posteriormente, uma aplicação dela, o que existe é um momento único em que ocorre a interpretação e a aplicação (interpretar já é aplicar!) suscitado pela condição do intérprete em um processo circular com a tradição do mesmo texto.[50] A historicidade é ínsita ao interpretar, por isso, não faz sentido diferenciar função de tribunais afirmando que alguns atuariam em função do passado e outros pensando no futuro.

No que tange à funcionalidade das Cortes Supremas, do mesmo modo, não é crível imaginar que o caso julgado possa ser considerado puro pretexto. Nem é preciso novamente mencionar que *sem o caso concreto sequer haveria o próprio direito*.

Tal qual expusemos, a norma somente existe diante da problematização de um caso concreto, seja real ou fictício. A norma não está contida na lei, numa decisão vinculante, súmula vinculante ou qualquer outro texto. Somente após a interpretação, a norma é produzida: isto porque a norma é realizada na linguagem, diante da problematização, quando é contraposta aos fatos jurídicos e à controvérsia judicial que se pretende solucionar.

Ademais, não há tribunal cuja função exclusiva seja a fixação e criação de precedentes, até porque o precedente – desde que o genuíno precedente do *common law* e não qualquer decisão de tribunal dotada de efeito vinculante – é definido com o tempo, e pelas demais instâncias.

Toda análise sobre precedente judicial não pode perder de vista que ele não constitui decisão piloto apta a solucionar diversos casos paradigmas. Ou seja, o Tribunal Superior, ao julgar um *leading case,* não pode determinar que ele tenha valor de precedente judicial, somente se, historicamente, ele for utilizado na argumentação das partes e na fundamentação de novas decisões judiciais é que ele começara a ganhar o *status* de precedente.

Enfim, para se compreender as funções das Cortes Superiores, há necessidade de se examinar a especificidade da historicidade de cada sistema,

---

gica, entendida como conhecimento acumulado dos eventos do passado. Isso se dá porque, em *Ser e Tempo*, iniciando a analítica existencial do *Ser-aí*, Heidegger precisa estabelecer um aceno prévio do modo-de-ser deste ente. No § 6º, onde o filósofo anuncia a tarefa de uma destruição da história da ontologia, Heidegger afirma que o *Ser-aí 'é'* seu passado. O *Ser-aí* é seu passado na forma própria do seu ser, ser que acontece sempre desde seu futuro. O filósofo mostra algo que pode soar estranho: ele afirma que o passado do *Ser-aí* não se situa atrás deste ente, mas sempre e a cada vez lhe antecipa. Ou seja, as possibilidades do *Ser-aí* são limitadas por aquilo que de alguma forma ele já é. Esse ter que ser o que já é, Heidegger denomina estar-jogado-no-mundo, ao passo que sua existência, enquanto possibilidade, se denomina estar-lançado. No seu ter que ser, ou estar-jogado-no-mundo, o *Ser-aí* se encontra sempre imerso em uma tradição, embora disso ele não seja necessariamente consciente. Esse ser histórico que atravessa o *Ser-aí* por todos os lados é o que propriamente designa sua *historicidade*.
Como diz Gadamer: "*ele só possui uma tal consciência porque é histórico. Ele é seu futuro, a partir do qual ele se temporaliza em suas possibilidades. Todavia, o seu futuro não é o seu projeto livre, mas um projeto jogado. Aquilo que ele pode ser é aquilo que ele já foi*". Hermenêutica em Retrospectiva. v. II. Petrópolis: Vozes, 2008, p. 143).

[50] Osuna Fernández-Largo. *La hermenêutica jurídica de Hans-Georg Gadamer*, cit., p. 65. Friedrich Müller ensina que "a concretização do direito, impossível fora da linguagem, sempre é co-caracterizada por esse horizonte universal pré-jurídico da compreensão. Ao lado dos seus problemas de interpretação, o texto, também o texto normativamente intencionado da norma jurídica, veicula ao mesmo tempo uma precedente referência material do intérprete a esses problemas". *Teoria Estruturante do Direito*, SP: RT, 2008, n. 1.V, p. 59.

juntamente com o texto constitucional que lhe determina suas competências. Não é possível agrupar, nem de forma simplificada, a função dos Tribunais Superiores, tão somente a partir de uma dicotomia Cortes Superiores *vs* Cortes Supremas.

Essa divisão obnubila uma rica história que é ínsita aos principais Tribunais do mundo. Por exemplo, é, no mínimo, temerário teorizar-se sobre a função da Suprema Corte dos EUA sem compreender a história institucional do país, simbolizada em sua gênese pela magistral obra de Tocqueville – Democracia na América. Do mesmo modo, é absolutamente inviável pretender compreender a peculiariedade do sistema judicial inglês e da função dos respectivos tribunais sem uma análise histórica da particular e secular tradição constitucional que possui a Inglaterra. O mesmo vale para o próprio Tribunal Constitucional alemão, que teve papel decisivo na reestruturação da democracia e para construção do *Welfare State* alemão.

Tudo isso para dizer que não se pode defender uma ampliação ou modificação das funções do STF e do STJ a partir de *esquetes* do que seria a atuação dos Tribunais em outros países. Nossa democracia constitucional é recentíssima, daí o único parâmetro seguro para dizermos o que deve ser a função do STF e do STJ ser o próprio texto constitucional, nos respetivos artigos 102/105.

Com efeito, diferentemente do que se tem apregoado, o STF e o STJ não são tribunais destinados a, tão somente, fixar teses jurídicas. As referidas Cortes Superiores têm a tarefa constitucional de decidir lides, isto é, resolver situações litigiosas de direitos subjetivos, seja no julgamento de recurso extraordinário pelo STF (CF 102 III),[51] seja no julgamento de recurso especial pelo STJ (CF 105 III).[52]

O texto constitucional instituído pelo Poder Constituinte Originário estabeleceu expressamente a possibilidade de o STF e o STJ decidirem efetivamente lides jurídicas. Nosso sistema constitucional não autoriza o entendimento de que referidos tribunais poderão tão somente julgar teses jurídicas como se, ao julgar lides intersubjetivas, estariam exercendo algo necessariamente secundário e acidental.

O STF e o STJ são órgãos que integram, no organograma do Estado, o Poder Judiciário, e ambos exercem atividade jurisdicional plena, resolvendo lides e protegendo direitos subjetivos dos particulares. Sendo assim, não se pode simplesmente afirmar que a natureza do processo desenvolvido nesses tribunais tenha natureza objetiva. O processo somente é objetivo quando inexiste proteção/discussão direta e imediata de direitos subjetivos e quando não há réu no polo passivo da demanda. O processo objetivo existe no STF, nos

---

[51] *CF 102*: "III – julgar, mediante recurso extraordinário, as causas decididas em única ou última instância, quando a decisão recorrida: a) contrariar dispositivo desta Constituição; b) declarar a inconstitucionalidade de tratado ou lei federal; c) julgar válida lei ou ato de governo local contestado em face desta Constituição; d) julgar válida lei local contestada em face de lei federal".

[52] *CF 105*: "III – julgar, em recurso especial, as causas decididas, em única ou última instância, pelos Tribunais Regionais Federais ou pelos tribunais dos Estados, do Distrito Federal e Territórios, quando a decisão recorrida: a) contrariar tratado ou lei federal, ou negar-lhes vigência; b) julgar válido ato de governo local contestado em face de lei federal; c) der a lei federal interpretação divergente da que lhe haja atribuído outro tribunal".

casos relacionados ao controle concentrado de constitucionalidade, que são da competência exclusiva do STF.

É de se salientar-se que a implementação da chamada objetivação das atividades do STF e do STJ, da forma como pretendido por setores dos tribunais superiores e da doutrina, pode causar graves prejuízos simbólicos, na medida em que se transmite a mensagem de que os Tribunais Superiores teriam a tão só função constitucional de fixar teses jurídicas, e não de assegurar a proteção dos direitos fundamentais do particular.

Por óbvio que não ignoramos a necessidade de o STF e o STJ uniformizarem entendimento sobre questões jurídicas de natureza constitucional e federal, respectivamente. O que não pode haver, *venia concessa*, é a minimalização da tarefa constitucional desses tribunais à *objetivação* dos processos que se encontram a seu cargo, notadamente porque a Constituição Federal lhes imputou a obrigatoriedade de decidir lides, consoante expressa competência recursal estatuída, por exemplo, na CF 102 III e 105 III.

Tanto isso é correto que há dois juízos nos recursos excepcionais: a) de cassação; b) de revisão. Quando reconhecem que a decisão recorrida ofendeu a Constituição (CF 102 III *a*) ou negou vigência à lei federal (CF 105 III *a*), cassam-na para, em seguida, proferirem juízo de *revisão*, que nada mais é do que a *"aplicação do direito à espécie"* (STF Súmula 456;[53] RISTJ 257[54]), isto é, a resolução da lide, do caso concreto, do direito subjetivo.

Raciocínio contrário somente seria possível com mudança do texto da Constituição, por emenda, retirando do STF e do STJ a competência para julgamento de recursos excepcionais. No lugar desses recursos poderia ser criado outro mecanismo como, por exemplo, comissões de juristas que ficariam responsabilizadas em analisar quais são os assuntos atualmente mais polêmicos de cada área do direito e submeter uma consulta teórica, objetiva e abstrata ao STF e ao STJ.

A proposta mencionada no parágrafo anterior seria mais prática e consentânea com o modelo em que o STF e o STJ somente exerceriam atividade jurisdicional de caráter objetivo.

O único problema dessa mencionada proposta, como já dissemos acima, é que ela é inconstitucional, e sua inconstitucionalidade advém do fato de existir previsão expressa na CF 102 e 105 para julgamento de lides (conflito entre direitos subjetivos). Tanto assim é que nossos Tribunais Superiores no julgamento dos recursos excepcionais (recurso extraordinário, recurso especial e recurso de revista), diferentemente de ordenamentos europeus, por exemplo, não se

---

[53] *STF Súmula 456:* "O Supremo Tribunal Federal, conhecendo do recurso extraordinário, julgará a causa, aplicando o direito à espécie". Há impropriedade técnica no verbete, que deve ser lido assim: "O Supremo Tribunal Federal, *provendo* o recurso extraordinário, julgará a causa, aplicando o direito à espécie" [grifamos]. Provê, no juízo de cassação, porque reconhece que houve ofensa à CF, questão que é o próprio *mérito* do recurso extraordinário; provido, isto é, cassada a decisão recorrida, o STF rejulgará a lide individual, subjetiva, aplicando o direito à espécie.

[54] *RISTJ 257:* "No julgamento do recurso especial, verificar-se-á, preliminarmente, se o recurso é cabível. Decidida a preliminar pela negativa, a Turma não conhecerá do recurso; se pela afirmativa, julgará a causa, aplicando o direito à espécie". A observação feita na nota anterior aplica-se ao STJ, no procedimento do recurso especial: ao *prover* o recurso especial para *cassar* o acórdão que, *v.g.*, negou vigência à lei federal, o STJ *rejulgará* a lide individual aplicando o direito à espécie.

limitam a efetuar o juízo de cassação, como também realizam o rejulgamento da lide – juízo de revisão.

Nosso sistema de recursos excepcionais (RE, REsp e RR) confere dupla competência recursal ao tribunal *ad quem* (STF, STJ e TST), que tem simultaneamente competência para proferir os juízos de cassação e de revisão.

Isso significa que o tribunal superior analisará, num primeiro momento, a regularidade da decisão judicial recorrida, proferindo *juízo de cassação*. Caso a decisão recorrida esteja incorreta, o tribunal superior dará provimento ao recurso e cassará a referida decisão, seja porque ofendeu texto constitucional ou porque negou vigência à lei federal. Apenas após ter dado provimento ao recurso excepcional (cassando a decisão recorrida) é que o tribunal superior analisará, num segundo momento, o direito posto em causa, proferindo o juízo de revisão (rejulgando a causa).

Destarte, é no mínimo inconstitucional a percepção de que os tribunais superiores (STF e STJ) exerceriam atividade meramente objetiva, porquanto fica esquecida a dimensão democrática e ínsita a esses tribunais, principalmente o STF, como último local para assegurar a proteção dos direitos fundamentais do cidadão. Aliás, seria verdadeiramente inconcebível imaginar que o STF poderia concretizar a sua função contramajoritária, que é inerente à jurisdição constitucional.

Nesse ponto, convém notar que, além de sua importância como instrumentos de limitação do Poder Público, os direitos fundamentais exercem forte função contramajoritária. Sendo assim, ter direito fundamental assegura a existência de posição juridicamente garantida contra as decisões políticas de eventuais maiorias políticas. Essa é a visão que melhor se harmoniza com o Estado Constitucional e a dimensão democrática que lhe é inerente.[55]

Nesse contexto, Peter Häberle oferece conceito amplamente democrático sobre o que seria a Constituição. Para o insigne constitucionalista, a Constituição significa ordem jurídica fundamental do Estado e da sociedade. A Constituição não é apenas Constituição "do Estado", ela possui um conceito mais amplo que compreende as estruturas fundamentais da sociedade. A Constituição num Estado Democrático não estrutura apenas o Estado em sentido estrito, mas também o espaço público e o privado, constituindo, assim, a sociedade.[56] Daí que contra ela não pode ser oposta nem mesmo a vontade da maioria, muito menos pretenso interesse público materializado no ponto de vista de algum dos julgadores em detrimento da legalidade vigente.

---

[55] Jorge Reis Novais. Direitos como trunfos contra a maioria – sentido e alcance da vocação contramajoritária dos direitos fundamentais no Estado de Direito Democrático. *In*: Clèmerson Mèrlin Clève, Ingo W. Sarlet e Alexande C. Pagliarini (orgs.). *Direitos humanos e democracia,* Rio de Janeiro: Forense, 2007, p. 90. Sobre a importância dos direitos fundamentais, ver: Georges Abboud. *O mito da supremacia do interesse público sobre o privado* – a dimensão constitucional dos direitos fundamentais e os requisitos necessários para se autorizar restrição a direitos fundamentais, cit., *passim*.

[56] Peter HÄBERLE. *El Estado constitucional,* Buenos Aires: Astrea de Alfredo y Ricardo Depalma, 2007, § 2°, p. 84; § 54 p. 272.

— 12 —

Audiência de custódia: em busca da autêntica jurisdição de liberdade

RICARDO LEWANDOWSKI[1]

O "encarceramento em massa" é um fenômeno que ganhou repercussão no País apenas recentemente. E ainda que neste momento não seja oportuno discutir as causas que levaram a essa situação, o fato é que, sobretudo a partir de 1990, a população de detentos no Brasil praticamente quintuplicou, ultrapassando a expressiva marca de 600.000 presos.

Ainda que o aumento extraordinário da população carcerária não seja um fenômeno apenas brasileiro, entre nós essa realidade adquire uma dimensão mais significativa, porquanto adquire corpo diante de um sistema de justiça criminal que prestigia a punição ao invés da ressocialização, deixando de lado, como regra, os direitos e garantias mais elementares daqueles que se encontram sob a custódia temporária do Estado.

Paradoxalmente, depois do processo de redemocratização que experimentamos no passado recente, as prisões, provisórias e definitivas, vêm crescendo de forma exponencial, levando à indagação se a lógica autoritária do regime de exceção que dominou o Brasil ainda permeia o nosso sistema repressivo penal.

Os estabelecimentos prisionais brasileiros, interface mais visível dessa realidade, constituem lamentáveis exemplos de espaços nos quais o sopro libertador da democracia ainda não logrou penetrar.

Violações sistemáticas a direitos mais básicos de presos e de seus familiares tornaram-se tão comuns e rotineiras que passaram a ser tratadas como algo "normal", a ponto de ter merecido um posicionamento enérgico do Supremo Tribunal Federal, no julgamento da ADPF 347, o qual reconheceu que estamos diante de um "estado de coisas inconstitucional".[2]

Poucos se dão conta de que a sociedade é a principal vítima dessa desordem institucional que hoje domina as carceragens Brasil afora – locais onde

---

[1] O autor é Presidente do Supremo Tribunal Federal e do Conselho Nacional de Justiça e também Professor Titular da Faculdade de Direito da Universidade de São Paulo.

[2] Disponível em <http://www.stf.jus.br/portal/cms/verNoticiaDetalhe.asp?idConteudo=299385>, último acesso em 28.09.2015.

se cultua, sistematicamente, a multiplicação das ilegalidades e abusos de toda ordem – sendo ela primeira a sofrer as suas nefastas consequências.

Não há a menor dúvida de que a maior parte dos que ali se acham, e que têm, apenas, o direito de "cumprir a pena que receberam" e nada mais que isso, encontram-se "abaixo da linha da dignidade humana", sem o menor respeito ao que representam como pessoas. Poucos se dão conta, porém, de que o Estado perde a legitimidade do "direito de punir" ao patrocinar ou fazer "vistas grossas" a essas atrocidades e, ao assim agir, já nem causa mais escândalo.

Decididamente, não há mais como suportar esse modelo de administração de justiça nem de tolerar a manutenção de pessoas presas, em condições infra-humanas, sem que o Estado lhes proporcione ao menos um fio de esperança de que sua miserável situação possa de alguma forma ser amenizada.

A "cultura do encarceramento", tão arraigada entre os atores do sistema de justiça, repercute a preocupação de um Estado que responde aos desafios da segurança pública mediante a utilização de leis e penas cada vez mais severas, disseminando, com isso, ainda mais violência, numa atitude que só contribui para aprofundar os conflitos na sociedade, que passa, num verdadeiro círculo vicioso, a clamar por medidas cada vez mais repressivas contra os delinquentes eventuais ou reincidentes.

A Lei nº 12.403/2011, ao modificar o Código de Processo Penal, tentou promover uma alteração nessa cultura, indicando a possibilidade de conferir-se outro tratamento à prisão processual, ao criar novas regras quanto à fiança e à liberdade provisória. Ampliou também o rol de medidas cautelares alternativas à prisão, além de estabelecer outras providências de cunho mais garantista. Mas a iniciativa não logrou produzir os efeitos desejados, em particular a recolocação da ideia de que a prisão deveria ser a *ultima ratio* da ação repressiva estatal, particularmente antes do trânsito em julgado da ação penal, até mesmo em atenção ao princípio constitucional da presunção de inocência.

Em suma, a persistente lógica autoritária da atuação judicial permaneceu inalterada e vinculada ao protagonismo da prisão sobre as medidas cautelares alternativas a ela. O resultado é que não houve a esperada redução do número de presos cautelares após a reforma de 2011. Ao revés, o seu número continua aumentando exponencialmente.

Muitas das lacunas e carências do Código de Processo Penal de 1940, a despeito da vanguarda reformista que se empreendeu, permaneceram intocadas, tais como a falta de definição de um prazo máximo para a prisão preventiva ou mesmo a inexistência de previsão do dever de revisar-se periodicamente essa medida.

Dados recentes do último INFOPEN, de junho de 2014,[3] confirmando essa tendência, mostram que o Brasil tem a 4ª maior população carcerária do mundo, com um total de 607.731 detentos no sistema prisional.

---

[3] Disponível em <http://www.google.com.br/url?sa=t&rct=j&q=&esrc=s&source=web&cd=1&ved=0CBwQFjAAahUKEwjerKarxJrIAhXJh5AKHQZaD7o&url=http%3A%2F%2Fwww.justica.gov.br%2Fnoticias%2Fmj-divulgara-novo-relatorio-do-infopen-nesta-terca-feira%2Frelatorio-depen-versao-web.pdf&usg=AFQjCNEV1liwh89EBzOi0-LQk3G9j6yemw>, último acesso em 28.9.2015.

Outro dado impressionante é aquele que mostra a existência de 473.242 mandados de prisão em aberto no Banco Nacional de Mandados de Prisão – BNMP –,[4] número esse que, somado ao total de pessoas já presas, gera uma demanda de 1.080.973 novas vagas no sistema prisional.

Contudo, o sistema carcerário brasileiro oferece apenas 376.669 vagas para a justiça criminal, número que escancara o imenso déficit de vagas hoje existente (da ordem de 231.062, contabilizados somente aqueles já recolhidos ao cárcere) e uma espantosa e, sobretudo, desumana, taxa de ocupação dos espaços disponíveis, que gira ao redor de 161%.

Recente levantamento do Ministério da Justiça apontou, ainda, para uma outra situação igualmente grave e preocupante: o percentual de presos provisórios já ultrapassa 40% dos presos já institucionalizados. Essa informação demonstra, insofismavelmente, que em um Estado Democrático de Direito como o nosso, a prisão cautelar deixou de ser exceção para virar regra.

Essa conclusão está estampada no último relatório apresentado pelo grupo de peritos em Detenção Arbitrária da ONU, documento que descreve a situação brasileira como alarmante e consigna que embora "o sistema de justiça criminal brasileiro trabalhe sob matrizes garantistas, a decretação da prisão cautelar continua sendo amplamente assumida pelo Judiciário local sem maiores reflexões".[5] Segundo ainda o relatório da ONU, "a prisão tornou-se regra e os efeitos das práticas encarceradoras coincidem com o colapso que tomou conta do sistema prisional brasileiro".

À vista desse panorama, alguma coisa tinha que ser feita! E algo que produzisse resultados concretos. Não era mais possível tolerar a omissão do Judiciário, embora não seja ele o principal responsável por essa lamentável situação.

Em questão estava a necessidade de edificar-se um quadro de transformações, a partir de uma nova fórmula para controlar o ingresso de pessoas no sistema prisional. A apresentação imediata do autuado em flagrante a um juiz, nesse plano, constituía o esboço de uma alternativa apta a requalificar o "filtro" da porta de entrada das prisões. A aposta era a de que o contato pessoal com o preso seria capaz de alterar a forma de analisar e decidir sobre o destino dos cidadãos presos em flagrante.

Isso porque, ao deliberar sobre prisão de alguém, a toda evidência, o juiz não pode valer-se de fórmulas legais abstratas, especialmente quando tem de deparar-se, fisicamente, com pessoas de carne e osso, olho no olho, logo depois de serem detidas. E, mais, é no calor da flagrância que o juiz pode, em primeira mão, inteirar-se da versão do detido e verificar, *ictu oculi*, se este sofreu alguma violência física por parte das autoridades policiais ou mesmo de populares.

As "audiências de custódia", nesse ponto, apresentaram-se como um importante ponto de partida para a quebra dos referenciais que conspiravam contra uma estrutura (ainda) inquisitória do processo penal vigente no Brasil,

---

[4] Disponível em <http://www.cnj.jus.br/bnmp/#/relatorio>, último acesso em 28.9.2015.

[5] Report of the Working Group on Arbitrary Detention on its visit to Brazil (18 to 28 March 2013), disponível em: <http://e25.d32.myftpupload.com/grupo-de-trabalho-sobre-detencao-arbitraria-declaracao-apos-a-conclusao-de-sua-visita-ao-brasil-18-a-28-marco-de-2013/>, último acesso em 28.9.2015.

prestando-se a resgatar uma dimensão mais humana da jurisdição. E essa verdadeira revolução tinha como ser construída a partir de franquia legislativa já positivada. Sim, porque poucos se deram conta da existência de uma norma de natureza supralegal, prevista no art. 7º, item 5, da Convenção Americana sobre Direitos Humanos,[6] internalizada entre nós desde o ano de 1992, vazada nos seguintes termos:

> Toda pessoa presa, detida ou retida deve ser conduzida, sem demora, à presença de um juiz ou outra autoridade autorizada por lei a exercer funções judiciais e tem o direito de ser julgada em prazo razoável ou de ser posta em liberdade, sem prejuízo de que prossiga o processo. Sua liberdade pode ser condicionada a garantias que assegurem o seu comparecimento em juízo.[7]

Igual efeito tem (perante o Sistema Universal de Proteção dos Direitos Humanos) o art. 9º, item 3, do Pacto Internacional sobre Direitos Civis e Políticos de Nova Iorque, também em vigor desde 1992, ao prever que:

> Qualquer pessoa presa ou encarcerada em virtude de infração penal deverá ser conduzida, sem demora, à presença do juiz ou de outra autoridade habilitada por lei a exercer funções judiciais e terá o direito de ser julgada em prazo razoável ou de ser posta em liberdade. A prisão preventiva de pessoas que aguardam julgamento não deverá constituir a regra geral, mas a soltura poderá estar condicionada a garantias que assegurem o comparecimento da pessoa em questão à audiência, a todos os atos do processo e, se necessário for, para a execução da sentença.[8]

Tendo assumido que cumpriria ambos os diplomas internacionais, no plano interno, há mais de 20 anos, já estava mais que na hora de o Estado brasileiro honrar tais compromissos, malgrado a inexistência de leis específicas regrando os procedimentos inerentes às audiências de custódia.

Foi exatamente nesse ponto que se vislumbrou, desde o Conselho Nacional de Justiça, a possibilidade dos tribunais pátrios tomarem a iniciativa nesse campo, aplicando diretamente as normas convencionais de há muito vigente. E, instados pelo CNJ, passaram a colocar em prática as audiências de custódia, valendo-se da autonomia que têm para regulamentar, em caráter privativo, as rotinas e ritos viabilizadoras do instituto que, embora estabelecido nos referidos tratados internacionais, não eram colocados em prática pela imensa maioria dos juízes brasileiros, até mesmo por falta de recursos materiais e pessoais adequados. Isso apesar de haver previsão da imediata apresentação da pessoa detida ou apreendida a um juiz no Código de Processo Penal (art. 656), no Código Eleitoral (art. 236, § 2º), na Lei nº 7.960/89 (art. 2ª, § 3º) e no Estatuto da Criança e do Adolescente (art. 175).

Foi amparado nessas premissas que nasceu o Projeto "Audiência de Custódia", que agora se encontra implantado nas 27 unidades da Federação, tanto no âmbito da Justiça estadual como no da federal.

Isso antes mesmo das recentes decisões do Supremo Tribunal Federal (STF) na Ação Direta de Inconstitucionalidade (ADI) nº 5.240/SP, movida pela Associação dos Delegados de Polícia do Brasil (ADEPOSL) contra o Provimen-

---

[6] Disponível em: <http://www.cidh.oas.org/basicos/portugues/c.convencao_americana.htm>, último acesso em 28.9.2015.

[7] Decreto n. 678, de 6 de novembro de 1992. Disponível em: <http://www.planalto.gov.br/ccivil_03/decreto/D0678.htm>, último acesso em 28.9.2015.

[8] Disponível em: <http://www.planalto.gov.br/ccivil_03/decreto/1990-1994/D0592.htm>, último acesso em 28.9.2015.

to Conjunto nº 03/2015, do Tribunal de Justiça do Estado de São Paulo, considerando as audiências de custodia plenamente constitucional.

Segundo os ministros do STF, o TJSP apenas deu sentido a normas já vigentes para permitir o adequado funcionamento das referidas audiências, sem promover qualquer inovação no ordenamento jurídico, nem tampouco interferir na competência de outros Poderes, na medida em que apenas promoveu atos de mera autogestão do tribunal, baixando comandos de mera organização administrativa interna.[9]

Vale registar, nesse passo, que a audiência de custódia consiste no direito de toda pessoa presa em flagrante delito ser conduzida, no prazo mais curto possível, à presença de um juiz para que, nessa ocasião, seja analisada: i) a legalidade e a necessidade da manutenção da constrição física; ii) a possibilidade da substituição da prisão por medidas cautelares diversas; e finalmente, ii) ocorrência de eventuais abusos ou maus-tratos impostos durante a detenção.[10]

Nessa linha, acentua Gustavo Badaró que o juízo a ser realizado na audiência de custódia tem natureza bifronte, pois:

> Não se destina, apenas, a controlar a legalidade do ato já realizado, mas também a valorar a necessidade e adequação da prisão cautelar para o futuro. Há uma atividade retrospectiva, voltada para o passado, com vista a analisar a legalidade da prisão em flagrante, e outra, prospectiva, projetada para o futuro, com o escopo de apreciar a necessidade e adequação da manutenção da prisão, ou de sua substituição por medida alternativa à prisão ou, até mesmo, a simples revogação sem imposição de medida cautelar.[11]

São diversas as vantagens da implantação da audiência de custódia no Brasil, a começar pela mais importante: ajustar o processo penal brasileiro aos Tratados Internacionais de Direitos Humanos assinados e ratificados pelo Estado brasileiro. Espera-se ainda que elas contribuam, decisivamente, para reduzir o excessivo número de prisões decretadas no País e, em consequência, amenizar o grave problema da superpopulação de nosso sistema carcerário.

Por meio das audiências de custódia, prestigia-se o contato pessoal e imediato do juiz com o preso, superando-se a "fronteira burocrática" estabelecida no art. 306, § 1º, do Código de Processo Penal, que se satisfaz com o mero envio do auto de prisão em flagrante ao magistrado.

Importante ressaltar que o CPP, em seu artigo 306, *caput* e parágrafo único, ao prever que o juiz deverá ser imediatamente "comunicado" da prisão de qualquer pessoa, assim como determina a remessa a ele, no prazo de 24 horas, do auto da prisão em flagrante, não está em conformidade com a exigência das convenções internacionais que definem a audiência de custódia como uma regra de garantia instituída a favor dos cidadãos, revelando, nesse aspecto, uma conspícua lacuna no regramento jurídico interno.

---

[9] Disponível em <http://www.stf.jus.br/portal/cms/verNoticiaDetalhe.asp?idConteudo=298112>, último acesso em 28.9.2015.

[10] No que diz respeito ao controle da legalidade da prisão, em sede de audiência de custódia, poderá o magistrado: i) relaxar a prisão em flagrante ilegal; ii) decretar a prisão preventiva ou outra medida cautelar alternativa à prisão; iii) manter solta a pessoa suspeita da prática do delito, se verificar ausentes os pressupostos de cautelaridade previstos no artigo 312 do CPP.

[11] In: "Prisão em flagrante delito e direito à audiência de custódia". Parecer oferecido nos autos do PLS nº 554/2011, em tramitação no Senado Federal.

Nesse sentido, a Corte Interamericana de Direitos Humanos decidiu que "o simples conhecimento por parte de um juiz de que uma pessoa está detida não satisfaz essa garantia, já que o custodiado deve comparecer pessoalmente e render sua declaração ante ao juiz ou autoridade competente".[12] Estabeleceu, ainda, que "o juiz deve ouvir pessoalmente o detido e valorar todas as explicações que este lhe proporcione, para decidir se procede a liberação ou a manutenção da privação da liberdade", concluindo que "o contrário equivaleria a despojar de toda efetividade o controle judicial disposto no art. 7.5 da Convenção".[13]

A Corte Interamericana de Direitos Humanos tem ressaltado, também, que o controle judicial imediato à prisão, assegurado pela audiência de custódia, é meio idôneo para evitar prisões arbitrárias e ilegais.[14] E mais: que ela é essencial para a proteção da liberdade pessoal e de outros direitos, como a vida e a integridade física, advertindo que não está em jogo apenas o direito de ir e vir das pessoas, mas sobretudo sua segurança pessoal, num contexto em que a ausência de garantias pode resultar na subversão das franquias assegurados a todos aqueles submetidos à custódia do Estado, que se encontram, inequivocamente, sob sua proteção legal.[15] [16]

O que a experiência liderada pelo Conselho Nacional de Justiça tem demonstrado é que a audiência de custódia tem se revelado uma prática plenamente factível, particularmente pela sua simplicidade e por seu baixo custo. Ao longo de sua implantação no Brasil, um a um, os argumentos teóricos e obstáculos materiais que se militavam contra a realização das audiências de custódia foram superados com surpreendente facilidade.

Mesmo aqueles que, a princípio, se mostravam contra ela, ao testá-la e perceberam que por detrás do "novo" escondia-se algo que trazia muito mais sentido, realismo e substância à atividade jurisdicional. Sem exigir grandes investimentos, a sua implantação exigiu-se apenas a modificação da cultura dos magistrados criminais, mostrando-se desnecessária a alteração das estruturas de funcionamento do Judiciário. Bastou imprimir uma guinada nos referenciais até então vigentes e lograr o despojamento, por parte dos juízes e demais operadores do Direito, das reservas que cultivavam sobre o tema.

Na verdade, percebeu-se que a apresentação do preso logo após o flagrante ao juiz prestigia a efetividade da jurisdição, o princípio da oralidade, a dignidade da pessoa do autuado e o exercício pleno da defesa, permitindo, ademais, uma aplicação mais adequada das medidas cautelares previstas no

---

[12] Caso Acosta Calderón Vs. Equador, sentença de 24/06/2005

[13] Caso Bayarri Vs. Argentina, sentença de 30/10/2008; Caso Chaparro Álvarez e Lapo Íñiguez Vs. Equador, sentença de 21/11/2007; Caso Garcia Asto e Ramírez Rojas Vs. Peru, sentença de 25/11/2005; Caso Palamara Iribarne Vs. Chile.

[14] Caso Acosta Calderón Vs. Equador (sentença de 24/06/2005), Caso Bayarri Vs. Argentina (sentença de 30/10/2008), Caso Bulacio Vs. Argentina (sentença de 18/09/2003), Caso Cabrera Garcia e Montiel Flores Vs. México (sentença de 26/11/2010), Caso Chaparro Álvarez e Lapo Íñiguez Vs. Equador (sentença de 21/11/2007), Caso Fleury e outros Vs. Haiti (sentença de 23/11/2011), Caso García Asto e Ramírez Rojas Vs. Peru (sentença de 25/11/2005).

[15] Caso Palamara Iribarne Vs. Chile, sentença de 22/11/2005.

[16] Caso de Los "Niños de la Calle" (Villagrán Morales e outros) Vs. Guatemala, sentença de 19/11/1999.

art. 319 (incluindo a fiança), a partir do contado pessoal do custodiado com a autoridade judicial.

O Projeto Audiência de Custódia teve seu termo de abertura no CNJ assinado no dia 15 de janeiro. E desde então avançou, conquistando a adesão de juízes e tribunais em todo o país. Sua difusão como "política pública judiciária" tem por escopo reforçar a pauta de direitos e garantias individuais do cidadão, assim como os mecanismos de prevenção e combate à tortura, oferecendo-se como contraponto útil para o combate da "cultura do encarceramento".[17]

Evidentemente. essa nova realidade exige a adoção de modos diferentes de pensar e de agir. Assimilar essa nova prática demanda que as demais instituições incumbidas da segurança pública também deverão modificar a forma como atuam, a contar do instante da "captura" daquele que será autuado em flagrante delito. Por outro vértice, os procedimentos inerentes ao ato de prisão terão de ser melhor calibrados, agora à luz de uma régua de legalidade mais estrita, que deixará de contemplar antigos hábitos e costumes indevidamente tolerados, francamente contrários ao princípio da dignidade da pessoa humana. E não só isso, o Estado terá a grande chance de trabalhar melhor o homem capturado nas malhas da le, no sentido de buscar a sua reintegração logo no início da persecução penal.

Mas para além da dimensão humana que as audiências de custódia encerram, a qual resgata a aproximação entre o juiz e o jurisdicionado, permite projetar uma sensível economia para os cofres públicos. Aliás, pouco se pensa no custo do preso para o Estado.

Resultados parciais levantados em oito meses de funcionamento do projeto, ainda restrito às Capitais dos Estados, dão conta de que já se evitou mais de 8 mil prisões, acarretando uma economia superior a meio bilhão de reais aos cofres públicos.

Outro dado que impressiona e demonstra a eficácia do projeto, no tocante à economia para o erário, vem de levantamento realizado pelos Tribunais de Justiça do Espírito Santo e de Goiás. Constatou-se nesses locais que menos de 3% das pessoas que passaram pela audiência de custódia voltaram a delinquir.[18] Com efeito, no decorrer da execução do projeto ficou exposta a realidade de uma juventude que optou pela senda do crime porque careceu de oportunidades para trilhar caminhos alternativos.

---

[17] Foram consignados como objetivos declarados das audiências de custódia no termo de abertura do projeto formalizado perante o Conselho Nacional de Justiça: a) impedir o prolongamento da prisão processual desnecessária, garantindo-se, no menor tempo possível: i) a não judicialização do conflito penal; ii) o imediato relaxamento de prisões ilegais; iii) a concessão da liberdade provisória, com ou sem aplicação de medidas cautelares diversas da prisão, em todos os casos em que não estiverem presentes, os requisitos que autorizem a conversão da prisão em flagrante em preventiva; b) alcançar a efetividade do "princípio da presunção de inocência", evitando a utilização da prisão provisória como mecanismo de cumprimento antecipado da pena; c) inibir a prática e tomada de providências para coibir e responsabilizar eventual constatação de tortura, tratamento cruel e degradante a que submetidos os autuados em flagrante delito; d) enfrentar a situação de superlotação dos Centros de Detenção Provisória; e) permitir e cultivar a ambiência de uma nova "cultura", que dê visibilidade e enfoque restaurativo à solução de conflitos penais, decorrente do trabalho de mediação penal e a contemplação mais consistente de formas cautelares alternativas à prisão, evitando o desfazimento dos vínculos do autuado em flagrante com a comunidade.

[18] Confira-se em:<http://g1.globo.com/espirito-santo/noticia/2015/06/apos-audiencia-de-custodia-no-es-apenas-2-voltaram-ao-crime.html>, último acesso em 28.9.2015.

Por isso, manter pessoas presas logo no primeiro ilícito, em geral de menor potencial ofensivo, além de representar uma injustiça, tendo em conta o princípio da proporcionalidade e razoabilidade, impede que elas sejam reintegradas ao convívio social, evitando que sejam perdidas definitivamente para o mundo da delinquência, sobretudo para as organizações criminosas, especialmente depois de serem submetidas, no cárcere, toda a sorte de maus-tratos.

É nesse particular que o projeto concebido no CNJ não é, simplesmente, um novo modo de decidir a respeito da prisão em flagrante, pois se ocupa também em capacitar os atores do sistema de justiça para que possam desenvolver opções ao encarceramento, a partir da instalação de centrais de alternativas penais, de monitoramento eletrônico, de serviços e assistência social e de câmaras de mediação penal.

Enfim, as audiências de custódia representam apenas um ponto de chegada, Trata-se de um esboço de uma nova forma de distribuir justiça que demanda muita audácia para progredir nessa direção, que tem tudo para mudar a cultural penal e prisional no Brasil. Sim, porque como dizia o imortal Goethe: "Existe gênio, poder e mágica".

— 13 —

Dignidade da pessoa humana, abertura material do catálogo de Direitos Fundamentais na Constituição Federal de 1988 e os riscos de um *pamprincipialismo* – levando a sério as advertências de Lenio Streck

INGO WOLFGANG SARLET[1]

Sumário: 1. Considerações introdutórias; 2. Sentido e alcance da cláusula de abertura do artigo 5º, § 2ª, da CF; 3. O princípio da dignidade da pessoa humana e sua função como critério para a justificação de direitos fundamentais no âmbito da abertura material do catálogo; 4. Considerações finais: quando o recurso à dignidade e à cláusula de abertura do catálogo correm o risco de esgaçar os limites do texto constitucional – *pampricipialismo* e "ativismo judicial" como possível efeito colateral.

1. Considerações introdutórias

A assim chamada abertura material do catálogo dos direitos fundamentais, no caso brasileiro objeto de expressa consagração no artigo 5º, § 2º, da Constituição Federal de 1988 (doravante apenas CF) tem propiciado uma série de debates que seguem atuais e relevantes, justificando uma permanente atenção e fazendo por merecer uma retomada do tema. Cuidando-se, em síntese, de uma cláusula inclusiva de direitos fundamentais não expressamente agasalhados no Título II da CF, sede do elenco de direitos originariamente como tal consagrados pelo constituinte, dentre os problemas com os quais se tem ocupado doutrina e jurisprudência está o de, uma vez identificado o conceito de direitos fundamentais adotado pela CF, justificar a identificação de direitos fundamentais não diretamente especificados no catálogo constitucional, para o que em geral se recorre ao princípio da dignidade da pessoa humana. Considerando, contudo, o conteúdo aberto e polissêmico do princípio da dignidade da pessoa humana, ademais de outros princípios fundamentais que costumam ser invocados nesse contexto (como é o caso da liberdade e da igualdade), além de ter presente a amplitude do catálogo constitucional de direitos e a própria

---

[1] Doutor e Pós-Doutor em Direito pela Universidade de Munique, Alemanha. Professor Titular da PUCRS. Juiz de Direito.

controvérsia em torno da circunstância de ser a dignidade da pessoa humana o fundamento de todos os direitos fundamentais, verifica-se uma significativa dificuldade em estabelecer os limites da expansão do catálogo de direitos por via da interpretação judicial, especialmente quando a dedução de tais direitos se dá a partir da noção de dignidade da pessoa humana e eventualmente até mesmo em detrimento do próprio texto constitucional.

É nessa perspectiva que se impõe seja levada a sério, dentre outras objeções, a advertência de Lenio Luiz Streck, no sentido de se combater a tendência que por ele foi emblematicamente rotulado de *pamprincipialismo*.[2] Tal fenômeno, por sua vez, apresenta múltiplas faces, das quais destacamos quatro: a) a dedução, em vários casos sem maior consistência e aderência ao sistema jurídico-constitucional, de "novos" princípios; b) a transmutação de regras estritas em princípios desnaturando, por via de consequência, sua própria aplicação; c) a hipertrofia dos princípios, na condição de conceitos indeterminados, quando de sua aplicação, especialmente em virtude de uma incorreta (quando não da falta) de uma metódica adequada; d) especialmente no caso da abertura material do catálogo de direitos fundamentais – temática ora versada – quando da justificação equivocada de direitos fundamentais não expressamente consagrados pela CF a partir de uma leitura hipertrofiada de princípios (e direitos) fundamentais em si não arbitrariamente reconhecidos, porquanto solidamente ancorados na ordem constitucional, mas que, em função de sua vagueza e indeterminação – mas também em virtude de uma leitura por vezes ideologicamente guiada – acabam sendo utilizados como pautas de justificação para uma ampliação nem sempre constitucionalmente adequada do catálogo constitucional de direitos, o que se revela especialmente preocupante quando se recorre ao princípio da dignidade da pessoa humana.

Assim, a partir das considerações precedentes, o que se busca na presente contribuição, uma vez enunciado o conceito de direitos fundamentais adotado pela CF (2), apresentar, em termos gerais, o sentido e alcance da cláusula de abertura material contida no artigo 5º, § 2º da CF (3), para, na sequência, problematizar o recurso ao princípio da dignidade da pessoa humana nesse contexto (4). Além do mais, cumpre agradecer aos coordenadores da presente coletânea pela oportunidade de aderir à merecida homenagem ora feita a Lenio Luiz Streck, um dos expoentes do pensamento jurídico brasileiro contemporâneo e de reconhecida reputação mesmo para além das fronteiras dessa nossa "Terrae Brasilis" como a costuma sugestivamente batizar o nosso homenageado.

2. Sentido e alcance da cláusula de abertura do artigo 5º, § 2ª, da CF

Retomando aqui o conceito por nós adotado de direitos fundamentais, obtido mediante um ajuste da concepção difundida por Robert Alexy, bem como relembrando que também tal conceito reclama uma constante adaptação à luz do direito constitucional positivo, é possível definir direitos fundamentais

---

[2] Cf. L. L. Streck, *Verdade e Consenso. Constituição, Hermenêutica e Teorias Discursivas*, 4ª ed. São Paulo: Saraiva, 2012, p. 517 e ss.

como sendo as posições jurídicas concernentes às pessoas (físicas e jurídicas, quando for o caso) que, do ponto de vista do direito constitucional positivo, foram, por seu conteúdo e importância (fundamentalidade em sentido material), integradas ao texto da CF e subtraídas à plena disponibilidade por parte dos poderes constituídos (fundamentalidade formal), bem como àquelas posições jurídicas que, por seu conteúdo e significado, possam lhes ser equiparadas, agregando-se, portanto, à constituição material, tendo, ou não, assento na Constituição formal (aqui considerada a abertura material do Catálogo).[3]

Tal conceito, ao contrário do que não raras vezes se afirma, embora centrado na ordem constitucional e pautado pelo direito constitucional positivo, não se esgota no elenco dos direitos expressamente consagrados pelo constituinte de 1988 no título dos direitos e garantias fundamentais (Título II da CF), sendo marcado por uma lógica da gradual expansividade e pelo fato de que mesmo em outras partes do texto constitucional existem normas definidoras de direitos e garantias que assumem a condição de direitos fundamentais. É nessa perspectiva que se passa a traçar algumas diretrizes a respeito do sentido e alcance da norma contida no artigo 5º, § 2º, da CF. Tal preceito, como se sabe, segue a tradição do nosso direito constitucional republicano, desde a Constituição de fevereiro de 1891, com alguma variação, mais no que diz com a expressão literal do texto do que com a sua efetiva *ratio* e seu *telos*.[4] Inspirada na IX Emenda da Constituição dos EUA de 1791,[5] e tendo, por sua vez, posteriormente influenciado outras ordens constitucionais (de modo especial a Constituição Portuguesa de 1911 [art. 4º]), a citada norma traduz o entendimento de que, para além do conceito formal de Constituição (e de direitos fundamentais), há um conceito material, no sentido de existirem direitos que, por seu conteúdo, por sua substância, pertencem ao corpo fundamental da Constituição de um Estado, mesmo não constando no catálogo, de tal sorte que, por mais analítico que seja o rol de direitos expressamente positivados pelo constituinte, o mesmo não tem cunho taxativo.[6]

No âmbito da evolução doutrinária brasileira pretérita, a literatura em geral vinha se restringindo a citar a regra, mencionando sua função hermenêutica, no sentido da impossibilidade de aplicar-se o tradicional princípio do *inclusio unius alterius est exclusius*, o que, em outras palavras, significa que na Constituição também está incluído o que não foi expressamente previsto,

---

[3] Para R. Alexy, *Theorie der Grundrechte*, 2ª ed., Frankfurt am Main: Suhrkamp, 1996, p. 407, os direitos fundamentais podem ser definidos como aquelas posições que, do ponto de vista do direito constitucional, são tão relevantes, que seu reconhecimento ou não reconhecimento não pode ser deixado à livre disposição do legislador ordinário ("Grundrechte des Grundgesetzes sind Positionen, die vom Standpunkt des Verfassungsrechts aus so wichtig sind, dass ihre Gewährung oder Nichtgewährung nicht der einfachen parlamentarischen Mehrheit überlasse werden kann")..

[4] Desde a Constituição de 1891 (art. 78) e sem exceções nas Cartas que a sucederam, a tradição foi mantida na Constituição vigente. Assim, nas Constituições de 1934 (art. 114), 1937 (art. 123), 1946 (art. 144), 1967 (art. 150, § 35) e na Emenda nº 1 de 1969 (art. 153, § 36).

[5] Sobre o sentido e alcance da IX Emenda, v., por todos, Daniel Farber, *Retained by the people*, New York, 2007.

[6] Sobre o ponto v. I.W. Sarlet, *A Eficácia dos Direitos Fundamentais*, 12ª ed., Porto Alegre: Livraria do Advogado, 2015, p. 79 e ss.

mas que implícita e indiretamente pode ser deduzido.[7] Na jurisprudência (mas também na doutrina mais recente, embora também em geral sem maior desenvolvimento), todavia, há que registrar algum avanço, sendo diversos os exemplos de direitos fundamentais não expressamente como tais positivados que foram objeto de reconhecimento na seara doutrinária, mas especialmente jurisprudencial, com destaque aqui para a prática decisória do Supremo Tribunal Federal (STF). Nesse contexto, apenas para ilustrar com a primeira decisão relevante nesse contexto, calha colacionar a Ação Direta de Inconstitucionalidade nº 939-7, publicada no Diário de Justiça da União em 18 de março de 1994 e relatada pelo eminente Ministro Sydney Sanches, na qual se discutiu a constitucionalidade da Emenda Constitucional nº 3-93 e da Lei Complementar nº 77-93, no que diz com a criação do IPMF (Imposto Provisório sobre Movimentação Financeira). Nessa demanda, além de outros relevantes aspectos, reconheceu-se expressamente que o princípio da anterioridade, consagrado no art. 150, inc. III, alínea b, da CF constitui, por força do art. 5º, § 2º, da Lei Maior, autêntico direito e garantia fundamental do cidadão-contribuinte, consagrando, assim, o princípio da abertura material do catálogo dos direitos fundamentais da nossa Constituição.[8]

Importante, neste contexto, é a constatação de que o reconhecimento da diferença entre direitos formal e materialmente fundamentais traduz a ideia de que também o direito constitucional brasileiro aderiu a certa ordem de valores e de princípios, que, por sua vez, não se encontra necessariamente na dependência do Constituinte, mas que também encontra respaldo na ideia dominante de Constituição e no senso jurídico coletivo.[9] Já por tal razão é preciso ter como certo que a construção de um conceito material de direitos fundamentais (assim como da própria Constituição) somente pode ser exitosa em se considerando a ordem de valores dominante (no sentido de consensualmente aceita pela maioria), bem como as circunstâncias sociais, políticas, econômicas e culturais de uma dada ordem constitucional.[10]

A distinção entre direitos fundamentais no sentido formal e material não tem sido objeto de muitos estudos e grandes divergências doutrinárias, ao menos no âmbito da literatura luso-brasileira. De modo geral, os direitos fundamentais em sentido formal podem, na esteira de Konrad Hesse, ser definidos como àquelas posições jurídicas da pessoa – na sua dimensão individual, coletiva ou social – que, por decisão expressa do Legislador-Constituinte foram consagradas no catálogo dos direitos fundamentais (aqui considerados em sentido amplo).[11] Por seu turno, direitos fundamentais em sentido material são aqueles que, apesar de se encontrarem fora do catálogo, por seu conteúdo

---

[7] Neste sentido, por exemplo, apenas para citar alguns dos mais eminentes tratadistas que cuidaram do tema desde a Constituição de 1891, J. Barbalho, *Constituição Federal Brasileira*, p. 344; R. Barbosa, *Comentários à Constituição Federal Brasileira*, vol. VI, p. 263 e ss.; C. Maximiliano, *Comentários à Constituição Brasileira*, p. 775 e ss.; A. P. Falcão, *Constituição Anotada*, vol. II, p. 253 e ss.; Pontes de Miranda, *Comentários à Constituição de 1967* (com a Emenda nº 1, de 1969), vol. V, p. 658 e ss; M. G. Ferreirra Filho, *Comentários à Constituição Brasileira*, vol. III, p. 136 e ss.

[8] A decisão citada foi extraída do periódico LEX (JSTF) nº 186, p. 69 e ss.

[9] Assim o entendimento de J. Miranda, *in*: RDP nº 82, p. 7.

[10] Também aqui nos socorremos da lição de J. Miranda, Manual IV, p. 9 e ss.

[11] Cf. K. Hesse, *Grundzüge*, p. 125.

e por sua importância podem ser equiparados aos direitos formalmente (e materialmente) fundamentais.[12]

Assim, com base no entendimento subjacente ao art. 5º, § 2º, da CF, podemos, desde logo, cogitar de duas espécies de direitos fundamentais: a) direitos formal e materialmente fundamentais (ancorados na Constituição formal); b) direitos apenas materialmente fundamentais (sem assento no texto constitucional), devendo ser referida a respeitável doutrina que advoga a existência de uma terceira categoria, a dos direitos apenas formalmente fundamentais.[13]

Questão relevante e que guarda conexão com a abertura material do catálogo reside na dificuldade em identificar, no texto constitucional (ou mesmo fora dele), quais os direitos que efetivamente reúnem as condições para poder ser considerados materialmente fundamentais. Ponto que igualmente merece destaque é o que diz respeito às fontes dos direitos fundamentais fora do catálogo, que, ao menos em princípio, podem ter assento em outras partes do texto constitucional ou residir em outros textos legais nacionais ou internacionais. Além disso, há que considerar a problemática da abrangência da regra, visto que topograficamente situada no capítulo dos direitos individuais e coletivos, sendo, no mínimo, prudente a indagação a respeito da viabilidade de sua extensão aos direitos fundamentais econômicos, sociais e culturais, comumente e genericamente denominados de direitos sociais.

Nessa quadra, resulta sem questionamento que a abertura material do catálogo abrange tanto os direitos individuais, considerados como tais e para os efeitos deste trabalho os direitos fundamentais de cunho negativo, dirigidos *prima facie* à proteção do indivíduo (isolada ou coletivamente) contra intervenções do Estado, isto é, centrados numa atitude de abstenção dos poderes públicos,[14] quanto os direitos sociais, econômicos, culturais e ambientais. Tal amplitude pode ser justificada seja em virtude da expressão literal do art. 5º, § 2º, da CF, que menciona, de forma genérica, os "direitos e garantias expressos nesta Constituição", sem qualquer limitação quanto à sua posição no texto. Em

---

[12] Cf. J.J. Gomes Canotilho, *Direito Constitucional*, p. 539 e ss. V. também J. Miranda, *in*: RDP nº 82 (1987), p. 6 e ss. Esta definição (conjugando-se o aspecto formal e o material) identifica-se com a que propusemos ao abordar o tema da fundamentalidade material e formal dos direitos fundamentais.

[13] A respeito deste critério de classificação, consulte-se J. C. Vieira de Andrade, *Os Direitos Fundamentais*, p. 78 e ss, que justamente defende a existência de direitos apenas formalmente fundamentais, que seriam os constantes no catálogo, mas que, por sua substância e importância não se enquadram no conceito material de direitos fundamentais. Saliente-se, contudo, que Vieira de Andrade parte de uma presunção de materialidade dos direitos fundamentais consagrados na Constituição. Posição semelhante é apresentada por J.J. Gomes Canotilho, *Direito Constitucional*, p. 539 e ss. Também advogando a vinculação da materialidade fundamental ao critério da essencialidade, bem como admitindo a existência de direitos apenas formalmente constitucionais, v. a mais recente contribuição, na doutrina lusitana, de P. Ferreira da Cunha, *Teoria da Constituição II – Direitos Humanos, Direitos Fundamentais*, p. 261-2.Em sentido diverso, J. Miranda, *Manual IV*, p. 9, que defende o ponto de vista de acordo com o qual todos os direitos fundamentais em sentido formal (integrantes do catálogo) também são materialmente fundamentais, posição, aliás, que nos parece a mais adequada. Todavia, ainda que se aceite a tese de Vieira de Andrade, o fato de existirem direitos apenas fundamentais em sentido formal não autoriza que sejam tratados de forma diversa, visto que continuam protegidos pelo mesmo regime jurídico dos demais, de tal sorte que a distinção, neste contexto, se revela destituída de maior importância prática.

[14] Utilizamos, neste contexto, a expressão "direitos individuais" apenas para ficarmos fiéis à terminologia do Constituinte, inobstante estejamos cientes de que sob a rubrica "direitos individuais" estão sendo considerados, em princípio, os tradicionais direitos fundamentais de liberdade e igualdade, também denominados de direitos-defesa.

segundo lugar (mas não em segundo plano), da acolhida expressa dos direitos sociais na CF de 1988, no título relativo aos direitos fundamentais, apesar de regrados em outro capítulo.

Além destes argumentos, encontramos a norma do art. 6º da CF, que enuncia os direitos sociais básicos (educação, saúde, trabalho etc.), encerrando com a expressiva formulação "na forma desta Constituição", deixando, portanto, em aberto a possibilidade de se considerarem incluídos, no âmbito dos citados direitos sociais, alguns outros dispositivos dispersos no corpo do texto constitucional, nomeadamente os insertos nos títulos "Da Ordem Econômica" e da "Ordem Social". Da mesma forma, verifica-se que a regra do art. 7º, cujos incisos especificam os direitos fundamentais dos trabalhadores, prevê expressamente, em seu *caput* ("São direitos dos trabalhadores urbanos e rurais, além de outros que visem à melhoria de sua condição social"), a abertura a outros direitos similares, inclusive sem restrição quanto à origem. Aliás, na doutrina nacional, já foi virtualmente pacificado o entendimento de que o rol dos direitos sociais (art. 6º) e o dos direitos sociais dos trabalhadores (art. 7º) – a exemplo do art. 5º, § 2º, da CF – é meramente exemplificativo,[15] de tal sorte que ambos podem ser perfeitamente qualificados de cláusulas especiais de abertura.

Também não pode ser olvidado que a nossa República se apresenta como um Estado social e democrático de Direito,[16] cujos contornos básicos se encontram ancorados no Preâmbulo, nos assim chamados Princípios Fundamentais (arts. 1º a 4º), pela consagração expressa de um catálogo de direitos fundamentais sociais (arts. 6º a 11) e em face dos princípios norteadores dos títulos que versam sobre as ordens econômica e social (arts. 170 e 193). Já por este motivo, a existência de direitos sociais fundamentais não poderia ser sumariamente desconsiderada, visto que inerente à natureza e substância de um Estado social. Nesse sentido, especialmente valiosa a contribuição de Jorge Miranda,[17] para quem a existência de direitos sociais materialmente fundamentais, mesmo localizados fora da Constituição, não conduz necessariamente a restrições no campo das liberdades individuais, de modo especial quando os direitos sociais constituem importante instrumental para um intensivo e eficaz exercício das liberdades e alavanca para a concretização da igualdade material.

Nessa quadra, já se pode perceber a correção da lição de Menelick de Carvalho Netto, quando sublinha que o art. 5º, § 2º, da CF traduz a noção de que a Constituição de apresenta como "a moldura de um processo de permanente aquisição de novos direitos fundamentais".[18] Nesse mesmo contexto, partindo da premissa de que os direitos fundamentais são variáveis no "espaço" e no "tempo", a necessária abertura do catálogo constitucional de direitos conexio-

---

[15] A este respeito, v. M.G. Ferreira Filho, *Comentários à Constituição de 1988*, vol. I, p. 89 e 92, segundo o qual os róis dos arts. 6º e 7º da CF são meramente exemplificativos. No mesmo sentido, v. P. Ferreira, *Comentários à Constituição Brasileira*, 1º vol., p. 222.

[16] A respeito da caracterização do Estado brasileiro, tal como plasmado na Constituição de 1988, como autêntico Estado Social (ou Estado democrático e social de Direito), v., dentre outros, P. Bonavides, *Curso de Direito Constitucional*, p. 336 e ss. Neste sentido também, embora com ligeira divergência quanto à terminologia, J.A. da Silva, *Curso de Direito Constitucional Positivo*, p. 102-3.

[17] Jorge Miranda, *Manual IV*, p. 154 e ss.

[18] Cf. M. de Carvalho Netto, "A hermenêutica constitucional e os desafios postos aos direitos fundamentais", in: J.A. Sampaio (Org), *Jurisdição Constitucional e Direitos Fundamentais*, p. 154.

na-se, como leciona Cristina Queiroz, com a circunstância de que assim como inexiste um elenco exaustivo de possibilidades de tutela, também não existe um rol fechado dos riscos para a pessoa humana e os direitos que lhe são inerentes,[19] não sendo à toa, portanto, que já se afirmou que "não há *um fim da história* em matéria de direitos fundamentais".[20] Nessa mesma senda, vale colacionar a lição de Laurence Tribe, advogando que a IX Emenda (da Constituição dos EUA) contém uma regra de interpretação, já que a omissão de uma previsão formal no texto constitucional não implica necessariamente a impossibilidade do reconhecimento de determinado direitos fundamental, precisamente em face da não exaustividade (inclusividade) do catálogo constitucional.[21]

Mas se a abrangência da concepção materialmente aberta do catálogo de direitos fundamentais em si não parece causar maior espécie, já não parece tão simples assim a tarefa de identificação do conteúdo do conceito material dos direitos fundamentais e dos respectivos critérios referenciais para a identificação não arbitrária de direitos para além dos expressamente positivados no Título II da CF, contexto no qual assume relevo o princípio da dignidade da pessoa humana, como ainda teremos ocasião de demonstrar.

De todo modo, considerando o disposto no art. 5º, § 2º, da CF, é perceptível que são diversas as possibilidades de identificar (e justificar) direitos fundamentais no contexto da assim chamada abertura material do catálogo, pois no referido dispositivo se faz referência tanto a direitos "decorrentes do regime e dos princípios", quanto a direitos sediados nos tratados internacionais ratificados pelo Brasil, o que aponta claramente para a existência de direitos de natureza implícita, porquanto não objeto de referência direta e expressa no texto constitucional, quanto de direitos expressamente positivados mas sediados fora do Título II da CF, como se verifica no caso de direitos dispersos por outras partes da constituição ou dos direitos (expressamente positivados) em tratados de direitos internacionais. Não é à toa que também para a ordem constitucional brasileira se aplicam as palavras de José de Melo Alexandrino, no sentido de que a abertura material abrange tanto a previsão expressa de uma abertura a direitos não enumerados, quanto à dedução de posições jusfundamentais por meio da delimitação do âmbito de proteção dos direitos fundamentais, a inclusão dos direitos de matriz internacional, bem como a dedução de normas de direitos fundamentais de outras normas constitucionais.[22]

Assim sendo, é possível sustentar a existência de dois grandes grupos de direitos fundamentais, notadamente os direitos expressamente positivados (objeto de menção textual direta) e os direitos fundamentais não expressamente positivados, assim genericamente considerados aqueles que não foram objeto

---

[19] Cf. C. M.M. Queiroz, *Direitos Fundamentais (Teoria Geral)*, p. 49.

[20] Cf. a dicção de R. Medeiros, "O estado de direitos fundamentais português: alcance, limites e desafios", in: *Anuário Português de Direito Constitucional* vol. II, 2002, p. 25 (grifo do autor).

[21] Laurence Tribe, *American Constitutional Law*, p. 34/5. Sobre o tema, v., ainda, do mesmo autor, o recente e instigante *The Invisible Constitution*, Oxford University Press, 2008, especialmente, p. 145 e ss, onde examina aspectos relativos a IX emenda. Entre nós, colacionando exemplos da jurisprudência norte-americana no campo dos direitos implícitos, v., por último, E. Appio, *Direitos das Minorias*, São Paulo: RT, 2008, p. 95 e ss.

[22] Cf. J. M. Alexandrino, *A Estruturação do sistema de direitos, liberdades e garantias na Constituição Portuguesa*, vol. II, p. 374-75.

de previsão expressa pelo direito positivo (constitucional ou internacional). No que concerne ao primeiro grupo, não existem maiores dificuldades para identificar a existência de duas categorias distintas, quais sejam, a dos direitos expressamente previstos no catálogo dos direitos fundamentais ou em outras partes do texto constitucional (direitos com *status* constitucional material e formal), bem como os direitos fundamentais sediados em tratados internacionais e que igualmente foram expressamente positivados. Quanto ao segundo grupo, é possível falar, em sentido amplo, de direitos fundamentais implicitamente positivados, ainda que no concernente a metódica de identificação e justificação de tais direitos não se possa deixar de traçar algumas distinções, já que ao passo que em algumas situações se cuida de posições jusfundamentais já contidas no âmbito de proteção de determinado direito fundamental positivado (cuidando-se, no caso, da reconstrução interpretativa do âmbito de proteção de um direito fundamental já consagrado), em outros casos se poderá estar diante da dedução de direitos fundamentais autônomos a partir de um determinado princípio ou conjunto de princípios fundamentais, matéria que, contudo, aqui não será objeto de desenvolvimento.

À vista do exposto, importa sublinhar que para o nosso propósito, que é o de problematizar o papel do princípio da dignidade da pessoa humana como critério material para a justificação de direitos fundamentais não agasalhados no Título II da CF, iremos nos ater ao problema da identificação de direitos fundamentais sediados em outras partes do texto constitucional e na revelação de direitos não expressamente positivados, ou seja, dos assim chamados direitos implícitos. Em ambos os casos não se poderá dispensar critérios materiais de justificação, iluminados pelo conceito material de direitos fundamentais da própria CF. Aliás, quando o constituinte, no art. 5º, § 2º, menciona que se trata de direitos decorrentes do regime e dos princípios, está a se referir ao regime e aos princípios da CF, não se podendo, nessa senda, pretender evocar – na justificação de direitos não albergados no catálogo – alguma ordem externa e superior ao próprio Direito, designadamente alguma doutrina de inspiração jusnaturalista. De todo modo, também essa discussão não se pretende aqui adentrar. O que importa, reitere-se, é verificar como o princípio da dignidade da pessoa humana assume relevância nesse contexto e em que medida sua utilização não tem sucumbido aos malefícios do pamprincipialismo do qual nos fala o nosso homenageado. Para tanto não poderemos deixar de tematizar a relação entre a dignidade da pessoa humana e os direitos fundamentais.

3. O princípio da dignidade da pessoa humana e sua função como critério para a justificação de direitos fundamentais no âmbito da abertura material do catálogo

A relação entre o princípio da dignidade da pessoa humana e os direitos fundamentais de há muito tem desafiado a reflexão e repudia conclusões simplistas e mesmo panfletárias. Muito embora sigam fortes as vozes afirmando que todos os direitos e garantias fundamentais encontram seu fundamento direto, imediato e igual na dignidade da pessoa humana, do qual seriam como que meras concretizações, no âmbito do direito constitucional positivo brasileiro tal tese se revela problemática e dificilmente sustentável. Aqui é preciso retomar, para melhor compreensão do fenômeno, a discussão que envolve a própria noção de fundamentalidade dos direitos, pois há quem visualize na dignidade da pessoa humana o referencial e critério material principal para atribuir a condição de direito fundamental a determinada posição jurídica fundada na Constituição. Nesse sentido, por exemplo, invoca-se a lição de Vieira de Andrade, o qual, embora sustentando que o princípio da dignidade da pessoa humana radica na base de todos os direitos fundamentais constitucionalmente consagrados, admite, todavia, que o grau de vinculação dos diversos direitos àquele princípio poderá ser diferenciado, de tal sorte que existem direitos que constituem explicitações em primeiro grau da ideia de dignidade e outros que desses são decorrentes.[23]

A despeito de tal entendimento, de resto endossado por expressiva doutrina e amplamente consagrado na jurisprudência constitucional, e mesmo que se possa admitir que o princípio da dignidade da pessoa humana atua como principal elemento fundante e informador dos direitos e garantias fundamentais também da CF – o que, ademais, guarda sintonia com a sua função como princípio fundamental de caráter objetivo e mesmo a sua condição de valor superior da ordem jurídica – não é líquido que a dignidade da pessoa humana seja o fundamento de todos os direitos (humanos e/ou fundamentais) e muito menos que todo o direito fundamental possa ser reconduzido à noção de dignidade humana e, além disso, tenha um conteúdo em dignidade. O problema, aliás, se verifica mesmo que se reconheça que a dignidade da pessoa humana exerça também a função de direito fundamental, não operando apenas como princípio fundamental ou mesmo como fundamento da ordem constitucional.

A concepção de acordo com a qual – pelo menos em grande parte – os direitos fundamentais (assim como, em especial, os direitos humanos) encontram seu fundamento na dignidade da pessoa humana, quando contrastada com a noção de dignidade na condição de um direito (fundamental) à proteção e promoção dessa dignidade, foi percebida, pelo menos na acepção de Jeremy Waldrom, como constituindo uma "dualidade de usos", visto que a dignidade opera tanto como o fundamento (a fonte) dos direitos humanos e fundamentais, mas também assume a condição de conteúdo dos direitos.[24] Tal dualidade, de qualquer sorte, não representa uma incompatibilidade entre os dois usos da dignidade, aspecto que se impõe seja aqui frisado, ainda que não resulte desenvolvido.

Se já no que diz com a relação entre dignidade da pessoa humana e direitos humanos é possível discutir até que ponto se trata de uma relação necessária e indissociável, no sentido de que os direitos humanos o são em virtude de terem seu fundamento na dignidade humana, tanto mais cautela se constata quando se trata dos direitos fundamentais, compreendidos como aqueles direitos (posições jurídicas) assegurados às pessoas individual e/ou coletivamente considerados por determinada ordem jurídico-constitucional e grava-

---

[23] Cf. J. C. Vieira de Andrade, *Os Direitos Fundamentais...*, p. 101-2.
[24] Cf. J. Waldrom, "Dignity and Rank", in: *European Journal of Sociology* (2007), p. 203-204.

dos por um determinado e especial regime jurídico de caráter reforçado pelo constituinte histórico.

Importa frisar, na esteira do que já bem lembrou Jorge Miranda, que sequer existe uma relação historicamente necessária entre dignidade da pessoa humana e direitos fundamentais.[25] Em primeiro lugar, a dignidade humana (ou da pessoa humana) apenas foi objeto de expressa previsão em textos constitucionais a partir da primeira metade do Século XX e ainda assim em caráter isolado e tímido, geralmente cuidando-se de preceito de cunho eminentemente programático, o que apenas veio a ser alterado no período que sucedeu o Segundo Pós-Guerra. Isso, por certo, não significa que a dignidade da pessoa humana não possa ser considerada como sendo o fundamento de todos os direitos fundamentais, mas pelo menos permite questionar tal premissa, no mínimo para demonstrar que ela corresponde a uma construção, e não a uma exigência lógica e necessária. Por outro lado, é preciso ter em conta que é no contexto de cada ordem jurídico-constitucional concreta que se pode e deve avaliar se e em que medida os direitos fundamentais apresentam um fundamento direto na dignidade da pessoa humana ou mesmo um conteúdo em dignidade do ponto de vista material, portanto, se a dignidade integra o seu respectivo âmbito de proteção. Assim, se no caso da Lei Fundamental da Alemanha, que contempla um elenco muito mais reduzido de direitos fundamentais, expressa e implicitamente positivados, já se questiona a dedução direta de todos os direitos da dignidade,[26] no Brasil tal vínculo haverá de ser avaliado com ainda maior cuidado, seja pela quantidade de direitos fundamentais expressa e implicitamente positivados, seja pela sua diversidade, muito embora não se trate de uma questão meramente quantitativa.

O que está em causa é o próprio conceito de direitos fundamentais, que, como já adiantado, haverá (diferentemente do conceito de direitos humanos) ser sempre um conceito constitucionalmente adequado. Tomando como referência o sistema constitucional brasileiro, o que se percebe é que se todos os direitos fundamentais apenas são fundamentais se tiverem um fundamento e um conteúdo em dignidade, duas alternativas se oferecem: ou nem todos os direitos consagrados pelo constituinte de 1988 como fundamentais são verdadeiros direitos fundamentais, cuidando-se, de tal sorte, de direitos apenas formalmente constitucionais e fundamentais, ou o conceito material de dignidade humana terá de ser esgaçado de modo injustificável, a ponto de ele próprio resultar substancialmente fragilizado e mesmo esvaziado.

Nesse contexto, vale repisar que a condição de direito fundamental decorre de uma opção do constituinte (pelo menos no que diz com os direitos expressamente enunciados como fundamentais) que não necessariamente tem por fundamento a dignidade da pessoa humana ou pelo menos uma determinada concepção de dignidade, mas sim pode encontrar respaldo em uma série

---

[25] Cf. J. Miranda, *Manual de Direito Constitucional*, vol. IV, 4ª ed., Coimbra: Coimbra Editora, 2008, p. 194.

[26] Cf. M. Herdegen, *Neuarbeitung von Art. 1 Abs.1*, p. 11 e ss., que, a despeito de criticar a dedução direta de todo o sistema dos direitos fundamentais da dignidade da pessoa, reconhece que a ordem dos direitos fundamentais encontra-se significativamente impregnada com elementos da dignidade, bem como sustenta a tese do conteúdo diferenciado em dignidade da pessoa dos diversos direitos especificamente considerados (p. 14).

de outros valores ou mesmo se traduzir em resposta a demandas específicas do corpo social. Ademais disso, a concepção de direitos fundamentais adotada pela Constituição Federal de 1988 adere à tradição que se inaugurou com a Lei Fundamental da Alemanha no sentido de que direitos fundamentais são fundamentais, para além de seu conteúdo (fundamentalidade material), pelo fato de lhes ter sido atribuído um regime jurídico-constitucional reforçado, ou seja, um conjunto de garantias a assegurar aos direitos fundamentais uma normatividade (eficácia e proteção) qualificada no contexto da ordem constitucional, isso é, uma fundamentalidade em sentido formal.[27]

Dito de outro modo, ainda que a fundamentalidade em sentido material pudesse ser exclusivamente reconduzida à dignidade da pessoa humana (o que por si só já não se revela como sendo cogente), o mesmo não se dá com a fundamentalidade em sentido formal, pois tendo ou não determinado direito um fundamento e conteúdo em dignidade, indispensável que lhe tenha sido assegurado um regime jurídico correspondente, pois é isso que lhe outorga, ao fim e ao cabo, a condição de direito fundamental.

Apenas em caráter ilustrativo e tomando como base o elenco de direitos fundamentais da CF, seria curioso afirmar que o mandado de injunção encontra fundamento necessário e direto na dignidade da pessoa humana, ou, pelo menos, que se cuida de uma exigência direta dessa mesma dignidade, o mesmo se verificando no caso da previsão do FGTS, do pagamento de um terço sobre as férias, entre outros exemplos. Se a dignidade da pessoa humana é um atributo de todos os que integram a comunidade humana, constituindo, portanto, uma noção universal (a dignidade é de todos e de cada um indistintamente), soa difícil reconduzir determinados direitos e garantias à dignidade humana, quando precisamente lhes falta tal universalidade e sequer se cuida de posições jurídicas contempladas no direito internacional dos direitos humanos, pois, convém recordar, nem todos os direitos fundamentais são direitos humanos, embora todos os direitos humanos sejam fundamentais, ou, pelo menos, deveriam ser objeto de previsão e proteção pelas ordens constitucionais internas dos Estados.

Ainda nesse contexto, seria possível argumentar que a tese de acordo com a qual todos os direitos fundamentais têm como fundamento a dignidade da pessoa humana não diz com um conteúdo material determinado em dignidade dos diversos direitos fundamentais. A dignidade da pessoa humana seria, nessa linha de entendimento (e mesmo aqui há várias alternativas disponíveis de justificação), o atributo do humano que lhe assegura (a todos os humanos) uma pretensão de igual respeito e consideração e que exige o reconhecimento de direitos humanos e fundamentais, sem que daí se possa extrair um determinado conteúdo material presente em todos os direitos e ao mesmo tempo determinante de sua fundamentalidade. Assim, dito de outro modo, pelo simples fato de termos uma dignidade somos titulares de direitos humanos e também de direitos fundamentais. Nessa linha de entendimento, poderíamos invocar concepções como a que vislumbra na dignidade humana um direito a

---

[27] Nesse sentido, para o caso brasileiro, na esteira da doutrina de Robert Alexy e J.J. Gomes Canotilho, v. por todos o nosso *A Eficácia dos Direitos Fundamentais*, op. cit., p. 74 e ss.

ter direitos (mas ela própria não assume a condição de direito fundamental) ou mesmo, na esteira da tradição Hegeliana, a teoria que concebe a dignidade como sendo precisamente a personalidade jurídica, o ser sujeito de direitos, independentemente do conteúdo material de cada direito fundamental consagrado pela ordem constitucional.

O que importa frisar, nesse contexto, é que embora se possa aceitar, ainda mais em face das peculiaridades da CF, que nem todos os direitos fundamentais tenham fundamento direto na dignidade da pessoa humana,[28] sendo, além disso, correta a afirmação de que o conteúdo em dignidade dos direitos fundamentais, quando for o caso, é variável, tais circunstâncias não retiram da dignidade da pessoa humana, na sua condição de princípio fundamental e estruturante, a função de conferir uma determinada (e possível) unidade de sentido ao sistema constitucional de direitos fundamentais, orientando – tal como bem aponta Jorge Reis Novais – inclusive as possibilidades de abertura e atualização do catálogo constitucional de direitos,[29] como mais adiante teremos oportunidade de verificar. Todavia, há que levar em conta, como bem aponta José de Melo Alexandrino, que a ideia de acordo com a qual o princípio da dignidade da pessoa humana imprime unidade de sentido ao sistema de direitos fundamentais não resulta imune a controvérsias, visto que não afasta alguns pontos problemáticos, a começar pela ampla gama de conteúdos e dimensões que se atribui à noção de dignidade da pessoa humana em si, bem como na (já referida) e não necessariamente linear e incontroversa relação entre a dignidade e os direitos fundamentais.[30]

À vista do exposto e à guisa de conclusão parcial, é possível afirmar que a relação entre a dignidade da pessoa humana e os direitos fundamentais não pode ser compreendida de modo fechado, estático, devendo, pelo contrário, ser devidamente contextualizada, tendo em conta especialmente as peculiaridades do direito constitucional positivo. Assim, se é sustentável a tese de que a dignidade da pessoa humana, na condição de princípio fundamental e geral, ilumina a ordem jurídica e especialmente o sistema dos direitos fundamentais, não é líquido que todos os direitos fundamentais tenham um fundamento direto e um conteúdo em dignidade, pois o conceito constitucionalmente adequado de direitos fundamentais não coincide necessariamente com determinada concepção de dignidade humana nem dela pode ser exclusivamente deduzido. Com isso, é bom frisar, não se está a desmerecer a dignidade da pessoa humana e muito menos a diminuir a sua relevância, mas sim, a afirmar que os direitos fundamentais poderão ser fundamentais (e o são em vários casos, como o demonstra o caso brasileiro) não por terem um conteúdo em dignidade mas em virtude de outros critérios. Por outro lado, a redução da noção de dignidade da pessoa humana à personalidade jurídica (no sentido de que a dignidade é a capacidade de sermos titulares de direitos e obrigações, ou seja, a nossa condi-

---

[28] No mesmo sentido, por último, colacionando razões adicionais a justificar a inexistência de um vinculo direto e necessário entre dignidade e todos os direitos fundamentais, v. J. M. Alexandrino, *A Estruturação do sistema de direitos, liberdades e garantias na Constituição Portuguesa*, vol. II, p. 325 e ss.

[29] Cf. J. R. Novais, *Os princípios constitucionais estruturantes da República Portuguesa*, p. 52-53.

[30] Cf. J. M. Alexandrino, *A Estruturação do sistema de direitos, liberdades e garantias na Constituição Portuguesa*, vol. II, p. 306 e ss.

ção de sujeito de direitos) ou mesmo a sua conceituação como um direito a ter direitos, noções que (a exemplo de outras similares) de certo modo formalizam o conceito jurídico de dignidade da pessoa, não explica quais são os direitos fundamentais dos quais as pessoas são titulares e nem serve de justificação suficiente para a determinação de seu conteúdo em dignidade.

Assim, o que se percebe é que a relação entre a dignidade da pessoa humana e os direitos fundamentais é uma relação que se estabelece em constante processo de reconstrução, marcada por uma dialética da recíproca influência e que se pauta mais por uma lógica da complementariedade do que por uma pauta fixista e de cunho absoluto, o que também se revela produtivo no contexto da abertura material do catálogo dos direitos fundamentais.

Aliás, precisamente o fato de que não apenas a dignidade da pessoa humana não é o único princípio fundamental previsto no artigo 1º da CF, mas também que o artigo 5º, § 2º, se refere a direitos decorrentes dos princípios (e não de um princípio!), reforça o entendimento, já deduzido, no sentido de que por mais relevante que seja, o princípio da dignidade da pessoa humana, mesmo no que diz com a justificação de direitos fundamentais não expressamente incluídos no Título II da CF, não ocupa uma posição de exclusividade.

Além disso, se atentarmos para o elevado grau de indeterminação e cunho polissêmico do princípio e da própria noção de dignidade da pessoa, de tal sorte que, com algum esforço argumentativo, grande parte do que consta no texto constitucional pode – ao menos de forma indireta – ser reconduzido à dignidade da pessoa, resulta evidente que não é nesse sentido que esse princípio fundamental deverá ser manejado na condição de elemento integrante de uma concepção material de direitos fundamentais, pois, se assim fosse, toda e qualquer posição jurídica estranha ao catálogo poderia (em face de um suposto conteúdo de dignidade da pessoa humana), seguindo a mesma linha de raciocínio, ser guindada à condição de materialmente fundamental.

Também em função da abertura e indeterminação da noção de dignidade da pessoa humana, é preciso compreender que, no contexto da ora enfrentada abertura do catálogo de direitos fundamentais, as reivindicações fundadas na dignidade, tal como bem aponta Emil Sobottka, "justamente por sua diversidade, expandem muito o leque de possibilidades",[31] o que, de resto, já se pode constatar no que concerne ao alentado e diversificado elenco de direitos fundamentais expressamente consagrados na CF, mas também guarda relação com a problemática ora enfrentada, qual seja, das possibilidades e limites em termos do reconhecimento de direitos fundamentais para além dos que foram objeto de expressa previsão pelo Constituinte. Neste contexto, faz sentido colacionar a concepção subjacente ao pensamento de Laurence Tribe, no sentido de que a dignidade (assim como a Constituição) não deve ser tratada como um espelho no qual todos enxergam o que desejam ver,[32] pena de a própria noção de dignidade (e sua força normativa) correr o risco de ser banalizada e esvaziada.

---

[31] Cf. E. A. Sobottka, "Dignidade da pessoa humana e o décimo segundo camelo – sobre os limites da fundamentação de direitos", in: *VERITAS* v. 53, n.2, abr./jun. 2008, p. 116.

[32] Cf. L. H. Tribe e M. G. Dorf, *On Reading the Constitution*, p. 7, indagando se a Constituição é simplesmente um espelho no qual cada um enxerga o que deseja ver (Is the Constitution simply a mirror in which one sees what one wants to see?).

Assim, resulta evidente, também neste contexto e parafraseando nosso homenageado Lenio Streck, que, nem mesmo em nome da dignidade, se pode dizer (ou fazer) qualquer coisa.[33]

O que se pretende demonstrar, portanto, é que o princípio da dignidade da pessoa humana assume posição de destaque, servindo como diretriz material para a identificação de direitos implícitos e direitos sediados em outras partes da CF, muito embora não deva ser acessado como critério exclusivo. De todo modo, o fato é que sempre que se puder detectar, mesmo para além de outros critérios que possam incidir na espécie, que estamos diante de uma posição jurídica diretamente embasada e relacionada (no sentido de essencial à sua proteção) à dignidade da pessoa, inequivocamente estaremos diante de uma norma de direito fundamental, sem desconsiderar a evidência de que tal tarefa não prescinde do acurado exame de cada caso.

Já em virtude do caráter polissêmico da dignidade da pessoa humana – muito embora não se possa falar de um limite previamente definido no que diz com a identificação de direitos fundamentais implícitos ou positivados em outras partes da CF – parece correto afirmar que tal atividade (dedução de direitos implícitos e justificação da fundamentalidade de direitos sediados em outras partes da CF) reclama a devida cautela por parte do intérprete, notadamente pelo fato de estar-se ampliando o elenco de direitos fundamentais da CF com as consequências práticas a serem daí extraídas (designadamente a vinculação dos poderes constituídos), não devendo, ademais, desconsiderar-se o risco – a exemplo do que já foi referido com relação à própria dignidade – de uma eventual desvalorização dos direitos fundamentais, já apontada por parte da doutrina[34] e que guarda conexão com a noção de um pamprincipialismo à feição do nosso homenageado.

Para além de servir de critério de justificação da fundamentalidade material de direitos positivados ao longo do texto constitucional e de reconhecimento de direitos implícitos (no sentido de subentendidos nos já expressamente consagrados), resta a indagação se do princípio da dignidade da pessoa – sem qualquer outro referencial adicional – poderão ser deduzidos direitos fundamentais (no sentido de posições subjetivas jusfundamentais) autônomos.

A despeito das ressalvas já enunciadas, a nós parece que sim, na esteira, aliás, do que já deixamos antever em outra oportunidade.[35] Com efeito, ainda que nos tenhamos posicionado no sentido da inexistência de um direito fundamental à dignidade (como algo que possa ser objeto de concessão pela ordem estatal ou comunitária), nada impede – em que pesem as respeitáveis posições

---

[33] Reportamo-nos, mais uma vez, ao magistério de L. L. Streck (v. nota de rodapé nº 2).

[34] Referindo uma tendência para a panjusfundamentalização, no âmbito de uma inflação no campo do reconhecimento de novos direitos fundamentais, advertindo, neste contexto, para os riscos de uma banalização, v. o contributo de J. Casalta Nabais, *Algumas Reflexões Críticas sobre os Direitos Fundamentais*, in: *AB VNO AD OMNES – 75 anos da Coimbra Editora*, p. 980 e ss. Neste sentido, também aponta J. Rawls, *O Liberalismo Político*, p. 350, sustentando a necessidade de limitar-se "as liberdades àquelas que são verdadeiramente essenciais", pena de correr-se o risco de uma fragilização da proteção das liberdades mais relevantes.

[35] Cf. o nosso *A Eficácia dos Direitos Fundamentais*, p. 109.

em sentido contrário³⁶ – que do princípio da dignidade da pessoa humana se possam deduzir autonomamente – sem qualquer referência direta a outro direito fundamental – posições jurídico-subjetivas fundamentais.

Mesmo assim, não há como desconsiderar a circunstância de que, justamente pelo fato de serem os direitos fundamentais, ao menos em regra, exigências e concretizações em maior ou menor grau da dignidade da pessoa, a expressiva maioria dos autores e especialmente das decisões judiciais acaba por referir a dignidade da pessoa não como fundamento isolado, mas vinculado a determinada norma de direito fundamental. Não é à toa que juristas do porte de Ernst Benda chegaram a afirmar que os direitos e garantias fundamentais constituem garantias específicas da dignidade da pessoa humana, da qual são – em certo sentido – mero desdobramento,³⁷ muito embora a posição divergente aqui adotada tendo em conta as peculiaridades do sistema constitucional brasileiro, consoante já anotado.

Nessa linha de raciocínio, sustenta-se que o princípio da dignidade da pessoa humana, em relação aos direitos fundamentais, pode assumir, mas apenas em certo sentido, a feição de *lex generalis*, já que, sendo suficiente o recurso a determinado direito fundamental (por sua vez já impregnado de dignidade), inexiste, em princípio, razão para invocar-se autonomamente a dignidade da pessoa humana, que, no entanto, não pode ser considerada como sendo de aplicação meramente subsidiária, até mesmo pelo fato de que uma agressão a determinado direito fundamental simultaneamente poderá constituir ofensa ao seu conteúdo em dignidade.³⁸ A relação entre a dignidade da pessoa humana e as demais normas de direitos fundamentais não pode, portanto, ser corretamente qualificada como sendo, num sentido técnico-jurídico, de cunho subsidiário, mas sim, caracterizada por uma substancial fundamentalidade que a dignidade assume em face dos demais direitos fundamentais.³⁹ É nesse contexto que se poderá afirmar, na esteira de Geddert-Steinacher, que a a relação entre a dignidade e os direitos fundamentais é uma relação *sui generis*, visto que a dignidade da pessoa assume (em muitos casos!) simultaneamente a função de elemento e medida dos direitos fundamentais, de tal sorte que, em regra, uma violação de um direito fundamental estará vinculada com uma ofensa à dignidade da pessoa.⁴⁰

Tal constatação não afasta, em princípio, a conveniência de que – justamente em função do alto grau de abstração e indeterminação que caracteriza

---

³⁶ Questionando a possibilidade da dedução direta de direitos subjetivos do princípio da dignidade da pessoa humana, encontramos, dentre outros, a lição de W. Brugger, *Menschenwürde, Menschenrechte, Grundrechte*, p. 19 e ss., consignando-se não ser esta a posição majoritária da doutrina e da jurisprudência alemãs, que, de modo geral, sustenta a dupla dimensão da dignidade da pessoa humana como princípio e direito fundamental.

³⁷ Cf. E. Benda, *Menschenwürde und Persönlichkeitsrecht*, in: Benda/Maihofer/Vogel (Org.), *Handbuch des Verfassungsrechts*, vol. I, p. 166. Também este parece ser o entendimento, na doutrina francesa, de D. Rousseau, *Les libertés individuelles et la dignité de la personne*, p. 70, ao sustentar que a dignidade, como realidade jurídica concreta, não existe a não ser por meio de sua realização por cada um dos direitos fundamentais.

³⁸ Neste sentido, a lição de Höfling, in: M. Sachs (Org.), *Grundgesetz*, p. 119.

³⁹ Cf. a oportuna referência de H. Dreier, Art. 1 I GG, in: H. Dreier (Org.), *Grundgesetz Kommentar*, p. 127.

⁴⁰ Cf. T. Geddert-Steinacher, *Menschenwürde als Verfassungsbegriff*, p. 166, destacando, ainda, que a dignidade da pessoa humana, na condição de princípio jurídico fundamental, atua – como já referido alhures – como princípio regulativo da interpretação constitucional.

especialmente o princípio da dignidade da pessoa humana, constituindo os direitos e garantias fundamentais concretizações daquele – diante de um caso concreto, busque-se inicialmente sondar a existência de uma ofensa a determinado direito fundamental em espécie, não apenas pelo fato de tal caminho se mostrar o mais simples, mas acima de tudo pela redução da margem de arbítrio do intérprete, tendo em conta que em se tratando de um direito fundamental como tal consagrado pelo Constituinte, este já tomou uma decisão prévia – vinculativa para todos os agentes estatais e particulares – em prol da explicitação do conteúdo do princípio da dignidade da pessoa naquela dimensão específica e da respectiva necessidade de sua proteção, seja na condição de direitos de defesa, seja pela admissão de direitos a prestações fáticas ou normativas. Isto, contudo, não significa que uma eventual ofensa a determinado direito fundamental não possa constituir também, simultaneamente, violação do âmbito de proteção da dignidade da pessoa humana, de modo que esta poderá sempre servir de fundamento autônomo para o reconhecimento de um direito subjetivo, neste caso de cunho defensivo.[41]

Os desenvolvimentos precedentes autorizam que se receba com simpatia a proposta de uma "pragmatização" do conceito de dignidade da pessoa humana, naquilo em que é possível obter um ganho em termos de clareza mediante uma adequada diferenciação das esferas específicas de proteção dos diversos direitos fundamentais individualmente considerados.[42] Com efeito, a cláusula geral da dignidade da pessoa humana, em termos gerais, acaba sendo viabilizada (concretamente realizada) em termos técnico-jurídicos por meio dos direitos fundamentais em espécie, que, por dizerem respeito a conceitos semânticos que podem, em regra, ser reconstruídos com maior facilidade, acaba mesmo simplificando a retórica vaga e, em alguns casos, até mesmo vazia de maior conteúdo da dignidade da pessoa humana, que, todavia, não perde a condição de garantia autônoma.[43]

Por sua vez, vale frisar, nada impede (antes pelo contrário, tudo impõe) que se busque, com fundamento direto na dignidade da pessoa humana, a proteção – mediante o reconhecimento de posições jurídico-subjetivas fundamentais – da dignidade contra novas ofensas e ameaças, em princípio não alcançadas, ao menos não expressamente, pelo âmbito de proteção dos direitos fundamentais já consagrados no texto constitucional.[44] Nessa quadra, calha referir o reconhecimento de um direito geral ao livre desenvolvimento da personalidade, que, para muitos – ao menos no direito brasileiro – pode ser diretamente deduzido do princípio da dignidade da pessoa humana, tendo em conta, entre outros argumentos, o fato de que a condição de alguém ser sujeito

---

[41] Vale frisar aqui que o âmbito de proteção da dignidade da pessoa não se encontra coberto de modo igual e isento de lacunas, já que a dignidade possui, consoante já destacado, uma normatividade autônoma. Nesse sentido, v. Udo Di Fabio, *Der Schutz der Menschenwürde durch Allgemeine Programmgrundsätze*, p. 38.

[42] Cf. S. Rixen, "Die Würde und Integrität des Menschen", in: *Handbuch der Europäischen Grundrechte*, p. 338 e ss.

[43] Cf., ainda, S. Rixen, "Die Würde und Integrität des Menschen", op. cit., especialmente p. 346-47.

[44] Peter Häberle, *Die Menschenwürde als Grundlage...*, p. 844, nos lembra, nesse contexto, que o desenvolvimento pretoriano ou mesmo a nova formulação textual de direitos fundamentais específicos pode ser vista como uma atualização do postulado básico da proteção da dignidade da pessoa humana em face de novas ameaças.

(titular) de direitos é, à evidência, inerente à própria dignidade e condição de pessoa.⁴⁵ O mesmo se verifica, apenas para citar outro exemplo dos mais contundentes, com a proteção da pessoa humana, em virtude de sua dignidade, contra excessos cometidos em sede de manipulações genéticas e até mesmo a fundamentação de um novo direito à identidade genética do ser humano,⁴⁶ ainda não contemplado como tal (ao menos não expressa e diretamente) no nosso direito constitucional positivo,⁴⁷ e que se insere no contexto dos direitos de personalidade. Também um direito à identidade pessoal (neste caso não estritamente referido à identidade genética e sua proteção, no caso, contra intervenções no genoma humano) tem sido deduzido do princípio da dignidade da pessoa humana, abrangendo inclusive o direito ao conhecimento, por parte da pessoa, da identidade de seus genitores.⁴⁸ Da jurisprudência do STF, extrai-se, também na seara dos direitos de personalidade (onde o vínculo com a dignidade se manifesta com especial agudeza), decisão reconhecendo tanto um direito fundamental ao nome quanto ao estado de filiação, mediante o argumento de que "o direito ao nome insere-se no conceito de dignidade da pessoa humana e

---

⁴⁵ Cf. por todos G. Tepedino, *Temas de Direito Civil*, Rio de Janeiro: Renovar, 1999, p. 44 e ss.

⁴⁶ Vale registrar aqui a lição de J. C. Gonçalves Loureiro, *O Direito à Identidade Genética do Ser Humano*, especialmente p. 351 e ss., nada obstante admitindo outras possibilidades de fundamentação de um direito à identidade genética. M. Koppernock, *Das Grundrecht auf bioethische Selbstbestimmung*, 1997, por sua vez, fala em um direito fundamental à autodeterminação bioética fundado no princípio da dignidade da pessoa humana e no direito ao livre desenvolvimento da personalidade. Especificamente sobre as relações entre o genoma humano, a dignidade e os direitos fundamentais, v., ainda, dentre tantos que já se ocuparam do tema no âmbito da doutrina francesa, B. Mathieu *Génome Humaine et Droits Fondamenteaux*, Paris, Economica, 2000. Ainda na França, lembrando a necessidade de evitar uma "biologização" da pessoa humana, no contexto das ameaças acarretadas pelo uso das novas tecnologias, v. P. Pedrot, *La dignité de la personne humaine a l'épreuve des technologies biomédicales*, in: P. Pedrot (Dir), *Éthique, Droit et Dignité de la Personne*, p. 62. Também do mundo lusitano, indispensáveis os contributos de S.M. de Almeida Neves Barbas, *Direito ao Património Genético*, Coimbra: Almedina, 1998, e de P. Otero, *Personalidade e Identidade Pessoal e Genética do Ser Humano*, Coimbra: Almedina, 1999. Entre nós, e explorando com maestria a perspectiva jurídico-penal, v., por todos, P. V. S. Souza, *Bem Jurídico Penal e Engenharia Genética Humana*, São Paulo: RT, 2004. Sobre a identidade genética como direito fundamental e a proteção constitucional do patrimônio genético humano, v., no direito brasileiro, especialmente P. de Jesús Lora Alarcón, Patrimônio Genético Humano e sua Proteção na Constituição Federal de 1988, São Paulo: Método, 2004, a instigante dissertação de S. R. Petterle, *O Direito Fundamental à Identidade Genética na Constituição Brasileira*, Porto Alegre: Livraria do Advogado, 2007, assim como as contribuições de R. da Rocha, *Direito à Vida e a Pesquisa com Células-Tronco*, São Paulo: Elsevier, 2008, assim como a obra coletiva de I.W. Sarlet e G. Salomão Leite (Org.), *Direitos Fundamentais e Biotecnologia*, São Paulo: Método, 2008.

⁴⁷ Cumpre registrar aqui a previsão expressa feita pelo Constituinte de 1988 (art. 225, § 1º, inciso II, da Constituição) no sentido de impor ao poder público a tarefa de "preservar a diversidade e a integridade do patrimônio genético do País e fiscalizar as entidades dedicadas à pesquisa e manipulação de material genético.". Assim, não obstante – tal como frisado – não haja referência direta a um direito à identidade genética no direito constitucional positivo brasileiro, certo é que a expressão patrimônio genético (apesar de se cuidar de norma versando sobre a proteção do meio ambiente) pode ser lida como abrangendo o genoma humano, de tal sorte que nos parece legítimo concluir que, a partir de uma exegese sistemática, que leve em conta tanto o preceito ora ventilado, quanto o princípio da dignidade da pessoa humana, também no direito pátrio há como reconhecer a existência de um direito à identidade genética da pessoa humana. Da mesma forma, em existindo tratado internacional ratificado pelo Brasil reconhecendo tal direito, este – muito embora o entendimento majoritário em sentido contrário do nosso Supremo Tribunal Federal – forte no artigo 5º, § 2º, da Constituição de 1988, passaria – de acordo com a doutrina mais afinada com a evolução internacional – a ter hierarquia constitucional, aspecto que, embora controverso, não pode ser aqui simplesmente desconsiderado.

⁴⁸ Sobre o tema, v., entre nós, o recente estudo de M.C. de Almeida, *DNA e Estado de Filiação à Luz da Dignidade Humana*, especialmente p. 117 e ss., mediante uma fundamentação calcada não apenas nas experiências paradigmáticas do direito comparado, mas fundada justamente na abertura material do catálogo de direitos fundamentais e no princípio da dignidade da pessoa humana, tal qual consagrados na ordem constitucional brasileira.

traduz a sua identidade, a origem de sua ancestralidade, o reconhecimento da família, razão pela qual o estado de filiação é direito indisponível".[49] Também o assim chamado direito à autodeterminação informativa, que na Alemanha foi deduzido da cláusula geral da personalidade, guarda vínculo com a dignidade da pessoa humana no contexto do direito à informação e a proteção dos dados pessoais, tendo sido objeto de reconhecimento no direito brasileiro.[50] De qualquer sorte, os exemplos citados, especialmente os relacionados ao genoma humano e ao uso da informática, revelam o quanto o problema da abertura material do catálogo e do recurso argumentativo ao princípio da dignidade da pessoa humana ainda está longe de ser esgotado quando se leva a sério o impacto das novas tecnologias sobre a vida e dignidade humana e a vida em geral.

4. Considerações finais: quando o recurso à dignidade e à cláusula de abertura do catálogo correm o risco de esgaçar os limites do texto constitucional – *pampricipialismo* e "ativismo judicial" como possível efeito colateral

Os exemplos até o momento referidos, no contexto da identificação de direitos fundamentais para além dos expressamente positivados no Título II, d, CF, têm sido, objeto de substancial consenso quanto ao seu reconhecimento e fundamentação, embora existam divergências sobre o seu conteúdo e seus limites. Existem, contudo, situações mais polêmicas – que não passarem despercebidas por Lenio Streck – como é o caso, em caráter ilustrativo, de um direito humano e fundamental à felicidade, que não foi objeto de previsão expressa no texto constitucional, mas, que, na acepção de Tourinho Leal, se encontra vinculada (mas não exclusivamente) à dignidade da pessoa humana e ao livre desenvolvimento da personalidade, ademais de decorrer de um conjunto de princípios e regras de matriz constitucional, guardando diálogo com outros direitos fundamentais.[51] Embora tal tema aqui não possa ser mais desenvolvido, trata-se de um bom exemplo para discutir os limites da abertura material do catálogo de direitos fundamentais e eventuais repercussões do assim chamado *pamprincipialismo*.

Em matéria criminal, por sua vez, importa destacar o reconhecimento, pelo STF, de um direito à ressocialização do apenado, iluminado pela concepção de que ao preso há de ser assegurada a possibilidade de uma reinserção na vida social de modo livre e responsável (liberdade com responsabilidade), diretriz que, portanto, há de servir de parâmetro para a interpretação e aplicação da legislação em matéria de execução penal.[52] Já no âmbito dos direitos

---

[49] Cf. RE n° 248.869-1 (07.08.2003), relator Ministro Maurício Corrêa.

[50] Cf. por todos, no direito brasileiro e considerando especialmente a produção monográfica, D. Doneda, *Da Privacidade à Proteção de Dados Pessoais*, Rio de Janeiro: Renovar, 2006, bem como, por último, L. S. Mendes, *Privacidade, Proteção de Dados e Defesa do Consumidor*, São Paulo: Saraiva, 2014.

[51] Sobre o tema v. a alentada e instigante obra de S. Tourinho Leal, *Direito à Felicidade*, Rio de Janeiro, 2014.

[52] Cf., dentre tantos, a decisão preferida no NC 94163, de 02.12.2008, relator Ministro Carlos A. Britto, onde, em apertada síntese, foi assentado que a fuga, embora interrompa o prazo de cumprimento da pena, não pode servir de fundamento para a desconsideração dos dias trabalhados pelo apenado e da respectiva remissão.

sociais, assume relevo, entre outros exemplos que poderiam ser colacionados, o direito ao mínimo existencial para uma vida digna, que não foi expressamente consagrado na CF (salvo na condição de princípio setorial da ordem econômica), mas que encontra seu fundamento direto no direito à vida e no dever do Estado de prover as condições mínimas para uma vida com dignidade, tendo tido ampla receptividade no seio doutrinário e jurisprudencial, com destaque para o STF. Embora o mérito do reconhecimento de um direito ao mínimo existencial, cuida-se também de um exemplo emblemático para uma das dimensões do *pamprincipialismo*, pois assim como se dá com a dignidade da pessoa humana e outros conceitos indeterminados, a definição do conteúdo da noção de mínimo existencial, quando levada a efeito pelo Poder Judiciário, poderá resultar em hipertrofia e descaso com a primazia do legislador, o que se verifica, apenas para ilustrar, em casos onde o mínimo existencial é associado a prestações em matéria de saúde altamente dispendiosas e que sequer asseguram com um mínimo de eficácia comprovada o sucesso do tratamento. Ainda que isoladas, tais decisões se revelam como problemáticas e mostram os efeitos colaterais do fenômeno do *pamprincipialismo*.

Nessa mesma senda, reportando-se expressamente à conexão entre a dignidade da pessoa humana e o princípio da igualdade, situa-se, também entre nós, o reconhecimento de um direito a livre orientação sexual, do que dá conta, em caráter meramente ilustrativo, a proteção jurídica das uniões de pessoas do mesmo sexo e todas as consequências que a doutrina e jurisprudência daí já têm extraído. Aqui não poderia se deixar de referenciar a decisão do STF na ADPF 132, que, especialmente com fulcro na dignidade da pessoa humana e uma leitura inclusiva (material) da igualdade (iluminada pelo princípio da dignidade da pessoa humana), promoveu uma interpretação constitucionalmente conforme (conforme as exigências da dignidade, no caso) da legislação infraconstitucional, designadamente, o art. 1723 do Código Civil, assegurando a equiparação entre as uniões estáveis de companheiros heterossexuais e as uniões de pessoas do mesmo sexo.[53]

Sem querer polemizar sobre a bondade evidente da causa agasalhada pelo STF, pois dificilmente alguém poderá, na atual quadra, negar a necessidade de assegurar a livre orientação sexual e de promover a igualdade (e coibir a discriminação) também nessa seara, não se poderá, por outro lado, desconsiderar pura e simplesmente as razões daqueles que, preocupados com os efeitos colaterais da metódica adotada pela nossa corte constitucional, que, à míngua de ajuste legislativo, estaria – dentre outros argumentos – usurpando função que não lhe é própria, visto que – a exemplo do que argumenta Lenio Streck – uma emenda constitucional seria o meio mais legítimo para corrigir o anacronismo do texto original da CF.[54]

---

[53] Cf. ADPF 132, Rel. Min. Carlos Britto, 05.05.2011.

[54] Nesse sentido, v., por todos – cuida-se de texto produzido ainda antes do julgamento da causa pelo STF – L. L. Streck, V. de P. Barreto e R. T. de Oliveira, "Ulisses e o canto das sereias: sobre ativismos judiciais e os perigos da instauração de um "terceiro turno da constituinte", in: *Revista de Estudos Constitucionais, Hermenêutica e Teoria do Direito* (RECHTD) I (2): 75-83, julho-dezembro de 2009 (http://rechtd.unisinos.br/pdf/84.pdf), assim como L. L. Streck. *Verdade e Consenso*: constituição, hermenêutica e teorias discursivas, op. cit., p. 265-66.

Em verdade – e isso é de ser sublinhado –, ainda que se possa (e no nosso sentir, deva!) questionar a noção de um "ativismo judicial", o que aqui não é objeto da nossa digressão, o fato é que a crítica assacada pelo homenageado contra uma hipertrofia dos princípios, designadamente quando acompanhada (o que, em regra, parece ser o caso) de uma falta de mínima deferência ao legislador, ou mesmo quando decorrente de uma falta de justificação racional fundada na ordem jurídico-constitucional ou tributária de uma metódica de aplicação do Direito distorcida por voluntarismos de toda ordem, merece ser levada a sério, pela doutrina e pela jurisprudência, pena de comprometer tanto a legitimidade da decisão judicial quanto a própria integridade do Direito, outra das bandeiras tão bem manejadas por Lenio Streck.

— 14 —

Protagonismo e voluntarismo judicial: diferença entre assegurar e negar a concretização dos direitos fundamentais

PAULO DE TARSO BRANDÃO[1]

Sumário: 1. Preliminarmente, sobre a homenagem e o homenageado; 2. Protagonismo e voluntarismo judicial; 3. Os antecedentes determinantes da Ponderação como elemento determinante e justificando do voluntarismo judicial; 4. Princípios: entre o protagonismo e o voluntarismo judicial; 5. Considerações finais; Referências.

1. Preliminarmente, sobre a homenagem e o homenageado

Antes de iniciar o texto que veicula a estudo feito em homenagem a Lenio Luiz Streck, manifesto[2] minha honra e minha alegria em poder participar de tão importante e merecida homenagem.

Lenio gosta de referir sempre em suas palestras, quando me encontro na primeira fila (de onde sempre o assisto), que nos conhecemos brigando. Na verdade, nos conhecemos um pouco antes, já que fizemos juntos o Concurso Público para o Ingresso na Carreira do Ministério Público do Estado do Rio Grande do Sul. Aprovados, fomos colegas por um curto período de tempo naquela Instituição. A verdade, no entanto, é que efetivamente tivemos o primeiro contato quando fui seu aluno em um curso de especialização em Direito Processual promovido pela Universidade de Cruz Alta, em convênio com a Universidade Federal de Santa Catarina. Eu não sabia que Lenio já havia brigado comigo em razão de uma entrevista que eu havia dado para a televisão local de Cruz Alta, por ocasião de um evento no qual eu havia proferido uma palestra e que havia ocorrido pouco tempo antes do nosso encontro em sala da aula. Como Lenio não concordava (e provavelmente não concorda até hoje,

---

[1] Mestre e Doutor em Direito pela Universidade Federal de Santa Catarina. Professor dos Cursos de Mestrado e Doutorado do Programa de Pós-Graduação em Ciência Jurídia da Universidade do Vale do Itajaí – UNIVALI. Membro da Academia Catarinense de Letras Jurídicas – ACALEJ. E-mail: <brandao@floripa.com.br>.

[2] Nesta parte inicial, de homenagem, usarei intencionalmente a primeira pessoa do singular, uma vez que se trata de manifestação e apreciação própria e, por isso, separa-se da linguagem impessoal que deve ser adotada para o trabalho científico.

embora eu nem lembre do tema) com a opinião que eu havia emitido na entrevista, a briga se deu. Infirmada estava a máxima de que "quando um não quer, dois não brigam". Mesmo um não sabendo (que é mais que não querer), a briga, segundo Lenio, já estava instalada.

Até por não saber da briga (e mesmo que soubesse...), após a aula, convidei o Lenio para jantar. Pronto! A "briga" deu lugar a uma amizade que dentro de poucos dias completa 30 anos.

Registro a passagem acima para dizer que aprendi com Lenio Streck, durante todo esse tempo, que aprender com Lenio Streck não obedece aos limites formais da sala de aula ou de seus inúmeros livros e artigos. O convívio com Lenio é uma aprendizagem constante.

Seguramente é uma das mentes mais brilhantes e inquietas do mundo jurídico nacional, e ele coloca seu brilho e seus questionamentos a serviço de todos aqueles que estão dispostos a pensar. Não se furta de emitir opinião e nem foge a um bom embate no campo das ideias.

Repito, é um privilégio compor o grupo que o homenageia. Pode ser que nova briga se estabeleça em razão de texto que vou apresentar a seguir. Mas e daí? Começamos assim e talvez eu nem saiba novamente de que estaremos brigados...

2. Protagonismo e voluntarismo judicial

Em 1625, Francis Bacon escreveu a famosa frase: "os juízes devem ser leões, mas leões sob o trono".[3] Atualizando para os dias atuais, poder-se-ia dizer que os juízes devem ser leões, mas sob a Constituição e as Leis.

O pensamento de Francis Bacon é totalmente atual e serve para muitos Estados. A prova disso é que em 2009, na Itália, Luciano Violante a evocou em seu livro denominado "Magistrados" para concluir que "O relacionamento entre política e justiça é ainda hoje difícil. O trono deseja ardentemente esmagar os leões. Os leões manifestam uma certa propensão para sentar-se sobre o trono".[4] O tema demonstra atualidade também na Inglaterra, uma vez que foi lançado em outubro de 2015 o livro de ensaios de História do Direito Público Inglês, pela Universidade de Cambridge denominado "Lions Under the Trone". Na resenha, dizem os editores que desde os tempos de Francis Bacon até os atuais, a tensão entre os poderes legislativo, executivo e judiciário ainda encontra-se sem solução.[5]

A passagem acima serve aos propósitos do que será dito a seguir, mas serve também para desautorizar os ditos tão utilizados no Brasil que atribuem sempre a uma situação própria do país e "nos dias atuais". O que se vê é que

---

[3] "Judges must be lions, but lions under the throne".
[4] VIOLANTE, Luciano. *Magistrati*. Torino: Giulio Einaudi, 2009, p. 3. Em italiano: Il rapport fra politica e guistizia resta difficile ancora oggi. Il trono ambisce a schiacciare I leoni. I leoni manifestano una certa propensione a sedersi sul trono.
[5] Ver em: <http://www.cambridge.org/au/academic/subjects/law/constitutional-and-administrative-law/lions-under-throne-essays-history-english-public-law?format=HB>.

essa é uma situação que envolve o mundo político-jurídico desde muito tempo (1625) e para atualidade de diversos países.

Focando agora na realidade do Brasil, o que se pode ver é que há uma postura bem diferente dos juízes que entendem a sua condição de protagonistas e aqueles que pretendem praticar o que se chama de voluntarismo judicial. Para os limites do trabalho, essas diferentes posturas serão tratadas somente no que respeita aos efeitos de uma e outra postura na construção ou na negação dos direitos fundamentais.

Por protagonismo judicial é de entender-se a atividade típica do juiz no Estado Democrático de Direito. Neste, o Poder Judiciário foi trazido para o centro de decisões das políticas públicas, ao contrário do que ocorria nas configurações anteriores do Estado Liberal e do Estado Social.[6] Neste sentido, diz Lenio Streck:

> [...] é possível sustentar que, no Estado Democrático de Direito, ocorre certo deslocamento do centro de decisões do Legislativo e do Executivo para o plano da justiça constitucional. Pode-se dizer, nesse sentido, que no Estado Liberal, o centro de decisão apontava para o legislativo (o que não é proibido é permitido, direitos negativos); no Estado Social, a primazia ficava com o Executivo, em face de realizar políticas públicas e sustentar a intervenção do Estado na economia; já no Estado de Direito o foco de tensão se volta para o Judiciário.[7]

O que se pode notar é que efetivamente o Estado Democrático de Direito formatado pela Constituição da República Federativa do Brasil de 1988, seguindo uma tendência de todos os Estados Democráticos, trouxe o Judiciário para o centro das decisões, concretizando uma efetiva paridade no exercício das parcelas de poder exercidos pelos três âmbitos de decisão que o compõem. Agora, mais do que nunca, é preciso dar-se conta da disposição presente no artigo 2º da mesma Constituição, que determina a harmonia e independência de cada um desses poderes.

Vários são os instrumentos que deixam claro essa opção do legislador constitucional. O exemplo mais significativo é o do Mandado de Injunção.

No ordenamento infraconstitucional, obedecendo à lógica constitucional e em alguns casos até antecipando-se à modificação que viria logo a seguir, as ações de tutela de direitos coletivos *lato sensu* deram ao Poder Judiciário o instrumental para interferir, no sentido de ser protagonista, na realização das políticas públicas de interesse da Sociedade.

Neste sentido do protagonismo é que o magistrado pode, hoje, interferir na construção dos direitos fundamentais prestacionais e, com isso, ajudar a concretizá-los.

A atuação do juiz protagonista, para usar a metáfora de Francis Bacon, é sempre "under the trone", ou seja, na atualidade, nos limites da lei, para respeitar a regra constitucional da harmonia e independência dos Poderes.

---

[6] Para uma outra classificação de Estado, ver: PASOLD, Cesar Luiz. *Função Social do Estado* Contemporâneo. Dados eletrônicos. Itajaí: Univali. 2013, 100 p. disponível para download em <http://www.univali.br/ppcj/ebook>; BRANDÃO, Paulo de Tarso. *Ações Constitucionais*: novos direitos e acesso à Justiça. 2.ed. Florianópolis: OAB/SC, 319 p.

[7] STRECK, Lenio Luiz. *Hermenêutica Jurídica e(m) Crise*: uma exploração hermenêutica da construção do Direito. 10 ed. Porto Alegre: Livraria do Advogado. 2011, p. 63.

A outra face, que tem sido o grande problema, é o chamado voluntarismo judicial.[8] Neste caso, está a ideia, seguindo agora Luciano Violante, do "leão que quer sentar-se no trono", ou seja, para os dias atuais, do juiz que se pretende acima da lei.

Por um lado, o protagonismo judicial ajuda a construir e concretizar os Direitos Fundamentais enunciados e assegurados na ordem constitucional; de outro, no entanto, o voluntarismo tem sido o caminho da "escavação interna"[9] de que trata Konrad Hesse, dessa mesma esfera de Direitos.

O protagonismo judicial, como denominado neste texto, já foi tratado exaustivamente em outros livros e artigos e já está suficientemente debatido entre praticamente todos os autores que tratam da matéria de direitos coletivos *lato sensu*. O voluntarismo judicial, ainda que já tratado em abundante quantidade pelo homenageado Lenio Streck, parece que ainda desafia um necessário caminho a ser percorrido, já que ele, o voluntarismo, determina a desconstrução de todo o sistema de sustentação do Estado Democrático de Direito moldado pela Constituição da República.

Cabe aqui um parêntese. Em grande parte das vezes, o protagonismo judicial ocorre no âmbito dos direitos prestacionais ou positivos, ou seja, daqueles em que o Estado, no sentido de cumprir a sua função social, deve, por força constitucional, prestar aos Cidadãos integrantes da Sociedade. Já o voluntarismo judicial se dá em grande parte das vezes no sentido dos direitos decorrente do mandamento de abstenção do Estado, ou direitos negativos, ou seja, aqueles que impedem que o Estado viole garantias atribuídas ao Cidadão decorrentes de uma conquista histórica do homem em sociedade.[10]

No entanto, se essa é a regra, não se pode negar que é possível o protagonismo no âmbito dos Direitos negativos e o voluntarismo no dos Direitos positivos.

O voluntarismo judicial decorre, no Brasil, especialmente do uso abusivo da aplicação da norma tendo com base argumentativa a ponderação pela via da denominada proporcionalidade. É este o ponto a ser discutido neste trabalho. Para isso, é preciso ter presente as formas possíveis de aplicar a proporcionalidade nas duas principais famílias de Direito (da Europa continental e o Anglo-Americano) e as especificidades que determinam essas diferentes formas. Parece que o melhor caminho é destacar os principais autores estudados no Brasil sobre esse tema que fornecem elementos necessários para a superação

---

[8] O que é chamado aqui de voluntarismo judicial pode encontrar outros nomes nos diversos autores que tratam do tema, tais como ativismo judicial ou solipsismo judicial. Pode-se entender que voluntarismo é gênero do qual ativismo e solipsismo são espécies.

[9] Expressão de Konrad Hesse que, sinteticamente, quer indicar: "direitos fundamentais [que], apesar de sua vigência formal, não mais possam cumprir sua função objetiva". V. HESSE, Konrad. *Elementos de Direito Constitucional da República Federal da Alemanha*. Tradução de Luís Afonso Heck. Porto Alegre: Sergio Antonio Fabris, 1998, p. 264.

[10] Autores como Jorge Miranda e Ferrajoli e Jairo Gilberto Shäfer negam que do ponto de vista estrutural se possa fazer essa divisão dos Direitos em positivos e negativos. Por todos ver SHÄFER, Jairo Gilberto. A compreensão unitária dos Direitos Fundamentais. Dados eletrônicos. *Jornal Carta Forense*. <http://www.cartaforense.com.br/conteudo/artigos/a-compreensao-unitaria-dos-direitos-fundamentais/5559>. Acesso em 28 de julho de 2015. No entanto, com a finalidade meramente pedagógica, apresenta-se a dicotomia para demonstrar as duas diferentes posturas e os efeitos na concretização dos Direitos Fundamentais.

do problema. Isso será visto no tópico que segue. Como a ponderação somente é admissível no nível dos Princípios, é que se vai tratar dos antecedentes da ponderação no próximo item como condição para considerações sobre Princípios e a forma como podem ser usados no sistema jurídico brasileiro.

3. Os antecedentes determinantes da Ponderação como elemento determinante e justificando do voluntarismo judicial

A preocupação maior neste item, até para respeitar os limites do presente trabalho, será especialmente com o voluntarismo judicial e ainda mais detalhadamente no que infirma os Direitos Fundamentais negativos.

A tese é que grande parte problema está no uso indiscriminado da ponderação de normas, sem que se atente para o Sistema Constitucional Brasileiro e para a opção pelo sistema de normas que garantem os Direitos Fundamentais no ordenamento jurídico brasileiro.

Diferentemente do que tem sido apregoado e usado no Brasil, no sistema constitucional brasileiro de Direitos Fundamentais a proporcionalidade, a partir da ponderação, somente pode ser usada de forma muito restrita. É o que se pretende demonstrar a seguir.

É pressuposto ter presente que no Direito Constitucional de brasileiro as normas que declaram e asseguram Direitos Fundamentais, ou são regras ou são Princípios. Isso, no entanto, não é tudo para que se possa dar concretude aos Direitos eleitos pelo legislador constitucional como fundamentais.

O problema está em que a atribuição da qualidade de norma aos Princípios constitucionais, conta com muito pouco tempo na história do Direito Constitucional e com menor tempo ainda no Direito Constitucional brasileiro, que só passou mesmo a tratar do tema, no nível da concretização, após o advento da Constituição da República de 1988. O voluntarismo judicial tem-se servido dessa confusão, por vezes intencional, por vezes por desaviso, para colocar o juiz em patamar acima da ordem normativa (sobre o trono!). Mais do que isso essa conduta tem servido para "escavar internamente" os Direitos Fundamentais de garantias do Cidadão contra o Poder do Estado.

No Brasil, atualmente, dois têm sido os referencias teóricos para tratar-se de aplicação das normas constitucionais veiculadoras de Direitos Fundamentais: as lições de Robert Alexy e as de Ronald Dworkin. Grande parte dos nossos juristas tem adotado a postura de "gostar" de um ou de outro e, em "gostando" de um, costumam "refutar" o outro. A questão não é assim tão simples!

O primeiro ponto a ser observado é que Roberto Alexy, pensador alemão, tem como objeto de estudo a Constituição da República Federal da Alemanha e o Direito alemão, e Ronald Dworkin, filósofo americano, tem o seu pensamento dirigido aos sistema anglo-americano de direito.[11]

---

[11] Para melhor compreensão das diferenças entre os dois sistemas de Direito e as consequências de não perceber essas diferenças, ver: BRANDÃO, Paulo de Tarso. Lineamentos teóricos do controle judicial de constitucionalidade de leis nos sistemas originários. *In*, ESPIRITO SANTO, Davi; PASOLD, Cesar Luiz. *Reflexões sobre Teoria da Constituição e do Estado*. Florianópolis: Insular, 2013. p. 41-84.

Parece, no entanto, que nenhum pode ser descartado e que também seus ensinamentos não podem ser usados sem um filtro que os tornem adequados ao Brasil. É evidente que o pensamento de Dworkin é fundamental para entender e até evitar o voluntarismo judicial, quando se trata do nível hermenêutico, seguindo a sua noção de integridade do Direito, por exemplo. No entanto, quando se está tratando de Princípios Constitucionais, espécie de norma jurídica, que veiculam Direitos Fundamentais, no sistema jurídico brasileiro (como no alemão) Robert Alexy deve ser ouvido com mais atenção.

Não se pode, como é sabido, identificar Direito com Lei ou com Norma. No entanto, não se pode desconsiderar que em um sistema legislado a Norma desempenha um papel importante no sistema de garantia de Direitos Fundamentais e o todos os agentes dos Poderes do Estado, também o Judiciário, por óbvio, devem a ela total obediência. Por isso é que o sistema de Norma no Brasil é que será objeto principal deste estudo nos passos seguintes.

Primeiro deve-se entender bem o que são Princípios para um e outro autor para evitar-se a confusão vigente no Brasil.

Princípios, para Dworkin e Alexy, são institutos bem diferentes.

Afirma Dworkin: "Denomino 'princípio' um padrão que deve ser observado, não porque vá promover ou assegurar uma situação econômica, política ou social considerada desejável, mas porque é uma exigência de justiça ou equidade ou alguma outra dimensão da moralidade".[12]

Alexy, de outro ponto de vista, esclarece:

[...] *princípios* são normas que ordenam que algo seja realizado na maior medida possível dentro das possibilidades jurídicas e fáticas existentes. Princípios são, por conseguinte, *mandamentos de otimização*, que são caracterizados por poderem ser satisfeitos em graus variados e pelo fato de que a medida devida de sua satisfação não depende somente das possibilidades fáticas, mas também das possibilidades jurídicas.[13]

Vê-se, portanto, que para ambos o termo *Princípio* contém uma noção jurídica, mas para Dworkin a amplitude é maior porque ultrapassa os limites da norma jurídica característica de uma família de direito que conta com um sistema de normas advindas do Poder Legislativo (Europeu continental). Por isso, para Dworkin, Princípio não se limita ao âmbito das normas de Direitos Fundamentais mas a todo o ordenamento jurídico. Daí a sempre presente de Lenio Streck, com base em Dworkin, afirmar insistentemente que o Juiz julga por Princípios, e não por ato de vontade.

O mesmo não ocorre com a Alexy, que trata Princípio como Norma veiculadora de Direitos Fundamentais e sempre leva em conta um direito legislado, no sentido de que as leis advêm do Parlamento, e não (majoritariamente) das decisões judiciais, como ocorre com o direito anglo-americano.

Antes de seguir, então, para deixar claro é preciso atentar que o Juiz brasileiro, ao tratar de Direitos Fundamentais, deve obedecer a opção do legislador Constitucional e verificar se o direito sobre o qual deve decidir está previsto em Regra ou Princípio. Tratando-se de Regra, deve obedecer aos limites

---

[12] DWORKIN, Ronald. *Levando os direitos a sério*. Tradução de Nelson Boeira. São Paulo: Martins Fontes, 2007, p. 36.

[13] ALEXY, Robert. *Teoria dos Direitos Fundamentais*. Tradução de Virgílio Afonso da Silva. São Paulo: Malheiros, 2008, p. 90.

impostos pelo legislador constitucional que fez a ponderação no momento em que legislou. Tratando-se de Princípio, deve aplicá-lo da forma que melhor garanta o Direito Fundamental estabelecido na Constituição ou, se houver conflito com outro Direito Fundamental estabelecido igualmente em Princípio (e só nesta hipótese) realizará a ponderação, obedecendo à proporcionalidade, para definir qual o aplicável ao caso concreto. Em qualquer outra hipótese de decisão (que não de direitos fundamentais estabelecido em Regra) deve decidir por Princípios – agora na acepção que lhe dá Dorkin, para manter a integridade do Direito.

Vale a pena, então, tratar aqui do caldo de cultura que envolve o pensamento de Dworkin e de Alexy para que se possa entender o pensamento de um ou outro e que adotar um e outro, neste ponto, não é uma questão de preferência, mas uma questão de levar os Direitos Fundamentais a sério, para parafrasear o próprio Dworkin.

Para compreender que quando se fala: "é uma questão de Princípio!", para um americano e para um brasileiro (ou um alemão) se está tratando de institutos que podem ser parecidos, mas não iguais, é preciso estudar não só a origem do Direito, mas também da formação e da estrutura estatal da Inglaterra e dos Estados Unidos da América e comparar com o nascimento do Direito e do Estado na tradição advinda da Revolução Francesa. Assim, é preciso verificar os antecedentes e o momento histórico que determinaram adoção pelo sistema de uma e outra tradição de Direito.

Primeiramente, é preciso relembrar que o direito americano tem sua fonte principal no direito inglês. Sabidamente, os Estados Unidos da América desenvolveram e trilharam outro caminho na evolução de seu sistema jurídico, especialmente porque esse sistema teria necessariamente que se adequar a uma forma de Estado totalmente diversa daquela do Estado inglês. No entanto, especialmente naquele momento inicial do novo sistema político-jurídico, a influência do Direito inglês e, mais especialmente, dos conceitos, dogmas e pré-conceitos produzidos neste estavam presentes na operação jurídica americana. Tanto é assim que é comum falar-se em um direito anglo-americano.[14]

Conforme leciona John Clarke Adams, a fonte ideal do direito anglo-americano está na cabeça do juiz, e a fonte visível encontra-se na sentença desse mesmo juiz.[15] Essa preponderância do juiz como fonte ideal do direito é característica de sua origem mais remota, a *Common Law*.[16] Tenha-se presente

---

[14] V. ADAMS, John Clarke. *Il Diritto Costituzionale americano*. 2. ed. Firenze: La Nuova Italia, 1967.

[15] ADAMS, John Clarke. *Il Diritto Costituzionale americano*. 2. ed. Firenze: La Nuova Italia, 1967, p. 1.

[16] Importante atentar-se aqui para a seguinte lição de Guido Fernando Silva Soares: "O sistema da *Common Law* [...] não deve ser confundido com 'sistema inglês' (porque se aplica a vários países, embora nascido na Inglaterra), nem com 'britânico' (adjetivo relativo a Grã-Bretanha, entidade política que inclui a Escócia, que pertence ao sistema da família romano-germânica), nem com anglo-saxão (porque esse adjetivo designa o sistema dos direitos que regiam as tribos, antes da conquista normanda da Inglaterra, portanto, anterior à criação da *Common Law* naquele país)". SOARES, Guido Fernando Silva. *Common Law*: introdução ao direito dos EUA. 2 ed. São Paulo: Revista dos Tribunais, 2000, p. 25. Assim a análise que interessa mais de perto aos propósitos de ligação da origem do direito americano é a do sistema da *Common Law* na sua origem, ou seja, no direito inglês, diante da estreita ligação que será demonstrada mais adiante entre esta concepção do direito e a forma de controle de constitucionalidade no sistema americano. Como, no entanto, alguns autores importantes para a fundamentação que se pretende aqui não observam sempre o rigor da separação feita acima, algumas vezes o texto, nas citações, pode apresentar aparente contradição, circunstância para a qual o leitor deve ficar alertado desde logo.

que, especialmente hoje, nem todo o direito está centrado no *Common Law*, mas seguramente foi e continua a ser o instituto mais importante para o sistema anglo-americano.

Lembra Giovanni Criscuoli[17] que um dos caracteres fisionômicos do direito inglês está ligado à ideia de antiguidade e continuidade. Diz textualmente o autor: "é, de fato, um ordenamento que desde o seu nascimento teve um desenvolvimento constante e harmônico, apresentando-se sempre atual em razão de sua surpreendente capacidade de adaptar suas velhas estruturas às novas exigências supervenientes".[18]

Essa característica, segundo o mesmo autor, encontra fundamentos de ordem histórica e de ordem sociológica, ou psicossociológica.

Do ponto de vista histórico, afirma que o Estado inglês não sofreu, como ocorreu no continente, uma ruptura na passagem do medievo para a idade moderna, uma vez que "a Inglaterra não conhece revolução, declaração de independência ou, do plano estreitamente jurídico, codificações gerais: eventos estes que, por um lado ou por outro, separam os tempos assinalando diversas épocas".[19]

O fenômeno que Giovanni Criscuoli denomina de ordem pisicossociológica reside na tendência que tem o povo inglês de respeitar a ordem constituída.[20] Isso claramente se transforma em respeito à autoridade constituída. Neste sentido lembra Pier Giorgio Lucifredi que é útil anotar como no Direito britânico "a independência do juiz é efetiva e substancial, ainda que se apresente muito mais como consequência de um hábito de vida que de particulares disposições legislativas".[21] Justifica-se, assim, porque a figura do juiz assume um caráter extremamente importante, como peça fundamental da principal fonte de direito, qual seja a *Common Law*.

A *Common Law* é, portanto, direito não escrito[22] e se encontra propriamente na cabeça do juiz. Significativo é que um direito não escrito e dependente do entendimento do juiz tenha superado século e ainda hoje ser a mais importante fonte de direito do direito anglo-americano. Talvez a justificativa esteja na crença de que: "Se a *Common Law* na forma enunciada pelos juízes não correspondesse ao senso de justiça e aos costumes do povo, como expresso no seu direito comum, o povo não haveria aceitado a *Common Law*".[23] A crença no juiz legitima a aplicação do direito e a crença de que este é o direito a ser aplicado legitima a atuação do juiz.

---

[17] CRISCUOLI, Giovanni. *Il Diritto Costituzionale americano*. Palermo: CELUP, 1977, p. 17.

[18] CRISCUOLI, Giovanni. Tradução livre do autor da seguinte passagem em italiano: "... è, infatti, un ordinamento che sin dal suo sorgente ha avvuto uno sviluppo costante e armonico, presentandosi sempre attuale per la sua sorprendente e meravigliosa capacità di adattare le sue vechie strutture alle nuove sopravvenienti esigenze".

[19] CRISCUOLI, Giovanni. *Il Diritto Costituzionale americano*. Palermo: CELUP, 1977, p. 18.

[20] CRISCUOLI, Giovanni. *Delle fonti del diritto inglese*. Palermo: CELUP, 1977, p. 19.

[21] LUCIFREDI, Pier Giorgio. *Apunti di diritto costituzionale comparato*: Il sistema Britannico. Milano: Giuffrè, 1973, p. 75.

[22] Como bem observa Giovanni Criscuoli, deve-se entender por direito não escrito, no sentido de forma de criação e não necessariamente de veiculação, uma vez que as decisões judiciais são sempre escritas. CRISCUOLI, Giovanni. *Il Diritto Costituzionale americano*. Palermo: CELUP, 1977, p. 99.

[23] ADAMS, John Clarke. *Il Diritto Costituzionale americano*. 2. ed. Firenze: La Nuova Italia, 1967, p. 2.

É evidente a importância da atividade judiciária no sistema de direito anglo-americano. Em consequência, uma das mais importantes características do sistema da *Common Law* é a regra do denominado *stare dicises*, ou simplesmente do precedente.

Segundo esclarece Giovanni Criscuoli[24] a ideia de precedente no direito inglês não tem simples significado de decisão judicial, mas envolve um significado qualitativo e seletivo uma vez que a expressão indica uma decisão que tenha dois elementos fundamentais. O primeiro, que sua qualidade serve como referência para situações fáticas com igual conteúdo daquela decidida. O segundo, de que em razão do mérito da decisão judicial seja capaz de constar de um repertório de precedentes. Assim, esclarece o mesmo autor, nem todas as decisões dos juízes ingleses constituirão "precedentes". Estes precedentes possuem um duplo valor jurídico, conforme se analise do ponto de vista de sua eficácia interna ou de sua relevância externa.

Do ponto de vista de sua eficácia interna em nada difere das decisões do direito da *Civil Law*, já que contém a noção de coisa julgada, que opera *inter partes*. O que interessa deixar marcado é o efeito *erga omnes* dessa decisão, que funciona também em dois sentidos, segundo Giovanni Criscuoli: com força persuasiva, como fonte histórica; com força vinculante, como fonte legal.[25]

Assim, a grande diferença entre a sentença do juiz que opera no sistema da *Civil Law* e a decisão do juiz do sistema *Common Law* está na força normativa que esta opera, em razão do denominado *stare decisis*.[26] Segundo este mecanismo, a decisão que possua os requisitos qualitativo e seletivo, antes referidos, tem efeito vinculante.

A grande relevância do sistema de precedentes é que confere uma característica especial ao direito inglês, que é fundado, de forma preponderante, na criação judiciária. Esta constitui a fonte mais importante e principal, do ponto de vista qualitativo, e mais numerosa, do ponto de vista quantitativo, do ordenamento jurídico inglês.[27] Analisando o direito britânico atual, Mário G. Losano organiza em ordem crescente as suas fontes e deixa claro que o precedente está em posição preponderante em relação à lei originária do Parlamento.[28]

Outro ponto a ser salientado diz respeito ao fundamento do valor normativo dos precedentes. Este ponto está correlacionado com a característica psico-sociológica, já tratada anteriormente, que justifica o desenvolvimento do Direito Inglês, pois a explicação na crença no sistema da lei para o caso concreto que a atividade jurisdicional inglesa adota, fundado no entendimento de que é "mais importante a certeza do direito do que sua perfeição".[29] Mas a

---

[24] CRISCUOLI, Giovanni. *Il Diritto Costituzionale americano*. Palermo: CELUP, 1977, p. 92-93.

[25] Idem, p. 96.

[26] A expressão originária era: *stare decisis et quieta non movere*, significando a imutabilidade das decisões. V. CRISCUOLI, Giovanni. *Il Diritto Costituzionale americano*. Palermo: CELUP, 1977, p. 96; SOARES, Guido Fernando Silva. *Common Law*: introdução ao direito dos EUA. 2. ed. São Paulo: Revista dos Tribunais, 2000, p. 35 (nota 3).

[27] CRISCUOLI, Giovanni. *Il Diritto Costituzionale americano*. Palermo: CELUP, 1977, p. 97.

[28] LOSANO, Mário G. *Os grande sistemas jurídicos*. Lisboa/Rio de Janeiro: Presença/Martins Fontes, 1979, p. 125-129.

[29] CRISCUOLI, Giovanni. *Il Diritto Costituzionale americano*. Palermo: CELUP, 1977, p. 128.

necessidade de que evitar que cada juiz possa dar uma solução diversa a casos similares justifica o precedente como forma de garantir à coletividade um caminho mais seguro para pautar as condutas individuais. Por isso, ainda que eventualmente uma decisão não esteja exatamente conforme os Princípios do Direito, é preferível, "em linha de tendência", que ela seja admitida para regular todos os casos similares do que admitir uma série de decisões diversas sob o pretexto de buscar o "justo absoluto" para cada caso concreto.[30]

Feita essa rápida abordagem sobre o Estado e o Direito inglês, pode-se agora seguir com a fundação do Estado e do Direito dos Estados Unidos da América, para que se possa entender a razão da visão de Dworkin sobre o que seja Princípio.

A colonização do que viria a ser mais tarde os Estados Unidos da América, inicia em 1607, ano em que foi fundado Jamestown, com base em cartas reais de concessão, que tinham finalidades as mais diferentes, como, por exemplo, exploração comercial ou concessão individual privada (segundo alguns autores, numa relação quase feudal). A exploração, no entanto, era sempre feita em nome da coroa inglesa. Ao lado da finalidade econômica, muitos colonos optaram pela nova terra por motivos religiosos, uma vez que professavam religiões diversas daquela que foi adotada oficialmente na Inglaterra.[31]

Durante todo o período colonial, as colônias guardaram praticamente a mesma estrutura política da Inglaterra: poder executivo exercido por um vice-rei ou um governador, nomeado sempre temporariamente pela coroa; os juízes eram de nomeação do rei, ainda que em alguns lugares fossem indicados por alguma forma de eleição; e cada colônia possuía assembleias bicamerais, com exceção de algumas poucas. A câmara alta era composta por nomeação do próprio soberano, do concessionário ou, algumas vezes, do governador, enquanto a câmara baixa consistia no órgão efetivo de representação da comunidade colonial.[32] Esta experiência, salienta Pier Giorgio Lucifredi, fez com que os colonos "desenvolvessem uma ampla experiência de *self-government*"[33] e essa experiência unida ao caráter religioso de algumas colônias, desenvolveu uma forma de democracia, que o autor chama de pura, "fundada sob o princípio da plena igualdade de todos os componentes da comunidade".[34]

Lucifredi cita um fato que considera emblemático para demonstrar o que ficou acima referido, mas que será citado aqui com uma finalidade muito mais abrangente, pois ela demonstra claramente a continuação do envolvimento de ordem psicossociológica afirmada por Giovanni Criscuoli quando trata da crença que o cidadão inglês tem no juiz. Trata-se da história dos colonos que tinham a incumbência de estabelecer a primeira colônia na região de Virginia e que, em 11 de novembro de 1620, antes de desembarcar em solo americano, firmaram um documento denominado *Mayflower Compact*, no qual consta o

---

[30] CRISCUOLI, Giovanni. *Il Diritto Costituzionale americano*. Palermo: CELUP, 1977, p. 129-130.

[31] LUCIFREDI, Pier Giorgio. *Appunti di diritto costituzionale comparato*: Il sistema statudinense. 2 ed. Milano: Giuffrè, 1977, p. 1.

[32] Idem, p. 2.

[33] Idem, p. 2.

[34] Idem, p. 2-3.

seguinte: "Em virtude deste acordo, pactuamos promulgar [...] lei, atos, ordenanças [...] e instituir, segundo as necessidades, magistraturas, às quais prometemos toda a devida submissão e obediência [...]".[35]

Essas duas circunstâncias, a de iniciar desde logo uma relação jurídica fundada em documento escrito e a relação psicossociológica de crença e intenção de obedecer às decisões judiciais, são elementos importantes para entender o sistema político-jurídico dos Estados Unidos da América.

Esta concepção entre os americanos tem sua origem, evidentemente, na relação que tiveram com a coroa, quando experimentaram a onipotência parlamentar, mas também na experiência vivida logo após a declaração de independência, quando as assembleias legislativas de diversos Estados passaram a exercer uma excepcional concentração de poderes que poderiam se degenerar em um novo despotismo, como salienta Maurizio Fioravanti, uma vez que esse Poder Legislativo, entendido como único a possuir legitimação democrática, detinha, além do poder de intervenção normal na Sociedade Civil pela sua atividade típica, o poder de nomear os administradores públicos e os próprios juízes. Ainda que nas próprias Constituições dos Estados tivesse começado o retorno ao "ideal britânico do governo equilibrado e moderado",[36] já citado, isso repercutiu intensamente no momento da elaboração da constituição de 1787, que tinha como princípio basilar o de evitar a onipotência do legislador.

Por tudo isso é que se pode dizer que no Direito Anglo-Americano o protagonismo judicial é bem mais amplo do que na tradição do Direito Europeu continental.

O Direito da tradição da Europa continental teve sua origem em uma revolução efetiva (o que não ocorreu com os Estado Unidos, que queriam na verdade a manutenção da ordem pela Coroa inglesa e foram descartados por esta). Quando a monarquia caiu na França, uma ordem jurídica completamente nova foi construída. O Poder Legislativo assume a função de principal protagonista e o Executivo está submetido às leis advindas deste. O Poder Judiciário ainda não exerce qualquer protagonismo, como visto acima.

Maurizio Fioravanti chama a atenção para a diferença que existe no nascimento do sistema de direito Anglo-Americano e no sistema chamado de *Civil Law*, de tradição francesa e, consequentemente, aplicável ao Direito Constitucional alemão, de Alexy, e ao brasileiro, afirmando:

> Para dizer de modo mais sintético, se pode afirmar que a revolução francesa confia os direitos a as liberdades à obra de um *legislador virtuoso*, que é assim porque altamente representativo do povo, ou da nação, para além das facções dos interesses particulares; enquanto a revolução americana *desconfia das virtudes de todo legislador* – mesmo daquele democraticamente eleito, [...] – e por isso confia os direitos e as liberdades à *constituição*, ou seja à possibilidade de limitar o legislador com uma norma de ordem superior".[37]

---

[35] LUCIFREDI, Píer Giorgio. *Appunti di diritto costituzionale comparato*: Il sistema statudinense. 2 ed. Milano: Giuffrè, 1977, p 3.

[36] V. FIORAVANTE, Maurizio. *Appunti di storia delle costituzioni moderne*: le libertà fondamentali. 2 ed. Torino: G. Giappichelli, 1995, p. 85-90.

[37] Idem, p. 84. Sobre a mesma diferença, ainda que em abordagem um pouco diversa e mas aprofundada, ver também BLANCO VALDÉS, Roberto L. *Il valore della costituzione*: separazione dei poteri, supremazia della legge e controllo di costituzionalità alle origini dello Stato liberale. Tradução de Antonella Salerno. Padova: CEDAM, 1997.

A concepção americana terminou por induzir lentamente uma reflexão do Direito Europeu continental. Aos poucos as concepções constitucionalistas dos Estados Unidos lançaram dúvidas também sobre o "legislador virtuoso" idealizado pelos revolucionários de França.

No entanto, era preciso, e os europeus continentais o fizeram bem, uma adequação desses conceitos ao sistema legislado da sua tradição jurídica. A forma de evitar um poder despótico no sistema legislado, foi limitar o Poder do Estado e estabelecer obrigações pela via do principal corpo legislativo, a Constituição. Eis a razão de Normas especiais, estabelecidas com conteúdo de cláusulas pétreas, que devem pairar acima das vontades individuais de governantes, legisladores e também dos juízes.

Há sim que limitar os Direitos Fundamentais, nos casos especiais, mas isso sempre se dará na forma prevista no próprio sistema de funcionamento das Normas Constitucionais. É por isso que o sistema legislado de Regras e Princípios precisa ser bem entendido para evitar que a vontade de qualquer agente que exerça atividade que represente Poder do Estado prevaleça sobre a lei.

4. Princípios: entre o protagonismo e o voluntarismo judicial

No sistema jurídico brasileiro, como no alemão, Princípios são Normas, tanto quanto são as Regras. E as normas que asseguram Direitos Fundamentais são normas constitucionais. Como demonstrado antes, não se está falando aqui de Princípios na acepção que lhe dá Dworkin, mas naquela preconizada por Alexy.

A importância de inserir os Princípios no âmbito das Normas está em que todos os direitos estabelecidos nesta forma na ordem constitucional são para serem cumpridos e obedecidos desde logo. Com essa inserção eles passam exigíveis, sem a necessidade de Regras (Normas até então) que os concretizem. Eles passam a ser Normas, com o mesmo valor e grau de exigência das Regras.

Buscando sistematizar a aplicação dos Direitos Fundamentais perseguindo a sua efetividade e evitando o equivocado voluntarismo judicial, volta-se aqui a enunciar o que já vem sendo dito insistentemente em outros artigos. O que se pretende é denunciar mais uma vez que há uma espécie de desmanche do sistema de Direitos Fundamentais, seja pela equivocada leitura do sistema; seja pela tentativa de tentar misturar sistemas diversos, com origem muito diferentes; seja, ainda, de forma intencional para permitir o arbítrio a que as Normas de Direitos Fundamentais visam obstar.

É pela via das limitações de Direitos Fundamentais que entre nós ocorre aquilo que Konrad Hesse chama de "escavação interna" de Direitos Fundamentais. Para a superação dessa deficiência constitucional na própria aplicação das Normas Constitucionais, com um olhar já adaptado ao sistema brasileiro, é possível encontrar nas lições de Konrad Hesse e Robert Alexy as chaves que permitem levar a sério as garantias estabelecidas na Constituição brasileira.

Konrad Hesse reconhece que os Direitos Fundamentais (que chama de liberdades jurídico-fundamentais), são "liberdades jurídicas" e, por isso, podem ser limitadas.[38]

No entanto, explica o mesmo autor, essa limitação também deve ser jurídica e, por isso, "podem os limites dessas garantias encontrar sua *base somente na Constituição*".[39]

Afirma Hesse que as formas de limitação devem ser buscadas nas próprias Normas. A primeira forma diz respeito ao alcance material da Norma que molda o direito fundamental, o que determinaria a limitação pela própria extensão da Norma. Outra forma de limitação está na presença de comandos normativos restritivos na própria Norma Constitucional que enuncia o direito fundamental. Ainda pode a Norma Constitucional que estabelece o direito fundamental determinar uma "reserva legal" pela qual "o legislador [infraconstitucional] fica autorizado a determinar os limites da garantia". Faz, neste ponto, uma diferenciação entre o que chama de restrição *"por lei"*, quando o próprio legislador efetua a limitação, e restrição *"com base em uma lei"*, quando o legislador "normaliza os pressupostos sob os quais órgãos do poder executivo ou judiciário podem, ou devem realizar a limitação".[40]

A última forma de limitação, que ele chama de *"coordenação de direitos de liberdades e outros bens jurídicos"*, em que se encontram os Direitos Fundamentais estabelecidos no nível de Normas Constitucionais da categoria Princípios. Neste ponto observa que dos "limites da limitação admissíveis de Direitos Fundamentais pelo legislador, deve ser separada a questão sobre os *limites do controle judicial* dessa limitação".[41]

Quando trata do controle judicial dos limites, Konrad Hesse lança uma importante observação que pretende ser obstáculo para o denominado voluntarismo judicial: "Aqui o juiz, não deve pôr sua concepção no lugar da concepção da maioria nos corpos legislativos, a não ser que a liberdade de decisão do legislador, fundada na ordem democrática da Lei Fundamental, deva ser mais limitada do que a Constituição prevê".[42] Ou seja, o Poder Judiciário, excepcionalmente e numa atividade de protagonismo, autorizado constitucionalmente, pode ampliar o direito fundamental e nunca restringi-lo.

Robert Alexy, após enunciar os modelos pensados para inserir os Direitos Fundamentais em uma ordem constitucional, quais sejam, o modelo puro de Princípios, o modelo puro de Regras ou o modelo combinado (ou misto), posiciona-se no sentido de que o último é mais adequado para um sistema de Direito legislado e de Normas preponderantemente advinda do Poder Legislativo[43] (o que é o caso brasileiro, como é sabido).

---

[38] HESSE, Konrad. *Elementos de Direito Constitucional da República Federal da Alemanha*. Tradução de Luís Afonso Heck. Porto Alegre: Sergio Antonio Fabris, 1998, p. 250.

[39] Idem, p. 250.

[40] Idem, p. 251-253.

[41] Idem, p. 257.

[42] Idem, p. 257.

[43] ALEXY, Robert. *Teoria dos Direitos Fundamentais*. Tradução de Virgílio Afonso da Silva. São Paulo: Malheiros, 2008, 121-141.

Este último modelo está, segundo o autor, dividido em dois níveis de normatividade, o nível dos Princípios e o nível das Regras. Há de concordar-se com Alexy de que essa é a melhor forma de inserir no ordenamento jurídico a disciplina dos Direitos Fundamentais – e esse foi o modelo adotado no ordenamento brasileiro – uma vez que, em algumas situações, o legislador constitucional retira a possibilidade de ponderação no momento da aplicação ao caso concreto porque já efetuou a devida ponderação e terminou por assegurar a um determinado Direito Fundamental, ou a parcela, ou a aspecto dele, uma garantia maior do que aquela que a previsão no nível dos Princípios garantiria. Nessas condições, mesmo que se admita que os Direitos Fundamentais possuam o núcleo determinado pela ponderação, esta também pode ser exercitada pelo legislador constitucional no momento mesmo do processo constituinte, o que retira do aplicador do direito uma nova ponderação. Na feliz expressão de Alexy: "a vinculação à Constituição significa uma submissão a todas as decisões do legislador constituinte".[44]

A ausência de percepção de que esse é o modelo adotado no Brasil e uma leitura apressada da obra de Alexy têm determinado dois equívocos que são recorrentes na aplicação dos Direitos Fundamentais: a afirmação de que não há Direitos Fundamentais absolutos, considerando que toda a aplicação de Direitos Fundamentais no momento da concretização se dá por intermédio da ponderação; e que no conflito entre Regras e Princípios há preponderância destes sobre aquelas.

É possível afirmar-se, com base na lição de Norberto Bobbio, que não há qualquer Direito Fundamental que seja absoluto somente no sentido de que, sendo eles construção (conquista) histórica, são mutáveis no espaço e no tempo. Pode ocorrer que certo contexto histórico determine a inclusão de limitação na atuação do Estado (negativo) ou de uma obrigação prestacional (positivo), e que as circunstâncias do tempo e do processo da própria caminhada histórica modifiquem o contexto e, com isso, venha a desaparecer a necessidade da limitação ou a obrigação perder o sentido ou, ainda, que a limitação deva se dar de outra forma. De outro lado, também pode ocorrer que determinada circunstância faça surgir a necessidade de enunciar e assegurar nova situação configuradora de Direito Fundamental que até então não tenha surgido ou não tenha sido percebida como tal. Estas duas hipóteses infirmam a possibilidade de encontrar caráter absoluto nos Direitos Fundamentais, mas servem para demonstrar a impossibilidade de serem entendidos como de ordem natural (afastam qualquer forma de jusnaturalismo).[45]

Outra coisa, no entanto, é falar-se na inexistência de Direito Fundamental absoluto, sustentando que todos são relativos, e fundamentar a pretensão de colocá-los todos em grau de ponderação. Nesse sentido, que importa para o que se está argumentando, é possível dizer-se, e demonstrar-se com as afirmações e os exemplos acima referidos, que para o momento de vigência da ordem constitucional eles são absolutos, na medida em que não se submetem, e não

---

[44] ALEXY, Robert. *Teoria dos Direitos Fundamentais*. Tradução de Virgílio Afonso da Silva. São Paulo: Malheiros, 2008, p. 140.

[45] BOBBIO, Norberto. *A Era dos Direitos*. Tradução de Carlos Nelson Coutinho. Rio de Janeiro: Campus, 1992, p. 15-25.

podem se submeter, a qualquer forma de limitação que não a estabelecida em Norma Constitucional, ou determinada ou autorizada por Norma Constitucional. Observe-se que absoluto aqui está em contraponto com relativo, e não com provisório.

A confusão decorrente das circunstâncias acima é fator de agravamento da crise de efetividade dos Direitos Fundamentais, na medida em que constitui forma de flexibilização de direitos que o legislador constitucional pretendeu colocar a salvo de qualquer ponderação por parte do aplicador e o estabeleceu como Regra, afastando qualquer limitação. É também a porta pela qual passa, ou pretende passar, o voluntarismo judicial.

Sobre o (aparente) conflito entre Regra e Princípio, Robert Alexy afirma textualmente, e justifica, que a primazia é sempre das Regras.[46]

Considerando as lições de Konrad Hesse e Robert Alexy, pode-se dizer que, diferente do que se tem dito, as Normas desempenham um papel fundamental em um direito legislado, como o brasileiro, e que para levar a sério a Constituição, deve-se atentar sempre para a ponderação de determinados valores feitos pelo legislador constitucional e respeitar as Regras limitadoras do Estado estabelecidas na Constituição. Deve-se, ainda, atentar para a primazia das Regras de Direitos Fundamentais sobre quaisquer Normas na modalidade de Princípios, pois aquelas estão a salvo de ponderação, salvo no caso de ampliação de Garantia e, por consequência, de limitação do Estado. Ou seja, sob estas Normas é que se devem mover os Magistrados, que são integrantes do Estado e não estão acima dele e da Constituição e das Leis.

5. Considerações finais

Há uma substancial diferença na atividade do Poder Judiciário entre o protagonismo e o voluntarismo judicial.

O protagonismo não é uma deferência ao Poder Judiciário e nem mesmo é uma concessão deste. O protagonismo é uma exigência do Estado Democrático de Direito para que os três Poderes (Executivo, Legislativo e Judiciário), de forma independente e harmônica, façam cumprir as razões da própria criação do Estado: sua Função Social. Tanto a Constituição, quanto as leis infraconstitucionais exigem esse comportamento. Por exemplo, quando a Tribunal competente julga um Mandado de Injunção (embora neste ponto, que seria sua atividade típica de protagonismo, o Poder Judiciário não cumpra integralmente esse dever) e expeça a lei pela ausência da atividade típica do Parlamento; quando o Juiz coloca a Administração Pública nos trilhos da legalidade (embora aqui entenda muito pouco sua função e determine uma perda de potência do Instituto) no julgamento do Mandado de Segurança; ou, ainda, quando, julgando uma Ação Civil Pública, determina o cumprimento e/ou realização de uma Política Pública típica, está o juiz na mais legítima e louvável condição de protagonista.

---

[46] ALEXY, Robert. *Teoria dos Direitos Fundamentais*. Tradução de Virgílio Afonso da Silva. São Paulo: Malheiros, 2008, p. 140.

No entanto, de outro lado, quando o juiz, equivocada ou intencionalmente, estabelece ponderação quando ela não tem o menor cabimento, porque se está diante de um aparente conflito entre regras (que devem prevalecer) e um Princípio; ou porque não há Princípios em conflito, a não ser com Princípio *ad hoc* (inventado), estará ele ultrapassando os limites que lhe são determinados e praticando típico voluntarismo judicial.

O protagonismo é saudável exigência do Estado Democrático de Direito; o voluntarismo é patológica conduta de quem não entendeu (ou não quer entender) o sistema dessa mesma forma de Estado.

Referências

ADAMS, John Clarke. *Il Diritto Costituzionale americano*. 2 ed. Firenze: La Nuova Italia, 1967.

ALEXY, Robert. *Teoria dos Direitos Fundamentais*. Tradução de Virgílio Afonso da Silva. São Paulo: Malheiros, 2008.

BLANCO VALDÉS, Roberto L. *Il valore della costituzione*: separazione dei poteri, supremazia della legge e controllo di costituzionalità alle origini dello Stato liberale. Tradução de Antonella Salerno. Padova: CEDAM, 1997.

BOBBIO, Norberto. *A Era dos Direitos*. Tradução de Carlos Nelson Coutinho. Rio de Janeiro: Campus, 1992.

BRANDÃO, Paulo de Tarso. *Ações Constitucionais*: novos direitos e acesso à Justiça. 2.ed. Florianópolis: OAB/SC, 2005.

———. Lineamentos teóricos do controle judicial de constitucionalidade de leis nos sistemas originários. *In*, ESPIRITO SANTO, Davi; PASOLD, Cesar Luiz. *Reflexões sobra Teoria da Constituição e do Estado*. Florianópolis: Insular, 2013. p. 41-84.

CRISCUOLI, Giovanni. *Delle fonti del diritto inglese*. Palermo: CELUP, 1977.

DWORKIN, Ronald. *Levando os direitos a sério*. Tradução de Nelson Boeira. São Paulo: Martins Fontes, 2007.

FIORAVANTI, Maurizio. *Appunti di storia delle costituzioni moderne*: le libertà fondamentali. 2 ed. Torino: G. Giappichelli, 1995.

HESSE, Konrad. *Elementos de Direito Constitucional da República Federal da Alemanha*. Tradução de Luís Afonso Heck. Porto Alegre: Sergio Antonio Fabris, 1998.

LOSANO, Mário G. *Os grande sistemas jurídicos*. Lisboa/Rio de Janeiro: Presença/Martins Fontes, 1979.

LUCIFREDI, Pier Giorgio. *Appunti di diritto costituzionale comparato*: Il sistema statudinense. 2 ed. Milano: Giuffrè, 1977.

———. *Apunti di diritto costituzionale comparato*: Il sistema Britannico. Milano: Giuffrè, 1973.

PASOLD, Cesar Luiz. *Função Social do Estado Contemporâneo*. Dados eletrônicos. Itajaí: Univali. 2013

SHÄFER, Jairo Gilberto. A compreensão unitária dos Direitos Fundamentais. Dados eletrônicos. *Jornal Carta Forense*. <http://www.cartaforense.com.br/conteudo/artigos/a-compreensao-unitaria-dos-direitos-fundamentais/5559>. Acesso em 28 de julho de 2015.

SOARES, Guido Fernando Silva. *Common Law*: introdução ao direito dos EUA. 2. ed. São Paulo: Revista dos Tribunais, 2000.

STRECK, Lenio Luiz. *Hermenêutica Jurídica e(m) Crise*: uma exploração hermenêutica da construção do Direito. 10. ed. Porto Alegre: Livraria do Advogado. 2011.

VIOLANTE, Luciano. *Magistrati*. Torino: Giulio Einaudi, 2009.

— 15 —

Avanços legislativos na área da inclusão social: a Lei nº 13.146/2015

LUIZ ALBERTO DAVID ARAUJO[1]

MAURÍCIO MAIA[2]

Sumário: 1. Introdução; 2. A Constituição de 1988 e as pessoas com deficiência; 3. A Convenção sobre os Direitos das Pessoas com Deficiência da ONU; 4. O Estatuto das Pessoas com Deficiência; 5. Conclusão; Referências.

1. Introdução

Em 06 de julho de 2015, foi editada a Lei nº 13.146, denominada Lei Brasileira de Inclusão da Pessoa com Deficiência (Estatuto da Pessoa com Deficiência).

A edição de tal lei trouxe mudanças sensíveis ao sistema legal brasileiro, promovendo alterações legislativas importantes, como no Código Civil, na Lei de Improbidade Administrativa, na Lei de Licitações e nas Leis de Custeio e de Benefícios da Previdência Social, entre outras.

Pela amplitude da lei, com alteração em normas como as já apontadas, inegável que a comunidade jurídica apresente uma certa apreensão. Afinal, o Código Civil não é tão antigo assim, nem tampouco a Lei de Improbidade Administrativa. Talvez o melhor caminho para tratar do tema seja, antes da apresentação da lei e seu papel na sociedade brasileira, mencionar outro marco normativo quase desconhecido e, de outro lado, necessário para o entendimento do tema: a Convenção da ONU Sobre os Direitos das Pessoas com Deficiência.

A busca do caminho normativo fundamental, ou seja, a Constituição Federal de 1988 e a Convenção da ONU, vai trazer os dados necessários para

---

[1] Mestre, Doutor e Livre-Docente em Direito Constitucional, pela Pontifícia Universidade Católica de São Paulo; Professor Titular de Direito Constitucional da Pontifícia Universidade Católica de São Paulo.

[2] Mestre e doutorando em Direito Constitucional, pela Pontifícia Universidade Católica de São Paulo; Professor Assistente do Curso de Especialização em Direito Administrativo da Pontifícia Universidade Católica de São Paulo; Procurador Federal.

o perfeito entendimento da nova norma. Assim, depois da leitura desses documentos necessários e indispensáveis, ficará mais compreensível o grande avanço trazido pela lei. Infelizmente, o Poder Judiciário também tem resistido à leitura desse importante documento, a Convenção da ONU. E, sendo assim, tem produzido uma jurisprudência que destoa da normativa convencional, deixando de aplicar o importante e único documento aprovado na forma do artigo 5º, §3º, da Constituição Federal: a Convenção da ONU, aprovada pelo Decreto Legislativo nº 186, de 09 de julho de 2008, e promulgada pelo Decreto nº 6.949, de 25 de agosto de 2009.

A Lei nº 13.146/2015 tem em sua nomenclatura o seu escopo: a inclusão das pessoas com deficiência. É sob este aspecto que iremos abordar o tema. Para tanto, vamos relembrar os fundamentos constitucionais da inclusão social e, especialmente o detalhamento desses fundamentos trazidos pela Convenção. Em seguida, ficará mais compreensível a leitura das novidades legislativas para esse grupo tão importante que compreende quase um quarto da população brasileira, segundo o último Censo realizado pelo Instituto Brasileiro de Geografia e Estatística – IBGE.[3]

2. A Constituição de 1988 e as pessoas com deficiência

A Constituição brasileira de 1988, que consagra a dignidade da pessoa humana como um dos fundamentos da República brasileira (artigo 1º, III), tem na igualdade um dos seus principais vetores de interpretação, a condicionar todo o sistema de garantia de direitos fundamentais insculpido no texto da Lei Maior (artigo 5º, *caput*). Essa igualdade não se limita ao enunciado do artigo 5º da Constituição, mas se espalha por diversos outros dispositivos como o artigo 7º, incisos XXX e XXXI, o artigo 19, inciso III, o artigo 150, inciso II etc.

A Constituição de 1988 tratou de reconhecer a dignidade da pessoa humana como valor central. E, ao mesmo tempo, cuidou de anunciar o princípio da igualdade, como já visto. Essa questão se aplica no tratamento da pessoa com deficiência. A vulnerabilidade do grupo não estaria presente em todos os momentos, mas deve estar sendo observada a cada passo. Desta forma, não podemos dizer que a vulnerabilidade estaria presente em cada questão, como direito à saúde, participação na vida social, educação etc. Muitas vezes, as pessoas com deficiência não precisam de qualquer amparo. Nesse caso, a igualdade deve ser lida com a dignidade da pessoa humana, formando um binômio de valoração necessário ao entendimento do tema. Nem sempre há necessidade de proteção especial; mas às vezes, ela deverá estar presente. Foi nessa tônica que surgiu a Convenção da ONU. Assim, os pontos consagrados da Constituição Federal, como igualdade, formal e material, devem ser lidos com a nova dicção trazida pela Convenção, que esclareceu e atualizou o tema. Não podemos mais pensar sempre em uma pessoa vulnerável; mas não podemos, de outro lado, olvidar a vulnerabilidade como uma questão que pode estar presente.

---

[3] Dados do Censo 2010 do Instituto Brasileiro de Geografia e Estatística – IBGE –, disponíveis em: <ftp://ftp.ibge.gov.br/Censos/Censo_Demografico_2010/Caracteristicas_Gerais_Religiao_Deficiencia/tab1_3.pdf>.

Assim, os seguintes direitos devem ser vistos, agora, à luz da Convenção. A igualdade material e formal, a acessibilidade, como forma de instrumentalização de direitos, a vaga reservada em concurso público, o salário mínimo existencial, o direito à educação, o direito à saúde, dentre outros direitos.

O Constituinte de 1988 adotou a expressão "pessoas portadoras de deficiência" para referir-se ao grupo vulnerável, que era, à época da elaboração do Texto, a terminologia mais atual, deixando de lado as expressões "excepcionais", "inválidos" ou "deficientes", que eram utilizadas em textos legais anteriores, inclusive na Emenda Constitucional nº 12, de 1978, que tratou especificamente das pessoas com deficiência. O núcleo da expressão utilizada pela Constituição passou a ser "pessoa", apontando para uma preocupação na proteção do indivíduo e de sua dignidade. Hoje tal terminologia está superada, sendo de rigor a utilização da expressão "pessoas com deficiência", nomenclatura utilizada pela Convenção sobre os Direitos das Pessoas com Deficiência da ONU, aprovada e internalizada, como já visto. A terminologia já será a atual, ou seja, pessoa com deficiência. A nova lei já adotou a terminologia adequada e atual. Portanto, pode-se notar que não se trata de novidade, mas de aplicação da Convenção da ONU.

Em diversos dispositivos da Lei Maior, o Constituinte estabeleceu especial proteção ao grupo das pessoas com deficiência, sempre com vistas à efetiva implementação da igualdade. Portanto, tais direitos se somam aos outros, é evidente, deferidos pela Constituição às pessoas sem deficiência.

O artigo 7º, XXXI, da Constituição, estabelece a vedação da discriminação das pessoas com deficiência no mercado de trabalho, expressamente proibindo qualquer discriminação no tocante a salário e a critérios de admissão da pessoa com deficiência.

Já o artigo 37, VIII, da Lei Maior institui ação afirmativa, como uma das medidas de inclusão das pessoas com deficiência no mercado de trabalho e na sociedade, determinando a reserva de percentual dos cargos e empregos públicos para tal grupo vulnerável. Com a medida de ação afirmativa, mais do que simplesmente proibir discriminações infundadas, a Constituição determina a atuação positiva do Estado para a inclusão das pessoas com deficiência.

Também o artigo 203, IV, dispensou tratamento específico às pessoas com deficiência, estabelecendo, como um dos objetivos da assistência social, a habilitação e a reabilitação dessas pessoas, bem como a promoção de sua integração à vida comunitária. O mesmo artigo 203, mas em seu inciso V, estabelece a garantia de um salário mínimo mensal às pessoas com deficiência (assim como aos idosos), que não puderem prover à própria manutenção, nem tê-la provida por sua família. São medidas, no âmbito da assistência social, destinadas a incluir as pessoas com deficiência, objetivando que possam viver com dignidade e independência, da mesma forma que as demais pessoas.

Na garantia do direito à educação, reconhecendo as eventuais necessidades diferenciadas das pessoas com deficiência no tocante à sua inclusão no ambiente escolar, assim como para a adequada apreensão do conteúdo educacional, o artigo 208, III, da Constituição Federal, estabeleceu que é dever do Estado garantir atendimento educacional especializado às pessoas com deficiência, preferencialmente na rede regular de ensino, obrigando, assim, que os estabelecimentos de ensino estejam preparados para o acolhimento das pessoas com deficiência, para a efetivação de seu direito à educação.

Também na atenção à saúde das pessoas desse grupo, além da inclusão das crianças e adolescentes com deficiência, foi estabelecido pelo constituinte um especial tratamento, tendo sido determinado, no artigo 227, §1°, II, a criação de programas de prevenção e atendimento especializado para as pessoas com deficiência, assim como destinados à inclusão do adolescente e do jovem com deficiência, mediante o treinamento para o trabalho e a convivência, com a facilitação do acesso aos bens e serviços coletivos, eliminando-se preconceitos e barreiras arquitetônicas.

Não se olvidou o Constituinte de 1988 de questão indispensável à inclusão e à garantia de quase todos os direitos das pessoas com deficiência: a acessibilidade. No artigo 227, §2°, a Constituição determina que a lei deverá dispor sobre as normas de construção dos logradouros e dos edifícios de uso público, bem como sobre as normas de fabricação dos veículos de transporte coletivo, de forma a garantir acesso adequado às pessoas com deficiência. Já o artigo 244 da Lei Maior determina que a lei deverá dispor sobre a adaptação dos logradouros, dos edifícios de uso público e dos veículos de transporte coletivos então existentes, para garantir a acessibilidade. Assim, desde 1988, nossa Constituição determina que os logradouros, edifícios de uso público e veículos de transporte coletivo, já existentes ou a serem construídos ou fabricados, deverão obedecer às normas de acessibilidade, possibilitando sua utilização pelas pessoas com deficiência, da mesma forma que os utilizam as demais pessoas.

Verificamos, dessa maneira, que a Constituição de 1988, preocupada com a efetivação da igualdade em seu aspecto material, ou seja, preocupada não apenas em determinar que todos sejam tratados da mesma forma diante da lei (igualdade formal), mas em propiciar a todas as pessoas igualdade de oportunidades de participação na sociedade, reconhecendo que as pessoas com deficiência enfrentam dificuldades que não são enfrentadas pelas demais pessoas, tratou de criar um sistema de proteção específico para esse grupo vulnerável, atribuindo-lhes uma série de direitos, com a correspondente atribuição de deveres ao Estado e à sociedade.

3. A Convenção sobre os Direitos das Pessoas com Deficiência da ONU

No ano de 2004, a Constituição Federal sofreu importante alteração, com a promulgação da Emenda Constitucional n° 45, de 08 de dezembro de 2004, a chamada Emeda da Reforma do Poder Judiciário. Por intermédio de tal emenda, foi inserido no artigo 5° da Constituição Federal o §3°, que passou a admitir que tratados e convenções internacionais de direitos humanos pudessem gozar de equivalência de emenda à Constituição, desde que aprovados em cada Casa do Congresso Nacional, em dois turnos, por três quintos dos votos dos respectivos membros. Dessa forma, os tratados e convenções internacionais que versem sobre direitos humanos, e desde que aprovados pelo Congresso

Nacional na forma do artigo 5º, §3º, da Constituição, ingressam em nosso sistema com equivalência constitucional, ou seja, no ápice de nosso sistema jurídico, condicionando a aplicação e a produção de todo o Direito futuro, bem como a interpretação de todo o sistema normativo, revogando as normas anteriores que com tais convenções sejam incompatíveis.

Até hoje, houve um único caso de utilização do artigo 5º, §3º, da Constituição Federal, introduzido pela Emenda Constitucional nº 45, de 2004. E foi justamente na internalização da Convenção sobre os Direitos das Pessoas com Deficiência da ONU e de seu Protocolo Facultativo, no ano de 2008 (Decreto Legislativo nº 186, de 09 de julho de 2008), que foi aprovada em dois turnos, por três quintos dos votos dos respectivos membros de cada Casa do Congresso Nacional. Assim, referida Convenção e seu Protocolo Facultativo têm, no Direito brasileiro, equivalência de emenda à Constituição Federal.

Essa Convenção introduz no sistema jurídico brasileiro, com equivalência constitucional, um amplo sistema de proteção às pessoas com deficiência, acrescendo-o ao sistema já existente na Constituição Federal desde 1988, destinado a promover sua efetiva inclusão na sociedade, em igualdade de oportunidades para com as demais pessoas.

A Convenção da ONU parte de um novo conceito de pessoas com deficiência, de caráter social, no qual se reconhece que a deficiência não está na pessoa, mas na sociedade, que não está adequadamente preparada para acolhê-la. De acordo com tal conceito, trazido no artigo 1 da Convenção, são pessoas com deficiência "aquelas que têm impedimentos de longo prazo de natureza física, mental intelectual ou sensorial, os quais, em interação com diversas barreiras, podem obstruir sua participação plena e efetiva na sociedade, em igualdade de condições com as demais pessoas".

Nota-se que o conceito, que desde logo revogou os conceitos até então existentes, baseados em decretos regulamentares, não se satisfaz com um critério unicamente médico para a definição de quem venha a ser pessoa com deficiência, mas exige que o impedimento médico, ao interagir com as diversas barreiras presentes no ambiente e na sociedade, ocasione uma desigualdade de oportunidades de inclusão da pessoa com deficiência em relação às demais pessoas. Essa novidade, assim, já é decorrente da Convenção, ou seja, a Lei nº 13.146/2015 conceitua (e não poderia ser de forma diferente) pessoa com deficiência como foi conceituada pela Convenção, modificando o conceito interno até então existente, que se baseava em decretos regulamentares, que definiam o grau de dificuldade médica de tais pessoas.

As pessoas com deficiência são parte da diversidade humana (como, aliás, expresso nos princípios da Convenção, em seu artigo 3, alínea "d"), e a sociedade deve estar preparada para acolhê-las, assim como faz com as demais pessoas. Portanto, havendo barreiras para a inclusão desse grupo, é dever do Estado eliminá-las, e, certamente, ao particular não contribuir com tais obstáculos.

O sistema de proteção das pessoas com deficiência, estabelecido pela Convenção da ONU, se dispõe a garantir a dignidade dessas pessoas, possibilitando o desenvolvimento de suas capacidades, impedindo sua discriminação, bem como se preocupa em assegurar sua inclusão plena e efetiva na sociedade, em igualdade de oportunidades para com as demais pessoas; é forma, assim, de efetivação da dignidade da pessoa humana e da igualdade, dois valores que constituem os principais vetores de interpretação e de aplicação da Constituição brasileira, sendo com ela perfeitamente compatível, em todos os seus termos. A Convenção complementa e detalha, com equivalência constitucional, como dito acima, o sistema de proteção às pessoas com deficiência que já existia na Constituição brasileira desde 1988. Face à estatura constitucional da Convenção da ONU, todo o Direito brasileiro deve ser de acordo com suas determinações interpretado, aplicado e produzido, sob pena de inconstitucionalidade.

Além de um novo conceito de pessoas com deficiência, a Convenção traz as definições de "adaptação razoável" e de "desenho universal", importantíssimos elementos de efetivação da acessibilidade.

Mais do que simplesmente inibir a discriminação em razão da deficiência, a Convenção da ONU estabelece obrigações ao Estado no sentido da atuação positiva na busca da inclusão e da igualdade de oportunidades. Trata especificamente de mulheres (artigo 6) e crianças (artigo 7) com deficiência, e estabelece diretrizes sobre acessibilidade (artigo 9), acesso à Justiça (artigo 13), mobilidade pessoal (artigo 20), respeito à liberdade de expressão e de opinião e acesso à informação (artigo 21), respeito à privacidade (artigo 22), direito à educação mediante sistema educacional inclusivo (artigo 24), direito à saúde (artigo 25), direito à habilitação e reabilitação (artigo 26), direito ao trabalho e emprego (artigo 27), direito à participação na vida política e pública (artigo 29), na vida cultural (artigo 30).

A Convenção protege também a pessoa com deficiência quanto à sua integridade (artigo 17), bem como contra a violência, a exploração e o abuso (artigo 16), contra a tortura ou tratamentos ou penas cruéis, desumanos ou degradantes (artigo 15).

Note-se que grande parte desses direitos garantidos pela Convenção já estavam, alguns expressamente e outros de forma implícita, garantidos pela Constituição brasileira, mas o seu detalhamento pela Convenção é extremamente feliz, já que denota a especial importância que o Direito dá à proteção desse grupo vulnerável.

Ademais, tendo ingressado na Constituição brasileira com estatura de emenda à Constituição, na forma do artigo 5º, §3º, do Texto Constitucional, devemos reconhecer que a supressão desses direitos não é possível à luz do nosso ordenamento constitucional, já que, assumindo a feição de direitos e garantias individuais, são cláusulas pétreas, de acordo com o artigo 60, §4º, IV, da Lei Maior. Qualquer atitude do Poder Público (seja na esfera do Poder Legislativo, do Poder Executivo ou do Poder Judiciário) que afronte algum desses preceitos trazidos pela Convenção sobre os Direitos das Pessoas com Deficiência da ONU atenta contra a Constituição Federal e deve ser repelida pelo ordenamento jurídico.

É de rigor reconhecermos que muitas das normas trazidas pela Convenção são normas de aplicabilidade imediata, que não carecem de qualquer regulamentação ou ato infraconstitucional para que produzam a totalidade de seus efeitos jurídicos. A Convenção tem equivalência constitucional e, como tal, é norma jurídica que deve ser aplicada na maior extensão possível, condicionando todo o Direito pátrio.

Um exemplo de norma da Convenção que não exige qualquer legislação infraconstitucional para que seja aplicada é o novo conceito de pessoas com deficiência, como já afirmado. A sua definição na Convenção contém todos os elementos necessários para a identificação dos integrantes do grupo vulnerável, sendo de rigor que o Poder Público, em todas as suas esferas, adote comportamento de acordo com o previsto na Convenção para definir quem pode ou não ser considerado como pessoa com deficiência para gozar de todo o sistema de proteção estabelecido pelo nosso Direito. Qualquer norma ou ato do Poder Público que contenha definição de pessoa com deficiência incompatível com aquela trazida pelo artigo 1 da Convenção, desde sua internalização em 2008, é inconstitucional e deve ser repelida.

Dessa forma, desde 2008, o ordenamento constitucional brasileiro conta com um amplo sistema de proteção destinado à inclusão da pessoa com deficiência na sociedade em igualdade de condições para com as demais pessoas, sistema esse que determina a eliminação de barreiras que impedem que as pessoas com deficiência participem da sociedade de forma plena e efetiva, gozando das mesmas oportunidades de que gozam as demais pessoas. Trata-se de normas de equivalência constitucional e que devem condicionar, assim, todo o Direito pátrio e a atividade estatal, seja do Poder Legislativo, do Poder Executivo ou do Poder Judiciário. Todo o Direito anterior à Convenção deve ser interpretado de forma com ela compatível, e, se não for possível, deverá ser tido como revogado; todo o Direito a ser produzido deverá ser feito de acordo com os ditames da Convenção, sob pena de inconstitucionalidade.

4. O Estatuto das Pessoas com Deficiência

Desde o ano de 2000, havia no Congresso Nacional projetos de lei tramitando para a edição de um Estatuto das Pessoas com Deficiência (Projeto de Lei nº 3.638/2000 e Projeto de Lei nº 7.699/2006). No ano de 2012, por intermédio da Portaria SDH/PR nº 616/2012 (e, portanto, já após a internalização da Convenção da ONU sobre os Direitos das Pessoas com Deficiência, na forma do artigo 5º, §3º, da Constituição Federal), foi criado um Grupo de Trabalho para análise dos Projetos de Lei que tratam da criação do Estatuto da Pessoa com Deficiência, para auxiliar na elaboração de uma legislação já com fundamento na Convenção da ONU, abordando os temas ali presentes e adequando os Projetos de Lei existentes.

Finalmente, em 06 de julho de 2015, foi editada a Lei nº 13.146, denominada de Lei Brasileira de Inclusão da Pessoa Com Deficiência (Estatuto da Pessoa com Deficiência). Tal lei tem a previsão de *vacatio legis* de 180 dias.

Referida Lei, em seu artigo 1º, expressamente dispõe que seu objetivo é promover, em condições de igualdade, o exercício dos direitos e das liberdades fundamentais pelas pessoas com deficiência, objetivando sua inclusão social e cidadania. O parágrafo único do mesmo artigo 1º do Estatuto da Pessoa com Deficiência aponta que a legislação se baseia na Convenção da ONU e seu protocolo facultativo.

Temos, dessa forma, que o Estatuto da Pessoa com Deficiência tem como principal função promover a inclusão da pessoa com deficiência, promover sua cidadania, possibilitando-lhe o exercício dos direitos e das garantias fundamentais que lhe são constitucionalmente assegurados. Embora seja de recente edição, a legislação não introduz grandes novidades em relação ao que já era determinado pela Convenção desde 2008 que, lembremos, tem equivalência de emenda à Constituição. A nova legislação apenas detalha o que já existia com hierarquia constitucional, implementa o que já era contido na Convenção. Vejamos.

A definição de pessoa com deficiência é praticamente a mesma definição expressa na Convenção, fruto de um conceito social de pessoa com deficiência, e com ela absolutamente consentânea. De fato, dispõe o artigo 2º do Estatuto. Portanto, aqui não há qualquer novidade. Apenas repetição do texto já vigente:[4]

> Art. 2º Considera-se pessoa com deficiência aquela que tem impedimento de longo prazo de natureza física, mental, intelectual ou sensorial, o qual, em interação com uma ou mais barreiras, pode obstruir sua participação plena e efetiva na sociedade em igualdade de condições com as demais pessoas.

Os parágrafos do citado artigo 2º do Estatuto apenas apontam como se dará a aferição da deficiência, de acordo com a nova definição adotada. Não há, aí, qualquer novidade, pois, como vimos acima, o novo conceito já era dado pelo artigo 1 da Convenção, em norma de hierarquia constitucional e de aplicabilidade imediata. A lei apenas repete conceito que já estava em vigor desde a Convenção, apontando formas de sua aferição, facilitando a implementação do disposto na Convenção.

Na sequência, há algumas definições (artigo 3º), que têm por escopo facilitar a compreensão a lei ou mesmo de termos que já constam da Convenção.

O Capítulo II do Título I da Lei, intitulado "Da Igualdade e da Não Discriminação", também não traz qualquer inovação que já não estivesse contida em nossa Constituição, de forma geral, ou na Convenção, especificamente em relação às pessoas com deficiência. O artigo 5 da Convenção, aliás, tem o mesmo título do Capítulo II do Estatuto. A definição de discriminação em razão da deficiência é bastante parecida com aquela contida no artigo 2 da Convenção, levando-nos a apontar que mais uma vez a lei apenas se limita a detalhar o que já existia em razão da Convenção.

---

[4] O problema era que, muitas vezes, o legislador ordinário, o Poder Judiciário e o próprio Poder Executivo, quer no nível municipal, estadual ou federal deixava de atentar para os novos valores e novos conceitos trazidos pela Convenção. Como se vê, a caracterização ou não de uma pessoa com deficiência passa, obrigatoriamente, por uma perícia individual, multidisciplinar, onde as barreiras, caso a caso, deverão ser analisadas dentro da limitação médica da pessoa. Por isso, a Súmula 377 do Superior Tribunal de Justiça traz dificuldade de sobrevivência, diante dos termos da Convenção. Como dizer que alguém é sempre pessoa com deficiência, para efeitos de concurso público, se não foi feita a análise, caso a caso, do tema? Já tratamos da matéria em outras oportunidades. O mesmo se diga da decisão do Superior Tribunal de Justiça, por sua Corte Especial, no Mandado de Segurança nº 18.966-DF, Relatoria Min. Humberto Martins, julgado em 2.10.2013, quando afirma que a pessoa com audição unilateral não é pessoa com deficiência. As decisões trabalham com conceitos antigos, anteriores à Convenção.

A plena capacidade civil da pessoa com deficiência, trazida no artigo 6º do Estatuto, assim como as alterações determinadas no Código Civil (artigo 114 do Estatuto), nada mais são do que a efetivação do mandamento da Convenção, contido em seu artigo 23, de que o Estado tomará medidas efetivas para eliminar a discriminação contra as pessoas com deficiência em todos os aspectos relativos a casamento, família, paternidade e relacionamentos, em igualdade de condições para com as demais pessoas. Se o mandamento constitucional é de inclusão, se a Constituição, complementada pela Convenção dispõe acerca da total capacidade da pessoa com deficiência, não se pode admitir que a pessoa com deficiência tenha afetada sua capacidade civil, ou seu direito de constituir família. A legislação infraconstitucional deve ser adaptada aos novos mandamentos de estatura constitucional, sob pena de inconstitucionalidade. Nada há na nova lei a não ser o detalhamento e a implementação do que já era determinado pela Convenção, desde 2008.[5]

O artigo 12, item 2, da Convenção, ademais, expressamente determina que o Estado deverá reconhecer que as pessoas com deficiência gozam de capacidade legal em igualdade de condições com as demais pessoas em todos os aspectos da vida. Em se tratando de norma de equivalência constitucional, devemos reconhecer que, desde 2008, os artigos do Código Civil que o Estatuto da Pessoa com Deficiência alterou já deveriam ser interpretados de acordo com os ditames da Convenção, o que, certamente, implicou na revogação, ainda que tácita, de muitos daqueles dispositivos que agora foram expressamente revogados.

Note-se que casos haverá em que a pessoa com deficiência será considerada incapaz nos termos da legislação civil para a prática de certos atos. Mas não será por sua deficiência, mas porque não consegue expressar sua vontade. Não se trata de deficiência, mas de incapacidade. Nem toda pessoa com deficiência tem esse problema; e o conceito de pessoa com deficiência mental é difícil de ser generalizado. Por isso, modificou-se o Código Civil, para "retirar" o estigma da pessoa com deficiência. Caso ela se encaixe na regra geral da falta de condições de expor sua vontade está configurada a situação. Mas não há necessidade de um dispositivo próprio, estigmatizando a situação.

O mesmo podemos dizer do contido no Título II da Lei, "Dos Direitos Fundamentais", que traz a consagração do direito à vida (artigos 10 a 13 do Estatuto), do direito à habilitação e reabilitação (artigos 14 a 17), do direito à saúde (artigos 18 a 26), do direito à educação (artigos 27 a 30), do direito à moradia (artigos 31 a 33), do direito ao trabalho (artigos 34 a 38) do direito à assistência social (artigos 39 e 40), do direito à previdência social (artigo 41), do direito à cultura, ao esporte, ao turismo e ao lazer (artigos 42 a 45), do direito ao transporte e à mobilidade (artigos 46 a 52). Todos esses direitos já estavam

---

[5] É evidente que essas novidades de nível legislativo ordinário apenas contemplam as normativas da Convenção e da Constituição Federal, com o princípio da dignidade da pessoa humana. No entanto, vão causar um certo espanto e uma certa dificuldade de compreensão e aplicação. Isso não significa que deixem de ser aplicados. Estamos diante da aplicação de novos padrões, que vão exigir novas compreensões, novos esforços e novas fórmulas. O que não se pode é não mudar, porque é "difícil" ou não será "prático". Os direitos desse grupo merecem proteção adequada. E para isso, será necessário reformular uma série de conceitos até então vigentes (antes da Convenção da ONU) sobre a capacidade desse grupo vulnerável. Os desafios estão postos e a comunidade jurídica deve enfrentá-los. Reclamar da novidade, apontar dificuldade, é tarefa de quem tem dificuldade de inovar. Os desafios estão aí, aguardando reflexão.

assegurados na Convenção, com hierarquia constitucional, e a lei apenas os detalhou, facilitou sua implementação, estabelecendo obrigações ao Poder Público e à sociedade, sempre com vistas à inclusão das pessoas com deficiência e a implementação da igualdade material.

O Título III do Estatuto, "Da Acessibilidade", traz direito que é essencial para a possibilidade de que as pessoas com deficiência possam gozar de todos os direitos fundamentais que lhes são garantidos. Sem acessibilidade não se consegue estudar, passear, trabalhar, praticar esporte, tratar da saúde, enfim, não se consegue exercer nenhum dos outros direitos que são conferidos à pessoa com deficiência. A acessibilidade é indispensável à inclusão e ao exercício da cidadania das pessoas com deficiência.

Lembremos que a garantia da acessibilidade consta do texto originário da Constituição Federal, como acima já apontamos, tendo sido detalhado pela internalização da Convenção, em 2008. Nenhuma inovação ou surpresa, portanto, nesse aspecto. Mais uma vez trata-se da implementação daquilo que já consta da Constituição, desde 1988, e com mais veemência desde 2008.

Também o acesso à informação pela pessoa com deficiência (Capítulo II do Título III do Estatuto) já constava do texto da Convenção (artigo 21), tendo cuidado a lei apenas de detalhar e explicitar as diretrizes ali constantes, implementando a norma de hierarquia constitucional. O mesmo se pode dizer dos Capítulos III ("Da Tecnologia Assistiva") e IV ("Do Direito à Participação na Vida Pública e Política"), do Título III do Estatuto das Pessoas com Deficiência.

O Estatuto, no seu Livro II ("Parte Especial"), Título I, trata do acesso à Justiça, trazendo algumas disposições gerais no Capítulo I e a questão do reconhecimento igual perante a lei, no Capítulo II. Também são disposições que já constavam da Convenção, especialmente em seus artigos 12 e 13, tendo sido unicamente detalhadas pelo Estatuto. Novamente são medidas destinadas à inclusão das pessoas com deficiência e ao exercício de sua cidadania, que já constavam de norma de hierarquia superior, não havendo qualquer surpresa ao operador do sistema jurídico pátrio atento às disposições da Constituição. O Título II criminaliza algumas condutas, como a prática e a incitação da discriminação em razão da deficiência, a apropriação indébita ou desvio de bens ou valores das pessoas com deficiência bem como o abandono de pessoa com deficiência em hospitais e entidades congêneres e a retenção ou utilização de cartão magnético ou qualquer meio eletrônico ou documento de pessoa com deficiência destinado ao recebimento de benefícios, proventos, pensões ou remunerações, com objetivo de obter vantagem indevida para si ou para outrem. São medidas que trazem a preocupação atual do legislador com a realidade desse grupo. Muitas pessoas não têm condições (por falta de acessibilidade, por exemplo), de dirigir-se a hospitais, bancos, dentre outros locais. E precisam fornecer suas senhas, já que não são todos que podem utilizar computadores. As medidas são necessárias para proteger esse grupo.

Também a criminalização dessas condutas pelo Estatuto atende disposição da Convenção, que, em seu artigo 5, item 2, determina que o estado deverá proibir qualquer discriminação baseada na deficiência e garantir às pessoas com deficiência igual e efetiva proteção legal contra a discriminação por qualquer motivo.

Finalmente, o Título III do Livro II do Estatuto traz disposições finais e transitórias, destacando-se alterações legislativas que promove no Código Eleitoral (artigo 96 do Estatuto), na CLT (artigo 97 do Estatuto), na Lei n° 7.853/1989 (artigo 98 do Estatuto), no Código de Defesa do Consumidor (artigo 100 do Estatuto), nas leis de benefícios e custeio da previdência social (artigos 101 e 102 do Estatuto), na Lei de Improbidade Administrativa (artigo 103 do Estatuto), na Lei de Licitações (artigo 104 do Estatuto), no Código de Trânsito Brasileiro (artigo 109 do Estatuto), na Lei de Acessibilidade (artigo 112 do Estatuto), no Estatuto da Cidade (artigo 113 do Estatuto da Pessoa com Deficiência), e no Código Civil (artigos 114 a 116 do Estatuto).

Trata-se, sem dúvida, de alterações legislativas importantes, que chegam a estabelecer nova tipificação de ato de improbidade, bem como a alterar a regulamentação da capacidade civil, assim como foi estabelecida a tomada de decisão apoiada (inserindo o artigo 1.783-A no Código Civil), todas destinadas ao atendimento do objetivo da Convenção e do Estatuto da Pessoa com Deficiência, qual seja, propiciar a inclusão social, a cidadania e o exercício dos direitos e garantias fundamentais atribuídos ao grupo vulnerável.

Outrossim, como já acima alertamos, a legislação alterada pelo Estatuto (como todo o Direito produzido anteriormente à Convenção) já deveria ser interpretada de acordo com as disposições da Convenção, face sua hierarquia constitucional; aquelas regras que não fossem possíveis de serem compatibilizadas com a Convenção, já estavam, ainda que tacitamente, revogadas, pois contrárias às disposições de normas mais recentes e de maior hierarquia. Não se pode, assim, alegar que houve qualquer surpresa ou profunda inovação, já que o intérprete deveria, desde 2008, ler as normas ora alteradas com os olhos da Convenção.

A tomada de decisão apoiada, inovação relevantíssima da nova lei, e que permite que a pessoa com deficiência eleja pelo menos duas pessoas idôneas em quem tenha confiança, para prestar-lhe apoio na tomada de decisão sobre atos da vida civil, tem sua matriz constitucional no disposto no artigo 12, item 3, da Convenção, que determina ao Estado que adote medidas para prover o acesso das pessoas com deficiência ao apoio que necessitarem no exercício de sua capacidade legal.

Por fim, o artigo 120 do Estatuto da Pessoa com Deficiência traz importante disposição para cobrar o cumprimento dos deveres de acessibilidade que desde 1988 constam de nossa Constituição, cujos prazos já estão todos esgotados. O artigo 121 da Lei estabelece a vedação do retrocesso, outro princípio consagrado na Convenção (artigo 4, item 4), apontando que sempre prevalecerá a norma mais benéfica em relação à pessoa com deficiência.

5. Conclusão

Não se pode dizer, dessa forma, que a nova lei traz alguma surpresa ou novidade ao ordenamento jurídico brasileiro, já que se trata do detalhamento para melhor compreensão e aplicação do quanto já disposto em norma de hierarquia superior, desde 2008. O Estado e a sociedade já conhecem (ou já deveriam conhecer) as disposições da Convenção há sete anos, e para sua efetiva implementação, se ainda não o fizeram, já deveriam estar preparados.

O Estatuto da Pessoa com Deficiência constitui-se em importantíssimo instrumento de inclusão dessas pessoas, assegurando o exercício de seus direitos e garantias individuais, promovendo a igualdade material. No entanto, tal lei não traz exatamente uma inovação ao sistema jurídico brasileiro, mas cuida de implementar e detalhar aquilo que já vinha disposto ou indicado na norma com hierarquia constitucional. O Estatuto aumenta a proteção ao grupo vulnerável, e envolve o Poder Público na tarefa de inclusão, fixando como ato de improbidade administrativa deixar o agente de cumprir a exigência de requisitos de acessibilidade previstos na legislação. Evidentemente que a lei cria direitos e obrigações (aliás esta é a função precípua da lei), mas tais direitos e obrigações, em última análise, em grande parte já poderiam ser extraídos diretamente da Convenção; há o detalhamento dos direitos e deveres e a penalização de condutas discriminatórias, tal como determinado em nossa Lei Maior, aditada pela Convenção da ONU sobre os Direitos das Pessoas com Deficiência.

A Lei nº 13.146/2015, o Estatuto da Pessoa com Deficiência, deve ser lida à luz da Convenção da ONU sobre os Direitos das Pessoas com Deficiência, norma de hierarquia superior, o que, inclusive, está expresso no artigo 1º, parágrafo único, do próprio Estatuto. Nesse sentido, a lei não é nova, mas o que é nova (na verdade desconhecida) é a Convenção. Para o intérprete atento da Constituição, as disposições contidas no Estatuto não assustam, nem surpreendem, não trazem novidade, mas apenas cuidam de implementar o disposto na Constituição Federal, aditada pelos termos da Convenção da ONU; ademais, não cabia outra atitude ao legislador infraconstitucional a não ser exatamente atender aos mandamentos da Convenção, promover sua implementação, sob pena de o Direito produzido ser fulminado por sua inconstitucionalidade. A implementação da Convenção, e, consequentemente, da Constituição Federal, não é opção do legislador, mas é sua obrigação. É obrigação do Estado brasileiro, legislador, administrador e juiz, comportar-se da maneira prevista em sua Constituição, o que inclui as disposições da Convenção da ONU. A inclusão das pessoas com deficiência é obrigação que exsurge de nossa Constituição.

O momento é desafiante, porque exigirá dos operadores do Direito que busquem na normativa da Convenção, que interpretou a Constituição Federal, esses novos valores. Lidar com a "diferença" é sempre mais difícil. O Estatuto da Pessoa com Deficiência propicia esse exercício de alteridade. Pensar o sistema civil, penal, administrativo a partir de outro enfoque, tão legítimo quanto o até então existente. Ou seja, como entender o direito da minoria, da diferença, a partir da nova normativa. Certamente, o Estatuto causará espanto, que será substituído pelo entusiasmo do desafio. Afinal, o que um surdo, um cego, um cadeirante ou mesmo um tetraplégico pode esperar da lei? E as pessoas com deficiência intelectual? Até onde podem ir, decidir, que limites podem ser fixados? A análise do caso concreto, o desafio interdisciplinar, a busca da efetividade dos valores da Convenção, que podem causar uma certa insegurança inicial, serão trocados por uma falsa sensação de segurança dos padrões habituais da curatela, onde, muitas vezes, as fórmulas antigas são aplicadas, sem considerar a capacidade de cada uma das pessoas envolvidas, mesmo que com alguma ou muitas limitações.. São os novos tempos, novos pensamentos, novos valores. E, claro, novos desafios para os quais a comunidade jurídica está sendo chamada.

Referências

ARAUJO, Luiz Alberto David. *A proteção constitucional das pessoas com deficiência*. 4ª ed. Brasília: Corde, 2011.

——. *Barrados*. Pessoas com deficiência sem acessibilidade: como, o que e de quem cobrar. Petrópolis: KBR, 2011.

——; MAIA, Maurício. O novo conceito de Pessoa com Deficiência e a aplicação da Convenção da ONU sobre os Direitos da Pessoa com Deficiência pelo Poder Judiciário no Brasil. *Revista Inclusiones*. Vol. 2. Num. 3 Jul./Set. 2015. p. 09-17.

BANDEIRA DE MELLO, Celso Antônio. *O Conteúdo Jurídico do Princípio da Igualdade*. 3ª ed, 20ª tiragem. São Paulo: Malheiros, 2011.

DIAS, Joelson; FERREIRA, Laíssa da Costa; GUGEL, Maria Aparecida; COSTA FILHO, Waldir Macieira da (Coordenadores). *Novos Comentários à Convenção Sobre os Direitos das Pessoas com Deficiência*. 3ª ed. Brasília: Secretaria Nacional de Promoção dos Direitos da Pessoa com Deficiência – SNPD, 2014.

PIOVESAN, Flávia. Convenção da ONU Sobre os Direitos das Pessoas Com Deficiência: Inovações, Alcance e Impacto. In: FERRAZ, Carolina Valença et al. (Coord.). *Manual Dos Direitos Da Pessoa Com Deficiência*. Edição Digital. São Paulo: Saraiva. 2012.

SILVA, José Afonso da. *Aplicabilidade das Normas Constitucionais*. 8ª ed. São Paulo: Malheiros, 2012.

Parte IV

FILOSOFIA E TEORIA DO DIREITO

— 16 —

A superação da metafísica não é o fim da metafísica

ERNILDO STEIN[1]

Nós continuaremos as nossas análises na tentativa de recuperar questões centrais da Filosofia e, assim, trazer à tona a memória filosófica, com aquilo que ela possui de relevante dentro do todo da Filosofia. Essa memória filosófica sempre representa, ao mesmo tempo, os adendos que vão se fazendo de uma etapa para a outra, isto é, os elementos que vão se formando e que parece que vão criando uma espécie de todo. Gostaríamos que esta totalidade fosse minimamente preservada nessa análise. Por isso, de vez em quando, retomaremos alguns aspectos da nossa exposição, não apenas para mostrar a importância deles, mas também para conduzir a uma espécie de consciência de que não estamos analisando o todo da Filosofia, mas aquilo de Filosofia que um professor durante quarenta e cinco anos estudou, teve ocasião de analisar ou ouviu em sala de aula, seminários, congressos e diversos tipos de cursos. Daí a possibilidade de surgimentos de lacunas.

Se alguém aparece com uma espécie de manual de filosofia é porque existem alguns campos que poderíamos dizer que são de caráter eletivo, os quais, na medida em que os estudamos, vão se perfilando como questões que mais nos agradam e, além de trazer informação e solucionar certas questões, proporcionam-nos uma espécie de experiência estética. Cremos que sem certas descobertas produzidas pela curiosidade, pela emoção, pela admiração, não se vai longe no trabalho filosófico. Ele parece ser apenas um trabalho de razão, embora nele esteja sempre em movimento muito da própria experiência pessoal como um todo e da própria biografia. Assim, os pontos centrais da Filosofia ainda sofrem uma seleção por essa espécie de escolha, a qual vai se fazendo pelo próprio prazer que o estudo de questões centrais do pensamento humano traz.

Este texto mostrará por que "a superação da metafísica não é o fim da metafísica" e nele certamente poderemos analisar os problemas surgidos em outros dos nossos textos e trazer elementos de iluminação para outras interrogações. A questão da metafísica é a questão central da Filosofia. Durante

---

[1] Filósofo. Pós-Doutor em Filosofia (Universidade de Erlangen-Nürnberg). Professor aposentado – PPG Filosofia (PUCRS e UFRGS).

muitos anos esperei, com os meus estudos e as minhas leituras, ir fazendo uma espécie de escolha de filósofos que me trouxessem questões de caráter metafísico e que fizessem sentido. No entanto, na medida em que eu me aprofundava na escolha de certos autores e na comparação entre diversas obras, o conceito de "metafísica" também passava a oscilar. Isso acontecia muitas vezes de uma maneira bastante forte, de tal modo que poderíamos dizer que, se, por um lado, o conceito de metafísica é um conceito central, ele, por outro lado, sofre uma espécie de produção de dúvidas sobre se a escolha que aí se fez é a escolha correta e sobre se o autor que se está estudando é o autor que melhor aborda o tema. Essa dúvida é própria dos momentos em se sabe que se está jogando uma espécie de jogo, no qual tudo se perde e tudo se ganha.

Ali onde uma visão de "metafísica" é apresentada de uma maneira equívoca, todos os trabalhos filosóficos são marcados por essa fragilidade que apresenta o conceito. Naturalmente, é isso que também se está fazendo num tempo em que há um temor geral em analisar temas metafísicos. Se nós fizéssemos uma espécie de triagem nos trabalhos de pesquisa nas universidades, nos programas de pós-graduação, veríamos como são raros os temas de caráter propriamente metafísico. Sem a presença desse tema central da Filosofia, a superficialidade se torna um dos elementos que caracterizam os cursos e os trabalhos que se apresentam, porque qualquer outro tema que for abordado permanece suspenso no ar e, desse modo, nós temos dificuldade em remeter as análises a uma espécie de centro significativo que dá sentido ao trabalho. É por isso que a análise da questão da metafísica depende, de um lado, da seriedade e, de outro lado, da beleza da interrogação filosófica.

Na história contemporânea, houve várias tentativas de superação da metafísica. Nós sabemos que as tentativas mais flagrantes apresentadas, foram as tentativas de Wittgenstein, no seu *Tratactus*, as tentativas de Carnap, no seu artigo *A superação da metafísica através da análise lógica da linguagem*, e as tentativas de Heidegger, que fala da superação da metafísica junto ao adentramento na metafísica. Para poder ao menos entender os núcleos centrais de tal questão, precisamos ter uma espécie de duplo olhar sobre essas tentativas. De um lado, temos que entender onde se situam esses autores que propõem a superação da metafísica e, de outro lado, qual a profundidade ou a repercussão com que se espera fazer essas afirmações e essas análises. Em Wittgenstein, existe a recusa da metafísica através de um posicionamento no qual ele introduz o invisível ou aquilo que ele chamaria de transcendental ou, ainda, aquilo que aparece no sétimo aforismo: "deve-se calar sobre aquilo de que não se é capaz de falar". Essa questão é tratada de outra maneira também naquela passagem, mais ou menos do meio do *Tratactus*, na qual ele diz que o *Tratactus* é como uma escada: quando conseguimos produzir a clareza e a terapia da linguagem no espaço em que entramos pelas nossas análises, podemos jogar fora a escada. No fundo, ele diz: quem leu o *Tratactus*, quem teve problemas filosóficos, pode jogar fora o próprio livro, porque os problemas filosóficos estarão resolvidos.

A posição de Carnap, da qual Wittgenstein certamente teve influência, é uma posição que me marcou muito, desde muito cedo, porque Carnap, justamente na sua *Superação da metafísica através da análise lógica da linguagem*, no seu ensaio de 1931, fez referências claras a certas expressões heideggerianas e a certos enunciados da obra de Heidegger. Fui percebendo rapidamente que o empirismo lógico introduzia uma ferramenta teórica importante, mas, novamente, repetia Wittgenstein, dizendo que os enunciados metafísicos não têm sentido. Nessa mesma afirmação eram já introduzidos vários pressupostos de caráter metafísico, de tal maneira que podemos dizer que tanto em Carnap, como em Wittgenstein, a tentativa de negação da metafísica prova, mais do que nunca, o risco de se fazer uma espécie de introdução, pela porta dos fundos, de determinada aceitação de uma ontologia ou de uma metafísica, isto é, de certa visão da realidade. Aquela afirmação representa o desejo de, por exemplo, analisar a linguagem filosófica puramente através da linguagem lógica. Entretanto, se os exemplos trazidos por esta análise são do mundo real, do mundo material, talvez devêssemos justificar a realidade na qual se produzem tais exemplos por algum tipo de ontologia ou metafísica.

A outra tentativa de superação da metafísica é aquela que foi apresentada por Heidegger, no final do primeiro e, sobretudo, no segundo Heidegger. Essa foi certamente a expressão que tece mais efeitos em toda a Filosofia em nível mundial, em especial na Alemanha e, depois, fortemente na França. Não poderíamos falar da superação da metafísica sem situarmos, a partir da expressão heideggeriana, aquilo que poderia ser chamado de o "paradigma filosófico", dentro do qual a questão da metafísica é colocada. Com isso, passamos a sofrer uma série de dificuldades. Nós podemos dizer que o paradigma filosófico tanto de Wittgenstein, como de Carnap, é o paradigma do empirismo lógico ou da análise da linguagem. No entanto, ele não é explicitado tão claramente como paradigma, porque coloca muito rapidamente a questão da superação da metafísica, como se fosse uma questão de alguns artigos, de alguns enunciados, e como se, no momento em que fala de superação da metafísica, produzisse o comprometimento daquele que usa essa expressão. Tal comprometimento não é de caráter misterioso, mas de caráter interno à própria compreensão de Filosofia, ou melhor, à própria compreensão de si mesmo, como alguém que faz Filosofia. Poderíamos ainda dizer que a maneira como o problema da metafísica passou a ser um tema novamente atual no século XX, é uma maneira que talvez aqueles que falavam rapidamente em sua superação nem a cogitassem e, muito menos, pudessem prevê-la.

Se fôssemos à procura de manuais de metafísica ou de grandes livros sobre metafísica no século XX, nós encontraríamos ou obras de certos autores, de caráter isolado, ou obras ligadas a alguns grupos de pensadores. As obras de caráter mais avulso de metafísica, que foram escritas no século XX, e que tiveram alguma importância, foram, sem dúvida nenhuma, o livro de Strawson, *Individuals*, com a metafísica descritiva, o livro de Quine, *Word and object* (Palavra e linguagem), o livro de Thomas Nagel, *Ponto de vista desde lugar nenhum*, o livro de Whitehead, *Processo e realidade*, e, certamente, um ou outro livro da tradição mais anglo-saxônica.

No continente, sobretudo na Alemanha, a questão da metafísica nunca deixou de ser uma preocupação fundamental dos filósofos, sobretudo de certa tradição jesuítica. Temos alguns livros decisivos dessa época que foram influentes, sob muitos aspectos. O primeiro é um livro chamado *Metaphysik* (Metafísica), de Coreth, o qual é uma obra volumosa, que faz uma revisão da metafísica, dentro de uma perspectiva sobre a qual falarei logo adiante. A segunda é a obra *Ontologia*, de Lotz, que é próxima à obra de Coreth e também pretende trazer o tema da metafísica. Ela foi escrita em latim, ainda com um estilo medieval de argumentação, e também nos anos sessenta. Uma terceira obra que reputo de caráter muito importante, embora ainda haja outras obras relevantes sobre o tema, é a obra filosófica de Karl Rahner, intitulada *Espírito do mundo*, que certamente marcou muito fortemente. Depois temos dois livros de brasileiros, um que é o livro de Cirne Lima, que ele defendeu como tese de livre-docência, *A analogia como dialética do realismo*, e outro que é o livro do Puntel, intitulado *Analogia e historicidade*. Temos também aqui, em Porto Alegre, um livro de metafísica que realmente merecia ser reeditado, do professor Fiori, intitulado *Experiência metafísica e reflexão transcendental*. São obras que se tornaram familiares ao lado de muitas outras, na medida em que eu me interessava pela Filosofia, ou melhor, pela metafísica na Filosofia.

Certamente, o livro de metafísica que mais me marcou, e que pretende a superação da metafísica, é *Ser e Tempo*. A metafísica, ou filosofia primeira, era a palavra para "ontologia", mas sem grandes variações. Às vezes também se usava a expressão "ontoteologia" para determiná-la, e não apenas Heidegger utilizou essa expressão num sentido inovador. A questão fundamental da metafísica é que ela vai tomando formas diferentes, conforme as diversas épocas do pensamento humano, nunca estando ausente. Isso ocorre por uma razão que Karl Rahner definiu em seu livro numa frase: "metafísica é a conceitualmente formada compreensão daquela pré-compreensão que o homem enquanto homem é". A metafísica é pensada, na tradição filosófica, como uma espécie de campo desligado do ser humano, porém, tratando do ente, do ser, das suas características, dos seus princípios. Apesar disso, ela está profundamente ligada ao próprio ser humano, enquanto ser humano.

Acentuo isso justamente para mostrar o caráter absolutamente imprescindível da metafísica na vida de cada um que estuda Filosofia, na medida em que o próprio ser humano é determinado através de uma dimensão, que é a compreensão elaborada a partir de um processo pré-compreensivo que o homem sempre traz consigo. No fundo, a metafísica é o campo privilegiado de formação conceitual. Ela é a matriz dos elementos decisivos, isto é, do "vocabulário filosófico" decisivo, o qual é utilizado em qualquer terreno filosófico que abordamos. Enquanto matriz, na qual se gera esse aparato conceitual, ela é algo que irá aparecer em qualquer filosofia, mesmo que esta faça questão de dizer ou falar de superação da metafísica. Essa compreensão da metafísica já existe nos gregos, ainda que Aristóteles não se refira a ela quando fala da *prote philosophia* (filosofia primeira). Ele, quando fala da teoria do ser, não se refere propriamente à relação que isso tem com o ser humano, mas, numa passagem determinada, ele diz: "A alma é de certo modo todas as coisas". É a primeira vez que aparece a ideia de que a concepção de totalidade está ligada à determinação do que é o espírito, do que é o ser humano. Portanto, nós já temos, nessa expressão de Aristóteles, uma espécie de prenúncio do ser-aí de Heidegger.

Por mais que queiramos falar de superação da metafísica, na própria tentativa de falar de superação, estamos fazendo metafísica e, certamente, como seres humanos, pondo em discussão a nossa própria condição. Isso é próprio de todos os grandes conceitos e de todos os grandes campos teóricos. Naturalmente, não vou fazer hoje a exposição de um dos manuais ou livros sobre metafísica que me passaram pelas mãos. O que eu gostaria de fazer é me aprofundar na questão da superação da metafísica e mostrar a partir daí que ela não significa o fim da metafísica. Nós podemos olhar a metafísica a partir de diversos grandes paradigmas filosóficos. Em Platão, existe um paradigma filosófico onde a metafísica, certamente, está expressa no *Sofista* e, mais ainda, no *Parmênides*. Em Aristóteles, a própria metafísica está expressa no livro *Metafísica*, por uma questão de biblioteca, porque os textos avulsos de metafísica vinham depois da *Física*. No entanto, a *Física*, que deu nome à *Metafísica*, é tão importante como a própria *Metafísica*. Sempre foi acentuado, que esta obra de Aristóteles era importante porque dava uma resposta à questão última, à questão do ser supremo. Por essa razão, afirmou-se que os livros nove e doze eram, de certo modo, os livros centrais da Filosofia, pois ali se falavam do *theon*, do pensamento de pensamento, de um Deus.

Enquanto isso, dizia-se que a *Física* era perigosa, porque nela havia algumas afirmações que atingiam a *Metafísica* tomista no seu núcleo e mostravam o quanto o Deus aristotélico tinha que sofrer modificações para poder se transformar no Deus da Idade Média. Na *Física*, fala-se em uma eternidade do mundo, portanto, em um sem-começo de mundo e em um sem-fim de mundo. Ali se mostra uma concepção cíclica ou do eterno retorno do mesmo. As consequências dessas afirmações da *Física* tinham também consequências metafísicas sobre as teorias de como surgem os entes, como se dá a destruição e a origem das coisas. Tudo isso atingia aspectos da *Metafísica*. Para Heidegger, a *Física* é o livro não explorado suficientemente no seu caráter fundamental de ser uma espécie de texto paralelo à própria *Metafísica*. Não vamos entrar em detalhes nessa análise. Só quero chamar a atenção para isso. Na Idade Média, recorre-se a Aristóteles por causa do livro *Metafísica*, interpretando-o a partir de uma espécie de paradigma novo, paradigma medieval. "Deus não cuida das coisas sublunares", era a expressão que se usava em grego. Justamente, o *ipsum esse* é aquele que dá origem às coisas e que, portanto, pela criação e pelo caráter de "criaturidade" dos entes físicos, representava um papel absolutamente central. É por esse motivo que na Idade Média a Filosofia era sempre considerada uma auxiliar da teologia. Para os gregos e para Aristóteles, a Filosofia era o elemento essencial e não havia, de certo modo, a teologia como algo separado da Filosofia. A metafísica, concebida nesse contexto, certamente trouxe uma marca essencial para o pensamento humano, na medida em que a partir do pensamento grego e do pensamento medieval uma coisa era decisiva: a tarefa da metafísica, como filosofia primeira, deveria ser tratar dos princípios primeiros e das causas últimas.

Depois da Idade Média entramos num novo cenário, num novo universo, no qual a metafísica passa a ter uma espécie de avanço, que se dá em certo sentido na sua negação, porque se introduz, sobretudo a partir de Kant, uma dúvida com relação a ela. Os temas fundamentais são colocados num universo numênico e os problemas fundamentais são postos nas antinomias da *Crítica da Razão Pura*. Dessa maneira, Kant pensava salvar a metafísica e, ao mesmo tempo, por limites nela. Entretanto, quem deu o impulso fundamental para uma revisão da metafísica foi Hegel a partir de sua *Lógica* e a partir do dualismo da relação sujeito-objeto.

A metafísica tinha que ser, antes de Hegel e ainda em Kant, substancialista, ou melhor, ela precisava tratar do universo e da realidade como se se tratasse de objetos do conhecimento. Kant, quando não quer tratar como um objeto algo do campo do conhecimento, ele o remete para o campo do pensamento, o campo do *númenon*, para o campo da coisa em si. Com isso ele quer dizer: não posso tratá-lo como objeto, como faço na física, mas devo remetê-lo para o mundo da coisa em si.

Hegel, ao escrever a *Fenomenologia do Espírito*, supera essa questão de uma maneira nova, quando diz: "No altar da substância, que agora está vazio, vamos colocar a subjetividade". Nesse momento, a subjetividade, de um lado, torna-se a herdeira de Kant, e de outro lado, nega-o radicalmente, porque introduz uma superação da relação entre sensível e suprassensível. Hegel o faz mais fortemente com a relação sujeito/objeto. Toda a metafísica hegeliana é construída, recuperada, só que agora ela vai se chamar "dialética". A metafísica hegeliana, como dialética, se faz e se constrói através da relação sujeito/objeto. Portanto, na medida em que Hegel introduz o movimento da metafísica desde os gregos até ele, encontramos nele a coroação da metafísica, constrói-se uma espécie de movimento ascensional da metafísica, que culminará com o "saber absoluto" de Hegel.

A partir daí a ideia de metafísica está vinculada com a ideia de subjetividade, de *logos*, de movimento dialético e de uma totalidade. Nossa reflexão não seria suficiente se não fôssemos observar, ainda, uma revolução mais radical em Hegel. Ele foi aquele filósofo que introduziu mais propriamente a questão da *diferença* na Filosofia. Segundo Aristóteles, os princípios da metafísica são os princípios da identidade e da não contradição, da causalidade e da causa final. Depois surge o princípio da razão suficiente com Leibniz. Contudo, é no pensamento de Hegel que começa a aparecer uma nova maneira de pôr essa questão dos princípios, não pertencendo estes à realidade, mas sendo fundamentais à totalidade perpassada pelo *logos* ou pela subjetividade, que é a subjetividade absoluta. No entanto, tais princípios, tornam-se fluidos em Hegel, porque é com eles que determinamos o conhecimento, o qual está ligado à intervenção constante do *logos*, da subjetividade. Essa é a introdução da *diferença* apresentada por Hegel, que surgiu justamente em função do seu conceito de movimento dialético e porque ele deixou de pensar os princípios apenas como qualidades de objetos. Em outras palavras, Hegel pôde introduzir o princípio da diferença, pois, ele ligou os princípios ao próprio movimento da subjetividade. É aí também que começa a aparecer mais explicitamente a relação entre identidade e diferença. É claro que estas já haviam sido definidas de várias maneiras, mas, em Hegel, elas são os dois princípios que movem a dialética, na medida em que a dialética visa a identidade e se movimenta pela diferença.

Hegel realizou esse movimento fantástico com a metafísica, de fazê-la ser pensada a partir da subjetividade. Se nós admitirmos que, com Hegel, surge outro paradigma, diferente do grego e do medieval, também poderemos afirmar que nele houve a superação da teoria do conhecimento, que havia sido elevada por Kant a um momento supremo da Filosofia com a *Crítica da razão pura*.

Para Kant, a teoria do conhecimento também é capaz de tratar de um mundo recortado do campo dos fenômenos, o que revela a dimensão transcendental do conhecimento. Com Hegel, há uma passagem para outro nível. Podemos até afirmar que ele é um autor que não se interessa pela teoria do conhecimento, que para ele é uma teoria abstrata. No entanto, Hegel só pôde fazer isso, porque salvou os objetos da metafísica, uma vez que estes mereciam ser objetos do conhecimento, além do mundo empírico, do mundo da física. Ele recuperou os objetos, como Deus, alma e liberdade, do mundo da coisa em si. Ele salvou, em outros termos, os objetos para a Filosofia e, assim, foi possível colocar a teoria do conhecimento em outro patamar, o do movimento dialético.

O conhecimento está em cada enunciado sobre os objetos, porque cada vez que eu predico algo sobre o objeto, nele já vai existir uma dimensão da minha subjetividade, do mesmo modo que eu terei algo da sua objetividade. Assim, sujeito e objeto são perpassados pelo *logos* em movimento. Nesse sentido, podemos chamar o conhecimento em Kant de transcendental e o conhecimento em Hegel de especulativo-dialético. Este conhecimento tem uma força tão significativa, pela sua própria presença na Filosofia, que faz com que a metafísica valha a pena, mesmo que não aceitemos o sistema de Hegel, sua metafísica, sua lógica, isto é, o seu "todo" especulativo-dialético. Kant introduziu uma revolução radical sem a qual não haveria progresso na Filosofia, que foi a revolução copernicana do sujeito ("eu penso") como elemento determinante da inteligibilidade dos enunciados. No entanto, foi Hegel quem tratou daquilo que Kant havia proibido de ser pensado pela razão. Depois de Hegel surge aquilo que poderíamos chamar de o "processo de fragmentação". Neste processo, o que passa a predominar, como antes predominava nos gregos a identidade, é a diferença. Nós sabemos que essa mudança se deu, sobretudo, através da incorporação da dimensão da história na filosofia em Hegel. Ele é o primeiro filósofo que incorpora o movimento histórico na filosofia como sendo parte e sendo, talvez até, o elemento que carrega o movimento do absoluto.

Tal elemento histórico passa a se autonomizar e garantir a presença nas filosofias e metafísicas posteriores. Desse modo, esse novo paradigma, o paradigma da metafísica da diferença, é aquele que aprendeu com Kant, com Hegel, mas que se tornou autônomo destes autores, sem, naturalmente, dispensar tudo aquilo que eles trouxeram de relevante para a metafísica. Daí a justificativa da seguinte frase de Karl Rahner: "Metafísica é a compreensão plenamente conceitualizada daquela pré-compreensão que é o homem enquanto homem". Essa frase expressa que, nesse momento, estamos libertos do ato de uma reflexão transcendental na metafísica, do caráter da relação sujeito/objeto como em Hegel fortemente e da percepção sensível e suprassensível. A metafísica se torna uma espécie de campo teórico em que ela e o conhecimento se enfeixam numa unidade. É por isso que cada metafísica, depois de Hegel, tem a sua especificidade. Não há dois metafísicos iguais, a não ser que pertençam a uma escola metafísica, mas cada um, a partir da introdução da diferença e do elemento histórico, pode elaborar uma metafísica com características particulares.

Isso é o que torna possível a maioria das metafísicas do século XIX e, sobretudo, do século XX, as quais, excetuando-se aquelas que se atêm a Aristóteles, ao tomismo, ou a uma visão hegeliana, uma espécie de movimento do espírito humano, na medida em que ele no seu modo de ser no mundo, de se compreender, apresenta e desenvolve uma visão do todo em que a totalidade jamais se estabelece como definitiva. Portanto, no fundo, a metafísica passa a ser uma metafísica da finitude, da historicidade e da diferença. Entretanto, os objetos metafísicos, isto é, o mundo, a alma, Deus e a questão do ser, são pensados num único movimento, que é o movimento especulativo-transcendental, no qual a totalidade é pensada junto à própria condição humana. Tudo é reenglobado, justamente porque estamos no universo da diferença, através da matriz teórica com a qual cada um dos autores trabalha.

Heidegger, ao apresentar a sua metafísica, que ele chama de ontologia fundamental e que vai justificar a sua analítica existencial, introduz um paradigma novo. Tal paradigma me fascinou durante muitos anos e com ele tenho um parentesco de sentimentos e emoções. Ainda que em certos momentos eu retome capítulos dos livros de metafísicos transcendentais, como Strawson e, sobretudo de jesuítas, como Rahner, com uma espécie de saudosismo, tenho que reconhecer que Heidegger fez uma mudança paradigmática, ainda que termine por salvar a metafísica, introduzindo um novo método, não mais transcendental (nem mesmo o apresentado pela tradição jesuítica), nem especulativo-dialético.

Em Heidegger, a questão do transcendental não é mais colocada a partir de uma ideia de reflexão, porque agora vem a grande crítica à Filosofia, que só pode ser feita com a revolução metodológica da fenomenologia, isto é, com a fenomenologia hermenêutica e sua superação da fenomenologia neutra de Husserl. Com ela, Heidegger põe em xeque os problemas da representação, da consciência, da subjetividade, mostrando que estas ainda contribuem para o processo de objetificação, o qual se deu através do predomínio da subjetividade. Não há subjetividade sem objetividade, seja uma objetividade externa, ou produzida pelo processo da subjetivação. Heidegger põe em dúvida essa questão e, a partir daí, a fenomenologia hermenêutica passa a representar um paradigma novo.

Quando li anteriormente a definição de Karl Rahner, de um metafísico ligado à reflexão transcendental, eu o fiz porque nela já está presente, de alguma maneira, uma ideia heideggeriana. Rahner foi um grande aluno de Heidegger em Freiburg e aprendeu muito com Heidegger. Ele escreveu o livro de metafísica *Espírito no mundo* certamente muito influenciado por Heidegger, embora não cite o autor. Esse era modo de se fazer trabalho de fenomenologia, no qual ninguém era dono do processo de reflexão. Pondo em dúvida todas as ideias subjetivistas da filosofia moderna, Heidegger não quer destruir as metafísicas que surgiram a partir dos gregos. Ele vai dizer apenas que nós temos, pelo equívoco do princípio da sensibilidade, do sensível e do suprassensível, conduzido pela relação sujeito-objeto, a qual colocamos como fundamento do conhecimento, uma tendência que se mostra desde os gregos.

Com Heidegger, o movimento de ascensão, descrito por Hegel, dos gregos até o saber absoluto, vai ser invertido. Segundo ele, em alguns pré-socráticos já há uma dimensão do manifestar-se, do aparecer, que é próxima à fenomenologia, mas que foi se apagando na medida em que o elemento determinante:

1) em Platão foi introduzido como a *ideia*; 2) em Aristóteles foi posto como a *substância*; 3) na Idade Média foi professado como o *ser supremo*; 4) em Descartes foi visto como o *cogito sum*; 5) em Kant foi introduzido como o *eu penso*; e 6) em Hegel foi posto como o saber absoluto. À medida que esses elementos surgiam, fazia-se, segundo Heidegger, um encobrimento da ideia fundamental da Filosofia e da metafísica, que é a ideia de *ser*, uma vez que ela era objetificada, isto é, a ela era atribuída uma dimensão de um ente determinado, seja a *ideia*, a *substância*, o *ente supremo*, o *eu penso*, a *transcendentalidade kantiana*, ou o *saber absoluto*.

Heidegger chama as etapas, nas quais esses entes eram identificados como um ser, de princípios epocais. Portanto, em diversas épocas da metafísica houve um progressivo encobrimento da questão fundamental, cuja forma ele retoma em *Ser e tempo* quando traz a questão do ser, isto é, a pergunta pelo sentido do ser, e quer mostrá-la através de uma ontologia fundamental e da analítica existencial do *Dasein*, como cotidianidade e, depois, temporalidade. Quando o filósofo propõe fazer essa superação, ele o faz de um lugar fora daquele da metafísica tradicional entificada e objetivada. Ele pensa em fazer, justamente, uma recolocação da questão do ser a partir da temporalidade e, assim, a partir da ideia de *diferença* entre ser e ente e da ideia de que o ser é a marca da *finitude*. Heidegger diz que o ser humano é tão finito que precisa do ser para poder pensar, mas ele só pode fazer isso a partir da ideia da fenomenologia hermenêutica, isto é, de que o ser humano não recebe nem a posição de primeiro nível nem de segundo nível da metafísica, isto é, de ser ou de ser do ente, mas aquela posição de terceiro nível, a saber, de ser-aí.

O ser-aí passa a ser um elemento teórico, especulativo, que caracteriza aquilo que antes era caracterizado pela subjetividade, pela consciência, pela representação. O ser-aí representa outro nível no próprio campo da ontologia fundamental, o qual tem como tarefa mostrar que, em lugar de colocar o homem como sujeito e o ser como objeto, ou como um ente determinado, o ser-aí é o campo de descrição fenomenológica possível. Isso deve ser a analítica existencial de Heidegger. Tal campo de descrição fenomenológica é aquele que Karl Rahner chama de campo da pré-compreensão, porque analisa os existenciais, que são características humanas, de seres diante da finitude. Nessa medida, os existenciais são as características que carregamos conosco, com as quais operamos, mas sobre as quais não possuímos plena compreensão. É isso que faz parte do universo da compreensão, enquanto pré-compreensão. Esta pode ser, como diz Karl Rahner, muito próximo de Heidegger, "conceitualmente elaborad[a] em compreensão", ou seja, ela é o homem enquanto homem.

O ser humano tem como elemento estruturante, básico, de caráter transcendental, não clássico e, portanto, não ligado também à representação e à subjetividade, nem à objetivação, mas, através da ideia de ser-aí, aquele lugar em que ele se constitui como único lugar de possibilidade de manifestação do ser. Porque o *Dasein* compreende a si mesmo enquanto é, ele compreende também o ser como tal. Nessa circularidade fundamental é que se produz a diferença ontológica. Embora o homem compreenda enquanto ser, ele continua sendo um ente. Ele é, portanto, um ser/ente cindido. É por ter isso como preocupação que o circulo hermenêutico e a diferença ontológica são espécies de axiomas fundamentais da analítica existencial. No entanto, além disso, Heidegger põe essa questão do sentido do ser no horizonte do tempo, da temporalidade. Para ele, sentido é um campo aberto, é aquele horizonte no qual o ser se manifesta finitamente, ele é temporalidade. A tentativa de mostrar isso se encontra na segunda secção da primeira parte e deveria ser provada na terceira secção da primeira parte, a qual não foi inserida em *Ser e tempo*. Em alguns lugares da segunda seção já se mostra que se há uma espécie de dificuldade radical, que requer uma viravolta, uma mudança, a qual não poderia ser dada sem que Heidegger descobrisse e desenvolvesse no seu paradigma um novo conceito de metafísica.

Heidegger se move, como todos aqueles depois da produção da diferença, da finitude e da fragmentação dos sistemas, num campo em que ele tenta salvar a metafísica, ao tratar da questão do ser enquanto manifestação, enquanto aquilo que se manifesta e se esconde em todo ente que aparece. É nesse sentido que Heidegger introduz a problemática da metafísica na fenomenologia, como algo que precisa ser repensado através da memória da metafísica e, ao mesmo tempo, de uma adentramento (*Verwindung*) na própria metafísica. Este revelará que toda a tradição, ao contrário do que sugere o movimento hegeliano, levou ao encobrimento da ideia de ser, o qual exige a superação da metafísica no sentido da história da metafísica. Assim, no lugar de pensar o sentido do ser no horizonte do tempo, o segundo Heidegger vai repensar o sentido do ser, descobrindo o ser perdido na história da metafísica, a qual o encobriu ao entificá-lo.

A superação da metafísica é, por um lado, o fim da metafísica, no sentido objetivista, subjetivista, dos princípios epocais, mas é, por outro, a consumação da metafísica, isto é, a sua chegada à plenitude, na medida em que ela, a partir de agora, é capaz de pensar a si mesma como história do ser. Esta história do esquecimento do ser nos revela algo fundamental que foi encoberto, o próprio ser, e que pode ser resgatado mediante uma nova metafísica, a qual surge da fenomenologia hermenêutica. Nesse sentido, não há mais um princípio epocal. Nós agora temos o campo livre para uma descrição fenomenológica a partir dos processos de compreensão, explicitando a pré-compreensão que é propriamente aquilo que o ser humano é.

Desse modo, a imensa tarefa de Heidegger será mostrar esse encobrimento do ser na metafísica e falar de superação da metafísica e de destruição das ontologias, assim como eram pensadas por Descartes, Kant e Aristóteles. As três seções da segunda parte não escrita de *Ser e tempo* seriam sobre Descartes, Aristóteles e Kant. Nelas ele mostraria que o problema dessas ontologias era a ausência do conceito de tempo existencial, ligado à temporalidade, já que elas só pensavam o conceito de tempo como tempo físico. Como mostrar isso se tornou problemático, no texto *Tempo e Ser*, Heidegger transportou a questão do tempo para o problema da história do ser, na qual se daria a superação da metafísica clássica, sem que a metafísica, como tal, deixasse de existir. Gadamer diz muito claramente que o ser humano nunca se moverá fora da metafísica. Heidegger concordaria com isso, mas diria que, apesar disso, o ser humano pode pensar a metafísica dentro do novo horizonte que a fenomenologia hermenêutica abriu. Foi por isso que afirmamos que "a superação da metafísica não é o fim da metafísica".

— 17 —

La norma fundamental es una ficción

CARLOS MARÍA CÁRCOVA[1]

Resumen: 1. Introducción; 2. La carta perdida; 3. La ponencia de Kelsen para las Jornadas de 1964; 4. La intuición bobbiana; 5. Coda con enigma.

1. Introducción

Los comentarios que siguen se refieren a una cuestión de enorme trascendencia en el campo de la teoría jurídica y tienen por objeto brindar una sucinta explicación acerca de las razones que oportunamente formulara Hans Kelsen, el gran jurista austríaco, para modificar su punto de visto, mantenido por más de 40 años, acerca de la naturaleza epistemológica de la "Norma fundamental" (Gründnorm), que fue el presupuesto desde el cual otorgó unidad y validez al derecho concebido como sistema de normas.

Lo cierto es que la inmensa novedad que ese cambió implica, no ha sido tematizada por los adeptos a Kelsen y tampoco por quienes desde distintos puntos de vista, no coincidían con sus análisis acerca de la estructura del ordenamiento jurídico. Se trata de una tarea pendiente en razón de que otras problemáticas han ocupado el centro de la escena teórica desde hace un par de décadas: el debate Hart-Dworkin y la cesura entre derecho y moral; las teorías acerca de la legitimidad del orden desde puntos de vista no ontológicos (Rawls/Habermas), las teorías críticas y el igualitarismo, las perspectivas sistémicas y otras.

Por otro lado, la cuestión fue tratada en los años 70, cuando aun la nueva postura del autor de la Teoría Pura del Derecho no era demasiado conocida, por uno de sus más distinguidos y consecuentes seguidores, me refiero a Norberto Bobbio, quien llega a las mismas conclusiones que el último Kelsen, aunque recorriendo otro sendero conceptual. El gran maestro italiano a pesar de que alude a aspectos que aparecen en la *Teoría General de las Normas*, obra póstuma de Kelsen publicada después de su fallecimiento por sus discípulos, en la que desarrolla su renovado enfoque con precisión, parece no haber reparado en ello. En la versión castellana (Edit. Trillas, México, 2003, con prólogo

[1] Professor Titular Emérito – UBA.

del Prof. Mario Lozano) los minuciosos análisis del autor de la TPD, pueden encontrarse en las páginas 251 y ss.

Al lado de su importancia teórica, el asunto que nos ocupa posee un conjunto de aspectos fácticos especialmente atractivos y hasta cierto punto misteriosos que, hoy por hoy, fallecidos ya los principales protagonistas de los costados anecdóticos de esta historia, seguramente ellos permanecerán para siempre, en el sujestivo ámbito de la intriga.

2. La carta perdida

El 3 de agosto de 1933 Kelsen remitió a su amigo, el Prof. Renato Treves, una larga misiva que se publicó recién en 1977, en la Revista "Droit et Societé" N° 7, pags. 333/35. Más tarde fue divulgada en Brasil en la Revista "Contradogmáticas" que dirigían dos jóvenes y estudiosos profesores, el argentino Luis Alberto Warat y el brasilero Leonel Severo Rocha. La fecha de la comunicación indica que fue escrita con anterioridad a su partida hacia USA, después de un periplo que lo llevó a distintos países vecinos de Alemania, en procura de una tranquilidad que la progresiva agresividad de la política del nazismo le negaba, por su condición de judío y de hombre de compromiso democrático. Como es conocido poco tiempo después de estos hechos nuestro autor conseguirá salir de Europa y refugiarse en la prestigiosa Universidad de Berkeley, en EEUU.

Los primeros párrafos de la carta se refieren elogiosamente a una traducción de un texto suyo denominado "Método y Fundamentos de la Teoría Pura del Derecho" (en adelante TPD) llevada a cabo por Treves, a quien, sin perjuicio de los halagos, le formula ciertas aclaraciones, que parecen tener intención rectificatoria. En ellas, distingue con firmeza su posición de la de otros autores de la época como Laband, a quien acusa de monárquico, o como Tripel o Anzilotti. Luego, reconoce la influencia que sobre sus posiciones ejerce la doctrina kantiana, aunque aclara que es la versión "coheniana" de esa teoría la que él ha recogido de manera esencial. Incluso sostiene que la TPD intenta de manera inédita, presentar el pensamiento de Kant como una teoría del derecho positivo, a pesar de que este último había abandonado su método trascendental, a la hora de explicar el fenómeno de la juridicidad. En tal circunstancia es posible afirmar –sostiene Kelsen– que la TPD administra lo más fielmente posible la herencia espiritual de Kant. Luego diferencia también sus posiciones de las de Cohen. Cree que las de Cohen, tanto como las de Stammler, son doctrinas del derecho natural y no del derecho positivo, en gran medida por la influencia religiosa que pesaba sobre las concepciones de estos autores.

Pero en realidad, es en la parte final de la misiva que comentamos, en donde se encuentra planteada la cuestión que de manera principal concierne al objeto de estas notas. Dice allí literalmente el autor: *"Aun si, en cierto sentido, es exacto afirmar que la teoría de la norma fundamental encuentra su origen en el principio de economía del pensamiento de Mach y en la teoría de la ficción de Vahinger,* **prefiero renunciar en la secuencia de tantos malos entendidos** *a inspirarme en estos dos autores. Lo esencial es que la teoría de la norma fundamental, proviene enteramen-*

te del método de la hipótesis desenvuelto por Cohen. La norma fundamental responde a la siguiente pregunta ¿Cuál es el presupuesto que permite sostener que determinado acto jurídico, puede ser calificado como tal, esto es definido como un acto que sirve de base al establecimiento de la norma tanto como a su ejecución. Esta cuestión se inserta completamente en el espíritu de la lógica trascendental".

La carta termina con comentarios breves referidos a otros temas y con una amistosa invitación dirigida al destinatario para que lo visite si pasa por Ginebra, donde permanecerá –afirma– durante los siguientes tres años, en función de que ha sido contratado por el Instituto de Altos Estudios Internacionales con sede en aquella ciudad, para dictar clases de Derecho Internacional.

De lo expuesto hasta aquí resulta que ya en 1933, nuestro autor estaba pensando en la idea de Norma Fundamental como ficción. Sin embargo, pese a las muchas publicaciones que realizó y polémicas que sostuvo, durante las siguientes tres décadas no volvió sobre el asunto. Recién en los primeros años 60 del siglo pasado, retoma la idea y escribe un valioso y conclusivo texto que piensa utilizar como discurso central en la Segunda Jornada Austríaca de Juristas. Sin embargo, una indisposición en su salud le impidió estar presente y, en consecuencia, el texto se incorporó a las Actas de esas Jornadas (Viena, 1964) y fue publicado finalmente en la Revista *Forum,* año XI, fasc. 132, pag. 583/86. Como resulta evidente su posición innovativa, drásticamente innovativa, no alcanzó divulgación en aquella época. La incognita es ¿Por qué Kelsen demoró tantos años en hacer explícita una posición de tan importante gravitación para el coherente desarrollo de su obra? Como veremos más adelante Norberto Bobbio tiene una hipótesis. El autor de estas notas tiene otra diferente.

3. La ponencia de Kelsen para las Jornadas de 1964

El título que a la misma le adjudicara el autor fue *"La función de la Constitución".* Se publicó por primera vez en castellano por gestión del Prof. Enrique E. Marí que obtuvo las autorizaciones legales pertinentes y que incorporó el texto a un *Reading* que el mismo organizó bajo el título de *"Derecho y Psicoanálisis. Teoría de las ficciones y función dogmática",* publicado por Ed. Edicial, Bs.As. 1994, que incluía ensayos del propio organizador, de Enrique Kozicki, de Pierre Legendre y de Arnoldo Siperman.

Nuestro autor, en pocas pero muy densas páginas, pone de manifiesto las razones que lo inducen a revisar sus puntos de vista precedentes. Intentaré una paráfrasis que resulte breve y sencilla, aunque se trate de una tarea más que difícil.

Las normas, dice Kelsen, pueden entenderse como **el sentido objetivo de un acto de voluntad**. La orden de un cierto sujeto expresa algo más que su voluntad subjetiva, si el sujeto en cuestión está facultado por una norma para emitir dicha orden. Se trata de un acto de voluntad real y exteriorizado y no apenas de un acto de pensamiento. Una norma puede ordenar, pero también puede autorizar a emitir órdenes. Debe tratarse, claro está, de una norma válida. Es decir, creada de la forma prevista en una norma de nivel jerárquico superior. Esta será válida por las mismas razones, por lo que la investigación acerca de la validez nos conducirá a una primera norma que será presupuesta y no positiva. Una TPD preguntaría: ¿cómo es posible interpretar el sentido subjetivo de ciertos hechos como sistema de normas legales objetivamente válidas, sin recurrir a fundamentos metalegales? La respuesta es que se dé por supuesta la norma fundamental (que opera como condición lógico trascendental en sentido kantiano), cuya función es atribuir validez al sistema de normas derivadas que constituyen un orden coactivo, en general efectivo.

Por consiguiente junto a la norma fundamental pensada (*sollen*) es necesario también postular un querer (*wollen*) (un sujeto constituido como autoridad imaginaria: individuo, asamblea, etc.) cuyo acto de voluntad fingido encuentre sentido en la norma fundamental.

Recuérdese que en su primera versión (y también en la segunda de 1960) la validez de una primera constitución histórico-positiva, descansaba en la norma fundamental, una premisa cuyo contenido podía definirse de muchas maneras similares: "debe ser lo que dice el primer legislador" o "si alguien manda y es generalmente obedecido, debe ser que mande". Pero si esta premisa tiene el carácter de ser una norma, entonces debería también ser el sentido objetivo de un acto de voluntad de alguien. Sin embargo, ya se había afirmado que por detrás de la voluntad del primer legislador histórico no existía ninguna persona sino una norma hipotética. Esta descripción –dice Kelsen– se contradice con la idea de que la primera constitución histórica, fundada en la norma fundamental constituya el sentido de un acto de voluntad de una primera/máxima/última autoridad por sobre la cual no puede haber otra. Consiguientemente la Norma Fundamental se transforma en una ficción en el sentido del "como sí" de Hans Vahinger, pues se contradice con la realidad y también consigo misma. Se trata según la descripción de este último autor en una ficción propia, esto es, un enunciado falso y autocontradictorio. Para Vahinger una *ficción* **es un recurso del pensamiento** susceptible de utilizarse cuando no se alcanza cierto objetivo con el material dado. En este caso el objetivo es dar fundamento a un orden positivo de normas, lo que sólo se alcanza con recurso a una **ficción.** Por consiguiente la norma fundamental no puede ser una hipótesis que tiene siempre vocación de verdad, de ajuste con la realidad. Sino, por el contrario, el carácter de un supuesto ficcional. Tal como se señalara más arriba, la ponencia de 1964 careció de trascendencia y ni los más ortodoxos discípulos de las enseñanzas kelsenianas se ocuparon del asunto. De una manera indubitable y universalmente conocida por la repercusión de su obra póstuma, la novedad introducida por el autor en su concepción acerca de la situación epistémica de la norma fundamental[2] adquiere enorme divulgación con los párrafos que al asunto le dedica en "*La teoría general de las normas*". En el capítulo correspondiente repite sustancialmente su posición tal como fuera formulada en la ponencia analizada de 1964. En lo específico el texto es virtualmente una copia de lo que en esa fecha había planteado. Sólo agrega ahora mayores desarrollos de cuestiones lateralmente vinculadas.

---

[2] Según la traducción ésta es denominada en ocasiones "norma básica". Con una u otra denominación queda claro que nos estamos refiriendo a la "gründnorm", es decir al presupuesto que otorga validez a la primera constitución histórica y no a esta última.

4. La intuición bobbiana

Como tantos otros, Norberto Bobbio desconoce los escritos de Kelsen de 1964. No hay una sóla referencia a ellos en su trabajo, sino más bien una crítica inteligente y siempre comprensiva, para el hombre cuyas posturas han alimentado su propio y autónomo desarrollo como destacada figura de la filosofía del derecho del siglo XX.

En el año 1978, Bobbio dictó una conferencia extensa y profunda en el marco del XII Congreso Italiano de Filosofía Jurídica y Política, realizado en la ciudad de Ferrara, cuyo título era "Kelsen y el problema del poder". Para la época fue publicada en italiano en la Revista Internacional de Filosofía del Derecho y unos años después, en español, en el N° 8, (año 1988) en la prestigiosa Revista "Critica Jurídica", que editaba y dirigía en México, el Prof. Oscar Correas.

También en este caso intentaré una sintética paráfrasis de la muy grávida conceptualización del texto presentado por el Maestro de Turín. Comienza este último, por sostener que el problema del poder ha sido poco trabajado en la tradición del pensamiento kelseniano, lo que se explica por la importancia relativa que el mismo supone para una teoría normativa del derecho, que incluye la noción de Estado dentro del ordenamiento jurídico. Sin embargo ese problema fue adquiriendo en fases sucesivas en la obra del autor de la TPD, mayor importancia, hasta culminar en la Teoría General de las Normas en donde dedica al tema un capítulo especial. Alguna dificultad debió de generar la circunstancia de que en idioma alemán existen dos palabras diferentes para referirse al poder, aunque cada una de ellas aluda ambiguamente a distintos contenidos. "Gewalt" ha sido traducida en inglés como "power" (poder) pero también puede implicar "potencia". Por otro lado "match" puede referir a poder o fuerza. En cualquier caso, para Kelsen, la Norma Fundamental tiene como función precisamente transformar el poder en derecho. Cuando se edita en 1934 la TPD, su autor define el denominado derecho subjetivo de manera muy crítica, embarcado como estaba en luchar contra lo que llamaba los falsos dualismos de las teorías tradicionales. Desde su punto de vista la noción de derecho subjetivo era auxiliar y subsidiaria de la de derecho objetivo. Puedo hacer valer mi derecho subjetivo de naturaleza creditoria, porque éste es nada más que el correlato de la obligación de otro de pagarme el precio convenido, bajo amenaza de sanción. En el caso del derecho de propiedad pasa otro tanto. Mi derecho a usar mi propiedad p.e., no es sino el correlato de una obligación pasivamente universal que pesa sobre la comunidad en su conjunto, también como condición en caso contrario de una sanción. Hay un sólo sentido en el que para Kelsen la noción de derecho subjetivo goza de autonomía. Lo llama *derecho subjetivo en sentido técnico* y consiste en la facultad de cualquier individuo de poner en marcha el mecanismo jurisdiccional, aun cuando no tenga en realidad razón para hacerlo, es decir, aun cuando su pretensión sea jurídicamente rechazada. Sería un derecho que no depende de la obligación de otro.[3]

---

[3] En verdad siempre he pensado que en este punto nuestro autor no era consecuente. Porque el derecho del individuo a ejercer la acción jurisdiccional, tiene como correlato la obligación del Juez, que no puede rechazarla sin causa. Otro tanto vale para el órgano de la administración, cuando de lo que se trata es del ejercicio de un derecho político.

También implica un derecho subjetivo de la misma índole el de naturaleza política, que el individuo lleva adelante cuando participa a través de sus representantes en la formación de la leyes.

Cuando el tema es tratado en la segunda versión de TPD publicada en 1960, el derecho subjetivo como poder de crear normas implica, según la opinión de Bobbio, una teoría de la producción normativa equiparada a una teoría de las fuentes del derecho. La noción se complejiza en esta segunda versión de la obra, pues aparecen distinciones ausentes en la primera. El derecho subjetivo es visto aquí como permisión simple, como derecho reflejo, como derecho en sentido técnico, como derecho político y como permisión fuerte, vg. en el supuesto de la legítima defensa. Por fin, en la Teoría General de las Normas, el derecho autoriza, permite, ordena y también deroga. Ahora bien, definir el poder jurídico como el poder de producir y aplicar normas tiene como consecuencia que los conceptos de norma y de poder se entrelazan muy estrechamente, lo que permite pensar a la TPD como una teoría del derecho como norma, pero también de una teoría del derecho como poder. Norma y poder, sostiene Bobbio, aparecen así como dos caras de la misma moneda. Llegado a este punto él afirma literalmente: *"La Norma Fundamental de Kelsen, que ha generado tantas discusiones inútiles, tiene la función de cerrar un sistema de estructura jerárquica de normas, de la misma manera y por la misma exigencia lógica por la cual la* **summa potestas superiorem non recognocens**, *cierra un sistema jerarquizado de poderes. Aquello que puede ameritar reflexión es porqué Kelsen consideró apropiado, a diferencia de la tradición del derecho público,o poner en el vértice del sistema no al poder supremo del que obtienen validez todas las normas del sistema, sino a una norma suprema, de la cual obtienen legitimidad todos los poderes".*

Dado que sólo una norma puede válidamente proceder de otra norma, una teoría dinámica demanda un principio de autofundación. La norma no obliga porque sea justa, ni porque esté respaldada por la fuerza, sino porque es válida, es decir, deriva de otra norma.

Pero el gran problema del positivismo jurídico ha sido distinguir la orden válida de la que no lo era. Una respuesta podría ser que la orden de un delicuente que me asalta es una orden aislada, que no pertenece a un sistema genéricamente aceptado. Sin embargo, argumenta Bobbio, la orden de un asaltante que pertenece a una banda que se ha dado para sí misma un conjunto de reglas que sus integrantes observan, podría interpretarse como una derivación de esas reglas. Finalmente, entonces, ¿cómo distinguimos un orden jurídico de uno que no lo es? La respuesta de Kelsen es que el primera posee una eficacia generalizada del que el segundo carece. Pero si realmente el canon de la validez termina por remitirse a la generalizada eficacia del conjunto de normas, dice Bobbio, ¿la norma fundamental no termina siendo una ficción?

Mas bien, afirma se trata de un instrumento ingenioso pero inútil. ¿Por qué no cerrar el sistema con un poder último, en vez de hacerlo con una norma última, si todo ordenamiento depende de su eficacia y no de su validez? Cómo diría Austin, es derecho lo que de hecho es observado y cumplido.

5. Coda con enigma

Como ya se adelantara, resulta sorpresivo que una cuestión teórica que remite a la base misma de la construcción kelseniana haya recibido un tratamiento tan poco claro por parte de su autor. Que sospechara prácticamente al inicio de su imponente obra, que el fundamento último sobre el que se asentaba aquella construcción era distinto del que explicitaba; que a mediados de los sesenta haya decidido hacer pública la rectificación, pero que por circunstancias fortuitas la misma no adquiriera el grado de divulgación que su importancia demandaba y que Kelsen no hiciera otros esfuerzos por dar a conocer sus renovadas conclusiones y que sólo en su obra póstuma, que seguramente por su avanzada edad debía considerar como su testamento conceptual definitivo, haya decidido volver sobre el asunto.

Como adelanté párrafos arriba Bobbio formula una hipótesis para dar respuesta al enigma. Él piensa que se trata de una decisión política de Kelsen por detrás de la cual, afirma textualmente, campea el ideal del Estado de Derecho. Por mi parte, yo también creo que se trata de una decisión política, pero que no se explica a partir de una especie de ingenua postura democratista, que no calza demasiado con la tradicional rigurosidad intelectual del autor de la TPD. Considerar a la norma fundamental como ficción reposiciona en escena la discusión acerca de la naturaleza del poder y de su relación con el derecho. ¿Era en verdad el derecho un mecanismo de reproducción ideológica y material de las hegemonías sociales, como sostenía el pensamiento de la izquierda de aquel tiempo[4] o en cambio, uno que producía paz y permitía previsibilidad de la conducta social, como sostenía la sociología de cuño funcionalista? ¿Era el de finales de la Segunda Guerra un momento propicio como para que un autor de la jerarquía del Kelsen, convocado para la redacción de la Carta de la Naciones Unidas, que ejercía su cátedra magistral en Berkeley, que vivía como exiliado y refugiado político en los EEUU de la guerra fría y del macartismo, desatara una polémica de tanta densidad ideológica? Todo hace pensar que no. Y más tarde, cómo elegir el momento propicio en ese mundo bipolar, confrontativo, tenso, que le tocó en las décadas posteriores. Hay que pensar en algunas palabras que por su carga simbólica caracterizan esos años, como por ejemplo Cuba, Hungría, Checoslovaquia, el Muro de Berlín el escudo antimisilístico, las guerras insurreccionales en distintas geografías del mundo y en particular en América Latina, para formular otra conjetura que es por completo justificable: Kelsen prefirió un discreto silencio en defensa propia, de su tranquilidad, de su labor intelectual, de su prestigio. Y si hubiera sido esa la razón de su actitud, creo que estaba en todo su derecho.

---

[4] Después de Althusser, de Poulantzas, de Foucault, las teorías críticas han propuesto una explicación más compleja y más satisfactoria respecto de esa antinomia simplificadora. V. Cárcova, C.M. *"Las Teorías Jurídicas Post positivistas"*, Abeledo Perrot, BsAs. 2009. Pags. 127 y ss.

— 18 —

A linguagem nos Tribunais
(a linguagem dos juízes e advogados)[1]

JACINTO NELSON DE MIRANDA COUTINHO[2]

Sumário: 1. Introdução; 2. Os fundamentos e o ato processual; 3. Os fundamentos dos fundamentos e o ato processual; 4. Os atos processuais de juízes e advogados.

1. Introdução

O tema proposto[3] remete para *a linguagem do processo*, particularmente *do juiz e do advogado*. Sendo assim, reclama a *análise da estrutura teórica processual* e, por óbvio, dos *atos processuais*, tudo de modo a que se possa perceber *os lugares* donde emanam tais atos e, com a marca deles, as *consequências possíveis*.

É preciso, então, revolver os *fundamentos* e, com eles, fazer uma aproximação e buscar *dialogar com os fundamentos dos fundamentos*, nos quais se encontra a *linguagem*. São, portanto, *dois planos distintos mas implicados de modo inseparável*.

Pensar nos *fundamentos dos fundamentos*, porém, em países como o Brasil, não tem sido simples, porque em tempos de crise – capitaneada por aquela econômica, gerada pelo neoliberalismo como epistemologia – cada um tende a se livrar dos problemas fazendo de conta que eles não existem e, se se admite que existem, a pensar que as soluções estão no próprio *campo* em que se atua e – pior – *preestabelecidas*.

---

[1] Texto parcialmente apresentado nas *Giornate italo-ispano-brasiliane 2015*, com o título *La lingua delle aule giudiziarie (la lingua del giudice e la lingua dell'avvocato)*, sobre o tema geral *La lingua dei giuristi*, Dipartimento di Giurisprudenza, Università degli Studi di Pisa, Pisa/Firenze, Itália, em 24.09.15. O presente ensaio é uma singela homenagem ao Prof. Dr. Lenio Luiz Streck.

[2] Professor Titular de Direito Processual Penal na Faculdade de Direito da Universidade Federal do Paraná. Especialista em Filosofia do Direito (PUCPR), Mestre (UFPR); Doutor (Universidade de Roma "La Sapienza"). Chefe do Departamento de Direito Penal e Processual Penal da UFPR. Coordenador do Núcleo de Direito e Psicanálise do Programa de Pós-Graduação em Direito da UFPR. Advogado. Procurador do Estado do Paraná. Membro da Comissão de Juristas do Senado Federal que elaborou o Anteprojeto de Reforma Global do CPP, hoje Projeto 156/2009-PLS.

[3] Nestas Jornadas – e por coerência – não só os temas são definidos como, também, os espaços sobre os quais os relatores devem dissertar, tudo para se poder ter um padrão e, com ele, serem favorecidas as discussões.

É como se as soluções, no caso do Direito, estivessem todas nele; como se ele fosse, de um modo bem arrogante, autossuficiente; como se o saber do Direito pudesse ser tomado com "grau zero", ou seja, sem que nada antes dele existisse.

Tal hipótese soa absurda porque aparentemente se liga ao pior do positivismo kelseniano mas, em verdade, vai além. Em face da complexidade da vida, o Direito cada vez mais tem tido menos soluções para os casos concretos e, assim, os atores jurídicos, destituídos de portos seguros como a Verdade, colocam para si uma ansiedade – com frequência transformada em angústia – antes inimaginável.

Para dela (a ansiedade ou a angústia) tentarem se livrar, buscam responder com as armas que têm às mãos e, por isso, com frequência caem nas armadilhas de um Direito que respondendo com o *dever ser* em nada ou muito pouco lhes ajuda e, deste modo, causa-lhes maiores transtornos porque empurra para decisões e tomadas de posições sem as devidas respostas, isto é, sem os fundamentos adequados. Em geral é um desastre, mas como em alguns casos as posições vingam, segue-se com a esperança de que pode ser assim.

Da outra parte, a ideologia dominante segue forçando a edição de uma legislação na qual predominam textos repletos de conceitos propositadamente indeterminados, opacos, ambíguos, dúbios, quando não definitivamente equivocados, quando não errados.

Desde este ponto de vista, a somatória de uma legislação imprecisa, arredia (no mais das vezes) da taxatividade, com uma vida cada vez mais complexa e que se não deixa aprisionar linguisticamente, por evidente que tende a excluir as diferenças, ou seja, tende a fixar no sujeito – e tão só nele – as decisões e tomadas de posições e, assim, a produzir *soluções solipsísticas*. É o paraíso do "achismo"; das verdades pessoais transformadas em decisões e tomadas de posições que cobram o preço, não raro alto, do sofrimento psíquico.

Desde este ponto de vista, o proclamado "fim das certezas"[4] não representou, por nada, uma vida melhor para os sujeitos, muito menos para os juristas. Em verdade, ainda não se aprendeu que o gozo da vida está nela mesma, com ou sem certezas; nas suas parcialidades possíveis. Assim, não é tão só o subir a montanha, como Sísifo, mas retirar o possível de cada giro da pedra.

Por certo, tem-se um longo caminho a ser percorrido quando em causa está a efetivação constitucional e o grau de civilidade, algo a ser percebido, com primazia, no espaço processual.

2. Os fundamentos e o ato processual

No Brasil, apesar de profundas inconsistências, a dogmática processual (particularmente aquela processual penal) segue fundando a *teoria do direito processual* na clássica *trilogia fundamental: jurisdição, ação e processo*.

---

[4] Por todos, v. PRIGOGINE, Ilya. *O fim das certezas*: tempos, caos e as leis da natureza. Trad. de Roberto Leal Ferreira. São Paulo: Editora da Universidade Estadual Paulista, 1996, 199p.

O *processo*, sem embargo de uma larga discussão sobre sua "natureza jurídica",[5] é tomado como um *conjunto de atos preordenados a um fim*. Em tal conceito resta clara a alusão à noção de *sistema* (conjunto), àquela de *procedimento* (pelo *preordenado*), assim como àquela referente à *finalidade* pois, como se sabe, para se ter presente o conceito de sistema de Kant (que torna possível uma estrutura do gênero), não bastaria imaginar que o "acertamento do caso" como *dicere ius* seria suficiente porque, em verdade, nele está pressuposto o *conhecimento*, em face da *estrutura processual como um todo*. Por sinal, faz-se o processo para que alguém que tendo poder para decidir mas não conhecendo devidamente possa, em face dele (processo), decidir. É o *conhecimento* (adequado/devido), portanto, que rege o *fim a ser alcançado* no processo, embora não se deva retirar a importância do ato jurisdicional de "acertamento do caso". Em suma, os *atos* ganham vida no processo que, como se percebe, deve ser observado, em face da finalidade que tem, no seu *conjunto*, razão por que ganha sentido o conceito de Fazzalari de *processo como procedimento em contraditório*.[6] Afinal, se o *conhecimento adequado* deve *decorrer do conjunto*, é ele que deve informar o *"acertamento do caso"* e, assim, evitar-se, o máximo possível, as decisões solipsísticas.

Por outro lado, *jurisdição* e *ação* também têm seu posto de primazia, sobretudo por realçarem "os lugares" dos quais emanam certos atos processuais.

A melhor forma (para tal finalidade), quem sabe, de apresentá-las, segue sendo a explicação de Carnelutti, de 1947, a qual – embora ligada a noções aparentemente já superadas – é precisa para fazer a separação entre elas:

> La giurisdizione è concetto opposto e complementare all'azione; si ricchiamano qui le osservazioni fatte sul principio di questo libro: l'azione è un'attività che si svolge dalla periferia al centro, la giurisdizione dal centro alla periferia; l'azione va dalle parti o, più ampiamente, dai cittadini verso il giudice; la giurisdizione dal giudice verso le parti o, più ampiamente, verso i cittadini. Il giudice *ius dicit* perché il cittadino *ius poscit*; questi domanda. Quegli risponde. Il qual rispondere è naturalmente un *dicere ius* e così una *iuris dictio*: ciò che il giudice dice è il **diritto** nel senso che lo *ius iungit*, cioè il diritto collega mediante i rapporti giuridici, cioè stabilisce poteri e doveri; in questo senso *ius dicit* il giudice penale come il giudice civile poiché, fra altro, condannando egli statiusce la soggezione del condannato a chi gli farà scontare la pena e, assolvendo, esclude, invece, tale soggezione e riconosce perciò all'imputato il pieno *dominium sui*.[7]

Tal explicação, antes de tudo, ressalta o *lugar central da jurisdição*, ao qual, *então*, atribuía-se a *superioridade* em relação aos demais (ação e processo), vin-

---

[5] Ainda não resolvida, em que pese a opção constitucional pela posição fazzalariana, conforme se denota da Constituição da República, art. 5º, inciso LV: "aos litigantes, em processo judicial ou administrativo, e aos acusados em geral são assegurados o contraditório e ampla defesa, com os meios e recursos a ela inerentes." Por outro lado, em razão da questão filosófica, é difícil sustentar uma verdadeira *natureza* para o jurídico e, nele, o próprio processo, embora isso parecesse normal diante das posturas *essencialistas* de uma Filosofia do Ser.

[6] FAZZALARI, Elio. L'esperienza del processo nella cultura contemporanea. *In Rivista di diritto processuale*. Padova: Cedam, 1965, vol. XX, p. 27: "Configurazione mitica è, poi, anche quella del processo come rapporto giuridico: tale schema è qui del tutto sterile, in quanto non riesce a dispiegare la varia e dinamica realtà del processo. Anche se buona parte della nostra dottrina sembra essere uscita dalla strettoia, da un canto taluno tende ancora a riconoscere qualche utilità all'impiego di quello schema, dall'altro rimane da ribadire la distinzione fra le due *species* del *genus* procedimento: questo ultimo essendo contraddistinto dalla collocazione normativa di una serie di atti (e posizioni soggettive) in ordinata sequenza, in vista e fino alla costituzione di una fattispecie, c'è processo, quando nell'*iter* di formazione di un atto c'è contraddittorio, cioè è consentito ai destinatari degli effetti dell'atto di partecipare alla fase di ricognizione dei suoi pressuposti, sul piede di reciproca e simmetrica parità, di svolgere attività di cui l'autore dell'atto debba tener conto, i cui risultati cioè egli possa desattendere, ma non obliterare."

[7] CARNELUTTI, Francesco. *Lezioni sul processo penale*. Roma: Ateneo, 1947, vol. III, p. 116.

culando-se a ela o pilar de sustentação da estrutura teórica. Referida faceta – *hoje quase totalmente superada*, pelo menos no Brasil – não exclui e nem deve excluir a importância transcendental que tem a *jurisdição* como *poder*.

Com efeito, tem-se a *jurisdição* como *o poder de dizer o direito no caso concreto de forma vinculante e cogente*. A par da sua finalidade primeira (*dizer o direito no caso concreto*) e da sua maior característica (a possibilidade, se for o caso, da vinculação e *cogência* das decisões, ou seja, a *coisa julgada*), é na noção de *poder* que se encontra o grande elemento a ser entendido.

Como uma *face do poder do estado*,[8] *quem a detém emite ordens, comanda*. Não se trata, assim, de um mero *dizer o direito*, algo possível a qualquer um; e sim de um *dicere ius* marcado pelo *poder jurisdicional*, ou seja, revelado em decisões que podem se transformar em *res judicata*.[9] Neste sentido (pode-se perceber) é um *poder* – ou pode ser – de vida e morte, que não encontra comparação, pela sua singularidade, dentre as outras faces com as quais o poder estatal se manifesta. Eis, por conseguinte, a sua importância como ato processual.

Da sua parte, a *ação* – ainda obscura como uma nebulosa na teoria processual – encontra-se situada conceitualmente, hoje, no lugar de *um direito/dever (ou mesmo poder, para alguns) a se ter a jurisdição*.

Marcada pela *inércia* em razão da *imparcialidade*, a *jurisdição não se move de ofício*, motivo pelo qual a *ação* se faz necessária. Garantia constitucional, decorre da exigência de que "a lei não excluirá da apreciação de Poder Judiciário lesão ou ameaça ao direito".[10] Liga-se, portanto, a um *princípio de impulso* que, por sua vez, impõe, de forma lógica, pela via da lei, a *legitimação* daqueles que acionam.

Para o que aqui interessa, o *ato de acionar* – com a estrutura e características que tem – aparece, no sistema, como um *ato processual*.

A *legitimação para o ato*, por outro aspecto de real importância, vincula-se ao princípio da *conformidade* ou ao princípio da *compatibilidade*. Afinal, "ninguém será obrigado a fazer ou deixar de fazer alguma coisa senão em virtude de lei".[11]

Sendo assim, aos *órgãos públicos* a lei legitima para acionar, mas a *conformidade impõe a ação se as condições para tanto estiverem presentes*. Ao particular, por seu turno, a *compatibilidade* e o texto constitucional garantem o exercício da ação em razão da sua *conveniência ou oportunidade*.

A Constituição da República, então, assegura a *ação de maneira genérica, incondicionada*. O condicionamento decorre do sistema e vem expresso na legislação infraconstitucional em face da lógica que o preside, de modo a não

---

[8] A Constituição da República, no Título IV (que trata da Organização dos Poderes), Capítulo III (arts. 92 a 126), vai tratar do Poder Judiciário e, assim, fixa os espaços do poder jurisdicional e inicia a distribuição do exercício dele (competência).

[9] CR, art. 5º, inciso XXXVI – a lei não prejudicará o direito adquirido, o ato jurídico perfeito e a coisa julgada.

[10] CR, art. 5º, inciso XXXV. A CR, porém, a par de outros preceitos, vai além e de forma mais ampla garante o direito de petição no art. 5º, inciso XXXIV: "são a todos assegurados, independente do pagamento de taxas: a) o direito de petição aos Poderes Públicos em defesa de direitos ou contra a ilegalidade ou abuso de poder;".

[11] CR, art. 5º, inciso II.

se permitir a movimentação da máquina jurisdicional de forma abusiva ou desnecessária.

O *ato de acionar* também demarca "um lugar" e, nele, para além das exigências legais, sobressai-se o papel dos advogados e, se for o caso, do Ministério Público.

3. Os fundamentos dos fundamentos e o ato processual

O processo é eminentemente linguagem.

Salvo os raríssimos *atos reais*,[12] tudo o que se faz no processo leva a *marca da linguagem*, razão por que tem ela uma importância fundamental e não pode ser ignorada.

O *lugar da linguagem* variou no tempo e no espaço. Afinal, os gregos a usavam para exprimir as *essências*, nas quais situavam o *lugar da verdade*. Trata-se do que se convencionou chamar de chamada Filosofia do Ser. A chamada *adequatio* (de Aristóteles), por exemplo, adequava o pensamento ao objeto (*veritas est adequatio rei intellectus*); e a essência vinha expressa – como não poderia deixar de ser – linguisticamente. A importância, porém, não estava nela (linguagem), e sim, na essência que tentava exprimir. Tal modelo (paradigmático) vigeu até a Modernidade, sendo superado por aquele decorrente da chamada Filosofia da Consciência, a qual nasce com René Descartes.

O *essencialismo*, contudo, em que pese superado (por não se ter *uma essência* correta para exprimir, por óbvio), aparece, com frequência, hoje, no campo jurídico e particularmente nos processos, como estrutura retórica de dissimulação dos concretos fundamentos que se utilizam, mas que não podem ser revelados ou mesmo porque se não quer revelar. Em suma, trata-se de um falso fundamento.

Por seu turno, a Filosofia da Consciência muda o enfoque e coloca luz no *sujeito*, refletindo o *cogito ergo sum* de Descartes. A primazia passa a ser dele (o sujeito), a quem cabe *dizer a verdade do objeto*. A verdade muda de lugar: ao invés de estar no objeto, está no sujeito. Ele, então, passa a ser o detentor da verdade e a *linguagem* tem a *função de intermediária*, isto é, é ele que, por ela, diz a verdade do objeto.

Este modelo (paradigmático) estruturou não só as bases filosóficas mas, também, dentre outras, aquelas do direito que se conhece e aplica. Ora, ninguém duvida, por exemplo, sobre a importância do *lugar* ocupado pelo *sujeito de direitos* e, dele, é despiciendo falar.

Desde o início, porém, *a linguagem desse sujeito* (por óbvio *todo poderoso*) *mostrou-se incapaz de dizer uma verdade toda sobre o objeto*; uma Verdade que se pudesse enunciar com V maiúsculo. Ora, *o objeto sempre se mostrou impossível de apreensão por inteiro* (embora fosse apreensível em certa medida, ou seja, como *parcialidade*); mas também o *sujeito sempre foi incapaz de dizer essa verdade toda, essa Verdade com V maiúsculo, dado não ter linguagem suficiente para tal mister*. Tinha ele – e isso era certo – um *arsenal linguístico* capaz de lhe colocar em

---

[12] Atos reais são os que se manifestam como *re non verbis*, como a apresentação à prisão, entre outros.

contato com o mundo e, assim, assegurar-lhe uma *identidade*; mas em definitivo insuficiente para fazer com que desse conta dessa *verdade toda*, razão por que sempre apareceu como um sujeito no qual faltava linguagem e, assim, que era marcado por essa *incompletude* e, portanto, como *um sujeito que carregava* (e carrega) um *furo*.

Isso não quer dizer que não dissesse e não pudesse dizer (e mesmo que não diga) sobre o objeto. Diz – sim –, só que esse dizer, se tiver a pretensão de *dizer a verdade toda*, está na ordem da *impossibilidade*. Deste modo, o *sujeito diz, mas não diz a verdade toda*.

Essa conclusão é suficiente para destroçar o *discurso da verdade*; e retirar do sujeito uma arrogância que adquiriu com o lugar cimeiro conquistado na Modernidade. Sobrou, contudo, a questão de saber do que se tratava se, ao *enunciar a verdade*, não era da *verdade toda* que se estava a falar. Ora, mais uma vez a *linguagem* exprimia a debilidade da fronteira daquilo que se pretendia.

Eis, então, que *dizer sobre o objeto é, sempre, dizer sobre o que ele é mas, também, sobre o que ele não é*, o que torna impossível dizer a *verdade toda* e, assim, força-se um *dizer sobre a parcialidade possível*. Para o *discurso da Verdade*, porém, essa *parcialidade possível* só poderia ser entendida como uma *meia Verdade* e, por isso, no que se mostra como uma *parte do todo, em definitivo não é o todo*.[13] Mas se não é o todo, é outra coisa, logo, é de outra coisa que se trata. Seria, portanto, uma *outra Verdade*. O discurso, por isso, leva à bancarrota, tornando-se imprestável para o fim a que veio (embora sirva para seguir iludindo os incautos), justo porque se vai ao infinito, em uma cadeia que não termina senão na falta da linguagem.

Não é de estranhar, por conseguinte, que tal discurso tenha conduzido ao *absurdo*. *O descompasso entre sujeito e objeto* projeta um espaço escuro, de falta de linguagem e, com ele, uma constante *ansiedade* que, agravada, leva à *angústia*. O homem, por certo, lida mal com elas porque vive em torno de um constante mal-estar. No fundo, ele é a face desse mal-estar e se apresenta com uma *linguagem* que tenta dar conta desse *furo, dessa falta de linguagem*, razão pela qual fala, isto é, na falta das palavras ele... usa palavras; na falta do que falar, ele fala. *A linguagem*, aqui, aparece como uma tentativa de *obturar o furo*, por suposto que impossível.

Em sendo assim, *se a Verdade não está no objeto e não está no sujeito, onde estaria?* Por certo, *da forma como se pretendeu* (como verdade toda; como verdade absoluta; como verdade material; como verdade real, etc.), *não vai aparecer nunca*.

---

[13] MIRANDA COUTINHO, Jacinto Nelson. A dogmática jurídica a partir de uma nova visão da Filosofia do Direito. *In* Filosofia e direito: reflexões (um tributo ao Professor Cleverson Leite Bastos). Org. Gilson Bonato. Rio de Janeiro: Lumen Juris, 2013, p. 73: "Aqui, a questão não é tão difícil: *a verdade é a verdade*; e *a meia-verdade é a meia-verdade*. Logo, não se trata de saber se um relógio é um relógio (está-se de acordo sobre tal objeto, ou pelo menos se pensa assim), mas de ser impossível saber *todas as respostas sobre ele*. E isto porque serão sempre *meias-respostas*; como se fossem *meios-relógios*; ou apenas *partes-de-um-relógio*. E *meios-relógios* não são os relógios. Em suma, não se demorou muito para perceber que *se não tem linguagem para dar conta dos objetos; e que eles só podem ser na medida em que se constituem linguisticamente*; e ainda que possam conservar algumas de suas características como, por exemplo, lembrou William Shakespeare na frase célebre de Romeu e Julieta (e que pode confundir): mesmo que você dê à rosa outro nome ela continuará com seu perfume ("What's a name? That which we call a rose by any other name would smell as sweet.", ou seja, "O que é um nome? Se dermos um outro nome àquilo que nós chamamos de rosa ela continuará com seu tão doce perfume."); sempre imaginando ser ela mesma, e não uma sua *representação*."

Isso *não significa que não exista algo onde se pretendia ter a verdade toda*; significa – isso sim – que esse *lugar* é impossível para o humano. Pois.

Desmitificado tal *lugar* e mesmo aquele do *sujeito como um oráculo*, resta *aprender a lidar com a realidade*. Essa, *como uma possibilidade, nasce da linguagem, ou seja, do resultado da cadeia de significantes* que, sucedendo-se nas construções linguísticas, vão, palavra por palavra, possibilitando que a consequente (re)signifique a(s) antecedente(s) e, assim, ao se construir *um sentido*, construa-se a própria imagem da realidade, logo, ela mesma naquilo em que é possível se dar a entender, em que se oferece à razão. Aqui, *a linguagem* – é preciso ter presente – não é mais uma mera intermediária, mas verdadeira *protagonista*. Ela, de certo modo, é a verdade.

A partir de tais postulados (dentre outros) erigiram-se as bases de uma Filosofia da Linguagem, agora o novo modelo (paradigmático) com o qual se passou a pensar e explicar o mundo a partir do início do Século XX, mormente com a *Ontologia Hermenêutica*, de Heidegger, e a *Hermenêutica Ontológica*, de Gadamer. No Brasil e para o Direito (dentre outros de real importância), Lenio Luiz Streck é o grande e incansável defensor da mudança paradigmática.[14]

Mais uma vez, o modelo não é e não pode ser definitivo; não pode, portanto, ser o ponto final do discurso sobre a Verdade; e não haveria de ser tão pretensioso partindo de tais bases. A *fluidez da linguagem* (com as palavras descoladas dos objetos) e o *deslizamento de sentido que as palavras proporcionam*, sozinhas ou nas cadeias de significantes, por si sós seriam suficientes para produzir uma conclusão do gênero. É, porém, o que se tem *de menos absurdo* e, portanto, *de mais factível*.

Embora não se possa falar de uma incompatibilidade absoluta, com Freud e a Psicanálise[15] agregou-se ao problema referido da Filosofia da Linguagem um *plus* e, de certa forma, *algo impossível de ser solucionado à luz da razão*, dentre outras coisas porque diz com a própria linguagem: *o modo de irrupção do inconsciente no humano*. Ora, que o *golpe psicológico*[16] foi o mais sentido pelo *narcisismo humano* ninguém duvida e disso se sabe pelo próprio Freud. Por ele se pode constatar que o homem não é sequer senhor de sua própria casa, ou seja, que a razão, nele, não ocupa o *lugar* central e sim periférico. Tal *lugar central* está lá, nele, mas dele ele mesmo nada sabe (ou quase nada), ou seja, é-lhe *inconsciente*. *Estruturado como uma linguagem* (como ensinou Lacan[17]), *o inconsciente fala* para expressar a atividade pulsional e, no que fala, *aparece como palavra no discurso do humano*, justo no *espaço intervalar das palavras dos discursos, nas cadeias de significantes*. É ali que *a palavra do inconsciente aparece* (com seu próprio sentido, em

---

[14] Para uma visão mais completa é preciso conferir a principal obra do autor: STECK, Lenio Luiz. *Verdade e consenso*. 5ª ed. São Paulo: Saraiva, 2014, 678 p.

[15] Trata-se de um *campo* que se não pode descartar e nem ignorar. Ao contrário, a Psicanálise é imprescindível na tentativa de se conhecer o homem na sua maior extensão e, assim, coloca-se como indefectível ao Direito.

[16] Os outros dois seriam o Golpe Cosmológico e o Golpe Biológico. Sobre o tema: FREUD, Sigmund. Uma dificuldade no caminho da Psicanálise. In *Obras completas*. Trad. de Jayme Salomão. Rio de Janeiro: Imago, 1969, Vol. XVII, p. 167 e ss.

[17] LACAN, Jacques. *O Seminário*: livro 20: mais, ainda. 2ª ed. Versão brasileira de M. D. Magno. Rio de Janeiro: Zahar, 1985, p. 189.

geral diverso daquele que a razão lhe pode dar, embora os significantes possam ser os mesmos), quebrando a ordem consciente/racional da cadeia para lhe dar uma direção diversa, logo, um sentido diferente, um novo sentido. Neste passo, parece claro que aquilo que se diz, que se enuncia, pode não ser – e com frequência não é – aquilo que as palavras aparentam.[18]

A Filosofia da Linguagem, aqui, com sua razão elaboradíssima, presta-se pouco a esclarecer e, se tenta, geralmente leva ao erro, para não dizer algo mais grave como o fato de que produz asnices gigantescas. Afinal, essa *linguagem* é presidida por outra lógica, própria do inconsciente e, como tal, só vai aparecer pelas manifestações linguísticas, inclusive sustentando-se na quebra da *não contradição*.

Sobre o tema, Žižek percebeu a questão da superação dos modelos como poucos: "O problema, naturalmente, é que, numa época de crise e ruptura, a própria sabedoria empírica cética, restrita ao horizonte da forma dominante de senso comum, não pode dar respostas, e é *preciso* arriscar o Salto da Fé. Essa mudança é a mudança de 'falo a verdade' para 'a própria verdade fala (em/através de mim)' (como no 'matema' de Lacan sobre o discurso do analista, em que o agente fala na posição da verdade), até o ponto em que posso dizer, como Meister Eckhart: 'É verdade, e a própria verdade o diz'. No nível do conhecimento positivo, é claro que nunca é possível (ter certeza de que se conseguiu) atingir a verdade; só se pode aproximar-se dela interminavelmente, porque a linguagem, em última análise, é sempre autorreferencial, não há como traçar uma linha definitiva de separação entre sofisma, exercícios sofísticos e a própria Verdade (é esse o problema de Platão). A aposta de Lacan aqui é aquela de Pascal: a aposta da Verdade. Mas como? Não correndo atrás da verdade 'objetiva', mas agarrando-se à verdade a respeito da posição da qual se fala".[19]

4. Os atos processuais de juízes e advogados

Fixadas as bases para *os fundamentos*, assim como para *os fundamentos dos fundamentos*, pode-se destacar com um pouco mais de precisão o que se tem passado, hoje, com os atos de juízes e advogados no Brasil.

A *estrutura teórica dos processos* está umbilicalmente ligada à noção de *sistemas processuais*; e essa decorre do *conceito de sistema de Kant*.[20]

---

[18] MIRANDA COUTINHO, J. N. *A dogmática...*, cit., p. 76: "Ora, o problema gerado não é difícil de entender: além de furar a linguagem da razão, usa a própria linguagem, porém dentro da sua própria lógica, ou seja, *fala, mas fala do seu modo* e, mesmo usando a linguagem da razão, dá a ela a sua (dele) lógica e, assim, *gira o que fala*, por *condensações* e *deslocamentos* (Freud) ou *metáforas* e *metonímias* (Lacan), de tal modo a poder ir ao ponto de expressar o contrário da palavra expressa. Em suma, um *significante* que liberto do *significado* irrompe, pela via da *pulsão*, na cadeia de significantes do sujeito (Eu) e, apontando para outro significante (sempre na cadeia), fala de outra coisa, de *outra cena*, daquilo que *'estruturado como uma linguagem'* tem uma lógica própria, a qual *escapa de qualquer pré-conceito* e, mais, da *pré-compreensão. Isso que fala, à razão é inconsciente*. E, quem sabe, justo por *Isso*, que tem sido muito pesado para alguns filósofos; mas não só a eles.".

[19] ŽIŽEK, Slavoj. *Em defesa das causas perdidas*. Trad. de Maria Beatriz de Medina. São Paulo: Boitempo, 2011, p. 21.

[20] KANT, Immanuel. *Crítica da razão pura*. 4ª ed. Trad. de Manuela Pinto dos Santos e Alexandre Fradique Morujão. Lisboa: Gulbenkian, 1997, p. 657: "Ora, por sistema, entendo a unidade de conhecimentos diverso sob uma ideia. Este é o conceito racional da forma de um todo, na medida em que nele se determinam *a*

Os elementos que se colocam em relação, formando um conjunto (sistema), em decorrência de um *princípio unificador*, aparecem quase sempre como linguagem porque, como se sabe, são frutos da elaboração humana. Se fosse possível assim dizer, dir-se-ia que seriam *objetos culturais*. Isso, porém, não é obstáculo para que se coloquem em conjunto; antes, é conveniente que assim seja para poderem melhor se organizar e proporcionar os fins para que vieram, isto é, permitir o *acertamento dos casos* de uma forma democrática.

O escopo do conjunto/processo, visto como sistema, *é o acertamento do caso* e, para tanto, faz-se mister se ter *conhecimento,* razão pela qual *nele e sua busca é que se situa o caminho para o fim* almejado. Pois é justo *a finalidade* (sempre pela base kantiana) que define (ao depois) o *princípio unificador*.

Ora, trabalha-se com *dois sistemas processuais* porque *a busca do conhecimento tem-se fundado seja nos juízes, seja nas partes.* No primeiro caso (a busca do conhecimento pelos juízes), a finalidade (re)significa o princípio unificador como *princípio inquisitivo*, razão por que aí se está a operar com um *sistema inquisitório*. No segundo caso (a busca do conhecimento pelas partes), a finalidade (re)significa o princípio unificador como *princípio dispositivo* (para alguns *princípio acusatório*, em aparente confusão), razão por que aí se está a operar com um *sistema acusatório*.

Essas construções, historicamente, nasceram (pelo menos para o *processo penal*) por estruturas processuais que apareceram no final de Século XII e início do Século XIII, sempre por *razões de ordem política e econômica*, antes de outras. Assim, o *esforço filosófico e científico* em os explicar decorre de construções posteriores[21] e, portanto, quase inúteis para agitarem conceitos como *pureza, certeza*, etc. Por isso, não há, em definitivo, *sistemas puros* e, assim, todos aqueles que se conhece são *mistos*, isto é, mantêm um *princípio unificador* (que *deve ser único*, afinal, representam a *ideia única* de Kant), mas acabam por agregar elementos característicos do outro sistema que, por razões óbvias, não se amoldam bem no conjunto. Para isso perceber basta analisar no *habeas corpus* e seu *lugar deslocado* no processo penal brasileiro, ao qual se acaba por conceituar – e por mais absurdo que possa ser –, na falta de um *lugar* adequado, como *remédio heroico*, como se isso pudesse dizer alguma coisa.

Em suma, *o processo penal brasileiro segue tendo um princípio inquisitivo como princípio unificador*, o que se justifica, dentre outras coisas, pelo código de regência (de 1941) ser uma cópia (malfeita) do *Codice Rocco* (de 1930). Trata-se de um sistema eminentemente inquisitório. Por outro lado, *o processo civil brasileiro segue tendo um princípio dispositivo como princípio unificador*, mesmo que as últimas reformas (inclusive a de um código integralmente novo, de 2015[22]), apontem sempre para um maior *ativismo judicial,* às vezes inexplicável e inconsequente. Trata-se de um sistema eminentemente acusatório.

---

priori, tanto o âmbito do diverso, como o lugar respectivo das partes. O conceito científico da razão contém assim o fim e a forma do todo que é correspondente a um tal fim.".

[21] Não esquecer que Kant é do século XVIII, começo de século XIX: nasceu em 22.04.1724 e faleceu em 12 de fevereiro de 1804.

[22] Lei n 13.105, de 16.03.2015, publicada em 17.03.2015, ora em *vacatio legis* de um ano.

No processo penal brasileiro, *a iniciativa da busca do conhecimento está fundamentalmente ligada à figura do juiz* (é dele a *gestão da prova*), sem embargo de que as partes também possam ter tal iniciativa, embora de um modo visivelmente secundário. No processo civil brasileiro, por seu turno, *a iniciativa da busca do conhecimento está fundamentalmente ligada à figura das partes* (é delas a *gestão da prova*), sem embargo de que o juiz também possa ter a iniciativa probatória, embora de um modo visivelmente secundário. Tais *lugares*, como não poderia deixar de ser, demarcam papéis.

Aquele do juiz, em um sistema eminentemente inquisitório, é de *protagonista principal*. Senhor do conhecimento (se detém a gestão da prova), é *plenipotenciário* (ou quase) e, sendo assim, *aparentemente melhor se informa*; mas é só aparência, como se sabe. *Arrisca, contudo, decidir antes e, depois, sair à cata da prova para justificar sua decisão anteriormente tomada*. Isso parece absurdo olhando-se desde um ponto de vista democrático, mas é normal (para não dizer natural) se isso vai percebido pela *lógica científica* com a qual se pensa no ocidente, de uma *analítica* que trabalha com *premissas e silogismos*. Neste passo, como diz Cordero com total razão, vige *"il primato dell'ipotesi sui fatti"*.[23]

O *lugar do juiz*, por outro lado, *em um sistema eminentemente acusatório, é visivelmente secundário se em pauta estiver a iniciativa da busca do conhecimento*. E assim é porque *deve acertar o caso a partir do conhecimento produzido no processo* desde a *iniciativa probatória das partes*, para o que tem ele uma função meramente subsidiária de complementação. É, em *ultima ratio*, o que a nação lhe pede. Tem-se, sem dúvida, uma *maior equidistância dele (juiz) com as partes* mas, sobremodo, evita-se a antecipação dos julgamentos, pelo menos diante das *provas produzidas*, isto é, *introduzidas no processo*.

Desde este ponto de vista, ganha singular significação a *motivação das decisões*. Como *linguagem* e não sendo tão só uma *estética de justificação, a fundamentação*, para além do *dispositivo*,[24] deve expressar *os fundamentos*, mas também *os fundamentos dos fundamentos* e, assim, refletir o que foi a construção do ato *decisional, conforme a participação ativa das partes com seus argumentos e fundamentos*.

Sendo assim, serve a *fundamentação como mecanismo de controle da decisão, pela via recursal*, justo porque é ela que permite verificar se a *linguagem* ali expressa se encontra, na forma referida, no processo, não se podendo admitir qualquer incompatibilidade. *Não é*, portanto – e não pode ser –, *um ato livre, discricionário*, muito menos *arbitrário*. Nele, então, não se pode *dizer qualquer coisa sobre qualquer coisa*.[25]

A *linguagem da fundamentação*, porém, tem também *uma função didática*. Afinal, *serve para tornar claro à comunidade o motivo pelo qual um caso foi acertado de determinado modo e não de outro* e, com isso, *reforça a construção de uma cultura vinculada ao sentido que o Poder Judiciário vai dando à vida, mormente as cortes superiores*.

---

[23] CORDERO, Franco. *Guida alla procesura penale*. Torino: UTET, 1986, p. 51.
[24] Que segue sendo – por alguns – apresentado como *síntese* e, portanto, expressão de um *silogismo*, por mais que não seja disso que se trate.
[25] STRECK, L. L. *Hermenêutica jurídica (e)m crise*. 10ª ed. Porto Alegre: Livraria do Advogado, 2011, p. 403.

O problema, neste passo, segue sendo o de sempre, ou seja, *como garantir – e portanto, ter a certeza – de que a linguagem usada na fundamentação é aquela decorrente do Direito e, assim, expressão do pensamento majoritário; ou contramajoritário, se necessário se fizer.* Respostas seguras, precisas, ao problema, não se tem, dentre outras coisas porque a fluidez da linguagem, objetiva e subjetivamente falando, não permite.[26]

Detendo o juiz o poder jurisdicional e emitindo ordens (como já se disse, não raro de vida e morte), deve saber que em um regime democrático é imprescindível que tenha ciência de que está também em um lugar que o sujeita à ordem posta, começando por aquela constitucional.

Isso não tem sido suficiente, pelo menos no Brasil, para evitar as *posturas solipsísticas* que, em *tempos de crises*, ganham cada vez mais destaque seja porque forjam *falsos heróis*, seja porque *iludem os incautos que se prestam a serem enganados*, mormente em razão de uma *linguagem moralista* e, com frequência, *contra os direitos, a começar por aqueles fundamentais*. É como se *os fins justificassem os meios*. Serve, todavia, para demonstrar o baixo *grau de civilidade* e o quanto se deve evoluir para se poder ter um regime verdadeiramente democrático.

Por fim, os atos processuais lançados pelos advogados em nome dos seus representados merecem, hoje, um destaque especial.

Isso decorre, por elementar, do *lugar conquistado pelas partes e seu papel de protagonista na construção do conhecimento no processo*, por decorrência da adoção, no âmbito constitucional, na teoria fazzalariana.

A *linguagem dos advogados*, então, na construção dos atos processuais, deveria ter um papel de vulto, porque se trataria de uma leitura privilegiada das questões de direito e de fato, não podendo ser dispensada dos atos de decisão. Ora, as partes e interessados, quando falam por seus advogados, ocupam o lugar de quem pode ser atingido pelo provimento jurisdicional e, por isso, legitimam-se a participar dos atos processuais e, em contrapartida, não podem ter descartadas suas intervenções. Neste passo, restou demarcado uma outra visão – um tanto mais restritiva em relação à resposta jurisdicional – ao *narra mihi factum dabo tibi ius*.

Na prática, porém, não tem sido assim. O *velho* resiste e não morre; e o *novo* não consegue nascer. A Constituição da República não se efetiva.

Os problemas para que isso se dê são vários mas, sem dúvida, talvez o mais relevante é que *os mecanismos de controle* são frouxos. É como se o Judiciário não quisesse impor o novo modelo ditado pelo legislador constituinte porque o velho modelo lhe é confortável e conveniente. Sem tal imposição, contudo, não se efetiva a Constituição da República, sendo difícil de imaginar que as instâncias inferiores irão, por sua própria decisão, aderir àquilo que alguns consideram uma *perda do espaço de poder*, ainda que isso não seja verdadeiro.

---

[26] Sobre o tema, por todos v. FAZZALARI, Elio. Giudici, diritto, storia. In *Conoscenza e valori* (saggi). Torino: Giappuchelli, 1999, p. 129.

Por outro lado, boa parte dos advogados ainda não aprendeu as clássicas lições de Calamandrei[27] e, assim, insistem, com muita frequência, em *não ser claros* e, também (ou em conjunto), *não ser concisos*, isto é, não escrever muito. Por sinal, Calamandrei é muito feliz quando recomenda que se não se puder ser claro e conciso, que se seja conciso, porque quanto à clareza os juízes podem compreender e aceitar mas, em relação à extensão, são – e têm sido cada vez mais – impiedosos.

Uma petição deve ter, ao que parece, para além da questão de *estilo* (por certo individual e impossível de renunciar), *o tamanho necessário para as ideias expressarem com clareza e sinteticamente aquilo que deve ser dito*. Com isso, relativiza-se o problema da dimensão, mas aumenta-se a responsabilidade do profissional que deve se fazer ler ainda que a petição seja longa, quiçá em sua homenagem e na aceitação de que, naquela hipótese, era necessário. No mais, é imperdoável.

A questão torna-se ainda mais complexa quando se peticiona aos tribunais superiores e, para além, quando se trata de questões que envolvem muitos interesses. O padrão, no caso, não se altera, pelo menos no Brasil. Afinal, *os tribunais superiores, com a imensa competência que acumularam na Constituição da República* (por demanda das suas lideranças, então), sempre tiveram um excesso descomunal de trabalho e, em definitivo, isso pressiona na direção de que as petições sejam breves, em qualquer hipótese. É como que se elas assim não puderem ser, não tivessem que ser apresentadas. Em suma, ou se é breve; ou se é breve.

Há, sem embargo, algo mais nesta matéria, isto é, a *computadorização* – quase integral – dos processos, agora eletrônicos. A informatização da Justiça foi, por certos aspectos, um grande avanço, mas há grande resistência (ainda) dos advogados e dos magistrados. *O desconhecido mostra-se como um entrave e tem dificultado a leitura das petições*. É cedo, porém, para se ter uma apreciação mais precisa dos resultados. Sabe-se, sem dúvida, que, em alguns aspectos, não melhorou muita coisa; e um deles diz com a influência dos advogados, por suas petições, nas decisões. O problema, então, está nos homens; mas para isso tentar decifrar seria necessário um novo ensaio.

---

[27] CALAMANDREI, Piero. *Eles, os juízes, vistos por nós, os advogados*. Trad. de Ary dos Santos. 6ª ed. Lisboa: Livraria Clássica Editora, p. 74: "Mais aceita é a brevidade, ainda que obscura: quando um advogado fala pouco, o juiz compreende que tem razão, ainda que não compreenda o que diz.".

— 19 —

Ponderação de princípios e tópica jurídica

TERCIO SAMPAIO FERRAZ JUNIOR[1]

Sumário: 1. Situando o problema; 2. Interpretação do direito e seus desafios; 3. Uso dos princípios e neoconstitucionalismo: como lidar com as exigências de aplicação da constituição e da lei; 4. Uso de princípios e tópica jurídica: da argumentação de bloqueio à argumentação de legitimação; 5. Conclusão.

1. Situando o problema

O jurista sempre esteve acostumado, por longa tradição, a lidar com três problemas centrais da teoria jurídica: a identificação do direito, sua interpretação e aplicação. Há modelos dogmáticos com conceitos, classificações, distinções que procuram construir ferramentas para lidar com esses problemas. Por exemplo: os conceitos de validade/vigência/revogação para responder o problema da identificação; a distinção entre vontade da lei/vontade do legislador para o problema da atribuição de significado; a forma do silogismo que tem a premissa maior (direito válido), premissa menor (fatos provados) e conclusão (decisão), para justificar a decisão. Desde o século XIX, a dogmática jurídica, continental europeia, produziu tecnologias detalhadas para lidar com esses problemas, principalmente com os dois primeiros (identificação e interpretação), uma vez que o problema da aplicação era tratado de modo subsidiário aos problemas da identificação e interpretação, como mostram os debates para dar autonomia à dogmática do direito processual (de lembrar-se que até os anos de 1960 ainda se ouvia falar em direito *substantivo*/direito *adjetivo*).

Diante disso, a interpretação era levada a cabo a partir da ficção de unidade codificadora da vontade do legislador, que é, então, idealmente conceptualizado na figura do chamado "legislador racional".

Mas a hipótese do legislador racional nunca foi isenta de uma tomada de posição ideológica, que se baseia no modo como se atribui relevância aos valores principais do sistema normativo (ideologia como valoração e hierarquiza-

---

[1] Doutor em Direito pela Faculdade de Direito da Universidade de São Paulo. Doutor em Filosofia pela Johannes Gutenberg Universität de Mainz, Alemanha. Professor Titular do Departamento de Filosofia e Teoria Geral do Direito da Faculdade de Direito da Universidade de São Paulo.

ção de valores). Essa ideologia, implícita na atividade hermenêutica, pode ser estática ou dinâmica. Ela é estática quando a hipótese do legislador racional favorece valores como a certeza, a segurança, a previsibilidade e a estabilidade do conjunto normativo, donde a primazia da *subsunção*. Ela é dinâmica quando favorece a adaptação das normas, a operacionalidade das prescrições normativas, donde a força argumentativa da *tópica jurídica*.

Nesses termos, a interpretação, indispensável no pensamento jurídico, acaba por desenvolver-se dentro de uma tópica: o que garante a permanência de uma ordem jurídica (legislador racional) em face de certos câmbios sociais no correr do tempo é justamente um estilo flexível em que os problemas são pontos de partida que impedem o enrijecimento das normas interpretadas, sem recusar-lhes a condição de fundamento das decisões. A própria interpretação dos fatos (no sentido de "aquilo que será julgado") exige o modo tópico, pois os fatos de que cuida o aplicador do direito, sabidamente, dependem das versões que lhes são atribuídas. A versão tópica da prova dos fatos presume que ninguém possa saber por si só e sem um esforço adicional a verdade inerente aos próprios fatos. Daí a sua submissão a uma técnica de perguntas subsequentes, capaz de torná-los verdadeiros ainda que sem nunca se tornar inteiramente concludente. Ademais, o uso pelo direito da linguagem cotidiana, com sua falta de rigor, suas ambiguidades e vaguezas, condicionaria o jurista a pensar topicamente. Por isso, em seu raciocínio, ele sabe, de algum modo, que não há sistema em si que possa resolver todos os problemas jurídicos, ainda que seja topicamente relevante presumir uma unidade tecnicamente bem construída. Embora, por essa razão, os "sistemas" normativos mais pareçam séries heteróclitas do que pretendam as grandes *sistematizações* da ciência jurídica, há de se sublinhar o ponto de vista do sistema presumido, mediante o qual os problemas são então selecionados: os que são incompatíveis com sua estrutura são rechaçados e agrupados como problemas mal colocados ou falsos problemas. Donde a dinâmica tópica das dicotomias lícito/ilícito, justo/injusto, nulo/anulável, mantendo-se a exigência de que as decisões ocorram conforme uma linguagem técnica, porém, sem deixar de atender à necessidade de que a distância entre o procedimento técnico e a relação social *sub judice* fique demarcada e a decisão possa ocorrer "conforme o direito".

Daí a tópica jurídica mais como um estilo de pensar, que diz respeito propriamente a uma atitude cultural de alto grau de confiabilidade no desempenho de tarefas práticas em termos de uma *teoria dos lugares comuns* e uma *teoria da argumentação e de raciocínio*, vale dizer, numa *acepção estrita* e numa *acepção ampla de argumentação*. Na primeira, *princípios* aparecem como um conjunto presumidamente organizado de categorias gerais, nas quais se agrupam argumentos básicos para as técnicas de decisão. Trata-se, então, de um ou mais repertórios (princípios constitucionais de diversas ordens), que facilitam a *ars inveniendi* do intérprete e do aplicador. No segundo caso, revelava-se como uma técnica de raciocínio, que trabalha como um modo de pensar que garante, flexivelmente, a unidade do sistema (princípios gerais como instrumentos da completude do direito).

Na era presente, contudo, a percepção da *sociedade* como *sociedade econômica*, como um todo abarcante que se concentra em produzir objetos de consumo, cujo consumo é, de novo, meio para o aumento da produção e assim por diante, tende a modificar esse quadro, ao modificar as linhas distintivas entre política, economia e regulação jurídica, as quais se tornam confusas. Não se trata mais, por exemplo, do exercício político pelo detentor do poder econômico, na medida em que esse passa de uma esfera de atuação (atividade econômica) para outra (atividade política), mas de atividades com lógicas estruturalmente indiferenciadas, donde a estreita aproximação, no mundo capitalista, entre tecnocracia pública e privada. Do mesmo modo, o exercício da jurisdição, supostamente neutralizado politicamente pelo princípio da divisão dos poderes, ganha contornos políticos, mediante os quais a exigência de prognósticos na tomada de decisão torna o *veredicto* (enquanto um *veritas dicere*) uma antecipação política dos efeitos políticos, sociais, econômicos.

Isso não faz, porém, com que o poder jurisdicional, o Poder Judiciário em um Estado soberano, deixe de desempenhar um papel decisivo.

O poder jurisdicional não é dissolvido no universo político, mas repensado. Aparece numa forma nova. Antes ele se colocava como uma relação de império entre o juiz e o jurisdicionado, e como não havia ainda a premência da questão econômica e social, aquela relação era exterior, isto é, a administração da justiça (fazer justiça) era o objeto do exercício judicante, que era externo à política. Agora, surge uma situação em que o Poder Judiciário não se destaca, como um outro, da própria justiça administrada, da qual faz parte. E, em assim sendo, o poder jurisdicional (um dos poderes do Estado) se torna um problema de exercício interno dos atos de gestão: ato judicante como política, jurisdição como política social e econômica, tudo conforme uma lógica tecnocrática: a lógica da *"governamentalidade"* (na linha de Foucault). Em cujo cerne, aliás, acaba por se estabelecer um triângulo estrutural: império, ato judicante e gestão socioeconômica.

Na verdade, ressalvada a utilização crua e nua da força (no século XX, stalinismo, nazismo, fascismo e as formas de autoritarismo na América Latina), o dilema de um poder jurisdicional "gestor" tem uma função paralisante, que o sistema jurídico contemporâneo, estrategicamente, até oculta, ao procurar manejá-lo mediante regras de organização (fala-se da "politização da Justiça") e ao viabilizar o afloramento de estratégias da responsabilidade pelo risco, responsabilidade objetiva, imputação de sanções pelo comportamento de terceiros, substituindo *o esquema lícito/ilícito* pela noção de *abusivo* (*ilícito por abuso*), mais compatível com o *fenômeno do risco* (como, se observa, no mundo de direito romanista, em leis, por exemplo, que lidam com "práticas" anticoncorrenciais, nas quais a *rule of reason* passa a desempenhar um papel importante), adotando a aplicação direta de cláusulas gerais (como a boa-fé objetiva) etc.[2]

Na verdade, observa-se que, na complexa sociedade tecnológica de nossos dias, as atividades de controle mudam de vetor, deixando de voltar-se primordialmente para o passado, para ocupar-se basicamente do futuro. A questão não está mais em controlar o desempenho comportamental tal como foi *realizado*, mas como ele se *realizará*. A civilização tecnológica, nesses ter-

---

[2] Ver, no contexto do *risco*, Rodrigo Octávio Broglia Mendes: *Arbitragem, lex mercatória e direito estatal*, São Paulo, 2010.

mos, joga sua capacidade criativa em fórmulas de governo, cujos máximos valores são a eficiência dos resultados e a alta probabilidade de sua consecução. No campo jurídico, o tribunal, tradicionalmente uma instância de julgamento e responsabilização do homem por seus atos, pelo que ele fez, passa a ser chamado para uma avaliação prospectiva e um "julgamento" do que ele é e poderá fazer. É nesse quadro de projeção do sentido do direito para o futuro, para a sua realizabilidade mais do que para a sua consistência pré-constituída, que se há de entender o advento, no campo jurídico, do chamado estado pós-moderno.

Foi, na verdade o crescimento do estado social (ou mais precisamente do estado providência) que reverteu alguns dos postulados básicos do estado de direito liberal, a começar da separação entre Estado e sociedade, que propiciava uma correspondente liberação das estruturas jurídicas das estruturas sociais. Nessa concepção, a proteção da liberdade era sempre da liberdade individual enquanto liberdade negativa, de não impedimento, do que a neutralização do Judiciário era uma exigência consequente. O estado social trouxe o problema da liberdade positiva, participativa, que não é um princípio a ser defendido, mas a ser realizado. Com a liberdade positiva, o direito à igualdade se transforma num direito a tornar-se igual nas condições de acesso à plena cidadania. Essa exigência, numa sociedade de massas, tem por consequência uma hipertrofia dos poderes constituídos. Os poderes Executivo e Legislativo sofrem uma enorme expansão, pois deles se cobra a realização da cidadania social, e não apenas a sustentação do seu contorno jurídico-formal. Em contrapartida, o poder Judiciário aumenta seu grau de discricionariedade.

Com efeito, os direitos sociais, produto típico do estado previdência, que não são, conhecidamente, uma espécie de *a priori* formal, mas têm um sentido promocional prospectivo, colocam-se como exigência de implementação. Isso altera o desempenho e a função do Poder Judiciário, ao qual, perante eles ou perante a sua violação, não cumpre apenas julgar no sentido de estabelecer o certo e o errado com base na lei (responsabilidade condicional do juiz politicamente neutralizado), mas também e, sobretudo, examinar se o exercício do poder de legislar conduz à concretização dos resultados objetivados (responsabilidade finalística do juiz que, de certa forma, o repolitiza).

Enfim, a extensa massificação social, que transforma a sociedade numa sociedade de consumidores, faz da economia um processo de produção massificada, comercialização massificada e consumo massificado, reduzindo quase todas as atividades humanas, da arte ao lazer, da ciência à cultura, a objetos de consumo, isto é, a objetos descartáveis após o uso. Desse modo transforma-se a velha concepção dos direitos subjetivos como direitos individuais, ao exigirem-se proteções coletivas – direitos coletivos – e até proteções impossíveis de serem individual ou coletivamente identificadas: direitos difusos (meio ambiente, concorrência, consumo etc.) e também os chamados *direitos individuais homogêneos* (saúde pública, planos privados de saúde etc.).

Em consequência, os litígios judiciais passam a admitir e a exigir novas formas de direito de ação (*class action*, ações coletivas). Altera-se, do mesmo modo, a posição do juiz, cuja neutralidade política ("imparcialidade") é afetada, ao ver-se posto diante de uma corresponsabilidade no sentido de uma exigência de ação corretiva de desvios na consecução das finalidades a serem atingidas por uma política legislativa. Com isso, tal responsabilidade, que, pela clássica divisão dos poderes, cabia exclusivamente ao Legislativo e ao Executivo, passa a ser imputada também à Justiça.

Nesse sentido é que, hoje, com o advento da sociedade tecnologicamente massificada (internet, redes sociais) e do estado providência tecnologicamente burocrático (burocracia computorizada), parecem desenvolver-se exigências no sentido de uma *desneutralização política* do juiz, que é chamado, então, a exercer uma função socioterapêutica, liberando-se do apertado condicionamento da estrita legalidade e da responsabilidade exclusivamente retrospectiva que ela impõe (julgar fatos, julgar o passado em nome da lei dada), obrigando-se a uma responsabilidade prospectiva, preocupada com a consecução de finalidades políticas (julgar no sentido de prover o futuro). E disso ele não mais se exime em nome do princípio de uma legalidade formal (*dura lex sed lex*). Não se trata, nessa transformação, de uma simples correção da literalidade da lei no caso concreto por meio de equidade ou da obrigatoriedade de, na aplicação contenciosa da lei, olhar os fins sociais a que ela se destina. Isso já existia. A responsabilidade do juiz alcança agora a responsabilidade pelo sucesso político das finalidades impostas aos demais poderes pelas exigências do estado providência. Ou seja, como o Legislativo e o Executivo, o Judiciário torna-se responsável pela coerência de suas atitudes em conformidade com os projetos de mudança social, postulando-se que eventuais insucessos de suas decisões devam ser corrigidos pelo próprio processo judicial.

A nova situação, na verdade, acaba por atingir profundamente dois princípios tradicionais da cultura jurídica clássica: o princípio da imunidade do Estado (*the king can do no wrong*) e o princípio da coisa julgada (*res judicata*), ambos fundados, no estado de direito liberal burguês, na atividade jurisdicional. Antes, no Estado liberal, o Estado, como pessoa jurídica, seus funcionários e seus agentes, eram responsáveis civil e administrativamente pelas violações dos direitos subjetivos do cidadão, cabendo ao Poder Judiciário o julgamento final dos atos ilícitos. A condição básica de funcionamento dessa já antiga estrutura de responsabilização era, no estado de direito liberal, a imunidade do juiz pelos seus atos jurisdicionais em face das partes. Esta imunidade, por sua vez, tinha por correlato o princípio da coisa julgada. *Res judicata facit jus* era uma exigência da própria atividade jurisdicional. Ela era uma decorrência da imparcialidade do juiz como um terceiro em face de litígios concretos (*tertius super partes*). Afinal, sem ela, a segurança jurídica estaria ameaçada, posto que a exigência de que litígios tenham um fim, pela impossibilidade da sua permanente retomada (*ne lites aeternae fiant*), não se realizaria.

Ora, a *desneutralização* política do juiz na atualidade, ao expor o Judiciário à crítica pública, sobretudo e especialmente através dos meios de comunicação de massa, cria uma série de tensões entre sua responsabilidade e sua independência, cuja expressão mais contundente está na tese do controle externo do Judiciário. Essa tese põe a descoberto o fato de que tanto a imunidade da judicatura quanto o princípio da coisa julgada, ao invés de decorrências "lógicas" da divisão dos poderes, estão na verdade a serviço de valores, finalidades socialmente relativas que o sistema legal, de vários modos, procura realizar.³ Como se, de repente, por exemplo, ganhasse relevo – suspeito – o fato de que o processo de nomeação dos juízes de tribunais superiores esteja em estreita dependência da vontade política do Executivo e do Legislativo (caso, no Brasil, da nomeação dos ministros do Supremo Tribunal Federal ou dos juízes nomeados dentre advogados ou membros do Ministério Público, indicados pelas respectivas corporações).

Mais do que isso, torna-se perceptível que a vinculação do juiz à lei, base da sua neutralização, acaba por gerar, para o homem comum, um tipo de insegurança até então insuspeitada: a insegurança gerada pelo próprio direito! Compare-se, nesse sentido, a segurança garantida pela Justiça contra o ato ilícito de um cidadão contra o outro, com a insegurança social do homem comum em face da suspensão de uma decisão liminar concedida por força da presença dos requisitos legais em nome dos riscos que ela possa causar à economia do país, concordata lícita de uma instituição financeira rigorosamente processada no tribunal conforme os ditames da lei, alterada em razão dos riscos "sistêmicos" (mercado financeiro) que ela possa provocar, ou a despedida (legal) do trabalhador, reconvertida em nome do dano social que possa causar, ou a responsabilização da empresa por empregados que não são seus e cujos serviços foram contratados por terceiros em razão da *função social* da propriedade constitucionalmente declarada.

E como responde o Judiciário a essa perda de sua neutralidade institucional? Como enfrentar ainda com segurança a "politização" dos litígios?

Aqui entra então, em discussão crítica, o que, na esteira de Max Weber e, mais recentemente de Habermas e Luhmann, pode ser chamado de "matriz de racionalização", cujo cerne está na substituição do conceito de ação (e sua inserção na esfera jurídica da liberdade) pelo conceito de comunicação. Com isso, ganham-se condições para inserir questões da prática da regulação, expondo, de um lado (Habermas), sérios problemas de legitimação e, de outro (Luhmann), soluções supostamente mais apropriadas para o entendimento das transformações sofridas pela modernidade acossada pela sociedade tecnológica, na qual o direito perde suas características de uma ordem escalonada, para transformar-se numa estrutura sem um centro organizador, por força da circularidade das relações comunicativas.⁴

Na verdade, nessa nova situação percebe-se a relevância da busca de um modo de lidar com os critérios "comuns" ("princípios"), cujo problema está na percepção de critérios legitimadores como uma espécie de código de conduta reconhecível.

Nesse quadro adquire o tema da interpretação jurídica um novo papel.

---

³ Cf. Mauro Cappelletti, "Who Watches the Watchmen?", in *General Report do I lth International Congress of the International Academy of Comparative Law*, Caracas, 1982.

⁴ Cf. Orlando Villas Bôas Filho: *Teoria dos sistemas e o direito brasileiro*, São Paulo, 2009.

2. Interpretação do direito e seus desafios

Ao aplicar o direito, o juiz interpreta (que *significa* a regra do ordenamento?), isto é, faz inferências e com isso obtém novas normas logicamente derivadas de normas válidas, base para sua própria norma decisória (sentença). Ora, qual o estatuto teórico dessa operação?

Kelsen, em sua obra póstuma, posicionou-se com radicalismo, numa revisão angustiada de sua obra anterior: normas são produtos de vontade e, nessa medida, não há qualquer regulador (lógico ou moral) no processo de expansão normativa do ordenamento.

Esse radicalismo trouxe para o debate,[5] num primeiro momento, a necessidade de se captar a *normatividade característica do direito* de forma peculiar a ela, isto é, independentemente da normatividade de outras práticas sociais também baseadas em regras. Donde a crítica de Hart a Bentham e Austin, e, nessa extensão, ao próprio Kelsen.

Para o positivismo analítico, contudo, esse debate conduz ao pressuposto de que a compreensão das chamadas *fontes do direito* deva ser *normativa*, não obstante a perplexidade produzida pelo seu fundamento: a norma fundamental kelseniana e seu pressuposto de que o ordenamento como um todo seja considerado, globalmente, como eficaz; e a *regra de reconhecimento* de Hart, cuja existência é tida como uma *questão de fato*.

Situada nesse plano *fático*, torna-se inevitável a discussão da fundamentação normativa em termos de sua *legitimação*: reconhecimento, por Kelsen, de uma vontade instituidora como legítima; reconhecimento, por Hart, de que determinados atos de determinadas instituições constituem atos criadores (do ponto de vista *externo*, como mera *constatação*; do pondo de vista *interno*, *aceitação da validade*). Tanto de uma forma como de outra, essa identificação do direito como *fato social* levanta uma interrogação sobre a questão da contingência dos conteúdos das normas, desde que válidas, donde o tema da relação entre moral e direito: o mérito moral nada teria a ver com a juridicidade das normas, donde a expansão normativa via interpretação ser ato valorativo subjetivo, cuja normatividade decorre de vontade?

A repolitização do Judiciário, tese colocada no plano político pelos adeptos do chamado "uso alternativo do direito" e, de forma técnica, pelo chamado "neoconstitucionalismo", coloca, no entanto, um problema de não fácil solução.

Interessante, nesse sentido, o alerta contido num depoimento de Eros Grau, professor de direito econômico quando juiz do Supremo Tribunal Federal do Brasil:

> Juízes, especialmente os chamados juízes constitucionais, lançam mão intensamente da técnica da ponderação entre princípios quando diante do que a doutrina qualifica como conflito entre direitos fundamentais. Como, contudo, inexiste, no sistema jurídico, qualquer regra ou princípio a orientá-los a propósito de qual dos princípios, no conflito entre eles, deve ser privilegiado, essa técnica é praticada à margem do sistema, subjetivamente, de modo discricionário, perigosamente. A opção por um ou outro é determinada subjetivamente, porém a partir das pré-compreensões de cada juiz, no quadro de determinadas ideologias. Ou adotam

---

[5] Desse debate se ocupa Juliano Maranhão em seu livro *Positivismo jurídico lógico-inclusivo*, São Paulo, 2012.

conscientemente certa posição jurídico-teórica, ou atuam à mercê dos que detém o poder e do espírito do seu tempo, inconscientes dos efeitos de suas decisões, em uma espécie de "vôo cego", na expressão de Rüthers [2005:233].[6] Em ambos os casos essas escolhas são perigosas. No primeiro porque a posição jurídico-teórica pode não ser a nossa; no segundo porque se transformam, esses juízes, em instrumentos dos detentores do poder. São sempre, não obstante, escolhas submetidas a reflexões dramáticas. Eu o sei porque não gozo mais do benefício de ser somente um teórico do direito, de não estar vinculado pelo dever de tomar decisões que serão, em qualquer situação, trágicas para os alcançados por elas. Por que eu? – tenho me perguntado tantas vezes, diante de problemas jurídicos concretos. Quem me outorgou legitimidade para decidir? Toda decisão jurídica é dramática se o juiz não se limitar ao exercício de práticas meramente burocráticas, como um amanuense mediocremente bem comportado.[7]

Como reage a isso o raciocínio dogmático jurídico?

3. Uso dos princípios e neoconstitucionalismo: como lidar com as exigências de aplicação da constituição e da lei

Existe hoje, assim, uma vasta literatura (Dworkin, Alexi, Carlos Nino, Zagrebelsky, Atienza, Troper etc.) que, a partir de uma crítica ao positivismo analítico e sua exclusão das justificações morais da argumentação jurídica, propõe, ao contrário, que os saberes e as técnicas jurídicas, por óbvio, não conseguem conviver com essa exclusão, sobretudo no terreno constitucional.

Surge daí um *constitucionalismo principialista e argumentativo*, de clara matriz anglo-saxônica, que não só parte para um ataque à argumentação positivista (que separa direito e moral e despe os argumentos de sua carga moral para lhes dar uma carga de mera eficiência técnica), mas se endereça também para uma concepção da argumentação jurídica que vem sendo chamada de neoconstitucionalista.[8]

Essa concepção, embora não de forma unânime, aponta para a ideia de que os direitos constitucionalmente estabelecidos não são regras (normas), mas princípios em eventual conflito e, por isso, objeto de ponderação, e não de subsunção. Do que resulta uma concepção de direito como uma prática social confiada aos juízes, uma prática de interpretação e argumentação de que se devem dar conta todos os operadores do direito e que põe em questão a distinção entre ser e dever ser, o direito como fato e como norma.

Para essa concepção são os fatos que contam, não é a validade que domina, mas a efetividade enquanto fato de tal modo adequado aos interesses econômicos e conforme os interesses dos seus operadores que estes acabam por repeti-los e segui-los por sua força persuasiva como uma alternativa à crise da lei e da legalidade, à desconfiança de que mediante **lei** (*legolatria*) problemas sociais possam ser resolvidos etc.

A distinção entre princípio e norma é crucial para essa concepção. Ela, na sua fórmula mais tradicional, remonta a Dworkin:

---

[6] Rüthers: Geleugneter Richterstaat und vernebelte Richtermacht. NJW 005, 2759.

[7] Cf. Ensaio e discurso sobre interpretação/aplicação do direito, São Paulo, 2009, p. 286.

[8] Cf. Lenio Streck, "Da proibição de excesso (*Übermassverbot*) à proibição de deficiência (*Untermassverbot*): de como não há blindagem contra normas penais inconstitucionais", em Neoconstitucionalismo:ontem, os códigos; hoje, as constituições, *Revista de Hermenêutica Jurídica*, Porto Alegre: IHJ, n. 2, 2004.

1. os princípios não exigem um comportamento específico, isto e, estabelecem ou pontos de partida ou metas genéricas; as regras, ao contrario são específicas em suas pautas;

2. os princípios não são aplicáveis a maneira de um "tudo ou nada" pois enunciam uma ou algumas razões para decidir em determinado sentido sem obrigar a uma decisão particular; já as regras enunciam pautas dicotômicas, isto é, estabelecem condições que tornam necessária sua aplicação (consequências que se seguem automaticamente;

3. os princípios têm um peso ou importância relativa, ao passo que as regras têm uma imponibilidade mais estrita; assim, princípios comportam avaliação sem que a substituição de um por outro de maior peso signifique exclusão do primeiro; já as regras, embora admitam exceções, quando contraditadas provocam a exclusão do dispositivo colidente;

4. o conceito de *validade* cabe bem para as regras (que ou são válidas ou não o são), mas não para os princípios, que, por serem submetidos a avaliação de importância, mais bem se encaixam no conceito de *legitimidade*, embora de aplicação não menos imediata que a aplicação das regras.

Em síntese, para essa visão, as regras descrevem os casos aos quais se aplicam em forma cerrada e são razões peremptórias para a ação; os princípios concebem-se de forma aberta e são razões para a ação, não peremptórias, mas ponderáveis com outras razões, isto é, com outros princípios.

Essa distinção não é autoevidente e merece considerações.[9] Por exemplo, não é realístico afirmar que só princípios são ponderáveis, pois também ponderamos regras. Por exemplo, entre a regra (i) sobre a garantia por vícios da coisa vendida, (ii) a regra sobre a derrogabilidade dessa garantia por um pacto em contrário, (iii) a regra de sua inderrogabilidade, ainda que diante de tal pacto, se os vícios foram ocultados pelo vendedor de má-fé. Por sua vez, os princípios não constituem uma classe homogênea. Alguns, por exemplo, são diretivos (os que regem a vida política, social e econômica: por exemplo, tratamento favorecido para empresas de pequeno porte), outros meramente regulativos (podem ser cumpridos, mas sem obrigação positiva, só negativa: os princípios programáticos da Constituição, por exemplo, a pesquisa tecnológica voltar-se-á preponderantemente para a solução de problemas brasileiros).

Não obstante, o que se observa é que os procedimentos argumentativos de ponderação e aplicação de princípios constitucionais, que pressupõem que o aplicador esteja autorizado a articular e qualificar o interesse público posto como um objetivo pelo preceito constitucional, exigem e implicam uma certa discricionariedade significativa. O procedimento argumentativo deve pressupor, nesse caso, que os preceitos constitucionais estejam submetidos a certa fragmentação, cujos pressupostos são os seguintes.

Deles pode-se dizer que alguns são de ordem normativa condicional. Assim, os preceitos dirigidos à participação e à prestação positiva do Estado são *leges imperfectae*, isto é, não são imediatamente realizáveis sem uma atuação do próprio hermeneuta que deve, então, prover uma identificação dos meios possíveis para a consecução de finalidades, quer sejam eles meios sociais ou técnicos, a fim de que a norma possa ser efetiva. Outros são de ordem jurídico-funcional. Como se supõe que a fixação constitucional de objetivos traduz valores que, no entanto, por si sós não permitem a percepção de diretrizes vinculantes, cabe ao intérprete direcionar a configuração da ordem social de-

---

[9] Cf. Luigi Ferrajoli: Constitucionalismo principialista y constitucionalismo garantista, DOXA, Marcial Pons, num, 34, Madrid, Barcelona, Buenos Aires, São Paulo, 2012, p. 41 ss.

sejada, a partir, da qual se dará o "controle da constitucionalidade" enquanto realizabilidade constitucional.

Os reguladores dogmáticos de uma interpretação principiológica (ponderação) são, por isso, abertos, flexíveis, como é o caso, por exemplo, da regra de proporcionalidade: os fins articulados e qualificados devem estar na dependência dos meios disponíveis e identificáveis, ou, da regra de exigibilidade. Vale dizer, o Estado está vinculado à realização de seus objetivos, cabendo ao intérprete considerá-los sob o ponto de vista da sua viabilidade.

É esse enfoque que altera as funções tópicas da argumentação.

4. Uso de princípios e tópica jurídica: da argumentação de bloqueio à argumentação de legitimação

Na verdade, a argumentação principiológica, como tarefa da dogmática constitucional, ocorre em um amplo espectro de possibilidades, em que o raciocínio tópico deve lidar com a produção normativa (leis, regulamentos, políticas estatais), cuja complexidade crescente deve orientar-se para a realizabilidade legítima do ordenamento. O que envolve o direito constitucional como um fenômeno complexo de comunicação, não na perspectiva da decidibilidade de conflitos enquanto um dado temporalmente passado (constitucional/inconstittucional), mas aberto para o futuro (*interpretação conforme*, elaboração de *súmulas vinculantes*, *preceito fundamental decorrente* etc.). Para isso a tópica assume o objetivo de determinar o *sentido* vinculante da *normatividade* numa perspectiva de inovação, capaz de dar conta não do que sucedeu, mas do que possa suceder. Por isso, diante do ato, da omissão, do comportamento, das prescrições, das recomendações, das políticas de Estado, da organização normativa (ordenamento), que, no passado, exigia o recurso à tópica jurídica para que adquirissem o seu sentido de dever-ser, ora em termos do sentido daquilo que por eles deve-ser, ora do sentido do seu dever-ser para os destinatários, ora do sentido do seu dever-ser para quem dita normas, agora, nos quadros de uma ponderação de princípios, exigem uma nova maneira de lidar com os fundamentos da decisão com vista à sua repercussão futura.

Na prática argumentativa do passado, ora nos referíamos a princípios, todos conjuntamente, ora nos fixávamos num ponto relevante de orientação unitária, ao levar em conta, no contexto constitucional, sua validade, seu significado, sua eficácia ou sua função. Fixar num desses pontos significaria atribuir-lhe *relevância* em vista de um objetivo decisório: controle da constitucionalidade.

É essa forma de raciocínio que se altera na atualidade. De modo geral, pode-se dizer que a ponderação de princípios tem uma vinculação a procedimentos *tópicos*, menos enquanto um procedimento voltado para uma estrutura normativa capaz de bloquear a competência normativa infraconstitucional (*controle da constitucionalidade*), mais como um modo de pensar a *realizabilidade* constitucional em vista de um projeto político que se define caso a caso.

No contexto da realizabilidade do projeto constitucional, o intérprete pressupõe, para isso, que, numa constituição, são fornecidas razões/motivos para agir de certo modo e não de outro, razões que se destinam a uma tomada de posição diante de diferentes possibilidades nem sempre congruentes de realização. Pressupõe, assim, que o constituinte age motivadamente, mas que atribui significação prospectiva ao seu discurso. O que induz a uma necessária referência à premissa hermenêutica da não redução do preceito ao seu texto em uma nova perspectiva.

Preceitos constitucionais em sentido da sua aplicação não se confundem com o texto dos dispositivos que compõem o documento escrito. Enquanto um comando significativo, eles resultam de um processo, que parte do texto preceptivo e finda com a formulação do preceito regulador, ou seja, que começa com a interpretação e culmina com a decisão. É esse processo, que se diz *argumentativo*, que ganha uma nova tópica em sua função justificadora de uma realização prospectiva.

Assim, quando se fala em uma *tópica de ponderação de princípios*, pensa-se *não* como no passado, em um conjunto de cânones para julgar a adequação de explicações propostas, nem em critérios para selecionar hipóteses normativas, mas em um procedimento não verificável rigorosamente que nos permite abordar questões jurídicas com caráter prospectivo: visto que, por sua qualidade de realização de um projeto, princípios jamais perdem sua qualidade de tentativa, pois não fecham nem concluem, embora criem a possibilidade de tomar decisões em uma amplitude muito maior que decisões com base em regras fechadas, eles deixam de ser base para uma unidade ainda que presumida, para abrir-se a um jogo de equivalências argumentativas.

Os princípios adquirem, assim, a condição de *loci, topoi* (lugares-comuns), mas como instrumentos organizadores de séries argumentativas, em que a razoabilidade das decisões parece fortalecida a despeito da enorme contingência que é assim gerada. Observe-se que, como se trata de *séries* argumentativas, os princípios assim utilizados não pressupõem nem objetivam uma totalidade sistematizada. Isto é, não pressupõem uma hierarquia principiológica dotada de unidade sistemática. Partem de conhecimentos fragmentários ou de conjuntos preceptivos regionalizados, entendidos como alternativas para problemas para os quais se buscam soluções sem compromissos holísticos. Princípios são assumidos como redundâncias significativas que, isoladamente, dirigem e orientam a argumentação capaz de justificar uma decisão legitimadora de possíveis consequências futuras. uma decisão *possível entre outras*, mas de relevância maior para um projeto regionalmente identificado.

Com isso, o uso tópico de ponderação de princípios (ao contrário de seu uso conforme a tópica jurídica no universo da subsunção) exerce uma função menos validadora (recurso à regra válida) e mais legitimadora de decisões jurídicas, controlando a contingência dos resultados (consequências futuras) não por sua adequação àquilo que ocorreu (relação norma preestabelecida e fato), mas àquilo que poderá ocorrer (prognóstico do que poderá vir a suceder).

Desenvolvem-se, assim, *topoi* principiológicos de argumentação que dizem respeito menos ao ônus da prova, à exigência de pertinência, de clareza, muito mais à consequencialidade das decisões, que permitem à argumentação uma antecipação da legitimidade do que irá suceder e cuja força persuasiva está não numa validade pregressa, mas num prognóstico legitimado.

Veja-se, por exemplo, a seguinte argumentação em caso de acusação de *trabalho escravo* contra uma empresa que comercializa produtos adquiridos de outra (empresa atacadista) que, por sua vez, contrata com uma terceira a produção, cujos empregados executam o serviço, tratando-se de pessoas jurídicas inteiramente autônomas e sem qualquer relação de dependência societária. Mediante entendimento de *trabalho escravo* como *trabalho executado em condições degradantes* invoca-se o instituto da *responsabilidade solidária* da empresa adquirente dos produtos com a empresa que contrata os serviços e com a empresa que executa os serviços, cuja base estaria no conceito de responsabilidade objetiva (responsabilidade pelo risco, independente de culpa subjetiva). Como essa responsabilidade é afirmada no direito ambiental, mas não, propriamente, no direito trabalhista, a construção argumentativa se vale de princípios constitucionais, a começar do "princípio da dignidade humana" (Constituição Federal do Brasil, art. 1º – III), do "valor social do trabalho" (art. 170, III, VI e VII), da "saúde" (arts. 6º e 196), do "meio ambiente equilibrado" (art. 225), estendido então para o princípio do "meio ambiente de trabalho, saudável e seguro" (com menção ao art. 7º – XXIII, que, na verdade, garante ao trabalhador <u>salário adicional de insalubridade</u> quando o trabalho tenha de ser realizado em *condições insalubres*). A argumentação, afinal, pretende criar uma nova responsabilidade empresarial, que obriga as empresas em uma cadeia de produção e comercialização a exercer uma função fiscalizadora e reparadora dos efeitos sociais, sem dúvida, moralmente perversos do regime econômico. Ou seja, contra a legalidade e mesmo contra o sentido expresso das regras constitucionais, invocam-se princípios capazes de legitimar uma decisão que corrige prospectivamente as insuficiências do sistema *de lege lata* e viabiliza um projeto social.

Nesse uso tópico dos princípios é interessante observar, portanto, a transição de uma argumentação de bloqueio para uma argumentação de legitimação, o que se faz mediante um exemplo.

É conhecida uma questão que se põe em nossos dias, para saber como deve ser tratada a decisão de garantir a proteção à saúde em face, de um lado, de uma restrição imposta à livre iniciativa em sentido de um **planejamento** compulsório para uma atividade empresarial privada e, de outro, de exercício de uma competência judicante que atribui ao Estado o direito de intervir, em nome do direito à saúde, no livre mercado. O problema interpretativo está em como conciliar os eventuais conflitos entre os direitos (liberdade de iniciativa/ saúde-bem público).

Para a análise do problema, dois argumentos principiológicos merecem menção: com base na mesma previsão constitucional de inviolabilidade da dignidade da pessoa invoca-se, de um lado, (i) a instauração da liberdade como valor moral (topos) a ser perseguido e concretizado na ordem jurídica, aí presente a liberdade e o caráter social e livre da atividade econômica, que, por sua vez, dá o padrão da intervenção do Estado nesse âmbito; de outro lado, (ii) o direito à vida como valor fundante (*topos*), do que decorre o direito social à saúde e que faz desta um dever do Estado, donde a exigência de políticas que visam à sua garantia mesmo à custa da livre iniciativa.

Na competência do Estado com respeito à saúde, o correspondente direito da pessoa deve ser garantido *"mediante políticas sociais e econômicas que visem à redução do risco de doenças e de outros agravos"* (no caso da Constituição Federal do Brasil, art. 196), no sentido de *cuidar da saúde e assistência social*, competência comum a todos os entes federativos (art. 23, II), aí incluídas as políticas de educação por meio de orientação pedagógica e mediante campanhas publicitárias do próprio ente público.

Na verdade, a expressão *"políticas sociais e econômicas"* que se refere ao dever do Estado é estendida topicamente a um dever comum de todos os agentes, quer públicos, quer privados, de realizar *prestações* de saúde, que se efetivam pelas mencionadas *políticas*, isto é, pela execução de ações e serviços de saúde, inclusive preventivos. Tais ações, dentre elas incluída a ação educativa mediante propaganda (políticas sanitárias de natureza pedagógica), que, sendo dever do Estado, não poderiam ser transferidas ao agente privado (argumentação de **bloqueio**: a regra constitucional como delimitadora) sob a forma disfarçada de um planejamento compulsório da atividade econômica privada. Mas, mediante o uso tópico do direito à saúde (*vida* como *topos*) aparece a possibilidade de reconhecer-se como legítima uma intervenção normativa do Estado capaz de dar a devida efetividade ao dever de o Estado realizar políticas públicas.

O que se observa é que, entre a proclamação formal dos direitos (vida – saúde –, liberdade – livre iniciativa) e o real estatuto político dos indivíduos e dos grupos, com suas *diferenças*, estende-se um vasto espaço ocupado por formas de tensão política, a exigir da jurisdição uma função legitimadora e não, propriamente, validadora (no sentido antigo de controle da constitucionalidade). Por extensão, pode-se dizer que os procedimentos jurídicos de argumentação tópica, nas sociedades políticas contemporâneas, não visam mais inteiramente àquela congruência adaptativa de normas constitucionais, mas passam a buscar uma legitimação social propiciada pela real efetivação dos direitos em vista de uma consecução prospectiva. Essa efetivação, num primeiro momento, com base na institucionalização de mecanismos normativos (direito às prestações positivas), adquire, num segundo momento, com base num prognóstico social, um estatuto de legítima transformação.

5. Conclusão

Se, pois, no passado (quando apareceram os direitos fundamentais sociais, chamados de segunda geração), a argumentação jurídica dirigia-se a postular uma intervenção na forma de uma prestação garantidora (prestação jurisdicional: direito de ação judicial e tutela judicial), agora uma argumentação legitimadora mediante princípios até começa com uma prestação de garantia (direito à previdência, à saúde), mas avança para direitos a prestações capazes de não apenas proteger os desiguais em face dos iguais, mas de promover entre ambos uma igualdade, não apenas com olhos para um *antecedente*: todos são iguais perante a lei, sem distinção de qualquer natureza, mas voltados para uma dimensão futura: todos têm direito à igualdade, isto é, à garantia de se tornarem iguais. É perante esse problema de como institucionalizar socialmente no ambiente *extraoficial* (na escola, no hospital, na fábrica, na empresa) não um direito, desde o passado, de ser tratado igualmente apesar das desigualdades, mas de promover uma igualdade onde existam desigualdades, que a tópica, ao tratar princípios como lugares comuns, exerce uma função legitimadora prospectiva (em vista do futuro). Ao permitir sua ponderação (como *topoi*, eles possuem peso – *pondus*-, legitimante equivalente), as decisões adquirem um compromisso com a efetivação real de suas consequências.

Em suma:

Como "razões para a ação" princípios passam a ser aplicados diretamente (e não, como no passado, apenas para preenchimento de lacunas ou em casos de antinomia e obscuridade normativa). Com isso, a questão, para a dogmática constitucional, deixa de ser, propriamente, a possibilidade de uma interpretação correta ou objetivamente válida, mas sim qual aquela que está mais bem ou suficientemente justificada, diante das exigências de legitimação de consequências futuras dos casos a decidir.

Esse problema é bem percebido por Luhmann,[10] mediante a seguinte observação: "a problem arises for the system's redundancies where decisions are based on what will presumably be the case in the future. Since the decision has to be taken now, such justifications move in the medium of the merely probable. This leads initially to an immense increase in the system's variety". Pois bem, dado o aumento de variedade que resulta da consideração das consequências, "it is easy to understand that more recent developments in legal theory have sought support in indefeasible, non-renounceable rights". Contudo, pode-se duvidar se mesmo esses direitos podem inteiramente escapar de funcionar sem atenção às consequências. Pois, afinal, conclui ele, "the balancing of interests is, then, a 'program' for overcoming paradoxes".

Esse dilema, a ser decidido pelo intérprete, traduz-se, afinal, de um lado, numa escolha nem sempre manifesta, dentro de um conflito fundamental entre fazer aquilo que é *correto* e aquilo que é *bom*, que dentro da filosofia moral se expressa, por exemplo, na divisão entre teorias deontológicas e teleológicas. As teorias deontológicas correspondem ao ideal de vida humana consistente em agir corretamente segundo as regras e princípios morais, nas quais as ideias de dever e correção (justiça formal) são os temas centrais. As teorias teleológicas correspondem ao ideal de vida humana, consistente na tentativa de satisfação de determinados fins considerados bons, nas quais a ideia de justo constitui o tema central.

Como, porém, de outro lado, essas são escolhas nas quais a estrita codificação como *justo/injusto* falha como guia diretriz, torna-se necessário encontrar válvulas de escape. E esse é o papel da tópica principiológica que, ao ponderar princípios, eles próprios como topoi, não os usa para aumentar uma certeza (a generalidade do lugar comum na antiga tópica, fundamento da presunção do *constituinte racional*), mas para aumentar a variedade de pontos de vista surgidos do caso a decidir, legitimando o balanceamento de benefícios/interesses em vista de suas consequências.

---

[10] Legal Argumentation: An Analysis of its Form, in *The Modern Law Review*, volume 58, May 1995, N. 3, p. 294, 295.

— 20 —

Origens Forenses da Retórica: bases históricas para uma perspectiva realista. Em homenagem a Lenio Streck

JOÃO MAURÍCIO ADEODATO[1]

Sumário: 1. Retórica realista como marco teórico; 1.1. Três pressupostos filosóficos; 1.2. Três teses; 2. A diferenciação entre significante, significado e evento; 3. As vias da persuasão na redução a que Aristóteles submeteu a retórica; 4. Outras vias retóricas e a falácia de uma retórica normativa; 5. Conclusão: filosofia da consciência, ativismo judicial e controle público da linguagem.

1. Retórica realista como marco teórico

1.1. Três pressupostos filosóficos

Impressiona como, em todo o mundo ocidental, o estudo da retórica foi extirpado do estudo do direito. Pois a retórica é uma criação de advogados, de juristas, não de literatos, linguistas e poetas, que são aqueles que hoje dela se ocupam e que por isso merecem encômios. Este texto pretende mostrar as bases históricas e filosóficas dessa relação entre retórica e direito, na esperança de que os estudos jurídicos se afastem da metafísica da verdade e voltem a suas raízes práticas, estratégicas, argumentativas. Para isso, três pressupostos.

Primeiro pressuposto: a perspectiva retórica é empírica.

É útil começar com uma distinção conceitual entre perspectivas empíricas e perspectivas normativas. Não que essa distinção seja indispensável ao estudo da retórica, mas somente porque este texto vai levá-la em consideração, pressupondo que uma retórica realista precisa de um olhar empirista.

Uma teoria **empírica** dirige-se ao passado e procura descrevê-lo tal como parece àquele que a defende; essa perspectiva não é tão pretensiosa quanto as outras, mas isso não significa que esteja livre de desacordos, sobretudo quanto a sua suposta característica de abster-se de juízos de valor. Uma teoria **normativa** tem como vetor o futuro, para o qual procura prescrever otimizações,

---

[1] Professor Titular da Faculdade de Direito do Recife, Livre-Docente da Faculdade de Direito da Universidade de São Paulo e Pesquisador 1-A do CNPq. Currículo completo em: <http://lattes.cnpq.br/8269423647045727>.

melhorias na visão de seu autor, isto é, quer modificar, dirigir, influenciar o ambiente e a conduta das pessoas. Uma terceira variante, que se pode chamar de **escatológica**, é aquela que pretende utilizar o passado para descrever o futuro, prever algo que ainda não existe a partir da observação daquilo que aconteceu, descobrir no passado "leis" que lhe permitiriam antecipar o curso dos eventos no futuro. Por esse caminho vai a maioria das perspectivas sobre as "ciências" sociais hoje.

Ora, se é certo que toda retórica estratégica é normativa, já que pretende conformar o meio segundo a perspectiva de quem a defende, uma teoria normativa sobre o direito, que precisaria ser analítica para ser legitimamente teórica, situa-se no nível estratégico e passa a ser difícil separá-la da luta política ou de um *wishful thinking* bem ou mal-intencionado. As teorias normativas são perfeitamente legítimas na busca para modificar o mundo, mas precisariam declarar expressamente que são idealistas e, em muitos casos, não o fazem, apresentando-se como estritamente científicas, descritivas, empíricas.

A perspectiva escatológica pretende "descrever o futuro", o que configura uma *contradictio in terminis*, porque o futuro vai ser fruto das opções normativas dominantes da retórica estratégica vitoriosa e não pode ser descrito, posto que não existe. Aqui se vê a influência das ciências descritivas da natureza, a tentativa de um discurso que seria mero receptáculo, observador das modificações do ambiente. A retórica analítica procura ser descritiva, sim, porém descritiva do passado da própria retórica, em seus níveis estratégico (que discursos foram e têm sido colocados para constituir a realidade) e material (que discursos vêm predominando nessa constituição e como isso ocorre).[2]

Segundo pressuposto: relativa incompatibilidade entre tipos ideais conceituais e eventos reais.

A retórica realista renuncia a definições que abarquem completamente objetos específicos (pode-se chamá-las "omnicompreensivas") porque não acredita na correspondência entre pensamento e comunicação humanos, de um lado, e eventos reais, de outro. A "faculdade de conhecer", um dos sentidos atribuídos à "razão" humana, enfrenta o mundo real circundante por meio de generalizações linguísticas que se dividem em significantes e significados. Os eventos reais são individuais e, por isso, inapreensíveis por essa razão do ser humano, vez que seu ato de conhecimento implica necessariamente uma abstração dos elementos contingentes que compõem (e individualizam) cada evento real, isto é, uma construção de "gêneros" ou "classes" de indivíduos, os quais, em homenagem a Platão, pode-se chamar de ideais.[3]

Como jamais há total adequação entre essas ideias humanas significadas e os eventos reais, devido à incompatibilidade entre o pensamento humano geral e o mundo dos eventos individuais, propõe-se aqui uma estratégia

---

[2] Para uma exposição detalhada da tripartição retórica em analítica, estratégica e material: ADEODATO, João Maurício. *Uma teoria retórica da norma jurídica e do direito subjetivo*. 2ª ed. São Paulo: Noeses, 2014, *passim*.

[3] Neste contexto retórico, é claro que sem a conotação ontológica proposta por ele por meio da expressão "ideia" (ἰδέαι, *idéai*) e depois por Aristóteles com o termo "forma" (εἴδη, *eídê*).

metodológica (inspirada, dentre outras, naquela dos *Idealtypen* de Max Weber[4]) de caráter meramente aproximativo, generalizações que reconhecidamente reúnem eventos únicos em tipificações ideais. Dessa maneira, todas as distinções conceituais retóricas, como simulação e dissimulação, mentira e ameaça, persuasão e convencimento devem ser entendidas como tipos generalizados sobre eventos únicos em sua efetividade. O senso comum levou a chamar esses agrupamentos de eventos de "realidade" (palavra que vem de *res*, coisa) ambiente no qual eles se entrelaçam, entendidos exatamente como coisas, objetos. Deve-se notar as origens kantianas do pensamento de Weber: a realidade em si mesma (coisa em si) é incognoscível em sua individualidade concreta, é a irracionalidade do individual.[5]

Terceiro pressuposto: antropologia não ontológica e linguagem humana.

Com base em Arnold Gehlen, Hans Blumenberg sugere dividir todas as escolas filosóficas em dois extensos grupos, segundo a concepção que tenham da humanidade e, sobretudo, de suas relações com a linguagem e o mundo: para os que entendem os seres humanos como "plenos", verdades evidentes sobre conhecimento e ética estão "lá" (no mundo) para ser literalmente "descobertas", o que irá apenas depender de **método**, isto é, de competência da abordagem, para o que a linguagem nada mais é que um meio; para os filósofos que consideram os seres humanos "carentes" (*Mangelwesen*), não há acesso a objetos além da linguagem, que é o único ambiente possível, convencional e arbitrariamente construído, e daí mutável, autorreferente, temporário, instável, metafórico.[6]

Gehlen define a humanidade por meio das características específicas da sua linguagem. A antropologia é para ser vista como "o último capítulo da zoologia", vez que outros animais também são capazes de comunicação. Mas a comunicação não humana que se conhece constitui um prolongamento daquele que se comunica, uma extensão de sua compleição física, do seu corpo, por assim dizer, é como uma parte daquele que a emite; só a comunicação humana é **linguagem**, e "linguagem" significa basicamente que emissor e mensagem se separam, esta ganha uma identidade própria que aquele não consegue controlar. Tais dados biológicos levam a essa característica antropológica importante: os seres humanos não têm um ambiente natural, não porque sejam superiores e se adaptem a qualquer meio, mas porque seu único ambiente é a linguagem, a qual levam consigo e os obriga a construir seu próprio mundo, sua própria representação como indivíduos e como grupos sociais. É por isso que os seres humanos são seres ainda não formados, "incompletos" (*unfertige Wesen*). Em compensação, porque carregam seu ambiente consigo, e não apenas sua casa, como os caracóis, os seres humanos literalmente criam seu mundo e um exces-

---

[4] WEBER, Max. *Wirtschaft und Gesellschaft* – Grundriss der verstehenden Soziologie. Tübingen: J. C. B. Mohr/Paul Siebeck, 1985, § 1°, I, p. 4 s.

[5] Embora também insuspeito, como Weber, da pecha de "retórico", a expressão é do também neokantiano HARTMANN, Nicolai. *Grundzüge einer Metaphysik der Erkenntnis*. Berlin: Walter de Gruyter, 1946, p. 234 s.

[6] GEHLEN, Arnold. *Der Mensch*. Seine Natur und seine Stellung in der Welt. Wiesbaden: Akademische Verlagsgesellschaft, 1978. BLUMENBERG, Hans. Antropologische Annäherung an die Aktualität der Rhetorik. *In*: BLUMENBERG, Hans. *Wirklichkeiten, in denen wir leben* – Aufsätze und eine Rede. Stuttgart: Philipp Reclam, 1986, p. 104-136.

so de estímulos (*Reizüberflut*) para suas reações imprevisíveis. Essas reações ilimitadas – que podem ser chamadas de "liberdade" ou "livre-arbítrio" – decorrem da "pobreza de instintos" (*Instinktarmut*) que caracteriza a espécie.

1.2. Três teses

A **retórica realista,** proposta em meus escritos ao longo desses anos, baseia-se em três teses básicas, todas pensadas em oposição a teses dominantes na cultura ocidental contemporânea no que diz respeito à retórica; inspiradas no filósofo cético helenista Sextus Empiricus, cujas obras sempre têm por títulos "contra" (*adversus*) as diferentes ciências que ele quer combater, são denominadas "contra os filósofos ontológicos", "contra os retóricos aristotélicos" e "contra os filósofos ontológicos e os retóricos aristotélicos".

A **primeira tese**, "contra os filósofos ontológicos", assim se expressa: a retórica não é a arte falaz e enganadora a que por vezes é preconceituosamente reduzida pelos ontológicos[7] e até por céticos como o próprio Sextus Empiricus,[8] e tampouco consiste somente de mentiras e ornamentos para enredar os incautos, ingênuos ou simplesmente ignorantes – ainda que o estudo dessas estratégias faça parte importante da retórica. Ela também se ocupa, por exemplo, dos discursos que apelam à verdade e à justiça, à persuasão sincera e à igualdade, assim como à autoridade, todas estratégias retóricas.

Desse modo, como queria Aristóteles, a retórica também inclui o estudo de caminhos (ὀδός, *odos*) pautados por exigências de sinceridade e consenso. Ele chegou a essa conclusão ao reunir necessariamente retórica e virtude moral, ensinando que o caráter (ἔθος, ἦθος, *ethos*) deve acompanhar a excelência ou virtude (ἀρετή, *areté*) e a ponderação ou prudência (φρόνησις, *phrónesis*). A retórica realista, contra os filósofos ontológicos, aceita que a retórica é também o campo da persuasão sincera e da "boa" ética, mas essa é uma relação contingente, pois a retórica pode ser utilizada para quaisquer fins, como queria a sofística. A controvérsia atesta o problema dessa relação milenar entre a retórica e a "boa" ética.

A **segunda tese** proposta aqui, "contra os retóricos aristotélicos", defende que a persuasão pode ser a via retórica mais importante, por sua eficácia e permanência no tempo, até por sua dignidade ética, mas não é absolutamente a única, pois um estudo realista da retórica precisa se ocupar também de outras vias pelas quais um orador consegue fazer prevalecer seu discurso. Essa tese é importante, sobretudo, para o filósofo retórico preocupado com o direito, pois é no mínimo ingênua ou idealista a perspectiva normativa de reduzir a argumentação dos juristas à persuasão. Retomando a tradição siciliana e sofística original, definir as outras estratégias, erísticas, constitui um dos objetivos da retórica realista. Mas reduzir a retórica aos argumentos sofísticos, como o

---

[7] HEGEL, Georg Wilhelm Friedrich. Verhältnis des Skeptizismus zur Philosophie. Darstellung seiner verschiedenen Modifikationen und Vergleichung des neuesten mit dem alten. Aufsätze aus dem Kritischen Journal der Philosophie, in *Philosophie von Platon bis Nietzsche* (CD Rom). Berlin: Digitale Bibliothek, 2000, p. 38312-401.

[8] SEXTUS EMPIRICUS. *Contra os retóricos* (*Pros Rhtoras*). Edição bilíngue. Texto Integral. Tradução, apresentação e comentários de Rafael Huguenin e Rodrigo Pinto de Brito. São Paulo: Editora UNESP, 2013, p. 15 s. e *passim*.

fazem as ontologias, é o erro do outro lado que a primeira tese procura combater.

A **terceira tese**, "contra os filósofos ontológicos e os retóricos aristotélicos", é a seguinte: retórica é filosofia, ainda que não investigue a verdade, que considera inatingível. "Verdade" é aqui entendida como um enunciado de aceitação obrigatória, cogente. Sim, porque a filosofia ontológica firmou-se de tal maneira na história do pensamento ocidental que os próprios retóricos passaram a considerar que sua tarefa não fazia parte de uma explicação filosófica do mundo, uma maneira de percebê-lo, de agir nele. Por isso mesmo, tal equívoco tem sido o mais difícil de ser percebido.

Da Antiguidade a nossos dias, a visão dominante, tanto da parte dos filósofos ontológicos quanto dos próprios retóricos,[9] é que a retórica se separa da filosofia nos primórdios do pensamento grego. Diferentemente, porém, a separação parece ter ocorrido dentro da própria filosofia, a qual já se encontrava solidificada, entre perspectivas retóricas e ontológicas. Não se pense, contudo, que a apropriação da filosofia pelas ontologias, ainda que claramente majoritária, tenha sido unânime. Muitos retóricos, de sofistas como Isócrates a céticos como Sextus Empiricus, viam a si mesmos e eram vistos como filósofos. Observe-se a etimologia mesma da palavra "filosofia": amor (*filo*) à sabedoria (*sofia*), e não à verdade (ἀλήθεια, *alétheia*). E a retórica certamente sempre foi tida como uma forma de sabedoria.

Esse sucesso das ontologias na defesa da verdade como "não esquecimento", "des-coberta" de um mundo objetivo tem profundas e variadas explicações, que podem ser rasteadas, tais como a necessidade atávica por segurança, de um ponto de vista antropológico; o desejo de controle das diversidades éticas por parte dos bem sucedidos monoteísmos, de uma perspectiva histórica e política; e os sucessos da ciência no domínio de uma natureza hostil, no que diz respeito à técnica, dentre outras.

Mas a filosofia retórica entende que a realidade é criada, constituída, conformada pelo relato vencedor, a retórica **material**. O relato vencedor não é o consenso, muito menos o consenso "racional" defendido por tantos filósofos, nem tampouco envolve necessariamente luta ou competição, pois pode ser obtido por muitos outros meios, como persuasão, sinceridade e solidariedade, nos termos da primeira e da segunda teses acima. A retórica material não quer dizer apenas que o conhecimento do mundo é condicionado pelo aparato cognoscitivo do ser humano, como sugeriu Kant, ou mesmo intermediado pela linguagem, como quer a linguística convencional. Significa dizer que **a própria realidade é retórica**, pois todo pensamento e toda percepção humanos se dão na e pela linguagem. A retórica material compõe a relação do ser humano com o meio ambiente, forma-se do conjunto de relatos sobre o mundo que constitui a própria existência humana e seu entorno. A pergunta mesma sobre alguma "realidade ôntica" por trás da linguagem não tem qualquer sentido, pois o ser humano é linguisticamente fechado em si mesmo, em um universo de signos, sem acesso a qualquer "objeto" para além dessa circunstância.

---

[9] BALLWEG, Ottmar. Phronetik, Semiotic und Rhetorik, in: BALLWEG, Ottmar. *Rhetorische Rechtstheorie – Theodor Viehweg zum 75. Geburtstag*. München: Alber, p. 27-71.

Isso não implica que a realidade seja subjetiva, pelo menos no sentido de dependente de cada indivíduo, muito pelo contrário. O maior ou menor grau de "realidade" de um relato vai exatamente depender dos outros seres humanos, da possibilidade de **controles públicos da linguagem**. Nesse sentido podem existir demônios, buracos negros, *quarks*, ego, superego e quaisquer princípios como o da "salvabilidade do crédito tributário", por mais esdrúxulos que sejam no universo do pan-principiologismo brasileiro.[10] Só que essas regras de controle da retórica material são condicionadas, circunstanciais e tanto mais mutáveis e ambíguas quanto mais complexo e diferenciado o meio social. Por isso não se pode dizer que a retórica realista defenda uma arbitrariedade da linguagem ou, no debate jurídico, qualquer forma de "decisionismo". Daí sua defesa veemente da doutrina como fonte importante do direito. A linguagem tem uma função de controle e a exerce reduzindo complexidade, logo, não pode ser errante, ao talante de cada um, precisa apresentar regularidades; mas essas regularidades são muito variáveis, imprevisíveis, construídas para as exigências do momento e dependentes do ambiente em que atuam.

Em outras palavras, a retórica realista recusa as ontologias de objetos evidentes, mas tampouco reduz o objeto ao sujeito, como os filósofos subjetivistas; ela faz ambos produto da linguagem, que o sujeito não domina, pois até mesmo o pensamento de cada indivíduo é constituído no controle público da linguagem. Qualquer sucessão de eventos somente se torna um "fato" por conta do relato vencedor dentre os participantes do discurso.

A retórica realista também se aparta de qualquer forma de objetivismo, escolástico, jusnaturalista em geral ou científico, pois, ao analisar a questão de que maneira os eventos incognoscíveis são transformados em fatos (relatos sobre supostos eventos), mostra que só se conhecem relatos. Isso em nada muda, mesmo nas chamadas "evidências empíricas", como a existência da lua ou a lei da gravidade. Se apresento cálculos, cuja obediência faz com que a ponte permaneça de pé e que se não forem seguidos a ponte cai, é muito provável que a crença nesses argumentos matemáticos se torne o relato vencedor; do mesmo modo como dizer que Napoleão morreu na Ilha de Santa Helena. Se o sistema jurídico dogmático apresenta um relato, é também provável que este se torne o relato dominante, como ao dizer que a criança deve ficar com a mãe.

Mas nada disso é evidente ou inexorável. Se a retórica estratégica, isto é, interesses, consensos racionais ou não, ameaças, mentiras, engodos, dissimulações, verdades, em suma, todas as formas de narrativas humanas – ou seja, relações retóricas – constituírem a "realidade" dos relatos vencedores em outra direção, as descrições científicas e suas evidências empíricas podem ser completamente derrotadas.

Essa visão da retórica inspira-se, sobretudo, em Friedrich Nietzsche, que a coloca em três níveis: retórica como *dýnamis* (δύναμις), como *téchne* (τέχνη) e como *epistéme* (ἐπιστήμη).[11] Esse é também o caminho escolhido por Ottmar

---

[10] Utilizo-me das expressões de Paulo de Barros Carvalho e Lenio Streck, respectivamente.
[11] NIETZSCHE, Friedrich. Rhetorik. *Darstellung der antiken Rhetorik*; Vorlesung Sommer 1874, dreistündig. Gesammelte Werke. Band 5. München: Musarion Verlag, 1922, p. 291.

Ballweg.[12] No sentido proposto aqui é assim possível empregar a palavra *retórica* de três diferentes formas, ou seja, dinâmica (material, existencial), técnica (prática, estratégica) e epistemológica (analítica, científica).

Em seu nível analítico, retórica é filosofia, ainda que não investigue a verdade, que considera uma das estratégias argumentativas.

2. A diferenciação entre significante, significado e evento

Do mesmo modo que nos termos do segundo pressuposto colocado acima, sobre a impossibilidade de adequar completamente os tipos ideais conceituais do pensamento humano e os eventos reais, há outra relativa incompatibilidade entre esses mesmos tipos ideais e a linguagem que os expressa, entre significados e significantes. Reduzir os abismos entre esses três elementos constitui o problema do conhecimento.

A filosofia retórica defende, porém, que ideia, linguagem e evento não podem ser reduzidos um ao outro, indo de encontro ao senso comum e a diversas propostas filosóficas.

As dificuldades de um vocabulário não ontológico exigem por vezes aspas ou itálicos, além de referências às palavras estrangeiras originais, como se vê neste texto. Friedrich Nietzsche diz que todo conceito é "resíduo" de alguma metáfora:

> Quem é bafejado por essa frieza [dos conceitos] dificilmente acreditará que até mesmo o conceito, ósseo e octogonal como um dado, [e] tão fácil de deslocar quanto este, é somente o resíduo de uma metáfora, e que a ilusão da transposição artificial de um estímulo nervoso em imagens, se não é a mãe, é pelo menos a avó de todo e qualquer conceito.[13]

O pensamento assumidamente metafórico de Hans Blumenberg compara o mundo dos eventos a uma viagem de navio, pois enfrentar o oceano é a metáfora para o fluxo da vida. Ir ao mar é ultrapassar as fronteiras, é abandonar a terra segura e aventurar-se no infinito, como numa blasfêmia contra a ordem natural das coisas. Aí o naufrágio passa a ser a consequência, por assim dizer legítima, da viagem e da ousadia humanas. O filósofo desempenha aí o papel de espectador, como no ideal grego clássico, aquele que permanece no porto seguro e observa as viagens e os naufrágios. Por isso o mundo humano é um "naufrágio com espectadores".[14]

Da perspectiva retórica, o navio dos humanos é a linguagem, a qual os retira de seu meio ambiente natural e torna-se ela própria seu único ambiente.

---

[12] BALLWEG, Ottmar. Entwurf einer analytischen Rhetorik, *in* SCHANZE, Helmut (Hrsg.). *Rhetorik und Philosophie*. München: Wilhelm Fink, 1989. É o estudo erudito de PARINI, Pedro. A metáfora do direito e a retórica da ironia no pensamento jurídico. Tese de Doutorado. Recife: UFPE, 2013, p. 305 s.

[13] NIETZSCHE, Friedrich. Über Wahrheit und Lüge im außermoralischen Sinne, *in* NIETZSCHE, Friedrich. Nachgelassene Schriften 1870-1873, *in* COLLI, Giorgio – MONTINARI, Mazzino (Hrsg.). *Kritische Studienausgabe* – in fünfzehn Bände, Bd. I. Berlin: Walter de Gruyter, 1988, p. 882: „Wer von dieser Kühle angehaucht wird, wird es kaum glauben, dass auch der Begriff, knöchern und 8eckig wir ein Würzel und versetzbar wie jener, doch nur als das Residuum einer Metapher übrig bleibt, und das die Illusion der künstlerischen Uebertragung eines Nervenreizes in Bilder, wenn nicht die Mutter so doch die Grossmutter einesjeden Begriffs ist."

[14] BLUMENBERG, Hans. *Schiffbruch mit Zuschauer* – Paradigma einer Daseinsmetapher. Frankfurt a. M.: Suhrkamp, 1979, p. 12, 28 e *passim*.

Toda linguagem é metafórica e isso porque a metáfora é justamente o resultado desse processo de generalização que se expressa na própria linguagem: abstrair das individualidades do mundo real é justamente "metaforizar", criar conceitos, expressões de ideias, classes de indivíduos. Por isso não se deve conceber a realidade como um encadeamento causal de eventos. Hume deixa claro que a relação de causa e efeito é empírica e não pode ser confundida com a relação lógica entre antecedente e consequente, como defenderam Descartes e a escolástica. Logo, a causalidade não tem a certeza da lógica e da matemática, é uma experiência humana que nunca habilita a dizer que de X **necessariamente** decorrerá Y ou Z. No máximo pode-se dizer que se tem observado a ocorrência de Y ou Z sempre que se observa a ocorrência de X. O filósofo chega a essa conclusão porque rejeita o próprio princípio da indução empírica, segundo o qual se não há qualquer registro de Y, sem ter sido precedido de X, deve-se induzir que, toda vez que aparecer Y, X terá se manifestado antes.

Uma retórica realista vai contra etiologias, redes causais complexas, orientadas para o passado (a "causa"), justamente porque vê a realidade como irremediavelmente contingente, construída a cada momento pela própria comunicação. Esse ceticismo gnoseológico, ao ser trasladado ao campo da ética, não deve levar ao niilismo ou à indiferença, muito pelo contrário: vai levar à tese da responsabilidade que não pode ser discutida aqui.[15]

Tradicionalmente tem-se concebido a comunicação como uma troca de informações que cada participante detém, mas esse é mais um preconceito ontológico, como se a comunicação fosse o resultado de alguma coisa previamente existente, a ação de externar algo anterior, externar informações. Numa filosofia retórica, comunicar significa os participantes construírem conjuntamente informações. E essa construção é sempre influenciada eticamente, isto é, emocionalmente, com vistas a "valores".

O mundo dos eventos é irracional porque a razão humana só trabalha com conceitos gerais, conforme já explicado. Tudo o que é individual, único, é irracional em um sentido bem literal de "não racionalizável". A razão só conhece seus próprios produtos, como nas ciências ideais. Daí Platão ter dito que o mundo sensível é ilusório e só o mundo das ideias "existe".

Desses produtos racionalizáveis não faz parte o mundo real, que se compõe dos eventos que o ser humano percebe, experimenta, como algo fora de si, coisas, acontecimentos que se sucedem em um fluxo contínuo que denominou "tempo". Daí essa incompatibilidade ontológica entre o mundo real e o aparato cognoscitivo humano.

Sobre a individualidade e irracionalidade dos eventos do mundo real, diante da construção dos conceitos, Nietzsche diz:

> Toda palavra torna-se logo conceito justamente quando não deve servir, como recordação, para a vivência primitiva, completamente individualizada e única, à qual deve seu surgimento, mas ao mesmo tempo tem que se adequar a um sem-número de casos, mais ou menos semelhantes, isto é, tomados rigorosamente, nunca iguais, portanto, a casos claramente desiguais... A desconsideração do individual e efetivo nos dá o conceito,

---

[15] ADEODATO, João Maurício. *Uma teoria retórica da norma jurídica e do direito subjetivo*. 2ª ed. São Paulo: Noeses, 2014, p. 331.

assim como nos dá também a forma, enquanto que a natureza não conhece formas nem conceitos, portanto tampouco conhece espécies, mas somente um X, para nós inacessível e indefinível.[16]

Baseando-se nas críticas de Kant, que colocaram novos problemas, Nicolai Hartmann também desenvolve sua tese sobre a irracionalidade do individual, já mencionada, e chama atenção para o abismo irredutível entre a razão humana e a esfera do mundo real.[17]

Isso implica que toda experiência humana é contingente, como ensinou Heráclito e como mostram as mais recentes pesquisas laboratoriais sobre a constituição do cérebro humano, as quais mostram que a atenção procede a uma seleção de informações única em cada circunstância. A condição humana faz com que esses eventos só possam ser compreendidos pela razão em termos genéricos, sem correspondência precisa com os eventos. Para isso, seleciona frações do evento em detrimento de outros atributos que são ignorados ou sequer percebidos. Ao conjunto dessas frações intuitivamente, instintivamente selecionadas, corresponde uma ideia, uma unidade de razão. A essa ideia o ser humano atribui um nome ou conjunto de nomes e a corporifica em um condutor físico (significante), criando a comunicação. Esse condutor pode ser a palavra escrita ou falada, gestos, olhares (que são gestos), mas também tintas e telas, notas musicais, leis escritas, pedras gravadas e esculpidas etc. Ora, esse quadro específico de autoria desse pintor e essa lei de número e data tais são objetos, logo são também eventos, pelo menos em um dos sentidos da palavra. Mas é certo que o quadro, o papel e a tinta, ao serem comunicados a outro ser humano, provocam uma compreensão de caráter ideal que não se confunde com os eventos-objetos.

Daí a oportunidade de esclarecer a confusão que não deve ser feita entre significantes, dos quais o texto é uma espécie, e eventos.

Para compreender a importância da diferença, é útil o conceito de Carlos Cossio, baseado em Edmund Husserl, sobre o que denomina "ontologia da realidade". No que aqui interessa, ele entende que o mundo cultural é constituído de "sentidos" que são conhecidos por intermédio da "compreensão". Uma parte desses sentidos não se comunica por meio de um "substrato físico" ou objeto, expressa-se por meio de conduta humana, são os objetos de conhecimento que denomina "egológicos", centro de sua *Teoria Egológica del Derecho*. E existem sentidos e valores que literalmente "se incorporam" a objetos, chamados de "mundanais".[18]

Esses objetos, como a pintura e a cadeira, são também eventos, são os eventos-objeto, o "espírito objetivado" de Nicolai Hartmann, ele também influenciado por Husserl (e Hegel); na linguagem de Hannah Arendt, compõem o mundo do *homo faber*, fruto daquela capacidade do ser humano de produzir coisas que o rodeiam e as quais, por se incorporarem a objetos físicos, ganham

---

[16] NIETZSCHE, Friedrich. *Über Wahrheit und Lüge im außermoralischen Sinne*, in NIETZSCHE, Friedrich. Nachgelassene Schriften 1870-1873, *in* COLLI, Giorgio – MONTINARI, Mazzino (*Hrsg.*). Kritische Studienausgabe – in fünfzehn Bände, Bd. I. Berlin: Walter de Gruyter, 1988, p. 879-880.

[17] HARTMANN, Nicolai. *Grundzüge einer Metaphysik der Erkenntnis*. Berlin: Walter de Gruyter, 1949, vierte Auflage, p. 302 s.

[18] COSSIO, Carlos. *La teoría egológica del derecho y el concepto jurídico de libertad*. Buenos Aires: Abeledo Perrot, 1964, p. 54 s., 232 s. e *passim*.

maior durabilidade no tempo. Mas o ato de compreender textos, perceber objetos e condutas, a experiência do presente, os acontecimentos, isso é o que aqui se denomina evento no sentido próprio de Heráclito de Éfeso, é essa experiência que garante a própria existência dos eventos-objetos, os quais não têm sentido sem ela.

Pode-se afirmar que tudo é evento, inclusive o texto e até seu significado ideal, como sugere Lenio Streck ao criticar Jacques Derrida:

> Dizendo de outro modo, afirmar que "devemos levar o texto a sério" ou que devemos deixar "que o texto nos diga algo" ou, ainda, que "questão de direito (texto) e questão de fato (caso concreto) não podem ser cindidos", não quer significar, por exemplo, uma adesão ao *slogan* pósmoderno de Derrida de que *Il n'y a pas de hors-texte* (não há nada fora do texto). Texto é evento; textos tratam de coisas, pois. E a interpretação deve voltar-se para essa coisa (a coisa mesma).[19]

Ora, ocorre que a retórica realista aqui defendida concorda com Derrida nesse aspecto; não exatamente que nada haja fora do "texto", mas sim que nada, nenhuma "coisa mesma" existe fora da linguagem, ainda que esta possa ser não textual. Com alguma força de vontade, mesmo que este argumento não seja mencionado por Streck, é possível dizer que, de algum modo, os pensamentos humanos são fenômenos psíquicos únicos e irrepetíveis, produto de cérebros físicos, cada um deles parte do que acontece no mundo dos eventos, reações fisioquímicas únicas no fluxo contínuo do tempo.

O evento é acontecimento individualizado, que não pode ser adequadamente apreendido ao longo desse fluxo, um presente que imediatamente já se transformou em passado, tanto no sentido de um objeto "mundanal" (que se cristaliza em objetos como quadros e textos) como de um objeto "cultural egológico" (a conduta humana). Toda comunicação necessita de significantes, substratos físicos reais que exprimem uma linguagem. O texto da lei e o quadro a óleo constituem significantes, assim como a própria conduta é composta desses substratos físicos, sejam eles gestuais, textuais, pictóricos, orais. Não há uma distinção ontológica entre objetos culturais mundanais e egológicos, mas simplesmente a diferença da maior ou menor perenidade dos significados pela maior ou menor perenidade dos significantes. A "conduta humana" não existe como "objeto egológico", mas sim como uma sucessão de eventos reais que se expressam intersubjetivamente mediante significantes também reais e significados ideais.

Mas a tese de que significantes e/ou significados são eventos simplifica excessivamente o processo gnoseológico, que é tripartite. O ato de comunicar-se é um evento. Quando a ideia antes intangível penetra na realidade por meio de significantes linguísticos já deixa de ser ideia, passa a ser um evento, único e irrepetível, como todo ele. Mas isso não é mais o significado ideal nem o significante real, é um evento real, um terceiro elemento que é percebido como "fato", ou seja, um relato único sobre um evento único que constitui outro evento único. A analítica da linguagem mostra que a ela não se compõe apenas de significantes como o texto, o gesto ou a fala, mas de uma relação inseparável entre significantes e significados.

---

[19] STRECK, Lenio Luiz. *Verdade e consenso*. Constituição, hermenêutica e teorias discursivas. Da possibilidade à necessidade de respostas corretas em direito. Rio de Janeiro: Lumen Juris, 2009, p. 164.

Aqui se entende o significado, repita-se, como abstração da razão humana, a que os filósofos têm chamado de ideia, forma, essência, *eidos*... Um exemplo simples é a diferença entre números e algarismos ou textos que expressam números: 2, II, two, dos, dva, 兩 (Liǎng). O número não é um evento, não existe no mundo real, é de caráter "ideal", para permanecer com Platão.

Aí o significante cristaliza o significado, tenta imobilizá-lo; o senso comum e algumas filosofias acreditam que consegue, mas a análise retórica mostra que os significantes são como oráculos de significados para inevitáveis interpretações. O evento é um dado de experiência único, por isso inapreensível, incognoscível em sua inteireza. O significante é um substrato físico, a parte real da linguagem. Quando se refere aqui "texto" como expressão simbólica de uma ideia, um dos três elementos do abismo do conhecimento, ele não se confunde com o evento, não se está falando desse sentido de texto como evento-objeto, "este" ou "aquele" texto contido no livro.

Claro que o exemplar da Constituição Federal que está na biblioteca de Tício não é o mesmo que está na biblioteca de Mévio, são "textos-objetos" únicos e distintos, cada um deles contém diferentes impressões digitais, e sua quantidade de moléculas tampouco será a mesma. São eventos-coisas, eventos-objetos.[20] Mas o texto é o significante que ambos aqueles exemplares têm em comum, e isso não é um evento, mas sim uma estratégia linguística de apreendê-lo.

Desse ponto decorre outra notável distinção que impede a identificação entre evento e texto: como condição da comunicação, a linguagem, da qual o texto é uma das formas de manifestação, à semelhança dos significados ideais, é também genérica.

Tanto os significantes como os significados são genéricos, daí racionalizáveis, por isso não podem ser confundidos com eventos. E um só faz sentido com o outro, são conceitos correlatos, muito embora jamais correspondam exatamente um ao outro (claro, a interpretação é sempre necessária). A vagueza e a ambiguidade, as figuras de linguagem e os idiotismos nada mais são do que fruto dessa incompatibilidade.

Ambos, significantes e significados, por sua vez, devido a seu caráter de generalidade, são incompatíveis com os eventos, sempre particulares. Significantes e significados são impensáveis um sem o outro, mas não têm o mesmo conteúdo retórico. O significado é ideal; o significante quer comunicar esse significado por meio de um substrato físico qualquer (som, texto, gesto).

Os significados e os significantes podem apresentar graus de generalidade diversos, mas não conseguem apreender o que é individual, como dito. Por isso há aquelas expressões que conotam um grupo ou classe de eventos, diante dos quais a linguagem humana abstrai os elementos contingentes e individualizadores em prol do que os eventos supostamente têm em comum. Essas expressões são chamadas **predicadores** e não pretendem correspondência com a realidade dos eventos, pois são reconhecidamente genéricas. Exemplos são

---

[20] O nome não é tão importante e a dificuldade pela falta de um vocabulário não ontológico apropriado já foi mencionada acima.

significantes (e seus significados) como "cadeira" ou "justiça", que não existem na realidade.

Para lidar com a individualidade, contudo, há os significantes linguísticos que a teoria da linguagem denomina **indicadores**. Essas expressões procuram designar eventos específicos, ou seja, individuais, de que seriam exemplos os nomes próprios, como Rumpelstilzchen Brederodes, os quais, da mesma forma que o sujeito individual que designam, são únicos. Na linguagem técnica, denotam sem ter conotação.

Os indicadores não são exemplificados apenas por nomes próprios. Observa-se na linguagem humana que acontecimentos e objetos específicos podem se expressar mediante palavras indefinidas, as quais são compreendidas e individualizadas por sua situação no contexto. Uma frase como "ele esteve aqui e fez isso hoje", ininteligível isoladamente, pode ganhar, no contexto, um sentido mais preciso como "Faelante esteve na Rua da Hora e abasteceu seu carro no dia 21 de novembro de 2015".

O problema no estudo de predicadores e indicadores é se são possíveis expressões simbólicas individualizadas. Nessa controvérsia, uma retórica realista vai defender que todo significante é genérico e mesmo a denotação de um nome próprio precisa da conotação de predicadores para chegar a um significado. Assim, mesmo o nome próprio Rumpelstilzchen só pode ser compreendido por intermédio de outras associações linguísticas, como dizer quem é sua mãe, qual seu endereço, sua altura, sua profissão. Não existem significantes específicos, toda linguagem é geral, tanto os significados quanto os significantes. Individuais são os eventos, mas esses só podem ser constituídos por meio da linguagem, não são "coisas", nem "em si". Por isso não se podem confundir significantes, tais como textos, com eventos.

Quer dizer que a individualidade do mundo real só pode ser "racionalizada" por meio de abstrações ideais, que se distanciam do mundo real, mas ao mesmo tempo possibilitam o re-conhecimento dos eventos e assim a experiência. É assim que o ser humano abstrai um significado para o significante "ventilador", a partir dos diversos ventiladores observados, todos diferentes, e assim reconhece como ventilador um objeto que jamais esteve em sua experiência antes. Mas é claro, conforme ressaltado acima, que um texto determinado, como esta lei ou este computador, é um evento, um evento-objeto. Sua compreensão naquele contexto eventual é também um evento, ou seja, tanto uma pintura é um evento quanto a emoção de cada pessoa ao contemplá-la.

3. As vias da persuasão na redução a que Aristóteles submeteu a retórica

Diferentemente de Platão, Aristóteles se ocupou da retórica. Em seu tempo, a retórica já se tinha desenvolvido muito com o humanismo da sofística e do próprio socratismo, e também se alimentado da concepção de história como um conjunto de relatos exemplares, de pensadores como Tucídides e Heródoto (ambos cerca de 484-430/420 a. C.), bem diferente da concepção da historiografia causal moderna, segunda a qual fatos pretéritos causam eventos futuros. Em outras palavras, quando Aristóteles escreve sua *Retórica*, a arte dos advogados sicilianos havia sido enriquecida por historicismo, ceticismo e humanismo e assim se tornado filosofia retórica, ao passo que a busca da verdade pela tendência predominantemente científica dos pré-socráticos, aliada à objetividade do bem, perseguida pela ética socrática e platônica, se tornara a filosofia ontológica.[21]

Em lugar do desprezo genérico votado por Platão ao convencimento e à sedução pelas palavras, Aristóteles parte da observação de que determinados assuntos humanos não admitem juízos de verdade ou falsidade, mas ainda assim são de grande importância. Verdadeiro e falso, pensa ele, continuam constituindo o critério ontológico da filosofia e da ciência, mas, quando não é possível aplicá-lo, é necessário atentar para o terreno da opinião (*doxa*), do provável, do exemplar, do indício, que constitui o terreno da retórica. Esse ambiente se faz presente em função do tema em discussão, da ignorância ou impaciência do auditório, da escassez de tempo para provar todas as premissas, dentre outros motivos comuns nos discursos humanos. Sábio estagirita.

Apesar de convencido da importância da retórica, Aristóteles não se queria confundir com os sofistas, com seu contemporâneo e rival Isócrates, por exemplo. Para isso, procura aliar a retórica à boa ética, à ética do bem, e sua estratégia é **reduzir a retórica à persuasão**, a qual se caracterizaria por uma espécie de convencimento autêntico.

Difícil definir mais precisamente a persuasão, o que Aristóteles não deixa muito claro. Sabemos que ele a coloca como o objeto da retórica e lhe aporta três vias, quais sejam, o *ethos* (quem fala), o *pathos* (como se fala) e o *logos* (o que se fala). Assim a persuasão inclui elementos como a autoridade do *ethos* e a sedução do *pathos*.

Apenas para estabelecer uma comparação, mesmo Hannah Arendt, cuja filosofia é confessadamente inspirada na Grécia Antiga e que já foi acusada de helênica nostálgica,[22] não se filia ao pensamento de Aristóteles e distingue persuasão de autoridade. A persuasão pressupõe igualdade entre os participantes do discurso; a autoridade, diferença. *Ethos* e *auctoritas* não são expressões sinônimas, mas certamente a *auctoritas* romana interpretada por Arendt não se confunde com a persuasão de Aristóteles, apesar de o *ethos* fazer parte dela. Daí há algo da *Retórica* de Aristóteles quando Arendt diz que a persuasão legitima pelo conteúdo da mensagem, e a autoridade, pelo caráter (*ethos*) do orador.

Tentando aqui diferenciação que não parece estar em Aristóteles, uma decisão é conseguida por **convencimento** quando se acredita sinceramente em sua adequação. Em termos mais gerais, no convencimento, o comando normativo é aceito pelo seu próprio conteúdo, por aquilo que é transmitido pelo emissor e compreendido pelo receptor da mensagem. Diz mais respeito ao *logos* do discurso, tal como o entende Aristóteles. A **persuasão** é muito semelhante, mas é mais frágil do que o convencimento, pois pode implicar uma adesão por

---

[21] ADEODATO, João Maurício. *A retórica constitucional* – sobre tolerância, direitos humanos e outros fundamentos éticos do direito positivo. São Paulo: Saraiva, 2012 (2ª ed.), cap. 1.

[22] O'SULLIVAN, Noel. Hannah Arendt. *A Nostalgia helênica e a sociedade industrial*. Documentação e Atualidade Política, nº 5. Brasília, out.-dez. 1977, p. 15-25.

conveniência, estratégia, falta de melhor opção, impaciência (o ouvinte pode ser bombardeado por argumentos), em outras palavras, não ser acompanhada da íntima aceitação da mensagem, não ser caracterizada pela sinceridade, sinceridade consciente.[23]

Em Aristóteles, a via persuasão/convencimento acontece quando o discurso do orador efetivamente convence o auditório, que entende o contexto da mensagem, a estruturação dos argumentos, e sinceramente a aceita, comungando da opinião do autor. Aristóteles exclui assim do campo da retórica estratégias argumentativas que faziam parte dela na tradição anterior e que compunham, com variações de ênfase, a **erística** do discurso.

Na retórica normativa de Aristóteles, ou seja, seu objetivo não é descrever, mas melhorar o discurso humano, o argumento pode ter bases diversas, tais como lugares-comuns, paradigmas, indícios e verossimilhanças, mas jamais engodo ou ameaça de violência, por exemplo. Porém, ao incluir o *ethos* e o *pathos* como vias da persuasão, Aristóteles ainda mostra um conceito mais amplo do que o de Hannah Arendt, para quem a persuasão reduz-se à esfera do *logos* e pressupõe igualdade entre as partes.

Essas três mídias são os caminhos da persuasão na *Retórica* de Aristóteles e compõem a autoapresentação dos oradores: "a primeira espécie depende do caráter pessoal do orador; a segunda, de provocar no auditório certo estado de espírito; a terceira, da prova, ou aparente prova, fornecida pelas palavras do discurso propriamente dito".[24] Vão impregnar toda a terminologia retórica posterior e precisam ser rapidamente explicitadas aqui para que se compreenda o que significa a retórica em Aristóteles.

O grande problema, comum quando se estudam temas e expressões de tamanha longevidade, é o alto grau de porosidade linguística das palavras; ao longo de tantos anos, há intersecções, diferenciações, traduções ou simplesmente confusões entre os termos.

Etimologicamente, a palavra *ethos* já parece trazer uma confluência ou evolução de duas palavras gregas, semelhantes, mas distintas: de um lado *éthos* (έθος), que significa "costume", "uso", "hábito", e de outro, *ēthos* (ήθος), "caráter", "forma de pensar". No grego arcaico um termo não se distinguia do outro.[25] Depois da diferenciação, porém, ainda hoje se percebem reflexos desses dois sentidos na palavra ética: um mais social, coletivo e um mais pessoal, individual.

O *ethos* designava, assim, um caráter que é resultado do hábito, que se percebe na aparência, nos traços, nas características, no olhar, no porte. Inicialmente, com esse sentido mais físico, é o lugar onde se tem o hábito de viver (habitar), a que se está acostumado, inclusive os animais; aí passa a designar uso, costume, maneiras; uma terceira acepção é a de disposição de caráter, no sentido de inclinação a determinadas atitudes e escolhas humanas, como ter

---

[23] Observe-se a distinção da língua alemã entre *überzeugen*, convencer, com a raiz mais firme de "testemunhar" e *überreden*, persuadir, com a raiz de "falar".

[24] ARISTOTLE. Rhetoric. Trad. W. Rhys Roberts. Col. Great Books of the Western World. Chicago: Encyclopaedia Britannica, 1990, v. 8, I, 2, 1356a1-5 e 14-16, p. 595.

[25] PELLEGRIN, Pierre. *Le Vocabulaire d'Aristote*. Paris: Ellipses, 2001, p. 23 s.

um *ethos* sonhador, colérico ou melancólico; e um quarto, talvez posterior, refere-se à impressão produzida por um orador nos circunstantes, o que já vai se aproximar do sentido de *pathos*.[26]

A palavra moderna "ética" evolui para significar o conjunto de conhecimentos relacionados ao *ethos*. Mas não é apenas a doutrina ou disciplina para estudo do *ethos*, mas também esse próprio *ethos*, no sentido de designar simultaneamente a metalinguagem (**estudo** do caráter humano) e a linguagem-objeto (o **caráter humano**, tal como ele se apresenta). Outros autores preferem denominar essa ética-objeto de "moral", reservando a expressão "filosofia moral" para o conhecimento do objeto.[27]

Independentemente das variações dos conceitos, é importante reter que, no plano da metalinguagem, processou-se mais uma diferenciação: "ética" expressa, de um lado, o **estudo dos fins** que efetivamente guiam a conduta **e dos meios** que conduzem a esses fins, todos chamados "valores"; de outro, refere-se ao **estudo das maneiras de controlar e guiar** esses meios e fins. Para dar um exemplo, pela primeira perspectiva, o conhecimento ético mostra que indivíduos inseguros tendem a se aproximar de bajuladores; pela outra, que tanto bajuladores como inseguros devem ser evitados (ou louvados, dependendo da ética). A primeira é a ética **descritiva**; a segunda, a **prescritiva**.

Um dos bons argumentos a favor de considerar a atitude prescritiva como a mais adequada ao conhecimento ético (plano da metalinguagem) é que a abordagem descritiva já estaria a cargo da sociologia, da antropologia, da psicologia e de mais outras ciências.[28]

Pathos, plural *páthē*, significa paixão, emoção, sentimento. Fora dos círculos filosóficos, a palavra era usada na linguagem comum e designava qualquer forma de sentimento, porém mais no sentido passivo de sofrimento, não como "causa" de ações. Na *Retórica* de Aristóteles, o *pathos* está associado ao ouvinte, e o *ethos*, ao orador, ainda que essa dissociação de papéis tenha diminuído e até desaparecido em autores posteriores. O conceito de *pathos* passa a reunir os dois sentidos e firma-se para designar qualquer emoção, por meio da qual as pessoas se modificam de tal modo que suas decisões se tornam diferentes do que seriam em um estado emocional habitual. No Renascimento, a retórica do *pathos* é sistematizada como parte da tópica, reunindo os denominados "argumentos patéticos".

Mas, além de significar esses estados d'alma, *pathos* designa a expressão ou articulação desses sentimentos e também, o que mais interessa como sentido retórico, indica uma **qualidade do discurso**, que consiste em despertar no ouvinte os sentimentos que o orador deseja transmitir. Aí está o ponto mais importante: o *pathos* (retórica estratégica) que desperta o *pathos* (retórica material) por artes da retórica. Essa transmissibilidade patética do discurso se dá,

---

[26] LIDDEL, Henry George e SCOTT, Robert (comp.). *A Greek-English Lexicon*. Oxford: Clarendon Press, 1996, p. 480 e 766. BAILLY, Anatole. *Dictionnaire Grec Français* (rédigé avec le concours de E. Egger). Paris: Hachette, 2000 (27e. ed.), p. 581 e p. 894.

[27] CHAUÍ, Marilena. Convite à filosofia. São Paulo: Ática, 2001, p. 339 s.

[28] NERI, Demétrio. *Filosofia moral – manual introdutivo*. Trad. Orlando Soares Moreira. São Paulo: Loyola, 2004, p. 27-29.

por exemplo, quando o orador consegue uma disposição contrária àquilo que quer atacar (indignação, *deeiinosis, indignatio*) ou adesão àquilo que quer defender (compaixão, comiseração, *eleeinologia, miseratio*).

A importância dada ao *pathos* pelos oradores parece ter sido muito grande na retórica sofística ao tempo de Aristóteles, pois ele faz críticas aos discursos excessiva ou exclusivamente circunscritos ao *pathos*. Mesmo assim, em sua ética, apesar de os sentimentos serem considerados irracionais, Aristóteles destaca a importância do *pathos* e vê uma relação estreita entre *pathos* e *ethos*, pois os afetos precisam ser controlados pela virtude do caráter e alcançar um meio-termo desejável racionalmente, prudentemente, a *metriopatia* entre os extremos maléficos das paixões, pois "...a virtude refere-se a paixões e ações, nas quais o excesso é uma forma de fracasso...".[29]

Hoje, o adjetivo "patético" ainda mostra a vitória desse controle apolíneo, de Aristóteles a Kant, aparecendo sempre com sentido excessivo, pejorativamente. Isso porque, como já advertia a sabedoria retórica antiga, embora sem as ilações da ética de Aristóteles, o grande perigo do *pathos* é o exagero, é transformar a indignação ou a compaixão em afetação. Isso torna o *pathos* vazio, torna-o *bathos* (βάθος), palavra que desapareceu.

A ligação entre *pathos* e *ethos*, em Aristóteles, está no contexto de considerá-las formas de persuasão retórica, ao lado do *logos*, como dito. E os raciocínios demonstrativos do *logos* não tinham o prestígio que a ciência "lógica" lhes veio emprestar na modernidade. Há uma consciência clara, já na Grécia antiga, de que certos assuntos humanos, assim como determinados tipos de auditório, pouco têm a fazer com a razão "lógica". Mesmo assim, essa razão analítica, tal como entendida hoje, de caráter "racionalmente" cogente, constituía apenas um dos aspectos da palavra.

O termo *logos*, plural *lógoi*, passou a ser traduzido como "razão" ou "ciência", mas originalmente parece ter significado "linguagem". O primeiro sentido de *logos* – na forma verbal *légein* – é falar, dizer, designando a princípio apenas o próprio ato, mas depois também o resultado da ação, ou seja, a fala mesma. A segunda conotação adquirida pela palavra é a de reunir, colecionar, como em *katálogos*. Esses sentidos permanecem ligados à palavra *logos* desde seu aparecimento, assim como os de razão, argumentação, definição, pensamento, verbo, oração etc., muitos deles com frequente emprego na retórica.[30]

O sentido de *logos* guarda alguma oposição com o de *érgon*, que significa resultado, efeito, efetividade, realidade. Essa distinção é trazida a princípio por Anaxágoras e depois os sofistas a fazem equivaler àquela entre *nomos* (*logos*) e *physis* (*érgon*), emprestando assim um caráter normativo ao *logos*. Só depois surge a acepção atual de "lógica", mas fica competindo com vários outros sentidos durante longo tempo. A diferença do sentido atual em relação às origens gregas fica clara quando se observa que o estudo metódico do pensamento racional-dedutivo é chamado por Aristóteles de **analítica**, e não de lógica, pois

---

[29] ARISTOTLE. Nichomachean Ethics. W. D. Ross. *Col. Great Books of the Western World.* Chicago: Encyclopaedia Britannica, 1990, v. 8, II, 5-6, 1106b20-25, p. 352.

[30] UEDING, Gert (*Hrsg.*). *Historisches Wörterbuch der Rhetorik*, Band 5. Darmstadt: Wissenschaftliche Buchgesellschaft, 1994, p. 624 s.

esta última expressão é utilizada para a arte da disputa argumentativa; para o filósofo, é a analítica, e não a lógica que se opõe à retórica. Na mesma direção, sofistas como Isócrates definiam a retórica como a arte do *logos*.

Em outras palavras, *logos* é linguagem em sentido performático, com todas as suas estratégias e matizes, não designa apenas o sistema de regras dirigentes do pensamento. Por isso o sofista Protágoras defende o *dissoi logoi* e afirma que, em qualquer tema, é possível manter posições (*logoi*) contrárias (*dissoi*). Daí por que o homem é a medida de todas as coisas, as quais podem ser consideradas, ao mesmo tempo, boas e más, justas e injustas, verdadeiras e falsas. Não há uma separação nítida entre o *logos* lógico da "razão" e os âmbitos da opinião, da percepção ou do mito.

Esse é o *logos* da retórica, uma das vias da persuasão.

4. Outras vias retóricas e a falácia de uma retórica normativa

Na literatura grega antiga que chegou até hoje e assim moldou a cultura ocidental, Aristóteles parece ter sido o primeiro a escrever sobre retórica sem o objetivo direto de ensinar habilidades ou estratégias discursivas. Por isso é considerado o criador da retórica analítica ou "científica".[31] Uma das teses da retórica realista, como dito, considera a retórica de Aristóteles normativa, ou seja, ele quer mais prescrever como o discurso deve ser (*ethos, pathos* e *logos*) do que descrever como ele efetivamente ocorre. Por isso sua retórica não pode ser considerada analítica, não é empírica. O estudo de vias outras para obter assentimento ou imposição de opinião a partir do discurso, que não a persuasão, não tem necessariamente o objetivo antiético, imaginado por Aristóteles, para enganar os outros e vencer a todo custo; mostra também como evitar ser enganado e vencido a todo custo, por exemplo. Daí que é até trivial entre os estudiosos a afirmação de que as estratégias retóricas, quaisquer que sejam, são menos eficazes diante de quem conhece retórica.[32] Isso porque as estratégias dos retóricos utilizam exatamente os preconceitos do senso comum sobre a suposta evidência da realidade para obter os efeitos desejados.

A postura **analítica** da retórica realista procura ser eticamente neutra e assim afasta-se das concepções normativas, que concentram o estudo do discurso exclusivamente no consenso, na cooperação, na persuasão ou no afeto. Se é certo que a persuasão faz parte dos discursos humanos, muitas outras estratégias precisam ser estudadas, sobretudo se o interesse é compreender o direito e a retórica jurídica.

Essas estratégias para a narrativa vitoriosa que vai constituir a realidade da retórica material são várias. Observem-se agora algumas delas, claro que numa relação apenas exemplificativa. Nunca é demais relembrar os tipos ideais: essas estratégias, assim como as persuasivas de Aristóteles (*logos, ethos* e

---

[31] SCHLIEFFEN, Katharina von. Rhetorische Analyse des Rechts: Risiken, Gewinn und neue Einsichten, in: Rouven Soudry (Org.). *Rhetorik. Eine interdisziplinäre Einführung in die rhetorische Praxis*. Heidelberg: C. F. Müller, 2006, p. 42–64.

[32] LAUSBERG, Heinrich. *Elemente der literarischen Rhetorik*. München: Max Hueber Verlag, 3. durgesehene Auflage, 1967, § 3.

pathos) e quaisquer outras, não se separam claramente, interpenetram-se nos eventos reais.

A persuasão sincera pode ser a via retórica mais importante, por sua eficácia e permanência no tempo, pela força do acordo etc., mas não é absolutamente a única e um estudo realista da retórica precisa se ocupar também de sedução, ironia, engodo, mentira, simulação, dissimulação, ameaça, blefe, de todas as estratégias, em suma, presentes na comunicação humana e reveladas pelos sofistas, estudadas por figuras de retórica como anfibolias, antonomasias, aporias, apócrises, catacreses, hipérboles, lítotes etc.

Começando por uma característica muito importante no direito, considerada por muitos autores sua diferença específica em relação aos outros tipos de normas, uma via retórica fundamental é a **ameaça de violência**, tradicionalmente chamada coercitividade ou coercibilidade. Ressalte-se que a violência efetiva é evento, não é linguagem, logo não faz parte da retórica. Mas ameaça é comunicação, tem que ser compreendida pelo emissor e pelo receptor; ela não é irresistível como a violência efetiva, pois pode ser enfrentada pelo risco, que é comunicacional, ou seja, retórico.

Claro que há limites à eficácia dessa coercitividade e que a persuasão constitui uma comunicação mais eficiente, daí o idealismo normativo de Arendt e Alexy. Todo direito quer ter, ao lado da ameaça de coação, a pretensão de persuadir, é o que Alexy chama a pretensão à "correção" ou à "justiça". O direito pode, por exemplo, obrigar o pai a pagar a pensão alimentícia, mas jamais a amar o filho.

Ameaça de violência significa força, no sentido de uma capacidade de provocar consequência desejável ou indesejável para alguém, uma possibilidade de violência que de modo algum tem caráter necessariamente físico. A força introduz, para o código do poder, um esquema binário: o forte e o fraco. Não há, obviamente, uma relação automática e direta entre direito/não-direito, força/fraqueza, ainda que a identificação seja sempre tentadora (justiça é a vontade do mais forte, disse Trasímaco). Uma teoria do poder e do direito, com base somente na força ou na ameaça, é também demasiadamente simplista, mas isso não significa que se possa excluí-las dos estudos retóricos.[33]

Uma das funções do direito é justamente a racionalização da violência pela comunicação clara da força, saber quem a detém e de onde a violência pode vir a emanar. Deixada em seu curso natural, a violência é um componente ineludível da natureza humana e em seu estado bruto sequer conhece limites, como se pode observar nos arroubos sádicos que a história exibe a todo tempo e lugar. Em suma, a violência precisa ser racionalizada pela retórica do direito e a coercitividade é um instrumento desse processo. O poder, é verdade,

---

[33] Consideram a violência um componente que não pode ser eliminado das relações humanas, dentre outros autores: SOREL, Georges. Réflexions sur la violence. Paris: Marcel Rivière, 1919, p. 81 s.; VILLAFAÑE, Emilio Serrano. La violencia y el odio y su papel en la politica del mundo actual, in: Diversos Autores. *El odio en el mundo actual*. Madrid: Alianza Editorial, 1973, p. 75-105; FINER, Sam E.; SELINGER, Martin. O papel político da violência, trad. Angela Arieira. *Revista de Ciência Política*, n. 18 (2). Rio de Janeiro: abr.-jun., 1975, p. 48-67. De uma perspectiva psicológica a mesma tese é defendida por STOHL, Michael; MELO, José Luiz. Teoria e método em estudos sobre a relação entre conflito e violência doméstica e externa, trad. Pedro Maligo e Eli de Fátima de Lima. *Revista de Ciência Política*, n. 19 (1). Rio de Janeiro: jan.-mar., 1976, p. 25-59.

não se apoia apenas na ameaça de violência, mas também no prestígio, no conhecimento, na lealdade. Um dado, porém, não pode ser ignorado: à medida que a complexidade social aumenta e as demais ordens éticas, como a moral e a religião, se pulverizam, a ameaça de violência tende a se sobrepor aos outros componentes do poder. Mas o controle da violência acarreta sua ameaça potencial e não seu emprego efetivo. Sem essa ameaça, contudo, o prestígio (do *ethos*), o conhecimento (do *logos*) e a lealdade (do *pathos*) não são suficientes para garantir o direito.

Na tradição retórica, a **simulação** e a **dissimulação** são espécies de **ironia** e sempre aparecem estreitamente ligadas, até mesmo complementares, embora diferenciadas pela relação entre a mensagem emitida e a intenção do autor. No mundo moderno as três estratégias de conduta consolidaram suas diferenças. A simulação ocorre quando o orador afirma algo em que ele mesmo não acredita; a dissimulação, ao contrário, procura esconder ou negar algo em que o orador acredita. Na ironia, o destinatário da mensagem precisa percebê-la de alguma maneira, mas sem conhecer as reais intenções do orador, porque senão se trata de mentira pura e simples, e não de ironia. A estratégia é que o emissor da mensagem não quer tornar conhecida sua própria posição, pois considera que assim enfraquecerá sua estratégia discursiva.[34]

A **mentira**, outra via retórica, consiste na faculdade de não cumprir promessas, pois, mesmo quando se refere a eventos passados, tem função de obter vantagem no futuro. O conceito é por vezes ampliado para além das relações humanas, quando se fala também em "mentira" biológica: "mesmo fora do mundo animal, onde quer que seja necessário lutar pela existência, impera, de forma absoluta, uma lei: o engano, a fraude". Quanto à mentira humana (retórica), o autor vai levantar a hipótese de que as profissões criam "tipos especiais" de mentirosos, numa espécie de profissionalização da mentira ou, pelo menos, dos tipos antropológicos de mentirosos:

> A caça, o turismo, a vida militar, criaram a figura característica do gabarola; a religião, a política e a diplomacia, a do hipócrita; a medicina deu-nos a figura do charlatão e o comércio o tipo do burlão.[35]

Também em Hannah Arendt, a faculdade (política) de agir, que gera a mais digna atividade que o ser humano pode desempenhar, e a capacidade para mentir são consideradas atributos humanos estreitamente conexos, pois ambas modificam a realidade, têm essa liberdade. É na liberdade de agir sobre o mundo que a mentira se assemelha à política e ao direito, pois a mentira é uma forma de ação porque ambas dependem da liberdade. Para ter sucesso como estratégia retórica, a mentira precisa parecer plausível, ou seja, precisa estar associada a uma crença na verdade, na medida em que são conceitos correlatos e um se converte em parâmetro do outro: a mentira precisa parecer verdadeira para funcionar.

---

[34] LAUSBERG, Heinrich. *Elemente der literarischen Rhetorik*. München: Max Hueber Verlag, 3. durgesehene Auflage, 1967, §§ 426-430. PARINI, Pedro. *A metáfora do direito e a retórica da ironia no pensamento jurídico*. Tese de Doutorado. Recife: UFPE, 2013.

[35] BATTISTELLI, Luigi. *A mentira*, trad. Fernando de Miranda. São Paulo: Saraiva, 1945, p. 21. Este psiquiatra considera "mentira" um gênero que contém espécies como "engano" e "fraude, dentre muitas outras.

Assim como o senso comum, essas visões filosóficas dominantes pressupõem posse da "verdade" por parte daquele que define determinado discurso como "mentira".

Na época contemporânea, a importância da mentira cresceu com o aumento e a sofisticação dos meios de comunicação: opiniões, boatos anônimos e exposição da intimidade passaram a interferir muito mais sobre o uso público da linguagem e a formação da "verdade factual". A *internet*, com seus infinitos aplicações e aplicativos, trouxe tecnologias que superaram os limites localizados das intrigas palacianas, a que a tradicional mentira política se vira restrita antes, e as fronteiras entre o público e o privado desapareceram.

Aqui um ponto importante: falar em mentira, de um ponto de vista retórico realista não pressupõe convicção sobre verdade objetiva, como no argumento *a contrario sensu* utilizado contra os céticos,[36] vez que o interesse analítico é somente descrever como as pessoas utilizam esses conceitos. E mesmo no nível estratégico, o mentiroso não tem que necessariamente saber a verdade ou crer nela para poder mentir. Nesse sentido de oposição à verdade, a mentira não existe, consiste apenas em uma palavra mais genérica e imprecisa para designar diferentes caminhos da retórica.

Um modo para escapar ao problema é diferençar "mentira" de "insinceridade", palavra que não pressupõe oposição a "verdade", mas sim a "crença", e a crença, ao contrário da verdade, é um fenômeno facilmente perceptível.

Aí se pode definir a mentira como uma sentença dita por alguém que nela não acredita, mas espera que os ouvintes o façam. Se o orador acredita no que diz, e isso se revela "falso", não se trata de mentira, mas de erro. Quando o próprio orador não acredita no que está dizendo, mas isso é claro aos olhos de outros, não se trata de mentira, mas de ironia.

Eticamente, a mentira tem sido frequentemente considerada má e algumas religiões a consideram pecado; é um problema de ética prática (estratégica) determinar se toda mentira é má ou se há ocasiões em que não, determinar quais os limites da obrigação moral de informar todos sobre tudo ou quem sobre o que. No direito hodierno a mentira assume posição de grande importância e sua utilização é óbvia: ninguém acredita no que é dito num processo judicial, sabe-se que haverá mentiras e a lei nas democracias até as protege (não se pode ser constrangido a dizer algo que vá provocar prejuízo próprio), embora ameace punir o falso testemunho.

Na ética da etiqueta, a **hipocrisia** não é apenas aceita, mas recomendada em certas circunstâncias, como na assim chamada "mentira social", ou seja, casos de diplomacia do cotidiano, dizer que tudo está bem, evitar sinceridade ofensiva ou que vá causar tristeza e assim por diante. Essa forma de discurso constitui uma das espécies da mentira e os dois conceitos só podem ser distinguidos no caso concreto, pois consiste em parecer ou fingir acreditar em algo que não se é ou em que não se acredita. Por isso mesmo, o uso comum confunde hipocrisia com simulação, dissimulação, fraude etc.

---

[36] Esse argumento diz que a afirmação "a verdade não existe" é apresentada pelos céticos como verdadeira, logo contradiz a si mesma.

O **engodo** também pode se confundir com mentira ou hipocrisia, pois leva a uma conclusão indesejada, inadequada, prejudicial da parte do receptor da mensagem, isto é, o orador quer enganar o ouvinte. Porém o engodo retórico tem um sentido próprio na medida em que a metáfora que o origina é formada a partir da ideia de isca, como utilizada na pesca: o orador oferece algo desejável para a audiência, embora com caráter deliberadamente falso e que depois será prejudicial a ela ou vantajoso para o orador ou ambos. Consiste de um atrativo para encantar a partir de fraquezas alheias, usualmente lisonja ou adulação. A mentira e a hipocrisia não seduzem; o engodo, sim.

Noutro sentido vão os diversos níveis de **gabarolice**, **arrogância**, **soberba**, **empáfia**. Na *Ética a Nicômaco* (a partir de 1127a13),[37] Aristóteles procura diferençar a gabarolice ou bazófia (ἀλαζονεία, *alazoneía*) da ironia (εἰρωνεία, *eironeia*), no contexto de defender o discurso socrático como irônico, mas não arrogante ou soberbo, na medida em que a ironia seria eticamente menos reprovável. Não se deve esquecer o horizonte do discurso de Aristóteles, que tem sempre a verdade como possibilidade indiscutível e desiderato a ser atingido, ao examinar as diferenças presentes no caráter dos seres humanos.

O **blefe** é outra das estratégias sofísticas das relações humanas. A expressão parece ter-se originado do jogo de cartas, daí passando a qualquer ato de fingir ter determinados recursos, exagerar falsamente as próprias capacidades. Analisando seu emprego retórico, tem-se: 1. Simular ter poder para obtenção de algum resultado, normalmente apostando alto, com a intenção de ludibriar os demais participantes para desistirem de assumir quaisquer riscos, fazendo com que abandonem naquele momento uma disputa que poderiam eventualmente vencer. 2. Induzir alguém a pensar que a afirmação sobre determinada capacidade é sincera, quando não o é, fazer parecer que alguma coisa é melhor para os circunstantes do que eles efetivamente achariam sem o blefe. 3. Dizer que se pretende fazer alguma coisa que já de antemão não se pretende fazer.

A **sedução**, conceito hoje próximo dos de carisma, fascínio, magnetismo, ressalta um conjunto de características que despertam em outrem interesse, desejo, simpatia. A princípio ligada ao *pathos*, a sedução vai adquirindo um tom negativo na ética e na retórica estoica e cristã, como paixão que deve ser superada pelo *logos* da reta razão,[38] adquirindo a pouco e pouco um sentido de procedimento (ação) ou faculdade de atrair alguém de forma ardilosa ou enganosa mediante apelo a suas expectativas, fraquezas, desejos, num processo de perverte e corromper. Pode assim assemelhar-se ao engodo. Mas este não é o sentido originário nem intrínseco da palavra, submetida a opções éticas vitoriosas das igrejas do cristianismo.

A chamada **falsa modéstia** é outra estratégia retórica de larga utilização, que lança mão do habitual sucesso de estratégia oposta, qual seja, a humildade ou modéstia sincera. O emissor ou receptor da mensagem tenta aparentar

---

[37] Aristotle. *Nicomachean ethics*, trad. W. D. Ross (Great Books of the Western World, vol. 8). Chicago: Encyclopaedia Britannica, 1993, p. 374 s.

[38] HORA, Graziela Bacchi. Sedução e convencimento: revalorização do elemento retórico *pathos* como abertura de perspectiva para o tema da segurança jurídica. In: ADEODATO, João Maurício. *A retórica de Aristóteles e o direito* – bases clássicas para um grupo de pesquisa em retórica jurídica. Curitiba: CAPES / FDV / CRV, 2014, p. 89-100.

desmerecimento, ao mesmo tempo em que se considera digno de todos os elogios. Seguindo a verve cortante de Schopenhauer, a diferença está nas habilidades desiguais: a modéstia equivale à mera honestidade, quando exprimida por pessoas limitadas; nos seres humanos talentosos, não passa de hipocrisia.[39] A diferença é que a falsa modéstia envolve necessariamente uma autoavaliação, enquanto a hipocrisia diz respeito a uma gama mais ampla de eventos.

5. Conclusão: filosofia da consciência, ativismo judicial e controle público da linguagem

Ressalte-se que enxergar a realidade humana como um fenômeno retórico, relato dominante em cuja constituição o direito em geral e a decisão jurídica em particular têm peso notável, não implica defender que o decididor do caso é livre de constrangimentos e afirmar um ativismo judiciário nos termos de seguir a – obviamente própria – "consciência". Nesse ponto é enfático Lenio Streck, que chama o tipo ideal do casuísmo judicial de "solipsismo teórico da filosofia da consciência", no qual imperaria uma "discricionariedade – ou arbitrariedade – positivista".[40]

O autor critica o que chama "filosofia da consciência", uma filosofia que defenderia a separação entre sujeito e objeto, a qual ele reclama ter sido superada pela "hermenêutica filosófica". Critica, no mesmo sentido, o "solipsismo cartesiano", parecendo considerar Descartes também um "filósofo da consciência". Mas o que a historiografia filosófica comumente chama de "filosofia da consciência" é justamente a fenomenologia de Husserl, que também pretende ter superado o dualismo entre sujeito e objeto presente no *cogito* cartesiano. Exortando "voltar à coisa mesma" (*zurück zur Sache selbst*), Husserl entende ter transformado a consciência em coisa, em objeto ontologicamente independente, superando os psicologistas que haviam transformado a lógica em psicologia e a consciência em fenômenos fisiológicos.[41]

Um exemplo da postura da retórica realista, que considera a filosofia uma história dos relatos filosóficos, é entender o *cogito* de Descartes, o psicologismo filosófico de John Stuart Mill, a fenomenologia de Husserl e a própria hermenêutica filosófica, apesar de suas notórias diferenças, como filiadas a uma mesma tradição moderna de progressivo afastamento das ontologias tradicionais, as quais foram inspiradas numa leitura escolástica de Aristóteles. Daí os fenomenologistas rebaterem os psicologistas chamando-os de "filósofos da consciência" e os partidários da hermenêutica filosófica criticarem os cartesianos sob a pecha de "filósofos da consciência".

Já se disse o suficiente aqui sobre o controle público da linguagem. Trasladando-o para o campo do direito, contudo, a sugestão é que o Brasil precisa de mais ênfase na doutrina como participante do processo de constituição da

---

[39] SCHOPENHAUER, Arthur. *Aphorismen zur Lebensweisheit*. Leipzig: Insel Verlag, 1917.

[40] STRECK, Lenio. *O que é isto – Decido conforme minha consciência?* Porto Alegre: Livraria do Advogado, 2010, p. 95 e *passim*.

[41] ADEODATO, João Maurício. *Filosofia do direito* – uma crítica à verdade na ética e na ciência (em contraposição à ontologia de Nicolai Hartmann). São Paulo: Saraiva, 2013 (5ª. ed.), p. 115 s. Também, *Uma teoria retórica da norma jurídica e do direito subjetivo*. São Paulo: Noeses, 2014 (2ª ed.), p. 63, 143, 225 e 269.

realidade jurídica – o relato dominante –, fazer em fonte do direito às opiniões daqueles que o conhecem, os doutos e docentes – ambas as palavras oriundas da raiz *docere* – como forma de combater o casuísmo irracionalista e a imprevisibilidade que têm caracterizado a atividade daqueles que decidem questões de direito, os quais, no mundo de hoje, vão muito além dos juízes.

Além de os sistemas legislativos e legisladores em geral virem perdendo poder e se terem mostrado ineficientes para enfrentar a sociedade complexa contemporânea, na qual aumentam a ambiguidade e a vagueza das visões de mundo e consequentemente das interpretações das leis, o poder legislativo brasileiro reflete outras mazelas sociais específicas. Dentre outras, evita decidir sobre temas importantes, porque assim consegue congraçar mais eleitores, por sua vez ignorantes, inconscientes ou desinteressados das opiniões de "seus representantes". Por isso não legisla sobre interrupção terapêutica do parto de feto mero-encefálico, pesquisas com células-tronco, até greve de funcionários públicos, nem união homoafetiva, apenas como exemplos. Seguindo a metáfora de Hannah Arendt, ao analisar o perfil do revolucionário, ninguém toma poder de ninguém.[42] No caso brasileiro, o legislativo antes deixa o poder "largado na rua" (*lying on the street*) e daí o judiciário, o executivo, as agências reguladoras e outras instâncias as mais diversas o tomam e exercem.

Claro que o legislador mesmo poderia diminuir o casuísmo decisionista brasileiro, se se fizesse mais presente. Na falta de orientação legal, pois a lei supostamente deve balizar a atividade do magistrado, o poder judiciário se vê diariamente confrontado com o chamado "ativismo" (ou "protagonismo"), pois precisa decidir, mais cedo ou mais tarde, sobre temas importantes que o legislador deixa propositalmente em aberto. E não apenas os tribunais superiores; uma vez que vigora no Brasil o sistema do livre convencimento do juiz, que não pode ser constrangido a determinada orientação na interpretação da lei, o ativismo também se faz presente nas instâncias inferiores do judiciário brasileiro. Isso causa disfunções até na psique dos juízes, iludidos pela convicção de que efetivamente possuem "notório saber jurídico" e "reputação ilibada" (causando, em casos mais graves, a já proverbial "juizite"). Mais ainda, das decisões dos tribunais superiores não cabe recurso a outra instância, o que traz um problema permanente de legitimação para essas normas gerais criadas pelos tribunais superiores e, paradoxalmente, enfraquece o próprio decisionismo judicial. Sem contar a insegurança gerada por juízes prontos a abusar de sua autoridade e de seu mediano saber empírico.

Mas tampouco se deve acreditar na necessidade ou sequer possibilidade de uma só decisão correta para cada conflito concreto, como se os relatos sobre os eventos pudessem ser uníssonos e a discricionariedade ou arbitrariedade dos atores pudesse ser eliminada.[43] Mais ainda, o debate brasileiro sobre se quem cria o direito é o legislativo ou o judiciário – que substituiu o debate sobre legislativo *versus* executivo no início da vigência da Constituição de 1988 e

---

[42] ARENDT, Hannah. Thoughts on Politics and Revolution, *in Crises of the Republic* (Lying in Politics, Civil Disobedience, on Violence, Thoughts on Politics and Revolution), New York / London: Harvest /HBJ, 1972, p. 20.

[43] STRECK, Lenio. *Verdade e consenso* – Constituição, hermenêutica e teorias discursivas – da possibilidade à necessidade de respostas corretas em direito. Rio de Janeiro: Lumen Juris, 2009, p. 159 s.

da proliferação de medidas provisórias – esquece que quem faz boa parte do direito hoje são funcionários públicos de terceiro escalão ou mesmo terceirizados que nem públicos são. Eles hoje fazem proliferar normas jurídicas por meio de instruções normativas do Banco Central, resoluções do Conselho Administrativo de Defesa Econômica ou Conselho Administrativo de Recursos Fiscais, regulamentos de diferentes aeroportos, Agência Nacional de Energia Elétrica ou de Telecomunicações. Isso faz do Brasil ótimo laboratório de análise retórica, mas não é funcional para o país. Talvez o juiz alemão se ache divino ou pense que pode fazer o que quiser da Constituição e da lei, mas não tem coragem de dizer isso, é fiscalizado de todos os lados, por associações civis, órgãos públicos, imprensa, doutrina etc.

Como dito, a retórica realista tentada aqui e em outros escritos não é objetivista, claro, mas tampouco subjetivista. Radicalmente, na raiz, defende que o controle público da linguagem cria o real. Se os únicos participantes desse controle são 11 funcionários públicos indicados pelo poder executivo, diante dos quais os demais poderes se curvaram em subserviência, lamentável. Aí o relato vencedor, a realidade jurídica será mesmo conceder *habeas corpus* com bases astrológicas, dizer que a Constituição nada diz, "nós" é que dizemos o que ela diz, ou que primeiro decido com base em minhas convicção e experiência, depois vou achar um fundamento no ordenamento jurídico. Típico de um direito primitivo.

— 21 —

A formação de um jurista na Alemanha[1]

OTAVIO LUIZ RODRIGUES JUNIOR[2]

Sumário: Introdução; 1. A classe dos professores mandarins e a construção da docência jurídica na Alemanha; 2. A docência jurídica na Alemanha contemporânea; 2.1. Carreira, recrutamento, remuneração e funções; 2.2. Inserção jurídico-política do professor de Direito na Alemanha; 3. As faculdades de Direito alemãs; 3.1. A regionalização do ensino jurídico na Alemanha; 3.2. As faculdades públicas; 3.3. A Escola de Direito Bucerius; 4. Os alunos de Direito na Alemanha; 4.1. Algumas palavras sobre o papel histórico dos estudantes; 4.2. Entrando na faculdade de Direito alemã; 4.3. Número de estudantes de direito e custo de anuidades na Alemanha; 5. Ensino, métodos e estudo de Direito na Alemanha; 5.1. Contraste com alguns "mitos" do ensino jurídico brasileiro; 5.2. O *pigeonhole* e o estudo de casos: exame do modelo de ensino alemão com ênfase no Direito Civil; 5.3. O estudo de casos como método central no ensino brasileiro; 5.4. Excursus; 6. O ingresso do jurista alemão no mundo profissional; 6.1. A usina de mandarins; 6.2. As principais carreiras jurídicas alemãs; 6.3. O Primeiro Exame de Estado (PEE); 6.4. O Segundo Exame de Estado (SEE); 6.5. O impacto dos Exames de Estado na carreira profissional do jurista alemão; 6.6. O *Repetitorium*. 7. Conclusões.

Introdução

Este artigo destina-se a apresentar o estado-da-arte da educação jurídica na Alemanha. Divide-se em 6 seções: 1) a formação da "classe" dos professores de Direito na Alemanha; 2) a docência jurídica alemã contemporânea; 3) a estrutura das faculdades de Direito; 4) o discente; 5) métodos de ensino, com ênfase no Direito Civil e 6) as carreiras jurídicas, com especial atenção para os chamados Exames de Estado.

O estudo baseia-se em fontes bibliográficas, dados oficiais das autoridades alemãs e em estatísticas obtidas em páginas eletrônicas de universidades e redes de informação pública. Não foram expostas concepções antropológicas,

---

[1] Este texto corresponde a uma versão consolidada, modificada e corrigida das colunas publicadas em 4, 11 e 18 de fevereiro de 2015, na revista eletrônica *Consultor Jurídico*, sob o título "Como se produz um jurista em alguns lugares do mundo? O modelo alemão". O autor agradece à leitura crítica e às contribuições ao texto oferecidas por Jan Peter Schmidt, Tilman Quarch e Martônio Mont'Alverne Barreto Lima. A consolidação deste material coube a Bruno de Ávila Borgarelli, bolsista da Fundação de Amparo à Pesquisa do Estado de São Paulo – FAPESP –, após revisão do autor.

[2] Professor Doutor de Direito Civil da Faculdade de Direito da Universidade de São Paulo (USP) e doutor em Direito Civil (USP), com estágios pós-doutorais na Universidade de Lisboa e no *Max-Planck-Institut für ausländisches und internationales Privatrecht* (Hamburgo, Alemanha). Membro da Rede de Pesquisa de Direito Civil Contemporâneo (USP, Lisboa, Girona, UFPR, UFRGS, UFSC, UFPE, UFF, UFC e UFMT).

etnográficas ou sociológicas, conforme seus métodos próprios. Limita-se a expor o objeto do artigo conforme os padrões jurídicos, com recurso eventual a dados históricos, a sua maior parte recolhidos de fontes indiretas.

1. A classe dos professores mandarins e a construção da docência jurídica na Alemanha

A figura do imperador do Sacro Império Romano Germânico sempre foi envolta em uma áurea de simpatia popular, ao menos em sua dimensão mítica. O exemplo mais perfeito do soberano "desejado das gentes" é de Frederico Barba-Ruiva[3] (1122-1190), que morreu ao atravessar o rio Séléf, na região da atual Turquia, quando comandava a Terceira Cruzada (1189-1192), cujo objetivo era retomar Jerusalém das mãos de Saladino.[4]

Sua morte alimentou lendas muito parecidas com as que cercam os "reis que voltarão", a exemplo de Carlos Magno, Artur, e mesmo D. Sebastião, em Portugal.[5] Frederico tentou centralizar o poder em pleno feudalismo, combatendo os poderes da aristocracia local, no que ele era visto pelo povo como alguém capaz de controlar os abusos da nobreza sobre os camponeses e habitantes dos burgos.

Um dos instrumentos de que se utilizou Barba-Ruiva em seu projeto centralizador foi a universidade. Com a efervescência dos estudos do Direito Romano, a partir da então recente redescoberta do *Corpus Iuris*, a série de prerrogativas que o imperador avocava a si começava a encontrar suporte jurídico na mesma fonte da qual Frederico extraía seu poder: Roma.[6]

De modo geral, pode-se dizer que o fortalecimento do poder real no Medievo teve como um de seus mais destacados fatores precisamente o renascimento do Direito Romano. A universidade, a fonte dos estudos romanísticos e o celeiro de juristas que deles se utilizariam nos negócios de Estado, foi então perdendo sua autonomia em nome de uma progressiva subordinação à figura do monarca.[7]

---

[3] Frederico I (*Barbarossa* ou Barba-Ruiva) era filho de Frederico, duque da Suábia, e de Judith da Baviera. Reuniam-se nele, portanto, as duas poderosíssimas famílias alemãs *Hohenstaufen* e *Welf* (em português, mais conhecidos como Guelfos). As fontes históricas enfatizam sua inteligência, perspicácia, eloquência, a memória marcante, e ainda o espírito caridoso e uma acentuada religiosidade. Fisicamente era alto, tinha os cabelos e a barba ruivos, característica física que lhe valeu a alcunha. Apesar das virtudes que se lhe atribuem, Frederico era orgulhoso e sedento por poder (BÉMONT, Charles; MONOD, Gabriel. *Medieval Europe from 395 to 1270*. Tradução de Mary Sloan. Notas e revisão de George Burton Adams. New York: Henry Holt and Company, 1902. p.303-304).

[4] Existem controvérsias sobre as circunstâncias nas quais se deu a morte de Barba-Ruiva. Algumas fontes apontam que o imperador, que contava quase setenta anos de idade, faleceu de uma congestão ao banhar-se no Seléf. Outros indicam que ele caiu de sua montaria ao atravessar o rio, não conseguindo levantar-se devido ao peso da armadura. Há ainda a tese de que, adentrando subitamente na água gelada, Frederico teve um infarto. De todo modo, foi no rio Seléf (atual rio *Göksu*) que ele desapareceu. Com sua morte, o exército sob seu comando se desfez, e a própria Cruzada perdeu seu líder natural (FALBEL, Nachman; ARAÚJO, Vinícius Cesar Dreger de. A última cruzada de Frederico Barbarossa no *Liber ad Honorem Augusti*. Mirabilia: Revista Eletrônica de História Antiga e Medieval, v. 10, p.158-183, jan-jun. 2010. p. 173).

[5] FALBEL, Nachman; ARAÚJO, Vinicius Cesar Dreger de. Op. cit. p. 181.

[6] Confira-se: KOEPPLER, H. Frederick Barbarossa and the Schools of Bologna: Some remarks on the "authentica habita". *The English Historical Review*, Oxford University Press, v. 54, n. 216, p. 577-607, oct. 1939.

[7] MOREIRA ALVES, José Carlos. Universidade, cultura e Direito Romano. *Revista de Direito Civil Contemporâneo*, v. 3, p. 337-352, abr-jun. 2015. p. 338.

A Era Moderna trouxe consigo o fim da unidade do mundo cristão, que se sustentava no poder temporal do imperador e no poder espiritual do Papado. A emergência dos Estados nacionais, que veio ocorrer de modo precoce ainda na Baixa Idade Média, ao exemplo de Portugal, tornou necessária a consolidação das normas, um projeto que se começou a ser hegemônico no final do século XVIII, sob o impulso das grandes codificações.[8]

A universidade perdeu então sua marca de centro unificador, bem como sua distinção jurisdicional em favor das Cortes nacionais, às quais competia a aplicação dos *códigos*. Com isso, é verdade que entrou em declínio a influência dos professores sobre a elaboração da lei. O seu prestígio social, contudo, se manteve,[9] e a classe docente ainda figuraria numa importantíssima aliança, quando da refundação da Alemanha no século XIX.

No Segundo *Reich*, nascido após as guerras prussianas contra a Dinamarca (Guerra dos Ducados do Elba), a Áustria e a França, o mito do "bom imperador" ressurge com força, especialmente em um cenário marcado pela conservação de parcial poderes pelos reis, príncipes e duques da Alemanha recém-unificada em 1870. Essa rivalidade entre o imperador e a fidalguia regional foi muito bem explorada pelos líderes da nova Alemanha.

Entre os camponeses e a crescente classe operária, o poder central era um anteparo contra os excessos dos potentados locais, que, por estarem próximos e visíveis, sempre são mais odiosos do que o soberano, mais distante e por isso mesmo com menor capacidade de controle. Um exemplo da impopularidade dessa aristocracia rural está no belíssimo filme *A Fita Branca*, de 2009, dirigido por Michael Haneke.

Para auxiliá-los a administrar o Estado alemão, sem ficarem reféns da aristocracia, que já dominava o Exército e a carreira diplomática, após 1870 os imperadores firmaram uma aliança informal com uma "classe" antiga, mas que só a partir do século XVIII começou a ganhar consciência de seu próprio poder.

Tratava-se dos acadêmicos, dos professores universitários, ou, como prefere Franz K. Ringer, dos "intelectuais mandarins".[10] Ringer formulou a interessante hipótese de que os soberanos do *Segundo Reich* incentivaram a ocupação de postos relevantes na burocracia estatal pelos professores, aproveitando-se de seus conhecimentos técnicos e de seu senso de superioridade moral (quase religiosa naqueles tempos de cientificismo extremo), a fim de criar uma nova aristocracia fundada no mérito. Esta passagem é reveladora desse estado de coisas:

> A posição incomumente destacada do professor universitário na sociedade alemã também era enfatizada de outras formas. Ainda tinha grande importância o vago senso de 'proximidade do trono'. Num sistema em que os cargos públicos eram cuidadosamente relacionados entre si, o topo da hierarquia acadêmica equivalia quase ao nível ministerial na burocracia regular. Professores particularmente eminentes – e leais – eram muitas vezes distinguidos com títulos pessoais mais ilustres ainda. (...) Na Alemanha anterior a 1890, ao

---

[8] RHEINSTEIN, Max. *Law Faculties and law schools. A comparison of legal education in the United States and Germany*. Wisconsin Law Review, n. 5, v.26, 1938. p. 10.

[9] RHEINSTEIN, Max. Op. cit. p. cit.

[10] RINGER, Franz K. *O declínio dos mandarins alemães*: A comunidade acadêmica alemã, 1890-1933. Tradução de Dinah de Abreu Azevedo. São Paulo: Edusp, 2000. *passim*.

contrário, os valores acadêmicos levavam o selo do reconhecimento público e oficial. A classe média alta não-empresarial, a aristocracia mandarim da cultura, torara-se a classe governante funcional do país. Os professores universitários, os intelectuais mandarins, falavam em nome dessa elite distinta e representavam seus valores.[11]

A hipótese de Ringer é parcialmente assimilável à que apresentaram Eul-Soo Pang e Ron L. Seckinger em relação à burocracia imperial brasileira. Para esses autores, a educação universitária era um elemento fundamental para a ocupação de cargos relevantes na pequena burocracia imperial brasileira.[12] Os vínculos nacionais com as tradições imperiais de origem austro-alemã são mais profundos do que se imagina.[13]

Alguns efeitos dessa política de Estado da monarquia alemã oitocentista foram logo sentidos. A qualificação de *Herr Professor Doktor* ganhou contornos de um autêntico título de nobreza e tornou-se praticamente uma partícula do nome civil de seus titulares, que figurava em cartões de visita, placas nas universidades e até em lápides e obituários publicados nos jornais.[14]

Esse processo ganhou tal dimensão que o recebimento dos títulos de *Adel* (fidalgo) e *Ritter* (cavaleiro), da baixa nobreza, que conferiam o direito ao uso da partícula *von* (de), não mais despertava o interesse dos "acadêmicos mandarins", salvo notórias exceções como Otto Gierke, que recebeu o título de nobreza na década de 1900 e passou a ostentá-lo em suas publicações como Otto *von* Gierke.[15]

Mesmo com a queda da Casa de Hohenzollern, a consciência de classe e a ocupação de papéis relevantes na sociedade alemã persistiram na República de Weimar. Os "acadêmicos mandarins", desse modo referidos em alusão ao mandarinato, a classe burocrática do velho Império da China, continuaram prestigiados, embora a crise de 1920-1930 haja comprometido sua condição remuneratória.[16]

Enfraquecidos economicamente, com a chegada do nazismo, um grupo expressivo de jovens professores assistentes agiram como alpinistas sociais e usaram da ideologia política (sociais democratas e monarquistas) ou étnica (judeus) dos catedráticos para derrubá-los e ocupar suas cadeiras nas universidades.[17] Muitos dos demitidos nunca mais voltaram à universidade.[18]

---

[11] RINGER, Franz K. Op. cit. p. 51.

[12] PANG, Eul-Soo; SECKINGER, Ron L. The mandarins of Imperial Brazil. *Comparative Studies in Society and History*. v.14, n.2, pp.215-244. London: Cambridge University Press, 1972. p. 217-218.

[13] Notável foi, nesse sentido, a influência das origens de D. Leopoldina sobre D. Pedro I, que a nomeou regente interina do Brasil e presidente do Conselho de Estado em agosto de 1822. Sob sua presidência, a então princesa D. Leopoldina assinou um decreto de independência do Brasil em setembro de 1822 e escreveu carta a D. Pedro instando-o a que proclamasse a libertação de Portugal (BOJADSEN, Angel (org.). *D. Leopoldina. Cartas de uma Imperatriz*. São Paulo: Estação Liberdade, 2006. p.412).

[14] A consulta a jornais alemães contemporâneos serve da prova à afirmação de que essa prática permanece até aos dias de hoje. Nos obituários ou nos ineditoriais com o anúncio de seu falecimento, os nomes dos professores catedráticos são antecedidos da identificação de seu título universitário.

[15] RODRIGUES JUNIOR, Otavio Luiz. A influência do BGB e da doutrina alemã no Direito Civil brasileiro do século XX. *O Direito*, v. 147, p.45-110, jan. 2015. p. 61, nota de rodapé 77.

[16] RINGER, Franz K. Op. cit. p.74-75.

[17] Durante o regime Nacional-Socialista todos os indivíduos admitidos à docência eram indicados pelo governo. Poderiam ou não ser selecionados de entre os que compunham a categoria dos *doctores habilitati*, ou

Com o pós-guerra, a universidade alemã foi reconstruída, seguindo-se os padrões de excelência do passado.

Os professores, embora não mais possam ser considerados como os únicos mandarins, dada a ampliação da elite econômica, política e cultural na Alemanha, são ainda hoje um grupo especial na sociedade alemã. Pode-se arriscar a dizer que não exista um país no mundo onde os catedráticos sejam tão respeitados e valorizados quanto na Alemanha.

O cargo de professor catedrático tem um prestígio equivalente ao de senador da República. O título de *Herr Professor Doktor* ainda possui o brilho de uma partícula nobiliárquica, e a sociedade lhes reconhece uma preeminência nos negócios públicos sem par em muitas nações desenvolvidas.

Um símbolo dessa condição notável está nos 105 prêmios Nobel que a Alemanha recebeu, o que a coloca em terceiro lugar no *ranking* das nações agraciadas, perdendo apenas para os Estados Unidos da América (352), por razões óbvias, e para o Reino Unido (120), durante muito tempo a sede do "império onde o sol nunca se põe". Considerando-se que a Alemanha foi arrasada duas vezes no século XX, não deixa de ser um número impressionante.

2. A docência jurídica na Alemanha contemporânea[19]

2.1. Carreira, recrutamento, remuneração e funções

Na Alemanha, diferentemente do que se dá no Brasil, a palavra *professor* é exclusiva do ocupante do cargo equivalente brasileiro a "professor titular". O professor alemão é o catedrático e somente este. Nesse sentido, os professores assistentes, adjuntos e associados (títulos brasileiros inferiores ao de titular) não correspondem tecnicamente às expressões alemãs *richtiger Professor*, *Vollprofessor*, *Ordentlicher Professor*.

Na Alemanha, a palavra "professor" pode ou não se referir a um docente ligado a uma *Lehrstuhl* (literalmente "cadeira de lente"; cátedra). Isso significa que toda pessoa que ocupa uma cátedra é um professor, mas nem todo *professor* necessariamente detém a cadeira, situação que traz responsabilidades específicas.[20] Não há, nesse sentido, a tradicional divisão anglo-saxônica entre *Assistant Professor*, *Associate Professor*, *Full Professor*, pois na Alemanha o ter-

---

seja, aqueles que já haviam sido considerados, pela faculdade, como aptos a lecionar. (RHEINSTEIN, Max. Op. cit. pp. 12-13, nota n. 19).

[18] Sobre esses episódios, confira-se: CANARIS, Claus-Wilhelm. Karl Larenz. In. GRUNDMANN, Stefan; RIESENHUBER, Karl (Hrsg). *Deutschsprachige Zivilrechtslehrer des 20. Jahrhunderts in Berichten ihrer Schüler*: Eine Ideengeschichte in Einzeldarstellungen. Berlin: De Gruyter, 2010. v. 2. p. 267 -307.

[19] Esta seção se baseará preponderantemente na pesquisa intitulada *Perspektiven der Rechtswissenschaft in Deutschland. Situation, Analysen, Empfehlungen*, elaborada pelo German Council of Science and Humanities e publicada oficialmente em Hamburgo, Alemanha, em novembro de 2012. O trabalho foi vertido para o inglês por uma comissão composta por especialistas alemães e estrangeiros, convocada pelo próprio Conselho, em 2013, sob o título *Prospects of legal scholarship in Germany. Current situation, analyses, recommendations*. Neste texto foram usadas as duas versões em razão de que a tradução inglesa possui informações não disponíveis no original em alemão.

[20] GERMAN COUNCIL OF SCIENCE AND HUMANITIES. *Prospects of legal scholarship in Germany. Current situation, analyses, recommendations*. Hamburg: WR, 2012. p. 9.

mo *professor* não se apresenta segmentado em graus acadêmicos.[21] Somente em 2002 foi introduzido o grau de *Juniorprofessur* (professor júnior), que compreende um cargo sem estabilidade e a prazo determinado, geralmente ocupado por jovens doutores sem a *Habilitation*.[22]

No plano de carreiras alemão, os docentes são qualificados por letras, que correspondem a sua remuneração. Coexistem hoje dois planos de cargos na estrutura universitária, após a reforma de 2001-2002, que criou a figura do professor júnior. Na prática, o novo sistema não foi inteiramente bem-sucedido.

No sistema de cargos tradicional, o catedrático é o professor C4, embora se encontrem nessa classe alguns professores C2 e C3. Abaixo tem-se o *Wissenschaftlicher Assistent* (C1). No sistema reformado, dito sistema W, o catedrático pode ocupar a posição W3. Na posição W2, encontra-se um equivalente ao professor associado no Brasil. O professor júnior tem o grau W1. O novo plano de cargos implicou decréscimo remuneratório, o qual tem sido compensado por um sistema de bonificações.

É condição prévia para ser catedrático ter o candidato prestado o exame de habilitação (*Habilitation*), que consiste na produção de uma difícil e elaborada tese[23] (*Habilitationsschrif*), o trabalho mais importante na carreira de um docente, que anteriormente já deve ter sido aprovado no doutorado (*Promotion*).[24]

Abaixo de catedrático, há uma série de posições acadêmicas, como a de *Mitarbeiter*, *Assitent*, *Privatdozent*, *Referent* ou ainda *außerplanmäßiger Professor*. O professor catedrático, à semelhança do modelo brasileiro pré-reforma educacional dos anos 1970, é um polo em torno do qual se associam pesquisadores mais jovens, assistentes de docência e estagiários em números inimagináveis para os padrões brasileiros.[25] Nesse sentido, é central o conceito de *Lehrstuhl*, a cátedra universitária, a qual é alimentada por recursos pessoais e financeiros, que auxiliam o professor em suas tarefas de ensino e pesquisa.[26]

A escolha dos candidatos à cátedra dá-se por meio de uma seleção pública composta de etapas como entrevista, análise de currículo e uma exposição, que pode ser uma palestra ou uma aula, com base em texto escrito para esse fim. Evidentemente, como afirmado, é pré-requisito ter o candidato a *Habilitation*, cujo processo de obtenção é de tal rigor que muitos desistem da carreira acadêmica nesta fase, seja pela incerteza quanto ao futuro, seja pela dificuldade de se conciliar esta etapa da trajetória acadêmica com a vida familiar.[27]

---

[21] GERMAN COUNCIL OF SCIENCE AND HUMANITIES. Op. cit., p. 9-10.

[22] Idem, p. 10.

[23] PRITCHARD, Rosalind. Trends in the restructuring of German universities. *Comparative Education Review*, n. 1, v. 50, p. 90-112, feb. 2006. p. 105.

[24] GERMAN COUNCIL OF SCIENCE AND HUMANITIES. Op. cit., p. 9.

[25] A expressão "assistente", de modo geral, serve para designar os pesquisadores em início de carreira ligados a uma cátedra e que estão completando a *Habilitation*. (GERMAN COUNCIL OF SCIENCE AND HUMANITIES. Op. cit., p. 8)

[26] Idem, p. 8.

[27] PRITCHARD, Rosalind. Op. cit., p. 105.

As bancas funcionam como autênticos "comitês de busca", elegendo para as vagas um perfil de professor ideal, cujas características o escolhido deve preencher.[28] O processo pode levar de 18 a 32 meses.[29] Em geral, ao tempo da nomeação para as primeiras cátedras o candidato já ultrapassa os 40 anos de idade.[30]

Para um brasileiro, esse sistema seria chocante pelo elevado grau de subjetividade e pessoalidade da seleção. Há, no entanto, uma série de contrapesos, como a vedação a que se assuma a primeira cátedra da carreira profissional na instituição que foi a *alma mater* do candidato, o que impõe uma severa exogenia e faz com que se oxigenem as composições dos corpos docentes. Embora esse óbice não mais exista para as cátedras posteriores, o que é algo bem comum. A figura do *Doktorvater* (orientador) é muito relevante para o futuro da carreira do candidato à docência.

Existem, ainda, contratações de professores catedráticos entre instituições. Universidades menores ou menos prestigiadas oferecem condições especiais para atrair catedráticos de outras instituições, como, por exemplo, auxílio-moradia, transporte ferroviário e bônus remuneratórios, à moda do que se dá nos Estados Unidos. Não necessariamente o catedrático precisa residir na cidade-sede da instituição. É comum haver professores com duplo domicílio ou mesmo exercendo atividades de pesquisador em um local e docente em outro.

Comparativamente à realidade brasileira, é muito reduzido o número de professores lotados em Faculdades de Direito de universidades alemãs, assim considerados não apenas os catedráticos de Direito (de último nível, correspondentes às letras C4 ou W1, na nova classificação). A série histórica de 2000 a 2010 apresenta os seguintes dados [*número de professores (ano)*]: a) 911 (2000); b) 900 (2001); c) 892 (2002); d) 903 (2003); e) 922 (2004); f) 917 (2005); g) 908 (2006); h) 913 (2007); i) 926 (2008); j) 944 (2009); k) 941 (2010).

A participação feminina é também pequena, embora haja experimentado um crescimento de 2000 a 2008 e caído desde então até o ano 2010 [*percentual de mulheres docentes (ano)*]: a) 7,6% (2000); b) 8,0% (2001); c) 8,3% (2002); d) 9,9% (2003); e) 10,3% (2004); f) 10,8% (2005); g) 11,5% (2006); h) 12,0% (2007); i) 13,7% (2008); j) 13,5% (2009); k) 13,2% (2010).[31] Quanto às mulheres, essa desproporção ante os docentes do sexo masculino é ainda mais acentuada quando se compara com o número de estudantes de Direito em 2010: de um total de 96.296, 53,6% são do sexo feminino.[32] É esperável que essa correlação se altere com o passar dos anos, seja pela maior quantidade de mulheres egressas do ensino superior jurídico, seja por efeito de medidas afirmativas adotadas pelo Governo alemão nos últimos anos.

---

[28] Embora não existam requisitos universais e objetivos para essas escolhas, tem-se sugerido que a originalidade da produção acadêmica, a experiência no estrangeiro e a diversidade intelectual sejam levados em consideração no processo seletivo (GESCHÄFTSSTELLE DES WISSENSCHAFTSRATES. *Perspektiven der Rechtswissenschaft in Deutschland : Situation, Analysen, Empfehlungen*. Hamburg: WR, 2012.p. 47).

[29] PRITCHARD, Rosalind. Op. cit., p. 105.

[30] Idem, p. 105.

[31] GESCHÄFTSSTELLE DES WISSENSCHAFTSRATES. Op. cit., p. 85.

[32] Idem, p. 83.

Esses números ganham maior colorido nesta descrição:

A gigantesca Universidade Livre de Berlin possui 50 professores; a Universidade de Bremen tem 15 professores; a de Frankfurt/M. possui 28 professores; a de Munique, 31; e a de Münster, 30. Ocorre que em cada uma destas o número de assistentes científicos, *Lehrbeauftragter*, *Privatdozenten*, *Professor in Vertretung* e de pesquisadores com atividades em centros de pesquisa vinculados à área de Direito ou em atividade conjunta com outras áreas (ciência política, filosofia, filosofia política, história do direito, sociologia), faz com que o reduzido número de professores, somado a esta força de trabalho de boa qualidade, porém não amadurecida, seja triplicado.[33]

É necessário referir que um número tão pequeno de catedráticos implica a possibilidade do Estado alemão pagar boas remunerações para esses docentes, ao menos seguindo-se o padrão do serviço público e, em termos comparativos, com certas atividades do mercado privado.

De acordo com dados de 2009, a remuneração mensal do professor júnior (W1) é de 3.405,34 euros (equivalentes a R$14.474,06). Na categoria W2, percebem-se 3.890,03 euros por mês (correspondentes a R$16.534,18). O catedrático (W3) tem direito a 4.723,61 euros mensais (equivalentes a R$ 20.077,23). No sistema alemão, há um salário-família para os docentes, que pode variar de 90 euros para 230,58 euros por filho. Admite-se o pagamento de remunerações adicionais por desempenho para os professores das classes W2 e W3. Esses valores podem variar conforme o *Länder* onde se situa a universidade.[34]

A atuação do catedrático alemão é variável, conforme a estrutura da universidade, o número de assistentes, o tamanho da *Lehrstuhl*, o *Lander* no qual se localiza sua instituição. Em muitos casos, ele profere a *Vorlesung*, uma espécie de aula magna, em períodos específicos (semanais ou quinzenais), para auditórios lotados com 100, 200 a 400 alunos, além das atividades normais de aula.

A depender da instituição, as aulas ocorrem em pavimentos diferentes, com uma parte da turma assistindo a aula por meio de telões, às quais também comparecem os estudantes do *Magister*, um curso de pós-graduação, de variável natureza, conforme a universidade que o ofereça, equiparável, na maior parte dos casos, a uma especialização ou, mais raramente, a um mestrado.[35]

Posteriormente, os alunos reúnem-se com os assistentes e vão fazer estudos de casos,[36] fortemente baseados no método subsuntivo e na exegese do Código Civil, nas disciplinas de Direito Civil, ou de outras normas, em se tratando do Direito Penal ou do Direito Constitucional.

Finalmente, há uma maior liberdade no comparecimento dessas aulas e no modo como os alunos se relacionam com a universidade e com as avaliações internas, do que se cuidará mais adiante.

---

[33] VARELLA, Marcelo D.; LIMA, Martono Mont'Alverne Barreto. Políticas de revalidação de diplomas de pós-graduação em Direito no Brasil: dificuldades e desafios para o sistema brasileiro. *Revista Brasileira de Políticas Públicas*, v. 2, n.1, p. 143-161, jan.-jun. 2012. p. 156.

[34] Dados disponíveis em: <http://www.myscience.de/en/jobs/salary>. Acesso em 8-9-2015.

[35] Enquanto os alunos das engenharias e ciências naturais completam o *Diplom*, o *Magister* é próprio dos estudantes das ciências humanas e artes (GERMAN COUNCIL OF SCIENCE AND HUMANITIES. Op. cit. p. 8).

[36] GROTE, Rainer. Comparative law and teaching law through the case method in the civil law tradition – a German perspective. *University of Detroit Mercy Law Review*, v. 82, p. 163-180, *Winter* 2005. p. 175.

2.2. Inserção jurídico-política do professor de Direito na Alemanha

A forte tradição de "acadêmicos mandarins", embora relativamente transformada após 1949, não poderia deixar de repercutir nos dias de hoje.

Os professores de Direito não se isolam em suas cátedras e não são mal vistos quando deixam a universidade para atuar politicamente ou em órgãos públicos. É muito comum a participação dos catedráticos de Direito no processo legislativo, por meio de oferta de projetos de lei ou pela crítica sistemática (e impiedosa) ao trabalho parlamentar, quando não são os próprios professores que se candidatam a cargos públicos ou assumem a chefia de ministérios, agências, autarquias e afins.

É igualmente vulgar a indicação de professores para cargos nos tribunais regionais ou superiores, quando não ao próprio Tribunal Constitucional Federal. A relação entre professores e juízes é de complementariedade e de enorme respeito pelo trabalho de lecionar e de julgar, mesmo com as críticas ácidas dos docentes a muitas decisões das cortes alemãs.[37]

Existe ainda uma forte tradição de clivagem ideológica entre os professores de Direito. Os dois grandes partidos políticos – a União Democrática Cristã e o Partido Social Democrata – possuem fundações, à semelhança do que ocorre no Brasil. Essas fundações partidárias, diferentemente do que se dá no Brasil, também financiam pesadamente estudantes e pesquisadores, com o pagamento de publicações de teses (que são pagas pelos autores) e com o apoio a projetos acadêmicos.

Desde cedo é possível identificar a orientação ideológica de muitos docentes, o que se reflete nas universidades. Em larga medida, isso não afeta a independência científica, porque não há uma apropriação "partidária" das instituições em níveis que comprometam sua autonomia didático-científica.

3. As faculdades de Direito alemãs

3.1. A regionalização do ensino jurídico na Alemanha

Os *Länder* alemães gozam de considerável autonomia legislativa e executiva em termos de ensino jurídico,[38] possuindo suas próprias leis relativas às universidades neles existentes.[39] Daí não ser adequado falar em modelo unificado de currículo e de avaliações para todo o país. Essas discrepâncias são acompanhadas pela assimetria qualitativa entre as faculdades de Direito de diversas regiões do país. Dito de modo mais explícito: até na Alemanha há

---

[37] QUARCH, Tilman. Introdução à hermenêutica do direito Alemão: Der Gutachtenstil. *Revista de Direito Civil Contemporâneo*, v.1, p.251-284, out.-dez. 2014. p.260.

[38] PRITCHARD, Rosalind. Op. cit. pp 92 ss.

[39] Segundo Annette Keilmann (Op. cit. p. 293-294), apesar dessa característica alemã de autonomia normativa dos *Länder* em questões educacionais, há determinados princípios gerais reconhecidos pela legislação federal, que devem ser observados pelos *Länder*. Cf. também KORITOH, Stefan. Op. cit. p. 88-89. Este autor aponta que, desde o início do Segundo *Reich*, a responsabilidade dos Estados pela educação jurídica, apesar de destacada, deveria se pautar por alguns pontos essenciais indicados pela lei federal, como a noção de *Einheitsjurist*, ou seja, o mesmo grau de qualificação necessário para que chegue a todas as profissões, o modelo dos dois exames de estado e a colocação da figura do juiz como paradigma para todos os juristas.

cursos de qualidade irregular e não é o fato de ser uma instituição alemã que a torna de per si um centro de excelência jurídica.

Dois pontos, contudo, são comuns aos *Länder*: a quase totalidade dos cursos são públicos, e o acesso à universidade é amplo, desde que o candidato haja preenchido os requisitos de ingresso. Por essa razão, as salas são lotadas e há dificuldade de se comparar o modelo alemão com o norte-americano, cujos alunos custeiam pessoalmente seus estudos em instituições privadas.[40]

3.2. As faculdades públicas

Uma quantidade tão reduzida de professores de Direito, considerando-se os padrões brasileiros, é ainda mais eloquente quando comparada ao número de alunos (96.296 discentes em 2010/2011)[41] ou ao número de faculdades de Direito, como se verá nesta seção.

Na Alemanha, conforme dados de 2010/2011, havia 46 faculdades de Direito, assim consideradas aquelas que possuem cátedras jurídicas e que ofertam o ciclo completo de formação aos discentes. Existem ainda 13 instituições com cátedras jurídicas, mas sem o ciclo completo de formação e 4 universidades que têm estudantes de Direito mas não possuem cátedras jurídicas. Somados os 3 grupos, ter-se-ão 63 instituições que oferecem vagas para estudantes de Direito, com variáveis níveis de formação.[42]

Cursos de Direito oferecidos por instituições privadas limitam-se a 4, a Bucerius Law School, a Jacobs University Bremen e EBS Business School e a Frankfurt School of Finance and Management. Em comum, além do nome em inglês e da forte busca pela internacionalização, elas têm a autorização para oferecer o título de doutor, elemento que diferencia as universidades dentro da Alemanha. Em 2010/2011, havia em todas elas apenas 20 cátedras e 679 estudantes matriculados, com uma relação aluno-professor da ordem de 34.[43]

Com a advertência prévia sobre o caráter discutível das classificações de faculdades ou universidades, cujos critérios por vezes se mostram incoerentes ao se comparar instituições de grande porte com outras menores, é possível apresentar a lista das melhores escolas de Direito da Alemanha. Segundo o *ranking* da Quacquarelli Symonds (QS), em 2014, a ordem foi esta: 1) Universidade de Heidelberg Ruprecht-Karl; 2) Universidade de Munique Ludwig-Maximilian; 3) Universidade de Hamburgo; 4) Universidade Humboldt de Berlim; 4) Universidade de Bonn; 5) Universidade de Francoforte sobre o Meno; 6) Universidade de Freiburgo Albert-Ludwig; 7) Universidade Livre de Berlim;

---

[40] A esse propósito, pode-se mencionar o caso da *Bucerius Law School*, onde a ausência de recursos públicos cria uma independência muito grande, que se compõe, em muito, pela seleção rigorosa dos potenciais alunos. A estrutura nessa faculdade é toda diversa do quadro geral das instituições alemãs. Vale, a tanto, conferir LUSCHIN, Christoph. A German ivy? The Bucerius Law School. *Southwestern Journal of International Law*, v. 19, n.1, p. 1-66, Winter, 2012.

[41] GESCHÄFTSSTELLE DES WISSENSCHAFTSRATES. Op. cit. p. 80.

[42] Idem, p. 78.

[43] Idem, p. 79.

8) Universidade de Gotinga – Georg-August; 8) Universidade de Münster; 9) Universidade de Colônia.[44]

As faculdades de Direito apresentam níveis diferenciados de qualidade. Fatores como a localização geográfica, a tradição e a presença de grandes catedráticos influenciam nos resultados acadêmicos e na reputação institucional. A geografia, por exemplo, pode definir salários mais altos aos docentes lotados nas universidades da antiga Alemanha Ocidental ou o nível de intervenção (prejudicial) do governo de um determinado *Lander*, dada a já explicitada descentralização regulatória no campo educacional. A tradição tem o efeito de induzir a busca da faculdade por pesquisadores estrangeiros e por docentes que buscam se vincular a instituições com prestígio, o que determina seja criado um ciclo virtuoso.

Estruturalmente, o coração de uma boa faculdade de Direito é sua biblioteca. Os bons alunos disputam os espaços na biblioteca desde os primeiros horários do dia. A flexibilidade de horários faz com que elas sejam ocupadas também à noite. A permanência física na biblioteca é um sinal de que a instituição possui alunos dedicados.

O orçamento das universidades públicas alemãs é comparativamente mais baixo que o de suas congêneres brasileiras. O grau de eficiência é, por sua vez, superior ao das universidades do Brasil, sob quaisquer parâmetros que sejam utilizados para sua mensuração.

É de se indagar como podem tão poucos catedráticos exercer o magistério para tantos alunos e em tão poucas instituições.[45] A questão é mais do que oportuna, e ela se justifica pela aparente contradição.

3.3. A Escola de Direito Bucerius

A experiência de ensino superior privado na área do Direito é relativamente recente e tem sido analisada com interesse. Um exemplo exitoso desse modelo é a *Bucerius Law School*.

Fundada no final dos anos 1990, com orçamento anual de 16,8 milhões de euros em 2014, a *Bucerius* possui menos de 600 estudantes de graduação, com 15 professores em dedicação exclusiva e 30 em tempo parcial, além de assistentes e docentes visitantes.[46]

Sua criação deve-se ao político e jornalista Gerd Bucerius (1906-1995), fundador do jornal *Die Zeit*, que foi juiz nos anos 1930 e lutou contra os nazistas, além de defender judeus.

A ideia de *Bucerius* era criar um *think tank* e uma escola jurídica de qualidade, que provocasse um efeito revitalizante na educação jurídica alemã, para

---

[44] Disponível em <http://www.topuniversities.com/university-rankings/university-subject-rankings/2014/law-legal-studies#sorting=rank+region=+country=162+faculty=+stars=false+search=>. Acesso em 9-9-2015.

[45] Stefan Korioth (Op. cit. p. 92) exemplifica a questão com o caso da *Luwig-Maximilians-Universität München*. Como mencionado, essa instituição tem cerca de 30 professores catedráticos, a que se somam 55 assistentes integrais, para nada menos que 4 mil alunos.

[46] Sobre a criação e o desenvolvimento da *Bucerius*, confira-se: LUSCHIN, Christoph. Op. cit. loc. cit.

o que deixou expressivos recursos em legado para essa finalidade.⁴⁷ A julgar por alguns dados, foi bem-sucedido o projeto: os alunos da *Bucerius*, em 2005, alcançaram uma aprovação de 100% no Primeiro Exame de Estado.⁴⁸

4. Os alunos de Direito na Alemanha

4.1. Algumas palavras sobre o papel histórico dos estudantes

Heinrich Heine, a alma inquieta do judeu-alemão que viveu a passagem do Antigo Regime para a Europa pós-revolucionária, escreveu o opúsculo *Viagem ao Harz*, que narra a desilusão de um jovem estudante de Direito e o abandono de seu curso na Universidade de Gotinga.

As razões? O ensino entediante e os excessos de bebedeiras, trotes e a brutalidade de seus colegas. Uma passagem muito interessante descreve a visão de um aluno sobre aquela realidade universitária do final do século XVIII:

> Os habitantes de Göttingen são subdividos, genericamente, em estudantes, professores, filisteus e gado; quatro classes separadas de maneira no mínimo muito rigorosa. A classe do gado é a mais importante. Seria longo demais enumerar aqui os nomes de todos os estudantes e de todos os professores, tanto dos extraordinários quanto dos mais ordinários. Mesmo porque não tenho agora de memória os nomes dos estudantes todos e, dentre os professores, há quem não tenha nem sequer um nome.⁴⁹

Heine estava cercado por professores aborrecidos e estudantes mais preocupados com carraspanas e festas promovidas pelas *Burschenschaften*, as sociedades secretas de alunos, baseadas nos princípios do liberalismo e do nacionalismo alemão e que tiveram louvável atuação contra o absolutismo no *Oitocentos*.

No Brasil, essa tradição das *Burschenschaften* chegou-nos por meio da mítica figura de Julius Frank, também aluno na Universidade Gotinga, e que lecionou na Faculdade de Direito do Largo São Francisco, onde está seu túmulo.⁵⁰

A corruptela dessa palavra alemã é *Bucha*, como ficou conhecida idêntica corporação de alunos e que teve, durante o século XIX e parte do XX, enorme influência na política nacional (Abolição, República e Revolução de 1932). Getúlio Vargas ter-se-ia lastimado ao afirmar que era impossível governar com a *Bucha*.

---

⁴⁷ LUSCHIN, Christoph. Op. cit. p. 21.

⁴⁸ A informação é de LUNDMARK, Thomas. Recent reforms to German legal education. *Law Teacher*, n.2, v. 42, p. 213-218, 2008. p. 214.

⁴⁹ HEINE, Heinrich. *Viagem ao Harz*. Traduçao de Maurício Mendonça Cardozo. São Paulo: Editora 34, 2013, p. 23.

⁵⁰ Sobre essa famosa personagem, assim escreveu Spencer Vampré (*Memórias para a história da Academia de São Paulo*. São Paulo: Livraria Acadêmica Saraiva, 1924, v. 1, p. 260-261): "Natural da Saxônia, na Alemanha, nasceu em 1809, falecendo em S. Paulo, a 19 de junho de 1841, com trinta e dois anos incompletos. Até o túmulo, guardou segredo quanto à sua família, posição social, e até quanto à pátria, presumindo-se que também trocara de nome. Porventura, desgostos íntimos, ou ainda luctas políticas, o determinaram a deixar o torrão natal (...). De extrema bondade, cheio de idealismo, conquistou, para sempre, a mais terna afeição da mocidade, e por isso o seu nome se venera ainda na Academia, como o maior e o mais devoto amigo dos estudantes (...). Inhumou-se dentro da Academia, por ser protestante, pois o enterramento nas Igrejas, único então reconhecido para as pessoas gradas, só se realizava nos templos" (Manteve-se a grafia original).

Os estudantes estiveram no centro das lutas pela unificação alemã, muitos deles tendo-se engajado nas guerras bismarckianas. Eles foram os primeiros a apoiar a entrada da Alemanha na Primeira Guerra Mundial.

No século XX, a maioria deles uniu-se ao movimento nazista, embora alguns poucos hajam protagonizado episódios de heroísmo, como Sophie Scholl, Hans Scholl e Cristoph Probst. Esses três jovens, guilhotinados em 1943 pela Polícia Secreta do Estado, distribuíram panfletos na Universidade de Munique nos quais denunciavam o regime e o fracasso militar na frente russa. É célebre a frase de Sophie Scholl: "O povo alemão vem sendo enganado sob o prestígio de uma fraude". Em seus infames julgamentos no Tribunal do Povo, mantiveram-se firmes em suas posições contra o regime.

Na segunda metade do século XX, muitos estudantes envolveram-se na luta antinuclear, no movimento ecológico e com as ações terroristas da Fração do Exército Vermelho, mais conhecida como Grupo Baader-Meinhof, que cometeu vários atentados nos anos 1970.

Os estudantes são a classe idealizada em nosso tempo, graças a sua enorme generosidade e à coragem de morrer por causas às vezes perdidas. São, porém, membros de um grupo capaz de enormes equívocos e desatinos históricos, como os já apontados.

4.2. Entrando na faculdade de Direito alemã

Diversamente do que ocorre em outros países, na Alemanha os estudantes ingressam na faculdade de Direito logo após completarem o ensino secundário. Dá-se uma alocação automática:[51] após treze anos na escola, a maioria dos estudantes entre 19 e 20 anos vai diretamente para a universidade, sem que haja provas de admissão, à semelhança de um exame vestibular ao estilo brasileiro.[52] Há, apenas, o exame final aplicado aos alunos que deixam o *Gymnasium*, chamado *Abitur*.[53]

Uma pessoa que, na condição de discente em uma escola secundária, submeteu-se à disciplina que marca essa fase do ensino alemão, é repentinamente transferida para o ambiente universitário, onde praticamente não existe controle sobre sua atividade.[54] Na faculdade de Direito, existe uma ampla liberdade, e os alunos podem comparecer à sala de aula ou não, conforme decidam acompanhar o curso. Sobre os estudantes universitários alemães, escreveu Max Rheinstein: *"They are not treated as boys, but as men"*.[55]

4.3. Número de estudantes de direito e custo de anuidades na Alemanha

No intervalo de 2000/2001 a 2010/2011, o número de estudantes de Direito na Alemanha variou de 102.766 (47,3% de mulheres) para 96.296 (53,6%

---

[51] CASPER, Gerhard. Two models of legal education. *Tennessee Law Review*, n. 14, v. 41, n.13, p. 13-25, 1973. p. 16.
[52] KORIOTH, Stefan. Op. cit., p. 90.
[53] LUNDMARK, Thomas. Op. cit., p. 213.
[54] SHARTEL, Burke. Report on German legal education. *Journal of Legal Education* v. 4, n. 14, p.425-483, 1962. p. 431.
[55] RHEINSTEIN, Max. Op. cit., p. 14.

de mulheres). Na série histórica, houve decréscimo constante de 2001/2002 até 2007/2008, quando se passou de 99.158 para 86.363 alunos matriculados. E uma retomada a partir de 2008/2009, período no qual o número subiu para 88.825 alunos e seguiu crescente até os 96.296, em 2010/2011.[56]

Em 2014, a Baixa Saxônia aboliu a cobrança de anuidades dos estudantes de graduação, sendo o último *Lander* a fazê-lo no país. Os alunos nada pagam para estudar nas universidades alemãs, exceto por uma taxa de valor simbólico de 250 euros para cobrir serviços de apoio aos discentes e algumas despesas administrativas. Antes do fim dessas anuidades, o valor cobrado era de 1.000 euros por ano, em média.[57]

5. Ensino, métodos e estudo de Direito na Alemanha

5.1. Contraste com alguns "mitos" do ensino jurídico brasileiro

Se o Direito alemão é reconhecidamente o melhor da Europa continental e se as faculdades de direito da Alemanha ocupam posição de preeminência no sistema romano-germânico, tal se deve pela combinação do estudo de casos e do profundo conhecimento dos códigos, no que pode ser visto, resumidamente, como um *mix* entre teoria e prática,[58] tão antigo quanto bem-sucedido.[59]E, por um terceiro ingrediente: a acentuada especialização do estudo jurídico. Além, é claro, da estrutura docente, conforme já referido.

Já aqui se apresentam três "verdades inconvenientes" para muitos que criticam o ensino jurídico no Brasil e que defendem alternativas ao modelo adotado no país. Vejam-se esses interessantes contrastes.

Virou um chavão condenar-se o estudo do Direito sob a óptica das codificações. Na verdade, mais do que um chavão, tem-se um consenso em torno desse tema, o que resulta do bem-sucedido projeto de demolição das estruturas do formalismo jurídico e de uma das faces do positivismo. Esse projeto iniciou-se na década de 1950, ganhou fôlego nos anos 1980 e, com a Constituição de 1988, se tornou hegemônico no país.

A caricata figura do velho professor que decorava o código e recitava-o para os alunos, com paráfrases ou adendos estéreis, é hoje um espantalho muito fácil de ser atacado. Embora ele ainda exista, deu-se sua substituição, em muitos casos, por três espécies: (a) o reprodutor da jurisprudência (sem criticá-la e sem desconstruí-la); (b) aquele que ignora por completo a doutrina e se vale apenas do "que é justo" (algo como "decido conforme minha consciência" aplicado a docentes) ou (c) por quem só expõe o que "cai nos concursos".[60]

---

[56] GESCHÄFTSSTELLE DES WISSENSCHAFTSRATES. Op. cit., p. 80.

[57] Informação disponível em: <http://www.topuniversities.com/student-info/university-news/undergraduate-tuition-fees-axed-all-universities-germany>. Acesso em 9-9-2015.

[58] GESCHÄFTSSTELLE DES WISSENSCHAFTSRATES. Op. cit., p. 7.

[59] Muito proximamente à introdução do método do caso em Harvard, a partir de 1871, por Christopher Columbus Langdell, Rudolf von Jhering deu início aos primeiros exercícios práticos na Universidade de Gotinga, criando situações hipotéticas relacionadas a suas exposições. A conjugação de fatores, como se vê, não é novidade no direito alemão (SHARTEL, Burke. Op. cit., p. 454).

[60] Sobre a correlação entre a crise da doutrina e essa mudança no perfil da docência: RODRIGUES JUNIOR, Otavio Luiz. Dogmática e crítica da jurisprudência (ou da vocação da doutrina em nosso tempo). *Revista dos Tribunais*, São Paulo, v. 99, n. 891, p. 65-106, jan. 2010. p. 97-106.

Até mesmo pensadores que lideraram o movimento de reforma desde os anos 1980-2000, estão na linha de frente contra esse "novo" modelo, como é o caso de Marcelo Cattoni (a preocupação com a integridade e a legitimidade democrática do Direito) e Lenio Luiz Streck[61] (a crítica ao *solipsismo* e a banalização do conhecimento jurídico), para se ficar com dois dos mais representativos.

Os alemães estudam os códigos sim. E muito! Não os temem e nem os depreciam. Nos dias que correm, trata-se indiretamente de uma homenagem ao legislador democrático. Historicamente, mesmo de entre os professores que se orgulham de serem progressistas, ou seja, não devotados à manutenção do *status quo* político, a busca por soluções (progressistas) para a problemática social ocorre por um vigoroso raciocínio dedutivo.[62] Seu mais destacado material de ensino é a lei positiva, devidamente sistematizada e problematizada.[63]

Outro "mito" está na formação internacionalizada e multidisciplinar. O aluno alemão aprende conceitos básicos de Direito Civil, Direito Penal e Direito Constitucional, o eixo central dos currículos, além de outras matérias, que são variáveis conforme a autonomia das universidades e a superposição de legislação federal e dos *Länder*. É bem provável que um aluno de graduação ou mesmo de pós-graduação em uma dessas disciplinas não conheça muito sobre grandes juristas (ou filósofos do Direito) de outras áreas. A solução dos problemas é *jurídica* e não se socorre da mediação sociológica ou filosófica. Entende-se que há muito o que se aprender em sua especialidade e não há tempo para se saber "pouco de muito", e sim "muito de pouco". Questionamentos com base em parâmetros econômicos ou premissas filosóficas "é algo que muitas vezes só ocorre no momento do doutorado ou de outra pós-graduação".[64]

Tal se opera também na despreocupação com o Direito estrangeiro, embora haja cada vez maior afluência de alunos interessados em Direito Europeu, o que se explica pela enorme interpenetração das diretivas da União Europeia com as normas internas. Esse alheamento talvez mude em razão do crescente intercâmbio de alunos europeus, como parte de sua formação no bacharelado.

---

[61] "(...) a autonomia do direito – ou o grau de autonomia atingido pelo direito produzido democraticamente no interior do novo paradigma – não pode, agora, vir a soçobrar diante de uma simplista visão que repristina exatamente o paradigma que sempre buscamos superar: a filosofia da consciência, que conferiu ao sujeito cognitivo uma posição central com respeito à natureza e ao objeto (assim, o direito não seria cognoscível se o sujeito/intérprete que 'conhece' não dispusesse de 'títulos', faculdades e intuições *a priori*, capacidades de dar espaço e tempo às coisas, além de organizar a experiência segundo categorias do intelecto). Se assim se pensar, a autonomia será substituída – e esse perigo ronda a democracia todo o tempo – exatamente por aquilo que a gerou: o pragmatismo político-jurídico nos seus mais diversos aspectos, que vem colocando historicamente o direito em permanente 'estado de exceção', o que, ao fim e ao cabo, representa o próprio declínio do 'império do direito', problemática que é retroalimentada de modo permanente, mormente nos países de tardia modernidade como o Brasil". E complementa afirmando que "para as diversas posturas pragmático-axiologistas – inimigas principiológicas da integridade e da coerência do direito –, também não faz sentido ligar o direito à tradição. Por isso, ocorre um constante enfraquecimento da perspectiva interna do direito, isso porque, compreendido exogenamente, o direito deve servir apenas para 'satisfazer', de forma utilitária, as necessidades 'sociais' dos grupos hegemônicos, deixando de lado exatamente a parcela do direito previsto na Constituição – veja-se, portanto, a importância paradigmática do constitucionalismo e da autonomização do direito que isso proporcionou – que resgata as promessas não cumpridas da modernidade." (STRECK, Lenio Luiz. *Verdade e Consenso*. 5.ed. São Paulo: Saraiva, 2014. p. 54-55).

[62] CASPER, Gerhard. Op. cit., p. 17.

[63] Idem, p. 16.

[64] QUARCH, Tilman. Op. cit., p. 257.

A causa *mediata* dessa especialização e da centralidade das disciplinas dogmáticas, especialmente o núcleo Civil-Penal-Constitucional, é a "humildade" alemã em saber dos limites de um conhecimento profundo sobre temas jurídicos e não jurídicos. O respeito ao ofício do sociólogo ou do filósofo faz com que se não busque um saber superficial sobre certos temas. É evidente que o aluno que pretende seguir carreira acadêmica nessas áreas ou mesmo nas disciplinas mais dogmáticas deve procurar uma formação complementar que lhe dê esses referenciais. A diferença é que se não coloca esse tipo de conhecimento como central e universal para os estudantes.

5.2. O pigeonhole e o estudo de casos: exame do modelo de ensino alemão com ênfase no Direito Civil

O estudo do Direito nas faculdades alemãs dá-se por meio da combinação do conhecimento da lei, com os refinamentos da doutrina e da jurisprudência, com o chamado método *pigeonhole*, pois "uma argumentação meramente abstrata é tão inapta para achar soluções viáveis quanto aquela argumentação que se prende aos fatos".[65]

O método *pigeonhole* exige dos alunos a solução de casos que se aproximam da prática forense. Os estudantes aprendem para "pensar juridicamente" e para redigir pareceres ou sentenças, como quem resolve problemas postos pelas partes no Judiciário. A hermenêutica alemã, como salienta Tilman Quarch, organiza-se em torno do *Gutachtenstil*, que se estrutura em 3 elementos: os fatos, as leis e as relações entre ambos. Formam-se os silogismos aristotélicos típicos para se oferecer uma resposta a um caso muito próximo do real: (1) premissa maior (*Obersatz*); (2) premissa menor (*Untersatz*) e (3) conclusão (*Schlussfolgerung*).[66]

Trata-se de um método...*subsuntivo*. Sim, apesar dos clamores em contrário, a subsunção não é uma velharia, um artigo exposto na vitrine de um belchior qualquer. É algo útil e ainda extremamente central no melhor ensino jurídico da Europa. Evidentemente que há espaço para a ponderação em outras áreas ou quando se necessita de um diálogo com o Direito Constitucional para a solução de casos de Direito Civil:

> Sendo que a subsunção corresponde à aplicação de regras (*rules*) e a ponderação à aplicação de princípios (*principles*) do sistema dworkiano, aquela técnica predomina nos ramos civil e penal do direito alemão, enquanto essa é mais frequente no direito público, mais precisamente no direito constitucional". A entrada da ponderação dá-se em situações específicas, quando se analisa o caso à luz da "eficácia indireta" dos direitos fundamentais em relação aos privados ou no uso do "princípio da segurança jurídica no âmbito do direito penal.[67]

O estudo silogístico tem início desde o primeiro ano da faculdade, quando há uma formação básica que apresenta ao aluno os fundamentos sistemáticos da lei positiva.[68] No Direito Civil, ainda se segue a interpretação escalonada (gramatical, histórica, sistemática e teleológica), com a utilização eventual e

---

[65] QUARCH, Tilman. Op. cit. p. 252.
[66] Idem, p. 269-273.
[67] Idem, p. 265.
[68] SHARTEL, Burke. Op. cit. p. 444.

nos casos em que isso cabe da "interpretação conforme à Constituição" e da *europarechtskonforme Auslegungen* (interpretação conforme o direito europeu).[69]

Ainda com ênfase no Direito Civil, o aluno é chamado a, antes de iniciar a solução de um caso, tentar responder às perguntas: *Wer will was von wem woraus*? (Quem quer o que de quem com base em o quê?).[70]

5.3. O estudo de casos como método central no ensino brasileiro

Tem sido comum encontrar-se nos fóruns sobre educação jurídica a hipótese de que a adoção do *método do caso*, criado em Harvard no final do século XIX, ou o *estudo de casos*, utilizado na Alemanha, seria a solução para muitos dos problemas na formação do jurista nacional. Essa é uma questão intrigante, cuja resposta, embora não seja definitiva, parece se negativa. O estudo de casos no Brasil enfrentaria obstáculos de duas ordens.

A primeira está em que não existe uma deferência institucional às respostas "corretas" dos casos, tal como se dá na Alemanha. Dito de outro modo: lá se idêntica o respeito social pelas respostas aos exames elaborados pelos professores, ainda que existam críticas sobre o modelo alemão de se realizar os chamados "exames de Estado".

A segunda é que o próprio modelo se estruturou com base em técnicas de subsunção, com esteio no fundamento legal (com o já referido grau de refinamento doutrinário e jurisprudencial). No Brasil, tem-se o incrível consenso de que "não há uma resposta correta", o que é um efeito natural de um Direito que se louva (no campo jurisprudencial) em "decido conforme minha consciência" (Lenio Streck) e no qual muitos juízes e professores entendem ser desnecessário usar a lei como baliza para suas decisões ou posições em classe, postura que se alinha à retórica de superação do positivismo.[71] Se toda resposta é válida, se qualquer fundamento é aceitável, se o Direito é "sentimento", "vontade" ou "bom-senso", como dizer que a resposta de um aluno para o caso proposto com suporte no *pigeonhole* é insusceptível de contestação?

Um exemplo desse grave problema, que só avança no Brasil, está na forma como as questões dos concursos públicos e dos exames de Ordem são hoje apresentadas aos milhares de candidatos, o que tem sido objeto de inúmeros textos críticos de Lenio Luiz Streck.[72]

---

[69] QUARCH, Tilman. Op. cit., p. 266-267.

[70] Idem, p. 279.

[71] STRECK, Lenio Luiz. *O que é isto – Decido conforme minha consciência?* Porto Alegre: Livraria do Advogado, 2010. p. 95 ss.

[72] "Há anos denuncio a fórmula dos concursos públicos. Há anos denuncio a indústria que se formou *alrededor* dos concursos públicos. Venho dizendo, com a maior explicitude possível, que parcela considerável dos concursos públicos se transformou em *quiz show*, como se fosse um conjunto de pegadinhas para responder coisas que só assumem relevância porque são ditas pelos professores de cursos de preparação para ingresso nas diferentes carreiras do serviço público (mormente na área jurídica). É um círculo vicioso e não virtuoso. Os concursos repetem o que se diz nos cursinhos, um conjunto de professores produz obras que são indicadas/utilizadas nos cursos de preparação, que por sua vez servem de guia para elaborar as questões que são feitas por aqueles que são responsáveis pela elaboração das provas (terceirizados — indústria que movimenta bilhões e os próprios órgãos da administração pública)" (STRECK, Lenio Luiz. Concursos públicos: é só não fazer perguntas imbecis! *Consultor Jurídico*, São Paulo, 22 fev. 2013. Disponível em <http://www.conjur.com.br/2013-fev-28/senso-incomum-concursos-publicos-nao-perguntas-imbecis>. Acesso em 9-9-2015).

Salvo raras exceções, notáveis em certas carreiras que ainda organizam as provas com bancas internas e para poucos candidatos, se comparados aos números de outras carreiras, os examinadores tentam fugir da praga da *judicialização*, um movimento crescente hoje em ordem a se contestar os resultados das provas. E para isso as bancas têm cobrado cada vez mais questões sobre a jurisprudência do Supremo Tribunal Federal e do Superior Tribunal de Justiça ou apenas sobre o texto da lei. Ao menos assim são reduzidas as hipóteses de contestação judicial das respostas. Apesar disso, por descuido do examinador, algumas anulações são obtidas, como na hipótese de a questão haver ignorado divergências entre decisões de um mesmo tribunal.

Por consequência, além de sua própria autodepreciação, a doutrina perde a cada dia sua importância por efeito do empobrecimento generalizado da cultura jurídica e da morte da "alta literatura jurídica", encalhada nas livrarias e vetada pelos editores ciosos de não terem prejuízos certos em seus balanços anuais.[73] Soma-se a esse quadro uma postura doutrinária de mera repetição de decisões judiciais,[74] perdendo gradativamente sua necessária posição reflexiva.[75]

5.4. Excursus

Um escrito com tantos dados e informações contrários ao lugar-comum sobre a educação jurídica poderá ser mal-interpretado ou mesmo distorcido por pessoas menos honestas intelectualmente. É necessário, portanto, explicar o que não foi dito e o que foi realmente afirmado.

Primeiro, não se pôs em causa o valor da interdisciplinaridade, internacionalização, das disciplinas como Filosofia ou Sociologia. Fez-se a descrição de um modelo bem-sucedido de formação jurídica na Europa e no qual esses elementos são pouco relevantes em sua essência. A despeito disso, o modelo alemão funciona e bem.

Dizer que a eliminação desses elementos (interdisciplinariedade ou estudo de matérias metajurídicas) é a chave para um bom currículo não pode ser inferido do que se escreveu nas seções deste texto. É legítimo defendê-los, mormente em um país tão pobre de conhecimentos não jurídicos, mas não se pode, de modo empírico, afirmar que sua inclusão ou ampliação nas matrizes curriculares irá melhorar *de per si* o ensino jurídico. Idêntica conclusão pode ser alcançada após o exame da experiência italiana, portuguesa e francesa.

Segundo, o ensino com base no conhecimento profundo da legislação soa como heresia no Brasil. A Alemanha mostra que isso não é *de per si* negativo, especialmente quando se combina a lei com o estudo dos casos. Não se pode confundir a leitura ou a paráfrase de códigos, à moda dos antigos professores,

---

[73] RODRIGUES JUNIOR, Otavio Luiz. *Dogmática e crítica da jurisprudência...* cit., p. 86-93.

[74] STRECK, Lenio Luiz. *O que é isto...*cit., p. 88.

[75] "A vocação da doutrina em *nosso tempo* é perturbar, criticar, insurgir-se, denunciar e obrigar a reflexão sobre o Direito. Ela deve exercer essas funções sobre a sociedade, o Estado e os agentes mais ligados à produção jurídica, o legislador e o juiz. Não se veda a esses dois que doutrinem, desde que o façam sem confundir a autoridade que decorre de suas respectivas funções no Estado. Doutrinar é convencer, persuadir, influenciar com ideias, pelo efeito de sua qualidade e do mérito de quem as produz". (RODRIGUES JUNIOR, Otavio Luiz. Dogmática e crítica da jurisprudência...cit. p. 95).

com o modelo alemão. No entanto, ensino com base nos códigos é muito importante na Alemanha para disciplinas como o Direito Civil ou o Direito Penal, assim como o silogismo é bastante respeitado.

Terceiro, há críticas na Alemanha a esse modelo autocentrado de ensino jurídico.[76] E não são poucas. O sucesso do modelo, porém, faz com que ele se preserve. Pelo prisma consequencialista, ele funciona. Se é o ideal, eis um ponto discutível.

Quarto, há sérios experimentos no Brasil sobre o estudo dos casos, como se encontra na Faculdade de Direito de Ribeirão Preto da USP, conduzido, por exemplo, pelo professor associado Luciano de Camargo Penteado, ou, no Largo São Francisco, pelo professor doutor Rodrigo Broglia Mendes, em Direito Comercial.

São exemplos que podem ser explorados. A dúvida que se coloca está na possibilidade de sua universalização em um sistema viciado pela *judicialização*, pelo baixo respeito à autoridade do professor e pela ausência de um consenso social sobre a respeitabilidade da "resposta correta".

6. O ingresso do jurista alemão no mundo profissional

6.1. A usina de mandarins

O Império da China era governado "de cima para baixo por uma burocracia confuciana, recrutada com base no sistema de exames que talvez seja o mais exigente de toda a história". De fato, "aqueles que aspiravam a uma carreira no serviço imperial tinham de se submeter a três etapas de exaustivas provas realizadas em centros de exame constituídos especialmente para essa finalidade, como aquele que ainda hoje pode ser visto em Nanquim: um enorme complexo murado contendo milhares de minúsculas celas um pouco maiores que o lavatório de um trem". Nesses lugares tão estreitos, "o único movimento permitido era a entrada e saída de funcionários para repor comida e água, ou recolher dejetos humanos". Alguns dos postulantes "ficavam completamente loucos sob a pressão".[77]

Essa descrição dos exames para ingresso no serviço do o imperador da China, o Senhor dos Dez Mil Anos e Filho do Céu, nos tempos da dinastia M'ing, é interessante para se comprovar que, mesmo com séculos e quilômetros de distância, a mística das provas admissionais integra a cultura de diferentes povos. E ela vem sempre acompanhada de um *momentum*, um curto hiato de tempo no qual os candidatos têm de demonstrar sua capacidade para vencer o desafio imposto por examinadores. Seria este o coroamento de anos de preparação, com a abertura de um pedaço do paraíso para os vencedores e a oferta de uma vida mais perigosa e incerta para os derrotados.

---

[76] A esse propósito, ver: PRITCHARD, Rosalind. Op. cit. loc. cit; KEILMANN, Annette. The Einheitsjurist: a German phenomenon. *German Law Journal*, v.7, n. 3, p. 293-312. cit. p. 301 ss.

[77] FERGUSON, Niall. Civilização: *Ocidente* versus *Oriente*. Tradução de Janaína Marcoantonio. 1. Reimpressão. São Paulo: Planeta, 2012, p. 69.

Em certa medida, é este o ponto de culminância do ensino jurídico alemão: os famosos Exames de Estado (ou Exames Estatais). Se a universidade alemã criou os "professores mandarins", os estudantes de Direito da Alemanha têm de se submeter a um duríssimo ritual de passagem, que definirá o resto de suas vidas profissionais e que responde, em grande medida, pela elevação do nível médio de formação do jurista daquele país.

6.2. As principais carreiras jurídicas alemãs

A apresentação será diferente nesta seção. Começar-se-á do final do processo para retornar-se ao início. Esse método será bastante vantajoso.

Segundo dados da Rede Europeia de Justiça em matéria civil e comercial, as carreiras jurídicas de magistrado, membro do Ministério Público e advogado possuem as seguintes características:[78]

a) Magistratura. O juiz (*Richter*) é um agente político, e sua seleção varia conforme as normas locais. Em geral, a escolha para os cargos de início de carreira dá-se pelo ministro da Justiça das unidades federadas ou por meio de um comitê de busca, cuja composição é variável, na qual podem figurar juízes, advogados, políticos e personalidades de relevo. Os tribunais federais (por exemplo, o *Bundesgerichtshof* – Tribunal Federal de Justiça – e o *Bundesverwaltungsgericht* – Tribunal Federal Administrativo) têm seus membros escolhidos por um comitê de busca federal e pelo ministro de Estado competente para o respectivo tribunal, com ato final de indicação pelo presidente da República.[79] Os magistrados federais devem sua nomeação ao presidente da República.

O cargo de juiz é privativo de nacionais alemães e não há um concurso público para ingresso na carreira. É necessário, porém, que o candidato seja bacharel em Direito e haja sido aprovado no Segundo Exame de Estado. Suas notas nesses exames definirão fortemente suas possibilidades de ser escolhido para o cargo.

b) Ministério Público. Seus membros são denominados de magistrados do Ministério Público (*Staatsanwälte* ou *Bundesanwälte*). O processo de seleção é muito assemelhado ao dos juízes. Não há autonomia administrativa e independência funcional. Em última análise, os membros do Ministério Público reportam-se ao ministro da Justiça do respectivo *Lander* ou da República Federal, conforme seus vínculos de carreira. Essa situação implica estar-se "sujeito à direção do Governo, que pode, através do Ministério da Justiça, emitir diretrizes sobre a sua atuação e vigiar a sua execução".[80]

Os requisitos para o cargo equivalem-se aos necessários para ser juiz. Nessa escolha, a nota nos Exames de Estado tem elevada importância. Não há restrição a que nacionais de outros Estados da União Europeia sejam membros do Ministério Público alemão, desde que se submetam ao processo seletivo próprio.

---

[78] Disponível em: <http://ec.europa.eu/civiljustice/legal_prof/legal_prof_ger_de.htm>. Acesso em 15 fev. 2015.

[79] VICENTE, Dario Moura. *Direito comparado*. 3 ed. Coimbra: Almedina, 2014. v.1. p. 211.

[80] VICENTE, Dario Moura. Op. cit. p. 211.

c) Advogados. São profissionais liberais e possuem *status* de "órgãos independentes da administração da justiça". É necessário ter uma licença para o exercício da advocacia, obtida por meio de um processo pelas *Rechtsanwaltskammer* (Câmaras de Advogados). O ingresso na advocacia exige do interessado o atendimento dos mesmos requisitos para o acesso à carreira de juiz, com ressalvas em se tratando de advogados europeus. É necessária aprovação no Primeiro e no Segundo Exame de Estado.

Os advogados (*Rechtsanwälte*) regem-se pela *Bundesrechtsanwaltsordnung* (Ordenança Federal dos Advogados), conhecida pelo acrônimo *BRAO*, editada pelo Parlamento alemão em 1959, com sucessivas modificações. De acordo com essa norma, o advogado é um órgão independente da administração da Justiça, que exerce uma profissão liberal, de caráter não comercial e que atua como consultor independente e mandatário da parte em todas as questões jurídicas, podendo atuar perante quaisquer juízos judiciários ou arbitrais, bem como autoridades administrativas. É direito de todas as pessoas litigar, em juízo ou fora dele, com o aconselhamento ou a representação de um advogado.[81]

Existem outras carreiras, mas fique-se com essas três.

Em comum entre elas está a ausência da figura do concurso público, como se conhece no Brasil. Entretanto, o filtro de entrada é idêntico às três carreiras e ele tem natureza dupla: é aplicado no final do curso de bacharelado (Primeiro Exame de Estado) e depois do período de 2 anos (*Referendariat*) que antecede à aplicação do Segundo Exame de Estado.

Mesmo no magistério, onde o ingresso não requer a prova de submissão ao Segundo Exame de Estado, é pouco provável que alguém seja aceito para uma faculdade respeitável sem o referido exame ou com notas medíocres.

Surge daí a figura do *Einheitsjurist*, literalmente "jurista unitário",[82] que significa estar o jovem jurista qualificado para todas as profissões em direito.[83] Há também a denominação *Volljurist*, a indicar que a pessoa já completou as quatro condições necessárias para iniciar sua vida profissional: formação universitária, primeiro exame de estado, *Referendariat* e segundo exame de estado.[84]

Não é sem causa que um jurista alemão coloque em suas páginas pessoais, currículo e, alguns, em seus livros que foram aprovados nesses exames estatais, com indicação do local (pois há variações entre exames aplicados por este ou aquele *Lander*) e da nota obtida. É este o mais importante cartão de visitas de um jurista alemão para o mercado de trabalho. Pode-se dizer que esses exames são o combustível da usina de mandarins alemãs.[85]

---

[81] §§ 1º e 2º, *BRAO*.

[82] Anette Keilmann (Op.cit. p. 293) considera *Einheitsjurist* uma expressão praticamente intraduzível para o inglês.

[83] BRUNNÉE, Jutta. The reform of legal education in Germany: The never-ending story and European integration. *Journal of Legal Education*, v. 42, n.3, p. 399-426, Sep. 1992. p. 400.

[84] WOLFF, Heinrich Amadeus. Bar examinations and cram schools in Germany. *Wisconsin International Law Journal*, n. 24, v. 1, p. 109-130, 2006. p. 110.

[85] "Um detalhe cuja importância do ponto de vista comparativo muitas vezes escapa ao jurista alemão é que, até há pouco tempo, não existia nenhum exame de graduação aplicado pela universidade – daí o nome Exame do Estado (*Staatsexamen* ou *Staatsprüfung*). Hoje em dia, existe a chamada *Schwerpunktprüfung* (Exame

6.3. O Primeiro Exame de Estado (PEE)[86]

Este primeiro exame é qualificado como "estatal" por ser aplicado pelos *Länder* e suas autoridades, de modo independente das universidades. Não importa, para sua aplicação, a universidade na qual o indivíduo tenha estudado: o exame é o mesmo para todos os estudantes de direito que a ele se submetam.[87]

Exige-se dos candidatos a capacidade de solucionar problemas práticos (estudo dos casos) por meio da aplicação da lei. As questões conceituais, como bem anota Tilman Quarch, "só são feitas na parte das *Zusatzfragen* (perguntas adicionais)".[88]

O paradigma das questões do Primeiro Exame é o trabalho de cassação, ou seja, a verificação de erros de direito, à semelhança do que faz o Superior Tribunal de Justiça no Brasil no exercício dessa competência, e do Tribunal Federal de Justiça alemão, de modo mais específico. Neste exame, o *Gutachtenstil* (estilo de parecer) é o predominante.

As notas no PEE variam de zero a 18 pontos. Tilman Quarch demonstra a importância e o impacto desses resultados:[89] a) intervalo de notas de 14-18: 0,15% dos candidatos ; b) intervalo de 11,50-13,99: 3,10% dos candidatos; c) intervalo de 9-11,49: 14,24% dos candidatos; d) intervalo de 6,50-8,99: 26,78% dos candidatos; e) intervalo de 4,00-6,49: 26,78% dos candidatos; f) intervalos de 1,50-3,99 e 0-1,49: 28,95% dos candidatos.[90]

A aprovação com distinção (*Prädikatsexamen*) é bastante variável conforme a instituição e o *Lander*. Retome-se aqui o exemplo da *Bucerius Law School*: no ano de 2005, nada menos do que 96% de seus alunos obtiveram essa distinção.[91]

O PEE é aplicado por tribunais locais (*v.g.* Renânia do Norte-Vestefália) ou por um órgão do Ministério da Justiça do *Lander* (*v.g.* Baixa Saxônia), cabendo sua elaboração e correção por comissões de variável composição (juízes, magistrados do Ministério Público, advogados do Estado, professores).

6.4. O Segundo Exame de Estado (SEE)[92]

Durante a faculdade, não há formação prático-profissional, ao exemplo dos estágios realizados pelos estudantes brasileiros. Essa etapa ocorre preci-

---

de Matéria Escolhida), que integra o Exame do Estado e é aplicada pelas universidades. Apesar de essa inovação ser uma resposta do legislador à demanda de internacionalização do ensino jurídico alemão, as notas obtidas nessa parte do Exame do Estado não são levadas a sério pelo mercado de trabalho e – a requerimento expresso do mesmo – são discernidas da nota obtida no 'resto' do Exame. Os escritórios de advocacia e demais integrantes do mercado de trabalho jurídico alemão insistem que a aplicação da prova pela universidade introduziria fatores subjetivos e contrários à comparabilidade dos resultados" (QUARCH, Tilman. Op. cit. p.254-255, nota de rodapé 15).

[86] *Erste juristische Staatsprüfung.*
[87] KEILMANN, Annette. Op. cit. p. 295.
[88] QUARCH, Tilman. Op. cit., p. 255.
[89] Idem, p. 258-259.
[90] Resultados do PEE da primavera de 2013 no *Lander* de Baden-Württemberg.
[91] LUNDMARK, Thomas. Op. cit. p. 214.
[92] *Zweite juristische Staatsprüfung.*

samente após o aluno ter concluído o curso e haver sido aprovado no PEE.[93] Após isso, ele inicia um período de *Referendariat*, um estágio obrigatório de duração média de 2 anos,[94] no qual "o *Referendar* (assim se chama o jurista-estagiário durante o *Referendariat*) aprende a *Relationstechnik, i.e.*, a 'técnica de relação' dos fatos que corresponde à observância dos ônus da alegação e da prova (*Darlegungs – und Beweislast*) tal como está disciplinada pelo processo civil alemão".[95]

O *Referendar*, em tese, estagia em tribunais, no Ministério Público e em escritório de advocacia, além de outros ofícios onde tenha interesse ir. A intenção é que ele se familiarize com as diferentes formas de exercício profissional e, ao fim, escolha a que irá seguir.[96] O estagiário recebe uma bolsa durante o *Referendariat*.[97]

A estrutura de notas do SEE é muito próxima à do PEE. Tomando-se novamente o exemplo do exame da primavera de 2013 no Estado de Baden-Württemberg, desta vez com dados do SEE, veja-se essa aproximação nos resultados, em ordem decrescente: a) 14-18 pontos (muito bom, 0,37%); b) 11,50-13,99 (bom, 1,12); c) 9-11,49 (plenamente satisfatório,19,33%); d) 6,50-8,99 (satisfatório, 38,66%); e) 4-6,49 (suficiente, 30,11%); f) 1,5-3,99 (deficiente) e 0-1,49 (insuficiente), ambos com o total de 10,41%.[98] As notas do padrão baixo (deficiente e insuficiente) apresentaram maior diferença no SEE, o que se explica pela seleção ocorrida no PEE, que eliminou os piores candidatos.

6.5. O impacto dos Exames de Estado na carreira profissional do jurista alemão

Os efeitos dos resultados dos exames na vida profissional são imensos. O exame, por inteiro, só pode ser repetido uma única vez após a primeira reprovação. Ressalve-se que é possível o aluno prestar o exame depois do oitavo semestre de curso, sem que isso conte para efeitos de reprovação. É o chamado *Freichuss*, "tiro livre".[99] Admite-se a repetição de provas isoladas. A reprovação por duas vezes impede a obtenção do título. Não há terceira oportunidade. As notas acumuladas abaixo de 9 inviabilizam a contratação na maior parte dos escritórios e, se estas ocorrem, dão-se em condições menos vantajosas e após maior tempo de espera. A colocação nos exames também determina a carreira jurídica, sendo as mais prestigiadas destinadas aos que obtiveram notas mais elevadas.[100]

Por conta de críticas ou de opções políticas governamentais, adotou-se uma composição mista do Exame de Estado, com a integração de até 30%

---

[93] SHARTEL, Burke. Op. cit. p. 428.

[94] KORIOTH, Stefan. Op. cit. p. 85.

[95] QUARCH, Tilman. Op. cit, p.256.

[96] GROTE, Rainer. Op. cit. p. 174.

[97] BIRKS, Peter. Studying law in Germany. *The Law Teacher*, v. 26, n.3, p. 215-218, 1992. p. 217.

[98] QUARCH, Tilman. Op. cit., p.259. Dados também disponíveis em: <http://www.jum.baden-wuerttemberg.de/pb/site/jum/get/documents/jum1/juM/import/pb5start/pdf/ii/II%20%2013%20-%20Ergebnisse.pdf>. Acesso em 16 fev. 2015.

[99] QUARCH, Tilman. Op. cit. p. 257 e 259.

[100] Idem, p. 259.

da nota por uma avaliação feita pela própria universidade. Segundo Tilman Quarch, essas notas universitárias "não são levadas a sério pelo mercado de trabalho", o que leva os candidatos a pedirem que elas sejam discriminadas no currículo, a fim de evitar confusões.[101]

O modelo alemão é meritocrático e implacável com os que não alcançam resultados satisfatórios em sua vida universitária e no estágio preparatório ao SEE. A preocupação em se ficar preso nas frestas do sistema ronda os estudantes e os tornam mais conscienciosos de que não há uma terceira oportunidade.

Os efeitos colaterais são também notórios: a) menor preocupação com disciplinas não dogmáticas; b) direcionamento da vida universitária para uma boa formação voltada aos exames estatais.

Os defensores do modelo reagem com 2 argumentos: a) os bons alunos interessar-se-ão por disciplinas não dogmáticas e seguirão os estudos nesses temas por vontade, associando os dois saberes. Ter conhecimento de Filosofia não é impeditivo a que se domine bem o Direito Penal; b) a média geral qualitativa dos alunos termina por se elevar, o que justifica a conservação do modelo.

Quando este autor teve a oportunidade de participar da Comissão do Ministério da Educação para a Reforma do Ensino Jurídico brasileiro (2013-2014), um dos pontos que submeteu à apreciação dos pares foi a introdução de um procedimento semelhante ao Primeiro Exame de Estado no Brasil. Era uma forma de retirar o peso da avaliação dos alunos sobre os professores e também de uniformizar os padrões de qualidade do ensino, além de inserir o Estado como um agente mais próximo do que era produzido nas faculdades de Direito. A ideia não foi apoiada pela maioria dos membros do comitê. Ponderou-se que não haveria condições de introdução desse modelo no Brasil nas circunstâncias atuais.

6.6. O Repetitorium

O *Repetitorium* é uma instituição nascida na Prússia, após a edição da *Allgemeines Landrecht für die Preußischen Staaten* (ALR), de 1794, e que hoje é operada majoritariamente por lucrativas empresas privadas (bem longe do conceito de "instituição de caridade"), apesar de algumas universidades manterem um *Repetitorium* público para seus estudantes. Trata-se de um curso com aulas voltadas à preparação para o exame estatal e tem seu público formado por estudantes universitários,[102] que voluntariamente o procuram.[103] Se a falha no segundo exame de estado pode significar a ruína da carreira do estudante, é compreensível que tantos recorram a essas entidades.[104]

Muito da literatura jurídica alemã sobre Direito Civil ou Direito Penal, traduzida para o português e que é citada por autores brasileiros como se fossem "grandes obras", não passam de livros de cursinhos alemães, com seus

---

[101] QUARCH, Tilman. Op. cit., p. 255.
[102] GESCHÄFTSSTELLE DES WISSENSCHAFTSRATES. Op. cit., p. 19.
[103] WOLFF, Heinrich Amadeus. Op. cit. p. cit.
[104] KEILMANN, Annette. Op. cit. p. 297.

estudos de casos e questões específicas para quem deseja se submeter ao exame estatal.

Alguns desses "resumos" são elaborados por professores universitários, pelo que recebem boa remuneração a título de direitos autorais. No entanto, esses docentes não lecionam no *Repetitorium*. Os docentes de *Repetitorium* não lecionam em cátedras universitárias alemãs.[105]

7. Conclusões

O modelo de docência universitária alemão, particularmente a jurídica, tem enormes méritos.

A remuneração é boa, embora não seja a maior da Europa. Os catedráticos possuem condições de trabalho e de pesquisa muito superiores a seus congêneres europeus e ainda podem ser "disputados" em um saudável processo de concorrência entre as instituições, que só encontra paralelo equiparável nos Estados Unidos.

A seleção é mais dinâmica e focada nas necessidades da instituição, e não somente em aspectos formais, que muita vez não selecionam os melhores candidatos. A existência de um grande número de assistentes em volta dos catedráticos permite-lhes realizar pesquisas de maior qualidade, concentrar seu tempo na preparação de aulas. É também notável o reconhecimento social invulgar de que gozam os catedráticos em termos contemporâneos. A representação social do professor é superiormente interessante na Alemanha.

A despeito de suas grandes qualidades, o modelo alemão, no que se refere à docência, também possui problemas e alguns deles têm sido objeto de críticas por parte de setores da sociedade. Limitando-se o problema aos professores, existem algumas censuras veladas ao método de seleção, que abriria muito espaço para o peso do orientador do candidato. É também crescente a discussão sobre as relações entre o *Doktorvater* (orientador) e os doutorandos.

O número de denúncias de plágio aumentou muito, o que tem causado espécie na sociedade alemã. Foi bastante divulgado o escândalo envolvendo a tese de doutorado de Karl-Theodor Freiherr von und zu Guttenberg, então ministro da Defesa do governo Merkel, acusado de plágio no trabalho, que apresentou à Universidade de Bayreuth, sob orientação do catedrático Peter Häberle.

O barão Guttenberg, ou barão *Googleberg*, como se tornou jocosamente conhecido, era cotado para o cargo de chanceler federal e era um nome muito popular na Alemanha. Jovem, carismático, bem-sucedido como ministro, Guttenberg possuía impecáveis credenciais familiares: seus antepassados militaram ativamente contra Hitler e envolveram-se na Operação Valquíria. Sua reputação foi abaixo com o plágio, o que simboliza o valor social de um título acadêmico na Alemanha.

---

[105] Os professores do *Repetitorium* são, em geral, advogados bem qualificados, alguns muito jovens e outros mais experientes, com remunerações variáveis (WOLFF, Heinrich Amadeus. Op. cit., p. 120).

A remuneração dos pesquisadores e assistentes é considerada baixa, e seus vínculos são precários. Eles firmam contratos temporários, que são renovados a depender de seu desempenho e das verbas para se manter o grupo vinculado ao catedrático.

A transposição do modelo de docência alemã para o Brasil implicaria rever a quase a atual estrutura de carreira das universidades brasileiras, que defere estabilidade aos docentes desde o início da carreira e que desconhece mecanismos de meritocracia e de distribuição hierárquica das atribuições. À exceção de alguns departamentos da Faculdade de Direito da Universidade de São Paulo, são poucas as escolas jurídicas que ainda dão posição de preeminência aos professores titulares.

Outra incompatibilidade está na administração de equipes de docência e pesquisa, o que, com nossas regras de estabilidade, é praticamente inviável. Para não se recordar da hipótese de migração por "concorrência" entre instituições.

Elogiar ou se inspirar no modelo de docência alemã é muito interessante. Mas, não se pode perder de vista que os regimes jurídicos únicos são fortes obstáculos à transposição do exemplo da Alemanha. Embora se possa ficar com a seguinte reflexão: não teriam sido esses regimes jurídicos, como o instituído pela Lei 8.112/1990, uma reação natural aos desmandos e ao descontrole, ao compadrio e à pessoalidade patrimonialista da Administração brasileira?

Outro ponto diferenciador da realidade brasileira está na seleção dos professores, bem como em seu prestígio e sua representação social. Some-se a isso a existência dos exames estatais e a circunstância de que a formação prático-profissional é diferida para depois da universidade.

Apesar disso, a investigação sobre essa experiência evita que se propaguem muitos mitos sobre o que seria melhor para a qualidade do ensino jurídico, como se procurou demonstrar. A ética meritocrática, a existência de mecanismos de exclusão (praticamente) definitiva por insuficiência de notas, a valorização dos códigos (não no modelo de leitura descontextualizada, evidentemente), a participação do Estado na seleção dos universitários e graduados, são *standards*, práticas e valores cujo aproveitamento deveria ser pensado a sério no Brasil.

A específica questão dos exames estatais mereceria converter-se em objeto de ampla discussão sobre sua metodologia, o tipo de conhecimento exigido e, acima de tudo, seria imperativa a existência de controles sociais sobre o processo. Não se poderia admitir a perpetuação de bancas, a ausência de critérios formais para sua composição e que a sociedade deixasse de fiscalizar suas atividades, como infelizmente se dá hoje em muitas provas de ingresso em carreiras jurídicas.

A seriedade dos estudantes e a preocupação com o futuro dão o tom da educação jurídica na Alemanha.[106] Como já se salientou em outra oportunida-

---

[106] Em sentido muito aproximado: "O professor Schwab então me disse: 'Aqui na Alemanha, as pessoas estudam. Elas não ficam esperando o professor ensinar, elas vão à biblioteca, leem e estudam, não ficam esperando pelo professor'. Foi um grande contraste para mim. (...) O estudante lá é um estudante, na acepção da palavra. (...) Isso tudo me impressionou muito. O aluno alemão tem de estudar em profundidade os as-

de, "a tradição cultural, os investimentos maciços (e muito antigos) em educação superior de qualidade, a precisão linguística (inerente ao idioma alemão) e a valorização da docência estão na raiz do sucesso alemão nas mais diversas áreas do conhecimento. Mais que tudo, essas são fontes de inspiração para qualquer país que almeje alcançar graus de excelência científica".[107]

***

---

suntos. Ele deve fazer esses trabalhos de pesquisa, com referências em vários autores, com notas de rodapé" (RODRIGUES JUNIOR, Otavio Luiz. Entrevista com Nelson Nery Jr. *Revista de Direito Civil Contemporâneo*, v. 1, p. 367, out.-dez. 2014. p.371).

[107] RODRIGUES JUNIOR, Otavio Luiz. A influência do BGB...cit., p. 49.

Parte V
HERMENÊUTICA E DECISÃO

— 22 —

A hermenêutica jurídica na doutrina pátria: as contribuições de Lenio Streck em *Verdade e Consenso*

BERNARDO GONÇALVES FERNANDES[1]

Sumário: 1. Introdução; 2. Reflexões sobre *Verdade e Consenso*; 3. Conclusão; Referências.

1. Introdução

De início, é necessário situarmos o autor dentro de sua trajetória acadêmica. Para tal, podemos localizar 3 (três) fases em seus estudos. A primeira fase é derivada da obra *Hermenêutica Jurídica e(m) crise*. Nessa, observamos uma crítica da linguagem, ou seja, uma fase analítica, em que pelas brechas das institucionalidades o autor tinha como questão fulcral "jogar" de forma crítica com as vaguezas e ambiguidades dos textos. A segunda fase de suas pesquisas visou à desconstrução da dogmática jurídica, mostrando como a dogmática jurídica é dotada de um discurso autoritário e avesso à sociedade. Já na terceira fase, derivada da obra *Verdade e Consenso*, Lenio está sensivelmente preocupado em *como* os juízes decidem os casos, ou seja, em construir uma *teoria da decisão* no debate que gira em torno da Hermenêutica e do Constitucionalismo democrático. Embora todas essas fases tenham como *fio condutor* um processo de desmistificar (desconstruir) alguns "fantasmas" que rondam o direito, vamos nos ater à terceira e atual fase desenvolvida em *Verdade e Consenso*.[2]

---

[1] Mestre e Doutor em Direito Constitucional pela UFMG. Professor Adjunto IV de Teoria da Constituição e Direito Constitucional da Graduação, Mestrado e Doutorado da Faculdade de Direito da Universidade Federal de Minas Gerais (UFMG). Professor Adjunto IV de Teoria da Constituição e Direito Constitucional da Pontifícia Universidade Católica de Minas Gerais (PUC-MINAS). Membro do Conselho Científico do IHJ – Instituto de Hermenêutica Jurídica.

[2] Que poderia perfeitamente chamar Verdade *contra* o Consenso, visto que, para o autor, verdade não é consenso. Além disso, é necessário ressaltar, de início, que a Hermenêutica defendida por Lenio se desenvolve no interior de duas rupturas paradigmáticas localizadas pelo autor: *(1)* a revolução do constitucionalismo, que institucionaliza um elevado grau de autonomia do direito; *(2)* a revolução na teoria do direito provocada pelo giro *linguístico-ontológico*.

2. Reflexões sobre *Verdade e Consenso*

É interessante que, logo no primeiro capítulo da obra *Verdade e Consenso*, Lenio nos apresenta o que chama de uma *tríplice questão* que, segundo ele, movimenta toda a teoria jurídica em tempos de pós-positivismos e do Constitucionalismo contemporâneo,[3] a saber: como se interpreta o direito, como se aplica o direito e se é possível alcançar condições interpretativas que sejam capazes de garantir uma resposta correta (constitucionalmente adequada) diante do fenômeno da indeterminabilidade do direito e da crise de efetividade da Constituição.[4]

Resta claro que Lenio estabelece, desde o início do livro, uma verdadeira cruzada contra todo tipo de teorizações que apostam (ou mesmo deságuam) na "*discricionariedade*"[5] do aplicador do direito.

Para o autor, na medida em que aumentam as demandas por direitos fundamentais e que o constitucionalismo invade, cada vez mais, a liberdade de conformação do legislador, cresce a necessidade de se colocarem limites ao "poder hermenêutico" dos juízes, ou seja, devido a uma série de demandas e compromissos constitucionais (mormente em direitos fundamentais) quanto mais o judiciário passa a atuar (crescimento do espaço destinado à justiça constitucional e a atuação do Poder Judiciário em relação ao Legislativo e ao próprio Executivo), mais se faz extremamente necessário construir *condições* para um controle democrático de aplicação (judicial) da lei que evite decisões arbitrárias (decisionismos).[6]

Temos então que o principal inimigo do professor gaúcho, em sua empreitada, sem dúvida, é o **positivismo** em suas mais variadas formas.[7] Assim sendo, tanto o "*velho e desgastado*" positivismo exegético-legalista do século XIX, como, sobretudo (*e com maior ênfase*), o "*positivismo normativista*" kelseniano da segunda metade do século XX (e sua tese da interpretação como "ato de vontade" do magistrado), bem como o "*positivismo axiológico*" (das atuais

---

[3] O autor, em *Verdade e Consenso*, abandona o termo *neoconstitucionalismo* e passa a usar o termo *Constitucionalismo contemporâneo*. Assim sendo, o uso do termo neoconstitucionalismo seria eivado de equívocos e sincretismos inadequados. Um dos equívocos seria o que nos levaria à jurisprudência dos valores e suas derivações axiológicas que Lenio tanto critica na obra em comento. STRECK, Lenio Luiz, *Verdade e Consenso*, p.35-37, 2011.

[4] STRECK, Lenio Luiz. *Verdade e Consenso*, p.58, 2011.

[5] Aqui uma importante observação. É claro que o autor não está a falar da *discricionariedade* trabalhada no direito administrativo pátrio. Em *Verdade e Consenso*, na parte introdutória destinada à compreensão da obra, Lenio explicita que: "(...) no âmbito judicial, o termo discricionariedade refere-se a um espaço a partir do qual o julgador estaria legitimado a criar a solução adequada para o caso que lhe foi apresentado para julgamento (Nos termos da crítica de Dworkin a Hart: o juiz teria o poder discricionário toda vez que uma regra clara e preestabelecida não esteja disponível). No caso do administrador, tem-se por referência a prática de um ato autorizado pela lei, e que, por esse motivo, mantém-se adstrito ao princípio da legalidade (...)". p.40, 2011. É interessante que afirma também o autor que: "(...) no Brasil, a discricionariedade vai muito além do informado por Hart e pela crítica de Dworkin. Em qualquer espaço de sentido – vaguezas, ambiguidades, cláusulas abertas e etc. –, o imaginário dos juristas vê um infindável terreno para o exercício da subjetividade do interprete". p.43, 2011.

[6] STRECK, Lenio Luiz, *Verdade e Consenso*, p. 59, 2011.

[7] Embora o autor também seja *crítico de teorias procedimentais* do direito (ver caps. 2, 3, 6 e 7 da obra) e de Teorias da Argumentação Jurídica. É interessante citarmos também as críticas feitas às *recepções equivocadas* no direito brasileiro da Jurisprudência dos Valores, ponderação alexyana e do ativismo norte-americano. p. 47-55, 2011.

teorias axiológicas) e o *"positivismo fático"* (que entende que o sentido da norma se dá na decisão) são **faces de uma mesma moeda**, qual seja, a que faz da **aplicação do direito** pelo magistrado algo ilimitado, arbitrário e decisionista, não condizente com uma **hermenêutica crítica do direito**,[8] constitucionalmente adequada a um Estado Democrático de Direito.[9]

Assim sendo, ressalta o autor que, se quisermos *levar o direito a sério* resgatando "o mundo prático *do* **direito** e *no* **direito** devemos colocar a interpretação no centro da problemática da aplicação jurídica e com isso explorar o 'elemento hermenêutico da experiência' jurídica e enfrentar aquilo que o positivismo desconsiderou: *o espaço de discricionariedade do juiz e o que isso representa na confrontação com o direito produzido democraticamente*".[10]

Porém, aqui, devemos registrar que Lenio, de modo algum, nega que o intérprete (aplicador) sempre atribua sentido (*sinngebung*) ao texto, mas, essa óbvia afirmação jamais pode significar a possibilidade de este aplicador estar autorizado a atribuir sentidos de forma ***arbitrária/discricionária***, como se texto e norma estivessem separados (e, portanto, tivessem existência autônoma). Ou seja, não é porque texto e norma são coisas distintas (e aqui lembramos *Friedrich Müller*) que a norma pode ser qualquer coisa, ao alvedrio (fruto) do voluntarismo, subjetivismo, arbitrariedade ou decisionismo do intérprete.

Outro ponto importante, na sua teorização de defesa de um efetivo *controle hermenêutico* das decisões judiciais, é o de que esse (necessário) controle não impede e nem deve impedir que, em determinadas circunstâncias, haja uma atuação propositiva do Poder Judiciário (*justiça constitucional*). Lenio, que é adepto de uma teoria material (substantiva) da Constituição (e crítico das teorias procedimentais da Constituição), alerta que "a defesa de posturas substancialistas e concretistas acerca da utilização da jurisdição constitucional (que são um avanço em relação a posturas de *self restraint*) não podem ser confundidas com decisionismos e atitudes pragmatistas, em que o Judiciário se substitui ao legislador levando ao aumento desmesurado de protagonismos judiciais".[11]

---

[8] Que se pretende pós-metafísica e pós-positivista, e que, portanto, busca superar a filosofia da consciência e seu sujeito *solipsista* (esquema sujeito-objeto) tendo como mote as obras de *Martin Heidegger* e *H.G Gadamer*. Nesse sentido, a *linguagem* deixa de ser *uma terceira coisa* que se interpõe entre sujeito e objeto, e passa a ser *condição de possibilidade*.

[9] Aqui, o autor ressalta a importância da hermenêutica (de uma "renovada *hermenêutica constitucional*") no direito que exsurge no Estado Democrático de Direito. Nesse sentido: "(...) há visivelmente uma aposta na Constituição (direito produzido democraticamente) como instancia da autonomia do direito para delimitar a transformação das relações jurídico-institucionais, protegendo-as do constante perigo da exceção. Disso tudo, é possível dizer que tanto o velho discricionarismo positivista quanto o pragmatismo fundado no declínio do direito têm algo em comum: o *déficit democrático*, isso porque, se a grande conquista do século XX foi o alcance de um direito transformador das relações sociais, a essa altura da história é um retrocesso reforçar/acentuar formas de exercício de poder fundadas na possibilidade de atribuição de sentidos de forma discricionária, circunstância que conduz, inexoravelmente, às arbitrariedades, soçobrando, com isso a própria Constituição. (...) Se a autonomia do direito aposta na determinabilidade dos sentidos como uma das condições para a garantia da própria democracia e de seu futuro, as posturas axiologistas e pragmatistas – assim como os diversos positivismos stricto sensu – apostam na indeterminabilidade. É por tais caminhos que passam as novas demandas de uma renovada hermenêutica constitucional". STRECK, Lenio Luiz, *Verdade e Consenso*, p.49, 2011.

[10] STRECK, Lenio Luiz, *Verdade e Consenso*, p. 46, 2011.

[11] STRECK, Lenio Luiz, *Verdade e Consenso*, p. 46, 2011. É bom que se diga que o autor é um crítico do *ativismo judicial*. Os pressupostos da hermenêutica filosófica que ele defende não coadunam com ativismos judiciais.

Nesses termos, a questão central da *"hermenêutica crítica do direito"*, ora em debate, é a de como enfrentar o arbítrio (discricionariedade) do aplicador que produz inexorável *deficit* democrático e, portanto, desestima constitucional (ataque a força normativa da constituição). Portanto, seria o direito "o café da manhã dos magistrados"? Dito de outro modo: "ninguém teria direito a nada a não ser a uma decisão judicial"? Tudo dependeria da *"má"* ou *"boa vontade"* do magistrado? De suas convicções pessoais ou de "sua consciência"? Nesse sentido, para o autor gaúcho, a resposta para todas essas alegações fulcrais seria negativa.

Assim sendo, Lenio desenvolve uma contundente "**teoria da decisão judicial**" que trabalha a necessidade de se colocarem "limites ao poder hermenêutico dos juízes". Porém, aqui uma pergunta é necessária: em meio ao reino de incertezas (indeterminismos e relativismos) e arbítrios na aplicação do direito, naturalizados pelos "vários positivismos e suas vertentes", como realizar tal empreitada?

Nesse sentido, colocando-se, então, como "antirrelativista"[12] e "antidiscricionário", o autor busca, a partir da imbricação entre a hermenêutica filosófica de **H.G. Gadamer** e a Teoria da Integridade de **Ronald Dworkin,** a possibilidade de respostas corretas no direito (*respostas adequadas à Constituição*).

Com isso, **Lenio** opta por uma Hermenêutica ontológica (*da faticidade*), e não por uma hermenêutica epistemológica (metodológica). Assim sendo, a Hermenêutica não se apresenta (como em termos clássicos, ou mesmo em teorias da argumentação como a de Alexy[13]) como um instrumental (externo) para algo; ou seja, como conjunto de métodos (critérios, regras ou técnicas) que levam a compreender um objeto (algo no mundo) adequadamente.

Com **Heidegger** e **Gadamer**, resta claro que a compreensão é um existencial (compreender é um *compreender-se no mundo*) e por isso esse processo sofre sempre uma antecipação de sentido derivado da nossa condição de ser-no-mundo (enquanto seres historicamente situados que somos). Nesse sentido, não há como **compreender algo** à margem (fora) do conjunto de nossas **pré-compreensões**. E, nesses termos, qualquer subterfúgio metódico (externo) seria viciado por nós mesmos (por nossa historicidade), ou seja, o método (que nesse sentido sempre chega *"atrasado"*) não nos leva à redenção, não nos leva a conhecer *"o pote de ouro atrás do arco íris"*; ao contrário, ele "se apresenta como o supremo momento da subjetividade" de uma razão ingenuamente ilimitada e absolutizada.

Para Lenio, um Juiz ou Tribunal pratica ativismo quando decide a partir, por exemplo, de argumentos de política ou moral.

[12] Sobre o problema do relativismo em face da ausência de método, bem como os esclarecimentos em torno do conceito de pre-compreensão, ver, STRECK, Lenio Luiz, *Verdade e Consenso*, p.486-501, 2011. Nessa passagem há uma contundente crítica aqueles autores que entendem a hermenêutica filosófica de modo relativista e irracionalista.

[13] "É evidente – e compreensível – que qualquer teoria que esteja refém do esquema sujeito-objeto acreditará em *metodologias* que introduzem discursos adjudicadores no direito (*Alexy* é um caso típico). Isso explica, também, porque a ponderação repristina a velha *discricionariedade* positivista. (...) Com efeito a teoria da argumentação de Alexy não consegui fugir ao velho problema engendrado pelo subjetivismo – a discricionariedade (...) Esse ponto que liga a teoria Alexyana ao *protagonismo judicial*, isto é, o *sub-jectum* da interpretação termina sendo o juiz e suas escolhas". STRECK, Lenio Luiz, *Verdade e Consenso* p, 488, 2011.

Por isso, **Lenio** é adepto do giro hermenêutico (*ontológico-linguístico*) e, com Gadamer,[14] entende o processo de compreensão a partir da consciência de nossa historicidade (da situação hermenêutica em que se encontra o intérprete) e dos efeitos da história (*história efetual*), do "círculo hermenêutico" e da "fusão de horizontes" (interação circular entre o passado e o presente, ou seja, entre mundo do objeto e o mundo daquele a que se propõe conhecê-lo[15]), da "diferença ontológica", do "diálogo" e da "linguisticidade". Portanto, compreender é *sempre um processo de fusão de horizontes* e não há, aqui, a clássica cisão entre os momentos de compreensão, interpretação e aplicação (esses não são momentos distintos). A interpretação, para **Gadamer**, *é a explicitação do (já) compreendido* (ou seja, é a *forma explícita da compreensão*). Nesses termos, não se compreende primeiramente para depois interpretar e aplicar o compreendido a algo, pois quando compreendemos algo, já estamos aplicando.[16]

Com **Dworkin**, Lenio faz uso das já trabalhadas (em nosso curso) metáforas do Juiz Hércules, do romance em cadeia e da tese da resposta correta como *motes* para a *"Teoria do direito como integridade"*. Integridade que nada mais é do que "moralidade política", ou seja, responsabilidade política do magistrado (dever) de, independentemente de sua consciência, ideologias, ou crenças pessoais, dar a resposta correta para um caso (resposta adequada à Constituição), ou, nas palavras de Lenio, "trata-se de um direito fundamental a uma resposta adequada à Constituição".[17]

Observa também o autor que, para tal empreitada, existem obstáculos que devem ser solvidos na sistemática jurídica brasileira. A saída seria a de desenvolver uma renovada teoria das fontes; uma renovada teoria da norma; uma renovada teoria da interpretação; e sobretudo uma renovada *teoria da decisão* (essa, inclusive, é o mote principal de sua abordagem) que leve a respostas adequadas (conforme) à Constituição.

---

[14] GAMER, Hans. Georg. *Verdade e Método*, Petrópolis: Vozes, 2011.

[15] "O horizonte do presente está num processo de constante formação, na medida em que estamos obrigados a por a prova constantemente todos os nossos preconceitos. Parte dessa prova é o encontro com o passado e a compreensão da tradição da qual nós mesmos procedemos. O horizonte do presente não se forma pois à margem do passado, nem mesmo existe um horizonte do presente por si mesmo". GADAMER, Hans Georg, *Verdade e Método*, p.457-458, 2011.

[16] "Com isso, são colocados em xeque, os modos procedimentais de acesso ao conhecimento". STRECK, Lenio Luiz, *Verdade e Consenso*, p.404-468, 2011. Como por exemplo: regras como a da *subsunção* ou da *proporcionalidade*. Ou a *"irritante" cisão* entre *easy cases* (*casos fáceis*) e *hard cases* (*casos difíceis*) típica da filosofia da consciência (esquema sujeito-objeto).

[17] STRECK, Lenio Luiz, *Verdade e Consenso*, p.619, 2011. Assim sendo, afirma o autor com base em Dworkin e Gadamer, contra a discricionariedade e o relativismo, que: *(1)* Em Dworkin, a integridade e a coerência são o modo de amarrar o intérprete, evitando discricionariedades, arbitrariedades e decisionismos; *(2)* Já na Hermenêutica filosófica (gadameriana) a *não cisão* entre a *intepretação* e *aplicação* (com Gadamer: *"quando interpretamos já estamos aplicando"*) e a autoridade da tradição ("que obviamente não aprisiona, mas funciona como *condição de possibilidade*") são componentes que "blindam" a interpretação contra irracionalismos e relativismos. Por isso, é que se chama Hermenêutica da faticidade. (...) E para quem até hoje acredita que a interpretação é um *ato de vontade*, basta que se acrescente a esse ato de vontade a expressão "de poder" e estaremos de volta ao último princípio epocal da modernidade: a *Wille zur Macht*, a vontade de poder de Nietsche, que sustenta as diversas formas de pragmatismos no direito, além da concepção realista como as dos *Critical Legal studies*. p.489, 2011. Nesses termos, "A Hermenêutica filosófica, com os aportes da teoria integrativa de Dworkin, representa, uma *blindagem* contra interpretações deslegitimadoras e despistadoras de conteúdo que sustenta o domínio normativo dos textos constitucionais. Trata-se de substituir qualquer pretensão solipsista pelas condições histórico-concretas, sempre lembrando, nesse contexto, a questão da tradição, da coerência e da integridade. (...)". p. 588-589, 2011.

Aqui, na construção de uma *teoria da decisão* adequada ao Constitucionalismo contemporâneo, temos alguns princípios que terão como função estabelecer padrões hermenêuticos[18] que visarão a:

1) Preservar a autonomia do direito: nos dizeres de Lenio "uma blindagem contra predadores do direito" tanto **endógenos,** que funcionam no plano da dogmática (ensino jurídico *estandardizado*, "panprincipiologismo", embargos de declaração, aposta na discricionariedade judicial, no decisionismo e no ativismo), quanto **exógenos,** que funcionam no plano da teoria do direito (inserção da moral como corretiva do direito, uso da política, da análise econômica do direito);

2) Estabelecer condições hermenêuticas para a realização de um controle da interpretação constitucional: aqui, por óbvio, Lenio não está dizendo que o intérprete está proibido de interpretar (visto que ele não é um exegetista), mas, está sim, deixando assente a necessidade da imposição de limites às decisões judiciais, ou seja, limites à interpretação do direito frente ao arbítrio da malfada tese da "interpretação como ato de vontade (ato de poder) do magistrado", que fere a própria autonomia do direito (a força normativa da Constituição) e a própria democracia. Assim, os desejos pessoais dos juízes devem ser suspensos (como agente do Estado). Aqui, com Dworkin, temos que os juízes devem lançar mão de argumentos de princípios, e não de argumentos de políticas.

3) Garantir o respeito à integridade e coerência no direito: o direito e as decisões judiciais não podem ser entendidas como um conjunto assistemático e esparso que não guardam interconexões com a comunidade de princípios (Dworkin) e a tradição (Gadamer) no qual estão inseridos. Se os capítulos de um romance escrito por vários autores devem guardar uma conexão interna de tal modo que cada autor continue a história de seu antecessor de forma coerente (impedindo que o romance vire um conjunto de contos desconexos, afinal é um *romance em cadeia*), o mesmo deve acontecer com as decisões judiciais, que nada mais são do que a continuidade de uma história institucional. Ou seja, decisões judiciais não podem e não devem ser dadas (arbitrariamente) *ad hoc*.[19]

---

[18] STRECK, Lenio Luiz, *Verdade e Consenso*, p.619, 2011. Sobre Dworkin, ver *In*: "*O Império do Direito*", Caps. 2, 6, 7 e 11. BORGES MOTTA, Francisco José, *Levando o Direito a Sério*, 2012.

[19] "Ora, a decisão judicial se dá, não a partir de uma escolha, mas sim, a partir do comprometimento com algo que se antecipa. No caso da decisão jurídica, esse algo que se antecipa é a compreensão daquilo que a comunidade política constrói como direito (ressalta-se, por relevante, que essa construção não é a soma de diversas partes, mas, sim, um todo que se apresenta como a melhor interpretação – mais adequada – do direito). (...) Esse todo que se antecipa, esse todo que se manifesta na decisão, é aquilo que mencionamos como pré-compreensão (que não pode ser confundida, como muitas vezes acontece na doutrina brasileira, com mera subjetividade ou pré-conceito do interprete). E esse ponto é fundamental! Isso porque é o modo como se compreende o sentido do direito projetado pela comunidade política (que é comunidade virtuosa de princípios) que condicionará a forma como a decisão jurídica será realizada de maneira que, somente a partir desse pressuposto, é que podemos falar em respostas corretas ou adequadas. Sendo mais claro, toda decisão deve se fundar em um compromisso (pre-compreendido). Esse compromisso passa pela reconstrução da história institucional do direito – aqui estamos falando principalmente, dos princípios enquanto indícios formais dessa reconstrução – e pelo momento de colocação do caso julgado dentro da cadeia da integridade do direito. Não há decisão que parta do 'grau zero de sentido'. Portanto, a decisão jurídica não se apresenta como um processo de escolha do julgador por diversas possibilidades de solução da demanda. Ela se dá como um processo em que o julgador deve estruturar sua interpretação – como a melhor, a mais adequada – de acordo com o sentido do direito projetado pela comunidade jurídica". STRECK, Lenio Luiz, *O que é isto – decido conforme minha consciência?* p.98, 2010.

4) Estabelecer que a fundamentação das decisões é um dever fundamental dos juízes e Tribunais: aqui entendida como uma responsabilidade política para que o juiz explicite as condições pelas quais ele compreendeu. Em síntese, isso não significa que, já que o juiz pode e deve fundamentar, que ele fundamente do jeito que bem quiser (ou conforme sua consciência ou ideologias). Temos aqui um *Accountability* hermenêutico (dever de prestação de contas da comunidade que decide) que está ligado à coerência e integridade.[20]

5) Garantir que cada cidadão tenha sua causa julgada a partir da Constituição e que haja condições para aferir se essa resposta está ou não constitucionalmente adequada: aqui, o objetivo é, nas palavras do autor, "uma blindagem contra interpretações *deslegitimadoras* e *despistadoras* do conteúdo que sustenta o domínio normativo dos textos constitucionais". Mais uma vez, embora texto e norma não sejam a mesma coisa, a proposta é a de que devemos levar o texto constitucional a sério. Em síntese, há um *direito fundamental a uma resposta adequada à Constituição*, em virtude de em uma democracia as leis serem votadas democraticamente (produção democrática das normas) e passarem por uma esfera pública de discussão (e com isso passam a ter vigência e validade). Com isso, temos o direito de as mesmas serem aplicadas (e cumpridas), salvo se contrárias à Constituição. Com isso, temos um direito fundamental que as leis sejam cumpridas (aplicadas), e o Juiz, nessa perspectiva, só poderia deixar de aplicar as leis em determinados casos específicos (6 hipóteses), pois, fora dos mesmos, estaríamos no arbítrio, quais sejam:

a) Em face do controle de constitucionalidade, ou seja, se a lei ou o ato normativo for inconstitucional (seja no controle difuso ou concentrado);

b) Em face do clássico problema das antinomias (aplicação dos critérios de resolução das antinomias. Porém, aqui, devemos ter cuidado com a análise constitucional, pois a lei posterior que derroga lei anterior pode ser inconstitucional);

c) Em face da Interpretação Conforme a Constituição: No caso, o texto da lei (entendido na sua literalidade) permanece intacto e o que muda é o seu sentido. Nesses termos, o sentido alterado é compatível (adequado) com a Constituição;

d) Em face da inconstitucionalidade parcial sem redução de texto (temos a nulidade parcial sem redução do texto). Com isso, afasta-se uma hipótese de aplicação da norma sem reduzir seu texto;

e) Quando for o caso da declaração de inconstitucionalidade com redução de texto, ocasião em que a exclusão de uma palavra ou expressão leva à manutenção da constitucionalidade do dispositivo;

---

[20] Outra questão fulcral refere-se ao jargão comum entre os magistrados de que *"primeiro o juiz decide e só depois fundamenta* (justifica)". A refutação se dá pela consideração hermenêutica de que a *compreensão depende sempre da pré-compreensão* e, com isso, "(...) na verdade o juiz só decide porque já encontrou, na antecipação de sentido, o fundamento. O fundamento, no caso, é condição de possibilidade para a decisão tomada. Há um sentido que lhe é antecipado, em que a decisão é parte inexorável (dependente) do fundamento. E a resposta, segundo Lenio, está em Heidegger: quando olho para um lugar e vejo um fuzil, é porque antes disso eu já sei o que é uma arma. Sem isso, a questão do sentido do fuzil não exsurgiria como fuzil". A defesa de Lenio aqui é a de que "não é possível desdobrar o ato de aplicação em dois momentos distintos: decisão e fundamentação, pois um faz parte do outro à luz círculo hermenêutico". STRECK, Lenio Luiz, *Verdade e Consenso*, p. 449, 2011.

f) Em face de uma questão concreta em torno de regras e princípios. Nesse sentido, por exemplo, uma norma votada democraticamente pode não ter aplicação em determinado caso em face, por exemplo, da deontologia de um determinado princípio jurídico. Lenio, então, afirma que, "ou isso, ou teremos que admitir que: a) o Judiciário constrói leis; b) a elas se sobrepõe; c) as revoga".[21]

3. Conclusão

A conclusão desse ensaio sobre *Verdade e Consenso* é de que **Lenio** defende, a partir de uma *Hermenêutica Crítica do Direito*, uma **teoria da decisão** que "tanto com base em Gadamer como em Dworkin torne possível distinguir boas e más decisões (pré-juízos autênticos/legítimos e inautênticos/ilegítimos)". Além disso, defende ainda que, independentemente das convicções pessoais ou ideológicas dos Juízes sobre a Justiça ou sobre o direito, deve haver uma "restrição" aos magistrados (*independente e superior*) que decorre da **integridade**, ou seja, da responsabilidade política de buscar a melhor solução para o caso, interpretando o direito à melhor luz (solução adequada à Constituição). Com isso, teríamos um direito fundamental a que a Constituição seja cumprida (*um direito fundamental a uma resposta adequada à Constituição*).[22]

Referências

ALEXY, Robert. *El concepto y la validez del derecho*. 2. ed. Trad. Jorge M. Seña. Barcelona: Gedisa, 1997.

——. *Teoría de los derechos fundamentales*. Trad. Ernesto Garzón Valdés. Madrid: Centro de Estudios Constitucionales, 1997.

BORGES MOTTA, Francisco José. *Levando o Direito a Sério*. Porto Alegre: Livraria do Advogado, 2012

DWORKIN, Ronald. *O império do direito*. Trad. Jefferson Luiz Camargo. São Paulo: Martins Fontes, 1999.

——. *Justice in Robes*. Cambridge: Harvard University Press, 2006.

——. *Justice for Hedgehogs*. Cambridge-MA. The Belknap Press of Harvard University Press, 2011.

GADAMER, Hans-Georg; FRUCHON, Pierre (Orgs.). *O problema da consciência histórica*. 2. ed. Trad. Paulo César Duque Estrada. Rio de Janeiro: Fundação Getúlio Vargas, 2003.

——. *Verdade e método: Fundamentos de uma hermenêutica filosófica*. 3. ed. Trad. Enio Paulo Giachini. Petrópolis: Vozes, 2011.

GRONDIN, Jean. *Introdução à Hermenêutica Filosófica*. Trad. Benno Dischinger. São Leopoldo: Unisinos, 1999.

HEIDEGGER, Martin. *Ser e tempo*. Trad. Márcia Sá Cavalcanti. Petrópolis: Vozes, 1998.

STRECK, Lenio Luiz. *A hermenêutica jurídica e(m) crise*: uma exploração hermenêutica da construção do direito. Porto Alegre: Livraria do Advogado, 1999.

——. *A crise da hermenêutica e a hermenêutica da crise: a necessidade de uma nova crítica do direito* (NCD). In: SAMPAIO, José Adércio Leite (Coord.). *Jurisdição constitucional e direitos fundamentais*. Belo Horizonte: Del Rey, 2003.

——. *O que é isso: Decido conforme minha Consciência?* Porto Alegre: Livraria do Advogado, 2010.

——. *Verdade e Consenso*. 3. ed. São Paulo: Saraiva, 2011.

---

[21] STRECK, Lenio Luiz, *Verdade e Consenso*, 2011. p. 605-606.

[22] Idem, p. 618, 2011.

— 23 —

Teorias interpretativas, capacidades institucionais e crítica

CLÈMERSON MERLIN CLÈVE[1]

Sumário: 1. Introdução; 2. Jogos de linguagem; 3. Interpretação constitucional; 4. Interpretação e integridade; 5. Interpretação dinâmica; 6. Entre dinâmica e integridade; 7. Capacidades institucionais: a guinada institucional; 8. Uma crítica das capacidades institucionais; 9. Considerações finais; Referências.

1. Introdução

A indagação que procura determinar quem ou, alternativamente, qual instituição possui melhores condições para tomar decisões sobre casos controvertidos não é uma novidade teórica. A disputa sobre qual o papel adequado para cada um dos Poderes e os limites e capacidades que lhes devem ser atribuídos já havia sido elencada no rol de aspectos determinantes do Estado moderno. Não obstante, diferentes respostas normativas foram fornecidas no bojo do paradigma moderno no que tange ao arranjo institucional adequado entre os Poderes e, como consequência, quem teria melhores condições para a realização de interpretações constitucionais.

Procura-se, com isso, definir qual a maneira mais adequada de ler, compreender e aplicar os textos de uma Constituição. Um dos motivos pelos quais tal atividade passou a ser reconhecida como fundamental no plano das tensões entre os Poderes repousa na ampliação das funções outorgadas ao Judiciário nas últimas décadas em países democráticos.[2] No cenário brasileiro, tais dis-

---

[1] Mestre em Direito do Estado pela Universidade de Santa Catarina; Doutor em Direito Constitucional pela PUC/SP; Pós-Graduado pela Université Católique de Louvam-Belgique; Professor Titular (Cursos Graduação, Mestrado e Doutorado) da Faculdade de Direito da Universidade Federal do Paraná; Vice-Diretor da Faculdade de Direito da Universidade Federal do Paraná.

[2] Ran Hirschl explica as diferentes formas de compreender como o Judiciário passou a ser um poder de grande relevância através da constitucionalização em diferentes lugares do mundo, fenômeno que trata como "global". "The hegemonic preservation thesis may help us understand judicial empowerment through constitutionalization as part of a broader trend whereby crucial policy-making functions are increasingly insulated from majoritarian control. As we have seen, the world seems to have been seized by a craze for constitutionalization and judicial review. The transformation of judicial institutions into major political actors has not been limited to the national level; (…)." (HIRSCHL, Ran. The Political Origins of the New Constitutionalism. In: *Indiana Journal of Global Legal Studies*, v. 11, 2004. p. 105).

cussões possuem relevância na consolidação e no desembaraçar das diferentes perspectivas teóricas que são utilizadas para justificar a prática da jurisdição constitucional.

Diante desse contexto, a teoria das capacidades institucionais ganhou atenção tanto no plano internacional quanto nacional como alternativa para atuações ativistas por parte do Judiciário. Teorias da deferência foram reestabelecidas em oposição às construções que procuravam caminhos normativos para expor a "melhor resposta" a ser apresentada pelos magistrados.

Perante o embate teórico delineado, o artigo apresenta considerações sobre os jogos de linguagem e relaciona duas teorias interpretativas normativas: a que propõe a leitura do direito como integridade, de Ronald Dworkin, e a teoria interpretativa dinâmica, de William N. Eskridge.

Na continuidade, o artigo traça um panorama sobre a tese das capacidades institucionais de Cass Sunstein e Adrian Vermeule e expõe suas principais características: a busca por uma releitura do formalismo, a defesa do consequencialismo e do textualismo, sua ancoragem em uma visão empírica e o resgate da deferência do Judiciário. Os diferenciais da teoria das capacidades institucionais estão na preocupação institucional, na promoção da teoria dos acordos incompletamente teorizados, na opção por decisões de segunda ordem e na elevação das agências como as entidades decisórias mais adequadas para a solução de casos controvertidos. Tais categorias são trabalhadas e submetidas a uma crítica na última parte do artigo.

As críticas procuram apontar os limites da teoria das capacidades institucionais, a insuficiência do textualismo e do consequencialismo, a impossibilidade de uma simples deferência do Judiciário perante o Executivo, a inafastabilidade dos fatores políticos e normativos sobre a decisão. Ainda apontam, com o auxílio de Lenio Streck, como tais questionamentos podem acabar por menosprezar a importância da legitimidade no momento decisório.

2. Jogos de linguagem

Superada a noção de que o sentido dos textos emana apenas de um lugar específico ou que há uma relação necessária entre os objetos designados e seus respectivos "nomes próprios", passou-se a refletir sobre como textos normativos conformadores de sistemas jurídicos são dependentes da produção de sentido por seus intérpretes. Dessa maneira, os diferentes modos pelos quais se faz possível realizar a construção semântica encontra, no âmbito jurídico, respaldo na orientação que determina a fundamentação das sentenças, a apresentação de razões por seus intérpretes com a finalidade de comunicar suas decisões para que estas possam ser compreendidas por seus destinatários.[3] Tal ideia é importante para fundamentar as construções jurídicas dialógicas e o entendimento de que o direito se constrói como uma conversa contínua.

---

[3] "Esses conteúdos de sentido, em razão do dever de fundamentação, precisam ser compreendidos por aqueles que os manipulam, até mesmo como condição para que possam ser compreendidos pelos seus destinatários." (ÁVILA, Humberto. *Teoria dos Princípios*: da definição à aplicação dos princípios jurídicos. 3. ed. São Paulo: Malheiros, 2004. p. 16).

Não existe norma que esteja distanciada da operação hermenêutica. A produção de normas e de seus sentidos são atividades que precisam da interpretação, ou seja, para que possam ter força normativa, *força de lei*, elas demandam alguém com autoridade para dizer qual é a lei para a situação em disputa. Disso se depreende que os dispositivos que serão interpretados, em princípio, terão como resultado uma norma.

Porém, não há uma necessária correspondência entre norma e seus dispositivos.[4] Essa análise permite afastar a falsa imagem que determina uma relação simultânea entre texto e norma, pois, nem sempre a norma é derivada de um "texto", assim como nem sempre é possível derivar uma norma de um texto.[5]

Destarte, entende-se que a elaboração de sentidos por meio da interpretação não corresponde à defesa da *inexistência* de sentidos estabelecidos antes do processo hermenêutico. Tal inferência é realizada em face da distinção entre os diversos *usos* da linguagem, mas também, dos limites existentes no que tange à orientação do emprego adequado dos meios comunicativos.

Wittgenstein, ao tratar dos jogos de linguagem, procurou romper com o entendimento de que cada palavra corresponderia a um dado objeto específico. Logo, propôs uma diferenciação entre o "portador do nome" e "significado do nome", pois o significado não dependeria da existência de seu portador.[6] Além disso, enfatizou a importância do uso, do aspecto pragmático da linguagem,[7] o qual se realiza diante de uma correção, perante um conjunto de regras mínimas para a utilização apropriada de expressões linguísticas.[8]

Na formulação dos *jogos de linguagem*,[9] Wittgenstein argumenta que os atos intencionais que outorgam significado não são essenciais para a compre-

---

[4] ÁVILA, Humberto. *Teoria dos Princípios*. p. 22.

[5] "Em alguns casos há norma mas não há dispositvo. Quais são os dispositivos que preveem os princípios da segurança jurídica e da certeza do Direito? Nenhum. Então há normas, mesmo sem dispositivos específicos que lhes deem suporte físico. Em outros casos há dispositivo mas não há norma. Qual norma pode ser construída a partir do enunciado constitucional que prevê a *proteção de Deus*? Nenhuma. Então, há dispositivos a partir dos quais não é construída norma alguma." (ÁVILA, Humberto. *Teoria dos Princípios*. p. 22). Em termos análogos é possível observar a mesma questão na seguinte afirmação de Laurence Tribe: "Like *McCulloch v. Maryland*, and in a manner reminiscent even of the Gettysburg Address, our hypothetical case would undoubtedly be governed by a defining principle drawn from the invisible Constitution: the principle that ours is a 'government of the people, by the people, for the people.' (...) Why? Where does the constitutional status of that simple idea come from? There are a few textual points reflecting it, but examining them merely confirms that the broad principle at issue here cannot be extracted from the text alone but must instead be interpolated from features of the Constitution that remain invisible." (TRIBE, Laurence. *The Invisible Constitution*. Oxford: Oxford University Press, 2008. p. 87-88).

[6] WITTGENSTEIN, Ludwig. *Philosophical Investigations*. Oxford: Basil Blackwell, 1986. Em termos jurídicos a questão pode ser elucidada da seguinte maneira: "Quando cada governante morre, o seu trabalho legislativo sobrevive-lhe, porque assenta no fundamento de uma regra geral que gerações sucessivas na sociedade continuaram a respeitar, em relação a cada legislador, fosse qual fosse a época em que houvesse vivido." (HART, Herbert L. A. *O Conceito de Direito*. Lisboa: Fundação Calouste Gulbenkian, 2007. p. 72).

[7] "Mas se tivéssemos de mencionar o que anima o signo, diríamos que é a sua *utilização*." (WITTGENSTEIN, Ludwig. *O Livro Azul*. Lisboa: Edições 70, 1992. p. 30).

[8] Ver a diferença entre gramática superficial e profunda apresentada por Wittgenstein. WITTGENSTEIN, Ludwig. *Philosophical Investigations*. p. 168.

[9] "I Will call these game 'language-games' and will sometimes speal of a primitive language as a language--game. And the processes of naming the stones and of repeating words after someone might also be called language-games. Think of much of the use of words in games like ring-a-ring-a-roses. I shall also call the whole, consisting of language and the actions into which it is woven, the 'language-game'." (WITTGENSTEIN, Ludwig. *Philosophical Investigations*. p. 5). "A expressão 'jogo de linguagem' não surge por acaso. O

ensão da linguagem. Por isso, a busca deveria ser voltada para a variedade de circunstâncias em que os signos linguísticos são submetidos.[10] O fato de que eles são parte de uma atividade orientada não leva necessariamente a uma definição de um sistema de regras para cada jogo de linguagem específico, mas indica o caráter convencional dessa atividade humana.

Ao invés de propor uma forma geral de proposições comunicativas e para a própria linguagem, ou identificar algo comum àquilo tudo que pode ser designado como linguagem, Wittgenstein enfatizou que tais fenômenos são relacionados entre si de modos díspares e que não há uma definição da "essência" do jogo.[11]

O que pode ser objeto de análise é o resultado de uma trama complexa de semelhanças sobrepostas e cruzadas em certos casos, sejam estas semelhanças genéricas ou referentes a detalhes.[12] Se as *similaridades de família* reafirmam a falta de fronteiras para a linguagem, ao mesmo tempo demandam a criação de certos limites.[13] Logo, as regras gramaticais não conformam apenas instruções para o uso correto da língua, expressando, também, as normas de uma linguagem que produz sentido, de uma linguagem significativa.

A gramática, para Wittgenstein, não se situa no plano abstrato, substanciando, antes, uma atividade humana regular em que jogos de linguagem são intercalados, os quais enfatizam o fato de que a linguagem é uma atividade, faz parte de uma *forma de vida*.[14] Nesse sentido, a tarefa hermenêutica não conforma uma produção unilateral de sentidos, antes reafirma uma semântica que já se encontra em operação em uma comunidade discursiva, apresentando-se como fruto de convenções sociais.[15]

O conjunto de reformulações engendradas pelo "giro linguístico" reverberou no plano jurídico.[16] Deriva-se daí a compreensão de que as teorias da

---

aspecto sob o qual Wittgenstein contempla a linguagem leva, quase que necessariamente, à comparação da linguagem como um jogo complicado como, por exemplo, o xadrez. Sob múltiplos aspectos, a analogia evidencia-se frutífera. Antes de tudo, é o *ponto de vista operativo* que aparece em primeiro plano, para Wittgenstein. A realização de um jogo consiste em determinado *operar com figuras de jogo*: a concretização da linguagem na condição de um jogo de linguagem consiste em um *operar com palavras e frases*." (STEGMÜLLER, Wolfgang. *A filosofia contemporânea*: introdução crítica. 2. ed. Rio de Janeiro: Forense Universitária, 2012. p. 418).

[10] "Think of the tools in a tool-box: there is a hammer, pliers, a saw, a screw-driver, a rule, a glue-pot, glue, nails and screws. The functions of words are as diverse as the functions of these objects." (WITTGENSTEIN, Ludwig. *Philosophical Investigations*. p. 6).

[11] "For if you look at them you will not see something that is common to *all*, but similarities, relationships, and a whole series of them at that." (WITTGENSTEIN, Ludwig. *Philosophical Investigations*. p. 31).

[12] WITTGENSTEIN, Ludwig. *Philosophical Investigations*. p. 32.

[13] "What still counts as a game and what no longer does? Can you give the boundary? No. You can *draw* one; for none has so far been drawn. (But that never troubled you before when you used the word 'game')." (WITTGENSTEIN, Ludwig. *Philosophical Investigations*. p. 33). No mesmo sentido afirma Herbert Hart: "Muito frequentemente o uso comum, ou mesmo técnico, de um termo é bastante 'aberto', na medida em que não *proíbe* a extensão do termo a casos em que apenas algumas das características normalmente concomitantes estão presentes." (HART, Herbert L. A. *O Conceito de Direito*. p. 20).

[14] WITTGENSTEIN, Ludwig. *Philosophical Investigations*. p. 11.

[15] Em sintonia com tal compreensão afirma Hart que: "(...) os tribunais não consideram as regras jurídicas como predições, mas antes como padrões a seguir na decisão, suficientemente determinados, apesar da sua textura aberta, para limitar o seu carácter discricionário, embora sem o excluir". (HART, Herbert L. A. *O Conceito de Direito*. p. 161).

[16] STRECK, Lenio Luiz. *O que é isto*: decido conforme a minha consciência? Porto Alegre: Livraria do Advogado, 2010.

interpretação formam parte determinante da produção constitucional.[17] Afastadas as antigas visões idealizadas do papel dos intérpretes do texto como agentes isentos de vontade – os quais poderiam apenas aplicar o conjunto de decisões formadas no âmbito político, do qual eles não seriam participantes ativos –, passou-se a projetar formas distintas de enunciar maneiras adequadas de formulação das decisões.[18]

3. Interpretação constitucional

A interpretação constitucional, em tais circunstâncias, ganhou relevo diante de um plexo de fatores políticos e históricos que dispuseram a Constituição como norma suprema. A elevação da Carta Magna à condição de teto e fundamento do ordenamento jurídico foi acompanhada pela maior atenção às atividades daqueles que tinham como dever, "guardar" ou "proteger" a Constituição.[19]

Diante da importância conferida a tal atividade, colige-se a especificidade do papel que a Constituição passou a ocupar, compreendida como fonte normativa em sua integralidade, diante da existência de um conjunto de normas que não são autoevidentes ou autoexecutáveis e que não podem ser submetidas a uma simples subsunção. Como analisa Wojciech Sadurski, foi o exemplo da Constituição dos Estados Unidos que convenceu os europeus de que a Constituição não podia ser deixada apenas para ser aplicada no âmbito político, já que demandava a criação de instrumentos legais para confirmar, no plano da aplicação, sua supremacia. A ideia de que uma instituição jurídica deveria ter autoridade para garantir a supremacia constitucional foi, por muito tempo, um anátema no continente europeu.[20]

No Brasil, após a Constituição de 1988, a doutrina da efetividade procurou afirmar a normatividade constitucional em oposição às leituras que consideravam a Constituição como um texto político desprovido de força normativa. A proposta da "dogmática da efetividade" voltou-se para preencher uma lacuna teórica no país e potencializar os efeitos que poderiam ser derivados da Carta Magna, apostando, na época, em certo protagonismo do Judiciário.[21]

---

[17] HART, Herbert L. A. *Essays in Jurisprudence and Philosophy*. Oxford: Claredon Press, 1983.

[18] "Não mais interpretamos para compreender e, sim, compreendemos para interpretar, rompendo-se, assim, as perspectivas epistemológicas que coloca(va)m o método como supremo momento da subjetividade e garantia da segurança (positivista) da interpretação. A consequência, insisto, será a necessidade de uma teoria da decisão." (STRECK, Lenio Luiz. Superando os diversos tipos de positivismo: porque hermenêutica é *applicatio*? Nomos: *Revista do Programa de Pós-Graduação em Direito da UFC*, v. 34, n. 2, 2014. p. 278).

[19] KELSEN, Hans. *Jurisdição constitucional*. São Paulo: Martins Fontes, 2007.

[20] SADURSKI, Wojciech. Constitutional Review in Europe and in the United States: Influences, Paradoxes and Convergence. *Sydney Law School Research Paper n. 11/15*, 2011. No mesmo sentido: "(...) pode-se afirmar que, até meados do século XX, no modelo hegemônico na Europa continental e em outros países filiados ao sistema jurídico romano-germânico, a regulação da vida social gravitava em torno das leis editadas pelos parlamentos, com destaque para os códigos. A premissa política subjacente a esta concepção era a de que o Poder Legislativo, que encarnava a vontade da Nação, tinha legitimidade para criar o Direito, mas não o Poder Judiciário, ao qual cabia tão somente aplicar aos casos concretos as normas anteriormente ditadas pelos parlamentos." (SOUZA NETO, Cláudio Pereira de; SARMENTO, Daniel. *Direito constitucional*: teoria, história e métodos de trabalho. Belo Horizonte: Fórum, 2012. p. 84).

[21] "Assim como o médico-cirurgião intervém no corpo do paciente para cumprir sua missão, valendo-se do instrumental cirúrgico, cabe ao jurista intervir no mundo jurídico por meio de instrumental próprio: a

Ademais, as Constituições escritas não apresentam, de maneira completa em seu texto, o conjunto de orientações sobre como elas devem ser interpretadas.[22] Aquilo que pode ser dito, por outro lado, é que as Constituições são carregadas, desde o seu início, com uma narrativa densa, que não é capaz de se autodefinir sem fatores exógenos, narrativa que segue por distintos momentos históricos, demandando que as sucessivas gerações produzam sentidos a partir dela, seja com base na história, na estrutura ou no texto constitucional.[23]

Com isso, as Cortes Constitucionais também foram alçadas a uma posição privilegiada no debate, e os entendimentos que procuram reforçar ou mitigar a função da jurisdição constitucional passaram a disputar o cenário teórico. Isso pode ser constatado, por exemplo, no embate entre as correntes "interpretativistas" e "não interpretativistas" nos Estados Unidos.[24]

A perspectiva "interpretativista" enfatiza os limites interpretativos presentes na textura semântica e na suposta vontade do legislador, os quais seriam justificados em decorrência do princípio democrático, ou seja, os juízes não poderiam querer ocupar o papel dos políticos na definição das normas que organizam o Estado de Direito.[25] De tal maneira, a realização do controle de constitucionalidade apenas seria admissível nas situações em que se identificar uma "regra" clara para o "juízo de constitucionalidade", enquanto a Constituição cumpriria função institucional e procedimental – definir competências de órgãos públicos e não estabelecer conteúdos substantivos que orientam a sociedade.[26]

A perspectiva "não interpretativista", de outra sorte, sublinha que cabe aos juízes a identificação e a aplicação de valores substantivos para preservar a Constituição. Nesse contexto, não apenas a democracia deve ser apreciada como valor que merece tutela por parte do Judiciário. Justiça, igualdade, liber-

---

dogmática." (CLÈVE, Clèmerson Merlin. *Para uma dogmática constitucional emancipatória*. Belo Horizonte: Fórum, 2012. p. 36). Ver também: BARROSO, Luís Roberto. *O direito constitucional e a efetividade de suas normas*: limites e possibilidades da Constituição brasileira. 8. ed. Rio de Janeiro: Renovar, 2006.

[22] TRIBE, Laurence. *The Invisible Constitution*. p. 78.

[23] TRIBE, Laurence. *The Invisible Constitution*. p. 69.

[24] "Há uma antiga disputa na teoria constitucional que vem sendo chamada por diferentes nomes em diferentes épocas; porém, para falar dela, a terminologia contemporânea parece ser tão boa como qualquer outra. Hoje em dia, tendemos a chamar os lados em disputa de 'interpretacionismo' e 'não interpretacionismo' – o primeiro afirma que o juízes que decidem as questões constitucionais devem limitar-se a fazer cumprir as normas explícitas ou claramente implícitas na Constituição escrita, e o segundo adota a opinião contrária, a de que os tribunais devem ir além desse conjunto de referências e fazer cumprir normas que não se encontram claramente indicadas na linguagem do documento." (ELY, John Hart. *Democracia e desconfiança*: uma teoria do controle judicial de constitucionalidade. São Paulo: Martins Fontes, 2010. p. 3).

[25] CANOTILHO, J. J. Gomes. *Direito Constitucional e Teoria da Constituição*. 7. ed. Coimbra: Almedina, 2003. p. 1195.

[26] CANOTILHO, J. J. Gomes. *Direito Constitucional e Teoria da Constituição*. p. 1196. Ronald Dworkin critica tal perspectiva com a seguinte argumentação: "Os juízes não podem decidir qual foi a intenção pertinente dos constituintes, ou qual processo político é realmente justo ou democrático, a menos que tomem decisões políticas substantivas iguais àquelas que os proponentes da intenção ou do processo consideram que os juízes não devem tomar. A intenção e o processo são idéias nocivas porque encobrem essas decisões substantivas com a piedade processual e finge que elas não foram tomadas." (DWORKIN, Ronald. *Uma questão de princípio*. São Paulo: Martins Fonte, 2005. p. 43).

dade, também devem ser levadas em consideração no momento da atividade hermenêutica realizada pelos juízes.[27]

A dicotomia foi ressaltada diante da detecção de "casos difíceis", ou seja, nos quais inexiste uma regra previamente estabelecida que determine, com certa segurança, um sentido específico para a decisão.[28] Essa, por não ter respaldo em uma regra, pode ser fundamentada em princípios ou políticas e, para Dworkin, o ideal seria que elas tivessem seu fundamento estabelecido em princípios jurídicos,[29] pois, em tais casos, os juízes tomam decisões aptas a justificar outras decisões, as quais podem ser inseridas, ademais, em uma teoria abrangente dos princípios.[30]

4. Interpretação e integridade

Dworkin foi um dos mais importantes defensores do "não interpretativismo"[31] e, de suas reflexões destaca-se a famosa teoria "Olímpica" a respeito de

---

[27] "(...) o direito não é apenas o 'conteúdo' de regras jurídicas concretas, é também formado constitutivamente por *princípios jurídicos abertos* como justiça, imparcialidade, igualdade, liberdade. A mediação judicial concretizadora destes princípios é uma tarefa indeclinável dos juízes." (CANOTILHO, J. J. Gomes. *Direito Constitucional e Teoria da Constituição*. p. 1197). "As teorias não interpretativas, segundo se afirma, supõem, ao contrário, ser válido que o tribunal, pelo menos algumas vezes, confronte decisões legislativas com modelos retirados de alguma outra fonte que não o texto, como a moralidade popular, teorias da justiça bem fundadas ou alguma concepção de democracia genuínna." (DWORKIN, Ronald. *Uma questão de princípio*. p. 44).

[28] "(...) mesmo quando nenhuma regra regula o caso, uma das partes pode, ainda assim, ter o direito de ganhar a causa. O juiz continua tendo o dever, mesmo nos casos difíceis, de descobrir quais são os direitos das partes, e não de inventar novos direitos retroativamente. (DWORKIN, Ronald. *Levando os direitos a sério*. São Paulo: Martins Fontes, 2010. p. 128). A título ilustrativo, veja-se o número diminuto de ações que tipicamente envolveram jurisdição constitucional na história Supremo Tribunal Federal: ADC, 32 (0,002%); ADI, 5.040 (0,331%); ADO, 24 (0,002%); ADPF, 300 (0,020%). FALCÃO, Joaquim; HARTMANN, Ivar A.; CHAVES, Vitor P. *III Relatório Supremo em Números*: o Supremo e o tempo. Rio de Janeiro: Escola de Direito do Rio de Janeiro da Fundação Getulio Vargas, 2014. p. 143-144. Não desconsiderando a possibilidade da realização de controle de constitucionalidade em outras ações, assim como, que os "casos difíceis" não estão limitados às quatros modalidades supracitadas, faz-se possível reconhecer que, em termos proporcionais, o STF possui um número reduzido de "casos difíceis".

[29] "(...) defendo a tese de que as decisões judiciais nos casos civis, mesmo em casos difíceis como o da *Spartan Steel*, são e devem ser, de maneira característica, gerados por princípios, e não por políticas." (DWORKIN, Ronald. *Levando os direitos a sério*. p. 132). "Minha visão é que o Tribunal deve tomar decisões de princípio, não de política – decisões sobre que direitos as pessoas têm sob nosso sistema constitucional, não decisões sobre como se promove melhor o bem-estar geral –, e que deve tomar essas decisões elaborando e aplicando a teoria substantiva da representação, extraída do princípio básico de que o governo deve tratar as pessoas como iguais." (DWORKIN, Ronald. *Uma questão de princípio*. p. 101).

[30] DWORKIN, Ronald. *Levando os direitos a sério*. p. 137. "Há muitas situações em que não existe uma solução pré-pronta no Direito. A solução terá de ser construída argumentativamente, à luz dos elementos do caso concreto, dos parâmetros fixados na norma e de elementos externos ao Direito. São os casos difíceis. Há três grandes situações geradoras de casos difíceis: a) *Ambiguidade da linguagem*. (...) b) *Desacordos morais razoáveis*. (...) c) *Colisões de normas constitucionais ou de direitos fundamentais*." (BARROSO, Luís Roberto. *O novo direito constitucional brasileiro*: contribuições para a construção teórica e prática da jurisdição constitucional no Brasil. Belo Horizonte: Fórum, 2012. p. 37-38).

[31] Em certa medida, a dicotomia entre interpretativistas e não interpretativistas foi superada com o reconhecimento da impossibilidade de se afastar a atividade interpretativa por parte dos juízes. Para Dworkin, qualquer teoria a respeito do controle de constitucionalidade é interpretativa: "(...) no sentido de quem tem como objetivo oferecer uma interpretação da Constituição enquanto documento jurídico original e fundador, e também pretende integrar a Constituição à nossa prática constitucional e jurídica como um todo." (DWORKIN, Ronald. *Uma questão de princípio*. p. 45). Nos termos de Kingwell: "(...) judges – like readers – are interpreting all the time, whether they like it or not. From this point of view, interpretivism is really just a rather strict and old-fashioned school of interpretation, one that is further impaired by insufficient

como devem se ajustar os hermeneutas,[32] assim como vários questionamentos a respeito do próprio conceito de Direito.[33]

A teoria de Dworkin se concentra na atividade interpretativa ao mesmo tempo em que procura articular critérios de avaliação, ao estabelecer parâmetros de ajuste (*fit*) e justificação (*justification*) dos princípios em relação ao sistema jurídico e suas práticas. Possui como guia a integridade, a busca pela melhor interpretação disponível no ordenamento jurídico, procurando "mostrar o que é interpretado em sua melhor luz possível".[34] Tece diversas críticas ao que designa de "teoria semântica" do Direito. Assim, questiona o positivismo de Herbert Hart pelo fato de o autor ter supostamente transformado o uso do poder do Estado em um "mero jogo de palavras".[35] Ademais, identifica um juízo moral nas proposições capazes de afirmar *qual é o direito* adequado em certo caso.

Em sua hermenêutica holística, os enunciados jurídicos precisam ser extraídos de um conjunto de princípios que podem chegar até a "resposta certa"[36] diante de todo o ordenamento jurídico estabelecido.[37] Sua proposta teórica é de uma teoria geral da interpretação baseada em valores, com alicerce na ideia de

---

self-awareness." (KINGWELL, Mark. Let's Ask Again: Is Law Like Literature? *Yale Journal of Law & the Humanities*. v. 6, 1994. p. 323). Ver também: FISS, Owen. Objectivity and Interpretation. *Stanford Law Review*, v. 34, 1982.

[32] "Devo tentar expor essa complexa estrutura da interpretação jurídica, e para tanto utilizarei um juiz imaginário, de capacidade e paciência sobre-humanas, que aceita o direito como integridade." (DWORKIN, Ronald. *O Império do Direito*. São Paulo: Martins Fontes, 2003. p. 287). "(...) Dworkin concede que nenhum juiz humano real, distinto de 'Hércules', o seu mítico juiz ideal, podia praticar o feito de construir uma interpretação de todo o direito do seu país, de forma imediata." (HART, Herbert L. A. *O Conceito de Direito*. p. 326).

[33] "Quando, como ocorre freqüentemente, duas partes discordam a respeito de uma proposição 'de direito', sobre o que estão discordando e como devemos decidir sob qual dos lados está com a razão? Por que denominamos de 'obrigação jurídica' aquilo que 'o direito' enuncia? Neste caso, 'obrigação' é apenas um termo técnico que significa apenas o que é enunciado pela lei? Ou a obrigação jurídica tem algo a ver com a obrigação moral? Podemos dizer, pelo menos em princípio, que temos as mesmas razões tanto para cumprir nossas obrigações jurídicas como para cumprir nossas obrigações morais?" (DWORKIN, Ronald. *Levando os direitos a sério*. p. 23-24).

[34] DWORKIN, Ronald. *O Império do Direito*. p. 292. "Os juízes que aceitam o ideal interpretativo da integridade decidem casos difíceis tentando encontrar, em algum conjunto coerente de princípios sobre os direitos e deveres das pessoas, a melhor interpretação da estrutura política e da doutrina jurídica de sua comunidade." (DWORKIN, Ronald. *O Império do Direito*. p. 305).

[35] DWORKIN, Ronald. *O Império do Direito*. p. 50. "As teorias semânticas como o positivismo limitam nossa linguagem ao nos negar a oportunidade de usarmos a palavra 'direito' desse modo flexível, dependendo do contexto ou do sentido. Elas insistem em que devemos optar, de uma vez por todas, entre um sentido 'amplo' ou pré-interpretativo, e um sentido 'estrito' ou interpretativo. Desse modo, porém, a correção lingüística paga um preço exorbitante." (DWORKIN, Ronald. *O Império do Direito*. p. 129).

[36] "Desse modo, a própria ideia de resposta correta (adequada à Constituição) se apresenta como uma (nova) perspectiva para se pensar o problema da relação entre direito e moral: o dever do juiz – que surge do correlato direito fundamental – instituiu um (novo) começo moral para o direito. Dito de outro modo, a resposta correta deve ser entendida numa dupla perspectiva: 1) enquanto possibilidade, a partir da qual se demonstra como são possíveis respostas corretas em direito; 2) enquanto dever, no interior da qual se produz uma teoria de como os juízes devem decidir as causas que julgam, e não apenas como eles podem (escolher) julgar." (STRECK, Lenio Luiz. O direito como um conceito interpretativo. *Pensar*, v. 15, n. 2, 2010. p. 511).

[37] "Se existem tais fatos morais, então pode-se racionalmente supor que uma proposição de Direito é verdadeira mesmo que os juristas continuem a discordar quanto à proposição depois de conhecidos ou estipulados todos os fatos concretos." (DWORKIN, Ronald. *Uma questão de princípio*. 206). Para Ronaldo Porto Macedo Junior: "A tese da resposta certa, conforme se procurará demonstrar, está na base de uma concepção interpretativa da verdade e da objetividade, segundo a qual afirmar a objetividade de uma proposição significa reconhecer que ela está justificada pelos melhores argumentos disponíveis. (...) a objetividade jurídica, ou, ainda, a 'objetividade possível' – porquanto outras concepções seriam contrassensos –, é aquela que

que existem verdades objetivas. Segundo Dworkin, algumas instituições são efetivamente injustas e alguns atos são realmente errados, independentemente de quantas pessoas entendam isso de outra forma.[38]

O exemplo da cortesia auxilia na compreensão de tal proposta. Para o autor, a prática da cortesia não apenas pode ser observada em termos fáticos, eis que possui em si um valor, está de acordo com algum interesse ou reforça algum princípio que independe da descrição das regras que compõem a prática.[39] Uma vez que se adota uma atitude interpretativa diante da cortesia ela se transforma, não é mais uma atividade mecânica, mas, antes, uma prática à qual as pessoas procuram atribuir determinado significado e, possivelmente, reestruturá-la diante de tal sentido,[40] dessa maneira: "A interpretação repercute na prática, alterando sua forma, e a nova forma incentiva uma nova reinterpretação. Assim, a prática passa por uma dramática transformação, embora cada etapa do processo seja uma interpretação do que foi conquistado pela etapa imediatamente anterior".[41]

Sua "interpretação construtiva" estipula distintos níveis de consenso em cada etapa da interpretação, a qual se divide em três: a) primeiro um momento "pré-interpretativo" no qual são identificados padrões que conferem conteúdo experimental para a prática; b) na etapa seguinte, propõe a criação de uma justificativa geral para os principais elementos da prática anterior; nesse caso, a justificativa precisa ser suficiente para que o intérprete possa ser observado como alguém que realiza uma atividade hermenêutica e não criativa de uma nova prática; c) por fim, engendra-se uma fase pós-interpretativa ou reformuladora, em que são ajustadas a prática e a justificativa adequadas.[42]

A teoria interpretativa de Dworkin pode ser inserida na perspectiva mais abrangente do "direito como integridade", na qual todo o Direito e seu conjunto de artefatos, normas, decisões, encontram-se em um processo contínuo de interpretação. A integridade orienta, também, a produção do legislador, de modo que este deve buscar fazer com que o conjunto normativo do Estado se torne moralmente coerente.

As formulações de Dworkin indicam que não há como retornar a um ponto histórico no qual a interpretação constitucional deixa de ser uma prática construtiva realizada por seus intérpretes. Entretanto, e não afastando as im-

---

se regula pelo jogo de linguagem do direito." (MACEDO JUNIOR, Ronaldo Porto. *Do Xadrez à Cortesia*: Dworkin e a teoria do direito contemporânea. São Paulo: Saraiva, 2013. p. 48).

[38] DWORKIN, Ronald. *Justice for Hedgehogs*. Cambridge: Harvard University Press, 2011. p. 7-8. Dworkin deu continuidade aos seus argumentos: "*That* there are truths about value is an obvious, inescapable fact. When people have decisions to make, the question of what decision they should make is inescapable, and it can be answered only by noticing reasons for acting one way or another; it can be answered only in that way because that is what the question, just as a matter of what it means, inescapably calls for. No doubt the best answer on some occasions is that *nothing* is any better to do than anything else. Some unfortunate people find a more dramatic answer unavoidable: they think nothing is *ever* the best or right thing to do." (DWORKIN, Ronald. *Justice for Hedgehogs*. p. 24).

[39] DWORKIN, Ronald. *O Império do Direito*. p. 57.

[40] DWORKIN, Ronald. *O Império do Direito*. p. 58.

[41] DWORKIN, Ronald. *O Império do Direito*. p. 59.

[42] DWORKIN, Ronald. *O Império do Direito*. p. 81-82.

portantes contribuições do autor, não é necessário concordar com todo o aparato teórico apresentado para chegar a análogas conclusões.[43]

Além disso, a disputa a propósito da atividade interpretativa, se esta deve se concentrar em maior ou menor medida no Judiciário, no Legislativo,[44] ou ser realizada pelo próprio "povo",[45] não modifica o caráter divergente entre as teorias que disputam a definição de *quem* tem capacidade para produzir as melhores respostas: o juiz, o legislador, os membros do executivo ou o próprio povo?[46]

5. Interpretação dinâmica

William Eskridge procura responder a essa questão por meio de uma teoria dinâmica da interpretação. A interpretação de casos constitucionais de modo dinâmico faz parte de um processo deliberativo que exige seja a voz do povo ouvida nas circunstâncias de tensão entre as leis e as circunstâncias sociais fáticas em situação de mutação.[47]

A proposta guardaria correspondência com as disposições definidas na própria Constituição no sentido da criação dinâmica de políticas, nas quais, as preferências da maioria vão sendo moldadas pelas deliberações de seus representantes. A interpretação dinâmica substanciaria, portanto, um instrumento valioso para a legitimação do governo, eis que, nos casos de mudanças significativas nas circunstâncias fáticas, os problemas apresentados pela dificuldade contramajoritária[48] não obstariam interpretações dinâmicas pelos tribunais.

---

[43] Ver, por exemplo, as críticas tecidas por Frank Michelman à teoria de Dworkin: MICHELMAN, Frank I. *Brennan and Democracy*. Princeton: Princeton University Press, 1999.

[44] "What I want to do is apply the cannon of symmetry in the other direction. I want to ask: What would it be like to develop a rosy picture of legislatures and their structures and processes that matched, in its normativity and perhaps in its naïvety, the picture of courts – 'forum of principle' etc. – that we present in the more elevated moments of our constitutional jurisprudence?" (WALDRON, Jeremy. *Law and Disagreement*. Oxoford: Oxford University Press, 2004. p. 32).

[45] "America´s Founding generation, in daring contrast, embraced a political ideology that celebrated the central role of 'the people' in supplying government with its energy and direction, an ideal that remained at all times in the forefront of their thinking – Federalist and Anti-Federalist alike. Preserving liberty demanded a constitution whose internal architecture was carefully arranged to check power, just as it demanded leaders of sufficient 'character' and 'virtue'. But structural innovations and virtuous leadership were 'auxiliary devices' to channel and control popular politics, not to isolate or eliminate it. The people themselves remained responsible for making things work." (KRAMER, Larry D. *The People Themselves*: popular constitutionalism and judicial review. Oxford: Oxford University Press, 2004. p. 6).

[46] Madison procurava mitigar a participação popular por meio da democracia representativa, nela, os representantes do povo seriam aqueles responsáveis por falar em nome de seus representados: "Num tal governo é mais possível que a vontade pública, expressa pelos representantes do povo, esteja em harmonia com o interesse público do que no caso de ser ela expressa pelo povo mesmo, reunido para esse fim." (HAMILTON; MADISON; JAY. *O Federalista*. Belo Horizonte: Ed. Líder, 2003. p. 64). Os modos deliberativos imaginados pelos pais fundadores seriam mediados por representantes e se colocariam para além das preferências privadas dos cidadãos.

[47] ESKRIDGE JR, William N. Dynamic Statutory Interpretation. *University of Pennsylvania Law Review*, v. 135. p. 1529.

[48] Porém, até mesmo Alexander Bickel admite que o compromisso com o ideal majoritário não pode ser absoluto. BICKEL, Alexander. *The Least Dangerous Branch*: The Supreme Court at the Bar of Politics. New Haven: Yale University Press, 1986. p. 51. Um problema com as objeções suscitadas pela dificuldade contramajoritária está no fato de que ela espera que os juízes se limitem a implementar as vontades ou diretrizes dos legisladores, porém, anota Eskridge, a hermenêutica demonstra a inevitabilidade da criação judicial

Uma maneira recorrente de operar interpretações de dispositivos normativos se concentra no texto e no sistema de precedentes. Eskridge sugere, em complemento, uma teoria interpretativa dinâmica cautelosa, por meio da qual procura escrutinar posturas interpretativas subsequentes, desenvolvimentos na matéria constitucional e fatos sociais atualizados em seu contexto.[49]

A insuficiência da teoria interpretativa estática desafia a proposição da teoria dinâmica. A teoria estática espera que juízes reproduzam os sentidos de normas antigas sem que possam considerar o contexto em que elas serão aplicadas, afastando, muitas vezes, a possibilidade de uma hermenêutica dialética[50] ao transformar essa atividade em uma simples "descoberta", uma localização de sentidos antigos, como se o intérprete pudesse (re)criar um vínculo com os legisladores ou juízes do passado e reproduzir com fidelidade os sentidos constituídos naqueles momentos, sem interferências de contingências contemporâneas.

Para Eskridge, ao invés de se limitar à perspectiva convencional, a teoria dinâmica deve observar e reconciliar três dimensões: i) o texto, a parte formal da interpretação que supõe um limite para o número de possibilidades hermenêuticas; ii) as expectativas originais dos legisladores e os compromissos que eles alcançaram; iii) e a evolução subsequente das normas e seu contexto presente, especialmente nos casos em que ocorreram mudanças no âmbito jurídico e social.[51]

Para ilustrar sua teoria, Eskridge faz referência ao caso United Steelworkers v. Weber (1979). Em sua perspectiva, a resposta fornecida pela Suprema Corte foi adequada, porém, ao mesmo tempo, notou-se grande dificuldade por parte dos juízes na justificação da decisão a partir de teorias interpretativas tradicionais. O caso discute a "Lei dos Direitos Civis" (*Civil Rights Act*) de 1964 que havia banido qualquer forma de discriminação com base em raça, cor, religião, gênero ou nacionalidade.

Brian Weber, um empregado branco, questionou a constitucionalidade de um acordo coletivo de trabalho que garantia cotas para trabalhadores negros, com fulcro no título VII da Lei de Direitos Civis, a qual vedava discriminações no âmbito das relações de emprego. Tratava-se, portanto, de um questionamento a respeito da constitucionalidade de ações afirmativas adotadas na esfera trabalhista, diante de uma legislação que não respondia adequadamente às questões suscitadas por Weber a respeito da discriminação.[52]

---

quando o texto normativo é interpretado ao longo do tempo. ESKRIDGE JR, William N. Gadamer/Statutory Interpretation. *Columbia Law Review*, v. 90, n. 3, 1990. p. 613.

[49] "Statutes, however, should – like the Constitution and the common law – be interpreted 'dynamically', that is, in light of their present societal, political, and legal context." (ESKRIDGE JR, William N. Dynamic Statutory Interpretation. p. 1479).

[50] ESKRIDGE JR, William N. Dynamic Statutory Interpretation. p. 1482-1483.

[51] ESKRIDGE JR, William N. Dynamic Statutory Interpretation. p. 1483.

[52] "The statutory text does not decisively answer the interpretive issue, contrary to labored readings by both the majority and dissenting opinions. (...) The operative word is 'discriminate', which is not defined in the Act. Weber interpreted the antidiscrimination rule of section 703(d) to prevent any and every differential treatment of employees on racial grounds." (ESKRIDGE JR, William N. Dynamic Statutory Interpretation. p. 1489).

A Suprema Corte decidiu, por maioria, que a alegada discriminação contra brancos não fazia sentido e que as ações afirmativas da empresa deveriam ser mantidas. O Justice Brennan apresentou a decisão da Corte utilizando como argumentos a história legislativa, a intenção do Congresso e o próprio texto normativo. Decidiu que o Título VII da Lei de Direitos Civis não condenava planos de ações afirmativas privados, voluntários e conscientes das questões raciais.[53]

Na visão de Eskridge, se a interpretação dinâmica fosse utilizada, ela poderia reconhecer que não apenas havia ocorrido uma mudança no conceito de discriminação entre o momento da edição da Lei (1964) e o tempo de julgamento do caso (1979), assim como no contexto legal e social. Tais transformações puderam ser observadas nas decisões posteriores, em que o sentido da decisão do caso foi expandido para orientar ações afirmativas relacionadas a mulheres e minorias raciais.[54]

A teoria dinâmica sugere uma relação contínua entre os aspectos textuais, históricos e contextuais. Em várias situações o texto normativo irá sugerir respostas para os casos, especialmente quando a lei é recente e a produção legislativa foi permeada por grandes deliberações – em tais condições o texto é dominante. Porém, em certos casos, nem o texto ou a história legislativa apontam para uma resposta, além de serem notadas mudanças sociais e jurídicas significativas – nessas condições o contexto prevalece. A seguinte estrutura pode auxiliar na atividade interpretativa: i) quanto mais detalhado o texto normativo, maiores devem ser as considerações textuais; ii) quanto mais recente é a lei e mais evidentes as intenções legislativas, maior deve ser a consideração para os aspectos históricos; iii) quanto mais notáveis forem as mudanças nas circunstâncias, maior atenção deverá ser conferida para o aspecto evolutivo.[55]

Diante de tal proposta, pode-se advogar uma leitura dos textos normativos realizada em um intervalo temporal contínuo.[56] Ora, a teoria da interpre-

---

[53] Deve-se anotar que a divergência apresentada pelo Justice Burger está fundada em sua leitura da "linguagem explícita da lei": *"Often we have difficulty interpreting statutes either because of imprecise drafting or because legislative compromises have produced genuine ambiguities. But here there is no lack of clarity, no ambiguity. The quota embodied in the collective bargaining agreement between Kaiser and the Steelworkers unquestionably discriminates on the basis of race against individual employees seeking admission to on-the-job training programs. And, under the plain language of § 703(d), that is 'an unlawful employment practice'."* United Steelworkers v. Weber (1979).

[54] "Weber suggests a lesson: when societal conditions change in ways not anticipated by Congress and, especially, when the legal and constitutional context of the statute decisively shifts as well, this current perspective should, and will, affect the statute´s interpretation, notwithstanding contrary inferences from the historical evidence." (ESKRIDGE JR, William N. Dynamic Statutory Interpretation. p. 1494).

[55] ESKRIDGE JR, William N. Dynamic Statutory Interpretation. p. 1496.

[56] Para Hans-Georg Gadamer a interpretação textual ocorre em uma fusão de horizontes, em que o leitor alcança a perspectiva passada, ao mesmo tempo em que compreende o contexto presente do texto, trata-se de um processo contínuo, a hermenêutica é um diálogo do intérprete com o texto e com a tradição que circunda a escritura. "Ernest Forsthoff demonstrou numa valiosa investigação que, por razões estritamente jurídicas, foi necessário refletir sobre a mudança histórica das coisas, através do que distinguiu-se entre o sentido original do conteúdo de uma lei e o que se aplica na práxis jurídica. É verdade que o jurista sempre tem em mente a lei em si mesma. Mas seu conteúdo normativo tem que ser determinado com respeito ao caso ao qual se trata de aplicá-la. E para determinar com exatidão esse conteúdo não se pode prescindir de um conhecimento histórico do sentido originário, e só por isso o intérprete jurídico tem que vincular o valor posicional histórico que convém a uma lei, em virtude do ato legislador. Não obstante, não pode sujeitar-se a que, por exemplo, os protocolos parlamentares lhe ensinariam com respeito à intenção dos que elaboraram a lei. Pelo contrário, está obrigado a admitir que as circunstâncias foram sendo mudadas e que, por conse-

tação dinâmica supõe questões a respeito da própria "natureza" da atividade interpretativa. Hans-Georg Gadamer, particularmente, entende que o método adotado para interpretação não restringe ou mesmo guia o intérprete de uma maneira específica, como a literatura jurídica muitas vezes parece supor, pois a interpretação é uma busca pelo entendimento comum da verdade do texto pelo intérprete, por meio da uma tradição histórica.[57]

Não há, portanto, um método específico que seja suficiente para responder a todas as vicissitudes que a atividade hermenêutica precisa enfrentar. Eskridge argumenta que o texto, as expectativas do legislador e os arranjos políticos atuais podem ser utilizados para aprimorar a hermenêutica. Assim, a interpretação deve ser compreendida como uma *conversa* estabelecida entre a perspectiva contemporânea do intérprete e a tríade de elementos que auxiliam na construção do sentido normativo.[58]

6. Entre dinâmica e integridade

No que tange ao questionamento a respeito de quem seria a autoridade com melhores condições de realizar interpretações constitucionais, uma breve comparação pode ser feita entre Eskridge e Dworkin. Ambos formulam propostas normativas que procuram incrementar o conjunto de instrumentais disponíveis para a realização da hermenêutica constitucional. Além disso, ambos apostam suas fichas no Judiciário como Poder moldado para tomar decisões difíceis.

As duas teorias, cada uma à sua maneira, questionam as interpretações "estáticas". Para Eskridge a alternativa se encontra em uma perspectiva dinâmica cautelosa e na visão dos juízes como "diplomatas",[59] cuja autoridade é bastante limitada por seus "superiores", mas que, ainda assim, dispõem de competência para atualizar suas ordens diante de novas conjunturas. Dworkin defende a atualização interpretativa que acontece na consonância do direito como integridade, ou seja, a própria atividade interpretativa possui o condão de conferir outro olhar para as normas por meio de uma leitura coerente e olímpica (hercúlea) do Direito.

Para Dworkin, deve-se buscar a integridade não apenas nas decisões, constituindo ela também um norte para a produção legislativa, o que faz com que os legisladores tenham como imperativo a construção de uma ordem jurídica moralmente coerente. Sob o manto do direito como integridade, proposições jurídicas são verdadeiras se elas se harmonizam com princípios de justiça, igualdade e devido processo legal, os quais podem construir a melhor interpretação jurídica. De modo a concretizar uma interpretação construtiva,

---

guinte, tem que determinar de novo a função normativa da lei." (GADAMER, Hans-Georg. *Verdade e Método*. Petrópolis, RJ: Vozes, 1997. p. 485).

[57] "Quando o juiz adequa a lei transmitida às necessidades do presente, quer certamente resolver uma tarefa prática. O que de modo algum quer dizer que sua interpretação da lei seja uma tradução arbitrária. Também em seu caso, compreender e interpretar significam conhecer e reconhecer um sentido vigente." (GADAMER, Hans-Georg. *Verdade e Método*. p. 487).

[58] ESKRIDGE JR, William N. Gadamer/Statutory Interpretation. p. 613.

[59] ESKRIDGE JR, William N. Dynamic Statutory Interpretation. p. 1482.

precisa-se perceber a atividade interpretativa como a construção de uma novela, um romance em cadeia, uma história contínua na qual a compreensão muda com o desenvolvimento da própria história narrada (pelo Direito).[60]

A proposta de Dworkin não dista da confluência de horizontes apresentada por Gadamer, ou seja, as formas pelas quais a tradição pode conectar o passado e o presente,[61] e uma maneira de realizar tal atividade no âmbito jurídico – em especial no *Common Law* –, ocorre por meio da leitura dos precedentes. A sequência de precedentes, práticas e costumes conformam um encadeamento de sentidos para Dworkin, os quais conectam justamente as decisões anteriores dos tribunais com as decisões presentes. Cabe ao intérprete considerar não apenas as origens das normas, mas, também, sua *vida* e suas transformações.

Por essas características, a visão de Dworkin foi tratada como "romântica"[62] ou "sonhadora".[63] Um dos problemas derivados da teoria de Dworkin está na dificuldade da manutenção da coerência da produção legislativa, pois, não apenas normas novas possuem inconsistências internas, como podem, também, conflitar com disposições anteriores que expressavam visões políticas distintas. O desafio se encontra na complexa articulação da coerência entre os diversos campos tutelados pelo Direito e, em adendo, a realização de uma conciliação entre normas e precedentes antigos com novas configurações legais e sociais.

A teoria dinâmica de Eskridge parece fornecer respostas mais amoldadas sobre tal questão. O modelo dinâmico sugere que os juízes, ao interpretar os textos, atuam como "diplomatas". Os diplomatas precisam seguir ordens ambíguas para situações inusitadas. Eles são, no limite, agentes a serviço do Estado e sua liberdade de interpretação é restringida pelas ordens prévias, as quais não são sempre consistentes e coerentes ao longo do tempo.[64]

Eskridge reconhece que, em certos casos, os juízes podem estar próximos da tese olímpica, o Justice Earl Warren e seus colegas se aproximaram disso no

---

[60] DWORKIN, Ronald. *O Império do Direito*. p. 276.

[61] Veja-se as preocupações de Gadamer com a "tradição": "Em si mesmo, 'preconceito' (*Vorurteil*) quer dizer um juízo (*Urteil*) que se forma antes da prova definitiva de todos os momentos determinantes segundo a coisa. No procedimento juris-prudencial um preconceito é uma pré-decisão jurídica, antes de ser baixada uma sentença definitiva. Para aquele que participa da disputa judicial, um preconceito desse tipo representa evidentemente uma redução de suas chances." (GADAMER, Hans-Georg. *Verdade e Método*. p. 407).

[62] ESKRIDGE JR, William N. Dynamic Statutory Interpretation. p. 1550.

[63] Para Hart, o "nobre sonho" de Dworkin seria particularista e holístico, pois procura maneiras de limitar a discricionariedade dos magistrados se utilizando de recursos de sistema jurídicos particulares. O "pesadelo", por outro lado, estaria representado pelos realistas e por sua visão da impossibilidade de se limitar a discricionariedade dos juízes, e da consequente indeterminação das decisões. "So for Dworkin, even in the hardest of hard cases where each of two alternative interpretations of a statute or two conflicting rules seems to fir equally well the already clearly established law, the judge is never to make law. So Oliver Wendell Holmes was, in Dworkin's view, wrong in claiming that at such points the judge must exercise what he called 'the sovereign prerogative of choice' and must legislate even if only 'interstitially'. According to the new theory, the judge, however hard the case, is never to determine what the law *shall* be; he is confined to saying what he believes *is* the law before his decision, though of course he may be mistaken. This means that he must always suppose that for every conceivable case there is some solution which is already law before he decides the case and which awaits his discovery. He must not suppose that the law is ever incomplete, inconsistent, or indeterminate; if it appears so, the fault is not in *it*, but in the judge's limited human powers of discernment, so there is no space for a judge to make law by choosing between alternatives as to what shall be the law." (HART, Herbert L. A. *Essays in Jurisprudence and Philosophy*. p. 138).

[64] ESKRIDGE JR, William N. Dynamic Statutory Interpretation. p. 1554.

caso Brown v. Board of Education (1954), mas, a maioria dos magistrados acaba por ter uma atividade mais próxima à dos diplomatas.[65] Isso não é de todo ruim, pois, em certas circunstâncias, em que determinados juízes acreditam estar julgando como Hércules, os mesmos acabam por ter suas decisões reformadas. Por isso, para Eskridge, o papel daquele agente público que aplica, com decência e justiça (*fairness*), as normas de um sistema perpassado por incoerências, desempenha uma atividade nobre, uma nobreza que é construída diariamente, não residindo, portanto, no livro de fábulas da Utopia.

Outro problema está na maneira que Dworkin trata a política. Não se pode negar a importância da distinção entre princípios e política formulada pelo autor.[66] Porém, a proposta do ideal político da integridade, que almeja transformar a comunidade política em uma comunidade de princípios,[67] encontra resistências. Eskridge reconhece que a comunidade de princípios, por transcender a proposta de organização política pautada em compromissos, parece ser mais valiosa.[68] Contudo, Dworkin acaba por simplificar o papel da política, ao apostar no Direito como agente transformador da comunidade política em uma comunidade de princípios. Contudo, sua teoria não parece ser suficiente para afastar a racionalidade política comum, a qual se encontra pautada em regras e em compromissos políticos.

Por outro lado, Eskridge e Dworkin concordam no que tange aos fundamentos hermenêuticos e sobre tópicos relacionados à coerência. Eskridge adere à proposta de Dworkin sobre a busca por coerência no que tange aos valores públicos, os quais deveriam ser protegidos, pelas Cortes, contra eventuais usurpações legislativas. Além disso, quando as Cortes aproximam leis antigas a políticas modernas, acabam por conferir maior coerência à ordem normativa.

A teoria dinâmica e a noção de direito como integridade se afastam dos discursos hermenêuticos menos complexos, apresentando elaborações sofisticadas[69] na definição da relação entre o texto e o intérprete.[70] Nesse caso, as

---

[65] ESKRIDGE JR, William N. Dynamic Statutory Interpretation. p. 1554.

[66] "Denomino 'política' aquele tipo de padrão que estabelece um objetivo a ser alcançado, em geral uma melhoria em algum aspecto econômico, político ou social da comunidade (ainda que certos objetivos sejam negativos pelo fato de estipularem que algum estado atual deve ser protegido contra mudanças adversas). Denomino 'princípio' um padrão que deve ser observado, não porque vá promover ou assegurar uma situação econômica, política ou social considerada desejável, mas porque é uma exigência de justiça ou eqüidade ou algum outra dimensão da moralidade." (DWORKIN, Ronald. *Levando os direitos a sério*. p. 34).

[67] DWORKIN, Ronald. *O Império do Direito*. p. 314.

[68] ESKRIDGE JR, William N. Dynamic Statutory Interpretation. p. 1553.

[69] Como, por exemplo, Gadamer: "Naturalmente que o sentido somente se manifesta porque quem lê o texto lê a partir de determinadas expectativas e na perspectiva de um sentido determinado. A compreensão do que está posto no texto consiste precisamente na elaboração desse projeto prévio, que, obviamente, tem que ir sendo constantemente revisado com base no que se dá conforme se avança na penetração do sentido." (GADAMER, Hans-Georg. *Verdade e Método*. p. 402). Eskridge assume explicitamente a influência de Gadamer em sua teoria. No que tange a Dworkin: "My view is that Dworkin is influenced by Gadamer and Habermas but seems to depart from their metaphor of interpretation-as-conversation by taking the position that interpretation is constructive – the interpreter´s *making* the text the best it can be." (ESKRIDGE JR, William N. Gadamer/Statutory Interpretation. p. 647). Ver: DWORKIN, Ronald. *O Império do Direito*. p. 62-63.

[70] Eskridge lembra que não se pode aceitar a dicotomia entre "sujeito" e "intérprete" de maneira acrítica: "Interpretation is a social process of construction, not a scientific process of Discovery. Method can channel the argumentation and suggest information to be considered, but it cannot dictate all that goes on in statu-

imagens sugeridas por Dworkin e Eskridge, de Hércules ou do diplomata, respectivamente, são férteis e, mais, realmente úteis para o aprofundamento dos debates a propósito da interpretação constitucional.

7. Capacidades institucionais: a guinada institucional

As duas teorias apresentadas procuraram fornecer respostas normativas para questões relacionadas à interpretação jurídica. Como deve o juiz, diante de um caso que lhe é apresentado, formular uma resposta adequada, interpretar o conjunto normativo disponível na produção de sua decisão?

Esse tipo de abordagem não é endossada por todas as perspectivas hermenêuticas. Diante disso, foi estabelecida uma crítica dirigida a diversas propostas interpretativas (normativas) por elas não concentrarem esforços em um aspecto saliente da prática hermenêutica, qual seja, a definição de quem estaria em melhores condições institucionais de fornecer respostas para casos controvertidos. A crítica procurou evidenciar que as teorias hermenêuticas normativas acabam por concentrar suas atenções em uma imagem idealizada do Judiciário e, de outra parte, uma projeção muito negativa do Legislativo.

Ademais, a perspectiva institucionalista ressaltou que um problema anterior precisava ser (re)colocado na agenda, qual seja, averiguar quem dispõe de instrumentais adequados para responder as questões controvertidas levadas à apreciação das instituições públicas. Uma guinada nessa perspectiva foi sugerida por um olhar "não normativo" da produção de decisões judiciais. Ao invés da indagação "como *deve ser* a interpretação?", as atenções seriam deslocadas para avaliar quais *são* efetivamente as condições institucionais disponíveis para que juízes produzam a interpretação de leis.

Adrian Vermeule e Cass Sunstein procuraram enfatizar as influências dos aspectos institucionais na formulação de decisões por juízes reais. Isso ocorreu perante a compreensão de que as teorias interpretativas normativas atribuíam, via de regra, pouca atenção para as *capacidades institucionais* e acabavam por se envolver em discussões abstratas sobre valores substantivos como democracia, legitimidade e autoridade.[71] Para Vermeule e Sunstein, formulações dessa

---

tory, or any, interpretation." (ESKRIDGE JR, William N. The New Textualism. *UCLA Law Review*, v. 37, 1990. p. 691).

[71] Vermeule e Sunstein listam diferentes autores de momentos históricos distintos indicando que eles são "cegos" ou "insensíveis" para os aspectos institucionais na interpretação. William Blackstone, Jeremy Bentham, Herbert Hart, Ronald Dworkin, William Eskridge, John Manning e Richard Posner, não teriam conseguido produzir uma teoria satisfatória que combinasse os aspectos da interpretação com uma análise das capacidades institucionais. SUNSTEIN, Cass R.; VERMEULE, Adrian. Interpretation and Institutions. *John M. Olin Program in Law and Economics Working Paper* n. 156, 2002. p. 5-23. "*Capacidade institucional* envolve a determinação de qual Poder está mais habilitado a produzir a melhor decisão em determinada matéria. Temas envolvendo aspectos técnicos ou científicos de grande complexidade podem não ter no juiz de direito o árbitro mais qualificado, por falta de informação ou de conhecimento específico. Também o risco de *efeitos sistêmicos* imprevisíveis e indesejáveis podem recomendar uma posição de cautela e de deferência por parte do Judiciário. O juiz, por vocação e treinamento, normalmente estará preparado para realizar a justiça do caso concreto, a microjustiça, sem condições, muitas vezes, de avaliar o impacto de suas decisões sobre um segmento econômico ou sobre a prestação de um serviço público." (BARROSO, Luís Roberto. Constituição, Democracia e Supremacia Judicial: direito e política no Brasil contemporâneo. In: ASENSI, Felipe Dutra; PAULA, Daniel Giotti de. *Tratado de direito constitucional*: constituição no século XXI: v.2. Rio de Janeiro: Elsevier, 2014. p. 765).

ordem são difíceis de traduzir pelos tribunais, eis que, possuem um menor potencial para sua instrumentalização como indicadores na determinação de respostas nas disputas entre os métodos adequados para interpretação.[72]

Propuseram, então, a distinção entre teorias pautadas por um cenário de decisão que envolve um desenho de condições ótimas, de "primeira ordem" (*first-best*), para a resolução de conflitos e aqueles em que os níveis de perfeição não podem ser alcançados, com a identificação das respostas de "segunda ordem" (*second-best*).[73] A ideia da decisão de segunda ordem seria a de fornecer um panorama mais realista das condições sob as quais um juiz toma suas decisões.

Desconectadas de considerações institucionais, as teorias normativas operariam com condições ideais de primeira ordem, porém, isso as impossibilitaria de chegar a conclusões adequadas sobre as formas de interpretação.[74] Ao se admitir que juízes não possam vir a atingir a perfeição traçada nas teorias normativas, abre-se a possibilidade para argumentos de cunho institucional, pois, de acordo com os autores, é impossível derivar regras interpretativas diretamente das considerações de primeira ordem.[75]

Além disso, acreditam que uma avaliação de segunda ordem pode ser não apenas necessária, mas, suficiente para solucionar conflitos a respeito de teorias interpretativas, eis que, permitem que pessoas com perspectivas distintas concordem a respeito de quais são as práticas adequadas. Tal afirmação é realizada com respaldo na teoria dos "acordos incompletamente teorizados" de Sunstein.[76]

---

[72] SUNSTEIN, Cass R.; VERMEULE, Adrian. Interpretation and Institutions. p. 2.

[73] No âmbito econômico, a teoria da "segunda ordem" trata das situações em que as condições ótimas não podem ser satisfeitas. Se as condições ideais de distribuição não estão disponíveis, deve-se buscar a segunda melhor alternativa disponível para distribuir riquezas. "Diante dessas premissas, a estratégia básica de raciocínio de quem leva as 'capacidades institucionais' a sério é a de que não se deve buscar algum tipo de solução ideal e recomendar que os órgãos decisores cheguem o mais próximo possível dela, mas sim que, comparando os custos associados a cada estado de coisas possível vinculado à implementação de diferentes alternativas em um dado cenário, busquem adotar 'segunda melhor' solução. Nesse sentido, nossa hipótese principal é a de que a chave para se compreender a especificidade e a relevância de um argumento baseado em capacidades institucionais reside na incorporação do que os economistas chamam de 'second-best reasoning' nos debates sobre a adequação de posturas institucionais e métodos decisórios. A remoção de qualquer das premissas ou das estruturas descritas acima descaracteriza o argumento de capacidades institucionais." (ARGUELHES, Diego Werneck; LEAL, Fernando. O Argumento das "Capacidades institucionais" entre a banalidade, a redundância e o absurdo. In: ASENSI, Felipe Dutra; PAULA, Daniel Giotti de. *Tratado de direito constitucional*: constituição no século XXI: v.2. Rio de Janeiro: Elsevier, 2014. p. 404). "So far, however, very little attention has been given to some of the implications of problems of the second best for institutional design. Such problems concern the optimal policy when all the conditions required for a first best solution are not present." (CORAM, Bruce T. Second Best Theories and the Implications for Institutional Design. In: GOODIN, Robert E. *The Theory of Institutional Design*. Cambridge: Cambridge University Press, 1996. p. 90).

[74] SUNSTEIN, Cass R.; VERMEULE, Adrian. Interpretation and Institutions. p. 23.

[75] "(...) institutional analysis is necessary, even if not sufficient, to an adequate evaluation of interpretive methods." SUNSTEIN, Cass R.; VERMEULE, Adrian. Interpretation and Institutions. p. 24.

[76] De acordo com a referida teoria, os consensos são formulados sobre o resultado mas as explicações que levaram até ele são deixadas em aberto para outras teorizações, eis que argumentações mais abrangentes para explicar o caso em discussão acabam por ser deixadas de lado. O motivo está no fato de que, via de regra, é mais fácil produzir um acordo sobre temas específicos do que sobre temas abstratos e genéricos. Tais características coincidem com as críticas iniciais da capacidade institucional a respeito da dificuldade dos juízes produzirem decisões com fundamento em valores muito abstratos. SUNSTEIN, C. Incompletely Theorized Agreements. *Harvard Law Review*. v. 108, n. 7, 1995.

Para Sunstein e Vermeule, as teorias interpretativas modernas negligenciaram a análise institucional e sua centralidade no momento de escolha das técnicas interpretativas. A partir de tal constatação, os autores propuseram a defesa de uma perspectiva formalista como a mais adequada para solucionar as questões no âmbito da escolha sobre *quem* possui melhores condições para decidir. Porém, deve-se atentar para a especificidade da forma pela qual o termo foi empregado.

Ao admitir que o formalismo pode abranger sentidos distintos,[77] Vermeule procurou especificar sua perspectiva como uma estratégia de tomada de decisões que os Tribunais poderiam adotar, na qual seriam formuladas decisões de segunda ordem, com ênfase na certeza jurídica que poderia ser derivada da interpretação.[78] Para tanto, os juízes deveriam seguir o sentido "claro" e "específico" dos textos jurídicos e adotar uma postura deferente em relação às interpretações apresentadas pelo Legislativo e por agências do Governo.[79] O formalismo de Vermeule procura definir uma estratégia de tomada de decisões limitada por regras e sublinhar os fundamentos consequencialistas de uma decisão,[80] ou seja, de que ao ser seguido o formalismo serão alcançadas melhores consequências para todo o sistema jurídico.[81]

De acordo com essa perspectiva, juízes que decidem em condições de profunda incerteza e com limitada racionalidade deveriam restringir tanto a quantidade de informações quanto a complexidade de seu repertório comportamental, logo, seguir regras simples e limitar os potenciais danos que suas decisões podem causar. Uma Corte generalista que dispõe de informação e tempo limitados teria um melhor desempenho se ignorasse ou subordinasse certas fontes interpretativas. Por outro lado, admite-se que um Tribunal especializado em determinada matéria possa ter uma atuação desconectada do

---

[77] De acordo com José Rodrigo Rodriguez formalismo pode significar: "a) A visão do direito que coloca em seu centro a aplicação mecânica do direito positivo. Entenda-se 'mecânica' como a aplicação por meio de raciocínios lógico-formais, ou seja, por meio da subsunção do caso concreto à norma abstrata. Desta forma, um formalista é aquele que vê o direito como caracterizado pela aplicação das regras por subsunção. Para identificar melhor esta posição, irei chamá-la de *legalismo*. b) Chamaremos também de formalista a visão do direito que pensa suas categorias como dotadas de verdade transcendente ao direito positivo, seja em função de seu enraizamento e origem histórica; seja em razão de seu valor lógico ou racional. Este modo de ser formalista implica a naturalização das categorias dogmáticas e será chamado de *absolutismo conceitual*." (RODRIGUEZ, José Rodrigo. *Como decidem as cortes?*: para uma crítica do direito (brasileiro). Rio de Janeiro: Editora FGV, 2013. p. 119). Ver também: KENNEDY, Duncan. Legal Formalism. In: SMELSER, Neil; BALTES, Paul. *Encyclopedia of the Social & Behavioral Sciences*. V. 13. New York: Elsevier, 2001. p. 8634-8638; SCHAUER, Frederick. Formalism. *Yale Law Journal*, v. 97, 1988; FARBER, Daniel A. Legal Formalism and the Red-Hot Knife. *The University of Chicago Law Review*. v. 66, 1999.

[78] SUNSTEIN, Cass R.; VERMEULE, Adrian. Interpretation and Institutions. p. 27.

[79] VERMEULE, Adrian. *Judging under Uncertainty*: an institutional theory of legal interpretation. Cambridge: Harvard University Press, 2006. p. 1.

[80] "My premises are thus firmly consequentialist. Indeed they are rule-consequentialist: judges should interpret legal texts in accordance with rules whose observance produces the best consequences overall." (VERMEULE, Adrian. *Judging under Uncertainty*. p. 5).

[81] Vermeule reconhece que existem ao menos dois tipos de formalismo, ele recusa o formalismo que procura deduzir regras legais de "essências" jurídicas sem que possam ser realizadas considerações sobre moral e política. VERMEULE, Adrian. *Judging under Uncertainty*. p. 5. "Formalism cannot be justified (or opposed) by an appeal to self-evident constitutional principles, by an appeal to the nature of democracy or lawmaking, or by an appeal to a definition of law." (SUNSTEIN, Cass R.; VERMEULE, Adrian. Interpretation and Institutions. p. 28).

formalismo e adotar técnicas interpretativas mais arrojadas.[82] Desse modo, a perspectiva formalista é defendida como mais atraente diante de determinadas conjunturas empíricas específicas, nas quais os efeitos sistêmicos precisam ser avaliados.

Para Vermeule e Sunstein, a "guinada institucionalista" não foi acompanhada pelas teorias hermenêuticas além de não ter sido realizada por completo no constitucionalismo. Para os autores, temas como o controle de constitucionalidade possuem um amplo retrospecto de cegueira institucional.[83] Desde sua fundação, com Marbury v. Madison (1803), o controle de constitucionalidade é um instituto que presta pouca atenção para questões institucionais ao ignorar os riscos dos erros advindos do Judiciário e de suas respectivas consequências.[84] A conclusão de que é um dever e do domínio Judiciário dizer *o que é o Direito*, com fulcro na cláusula da Supremacia, está amparada por inferências textuais e estruturais fracas e qualquer avaliação sobre tais argumentos depende de considerações institucionais.

A questão versa, portanto, sobre a possibilidade de uma instituição fiscalizar as ações de outra e com que intensidade isso deveria ocorrer. A proposta de Vermeule e Sunstein é a de que a interpretação constitucional precisa observar os limites estabelecidos pelas próprias instituições,[85] fator que conduz a um combate à perspectiva romantizada dos Poderes (principalmente do Judiciário) e à opção por escolhas de segunda ordem e por acordos incompletamente teorizados. Para tanto, o tipo de formalismo defendido pelos autores é defendido como o "melhor caminho" para reduzir complexidades e orientar as decisões de juízes generalistas, os quais possuem poucos instrumentais institucionais para resolver questões políticas.

Em contrapartida, apostam no papel que as agências administrativas podem ocupar, eis que, diante da maior proximidade da realidade e, portanto, melhor posição institucional de tais agências para avaliar situações concretas, a elas deveria ser permitida maior flexibilidade nas interpretações. A posição privilegiada das agências permitiria, para Vermeule e Sunstein, que elas reconhecessem se um determinado resultado é adequado ou se o afastamento do texto vai desestabilizar a estrutura regulatória.[86]

---

[82] SUNSTEIN, Cass R.; VERMEULE, Adrian. Interpretation and Institutions. p. 29.

[83] SUNSTEIN, Cass R.; VERMEULE, Adrian. Interpretation and Institutions. p. 36.

[84] "Many of the most well-known arguments on behalf of judicial review, including those in *Marbury* itself, are blind to institutional considerations. (...) Indeed, what is most striking about Marshall´s arguments for judicial review is that they depend on a series of fragile textual and structural inferences, ignoring the institutional issues at stake." (SUNSTEIN, Cass R.; VERMEULE, Adrian. Interpretation and Institutions. p. 36).

[85] "We have argued that issues of legal interpretation cannot be adequately resolved without attention to institutional issues." (SUNSTEIN, Cass R.; VERMEULE, Adrian. Interpretation and Institutions. p. 46).

[86] SUNSTEIN, Cass R.; VERMEULE, Adrian. Interpretation and Institutions. p. 47. Cabe anotar que as agências passam a ter autoridade para produzir regulamentações a partir de leis promulgadas pelo Congresso dos Estados Unidos. Em certas ocasiões, o Presidente americano pode delegar parcelas da autoridade presidencial para uma agência. Normalmente, quando o Congresso aprova uma lei que cria uma agência, ela vem acompanhada de autoridade legislativa, por isso, as agências podem regular certas atividades determinadas. O Congresso também pode aprovar uma lei que direciona de maneira mais específica a atividade da agência para resolver um problema ou completar uma determinada atividade. Uma agência não pode agir para além dos limites de sua competência, estabelecidos em lei, ou contra a Constituição. Ademais, elas precisam observar um processo público no processo legislativo, o qual segue a Lei de Procedimentos

Quando o texto normativo for "claro e específico", anota Vermeule, os juízes deveriam se aproximar do seu sentido literal e abandonar fontes colaterais que possam expandir seu sentido, como é o caso da história legislativa. De outra sorte, nas situações em que o texto normativo sofrer problemas de ambiguidade ou vagueza, os juízes deveriam prestar deferência às interpretações estabelecidas por agências administrativas ou por agentes do Executivo. Ainda, a doutrina de precedentes deveria ter força para guiar as decisões judiciais, porém, a própria jurisprudência precisa ser submetida às atualizações interpretativas realizadas pela administração pública.[87] Diante de tais premissas, a posição cética de Vermeule em relação à possibilidade do controle de constitucionalidade se torna patente, contígua de sua versão de "thayerismo".[88]

Sunstein, por sua vez, reforça o questionamento a respeito da falibilidade dos juízes ao criticar as teorias que endossam o "perfeccionismo de primeira ordem" (*first-order perfectionism*), como a teoria do direito como integridade de Dworkin. O "perfeccionismo de segunda ordem" busca tornar a jurisdição constitucional alerta para o fato de que juízes podem errar.[89]

Para Sunstein, fora do "Olimpo", não existem garantias de que os juízes do mundo real irão executar os projetos normativos contidos nas teorias interpretativas constitucionais. Faz-se necessário considerar os custos das decisões e de seus potenciais equívocos, fatores sobre os quais as teorias perfeccionistas de primeira ordem não tecem considerações. Além disso, devem ser admitidas as limitações sob as quais os juízes são submetidos, especialmente nos que tange aos discursos de ordem moral e política.[90]

Para a perspectiva das capacidades institucionais, o conceitualismo de primeira ordem é incapaz de produzir conclusões sobre o *design* dos procedimentos interpretativos que levam a uma decisão, trata-se de uma teorização incompleta que não avalia adequadamente as capacidades reais dos agentes julgadores. Isso produz a "falácia do nirvana", a qual compara o melhor cenário de uma instituição (Judiciário) com o pior cenário de outras instituições (Legislativo).[91] Por isso, ao invés de buscar a interpretação perfeita, aquilo que

---

Administrativos (*Administrative Procedure Act*). As agências federais há tempos possuem autoridade para promulgar regulamentações sobre quase todos os aspectos vida em sociedade.

[87] VERMEULE, Adrian. *Judging under Uncertainty*. p. 11.

[88] "These considerations suggest that interpretive doctrine should move in the direction of a minimalist set of principle, cheap, and manageable interpretive sources and doctrines – that is, in the direction of interpretive formalism." (VERMEULE, Adrian. Interpretive Choice. *New York University Law Review*, v. 75, 2000. p. 81). VERMEULE, Adrian. *Judging under Uncertainty*. p. 254.

[89] SUNSTEIN, Cass. Second-Order Perfectionism. *University of Chicago Law & Economics*, Olin Working Paper n. 319, 2006.

[90] "The goal of political liberalism, as opposed to comprehensive liberalism, is to bracket foundational disputes about human nature, the good, and the like, and to seek general commitments on which diverse people can converge from their different stating points. Minimalists are sympathetic to this goal, but they attempt to go one step further. They seek incompletely theorized agreements – particular judgments and low-level rationales that people can accept notwithstanding their disagreements or uncertainties about foundational questions." (SUNSTEIN, Cass. Second-Order Perfectionism. p. 17-18).

[91] VERMEULE, Adrian. *Judging under Uncertainty*. p. 17.

precisaria ser avaliado seria a como certas instituições, com suas habilidades e limitações, deveriam interpretar determinados textos.[92]

Ao considerar juízes de carne e osso, não se pode afastar a possibilidade da formulação de respostas pelo Judiciário, porém, ao serem avaliadas as limitações que o Poder é submetido, em comparação com o conjunto de mecanismos disponíveis em outras instituições, pode-se chegar ao entendimento que o Judiciário não ocupa o melhor lugar para resolver as questões que lhe são apresentadas.

Tal questionamento não constitui, em si, uma novidade. Um dos tópicos recorrentes no que tange à crítica ao fenômeno da judicialização da política acaba por adotar linha argumentativa análoga, ao afirmar que determinado assunto não deveria ter sido decidido pelo Judiciário, e que o espaço apropriado para a confecção de decisões políticas é o Parlamento e não o Tribunal. Tais linhas argumentativas tendem a ser invocadas por pleitos no sentido de uma postura comedida das Cortes.[93]

Para Diego Arguelhes e Fernando Leal, a ideia de capacidade institucional é acompanhada por uma concepção de separação de poderes e de desenho institucional. Elas procuram distribuir funções e realizar seu exercício dentro da logística institucional de acordo com sua correspondente especialidade. Nesses termos, a Constituição é comparada a uma planta da arquitetura institucional que procura ramificar e potencializar a realização de seus objetivos.[94] Ainda, no que diz respeito à diferença entre as condições ideais e o plano real da prática da jurisdição, a teoria das capacidades institucionais defende a separação entre a teoria e a realidade, pois, as teorias normativas não possuiriam mecanismos adequados para lidar com os erros cometidos por atores institucionais que possuem acesso limitado a informações e práticas.[95]

---

[92] "Theorists should design their proposals in light of the capacities of the implementing institutions, rather than by imagining that the institutions are just like the theorists themselves." (VERMEULE, Adrian. *Judging under Uncertainty*. p. 36). "A frequente desconsideração da capacidade institucional e dos efeitos sistêmicos faz com que as tradicionais teorias de interpretação do Direito pressuponham uma visão idealizada e romântica das capacidades judiciais, segundo a qual o juiz teria todo o conhecimento e tempo necessários para obter resultados ótimos, ou, em outras palavras, para construir a 'correta interpretação' (*first-best theories*) mesmo em face de questões muito complexas." (BRANDÃO, Rodrigo. *Supremacia judicial versus diálogos constitucionais*: a quem cabe a última palavra sobre o sentido da constituição? Rio de Janeiro: Lumen Juris, 2012. p. 186).

[93] "Instituições como o Congresso, a Presidência da República e as agências reguladoras – segue o argumento – estariam em condições de oferecer, no geral, respostas *melhores* do que aquelas que os juízes tenderiam a produzir. Nesse sentido, encontramos referências às 'capacidades institucionais' do Judiciário como justificativa para a adoção de uma postura mais autocontida ao atuar em áreas nas quais há grande necessidade de expertise técnica ou de ponderação livre entre múltiplas e complexas variáveis políticas." (ARGUELHES, Diego Werneck; LEAL, Fernando. O Argumento das "Capacidades institucionais". p. 401).

[94] "A Constituição, nessa perspectiva, pode ser comparada à planta elaborada por um 'arquiteto institucional', que distribui competências e poderes entre instituições criadas especificamente para promover certos objetivos, ao mesmo tempo em que, para que tais resultados possam ser alcançados, municia cada instituição com condições específicas capazes de incrementar a eficiência com que os referidos poderes serão por elas exercidos." (ARGUELHES, Diego Werneck; LEAL, Fernando. O Argumento das "Capacidades institucionais". p. 407).

[95] "Comparar vantagens e desvantagens de diferentes instituições capazes de oferecer respostas distintas para problemas de mesma natureza – sem violar expressamente regras e funções do desenho institucional – é uma forma legítima e útil de orientar a composição de tensões interinstitucionais. A análise comparativa orientada pela definição das capacidades institucionais parte dessa premissa e tenta fornecer um esquema argumentativo específico para fundamentar a seleção de posturas e métodos de decisão mais apropriados

Vermeule, em continuidade às suas afirmações sobre os papéis adequados a serem ocupados de acordo com o design institucional, critica a postura do constitucionalismo no *Common Law*, a qual se equivoca ao transpor a ideia de que várias cabeças pensantes do Judiciário são melhores do que apenas uma (imagem que é identificada com a importância dos precedentes), para a ideia de que várias cabeças no Judiciário são melhores do que as cabeças no Legislativo.[96]

A teoria das capacidades institucionais não está voltada apenas para a solução de casos específicos apresentados perante o Judiciário. Confere preferência para um escopo mais abrangente e procura refletir acerca da estrutura e das relações entre os Poderes. Por isso, pode abranger métodos de decisão com pretensão de validade para diferentes situações. Jeff King defende uma aproximação institucional para a autocontenção judicial.[97] Isso porque os juízes frequentemente julgam conflitos que suscitam questionamentos a respeito do nível de rigor que eles deveriam fiscalizar atos advindos do Legislativo e da administração pública.[98]

De acordo com King, o formalismo é criticável por se prender a categorias abstratas como "direito" e "política" sem a consideração do contexto em que elas são utilizadas. Por isso, cisões rígidas entre direito e política não possuem a sutileza para defender um papel adequado para o Judiciário.[99] Por outro lado, perspectivas "não doutrinárias" confiam em demasia na discricionariedade do Judiciário ao assumir a possibilidade de que cada caso é único, ao subestimar a possibilidade de erros imprevisíveis advindos do Judiciário e abalar a ideia do governo limitado em um Estado de Direito.[100]

8. Uma crítica das capacidades institucionais

De maneira pouco cautelosa a teoria das capacidades institucionais passou a ser observada por aquilo que ela procurou promover, uma "guinada

---

para cada instituição em razão de seus méritos e restrições funcionais e materiais." (ARGUELHES, Diego Werneck; LEAL, Fernando. O Argumento das "Capacidades institucionais". p. 426).

[96] VERMEULE, Adrian. Collective Wisdom and Institutional Design. In: LANDEMORE, Hélène; ELSTER, Jon. *Collective Wisdom*: principles and mechanisms. Cambridge: Cambridge University Press, 2014. p. 351.

[97] KING, Jeff A. Institutional Approaches to Judicial Restraint. *Oxford Journal of Legal Studies*, v. 28, 2008. p. 430.

[98] "The question arises in a number of contexts: statutory interpretation, judicial review of administrative discretion, review of tribunal findings, adjudication of human rights claims and in the interpretation of international law to mention a few. In all of these contexts, judges have identified certain questions as being inappropriate for judicial resolution, or have refused on competency grounds to substitute their judgement for that of another person on a particular matter." (KING, Jeff A. Institutional Approaches to Judicial Restraint. p. 409).

[99] "Entre o ceticismo do realismo jurídico e da teoria crítica, que equiparam o direito ao voluntarismo e à política, e a visão idealizada do formalismo jurídico, com sua crença na existência de um muro divisório entre ambos, o presente estudo irá demonstrar o que já se afigurava intuito: no mundo real, não vigora nem a equiparação nem a separação plena. Na concretização das normas jurídicas, sobretudo as normas constitucionais, direito e política convivem e se influenciam reciprocamente, numa interação que tem complexidades, sutilezas e variações." (BARROSO, Luís Roberto. Constituição, Democracia e Supremacia Judicial: direito e política no Brasil contemporâneo. In: ASENSI, Felipe Dutra; PAULA, Daneiel Giotti de. *Tratado de direito constitucional*: constituição no século XXI: v.2. Rio de Janeiro: Elsevier, 2014. p. 759).

[100] KING, Jeff A. Institutional Approaches to Judicial Restraint. p. 411. Ver também: ALLAN, T. R. S. *The Sovereignty of Law*: Freedom, Constitution, and Common Law. Oxford: Oxford University Press, 2013. p. 279.

institucional". De fato, há um aspecto atraente na teoria que é a consideração a respeito de qual âmbito institucional possui melhor aptidão para tomar decisões. Em tempos de intensa judicialização de diferentes matérias e de eventual inércia ou pouca efetividade dos outros Poderes, o Judiciário passou a ser visto como instância privilegiada para a solução de conflitos sociais de diferentes ordens, inclusive de temas que eram vistos como pertencentes preferencialmente ao âmbito político, como as próprias condições de elegibilidade dos políticos e a possibilidade de formação de coligações partidárias. Tal fenômeno foi contraposto por vários argumentos, um deles foi o da teoria das capacidades institucionais que, dentre outras propostas, defende a deferência do Judiciário e a ampliação dos poderes das agências públicas pertencentes ao Executivo.

A teoria das capacidades institucionais sofreu, até agora, recepção unilateral no Brasil. Ao invés de serem formulados questionamentos a respeito da adaptabilidade de tais aparatos teóricos para a solução de problemas atinentes à realidade brasileira, procurou-se aprofundar o rigor da utilização da mesma, o que tornou sua visão já estéril do papel do Judiciário, ainda mais difícil de ser justificada.[101]

Para além do conflito mais evidente com o tipo de formalismo proposto pela teoria e a cultura jurídica nacional, a falta de indagações a respeito de *quem* decidiria quais matérias são mais adequadas para um dos poderes ou para outro, é uma lacuna relevante na teoria. Se há, de fato, uma idealização do papel do Judiciário a ser criticada nas teorias normativas, de outra sorte, o argumento de que a baixa operacionalidade do Judiciário irá diminuir a possibilidade do cometimento de erros pelo poder é um discurso que pode ser estendido, nos mesmos moldes, para os outros poderes.

Se há uma "falácia do nirvana" por parte de Dworkin e Eskridge, a teoria das capacidades institucionais de Vermeule e Sunstein acaba por incorrer em dificuldades similares às quais eles estão denunciando, ao produzir uma imagem idealizada das agências e do Legislativo, além de não apresentarem uma resposta adequada sobre quem seria o agente público capaz de para diminuir os erros dentro da lógica da "segunda ordem".

Ainda, ao seguir a vertente que parece procurar esvaziar os poderes do Judiciário e restaurar uma perspectiva "thayerista", a teoria das capacidades institucionais demanda que um conjunto de "procedimentos" venha a ser seguido. O juiz de carne e osso deveria possuir como norte, para tais autores, a compreensão de que suas capacidades institucionais são limitadas. Por isso, deveria optar, sempre que possível, pela deferência e por decidir de modo que não venha a causar grandes abalos na estrutura da comunidade política. Falta, porém, a consideração do *design* institucional no sentido que, uma vez que a postura deferente é assumida, as pessoas passam a demandar uma resposta por outra instância governamental. A partir disso, não é possível ter garantias de que a resposta advinda de outra instância irá ser resguardada pelo conjunto

---

[101] Ver as considerações sobre a "banalidade", a "redundância" e o "absurdo" apresentados por Diego Arguelhes e Fernando Leal. ARGUELHES, Diego Werneck; LEAL, Fernando. O Argumento das "Capacidades institucionais". p. 419-423.

de princípios que orientam a jurisdição, como a própria legalidade ou o devido processo legal.

Ademais, parece que a recepção parcial da teoria não pode ser conciliada com características das práticas jurídicas nacionais. Torna-se pouco provável a adoção da perspectiva de Vermeule e Sunstein no que diz respeito aos aspectos normativos implícitos e indiretamente assumidos na "guinada institucional". O formalismo apresentado demandaria, nos termos de Vermeule, objeções empíricas e institucionais, e não argumentos sobre a natureza da linguagem.[102] O problema é que não há em tal *design* institucional a efetiva diminuição de erros, apenas a transposição de agentes que irão cometer erros em outros âmbitos institucionais. Além disso, não é respondida a questão sobre a *quem* caberia a decisão "anterior", a decisão sobre qual seria a instituição mais adequada para decidir o problema, além dos critérios adequados para a avaliação dessa decisão.

Acresce-se a isso o fato de o consequencialismo de Vermeule propor a ideia frágil de que o melhor seria que os juízes se apegassem ao sentido superficial dos textos ao invés de fazer considerações de outras ordens, como a referência à história legislativa ou aos valores públicos. Tais formulações são acompanhadas pela indicação de que temas muito abstratos deveriam ser colocados fora do alcance do Judiciário.[103] Ambas as propostas não parecem ter como se sustentar.

Primeiro, há um sentido inicial ou "superficial" que um termo pode apresentar, porém, é impossível limitar, mesmo no plano do uso da linguagem comum, que outros sentidos venham a surgir ou a ser extraídos de um termo. A explicação de jogos de linguagem, da manutenção de um sentido central de um signo, que é acompanhada da mudança sucessiva dos usos da linguagem de acordo com diferentes contextos e práticas, parece ser suficiente para evidenciar a dificuldade de se efetivar uma leitura "superficial". Existem casos em que o próprio questionamento judicial está pautado na possibilidade de mais de uma interpretação dos textos normativos. A opção pela leitura superficial como garantidora do formalismo não assegura a diminuição de erros ou mesmo qualquer tipo de resposta adequada, seja em termos normativos ou sistêmicos.

Segundo, a diminuição do grau de abstração, ou as análises institucionais de grau mais baixo não podem ser levadas em consideração como uma alternativa de reestruturação da prática do judiciário. O problema, nesse caso, está nas situações em que aquilo que é trazido perante o Judiciário é justamente o sentido de temas de alta complexidade e abstração. Não raro, Cortes Constitucionais lançam mão de argumentos a respeito da proteção da democracia, da violação da separação de poderes, ou mesmo sobre o sentido de determinados direitos fundamentais.

---

[102] VERMEULE, Adrian. *Judging under Uncertainty*. p.44.

[103] "Note-se, por exemplo, que as críticas de que existe um excesso de abstração na teoria de Dworkin apresentam um equívoco de base: a orientação filosófica de Dworkin vai em direção a uma análise pragmática da realidade. Tal acusação poderia ser feita às teorias argumentativas e epistemo-procedurais, mas não à Dworkin ou à hermenêutica filosófica." (STRECK, Lenio Luiz. O problema da decisão jurídica em tempos pós-positivistas. *Novos Estudos Jurídicos*, v. 14, n. 2, 2009. p. 10).

Não apenas se trata de um fator recorrente na construção argumentativa dos Tribunais, também é possível observar que questões controvertidas são suscitadas em diferentes casos e, cabe ao Judiciário, diante do silêncio dos outros poderes, pacificar (ainda que momentaneamente) as disputas a respeito do conflito. O problema se encontra não apenas na pouca praticidade da teoria que se propõe como realizadora da guinada institucional, mas, na inevitabilidade de se tratar tanto de temas abstratos, quanto de temas sobre os quais não se chega a qualquer consenso – nem político nem jurídico.

Outra crítica que pode ser endereçada à teoria das capacidades institucionais diz respeito à sua "novidade". De modo a tratar sua teoria como única e inovadora, os autores desconsideram outras contribuições que já haviam sido realizadas anteriormente pela teoria do processo legal de Henry Hart e Albert Sacks.[104] E por aqueles que lhe deram continuidade, John Hart Ely, por exemplo, defendeu uma teoria em que o papel ativo do Judiciário estava voltado para a correção de disfunções do legislativo, logo, o controle de constitucionalidade seria justificado, em certas ocasiões, para corrigir tais equívocos.[105]

A proposta de Vermeule, por isso, dá continuidade a essa vertente procedimental, sem assumir sua herança e com uma perspectiva mais radical a respeito do papel dos Tribunais. Está próxima, por isso, das argumentações de Antonin Scalia para quem os juízes, no momento da atividade interpretativa, deveriam deixar de lado a história legislativa e também a evolução do regime legal, pois tais artifícios aumentariam o poder discricionário dos magistrados.[106] Para Vermeule, os juízes não devem ter acesso a materiais referentes ao contexto e devem limitar sua atuação à aplicação do sentido superficial dos textos normativos. Assim, se ele acusa certos autores de sofrerem com a falácia do nirvana, Eskridge afirma que a teoria das capacidades institucionais sofre com o "nirvana das agências".[107]

Para Vermeule, o debate constitucional não sinaliza para a adoção de qualquer teoria interpretativa específica, ou seja, a partir da Constituição não seria possível derivar qualquer procedimento interpretativo de como ler o texto constitucional.[108] A questão é que Vermeule está a reviver um tipo de teoria árida que acentua aspectos instrumentais do processo decisório e descon-

---

[104] HART JR. Henry; SACKS, Albert M. *The Legal Process*: basic problems in the making and application of law. New York: Foundation Press, 1994.

[105] "São os tribunais que devem policiar as restrições à liberdade de expressão e a outras atividades políticas, porque não podemos confiar em que nossos representantes eleitos o farão: em geral, os incluídos querem que os excluídos continuem excluídos." (ELY, John Hart. *Democracia e desconfiança*. p. 142).

[106] SCALIA, Antonin. *A Matter of Interpretation*: federal courts and the law. Princeton: Princeton University Press, 1998. "The new textualism posits that once the Court has ascertained a statute's plain meaning, consideration of legislative history becomes irrelevant." (ESKRIDGE JR, William N. The New Textualism. p. 623).

[107] "Yet he offers little empirical or theoretical reason to think that unmonitored agencies will be good for the country, and the book as a whole suffers from 'agency nirvana'." (ESKRIDGE JR, William N. No Frills Textualism. *Harvard Law Review*. v. 119, 2006. p. 2046). Não há nada que garanta que as interpretações realizadas por agências irão efetivamente refletir interesses públicos melhor do que decisões jurídicas. Vermeule não leva em consideração o fato de que determinadas agências podem ser "capturadas" por interesses privados e ter sua atuação moldada por tal "captura". Por outro lado, juízes que possuem em seu favor a vitaliciedade, podem ser considerados em uma posição institucional interessante para realizar a revisão de interpretações legislativas feitas por agências.

[108] VERMEULE, Adrian. *Judging under Uncertainty*. p. 33.

sidera, em virtude do afastamento dos aspectos normativos, que as decisões possuem uma dimensão política e não apenas técnica. Isso está refletido, por exemplo, no problema da legitimidade das decisões.

A aridez da teoria conflita com as características constitutivas do Direito,[109] com o fato de que o Direito é o reflexo de uma série de fatores históricos, políticos, morais e técnicos. Logo, seria forçoso negar que considerações morais e sobre a legitimidade constituem o direito, elas também são adotadas no momento da decisão.

Tome-se como exemplo uma lei que regulamente a entrada de veículos em um parque. Da proibição de entrada de veículos em um parque, pode-se depreender que motocicletas não podem trafegar no referido local, porém, por outro lado, da simples proibição não se pode afirmar com segurança se a proibição deve ser estendida para bicicletas, triciclos e *skates*. A especificação de que "veículo" compreende qualquer mecanismo de transporte que carrega uma pessoa de um lugar para outro não ajuda, pois, por exemplo, poder-se-ia ou não incluir cadeiras de rodas nessa descrição? O parque passaria a não permitir a entrada de cadeirantes? Se uma criança estiver em um triciclo, a proibição também se aplica?

Para problemas desse tipo, Eskridge sugere que a interpretação seja feita sob a luz: 1) do significado claro do texto; 2) da estrutura legislativa e conteúdo de outras leis relevantes; 3) da história legislativa da norma, de seus compromissos e propostas; 4) das interpretações anteriores dos tribunais e agências (precedentes); 5) da observação da evolução do esquema legislativo, incluindo novas práticas e normas; 6) dos cânones substantivos da interpretação legislativa (fontes normativas).[110]

A decisão de um juiz a respeito da possibilidade da entrada de veículos no parque, por mais singela que pareça, também reflete uma série de valores morais e faz parte das deliberações que ocorrem em diferentes âmbitos dos poderes. Assim, compreende-se que as decisões dos tribunais são componentes da constituição da moralidade de um povo. Ademais, elas estão inseridas no âmbito público, que é palco de tensões e disputas sociais, morais e normativas. Tais disputas não podem ser solucionadas de maneira trivial com a limitação dos recursos interpretativos dos juízes, principalmente em questões que envolvam aspectos de alta intensidade política.

Uma criança que seja proibida de entrar no parque com seu triciclo não está apenas a questionar temas atinentes à literalidade da lei, o caso traz em questão também problemas relacionados à democracia das normas, o devido processo legal, o direito à igualdade e a legitimidade do Estado na aplicação de proibições – as razões que o ente estatal deve apresentar para justificar a proibição de determinadas condutas. O textualismo de Vermeule, que preza pelos

---

[109] Nos termos de Lenio Luiz Streck: "Uma vez que o Direito já não está subordinado à política como se dela fosse instrumento, *senão que é a política que se converte em instrumento de atuação do Direito*, subordinada aos vínculos a ela impostos pelos princípios constitucionais: vínculos negativos, como os gerados pelos direitos às liberdades que não pode ser violado; vínculos positivos, como os gerados pelos direitos sociais, que devem ser satisfeitos." (STRECK, Lenio Luiz. *Jurisdição Constitucional e Hermenêutica*: uma nova crítica do direito. Rio de Janeiro: Forense, 2004. p. 182).

[110] ESKRIDGE JR, William N. No Frills Textualism. p. 2.042.

custos e benefícios das decisões, não parece considerar os custos relacionados com a perda da legitimidade de uma lei.[111]

Ao afastar uma teoria da legitimação do Estado, não é possível definir se as interpretações são boas ou ruins. Ademais, para que isso possa ser avaliado, precisa-se determinar qual é a instituição mais competente para tomar decisões – pergunta anterior sobre *quem* deve decidir sobre qual é a melhor instituição decisória. A determinação da instância mais capaz demanda também avaliações normativas e empíricas.

A questão, há tempos, não mais se limita a definir "como devem decidir os juízes", demanda-se também a definição de como a decisão pode ser justificada como legítima perante a comunidade política. A resposta mais difundida sobre a questão da legitimidade remete à necessidade da apresentação de justificações pelos julgadores, elemento que não parece possuir respaldo da teoria das capacidades institucionais.[112]

Nesse sentido, faz-se oportuna a lembrança de que "(...) não é possível desdobrar o ato de aplicação em dois momentos: decisão e fundamentação. Um faz parte do outro, questão que vem bem explicada pelo teorema ontológico-fundamental do círculo hermenêutico.".[113] A preocupação com a legitimação se coloca em sintonia com o novo paradigma estabelecido pelo Estado Democrático de Direito, no qual o Direito assume a tarefa de transformação e não apenas de estabilização das relações sociais.[114] A Constituição passa a ser fonte legitimadora das relações intersubjetivas e encaminha o processo de "re-fundação" da sociedade: "A Constituição é, finalmente, o resultado de sua interpretação, uma vez que uma coisa só é (algo, uma coisa) na medida em que é interpretada (porque compreendida 'como' algo).".[115]

Trata-se da demanda sobre as *"condições de possibilidade de sentenças intersubjetivamente válidas a respeito do mundo"*,[116] diante da impossibilidade de se exprimir o mundo fora da linguagem e a compreensão de que é somente atra-

---

[111] "A state that arrests and detains a tricycle-riding girl under a statute not aimed at her is a state whose legitimacy is potentially in peril. If that state followed with further arrests of skateboarders, roller skaters, and even parents pushing baby carriages (all of which could be justified under a no frills textualism), the legitimacy of the criminal law and perhaps of the rule of law itself would decline over time." (ESKRIDGE JR, William N. No Frills Textualism. p. 2053).

[112] A aposta na deferência para as interpretações fornecidas pelas agências parece ser suficiente: "So far as agency deference goes, no high-level choice of interpretive values over time, no high-level theory of the legitimacy of statutory drift, seems necessary." (VERMEULE, Adrian. *Judging under Uncertainty*. p. 226). Para Streck: "(...) não é qualquer direito que vale e é legítimo, mas apenas aquele que passou pela prova de uma 'razão hermenêutica', ou seja, da *applicatio* jurídica. Esse conteúdo moral tem seu ponto de estofo no espaço de formação da decisão judicial. Isso quer dizer que, no momento em que se afirma que decisões discricionárias não podem ser aceitas – que nada mais são do que decisões que exoneram o juiz do dever de decidir corretamente –, tem-se aí já a introdução do elemento moral e, ao mesmo tempo, o maior atestado da autonomia do direito, no momento em que essa decisão formada corretamente será *reconhecida* por toda a comunidade jurídica *como* direito." (STRECK, Lenio Luiz. O direito como um conceito interpretativo. p. 510).

[113] STRECK, Lenio Luiz. *Jurisdição Constitucional e Hermenêutica*. p. 210-211.

[114] STRECK, Lenio Luiz. *Jurisdição Constitucional e Hermenêutica*. p. 165.

[115] STRECK, Lenio Luiz. *Jurisdição Constitucional e Hermenêutica*. p. 171. "Desse modo, *a Constituição não é um elemento objetivo, separado do intérprete, fora da circularidade hermenêutica; dela é impossível 'deduzir' 'outro' elemento 'objetivado'.*" (STRECK, Lenio Luiz. *Jurisdição Constitucional e Hermenêutica*. p. 229).

[116] STRECK, Lenio Luiz. *Hermenêutica Jurídica e(m) Crise*: uma exploração hermenêutica da construção do Direito. Porto Alegre: Livraria do Advogado, 2000. p. 164.

vés da linguagem, essa percebida como condição de possibilidade, que é possível ter acesso ao mundo. Logo, negar acesso a relações aprofundadas com o sentido do texto ou procurar limitar o papel do intérprete ao de reprodutor da "superficialidade" do texto, é clamar pela abdicação da entrada no "mundo" construído nas narrativas jurídicas que são apresentadas diante dos tribunais, trata-se de uma visão instrumental da linguagem como simples objeto mediador da relação sujeito e objeto.[117]

A busca pela simplificação, pelo intérprete simplificado(r) de Vermeule, desconsidera o fato de que o nosso modo de ser (humano) é interpretativo: "*O horizonte de sentido é-nos dado pela compreensão que temos de algo. O ser humano é compreender. Ele só se faz pela compreensão. Ele só se dá pela compreensão.*".[118]

Tais considerações distam da proposta de Vermeule, para quem, boa parte do cânone a respeito de formas interpretativas é relegado como um conjunto de abstrações ou questões de "alto nível", que deveriam ser afastadas de sua projeção imagética de um juiz tolhido de capacidades, o que levaria à decisão pautada pelo custo-benefício e pela possibilidade da redução de danos no plano empírico. O resultado disso é uma das teorias mais "austeras" sobre o papel interpretativo do Judiciário já apresentadas.[119]

Ainda, a teoria não apresenta garantias a respeito de uma de suas propostas mais contundentes, a de que a adoção da postura deferente perante o Executivo ou o Legislativo (no caso de textos ambíguos), produziria uma redução dos custos atrelados à adoção de outros métodos interpretativos que não a leitura superficial dos textos. Motivo pelo qual pouco resta da teoria das capacidades institucionais que pode vir a ser utilizado para aprimorar a prática jurisdicional brasileira.

9. Considerações finais

Teorias que tratam da deferência do Judiciário possuem sua importância para, ao menos, lembrar que o exercício da fiscalização de constitucionalidade não pode ser realizado de maneira a desestabilizar as instituições democráticas ou de modo que o Judiciário venha a suplantar a figura do legislador. As teorias que propugnam pela autocontenção também são relevantes para sublinhar particularidades institucionais de cada um dos poderes e aprofundar o questionamento a respeito de qual dos Poderes pode fornecer melhores respostas para os casos difíceis que são apresentados diante do Estado.

As teorias normativas hermenêuticas procuraram pavimentar o caminho das discussões sobre qual melhor resposta poderia ser produzida pelo Judiciário. Em resposta, a teoria das capacidades institucionais procurou delinear os limites empíricos da transposição de tais teorias para o mundo fático. Porém, ao final, a imagem projetada pelo (novo) formalismo acaba por ser a reedição de antigas propostas para retirar questões polêmicas do Judiciário, por meio da

---

[117] STRECK, Lenio Luiz. *Hermenêutica Jurídica e(m) Crise*. p. 166.
[118] STRECK, Lenio Luiz. *Hermenêutica Jurídica e(m) Crise*. p. 182.
[119] SIEGEL, Jonathan R. Judicial Interpretation in the Cost-Benefit Crucible. *Minnesota Law Review*. v. 92, 2007. p. 389.

alegação de que suas decisões possuem um custo elevado e que este Poder não ocuparia uma posição institucional adequada para realizar tais atividades.[120]

Continua-se a realojar velhos esqueletos teóricos de suas covas e substituir seus caixões. A incerteza que permeia o Judiciário não é reduzida ou os custos das decisões não são diminuídos quando outras instâncias assumem o papel de substituir o Judiciário diante de sua autocontenção. Ainda que os tribunais possuam, de fato, limitações e possam tomar decisões equivocadas, o Judiciário é detentor de vantagens institucionais se comparado com outros espaços de tomada de decisão.[121] Apostas romantizadas em qualquer um dos ramos dos Poderes (ou mesmo no "Povo") correm o risco de esquecer os problemas que podem assolar qualquer uma das instituições em questão.[122]

É inevitável que os Poderes venham a ser eventualmente abusados. Não se trata de uma novidade que a fiscalização de constitucionalidade possa vir a ser instrumento para usurpar normas que possuem respaldo democrático e que foram produzidas tecnicamente de maneira adequada.

Ao (antigo) questionamento sobre quem possui as melhores condições para responder a casos difíceis, anteponha-se a resposta de que a construção dos saberes jurídicos precisa ser realizada como uma conversa contínua entre todos aqueles que se encontram envolvidos em sua produção e revisão. Por fim, se há uma preocupação genuína no aumento da legitimação das decisões proferidas pelos Poderes a opção pela redução da complexidade parece rumar no sentido inverso daquela que propõe diálogos intra e interinstitucionais, na edificação de um Estado Democrático de Direito.

Referências

ALLAN, T. R. S. *The Sovereignty of Law*: Freedom, Constitution, and Common Law. Oxford: Oxford University Press, 2013.

ARGUELHES, Diego Werneck; LEAL, Fernando. O Argumento das "Capacidades institucionais" entre a banalidade, a redundância e o absurdo. In: ASENSI, Felipe Dutra; PAULA, Daniel Giotti de. *Tratado de direito constitucional*: constituição no século XXI: v.2. Rio de Janeiro: Elsevier, 2014.

ÁVILA, Humberto. *Teoria dos Princípios*: da definição à aplicação dos princípios jurídicos. 3. ed. São Paulo: Malheiros, 2004.

---

[120] "In offering such a stingy view of the courts' potential value, Vermeule gives too little weight to the courts' vital role of checking the executive. This role arises not merely from the courts' political insulation, but from their status as a separate branch of government that does not participate in the primary formulation or execution of policy. If that role were removed, executive agencies would have a greatly enhanced ability to set the limits of their own power. (SIEGEL, Jonathan R. Judicial Interpretation in the Cost-Benefit Crucible. p. 425-426).

[121] Siegel anota situações em que os tribunais podem estar em vantagem decisória: "(...) courts act at the moment the statutory text is actually applied to a particular case. In contrast to legislatures, which act generally and in advance, and thus cannot anticipate every circumstance to which statutes will apply, courts are better positioned to use certain interpretive techniques. (...) Legislatures are institutionally disadvantaged when it comes to appreciating the potential absurdity of what they write. No matter how much work they do in advance, they will make some mistakes that come to light only afterwards. Courts, on the other hand, are in a position to see the statute after the drafting process, when its absurdity may be apparent in light of the particular case in which it arises." (SIEGEL, Jonathan R. Judicial Interpretation in the Cost-Benefit Crucible. p. 420-421).

[122] "It is usually far easier for most people – whether ordinary citizens or law professors – to criticize the Court rather than the Constitution itself. The idea of 'judges on a rampage' is a familiar element of our standard narratives of American constitutional history, even if different persons will offer conflicting examples of exemplary rampages." (BALKIN, Jack M.; LEVINSON, Sanford. 13 Ways of Looking at Dred Scott. *Chicago-Kent Law Review*, v. 82, 2007. p. 79).

BALKIN, Jack M.; LEVINSON, Sanford. 13 Ways of Looking at Dred Scott. *Chicago-Kent Law Review*, v. 82, 2007.

BARROSO, Luís Roberto. Constituição, Democracia e Supremacia Judicial: direito e política no Brasil contemporâneo. In: ASENSI, Felipe Dutra; PAULA, Daniel Giotti de. *Tratado de direito constitucional*: constituição no século XXI: v.2. Rio de Janeiro: Elsevier, 2014.

——. *O direito constitucional e a efetividade de suas normas*: limites e possibilidades da Constituição brasileira. 8. ed. Rio de Janeiro: Renovar, 2006.

——. *O novo direito constitucional brasileiro*: contribuições para a construção teórica e prática da jurisdição constitucional no Brasil. Belo Horizonte: Fórum, 2012.

BICKEL, Alexander. *The Least Dangerous Branch*: The Supreme Court at the Bar of Politics. New Haven: Yale University Press, 1986.

BRANDÃO, Rodrigo. *Supremacia judicial versus diálogos constitucionais*: a quem cabe a última palavra sobre o sentido da constituição? Rio de Janeiro: Lumen Juris, 2012.

CANOTILHO, J. J. Gomes. *Direito Constitucional e Teoria da Constituição*. 7. ed. Coimbra: Almedina, 2003.

CLÈVE, Clèmerson Merlin. *Para uma dogmática constitucional emancipatória*. Belo Horizonte: Fórum, 2012.

CORAM, Bruce T. Second Best Theories and the Implications for Institutional Design. In: GOODIN, Robert E. *The Theory of Institutional Design*. Cambridge: Cambridge University Press, 1996.

DWORKIN, Ronald. *Justice for Hedgehogs*. Cambridge: Harvard University Press, 2011.

——. *Levando os direitos a sério*. São Paulo: Martins Fontes, 2010.

——. *O Império do Direito*. São Paulo: Martins Fontes, 2003.

——. *Uma questão de princípio*. São Paulo: Martins Fonte, 2005.

ELY, John Hart. *Democracia e desconfiança*: uma teoria do controle judicial de constitucionalidade. São Paulo: Martins Fontes, 2010.

ESKRIDGE JR, William N. Dynamic Statutory Interpretation. *University of Pennsylvania Law Review*, v. 135, 1987.

——. Gadamer/Statutory Interpretation. *Columbia Law Review*, v. 90, n. 3, 1990.

——. No Frills Textualism. *Harvard Law Review*. v. 119, 2006.

——. The New Textualism. *UCLA Law Review*, v. 37, 1990.

FALCÃO, Joaquim; HARTMANN, Ivar A.; CHAVES, Vitor P. *III Relatório Supremo em Números*: o Supremo e o tempo. Rio de Janeiro: Escola de Direito do Rio de Janeiro da Fundação Getulio Vargas, 2014.

FARBER, Daniel A. Legal Formalism and the Red-Hot Knife. *The University of Chicago Law Review*. v. 66, 1999.

FISS, Owen. Objectivity and Interpretation. *Stanford Law Review*, v. 34, 1982.

GADAMER, Hans-Georg. *Verdade e Método*. Petrópolis, RJ: Vozes, 1997.

HAMILTON; MADISON; JAY. *O Federalista*. Belo Horizonte: Ed. Líder, 2003.

HART, Herbert L. A. *Essays in Jurisprudence and Philosophy*. Oxford: Claredon Press, 1983.

——. *O Conceito de Direito*. Lisboa: Fundação Calouste Gulbenkian, 2007.

HART JR. Henry; SACKS, Albert M. *The Legal Process*: basic problems in the making and application of law. New York: Foundation Press, 1994.

HIRSCHL, Ran. The Political Origins of the New Constitutionalism. In: *Indiana Journal of Global Legal Studies*, v. 11, 2004.

KELSEN, Hans. *Jurisdição constitucional*. São Paulo: Martins Fontes, 2007.

KENNEDY, Duncan. Legal Formalism. In: SMELSER, Neil; BALTES, Paul. *Encyclopedia of the Social & Behavioral Sciences*. V. 13. New York: Elsevier, 2001.

KING, Jeff A. Institutional Approaches to Judicial Restraint. *Oxford Journal of Legal Studies*, v. 28, 2008.

KINGWELL, Mark. Let's Ask Again: Is Law Like Literature? *Yale Journal of Law & the Humanities*. v. 6, 1994.

KRAMER, Larry D. *The People Themselves*: popular constitutionalism and judicial review. Oxford: Oxford University Press, 2004.

MACEDO JUNIOR, Ronaldo Porto. *Do Xadrez à Cortesia*: Dworkin e a teoria do direito contemporânea. São Paulo: Saraiva, 2013.

MICHELMAN, Frank I. *Brennan and Democracy*. Princeton: Princeton University Press, 1999.

RODRIGUEZ, José Rodrigo. *Como decidem as cortes?*: para uma crítica do direito (brasileiro). Rio de Janeiro: Editora FGV, 2013.

SADURSKI, Wojciech. Constitutional Review in Europe and in the United States: Influences, Paradoxes and Convergence. *Sydney Law School Research Paper n. 11/15*, 2011.

SCALIA, Antonin. *A Matter of Interpretation*: federal courts and the law. Princeton: Princeton University Press, 1998.

SCHAUER, Frederick. Formalism. *Yale Law Journal*, v. 97, 1988.

SIEGEL, Jonathan R. Judicial Interpretation in the Cost-Benefit Crucible. *Minnesota Law Review*. v. 92, 2007.

SOUZA NETO, Cláudio Pereira de; SARMENTO, Daniel. *Direito constitucional*: teoria, história e métodos de trabalho. Belo Horizonte: Fórum, 2012.

STEGMÜLLER, Wolfgang. *A filosofia contemporânea*: introdução crítica. 2. ed. Rio de Janeiro: Forense Universitária, 2012.

STRECK, Lenio Luiz. *Hermenêutica Jurídica e(m) Crise*: uma exploração hermenêutica da construção do Direito. Porto Alegre: Livraria do Advogado, 2000.

——. *Jurisdição Constitucional e Hermenêutica*: uma nova crítica do direito. Rio de Janeiro: Forense, 2004.

——. O direito como um conceito interpretativo. *Pensar*, v. 15, n. 2, 2010.

——. O problema da decisão jurídica em tempos pós-positivistas. *Novos Estudos Jurídicos*, v. 14, n. 2, 2009.

——. *O que é isto:* decido conforme a minha consciência? Porto Alegre: Livraria do Advogado, 2010.

——. Superando os diversos tipos de positivismo: porque hermenêutica é *applicatio*? *Nomos: Revista do Programa de Pós-Graduação em Direito da UFC*, v. 34, n. 2, 2014.

SUNSTEIN, C. Incompletely Theorized Agreements. *Harvard Law Review*. v. 108, n. 7, 1995.

——. Second-Order Perfectionism. *University of Chicago Law & Economics*, Olin Working Paper n. 319, 2006.

——; VERMEULE, Adrian. Interpretation and Institutions. *John M. Olin Program in Law and Economics Working Paper* n. 156, 2002.

TRIBE, Laurence. *The Invisible Constitution*. Oxford: Oxford University Press, 2008.

VERMEULE, Adrian. Collective Wisdom and Institutional Design. In: LANDEMORE, Hélène; ELSTER, Jon. *Collective Wisdom*: principles and mechanisms. Cambridge: Cambridge University Press, 2014.

——. Interpretive Choice. *New York University Law Review*, v. 75, 2000.

——. *Judging under Uncertainty*: an institutional theory of legal interpretation. Cambridge: Harvard University Press, 2006.

WALDRON, Jeremy. *Law and Disagreement*. Oxoford: Oxford University Press, 2004.

WITTGENSTEIN, Ludwig. *O Livro Azul*. Lisboa: Edições 70, 1992.

——. *Philosophical Investigations*. Oxford: Basil Blackwell, 1986.

— 24 —

Vilanova e Streck. Um diálogo impossível?

IVAN GUÉRIOS CURI[1]

Sumário: 1. Introdução; 2. As estruturas lógicas do Direito; 3. Complexidade conceitual; 4. A decisão como norma; 5. Conclusão; Referências.

1. Introdução

Todo diálogo, em princípio, é possível. O que se põe em questão, sempre, é se dele se pode chegar a um denominador comum ou se dele nada se aproveita. Quando dois autores postos em polos absolutamente antagônicos são postos a dialogar (sim, porque esse diálogo é uma ficção, a que ouso me aventurar), a premissa é mesmo a de que não se chegará a lugar algum.

Lenio Streck é um hermeneuta. Um filósofo cujas propostas pretendem rechaçar toda analítica e que mais propriamente construiu uma *teoria* da decisão distante de todo positivismo e pós-positivismo. Lourival Vilanova é um lógico, um filósofo analítico, preocupado em construir uma "teoria geral do direito" numa perspectiva sistemática de coerência.

Streck toma o conceito de norma como sentido. Não há cisão para ele entre texto e norma. Vilanova vê a norma como conceito, uma espécie de ponto de intersecção de outros do mesmo nível de linguagem, por exemplo, como um pressuposto da experiência do direito representada pelo suporte fático, relação jurídica, fonte geratriz de norma e outros.[2]

Vilanova constrói uma teoria da norma jurídica; Streck, uma *teoria* da decisão jurídica. Esse o dilema do diálogo, que se acentua com a citação feita por Vilanova ao referir-se a Talcott Parsons: "Elimination of the normative aspect, altogether eliminates the concept of action itself and leads to the radical positivistic position".[3]

---

[1] Doutor em Direito (UFPR). Pós-Doutor em Direito (Universidade de Coimbra).
[2] VILANOVA, Lourival. *Causalidade e Relação no Direito*. 4ª ed. São Paulo: Editora Revista dos Tribunais. 2000, p. 13.
[3] PARSONS, Talcott: *The structure of social action*. 1966. Apud Vilanova, Lourival. *Causalidade e Relação...*, cit., p. 13.

Mas onde está o dilema, propriamente? Streck não elimina o aspecto normativo, eis a questão! Decisão é norma. Mas seria o fim do diálogo e frustraria o leitor certamente. Por isso, é preciso perpassar pelos caminhos das teorias que fundamentam os pensamentos de ambos e, ao fim, talvez descobrir onde está, na verdade, o paradoxo que a crítica à filosofia de Streck não descobriu ainda.

2. As estruturas lógicas do Direito

Para compreender o pensamento de Vilanova, é necessário (des)velar o arcabouço que fundamenta a estrutura da sua teoria: a lógica formal e os conceitos de causalidade que ele transpõe para o direito, de modo a elaborar uma sofisticada formatação sistemática baseada na facticidade de vértice normativo.

Considera a causalidade como gênero e não como relação, que vale para todos os objetos reais, desde que fácticos, excluindo-se, portanto, os formais: os lógicos e os matemáticos. Acentua a impossibilidade de algo ser causa-de-si-mesmo, já que se assim fosse, não existiria a causalidade, porque seria causa e efeito num mesmo tempo.

A questão aí está justamente na impossibilidade de se poder por fixar o começo e o fim, já que a causalidade se vale de uma abstração generalizadora para articular o campo dos fatos. Para melhor compreender, pode-se utilizar uma fórmula: Ff/Fb/Ft/Fs-h(c-r), onde Ff é fato físico, Fb é fato biológico, Ft é fato típico, Fs-h é fato sócio-histórico, isolando-se como diferencial entre parênteses, a c-r, causalidade como relação. Cada fato é uma espécie da causalidade garantindo suas propriedades abstratas, que a elevam a um nível de lei geral de causalidade.

De esclarecer, todavia, que cada espécie é irredutível entre si, mas compõem uma lei universal de determinação, na forma de subtipos.

Na experiência, a relação causa-efeito não é percebida tal e qual se percebem a propriedade dos objetos. Por exemplo, enunciar que A é causa de B acrescenta uma relação atemporal. A temporalidade da relação (anterior, sucessiva e simultânea) só se conhece pela percepção, já que é a percepção que constata A antes de B ou A simultâneo com B.

Também quando se trata de individualizar as variáveis, tais como A ou B, está-se a constituir uma classe à qual essas variáveis pertencem, como uma espécie de substitutos simbólicos dos membros dessa classe. O que Vilanova destaca é que um conjunto ou classe não é um dado imediato de nossa percepção exterior, mas uma construção conceptual que assenta em operações lógicas definidas.[4]

Um objeto permite a construção de classes diferentes, porque condicionado a um critério seletivo de notas ou propriedades que definem a pertinência à classe. O que leva Vilanova a afirmar:

> Por isso, o simples enunciado individual "este A é causa deste B" importa num ato classificatório prévio... Como se vê, em análise sumária, o simples enunciado que protocolariza o fato "este A é causa de B", envolve

---

[4] VILANOVA, Lourival. *Causalidade e Relação* ... , cit., p. 30.

operações que ultrapassam o limite da experiência, os *dados imediatos* da percepção do mundo exterior. O conhecimento causal parte da experiência, a ela regressa, mas nele co-participam o empírico e o conceptual, os fatos e as operações lógicas. A reconstrução gnosiológica, assim, nem se explica com o empirismo radical, nem com o racionalismo radical.[5]

O problema da causalidade põe em causa na teoria de Vilanova uma outra questão, que, aliás, foi uma das razões que levou Kelsen a escrever a sua *Teoria Pura do Direito*: a oposição entre o direito como fato e o direito como norma. Era o chamado paralelismo socionormativo, que na teoria de Kelsen, o sistema de normas válidas"...mit *dem korrespondierendem Ablauf des kausal determinierten menschlichen Verhaltens bleibt...*".[6]

O paralelismo está, assim, numa série de fatos vinculados de forma causal e uma outra classe de objetos: as normas. Só que as normas ou a classe de normas se interligam por meio de relações lógico-formais e jurídico materiais, que se reduzem mesmo ao conceito de validade.

De se notar que essa *Uebereinstimmung* entre o sistema dos fatos e o sistema de normas não é causal. Um enunciado de dever-ser válido não é causa nem efeito de um fato. O fator causal da conduta, como fato social, é a representação da norma. Subjacentes às normas acham-se a representação, a vontade, o sentimento (*Vorstellung, Wille, Fuehlen*).[7]

Para Vilanova, facticidade e eficácia representam a mesma realidade e quando causalmente articuladas, dependem dos atos psíquicos mencionados – representação, vontade, sentimento – mas não se confundem com conteúdos objetivos. Aparece aí a clara influência de Kelsen, quando diz que "os atos são a *conditio sine qua non*, não, porém a *conditio per quam*; são condições fácticas da existência, não da *spezifische Geltungsexistenz* dos enunciados normativos".[8]

Visto, assim, como o autor compõe a ideia articulada entre facticidade e normatividade, é oportuno transcrever sua definitiva composição sobre o conceito de sistema do direito, a partir do, por ele designado, adjetivo *causalidade interna*:

> Na falta de outro adjetivo, chamemos causalidade interna aos vínculos que o sistema de normas estabelece entre os fatos (fatos-eventos e fatos-conduta). Por sistema entendamos todo conjunto de elementos quaisquer: de fatos, coisas, pessoas, números, propriedades e relações. Basta um critério definente no agrupar objetos para se formar um sistema. Por isso, nem sempre há de se entender por sistema sua racionalização interna. O critério, nos sistemas de proposições é lógico, de um lado; objetal (determinação de um campo de conhecimento) ainda, se o sistema é de uma ciência empírica (natural ou social). O sistema do direito, como um sistema de enunciados normativos, com referentes empíricos, não é um sistema homogeneamente lógico. Não sendo, porém, um sistema cognoscente, a presença de proposições em sua constituição subordina-o (até certo ponto) às leis lógico –formais. Sua finalidade intrínseca, a de alterar o mundo social (regrar condutas), imprimir direção ao fluxo das interações humanas, confere-lhe propriedades mais que meramente lógico-formais. Ponto pacífico que não pede explicação maior. Saímos da macroanálise estrutural do sistema normativo, quando, em lugar de incidirmos no todo, no ordenamento, como totalidade unitária, em sua unicidade (em sua concreção sócio-histórica) e em sua unidade, passamos para a micro análise das normas como partes. Uma análise, ainda nesse campo, submete a norma e ulterior decomposição de seus constituintes. Em nível de formalização, alcançarmos esses constituintes, que são variáveis (variáveis

---

[5] VILANOVA, Lourival. *Causalidade e Relação* ... , cit., p. 30.

[6] KELSEN, Hans. *Der soziologische und jusristische Staasbegriff*, p.104. Apud VILANOVA, Lourival, *Causalidade e Relação*... cit., p. 39.

[7] VILANOVA, Lourival. *Causalidade e Relação*..., cit., p. 39.

[8] Idem, p. 39.

de classes, variáveis de objetos ou indivíduos, variáveis predicamentais, variáveis relacionais) e constantes operatórias. Reconstruímos o todo do sistema se investigarmos as operações que interligam as normas, como enunciados, as relações combinatórias e os processos de construção (o *Erzeugungsprozes* kelseniano, visto formalmente): as regras de formação e as regras de transformação dos enunciados, ou das normas como enunciados proposicionais. Tomemos como aceite, como suposto de trabalho, que a norma jurídica compõe-se de uma hipótese e de uma consequência. A hipótese descreve um fato de possível ocorrência (fato natural ou conduta). Depois, liga uma consequência que ordinariamente tem como referente a conduta humana. A consequência é prescritiva: proíbe, permite, obriga, faculta – o que só é possível sobre a conduta. Nem a hipótese prescreve, nem a consequência descreve fatos. Se a hipótese prescrevesse, só teria como suportes fáticos condutas. É um sem-sentido modalizar deonticamente fatos articulados por relações de causalidade natural. A interferência no domínio dos fatos puramente naturais só é possível das leis causais, como o demonstra a tecnologia cientificamente sustentada. Altera-se o mundo físico usando-se as leis causais naturais, não as leis éticas, morais, jurídicas, religiosas, não com o uso das normas sociais, em sentido genérico. Com normas fazemos o uso permitido ou proibido ou facultativo: regramos o uso, *i.e.*, a conduta que se vale das leis causais.[9]

O problema é que ao construir o conceito de norma e sistema (a parte e o todo) Vilanova assenta os fundamentos puramente analíticos, sem a contextualização e a crítica, a meu ver, necessária, da ideia de sistema, o que pretendo esboçar, ainda que de forma sucinta a seguir. De certa forma, já tratei do tema em escritos anteriores, que agora, em parte, retomo,[10] até porque antecipo algumas questões relativas ao diálogo com Streck.

3. Complexidade conceitual

Não obstante a longa tradição da palavra sistema no direito, e, embora na história do direito ela exista desde que existe o direito, é interessante observar que ela só foi introduzida na linguagem jurídica e na própria ciência por Christian Wolf, por volta do século XVI.

A palavra, de origem grega, significa *aquilo que é posto conjuntamente*; mas, embora se mencione essa origem, há que se ver que os gregos não tinham dela um uso escolar. Apareceu esporadicamente em Platão e Aristóteles e entre os estoicos, mas sem o sentido que veio tomar depois.

Assim é possível dizer que a teoria da música assimilou a palavra no século XVI, passando diretamente, quase de forma imediata para a teologia, daí falar-se em *Summa Theologica*. Mas o direito só a assimilou em linguagem e em sentido atual no século XVII, por meio da escola clássica do direito natural. A palavra aparece de forma constante em nossa teoria do direito.

Assim, por exemplo, Clóvis Beviláqua a utiliza para definir a por ele chamada Ciência Geral do Direito, visão sistematizada de todos os fenômenos da vida jurídica e da determinação das suas causas.

Na hermenêutica, a interpretação sistemática também é uma inegável referência ao termo e à sua constância. A noção de processo está muito ligada à noção de sistema e o próprio direito penal, enquanto dogmática, busca uma elucidação sistemática de normas. Nesse sentido, a dogmática do direito penal tem por objetivo as normas do dever-ser.

---

[9] VILANOVA, Lourival. *Causalidade e Relação* ... , cit., p. 43-45.
[10] GUÉRIOS CURI, I, *Liber Amicorum*. Homenagem Ao Prof. Doutor António José Avelãs Nunes, A Ideia de sistema no direito – Um dilema a repensar. Coimbra Editora, 2009, p. 469-489.

Como se pode ver, a palavra, como seu uso, a noção que ganha importância frequente merece um estudo particular. No jusnaturalismo, já havia, pois, um conceito de sistema, baseado na adoção de um conjunto de elementos ligados entre si pelas regras da dedução. Assim falava-se juridicamente de sistema das ordens da razão ou sistema das normas racionais, entendendo com isso a unidade das normas a partir de princípios dos quais elas eram deduzidas. Interpretar o direito significava inserir a norma em questão na totalidade do sistema.

A ligação entre o conceito de sistema e o de totalidade colocou, contudo, a questão geral do sentido da unidade do todo. Aparecem os modelos mecânico e orgânico. No modelo mecânico, a unidade era dada pela integração das partes segundo o princípio de não contradição e de identidade. No modelo orgânico, a unidade era um *plus* em relação às partes, algo que não se reduzia à simples soma das partes, mas garantia a unidade de seu sentido.

Para compreender a noção de sistema não é, contudo, suficiente buscar as suas origens, uma vez que o próprio sentido da palavra adquiriu uma evolução teórica muito grande, principalmente nos últimos anos. Quando falamos em sistema, pensamos imediatamente em conjunto, em ordem; pensamos, portanto, em *nexo* e em *método*.

Na doutrina jurídica, a palavra multiplica-se em confusões de um complexa ordem conceitual, que nos dá a ideia de um todo ordenado, sem que no momento seja necessário falar sobre espécies e categorias de sistemas. Com isso é possível entender, e ao mesmo tempo questionar, o sentido dessa ideia de conjunto. Entender porque é perfeitamente explicável aquela tendência que todos têm em ver as coisas como estrutura, classificações, explicações lógicas. Questionar, porque em verdade se confunde geralmente a realidade com a análise da realidade.

Dessa forma, a palavra *sistema* pode ser entendida preliminarmente como instrumento teórico para analisar um objeto (a sociedade, o direito, por exemplo). Assim, desfaz-se, a nosso ver, a primeira difusão contraditória do conceito, uma vez que, sendo instrumento, não é por consequência objeto e não se cindindo com o objeto, não se traduz com a ideia em si do objeto, mas como forma de representá-lo.[11]

Assim podemos ver o direito como um sistema, mas não podemos dizer que o direito é um sistema. São coisas diferentes, portanto. Essa óptica do sistema que se pretende seja elucidada é, contudo, a forma tradicional de se explicar o uso da palavra.

O sentido teórico da expressão está de alguma forma ligado ao sentido teórico de sua expressão oposta, que é o de lacuna. Deixando-se de lado a discussão sobre a existência ou não de lacunas e supondo por hipótese teórica de trabalho que elas existem, podemos ter uma outra visão do sentido de sistema

---

[11] Um estudo mais pormenorizado, e que, aliás, inspirou este texto e a formação teórica do autor deste modesto ensaio, poder ser feito a partir da ainda insuperável obra de Ferraz Jr., principalmente em: FERRAZ JR.,Tércio Sampaio. Conceito de Sistema no Direito. São Paulo: Revista dos Tribunais, 1976; ——. *Introdução ao Estudo do Direito*. 2ª ed. São Paulo: Atlas, 1994; ——. *Teoria da Norma Jurídica* – ensaio de pragmática da comunicação normativa. Rio de Janeiro: Forense, 1973.

como um todo, já que necessariamente teremos de considerar as falhas desse conjunto.

Utilizando a explicação de Karl Engisch,[12] lacuna é uma imperfeição insatisfatória dentro de um todo e no direito é uma imperfeição insatisfatória dentro da totalidade do direito. Veremos que, ao invés de nos preocupar com a noção de totalidade, podemos perfeitamente fazer o mesmo verificando as falhas dentro da totalidade; o contrário, portanto.

A totalidade em si não precisa ser delimitada para que se possa ter o seu sentido, basta que se tenha em mente que há algo como real delimitando, classificando, apresentando, retirando, a partir de recursos, os espaços temporais. Ao dizermos que a lacuna é uma imperfeição insatisfatória, somos obrigados a explicar no que consiste uma imperfeição insatisfatória. Inicialmente, é válido dizer que a imperfeição é a negação da perfeição. Perfeição é aquilo que tem tudo que é necessário para compor o seu tipo ou, em outras palavras, perfeito é aquilo que tem tudo que lhe é próprio dentro de um limite. Consequentemente, imperfeição é a negação disso.

Engisch, contudo, entende que a mera existência de imperfeição no todo jurídico não é argumento suficiente para se afirmar que existem lacunas, algo mais deve existir: a insatisfação. Disso deduz que nem toda imperfeição existente é insatisfatória. Como exemplo, podemos tomar o Sistema de Arte, a *Obra Aberta*, de Humberto Eco, que é um tipo de obra que não é acabada propositalmente para que aquele que a observa tenha a possibilidade de dar sua contribuição, impondo seu traço pessoal. Dessa forma, parece-nos estar caracterizado o fato de que o sistema jurídico, que possui uma não completude, é um sistema que se caracteriza por imperfeições que não devem existir, porque são insatisfatórias.

Agora é necessário verificar quando se coloca a questão da ausência de completude no sistema jurídico. O problema pode ser colocado da seguinte forma: as lacunas não devem, mas podem existir. Assim, admitindo-se a possibilidade das lacunas, é possível trazer como exemplo da sua existência o artigo 4º do Código Civil Francês, que proíbe o juiz de se recusar a julgar sob alegação de obscuridade ou insuficiência da lei.

Tal disposição demonstra que o famoso argumento, segundo o qual a obrigatoriedade da decisão judicial é uma demonstração da inexistência de lacunas, é uma forma de camuflar o fato de que, quando a lei obriga a decisão, está expressamente admitindo que podem, eventualmente no sistema de direito, existir falhas.

Tal questão (das imperfeições insatisfatórias) mostra-nos igualmente que os ordenamentos jurídicos contêm uma carga de intencionalidade. Basta que utilizemos a classificação de Zitelmann sobre as lacunas para compreender: ele as chama de *autênticas* e *inautênticas*. São autênticas aquelas lacunas que aparecem quando pela análise da lei não há resposta possível a um caso particular. As inautênticas aparecem quando qualquer fato típico é previsto pela lei, mas

---

[12] ENGISCH, Karl. *Introdução ao Pensamento Jurídico*. 2ª ed. Trad. de J. Baptista Machado. Lisboa: Fundação Calouste Gulbenkian, 1968.

a solução é considerada indesejável ou falsa. As lacunas do segundo tipo, na verdade, não constituem ausência do sistema, mas lacunas *ideológicas*, ou seja, aquelas que resultam de uma visão diferente que determinada pessoa tem do plano jurídico.

Assim essa classificação no plano da intencionalidade leva-nos a uma outra: as lacunas *intencionais* e *não intencionais*. Intencionais são aquelas aberturas do sistema deixadas propositalmente pela pessoa que legisla. As não intencionais podem surgir do erro ou de uma inexistência circunstancial. Desse modo, pode haver lacuna indesculpável, o erro, ou lacuna não desculpável e não intencional.[13]

A classificação no plano da intencionalidade nos leva de forma direta ao entendimento de direito como totalidade ou como algo sistemático. Nota-se que o próprio direito forma um plano de integração, sendo uma exigência em si de completude. É, pois, por intermédio do estudo das lacunas que podemos compreender o direito como um conjunto de normas (e assim compreender o direito como um sistema, estudando a sua contradição, que é a lacuna).

É preciso verificar agora se essa totalidade é estática ou dinâmica. Podemos também recorrer às lacunas e notar que a possibilidade de lacunas *primárias* e *posteriores* mostra-nos claramente a dinamicidade do direito. Esta conclusão no plano da temporalidade vem, então, do fato de que alguma coisa *a posteriori* pode aparecer após a promulgação da lei.

Essa lacuna posterior tem sido considerada por diversos autores como a confirmação possível dos valores jurídicos, como categorias internas do sistema ou da existência de um subsistema de normas jurídicas. É, pois, a alteração dos valores que torna possível interpretar a norma; e isso nos leva a admitir que os valores estão no sistema como uma totalidade.

Também os fatos formam um subsistema, bastando para tanto compreender que a realidade social pode provocar uma lacuna *a posteriori*. Essa lacuna posterior ocorre justamente quando se quebra a isomorfia entre os três tipos de subsistema, como diz Miguel Reale: o de *normas*, o de *fatos* e o de *valores*.[14]

A esse caráter de o direito ser dinâmico (o da historicidade do direito,[15] como um *condicionado* e *condicionante*) é que se chama de *provisoriedade*, ou seja, ele admite que toda lacuna no direito é provisória, porque na passagem de um subsistema para outro pode ocorrer a integração.

Isso nos leva a concluir que o sistema jurídico é em si mesmo completo, ou que é provisoriamente incompleto, podendo por meios vários, como a passagem dos subsistemas ou, pelo critério funcionalista de autorreferência, como Luhmann[16] pretende, suprir essas lacunas sem recorrer ao exterior.

---

[13] Em determinada época dizer-se que não havia legislação sobre roubo de energia elétrica, quando não existia energia elétrica e atribuir a isso uma lacuna (exemplo citado por Ferraz Jr.).

[14] REALE, Miguel. *Direito como Experiência*. São Paulo: Saraiva, 1968.

[15] Por todos, acerca da historicidade do direito: CASTANHEIRA NEVES, António. *O actual problema metodológico da interpretação jurídica – I*. Coimbra: Coimbra, 2003; ———. *Questão-de-Facto, Questão-de-Direito ou o problema metodológico da juridicidade*, Almedina: Coimbra, 1967; ———. *Metodologia Jurídica*: Problemas Fundamentais. Coimbra: Coimbra Editora, 1993; ———. *Escritos acerca do Direito, do Pensamento Jurídico, da sua Metodologia e Outros. Digesta*, vol 3, Coimbra Editores, 2008.

[16] LUHMANN, N. *Sistema Juridico y Dogmatica juridica*. Madrid: Centro de Estudios Constitucionales, 1983.

Dentro desse plano, podemos também tomar como exemplo, e neste texto é relevante, a teoria de Lourival Vilanova, quando ele fala sobre *fechamento* e *completude*,[17] propondo que se tome por analogia a potenciação x^n, sendo x o número natural e n expoente inteiro e positivo. Qualquer que seja o valor da base, qualquer que seja o valor do expoente, com a limitação acima referida, o resultado da operação é sempre um número natural. Há fechamento para a operação potencial dentro do universo dos números naturais.

Com o sistema de proposições jurídicas ocorre algo análogo: qualquer proposição normativa provém de proposição normativa, com a interpolação de *ato*, cujo sentido objetivo é a norma (Kelsen). Proposição normativa vem de proposição normativa, não de proposição factual. Um fato é constitutivo ou desconstitutivo de norma, porque está qualificado por outra norma do sistema como fato constitutivo ou desconstitutivo. O jurista, como jurista colocado no interior do sistema, que o interpreta para aplicar, tem de pressupor uma última proposição normativa que qualifique o primeiro fato constituinte da norma, o *Grundfaktum* ou o *Urfaktum*, que será a hipótese limite do fechamento normativo do sistema do direito positivo, a norma fundamental. Não se encontrando a norma fundamental ao lado das normas positivas, temos que as normas fundamentais são pressupostas na linguagem da ciência do direito.

Relativamente à linguagem do direito positivo, é proposição de metalinguagem material, que pode ser formalizada ao nível de metalinguagem lógica. A rigor, a norma fundamental, o pressuposto gnosiológico, localiza-se na filosofia da ciência do direito, ou seja, no âmbito da lógica e da epistemologia. O fechamento tão somente exprime a continuidade normativa, a sucessividade dos níveis de proposições deônticas do sistema, apenas expressa que dever-ser vem do dever-ser, e não do ser (porque proposição jurídica só vem de proposição jurídica, e não de proposição factual), não que seja completo por sua referência o universo da conduta humana.

O fechamento deixa aberta a possibilidade de pelo menos uma conduta nesse universo de referência nem estar vedada, nem obrigada, nem permitida, nem se achar prevista na norma primária, nem na norma secundária. Empiricamente, é a sociologia; filosoficamente, é a ontologia da conduta que dá a solução positiva ou negativa, não a lógica.

O fechamento também não importa em afirmar que o processo de autoprodução normativa nada tem a ver com os fatos sociais. Os fatos são intercalares de norma a norma, os fatos são jurígenos em virtude de normas que lhes atribuem efeitos normativos. Observância, criação, aplicação de normas são fatos qualificados deonticamente, como último critério de qualificação deôntica, para reconstruir gnosiologicamente o sistema jurídico positivo, formulando-se a proposição jurídica fundamental.

Sob a óptica da teoria de Vilanova, é possível constatar que a questão da completude depende, em princípio, da ideia que se tem de direito ou de como cada um coloca o problema do fechamento do sistema. Tanto no modelo dos subsistemas de valores, normas e fatos, quanto no modelo das proposições

---

[17] VILANOVA, Lourival. *As Estruturas Lógicas e o Sistema do Direito Positivo.* São Paulo: Revista dos Tribunais 1977. p. 176.

normativas, em que a realidade é concebida como categoria intercalar normativa, o que sucede é uma ideia de sistema fechado, com uma pauta interna de soluções, não meramente normativas, porque pode haver lacunas, mas categorias, isto é, como fatores de efeitos normativos inerentes à própria concepção sistemática do direito.

O direito natural, assim concebido, como um dado dedutível de outro dado, portanto construído a partir de uma ideia geral, por meio da razão, pode ser colocado fora do sistema e dentro do sistema. Fora do sistema, se entendermos que o direito natural é uma categoria metajurídica, no sentido de suprapositiva, da qual é possível deduzir o conteúdo de normas jurídicas. Dentro do sistema, se tal qual a norma fundamental de Kelsen, for concebida como categoria gnosiológica do direito, portanto instrumento da ciência jurídica e não do direito. E ainda dentro do sistema, se for concebido como um subsistema, nos mesmos moldes dos subsistemas de valores, tal qual expõe a teoria de Miguel Reale.

A ideia de um direito natural racionalista, contudo, leva-nos a uma outra concepção possível de sistema, o qual só se formaria a partir da dedução. O sistema jurídico estaria assim na coerência entre o direito natural e o direito positivo. Nesse sentido, o de coerência, o direito natural não será uma categoria metajurídica, uma categoria jurídica abstrata; é ainda nesse sentido que o sistema jurídico passa a incluir o direito natural.

Necessário é observar, contudo, que essa ideia deixa muito a desejar, porque é preciso para considerá-la aceitar primeiro que o direito natural, ou da natureza, é uma categoria originária. É nesse particular que pode ser colocada a questão sobre o problema central da teoria do sistema aplicada ao direito, ou seja, interrogar se a completude e o fechamento são necessariamente elementos que designam o sistema ou, em outras palavras, que nos permitem identificar o sistema e utilizá-lo sobre o real concreto, ou se a completude não é antônima de incoerência, mas sinal de que o sistema nunca é pleno e que a abertura permite a real calibração por meio de dados tanto jurídicos quanto não jurídicos, em sentido estrito.

O fechamento do sistema colocado como coerência necessária leva, a nosso ver, o jurista a colocar a própria questão do direito como realidade, ora apenas normativa, ora apenas paranormativa, sem considerar a possibilidade de influências externas que, não sendo normativas e que nem necessariamente passem a ter efeitos normativos, possam influenciar a experiência jurídica, tanto na criação quanto na interpretação do direito.

A abertura não é a negação da normatividade do direito, o que seria um absurdo, mas uma necessária aceitação de que a óptica jurisdicista da realidade nem sempre expressa essa realidade. Assim, o direito natural, bem como os valores e os fatos, não deve ser visto como subsistema necessariamente, porque isso implicaria ter que lhe atribuir imputação normativa para aceitar que sua presença tenha efeitos no chamado sistema jurídico.

A ideia de sistema não exclui a ideia de dinamicidade e de movimento, de dentro para fora, e, de fora para dentro dos limites do próprio sistema. Tais comentários são importantes para colocar desde já a questão em suas devidas proporções conceituais. A questão sistemática parece, assim, ir adquirindo devagar contornos nítidos. De um lado, coloca o sistema como fechado e de outro, como aberto.

Mas o que é um sistema fechado, no sentido jurídico? É um conjunto de normas que delimitam o campo da experiência, um sistema de normas que condicionam a experiência jurídica de tal forma que a reduz a esse conjunto de normas.

Duas noções parecem-nos fundamentais para explicar esse sistema: conjunto de elementos e relação. Essas noções levam a uma outra, a de repertório do sistema e a de estrutura do sistema, respectivamente.

Existe assim uma série de regras que unem os elementos entre si; a introdução de um novo elemento obriga a alteração do conjunto de regras. Como se vê, o sistema fechado é aquele em que tudo deve ocorrer internamente, como em um jogo de xadrez, em que o introduzir simplesmente uma peça nova implica ressarcimento na alteração das regras e até na destruição do próprio sistema. É evidente, contudo, que existem sistemas que não são rigorosamente fechados.

E o sistema aberto? É aquele que permite a introdução de elementos estranhos, sem que sua estrutura seja alterada. A língua portuguesa é um exemplo. Se, em determinado momento, usamos um termo estrangeiro ou algo parecido, podemos, apesar disso, manter as mesmas regras.

Evidentemente, mesmo o sistema aberto tem limites, pois, por exemplo, se em uma frase de dez palavras utilizamos nove palavras estrangeiras, aí modificamos a estrutura ou passamos a um outro sistema. O sistema fechado é quase sempre retrospectivo, pois se refere geralmente a fatos que ele mesmo delimitou.

Ocorre, contudo, que a breve menção ao problema das lacunas nos mostrou que o direito não é somente um conjunto de normas, mas que pode ser também um critério de avaliação. Os valores, por exemplo, mesmo que considerados em um plano subsistêmico, são também critérios de avaliação dessa realidade dentro de certos limites. Por exemplo, as prescrições do Código Civil descrevem um âmbito e fecham um círculo; ocorre que o Código Civil nesse sentido de critério de avaliação não é mais o mesmo do momento estático de sua promulgação, mas o de hoje, e nessa medida vai até certo limite, quando se sente a necessidade de mudá-lo.

A mudança significa que, sob o ponto de vista de conjunto fechado, para mudá-lo é necessário transformá-lo, alterando as regras. Assim a alteração das regras torna-se necessária quando o Código Civil, por exemplo, não serve mais como critério de avaliação. Sob um ponto de vista então, não será necessário alterar as regras, já que o que não é proibido é permitido. Tal assertiva conduz à ideia de completude.

Ocorre que, como critério de avaliação, o sistema não é completo, e nem é fechado porque admite sempre novos avaliados. Porém, o direito não é um sistema de critérios de avaliações somente, é também um sistema de decisões, vale dizer, é um sistema do momento dinâmico da aplicação da norma.[18]

Como se vê, já existem três dimensões sistemáticas: a *dimensão normativa*, o direito como conjunto de normas, com sentido retrospectivo; a *dimensão avaliativa*, o direito como conjunto de avaliações, com sentido prospectivo; e a *dimensão decisional*, o direito como um conjunto de decisões, em um sentido atual. Essa terceira dimensão sugere uma confusão dentro do que até agora foi colocado, pois levando-a em conta, o sistema é aberto, porém completo.

Tínhamos visto que a completude é uma característica dos sistemas fechados – é completo porque exige sempre a decisão. Essa confusão, todavia, não pode ser desfeita com muita facilidade, uma vez que o sistema jurídico é, efetivamente, ao mesmo tempo, um nexo aberto e fechado, completo e incompleto, que admite a lacuna; mas que prevê sempre a possibilidade de supri-la e que esta possibilidade de suprir a lacuna, ao mesmo tempo em que permite a sua existência, é dada pela regra fundamental ou pela estrutura básica do direito, que tem sempre um sentido analógico. É a analogia que permite completar o sistema.[19]

Ocorre que os juízos analógicos são, até certo ponto, subjetivos e escapam ao controle; valem-se, portanto, de elementos que não nos permitem um efetivo controle para a efetuação da completude, uma vez que o critério da *semelhança*, ou seja, o processo conclusivo do particular para o particular e do geral para o geral, com a combinação de induções e deduções não permite uma demonstração lógica, mas uma avaliação axiológica.

Assim os conceitos de sistema, ora como conjunto de normas, ora como conjunto de avaliações, ora como conjunto de decisões nos levam a um distanciamento da possibilidade da unidade sistemática do direito; ao ponto de Karl Larenz concluir que a palavra sistema não pertence à ciência, mas à filosofia, porque no plano da ciência do direito, não há como chegar a entender o direito sequer sob o ponto de vista de uma estrutura.

Existem, na verdade, muitas tentativas de se construir esse instrumento teórico que é o sistema, eliminando as antinomias que impedem a unicidade do direito. Todas elas acabam por esbarrar em um problema fundamental que é a dialeticidade do direito. A dialeticidade, de certa forma, afasta a concepção sistêmica, porque afasta a ideia de que existe uma estrutura social no sentido de um corpo orgânico fechado.

O sistema aberto e incompleto pode ser considerado como o tipo ideal de sistema, mas desde o momento em que o direito tem que ser considerado como um conjunto de normas entra em tela a retrospecção inerente ao caráter normativo. A avaliação é a saída para evitar o hermetismo do sistema, mas

---

[18] Por todos, FERRAZ JR.,Tércio Sampaio. *Conceito de Sistema no Direito.* São Paulo: Revista dos Tribunais, 1976; ——. *Introdução ao Estudo do Direito.* 2ª ed. São Paulo: Atlas, 1994; ——. *Teoria da Norma Jurídica* – ensaio de pragmática da comunicação normativa. Rio de Janeiro: Forense, 1973.

[19] VILANOVA, Lourival. *As Estruturas Lógicas e o Sistema do Direito Positivo.* São Paulo: Revista dos Tribunais, 1977. p. 176.

esbarra no caráter decisional,[20] que é sinal de completude necessária e, por si, em sistema de fechamento.

Dessa forma, desde o surgimento do conceito de sistema com o surgimento da ideia de deduções racionais de uma norma de direito natural para norma de direito positivo, até o desenvolvimento da ideia de sistema como uma forma de ver o direito em todos os seus momentos, o que ocorre é que se tenta levar em conta que não é importante ter o direito como estrutura, porque pensamos que ficou até certo ponto demonstrado, que essa estrutura nunca é verdadeiramente una, ela tem facetas contraditórias, que a destroem a medida que se tenta construir uma visão da própria estrutura.

A crítica do pensamento jurídico, dos glosadores, que dominou a ciência jurídica até o século XVI, consistia na falta de sistematicidade. Theodor Viehweg, em *Tópica e Jurisprudência*,[21] [22] entende ser o empenho sistemático da matéria jurídica muito tênue para configurar-se em um sistema. No século XVII, deu-se o empenho real para a ligação entre ciência e sistema. De Christian Wolf retomamos a noção sistêmica como *nexus veritatem*, ou seja, a correção moral da dedução entre verdades.

As ciências dos séculos XVII e XVIII observa Michel Foucault, trazem sempre consigo um projeto, ainda que longínquo, de uma ordenação exaustiva. Elas apontam sempre também na direção da descoberta dos elementos simples e de sua composição progressiva.

Para tanto, as ciências utilizavam o *système* (conjunto finito e relativamente limitado de traços, cuja constância e variação eram estudadas em todos os indivíduos que se apresentassem) e a *méthode* (processo de comparações totais, no interior de grupos constituídos de forma empírica, em que o número de semelhanças é manifestamente tão elevado, que a enumeração das diferenças não será passível de acabamento. O estabelecimento das identidades e das decisões era assegurado por aproximações contínuas). Assim, a *méthode* era sempre única, e o *système* podia ser múltiplo.

Esses recursos tinham acentuada importância no pensamento clássico em função da ideia de que o conhecimento empírico só podia ser adquirido em função de um quadro universal, ordenado e contínuo, de todas as diferenças possíveis.[23]

Assim foi peculiar a dignidade metodológica que o direito conseguiu, pois consistia em um método lógico, demonstrado em um sistema fechado, em oposição à ciência exegética e interpretativa de textos específicos do direito eu-

---

[20] Ainda que em outro contexto, interessante é a posição de Lenio Streck, acerca do problema da validade envolvendo a *applicatio* e a decisão jurídica, demonstrando as razões pelas quais não se pode confundir o nível hermenêutico com o nível apofântico, uma vez que ele pretende uma investigação pelo interior das teorias do direito, que, a meu ver, não deixam de (re)produzir uma concepção sistemática daquele direito que (pré)tendem teorizar. *In* STRECK, Lenio Luiz. *Verdade e Consenso*. 3ª ed. Rio de Janeiro: Lumen Juris, 2009, p. 429.

[21] VIEHWEG, Theodor. *Topik und Jurisprudenz*. München: Beck Velag, 1974.

[22] Sobre a tópica e o direito penal, veja-se a peculiar abordagem de RAMOS, João Gualberto Garcez. *A inconstitucionalidade do Direito Penal do Terror*. Curitiba: Juruá, 1991.

[23] FOUCAULT, Michel. *As palavras e as coisas*. Trad. S. Tannus Muchail. São Paulo: Martins Fontes Editora, 1981.

ropeu anterior, como foi o caso de Savigny e Ihering. A legitimação do direito perante a razão matemática consistia, pois, em uma redução das proposições e relações lógicas com o pressuposto da formulação de leis naturais, com validade universal.

O homem não era nem cidadão de Deus e nem do mundo histórico, mas um elemento concebível segundo leis naturais. Esse era o agregado antropológico da escola clássica do direito natural.

Do rigor lógico da dedução, característica do método sistemático do jusracionalismo, à revisão desse racionalismo histórico, com a proposta de receber o direito positivo como fenômeno histórico, uma concepção crítica do direito natural mediou um grande espaço de tempo, até que foi possível um juízo crítico do fato histórico, cujos critérios repetiam o desenvolvimento de uma antropologia jurídica.

O caráter de racionalidade lógico-indutiva desapareceu pelo menos aparentemente na obra de Savigny e foi-se desenvolvendo em uma concepção sistêmica diferente, em que o relacionamento social do direito é intuitivo e sensitivo quando em direção às relações vitais que se expressavam no organismo, um conjunto vivo de eventos, por movimentação constante. A historicidade dinâmica desses organismos ou institutos era racional, no sentido de existir conexão espiritual com a tradição.

Com o advento do positivismo, cujo sentido é equívoco e difuso, o construcionismo e o dogma da subsunção impuseram uma ditadura dos conceitos no mundo jurídico e permitiram a elaboração teórica de um sistema fechado com exigência de plenitude.

No século XX é que se faz notar melhor o dualismo metodológico da oposição entre o sentido formalista e conceitual da teoria do direito, de um lado; e as tentativas epistêmicas de solucionar a dialética da norma e da realidade social, mas sempre dentro de uma concepção sistêmica, tal o prestígio dos paradigmas científicos tradicionais surgidos da oposição entre racionalismo e empirismo. É que nem mesmo o empirismo de Bacon e Hume conseguiu eliminar o pressuposto ideológico da racionalidade, que o direito considera como algo imanente, a condicionar teoria e experiência jurídica.

O positivismo lógico do Círculo de Viena veio finalmente legitimar esse sistemismo como a única via para a descoberta da verdade. Daí que as mais expressivas concepções filosófico-jurídicas, ainda que enfatizem a intuição e a dialética, fazem-no no contexto dos paradigmas legitimados pelo Círculo de Viena, o *modelo empírico das ciências sociais* e o *modelo analítico das matemáticas*.

Escapa a esse saber acumulado e ao senso comum teórico, que a realidade é muito mais complexa que sua representação conceitual, e que o sistema é somente uma categoria formal, uma forma de representação cognoscitiva daquela realidade.

Mas a ideologia projeta a categoria para fora do sujeito e a transforma em estrutura, *a priori* material, a impor-se ao conhecimento. Com isso, a realidade é legitimada pela noção de que as coisas são assim porque a natureza é assim.

Essa hipostasiação da ideia de sistema foi realizada em pleno século XX pelos filósofos existencialistas, engendrando a noção de direito natural existencial, com o qual se superaria o desprestígio em que caíra a tese do direito natural racionalista. Mas o que esse novo jusnaturalismo obteve foi somente a ontologização de uma categoria que é em si apenas um *a priori* no sentido kantiano e, com isso, transformar a ideia de sistema em um *topos* a mais de legitimação da ordem social. Outra consequência da hipostasiação do sistema foi o deslocamento da questão da legitimidade.

Na escola clássica do direito natural, considerava-se *validade normativa* como expressão de uma coerência intrassistemática e a *legitimidade*, como coerência metassistemática, com princípios suprapositivos e logicamente anteriores que seriam descobertos pela razão. Nas modernas teorias jurídicas, como as surgidas da filosofia da linguagem e as da vertente culturalista, a legitimidade é também intrassistemática, pois o sistema jurídico internaliza seus princípios que se constituem em fonte de legitimidade, como em Kelsen, Alf Ross, Olivecrona, por exemplo, ou então identifica o critério axiológico da legitimidade com a própria realidade que se pretende conceitualizar como sistema científico, por exemplo, em Miguel Reale.

Em um e em outro caso o resultado é a legitimação da ordem social. Se com Max Weber aprendemos que o direito moderno veio substituir as formas diretas de dominação, a tradicional e a carismática, concluímos que a noção de sistema é o maior instrumento de ocultação de dominação legal-racional. E, à medida que a ciência e a filosofia do (no)direito atribuem *status* ontológico ao sistema, estão cumprindo o papel que a ideologia lhes atribui: fornecer os argumentos para que se aceite a dominação legal, qualquer que ela seja, como legítima.

4. A decisão como norma

Streck não elabora uma teoria do sistema jurídico nem uma teoria da norma, mas uma *teoria* da decisão jurídica.

A preocupação com a construção sistemática é uma questão de lógica e a hermenêutica, na óptica de Streck, é filosófica, não é lógica, portanto, não faz qualquer sentido buscar na sua obra o recurso do instrumento metodológico do sistema para explicar o fenômeno jurídico, muito menos como interpretação e decisão.

De outro lado, como ele não separa texto e norma, atribuindo à norma o caráter de *sentido*, despiciendo seria esperar que construísse uma teoria da norma – diria mais: seria um paradoxo! – até porque ela já está posta na sua hermenêutica, mas não como teoria: *decisão é norma*, apesar das críticas, que rebate no posfácio da sua obra Verdade e Consenso, 4ª edição.

Veremos como isso se explica.

A hermenêutica filosófica, segundo Stretck, deve ser compreendida, como já citei no item anterior, também como *apofântico*, porque a compreensão acontece a partir da pré-compreensão, que é estruturante. "'compreender sentido' não é apenas uma consequência, mas o fundamento da própria razão. E é exatamente por isso que o problema de sentido se situa sistematicamente antes do problema do conhecimento...".[24]

Aparece claramente na sua obra a ideia de que a epistemologia é importante para qualquer análise filosófica, no sentido de descobrir os elementos que formam o conhecimento da ciência. Mas, também deixa claro, que se pretende uma superação da metafísica clássica, ao dizer que "a hermenêutica apresenta um espaço que deve ser examinado como sendo o lugar onde se enraíza qualquer teoria do conhecimento ou uma epistemologia".[25]

O distanciamento abissal das teorias analíticas (no caso, de Vilanova, objeto do diálogo), mas também de outros autores que fazem a crítica da hermenêutica focar somente a facticidade, está no seguinte trecho:

> Ora, *sem compreensão, não há interpretação; sem compreensão, não há explicitação*. Só que tudo isso se dá em um círculo (do todo para a parte e da parte para o todo), portanto, sem categorias abstratas-universalizantes das quais se possam fazer deduções ou subsunções. É nesse espaço que se dá a não cisão entre interpretar e aplicar, porque não há conceitos (ou atribuições de sentido) "sem coisas". Não é demais, reforçar, aqui, a tese hermenêutico-filosófica com autores como T. Gizbert-Studnicki, para quem o sentido de um texto somente aparece (se dá) ao intérprete em referência a determinado caso, imaginado ou real, que se tenha de decidir, e Ralph Christensen, convicto de que o sentido do texto da norma só se constitui na ação prática do intérprete aplicador, não havendo nenhuma significação fora de uma concreta situação de fala.... O círculo hermenêutico é antitético a qualquer possibilidade de cisão (ou insulamento) da facticidade. E mais do que isso, qualquer atribuição de sentido somente ocorre na diferença ontológica, ou seja, o ser é sempre o ser de um ente, e o ente só é no seu ser. E esse ponto é fundamental: o que organiza o conhecimento no paradigma da fenomenologia hermenêutica – que é o solo em que a hermenêutica filosófica deita suas raízes – é a *diferença ontológica*. O mal-entendido das críticas ao problema da validade da compreensão na hermenêutica está radicado no fato de que se cobra das teorias hermenêuticas uma validade que tem como princípio organizador o princípio da causalidade (que sustentava a filosofia da consciência desde Kant).[26]

5. Conclusão

Na verdade, dada à profundidade da obra de Streck, principalmente com o posfácio à 4ª edição de *Verdade e Consenso*, qualquer texto que sobre ela se aventure acabaria por nunca se encerrar. O que se pretendeu aqui foi tentar estabelecer uma espécie de diálogo entre dois autores importantes e antagônicos. Ambos sofisticados, de escolas distintas e de importância indiscutível.

Um autor sempre sabe como a história começa, mas não como ela se desenvolve e termina. Disse, ao início, que o diálogo se tratava de uma ficção, de um meu imaginário sobre como seria pôr lado a lado um lógico-analítico e um filósofo-hermeneuta, dois juristas debatendo sobre o que é o direito, ou sobre como é o direito ou sobre como deve ser o direito, etc.

Não imaginava que, de repente, entraria no diálogo, porque me fascina o debate, principalmente quando se pretende polarizar: ou se é analítico ou se é um hermeneuta. Ou se pensa o direito como um sistema ou se pensa o direito como um círculo, do todo para a parte e da parte para o todo.

---

[24] STRECK, Lenio Luiz. *Verdade e Consenso*: constituição, hermenêutica e teorias discursivas. 4ª ed. 2ª tiragem. São Paulo: Saraiva, 2012. p. 476.

[25] Idem, p. 477.

[26] Idem, p. 478.

Temos que superar o paradigma da consciência ou ficamos todos à deriva na "nau dos insensatos"?

Para construir uma *teoria* da norma jurídica, penso que fica muito difícil sair do paradigma analítico. Mas, se não se separa texto e norma, então *decisão é norma*. Isso fica muito claro na obra de Streck. Não se pode dizer – a meu ver – que ali está uma teoria da norma (seria uma pretensão positivista, que ao que sei, está muito longe do pensamento de Streck). O que quero expressar é que quando se diz que lhe falta uma teoria da norma, respondo: não! Está na sua obra, basta ler. Não é preciso concordar, mas ali está.

Referências

BLOCH, Ernest. *Derecho Natural y Dignidad Humana*. Madrid: Aguilar Ediciones, 1980.

CASTANHEIRA NEVES, António. *O actual problema metodológico da interpretação jurídica – I*. Coimbra: Coimbra, 2003.

——. Questão-de-Facto. *Questão-de Direito ou o problema metodológico da juridicidade*, Almedina: Coimbra, 1967.

——. *Metodologia Jurídica*: Problemas Fundamentais. Coimbra: Coimbra Editora, 1993.

——. Escritos acerca do Direito, do Pensamento Jurídico, da sua Metodologia e Outros. *Digesta*, vol 3, Coimbra Editores, 2008.

ENGISCH, Karl. *Introdução ao Pensamento Jurídico*. 2ª ed. Trad. de J. Baptista Machado. Lisboa: Fundação Calouste Gulbenkian, 1968.

FERRAZ Jr.,Tércio Sampaio. *Conceito de Sistema no Direito*. São Paulo: Revista dos Tribunais, 1976.

——. *Introdução ao Estudo do Direito*. 2ª ed. São Paulo: Atlas, 1994.

——. *Teoria da Norma Jurídica* – ensaio de pragmática da comunicação normativa. Rio de Janeiro: Forense, 1973

FOUCAULT, Michel. *As palavras e as coisas*. Trad. S. Tannus Muchail. São Paulo: Martins Fontes, 1981

GUÉRIOS CURI, I, *Liber Amicorum Homenagem Ao Prof. Doutor António José Avelãs Nunes*, A Idéia de sistema no direito – Um dilema a repensar. Coimbra Editora, 2009

LUHMANN, N. *Sistema Juridico y Dogmatica juridica*. Madrid: Centro de Estudios Constitucionales, 1983.

RAMOS, João Gualberto Garcez. *A inconstitucionalidade do Direito Penal do Terror*. Curitiba: Juruá, 1991.

REALE, Miguel. *Direito como Experiência*. São Paulo: Saraiva,1968.

STRECK, Lenio Luiz, *Verdade e Consenso*. 3ª. ed. Rio de Janeiro: Lumen Juris, 2009.

——. *Verdade e Consenso*: constituição, hermenêutica e teorias discursivas – 4ª ed 2ª tiragem. São Paulo: Saraiva, 2012.

VIEHWEG, Theodor. *Topik und Jurisprudenz*. München: Beck Velag, 1974.

VILANOVA, Lourival. *As Estruturas Lógicas e o Sistema do Direito Positivo*. São Paulo, Revista dos Tribunais, 1977.

——. *Causalidade e Relação no Direito*. 4ª ed – São Paulo: Revista dos Tribunais. 2000.

VILLEY, Michel. *Les Archives de la Philosophie du Droit* nº 6 – La réforme des études de droit – Le droit naturel. Paris: Sirey, 1961.

— 25 —

Da hermenêutica filosófica à individuação do Direito: a decisão jurídica no pensamento de Lenio Streck

MARCO AURÉLIO MARRAFON[1]

Sumário: 1. Introdução; 2. A cruzada hermenêutica no direito brasileiro; 3. Autonomia, institucionalização da moral e integridade no controle da discricionariedade; 4. Reconstrução da teoria das fontes, dever de fundamentação e vinculação lógico-normativa ao sistema constitucional; 5. Resposta constitucionalmente adequada como fruto da adequada compreensão do Estado Democrático de Direito e da organização dos poderes; 6. Considerações finais; Referências.

1. Introdução

Recebi com muito entusiasmo e alegria o convite dos organizadores para participar da obra em homenagem ao Professor Lenio STRECK. Afinal, já são mais de vinte anos de amizade e aprendizado com o professor que, nos idos de 1997, quando eu ainda era calouro da Faculdade de Direito da Universidade Federal de Mato Grosso – UFMT –, proferiu uma palestra de grande impacto aos estudantes, ocasião em que promoveu o lançamento de seu livro *Tribunal do Júri – símbolos e rituais*.

Na sequência, veio o *Hermenêutica Jurídica e(m) crise* e, partir dele, minhas convicções acadêmicas e profissionais se viram permanentemente influenciadas pela força dos argumentos que promoviam uma verdadeira revolução na compreensão do direito, da teoria da interpretação jurídica e da decisão judicial, quando da inserção da viragem linguística hermenêutica no debate jusfilosófico.

De lá pra cá, foram inúmeras viagens, encontros do Grupo Cainã por todo o Brasil e Portugal, Simpósios da ABDConst, muita vida, alegria e intercâmbio de conhecimento em todos os momentos.

Muito estudioso e preparado, intelectual honesto e corajoso, STRECK se tornou um jurista imprescindível para o Brasil. Sua precisão na crítica ao

---

[1] Presidente da Academia Brasileira de Direito Constitucional – ABDConst. Professor Adjunto de Direito e Pensamento Político – UERJ. Doutor e Mestre em Direito do Estado – UFPR com estudos doutorais na Università delig Studi di Roma Tre – Italia. Secretário de Planejamento do Estado de Mato Grosso. Membro da Comissão de Especialistas do Senado Federal instituída para debater e propor o novo pacto federativo (2012). Ex-Bolsista CAPES/PDEE.

conhecimento rasteiro e rabular que impregna o pensamento jurídico brasileiro já o tornaram referência obrigatória para quem quer aprender e saber Direito.

Sendo assim, nada mais justo que o presente artigo, ao homenagear o mestre, traga algumas linhas sobre o pensamento jurídico de STRECK acerca da decisão jurídica, começando pela cruzada hermenêutica, passando pelas bases de sua teoria pós-positivista do direito e, enfim, chegando aos princípios da decisão jurídica, com alguns desenvolvimentos complementares que possam somar ao arcabouço da teoria streckiana, tais como a vinculação ao sistema constitucional e a ideia de que o modelo de organização constitucional dos poderes estabelecem as possibilidades e limites da jurisdição constitucional.

2. A cruzada hermenêutica no direito brasileiro

Preocupado com a eficácia da Constituição no contexto brasileiro, STRECK propõe um resgate da hermenêutica filosófica com a finalidade de expor suas características pós-metafísicas, pós-objetivistas e pós-estruturalistas também no discurso jurídico permeado pelas crenças oriundas da modernidade.[2] Transpõe para a realização do direito o método fenomenológico de HEIDEGGER e as contribuições posteriores da hermenêutica filosófica de GADAMER.[3]

A partir dessas bases teóricas, entende que a verdade na decisão *acontece* na clareira aberta através do processo fenomenológico de velar-desvelar, na emergência da coisa mesma *(Sache Selbst)*.[4]

A adequação ao direito dessa concepção faz com que a garantia de objetividade da decisão se dê por meio da tradição jurídica construída a partir do paradigma do Constitucionalismo Contemporâneo, conforme a diretriz de realização de um projeto constitucional de Estado Democrático e Social de Direito em países de modernidade tardia ou não realizada.[5]

Nesse raciocínio, os novos ícones para a realização do direito são: (i) a tese da diferença ontológica e o círculo hermenêutico – teoremas da ontologia fundamental de HEIDEGGER;[6] (ii) a fusão de horizontes e a unidade da *applicatio* da hermenêutica gadameriana; (iii) a tradição jurídico-constitucional.[7]

---

[2] STRECK, Lenio Luiz. *Hermenêutica jurídica e(m) crise:* Uma exploração hermenêutica da construção do direito.5 ed. Porto Alegre: Livraria do Advogado, 2004.

[3] Ainda que as questões ontológicas e epistemológicas sejam indissociáveis, onde uma leva à outra, o foco específico aqui destacado é a conversão metodológica do pensamento jurídico ao hermenêutico, com superação dos métodos tradicionais de interpretação e não da recepção hermenêutica na filosofia do direito que, tratando de questões ontológicas, propõe uma terceira via entre o jusnaturalismo e o juspositivismo (CASTANHEIRA NEVES, Antonio. *A crise actual da filosofia do direito no contexto da crise global da filosofia*: tópicos para a possibilidade de uma reflexiva reabilitação. Coimbra: Coimbra, 2003 p. 393)

[4] Nos termos apresentados no ítem 1.4, capítulo 1 desta tese, a verdade judicial nessa linha fenomenológica é *a-letheia* que surge no processo clarificante do velar-desvelar. Vide: STRECK, Lenio Luiz. *Hermenêutica jurídica...*, p. 287-292.

[5] Idem. Especialmente acerca da jurisdição constitucional e o papel do Estado, vide: STRECK, Lenio. *Jurisdição constitucional e hermenêutica:* uma nova crítica do direito. 2. ed. Rio de Janeiro: Forense, 2004, p. 95-145.

[6] STRECK, Lenio Luiz. *Verdade e consenso:* Constituição, hermenêutica e teorias discursivas: da possibilidade a necessidade de respostas corretas em direito. Rio de Janeiro: Lúmen Juris, 2007, p. 333.

[7] STRECK, Lenio Luiz. *Hermenêutica jurídica...*, p. 260 e ss.

Esses ícones substituem a tradicional divisão da hermenêutica jurídica em interpretação, aplicação e integração, os métodos positivistas de interpretação, derrubam a crença no silogismo subsuntivo no direito e a separação sujeito--objeto, onde a linguagem seria apenas um terceiro instrumento entre eles, concepções que impregnaram (e impregnam) o imaginário dos juristas que não superaram o paradigma da filosofia da consciência.[8]

Ao avançar no desenvolvimento de suas teses, STRECK promove adequações e enfatiza a natureza dupla da estrutura linguagem, com seus *logos* hermenêutico e apofântico, dando maior clareza ao papel deste[9] e à importância do texto, tido como ontologicamente distinto da norma, mas dela incindível.[10] Esclarece também que a diferença entre princípios e regras apenas é aceitável desde um ponto de vista hermenêutico[11] e, nesse passo, igualmente recusa a distinção (em especial lógica) de casos fáceis e difíceis.[12]

Nesse trajeto, acaba aproximando suas teses à proposta dworkiana do direito como integridade.[13] Com essa aproximação, destaca a importância da coerência na construção hermenêutica das decisões, com especial destaque para a autoridade (tradição autêntica[14]).

Ao aceitar as críticas que DWORKIN[15] faz ao positivismo jurídico, especialmente sobre a discricionariedade judicial, STRECK ataca fortemente a

---

[8] STRECK, Lenio Luiz. *Hermenêutica jurídica...*, p. 260 e ss.

[9] STRECK, Lenio Luiz. *Verdade e consenso...*, p. 325. Com o reconhecimento, recente, do papel do "nível" apofântico, STRECK torna mais claro em seu pensamento a admissão de que seja possível fazer epistemologia mesmo no paradigma hermenêutico, ainda que, neste quesito, possa-se ir além. (Ibidem, p. 351).

[10] Ibidem, p. 325. Ainda que, muito antes autores como Franco CORDERO já tivessem antevisto a diferença entre texto e norma (cf. MIRANDA COUTINHO, Jacinto Nelson de. Dogmática crítica e limite linguísticos da lei. In: MIRANDA COUTINHO, Jacinto Nelson de; LIMA, Martonio Mont'Alverne Barreto (orgs.). *Diálogos constitucionais*: direito, neoliberalismo e desenvolvimento em países periféricos. Rio de Janeiro: Renovar, 2006, p. 228) é frequente entre os (neo)constitucionalistas o crédito a Friedrich MULLER, especialmente porque é ela que permite a distinção entre âmbito e programa normativo na metódica concretista desse autor (MULLER, Friedrich. *Métodos de trabalho do direito constitucional*. 3 ed. trad. Peter Naumann. Rio de Janeiro: Renovar, 2005, p. 39). Hoje, porém, essa diferença é majoritariamente aceita, especialmente entre os adeptos do modelo hermenêutico de jurisdição constitucional.

[11] Esta concepção implica a recusa da separação e da distinção lógica entre regra e princípio, uma vez que pensa essa diferença como diferença ontológica, o que implica dizer que eles se dão no interior do círculo hermenêutico (STRECK, Lenio Luiz. *Verdade e consenso...*, p. 258). Desse modo, na visão de STRECK: "a percepção do princípio faz com que este seja o elemento que termina se desvelando, ocultando-se ao mesmo tempo na regra. Isto é, ele (sempre) está na regra. O princípio é elemento instituidor, o elemento que existencializa a regra que ele instituiu". (Idem).

[12] Ibidem, p. 265 e 378.

[13] Ibidem, p. 306-310.

[14] Ibidem, p. 285.

[15] Dworkin entende que a discricionariedade do juiz em decidir conforme sua interpretação que entender melhor é um ponto essencial do positivismo e a partir dele constrói sua teoria crítica a esta escola do pensamento jurídico. Conforme descreve o autor no início do Capítulo 4, *Casos Difíceis*, de *Levando os direitos a sério*, "o positivismo jurídico fornece uma teoria dos casos difíceis. Quando uma ação judicial específica não pode ser submetida a uma regra de direito clara, estabelecida de antemão por alguma instituição, o juiz tem, segundo tal teoria, o 'poder discricionário' para decidir o caso de uma maneira ou de outra. Sua opinião é redigida em uma linguagem que parece supor que uma ou outra das partes tinha o direito preexistente de ganhar a causa, mas tal ideia não passa de uma ficção. Na verdade, ele legisla novos direitos jurídicos (*new legal rights*), e em seguida os aplica retroativamente ao caso em questão." (DWORKIN, Ronald. *Levando os direitos a sério*. Trad. Nelson Boeira. São Paulo: Martins Fontes, 2002, p. 127)

concepção kelseniana-hartiana[16] de que o juiz tem liberdade para escolher a melhor decisão entre as possíveis interpretações na aplicação do direito e passa a defender a resposta correta como uma metáfora necessária,[17] ainda que sempre provisória.[18]

Em sua leitura, o juiz não é livre para decidir. Tampouco aceita a discricionariedade permitida (intencionalmente ou não) nas teorias da argumentação que atuam priorizam a analítica e sua racionalidade lógico-formal, especialmente a de Robert ALEXY, gerando, segundo ele, uma panaceia pamprincipiologista que não consegue superar o positivismo.[19]

STRECK propõe, então, que "o neoconstitucionalismo não é uma superação do paleo-jus-positivismo (exegetismo); mas os neoconstitucionalistas acham que é".[20]

Segundo STRECK, para pensar além do positivismo jurídico é necessário atacar o que ele considera sua principal característica: a discricionariedade[21] (no sentido de discricionariedade forte proposto por DWORKIN).[22]

Considerado esse ponto de partida, o homenageado propõe que uma teoria "pós-positivista" do direito necessita da correta compreensão de Estado Democrático de Direito,[23] da reconstrução/revisitação das teorias das fontes[24] e de um adequado entendimento da relação entre direito e moral.[25]

---

[16] Afinal, conforme suas palavras: "registre-se – a tradição não depende da vontade ou da discricionariedade do intérprete" (STRECK, Lenio Luiz. *Verdade e consenso...*, p. 309).

[17] Ibidem, p. 411 e ss.

[18] Coerente com a perspectiva que adota, STRECK explica que: "Hermeneuticamente – e na medida em que o tempo é o nome do ser, e a distância temporal é sempre um aliado, não um inimigo – a resposta correta é (sempre) provisória até porque há uma dialética entre velamento e desvelamento". (STRECK, Lenio Luiz. *Verdade e consenso...*, p. 344, n. 65.)

[19] STRECK, Lenio Luiz. *Jurisdição Constitucional e Decisão Jurídica*. 4 ed. São Paulo: RT, 2004, p.286.

[20] Ibidem, p.299.

[21] "Considero a discricionariedade como a principal característica do paradigma positivista (mesmo com diferentes 'fases'", diz STRECK. (Ibidem, p. 324).

[22] "O poder discricionário de um funcionário não significa que ele esteja livre para decidir sem recorrer a padrões de bom senso e equidade, mas apenas que sua decisão não é controlada por um padrão formulado pela autoridade particular que temos em mente quando colocamos a questão do poder discricionário. [...] É o mesmo que dizer que, quando um juiz esgota as regras à sua disposição, ele possui o poder discricionário, no sentido de que ele não está obrigado por quaisquer padrões derivados da autoridade da lei." (DWORKIN, Ronald. *Levando os direitos a sério*. Trad. Nelson Boeira. São Paulo: Martins Fontes, 2002, p. 55)

[23] "O Estado Democrático de Direito se assenta em dois pilares: a democracia e os direitos fundamentais. Não há democracia sem o respeito e a realização dos direitos fundamentais-sociais, e não há direitos fundamentais-sociais – no sentido que lhes é dado pela tradição – sem democracia. Há, assim, uma copertença entre ambos. O contemporâneo constitucionalismo pensou nessa necessária convivência entre o regime democrático e a realização dos direitos fundamentais, previstos nas Constituições". (STRECK, Lenio Luiz. *Jurisdição Constitucional e Decisão Jurídica..,*p.123)

[24] "O Constitucionalismo Contemporâneo representa um redimensionamento na práxis político-jurídica, que se dá em dois níveis: no plano da teoria do Estado e da Constituição, com o advento do Estado Democrático de Direito; e na teoria do Direito, no interior da qual se dá a reformulação da teoria das fontes (supremacia da lei cede lugar à onipresença da Constituição)". (Ibidem, p.299.)

[25] "Não se pode mais falar na separação (cisão) entre direito e moral. A moral não corrige o direito. Já não se trata mais de uma dicotomia "Estado-sociedade". Esse novo paradigma eleva as conquistas democráticas ao patamar do direito. Por isso as Constituições são normativas". (Ibidem, p. 927.).

3. Autonomia, institucionalização da moral e integridade no controle da discricionariedade

STRECK lembra que uma das questões centrais do direito é justamente como pensar a sua relação com a moral sem entrar na confusão entre os dois conceitos. Para ele, em uma teoria realmente pós-positivista, há um enfraquecimento da fronteira entre direito e moral, mas a autonomia do direito permanece e demanda a institucionalização da moral por meio do processo legislativo como resultado de uma deliberação majoritária.

Daí por que a moral não se expressa como ideais abstratos de correção do direito – como compreendido pelos neoconstitucionalistas jusnaturalistas – pois neste caso haveria o retorno da insegurança e da discricionariedade.

Aproximando-se das teses de DWORKIN,[26] STRECK entende que os princípios jurídicos tem um conteúdo moral reconhecido na tradição constitucional e validados pelas escolhas operadas pela Constituição, garantindo, assim, a autonomia e diferenciação do direito. Todavia, em seu pensamento, a integridade na decisão judicial adquire um viés fenomenológico e passa a ser entendida como um existencial,[27] tornando-se também em STRECK, a baliza que impede a discricionariedade na decisão.[28]

Os fundamentos teóricos da integridade, sobretudo a possibilidade (necessidade) de se encontrar uma resposta correta (ou pelo menos a mais adequada) pelos juízes, leva STRECK a acolher certa leitura substancialista da jurisdição constitucional, corrente defensora da ideia de que cabe ao Judiciário aplicar materialmente os princípios de direitos fundamentais através do controle de constitucionalidade, invalidando normativas do legislador ordinário ou ainda intervindo na própria atividade do Executivo, caso seja necessário para a defesa dos valores constitucionalmente protegidos.[29]

A esse elemento da teoria pós-positivista do direito é possível elencar ao menos três princípios da decisão jurídica no modelo streckiano: i) a necessidade de preservar a autonomia do direito;[30] ii) o controle hermenêutico da interpretação jurídica;[31] iii) o efetivo respeito à integridade e coerência do direito.[32]

Em relação ao primeiro princípio, STRECK defende que, além da moral, o direito deva se colocar como autônomo também em relação à política.[33] A

---

[26] "No modelo de DWORKIN, os princípios jurídicos têm origem em princípios de moralidade comunitária (ou em práticas moralmente assentadas dos juízes e profissionais do direito), mas eles devem passar por um tipo de teste de consistência ou coerência constitucional, para que não se dissipem no meio de conflitos existentes na moralidade comunitária.". (NEVES, Marcelo. *Entre Hidra e Hércules:* Regras e Princípios Constitucionais. São Paulo: Martins Fontes, 2013, p. 55)

[27] STRECK, Lenio Luiz. *Jurisdição Constitucional e Decisão Jurídica..*, p. 307.

[28] Ibidem, p. 344.

[29] Sobre esse entendimento na via fenomenológica, conferir: STRECK, Lenio. *Jurisdição constitucional e hermenêutica...*, 2004. p. 147-196.

[30] STRECK, Lenio Luiz. *Jurisdição Constitucional e Decisão Jurídica..*,, p. 331.

[31] Ibidem, p. 333.

[32] Ibidem, p. 335.

[33] "A validade do direito perante a política, a economia e a moral não pode depender de uma jurisprudencalização do direito, isto é, não é a jurisprudência que garante o indispensável grau de autonomia do direito,

normatividade constitucional representa a manifestação da autonomia do direito.

Esse princípio abarca alguns métodos interpretativos do Constitucionalismo Contemporâneo, como a correção funcional de MÜLLER, que proíbe a alteração da distribuição determinada na Constituição em decisões, o respeito à rigidez constitucional, que por sua vez protege a ordem jurídica contra dogmas da infalibilidade do legislador; e a preservação da força normativa da Constituição e da máxima efetividade.[34]

STRECK chama a atenção para a importância de se colocar limites semânticos ao texto constitucional: ele precisa ser levado a sério. A legalidade constitucional (que não se confunde com o legalismo exegético) se constrói sob o manto da constitucionalidade; o princípio da legalidade, um dos elementos do Estado de Direito, não está presente apenas em leis, mas sobretudo na Constituição.

Ao criticar o uso de uma razão prática para corrigir o direito, STRECK chama a atenção para a necessidade da reconstrução da história institucional na interpretação do direito. A moral não deve ser utilizada como uma correção do direito, mas sim encontrada como diretriz hermenêutica na própria ordem constitucional.[35]

Em suas palavras: "apenas a reconstrução da cadeia principiológica que estabelece os marcos definidores da moralidade de uma comunidade política é que pode servir de parâmetro solido para a definição da referida autonomia".[36]

Quanto ao segundo princípio, o controle hermenêutico da interpretação judicial, STRECK rompe com os modelos propostos por KELSEN (dentre as diversas interpretações possíveis, a decisão entre uma ou outra é uma escolha política do juiz, não existindo resposta mais correta que a outra)[37] ou por HART (os juízes têm e exercitam seu poder discricionário para decidir sobre as imprecisões dos limites das regras jurídicas).[38]

---

e, sim, é a autonomia do direto, sustentada em um denso controle hermenêutico, que assegura as possibilidades de a Constituição ter preservada sua força normativa. (Ibidem, p. 333)

[34] Ibidem, p.330.

[35] " O direito institucionaliza a moral. Portanto, não se deve ceder à tentação de corrigir o direito a partir da razão prática (ou do objetivismo ético ou qualquer forma de axiologismo). Sempre corremos esse risco. O direito é o produto de regras e princípios. Portanto, antes de 'lançar mão' da razão prática, deve-se buscar a reconstrução da história institucional da regra e de sua inserção no conjunto principiológico". (Ibidem, p. 332)

[36] Ibidem, p.333.

[37] "O Direito a aplicar forma, em todas as hipóteses, uma moldura dentro da qual existem várias possibilidades de aplicação, pelo que é conforme ao Direito todo ato que se mantenha dentro deste quadro ou moldura, que preencha esta moldura em qualquer sentido possível". (KELSEN, Hans. Teoria Pura do Direito. 2ª ed. Trad. João Baptista Machado. São Paulo: Martins Fontes, 2006, p. 390.).

[38] Observa-se claramente a defesa deste posicionamento de HART ao rebater a crítica de DWORKIN no pós-escrito da edição portuguesa de O Conceito de Direito: "O conflito mais agudo entre a teoria jurídica deste livro e a teoria de Dworkin é suscitado pela minha afirmação de que, em qualquer sistema jurídico, haverá sempre casos juridicamente não regulados em que, relativamente a determinado ponto, nenhuma decisão em qualquer dos sentidos é ditada pelo direito e, nessa conformidade, o direito apresenta-se como parcialmente indeterminado ou incompleto. Se em tais casos, o juiz tiver de preferir uma decisão [...], então deve exercer seu poder discricionário e criar direito para o caso, em vez de aplicar meramente o direito estabelecido preexistente." (HART, Herbert. O Conceito de Direito. 6ª ed. Trad. Ribeiro Mendes. Lisboa: Fundação Calouste Gulbenkian, 2011, p. 335).

De acordo com seu ponto de vista, essa liberdade judicial resultaria em uma democracia dependente do intérprete, que não necessariamente seria capaz de tomar uma decisão correta, abrindo espaço para uma construção ideológica da decisão e instrumentalização do direito em favor de um desejo de decidir de determinada forma.[39]

Observa que "a 'vontade' e o 'conhecimento' do intérprete não constituem um salvo-conduto para a atribuição arbitrária de sentidos e tampouco para uma atribuição de sentidos arbitrária (que é decorrência da discricionariedade)".[40]

O controle hermenêutico das decisões judiciais enfrenta as teses que defendem tanto o subjetivismo do juiz, concentrando nele o poder de "escolher" a melhor solução, portanto aferindo-lhe o que DWORKIN compreende como discricionariedade forte do positivismo, quanto o pragmatismo, que coloca em xeque o sentido de Estado Democrático de Direito.

Apesar do Constitucionalismo Contemporâneo exigir um judiciário que tem o poder de efetivar direitos fundamentais, isso não significa uma autorização plena para que o intérprete possa construir uma justificativa com o único propósito de decidir conforme suas convicções pessoais.[41]

Dessa exigência de controle, segue o terceiro princípio, o do efetivo respeito à integridade e à coerência do direito.

A integridade e a coerência do direito são constituídas por um conjunto de subprincípios encontrados na história constitucional, como o da harmonização, do efeito integrador, da integração e da proporcionalidade. Seu funcionamento por sua vez é dependente de um outro princípio: a necessidade de fundamentação das decisões, presente na prescrição normativa do art. 93, X, da CF/88. Além de ser um dever dos juízes, a fundamentação é direito fundamental do cidadão.

As decisões devem ter consistência; os argumentos jurídicos contidos nas decisões precisam levar em conta toda integralidade do direito. Esta integralidade é entendida como uma virtude política[42] e portanto, as normas devem ser emitidas conforme um sistema coerente de justiça, norteado pelos princípios revelados pela história institucional, ainda que por vezes haja uma discordância com alguma tradição das decisões.

Eventual conflito entre integridade e coerência deve ser resolvido de alguns modos.[43]

A coerência existirá sempre quando os mesmos princípios forem aplicados em casos idênticos; não sendo este o caso, o efeito integrador do direito irradiará por meio da força normativa da Constituição.

A decisão, deste modo, não é o produto de uma "ponderação de valores" ou "colisão principiológica", mas sim da "reconstrução do direito com efetivo

---

[39] STRECK, Lenio Luiz. *Hermenêutica jurídica...*, p. 391.
[40] STRECK, Lenio Luiz. *Jurisdição Constitucional e Decisão Jurídica ...*, p. 334.
[41] Ibidem, p. 335.
[42] Ibidem, p. 337.
[43] Idem.

respeito à integridade e à coerência, com substancial redução do nível da discricionariedade do aplicador, cuja decisão não deve ser uma 'opção política por valores', como bem recomendam HABERMAS e DWORKIN".[44]

STRECK, neste ponto, considera os argumentos de DWORKIN sobre o "romance em cadeia", uma história coerente e integrada que é escrita por diversos autores (juízes).[45] A decisão desta forma não se isola em seus efeitos; repercute (ou contamina) a ordem. Cada decisão faz parte de uma história constitucional contínua, cujo fio condutor do enredo é a Constituição.[46]

4. Reconstrução da teoria das fontes, dever de fundamentação e vinculação lógico-normativa ao sistema constitucional

Sem perder de vista o primeiro elemento da teoria pós-positivista e seus princípios, o segundo elemento diz respeito à reconstrução da teoria das fontes. Aliado a ele, está o dever de fundamentação e, em minha leitura, a necessidade de vinculação lógico-normativa ao sistema constitucional aberto.

Por meio da tese de uma novel teoria das fontes, STRECK deixa claro que a Constituição deve ser entendida como eixo do Estado de Direito, podendo ser aplicada diretamente – sem necessidade de lei, visto que não é apenas fundamento, mas sim norma – e deve impregnar todo o ordenamento, tornando-se um núcleo vinculante de todas as decisões – legislativas, administrativas e judiciais – que demandam justificativas constitucionais.[47]

Ora, até por expressa disposição constitucional, penso que essa exigência do pensamento pós-positivista, além de se relacionar com os demais componentes da teoria de STRECK, está diretamente ligada ao quarto princípio da decisão jurídica: o dever fundamental de justificar as decisões.

Esse quarto princípio, além de diferenciar motivação de justificação, parte do pressupostos de que o juiz não é irresponsável politicamente: é necessário que haja uma justificação sobre as razões de direito de uma decisão.[48]

Mais que meramente determinar a obrigação de colocar artigos de leis nas decisões, a norma constitucional dirige ao julgador um comando claro de explicar as condições pelas quais decidiu, conforme mandamento prescrito na primeira parte do inciso IX do art. 93 da CF/88.[49]

Bem pontua STRECK que a fundamentação da fundamentação também guarda o compromisso com a democracia. Não se pode pensar o Estado de Direito contemporâneo sem o elemento democrático. Por isso, o juiz, enquanto agente público que realiza tipicamente uma das três atividades do Estado, deve considerá-lo por meio da justificação, ainda que represente muitas vezes um peso contramajoritário em casos em que a deliberação democrática resulte

---

[44] STRECK, Lenio Luiz. *Jurisdição Constitucional e Decisão Jurídica* ..., p. 337.
[45] Ibidem, p. 338.
[46] STRECK, Lenio Luiz. *Hermenêutica jurídica*..., p. 399.
[47] STRECK, Lenio Luiz. *Jurisdição Constitucional e Decisão Jurídica* ..., p. 339.
[48] Ibidem, p. 341,
[49] Ibidem, p. 339.

em violação (opressão) a certos fundamentais do cidadão. Este dever de fundamentar é o que o mestre gaúcho considera como *accountability* na teoria da decisão judicial.[50]

Há uma outra face complementar ao dever fundamental de justificação, presente no próximo princípio: um direito fundamental a uma resposta que seja constitucionalmente adequada.

É preciso considerar que o intérprete não pode atuar de maneira a violar os parâmetros normativos constitucionais (seus princípios e regras) e, ao contrário, reforçar o compromisso com a consistência formal e a coerência material de suas decisões com a ideia sistema constitucional.

Mesmo no âmbito das teorias jurídicas analíticas contemporâneas, é lugar comum que a teoria do direito – que agora é teoria do direito constitucionalizada – superou o enfoque exclusivo na teoria da norma em prol de uma maior preocupação com a teoria do ordenamento jurídico, sistematizado de modo hierárquico e marcado pelas exigências de completude, coerência e unidade.[51]

Com a superação do positivismo analítico, tenho defendido que o direito, concebido como uma ordem substitutiva da justiça[52] manifesta-se na forma de um sistema constitucional aberto, composto de normas-princípio e normas-regra.[53]

Esse sistema é autônomo e não se confunde com os campos de conhecimento de outras ordens sociais, uma vez que contempla uma *ratio* interna a partir da Constituição, Lei Maior que contempla as escolhas políticas fundamentais e as transforma em normas jurídicas dotadas de força irradiante para todo o sistema. Ao fazê-lo, torna-se fiadora de sua unidade (ligação de

---

[50] "*Accountability*, nos moldes que proponho, quer dizer fundamentação da fundamentação. Isso quer dizer que nem de longe o problema da exigência de fundamentação se resolve no nível apofântico". (Ibidem, p. 318.)

[51] Vide: BOBBIO, Norberto. *Teoria do Ordenamento Jurídico*. 6 ed., trad. Maria Celeste Cordeiro Leite dos Santos. Brasília: Universidade de Brasília, 1995.

[52] RESTA, Eligio. *Le stelle e le masserizie:* Paradigma dell'ossertatore. Roma-Bari: Laterza, 1997, p. 159.

[53] CANOTILHO, José Joaquim Gomes. *Direito constitucional e teoria da Constituição*. 7 ed. Coimbra: Almedina, 2003, p. 1159. Sobre a diferença entre princípios e regras, em outra oportunidade deixei assinalado que: "em que pese os dissídios doutrinários, pode-se resumir a posição aqui adotada nos seguintes termos: ao se deparar com um texto jurídico e buscar a compreensão de seu âmbito material e do valor a ele atribuído pela ordem constitucional, o intérprete projeta uma norma (sempre como resultado a posteriori dessa compreensão) que, por suas características admite a classificação em normas-princípio e normas-regra. Assim, é no resultado dessa projeção, ou seja, na norma compreendida em abstrato (quando ainda não se tem o horizonte de um caso concreto) que se pode aferir os traços distintivos mais comuns entre princípios e a regras, ou seja, a partir dos critérios da carga axiológica que manifesta; grau de indeterminação, generalidade e abstração e somando-se a eles, o do caráter fundante do sistema normativo dos princípios (que se tomado numa escala regressiva se torna escala de fechamento interpretativo) e também o grau de dificuldade imposto antes do *acontecer* de sentido frente ao caso *sub judice:* se enquanto um procedimento regular de acertamento hermenêutico norma-fato (caso de regra) ou dependente de um estranhamento argumentativo mais complexo (indicativo de princípio). O texto jurídico em si ainda não é norma e, portanto, não é nem princípio nem regra. Daí se segue que uma lei que aparentemente se manifestaria como regra, pode ser compreendida como princípio caso possua uma textura ambígua ou vaga, como aquelas que contêm expressões como 'razoável', 'paz social', 'bons costumes', 'homem médio' (Nesse sentido, DWORKIN, Ronald. *Levando os direitos a sério...*, p. 45). De outra feita, os princípios podem vir pressupostos em textos que, *a priori*, indicariam uma regra, como p. ex., princípio da legalidade inscrito no art. 5, II, da Constituição de 1988. Nesta leitura fica patente que a categoria norma é sempre um existencial". (MARRAFON, Marco Aurélio. *O caráter complexo da decisão em matéria constitucional*. Rio de Janeiro: Lumen Juris, p.195).

cada parte com o todo) e sua coerência (relação de organização entre os seus elementos).[54]

Na leitura de ESSER, esse modelo não se restringe a regras reguladoras de fatos típicos, mas atua como um programa decisório vinculante constituído por uma pluralidade de qualidades normativas.[55] Segundo o jurista alemão, a formação da norma não depende apenas da análise de seu conteúdo proposicional, do âmbito de sua tipicidade. Ela implica também a relação com outras normas, significados e considerações valorativas no interior do sistema normativo, até mesmo não expressas.[56]

Tal concepção permite que seu conteúdo normativo interno esteja sujeito às aberturas axiológica e cognitiva capazes de promover sua atualização de sentido, dando-lhe maior legitimidade, mesmo em ambiente social fragmentário e hipercomplexo, marcado pelo individualismo.

De qualquer modo, a observância dos parâmetros lógico-normativos é um primeiro elemento imprescindível para a validade da decisão, atuando como limite objetivo para a discricionariedade judicial. Sem apelar para os tradicionais métodos da interpretação, instrumentos retóricos por excelência, a mediação da racionalidade analítica engloba o controle gramatical, lógico e sistemático.

Ante a insuficiência da estrutura formal, as relações entre entes constituintes do sistema se formam na complementação entre a consistência (dimensão lógica das normas) e a coerência em estilo narrativo (base material relativo ao conteúdo normativo) que atuam de maneira integrada.[57]

Ou seja, em meu entendimento, a decisão jurídica se desvela na dialética interna do círculo hermenêutico,[58] *entre o sentido da estrutura e a estrutura do sentido*.[59]

5. Resposta constitucionalmente adequada como fruto da adequada compreensão do Estado Democrático de Direito e da organização dos poderes

Acerca do terceiro elemento de sua teoria pós-positivista, STRECK propõe a necessidade de uma correta compreensão do sentido do Estado Demo-

---

[54] Acerca dessas características do sistema de direito, RESTA explica que "apresentar-se como unidade e como autonomia significa tornar suportável, contornar os paradoxos da identidade e da sua diferença que são problemas da observação e da comunicação. A sua história é a história deste paradoxo, dos seus momentâneos sucessos [decidir ver o que pode ver, delimitar seu campo de observação e proceder a uma corajosa busca pela identidade] e também do seu «auto-engano»" (RESTA, Eligio. *Le stelle e le masserizie...*, p. 158-159. Tradução livre, do original italiano: "presentarsi come unità e come autonomia significa rendere sopportabile, aggirare i paradossi dell'identità e della sua differenza che sono problemi dell'osservazione e della comunicazione. La sua storia è storia di questo paradosso, dei suoi momentanei successi ma anche dei suoi «auto inganni»").

[55] ESSER, Josef. *Precompresione e scelta del método nel processo di individuazione del diritto*. Fondamenti di razionalità nella prassi decisionale del giudice. Trad. it. Salvatore Patti e Giuseppe Zaccaria. Camerino: Scuola di perfezionamento in diritto civile dell'Università di Camerino/Edizione Scientiche Italiane, 1983. p. 32.

[56] Ibidem, p. 34.

[57] CASTANHEIRA NEVES, Antonio. *A crise actual da filosofia do direito ...*, p. 383-384.

[58] STEIN, Ernildo. *Aproximações sobre hermenêutica*. Porto Alegre: EDIPUCRS,1996.

[59] Conferir em MARRAFON, Marco Aurélio. *Hermenêutica e sistema constitucional*: a decisão judicial entre o sentido da estrutura e a estrutura do sentido. Florianópolis: Habitus, 2008.

crático de Direito. Nesse quesito, defende que o direito (e logo a Constituição) é normativo e, sendo assim, ele conforma/modifica a sociedade, não podendo se reduzindo a fatos sociais ou mesmo neles achado.

Ele recusa veementemente a concepção constitucional de LASSALE que reduz o direito a forma e conteúdo volúvel e não normativo.[60]

Para STRECK, compreender o sentido de Estado Democrático de Direito implica compreender seu fundamento e finalidade: a proteção e promoção dos direitos fundamentais.[61] Deste modo, o Estado Democrático de Direito não pode significar mero procedimentalismo, nem mesmo estar condicionado à democracia radical que acaba gerando resultados consequencialistas.[62] O sentido, por sua vez, de direitos fundamentais, dependerá da história institucional e do constitucionalismo de cada país, revelada pelo texto constitucional.[63]

Segundo STRECK, a noção de direitos fundamentais na Constituição brasileira abrange tanto a proteção à autonomia individual e às liberdades públicas, quanto à promoção dos direitos sociais. No Constitucionalismo Contemporâneo brasileiro é falho considerar um aspecto e desprezar o outro.[64]

Da soma dos elementos e princípios anteriores com a correta compreensão do Estado Democrático de Direito, STRECK chega ao quinto princípio: o direito fundamental dos cidadãos a uma resposta constitucionalmente adequada (metáfora da resposta correta).[65]

STRECK constata que todo cidadão é sujeito de direitos fundamentais que podem ser violados pelos agentes públicos. Por serem tais direitos o fundamento e a finalidade do Estado Democrático de Direito, a Constituição tem garantias contra a arbitrariedade que os ameaça.[66]

Entre essas ameaças, o homenageado encontra a decisão feita sem a justificação adequada a uma tutela pedida pelo cidadão. Segundo ele, a escolha política entre diversas interpretações é arbitrária porque depende de um subjetivismo do juiz; portanto, uma decisão não buscada de modo a obter uma resposta correta.[67]

Portanto, o cidadão tem o direito fundamental a uma resposta que seja constitucionalmente adequada, não meramente motivada com textos legais e

---

[60] "Todo país tiene, y ha tenido siempre, en todos los momentos de su historia, una Constitución real y verdadera. Lo específico de los tiempos modernos –hay que fijarse bien en esto, y no olvidarlo, pues tiene mucha importancia–, no son las constituciones reales y efectivas, sino las constituciones escritas, las hojas de papel." (LASSALE, Ferdinand. ¿Qué es una Constitución? Bogotá: Editorial Temis, 2003, p.59)

[61] Nesse sentido, STRECK deixa claro que: "A forma/modelo do Estado Democrático de Direito está assentado nos dispositivos que estabelecem os mecanismos de realização da democracia – nas suas diversas formas – e os direitos fundamentais. Não esqueçamos que o Estado Democrático de Direito constitui uma terceira forma de Estado de Direito exatamente porque agrega um *plus* às formas anteriores (Liberal e Social) representado por esses dois pilares." (STRECK, Lenio Luiz. *Jurisdição Constitucional e Decisão Jurídica ...*, p. 339).

[62] Ibidem, p. 175.
[63] Ibidem, p. 341.
[64] Ibidem, p. 123.
[65] Ibidem, p. 343.
[66] Ibidem, p. 125.
[67] Ibidem, p. 342.

princípios que servem muitas vezes para justificar aquilo que o juiz quer decidir, e não o que deve ser decidido.[68]

Esse direito fundamental é a consequência lógica dos quatro princípios e será efetivado com sua observância pelo intérprete: a resposta deve respeitar a autonomia do direito que é seja produzido democraticamente, não ser discricionária, ser coerente e integrada ao direito, além de ser devidamente justificada.[69]

A tese de STRECK apresenta-se como uma simbiose das teses de GADAMER e DWORKIN: a resposta não é a mais correta ou única correta: será meramente a resposta conforme a Constituição, ou seja, deve ser justificada (no sentido do quarto princípio) nela mesma, considerada a já citada legalidade constitucional.[70]

De minha parte, penso que essas teses são compatíveis com a ideia de que as possibilidades e limites da jurisdição constitucional dependem da organização constitucional do Estado e de seu modelo de separação dos poderes.

Ora, a presença do conteúdo funcional do Estado de Bem-Estar, agora pensado como Estado Constitucional de Direito, exige a reconstrução da separação dos poderes, uma vez que o Judiciário assume um papel fundamental de guarda da Constituição em dimensão formal e material.[71] Esse papel inclui força normativa para impor/promover a realização do projeto de país constitucionalmente determinado, até mesmo no campo dos direitos sociais.[72]

Essa nova concepção de Estado requer um novo arranjo do sistema de freios e contrapesos e uma revisão nos papeis de cada um dos Poderes sem, contudo, descaracterizar suas especialidades funcionais.

Nesse sentido, cabe deixar claro que a atuação de caráter substancialista pelos tribunais é legitimada pela Constituição. Por mais que análises procedimentalistas demonstrem forte construção teórica em prol da realização da Constituição pela via política e da ação cidadã (o que é desejável e deve ser praticado, incentivado e priorizado), é preciso levar em conta o lugar da Constituição (juntamente com o sistema por ela instaurado) e o papel da jurisdição constitucional a partir dos parâmetros dogmáticos, doutrinários e jurisprudenciais do direito brasileiro após 1988. Não se pode pensar em nada sobre decisão judicial no direito brasileiro sem considerar o projeto constitucional.

---

[68] STRECK, Lenio Luiz. *Jurisdição Constitucional e Decisão Jurídica ...*, p. 343.

[69] Ibidem, p. 344.

[70] Ibidem, p. 346.

[71] "A fiscalização judicial ou jurisdicional da constitucionalidade afirma-se, então, progressivamente, como verdadeiro <<coroamento do Estado de Direito>>, enquanto mecanismo, por excelência, de compensação das tentações de arbítrio induzidas pelas exigências do novo princípio de socialidade; reconhecendo a soberania na comunidade – e já não no poder legislativo –, o Estado social de Direito assume o carácter de moderno << Estado de jurisdição>> ou de forma mista de << Estado legislativo jurisdicional>>, no qual [...] só os tribunais e a função judicial verdadeiramente independentes se podem assumir como os representantes originários << da comunidade no seu todo e da sua última intenção axiológica>>. (NOVAIS, Jorge Reis. *Contributo para uma Teoria do Estado de Direito*. Coimbra: Almedina, 2013, p. 206.)

[72] "A Constituição brasileira tem um leque de direitos fundamentais-sociais inexistentes em outras Constituições (registre-se que a Lei Fundamental alemã, tão decantada, não possui catálogo de direitos sociais)". (STRECK, Lenio Luiz. *Jurisdição Constitucional e Decisão Jurídica ...*, p. 121)

Essa opção por dotar o Judiciário brasileiro de importantes instrumentos de proteção das demandas individuais e sociais, assim como a vinculação dos demais poderes aos ditames constitucionais, é bastante nítida por inúmeras razões.

Primeiro porque o constituinte optou por uma Constituição analítica, contemplando temas que não seriam, em tese, materialmente constitucionais, mas que devido ao *status* formal acabam adquirindo força normativa suficiente para servir de parâmetro de controle de constitucionalidade.

Além do caráter descritivo e analítico da Constituição, basta uma rápida análise dos artigos 5º ao 7º para constatar a grande amplitude de direitos fundamentais (individuais e sociais) e as garantias a esses direitos, rol que não se esgota em razão de outros direitos fundamentais previstos de maneira esparsa (p. ex. o art. 196 que trata do direito à saúde) e da cláusula de abertura contida no § 2º do art. 5º, além do direito fundamental à uma resposta correta, encontrado sob a outra faceta do dever de justificação da decisão judicial (art. 93, IX).

Para reforçar a tutela e instrumentalizar a eficácia da proteção judicial dos direitos subjetivos, a própria Constituição prevê várias ações mandamentais, tais como Mandado de Segurança, Habeas Corpus, Habeas Datas e Mandado de Injunção.

Mais além, deixando claro as intenções constituintes, a Carta de 1988 contemplou um abrangente sistema de controle de constitucionalidade, seja pela via política (como o veto presidencial e as Comissões de Constituição e Justiça – CCJs – nas Casas Parlamentares), seja pela dupla via jurisdicional (difuso e incidental e também o concentrado, exercido pelo Supremo Tribunal Federal).

No controle concentrado, saltam aos olhos os inúmeros meios aptos a acionar diretamente a Corte Suprema: Ação Direta de Inconstitucionalidade (ADI), Ação Direta de Inconstitucionalidade por Omissão (ADO), Arguição de Descumprimento de Preceito Fundamental (ADPF) e Ação Declaratória de Constitucionalidade (ADC). Como se não fossem suficientes, o Art. 103 ampliou significativamente o rol de legitimados para a propositura dessas ações.

Esse quadro deixa evidente que a dogmática constitucional brasileira acata a leitura conteudista/substancialista da atuação judicial nas políticas públicas. Essas possibilidades normativas, combinadas com a ausência e/ou insuficiência de ação dos Poderes Executivo e Legislativo no atendimento a demandas relativas a direitos garantidos constitucionalmente,[73] acabaram legi-

---

[73] Bruce ACKERMAN observa especialmente a cenário político de alguns países da América do Sul, em uma redefinição da tensão clássica na separação dos poderes: "presidentes quebram impasses legislativos 'resolvendo' problemas urgentes com decretos unilaterais que, muitas vezes, vai além de sua autoridade constitucional formal [...] Cada vez mais a Câmara é reduzida a um fórum para postura demagógica, enquanto o presidente toma as decisões difíceis unilateralmente, sem considerar os interesses e ideologias representadas pelos partidos políticos principais no congresso. Este ciclo triste já é visível em países como Argentina e Brasil, que apenas recentemente emergiram de ditaduras militares". (ACKERMAN, Bruce. *A Nova Separação de Poderes*. Trad. Isabelle Maria Campos Vasconcelos. Rio de Janeiro: Lumen Juris, 2009, p. 16.)

timando, normativa e sociologicamente, a possibilidade de ação material dos Tribunais.[74]

Como efeito adverso, a luta política acaba mudando de lugar e o papel institucional do Legislativo e do Executivo fica comprometido. Note: algumas das recentes transformações significativas no direito brasileiro são resultados de interpretações dadas pelo STF, ao invés de serem provenientes da deliberação parlamentar.

Assim, para que não haja a presença de um novo soberano, a Constituição rejeita a atuação discricionária do Poder Judiciário. Uma decisão jurídica que vá além das possibilidades de atuação dadas pela Constituição, seja ela fruto da criatividade judicial, seja da liberdade de decidir conforme o que se pensa individualmente, é inconstitucional.

O primado da lei não pode ceder em face do primado da vontade. Isso faz com que atuação jurisdicional deva estrita observância à ordem constitucional e sua centralidade hierarquizante, de modo a inibir decisionismos que extrapolem as possibilidades hermenêuticas, seja na dimensão formal da estrutura do texto legal que produz sentido, seja em relação ao conteúdo fornecido pelo contexto existencial (*logos* do mundo prático) e seus sentidos/significados intersubjetivamente válidos.

6. Considerações finais

A busca de objetividade e controlabilidade da decisão judicial é um dos temas mais instigantes do pensamento jurídico contemporâneo, haja vista o fracasso das tentativas de enfrentamento na seara dogmática e a convocação da filosofia para tratar desse tormentoso problema.

Nessa tarefa, ao somar com a cruzada hermenêutica e tomar como pressuposto que a decisão é, acima de tudo, um ato de conhecimento humano, tenho levantado algumas questões, tais como: a necessidade de enfrentar teoricamente a problemática da complexidade social que solapa as possibilidades de uma moral objetiva e a dissolução das estruturas tradicionais (ainda que autênticas) fornecedores de conteúdo para história efeitual gadameriana; o destaque da relação hermenêutica e epistemologia por meio da admissão dialética entre o *logos* hermenêutico e o *logos* apofântico (mediação lógico-argumentativa) o que fica mais evidente a partir de uma racionalidade hermenêutica fraca, porém crítica. Também, enquanto ato de conhecimento, a exigência de tratar o acontecer de verdade decisório em sua complexa unidade, com a consideração de discursos por vezes invisíveis, mas influentes: a dimensão pragmática do uso da linguagem e a intencionalidade, as mediações inconscientes levantadas pela psicanálise e a presença da lógica apofântica na análise da estrutura do texto

---

[74] "Essa situação tem feito com que diversas questões polêmicas sejam levadas ao Supremo Tribunal Federal para uma deliberação definitiva, tornando a Corte um verdadeiro legislador positivo, seja por dar conteúdo a princípios abstratos, impugnando regras legislativas com base em decisões judiciais de temas controversos, seja pela criação de regras judiciárias em questões sensíveis da pauta política." (MARRAFON, Marco Aurélio; LIZIERO, Leonam B.S. Poder Legislativo Brasileiro: entre o Presidencialismo Imperial e a Judicialização da Política. In: MIDÓN, Mario (org.). *Desafios del Constitucionalismo Sudamericano*. Resistencia: Contexto Libros, 2013, p. 195.)

normativo, das informações dos autos processuais, dos argumentos e provas levantadas.

Em meu trabalho doutoral, a partir da base dusseliniana, acolhi ainda a ideia de que a radicalidade da abertura do projetar do círculo da compreensão pode assumir um compromisso ético para além do universo da totalidade da linguagem: o outro incompreendido, mas existente e cuja simples presença no mundo emite um ato de fala fundante: você também é responsável pela garantia dos meus direitos.

Essas ponderações apenas reforçam a crença no modelo hermenêutico-fenomenológico como a proposta que melhor compreende os processos inerentes à tomada de decisão judicial. E sua promoção e desenvolvimento no direito brasileiro se devem ao incansável trabalho do *captain* STRECK.

Com efeito, inúmeras são as contribuições para a teoria e filosofia do direito promovidas pelo homenageado. Para citar apenas algumas, basta lembrar a inserção da filosofia da linguagem no direito brasileiro e a retomada do debate sobre os fundamentos ontológicos/existenciais na interpretação jurídica, tão instrumentalizada e articificializada na modernidade; a tese da diferença ontológica e a crítica ao predomínio da relação sujeito-objeto no direito, típica do paradigma representacionista, com a consistente denúncia de sua persistência nas teorias da argumentação contemporâneas, que se pretendem pós-positivistas; o combate à discricionariedade judicial e suas faces mais graves e maléficas – como a arbitrariedade; a demonstração da superação da ideia da linguagem como terceiro instrumento entre o intérprete e o objeto interpretado; a apresentação do círculo hermenêutico e tese da unidade da *applicatio* na individuação do direito, com a consequente derrubada da crença na subsunção, até então culturalmente enraizada no imaginário jurídico pátrio.

Seu legado vai muito além do que estas linhas podem transmitir, mas resta, ainda, assinalar seu compromisso inegociável com o Estado Democrático do Direito, com a Constituição de 1988 e, assim, com a defesa dos direitos fundamentais, de modo a fomentar a cidadania em nosso país. Uma verdadeira lição para quem quer levar o direito a sério. Por tudo isso, a comunidade jurídica, e em especial este aluno, só tem a agradecer ao querido mestre gaúcho.

Referências

ACKERMAN, Bruce. *A Nova Separação de Poderes*. Trad. Isabelle Maria Campos Vasconcelos. Rio de Janeiro: Lumen Juris, 2009.

BOBBIO, Norberto. *Teoria do Ordenamento Jurídico*. 6 ed., trad. Maria Celeste Cordeiro Leite dos Santos. Brasília: Universidade de Brasília, 1995.

CANOTILHO, José Joaquim Gomes. *Direito constitucional e teoria da Constituição*. 7 ed. Coimbra: Almedina, 2003.

CASTANHEIRA NEVES, Antonio. *A crise actual da filosofia do direito no contexto da crise global da filosofia:* tópicos para a possibilidade de uma reflexiva reabilitação. Coimbra: Coimbra, 2003.

DWORKIN, Ronald. *Levando os direitos a sério*. Trad. Nelson Boeira. São Paulo: Martins Fontes, 2002.

ESSER, Josef. *Precompresione e scelta del método nel processo di individuazione del diritto*. Fondamenti di razionalità nella prassi decisionale del giudice. Trad. it. Salvatore Patti e Giuseppe Zaccaria. Camerino: Scuola di perfezionamento in diritto civile dell'Università di Camerino/Edizione Scientiche Italiane, 1983.

HART, Herbert. *O Conceito de Direito*. 6ª ed. Trad. Ribeiro Mendes. Lisboa: Fundação Calouste Gulbenkian, 2011.

KELSEN, Hans. *Teoria Pura do Direito*. 2ª ed. Trad. João Baptista Machado. São Paulo: Martins Fontes, 2006.

LASSALE, Ferdinand. *¿Qué es una Constitución?* Bogotá: Editorial Temis, 2003.

MARRAFON, Marco Aurélio. *Hermenêutica e sistema constitucional*: a decisão judicial entre o sentido da estrutura e a estrutura do sentido. Florianópolis: Habitus, 2008.

——. *O caráter complexo da decisão em matéria constitucional.* Rio de Janeiro: Lumen Juris, 2010.

——; LIZIERO, Leonam B.S. Poder Legislativo Brasileiro: entre o Presidencialismo Imperial e a Judicialização da Política. In: MIDÓN, Mario (org.). *Desafios del Constitucionalismo Sudamericano.* Resistencia: Contexto Libros, 2013.

MIRANDA COUTINHO, Jacinto Nelson de. Dogmática crítica e limite linguísticos da lei. In: MIRANDA COUTINHO, Jacinto Nelson de; LIMA, Martonio Mont'Alverne Barreto (orgs.). *Diálogos constitucionais:* direito, neoliberalismo e desenvolvimento em países periféricos. Rio de Janeiro: Renovar, 2006

MULLER, Friedrich. *Métodos de trabalho do direito constitucional.* 3 ed. trad. Peter Naumann. Rio de Janeiro: Renovar, 2005.

NEVES, Marcelo. *Entre Hidra e Hércules:* Regras e Princípios Constitucionais. São Paulo: Martins Fontes, 2013.

NOVAIS, Jorge Reis. *Contributo para uma Teoria do Estado de Direito.* Coimbra: Almedina, 2013.

RESTA, Eligio. *Le stelle e le masserizie:* Paradigma dell'ossertatore. Roma-Bari: Laterza, 1997.

STEIN, Ernildo. *Aproximações sobre hermenêutica.* Porto Alegre: EDIPUCRS,1996.

STRECK, Lenio Luiz. *Hermenêutica jurídica e(m) crise*: Uma exploração hermenêutica da construção do direito. 5. ed. Porto Alegre: Livraria do Advogado, 2004.

——. *Jurisdição constitucional e decisão jurídica.* São Paulo: RT, 2014.

——. *Jurisdição constitucional e hermenêutica:* uma nova crítica do direito. 2. ed. Rio de Janeiro: Forense, 2004.

——. *Verdade e consenso*: Constituição, hermenêutica e teorias discursivas: da possibilidade a necessidade de respostas corretas em Direito. Rio de Janeiro: Lumen Juris, 2007.

— 26 —

Motivação das decisões judiciais: legitimação, controle e poder

JURACI LOPES MOURÃO[1]

MARTONIO MONT'ALVERNE BARRETO LIMA[2]

Sumário: 1. Estado de direito e legitimação do poder; 2. Histórico e contornos atuais do dever de fundamentação; 3. Conteúdo do dever de fundamentação e competência para determiná-lo: o próprio Judiciário ou o Legislativo?

1. Estado de direito e legitimação do poder

O conceito de democracia a sustentar o Estado de Direito é resultado da modernidade, seja dos movimentos políticos, seja das variações intelectuais que lhe são – e foram – subjacentes. Para a finalidade deste breve esforço, limitaremos o termo *modernidade* como aquela etapa da história ocidental que tem como marco a Revolução Francesa. Um elemento objetivo acode-nos nesta escolha. O conceito de democracia da Revolução Francesa é o primeiro a recuperar a noção de democracia de todos. Não se pode julgar o passado com o metro do presente, mas não deve ser esquecido que o exemplo da democracia grega não correspondeu a uma participação de todos nos processos decisórios. Aristóteles defendia que nada mais justo do que o vencedor escravizar o vencido, além de defender o ponto de vista ainda a reproduzir-se no Brasil Império: a escravidão não seria um mal de todo, já que o escravo não sabe cuidar de sua própria subsistência.

Ao afirmar singelamente que todos somos iguais perante a lei, a Revolução Francesa trouxe a radicalidade da igualdade para o centro do conceito de democracia: homens, mulheres, pobres, estrangeiros passam a ser incluídos não na condição de somente participantes ativos das escolhas políticas. Serão também os protagonistas dos processos de participação. Para se ter uma ideia da importância deste evento, basta um rápido olhar aos processos de eman-

---

[1] Doutor em Direito, Professor da Unichristus e Procurador do Município de Fortaleza.
[2] Doutor em Direito, Professor Titular da Universidade de Fortaleza e Procurador do Município de Fortaleza.

cipação que se seguiram à Revolução Francesa e da enorme dificuldade em incorporar a igualdade.

Os processos de independência das Américas também se incluem nestas dificuldades. O que deve ser destacado é que as reivindicações iluministas de direitos fundamentais e humanos estiveram presentes mesmo em contraditórios processos de profunda mudança política: com a Revolução Americana; com os processos de Alemanha e França de 1848; com a Revolução Russa ao pôr em xeque o direito de propriedade.[3] O que se pode assegurar, a partir da observação concreta da história, é que a democracia jamais partiu do simples normativismo, tampouco resultaram da interpretação constitucional "ponderada", a redimensionar definição ontológica de normas constitucionais para sua aplicação por tribunais ou juízes. Com outras palavras: a democracia que hoje desfrutamos não foi generosidade da história, não caiu dos céus, nem se formou por meio da interpretação de seus sentidos, ou de seus lugares em qualquer texto legal ou constitucional. Seu aparecimento resultou de duros e violentos embates sociais, e também assim se estabeleceram. Além do auxílio da objetividade da história para esta inicial compreensão, deve vir em nosso socorro a economia política, como outro critério de compreensão da definição e natureza dos direitos fundamentais e humanos, e ainda como elemento comprovador dos violentos embates para a realização de tais direitos.

Não passava, por exemplo, pelo pensamento dos convencionais americanos – ou pela cabeça dos fundadores da nação brasileira – excluir escravos de qualquer participação em processo decisórios de suas sociedades, uma vez que "este limite era claro para seu pensamento".[4] Aqui a questão era econômica: a manutenção da escravidão correspondia a uma forma de organização de mercados que enriqueceria os *founding fathers* e a jovem nação norte-americana. A escolha nem seria tão difícil: entre efetivação de direitos fundamentais e humanos para todos e o enriquecimento mais rápido, optou-se por este em desfavor daquele, igualmente não por razões abstratas, porém objetivas e evidentes. Os proprietários de escravos e de terras dispunham da força política e econômica para seguirem por esta escolha e sustentá-la por quase um século, confirmando a tese de que a expansão econômica geral de um país em pouco se relaciona, até os dias atuais, com melhor distribuição de renda entre a população, ou com melhora na qualidade de vida dos que geram a riqueza acumulada, centralizada e circular.

Como robusto substrato teórico de tais entraves em desfavor da igualdade, e da desigualdade na forma de sistema natural, Edmund Burke e o liberalismo do século XIX, já precedido pelo Federalista, pressupõem que a virtude é melhor e mais produtiva quando vinda dos ricos. Losurdo anota em especial as palavras de Hamilton para justificar, pelos fundadores da nação norte-americana, a exclusão de largas camadas da população dos Estados Unidos da participação política: "A vantagem está certamente do lado dos ricos. Provavelmente, seus vícios são mais vantajosos para a prosperidade do Estado

---

[3] Cf. WOLFGANG Abendroth. *Über den Zusammenhang vom Grundrechtssystem und Demokratie*, p. 251ss (*in*: *Grundrechte als Fundament der Demokratie*. Hsrg. Joachim Perels. Frankfurt/M.: Suhrkamp, 1979).

[4] ABENDROTH, Wolfgang. P. cit., p. 252: "(...) *weil diese Schranke für ihr Denken selbsverständlich war*".

do que aqueles dos carentes. E, entre os primeiros, existe menor depravação moral".⁵ Constata-se, realmente, no *Paper LXXXV*, a defesa dos ricos que Hamilton (Publius) elabora: "Os contínuos ataques que têm ressoado contra os ricos, os bem nascidos e os que ocupam uma posição eminente têm sido de tal natureza que têm provocado a repugnância de todos os homens sensatos".⁶ Como se vê, a gênese e consolidação dos direitos fundamentais, confunde-se, portanto, com a gênese das revoluções e rebeliões, a qual é também a gênese da democracia da modernidade.

No enfrentamento da desigualdade e seu fim para a implantação da democracia, destaca-se o papel do poder legislativo. Não é por acaso que o sistema político europeu, palco da Revolução Francesa e dos movimentos emancipatórios do século XIX, aperfeiçoou o sistema parlamentar, fazendo com que o parlamento governasse. Aqui a atenção deve ser chamada para este novo parlamento. Não se tratava mais de um legislativo composto somente por nobres, clero e proprietários. Com a reivindicação da igualdade, surgiu a presença de outros setores sociais até então distantes dos processos decisórios. Se por um lado a principal bandeira da burguesia revolucionária francesa, qual seja, de sua presença nos círculos decisórios; por outro lado, a exigência para que só proprietários masculinos pudessem votar e ser votados devolvia a estabilidade governativa que tanto se reclamava. O desafio era romper esta barreira e aceitar – como eleitores e como eleitos – os pobres, as mulheres, os estrangeiros. Além de possibilitar o ingresso destes na cena política, a democracia da modernidade gerada pela Revolução Francesa fez com que estes também estivessem presentes nos parlamentos, que agora poderiam impor-se perante os demais poderes. Nasce aqui a supremacia do parlamento para aqueles que concebem a igualdade como centro da democracia. Este será o parlamento refletido e pensando pelos teóricos da democracia.

Na sua *Metafísica dos Costumes*, Immanuel Kant não deixa dúvidas quanto à preponderância do poder legislativo sobre o judiciário. Pertence a Kant a afirmação de que: "Todo Estado contém em si três poderes, isto é, a vontade geral se une em três pessoas políticas (*trias politica*): o poder soberano (a soberania), que reside no poder legislativo; o poder executivo, que reside em quem governa (segundo a lei) e o poder judiciário, (que possui a tarefa de dar a cada um o que é seu, na conformidade da lei), na pessoa do juiz (...)".⁷ Interpretação segura a respeito do postulado de Kant que afirma a supremacia do poder legislativo é presente na obra de Norberto Bobbio, quando este, recorrendo à *Metafísica dos Costumes*, entende que: "Apesar da afirmação da subordinação de um poder ao outro, o fundamento da separação dos três poderes é ainda a supremacia do poder legislativo sobre os outros dois poderes: o poder legislativo deve ser superior porque somente ele representa a vontade coletiva".⁸ Antes de Kant, Rousseau defendeu também a supremacia do legislativo: "O

---

⁵ LOSURDO, Domenico: Democracia e Bonapartismo. RJ/SP: Ed. UFRJ/UNESP 2004, p. 102.

⁶ HAMILTON, Alexander: O Federalista, LXXXV. In: *O Federalista* – Um Comentário à Constituição Americana, Alexander Hamilton, John Jay, James Madison, trad. Reggy Zanconi de Morais, Ed. Nacional de Direito, RJ, 1959, pp. 352-357, p. 353.

⁷ KANT, Immanuel: *Metaphysik der Sitten*. Darmstadt: WBG, Bd. 7, 1983, pp. 431/342.

⁸ BOBBIO, Norberto: *Direito e Estado no Pensamento de Emmanuel Kant*. São Paulo: Mandarim, 2000, p. 227.

poder legislativo é o coração do Estado; o poder executivo é o cérebro, que dá o movimento a todas as partes. O cérebro pode cair em paralisia, e o indivíduo prosseguir vivendo. Um homem fica imbecil e vive, mas assim que o coração cessar suas funções, o animal está morto. Não é pela lei que o Estado subsiste, mas pelo poder legislativo".[9]

A legitimação do Estado do Direito é assim a legitimação do poder legislativo; do legislador que venceu barreiras históricas e estabeleceu-se como orientador da política de uma sociedade. Será deste que emanarão as leis e será decorrente desta força democrática que elas devem ser obedecidas. Daí emerge a atenção de que a legitimação da atuação dos demais poderes não pode deixar de ter por referência o labor legislativo, ainda que sob o escrutínio de sua constitucionalidade.

O dever de motivação das decisões judiciais, portanto, é instrumento constitucional de legitimação democrática da atividade jurisdicional, porque, desde sua origem no Estado de Direito, indica-se que o poder decisório dos juízes não é mera decorrência de sua autoridade, mas do modo de exercer o poder em atenção a prescrições constitucionais e legislativas. Contudo, como se verá, mais recentemente, sobretudo com o constitucionalismo contemporâneo, passaram a ser agregadas novas formas e legitimação pela motivação, de controle e mesmo de construção do Direito.

2. Histórico e contornos atuais do dever de fundamentação

A motivação das decisões judiciais recebeu tratamento bastante distinto ao longo da história, variando em razão da maior ou mentor necessidade de controle das decisões dos juízes e da perspectiva a respeito de onde se considerava proveniente a fonte de seu poder decisório.

Em a decisão sendo tida como mera manifestação de poder da autoridade que a profere, a motivação não só é desnecessária, mas mesmo desestimulada justamente para preservar a autoridade, evitando o conhecimento de alguma falha. Nesse sentido, Rodrigo Ramina de Lucca expõe com muita precisão que "por séculos prevaleceu o entendimento de que as decisões judiciais eram manifestações puras de autoridade e de poder, sendo inconcebível exigir do seu prolator algum tipo de justificação. Chega a ser compreensível, desse modo, que os glosadores medievais tenham recomendado aos juízes, como prudência, que proferissem sentenças imotivadas, pois assim ficariam resguardadas de eventuais defeitos".[10]

O Direito canônico estatuía que não se poderia impugnar uma decisão por não possuir fundamentação, justamente por haver a presunção de legitimidade em sendo proferida por autoridade eclesiástica competente. Legitimidade, assim, era mera extensão da autoridade do julgador, não carecendo de qualquer demonstração ou argumentação.

---

[9] ROUSSEAU, Jean-Jacques. *Do Contrato Social ou Princípios do Direito Político*. São Paulo Hemus, 1981, p. 96.
[10] LUCCA, Rodrigo Ramina de. *O dever de motivação das decisões judiciais*. Salvador: Juspodivm. 2015, p. 88-89.

Por outro lado, caso o poder de decidir colha fundamento em alguma fonte externa, como a lei ou mesmo de uma delegação de outra autoridade, o dever de fundamentação se impõe justamente para demonstrar o respeito aos lides dessa fonte externa de poder. Nessa perspectiva, não é necessariamente uma garantia democrática, pois pode ser instrumento de controle de um governo totalitário sobre seus magistrados. Um rei investido por autoridade divina não necessita motivar suas decisões. Contudo, para controlar subordinados que exerçam a função por delegação, exige-se a fundamentação como instrumento de centralização de poder, precisamente para identificar a atuação dentro dos limites delegados e do critério uniforme de julgar.

A despeito dessa possibilidade autoritária, o desenvolvimento do dever de motivação se robusteceu com a necessidade de demonstração da adequação entre sentença e lei, especialmente lei posta por legislador democrático. Antes mesmo da Revolução Francesa, entretanto, a exigência de motivação foi critério para contenção do poder judicial, conforme bem expõe, mais uma vez, Rodrigo Ramina de Lucca:

> A discussão em torno da motivação das decisões judiciais só foi retomada ao final do século XVI, quando o judiciário francês começou a sofrer severas críticas da opinião pública. Além de os processos serem demorados e caros, a magistratura transformara-se em um cargo venal, transmissível mediante contratos de compra e venda ou, como acontecia com o passar do tempo, por herança. Os juízes formaram uma "nova classe social, já fortemente imbuída de sua importância e frequentemente em rivalidade com a nobreza".[11]

Mas foi justamente em razão da persistência dessa desconfiança em relação ao quadro da magistratura no período pós-revolucionário que se manteve a exigência de fundamentação. José de Albuquerque Rocha[12] ensina que sobre os tribunais do antigo regime europeu os revolucionários de 1789 despendiam grande desconfiança, pois seus membros haviam sido escolhidos pelos antigos governantes e suas decisões refletiam posicionamentos reacionários e corporativistas. Pelo isolamento corporativo, os juízes das cortes superiores, centrais e provinciais foram de tal forma surdos às exigências sociais a ponto de se tornarem alvos das mais exacerbadas manifestações de explosão popular revolucionária. Paulo Bonavides[13] aduz que a memória do *ancien régime* fez odiosa a imagem do Judiciário nos fatos do constitucionalismo da Revolução Francesa, que buscou na pauta institucional inferiorizá-lo perante os outros Poderes de Montesquieu.

Além desse viés político-ideológico, que indica a necessidade de legitimação da decisão, emergiu com vigor a ideia de racionalização democrática do Direito, que, então, passava a lidar com a ideia de leis racionais provenientes de um legislador democraticamente escolhido pelo povo, fonte de toda e qualquer autoridade em um Estado Democrático de Direito. A motivação, portanto, também passou a ser entendida como uma exigência de racionalidade da decisão, tendo como parâmetro um silogismo lógico, cuja premissa maior seria a lei já posta de maneira perfeita e acabada pelo legislador.

---

[11] LUCCA. Op. cit. p. 105
[12] ROCHA, José de Albuquerque. *Estudos sobre o Poder Judiciário*. São Paulo: Malheiros, 1995.
[13] BONAVIDES, Paulo. *Do País Constitucional ao País Neocolonial*. 2ª ed, São Paulo: Malheiros, 2001, p. 74.

Nesse instante, erigem-se critérios positivistas para atividade jurisdicional, que influenciam a compreensão do dever de fundamentação. Como expõe Lenio Streck:

> Para o positivismo jurídico, pouco importa colocar em discussão – no campo da teoria do direito – questões relativas à legitimidade da decisão tomada nos diversos níveis de poder estatal (legislativo, executivo ou judicial). No fundo, operou-se uma cisão entre validade e legitimidade, sendo que as questões de validade seriam resolvidas por intermédio de uma análise de lógica-semântica dos enunciados jurídicos, ao passo que os problemas de legitimidade – que incluem uma problemática moral – deveriam ficar sob os cuidados de uma teoria política que poucos resultados poderiam produzir, visto que esbarravam no problema do pluralismo de ideias presente num contexto democrático o que levava inexoravelmente a um relativismo filosófico (essa problemática se agravou em países com grande períodos de ausência de democracia como o Brasil).[14]

Essa compreensão, portanto, põe a motivação como um ato racional, mas sob uma específica perspectiva de racionalidade positivista, marcada por métodos formais lógico-dedutivistas, que reduzia mesmo a atividade jurisdicional. Parte-se a distinção entre interpretação e aplicação: A interpretação é tomada como ato meramente intelectivo voltado a desvelar um sentido já expedido pelo Legislador de maneira perfeita e acabada (em um positivismo legalista) ou mesmo em um ato discricionário de escolha de várias possibilidades existentes em um quadro hermenêutico (própria do positivismo normativista de Kelsen). Já a aplicação é encarada como método formal de especificar as consequências para o caso concreto. Na apreciação dos elementos fáticos necessários para aplicar o Direito, erigiu-se o livre convencimento racional sobre as provas, em oposição ao critério taxativo de valoração.

Tem-se, pois, prevalência epistemológica centrada no esquema sujeito-objeto. De um lado, o objeto, desdobrado em questão de Direito (o enunciado normativo a compor a premissa maior que merece interpretação, por um ato que ora é de vontade, como escolha entre várias possibilidades, ora é de mera intelecção, desvelamento de sentido prefixado) e questão de fato (que demanda apreciação das respectivas provas segundo o livre convencimento racional do magistrado). De outro lado, tem-se o sujeito, o magistrado, compreendido como partícula autônoma de atuação, sem qualquer deve de coerência e integridade ampla, como se pudesse se pôr à margem da história e da cultura, e vislumbrar a causa de uma perspectiva plenamente neutra e desprendida.

Essa concepção corrente permeia o imaginário do Judiciário brasileiro. Sobre a pretensão de melhor cognição da causa pela busca do alheamento às circunstâncias da vida e da cultura que permeiam não só o caso, mas a própria concepção do Direito, tem-se o voto do Min. Paulo Brossard no julgamento da ADI 534, que examinava a constitucionalidade do bloqueio dos ativos financeiros pelo recém-eleito Presidente Fernando Collor. Expõe o Ministro:

> Por entender que se trata de uma questão que não poderá deixar de ser mencionada na história deste STF, refleti seriamente sobre o caso, como se estivesse longe dos homens e fora do tempo, como se estivesse a contemplar o mar imenso, em eterno movimento, e as montanhas coroadas de neve eternas em sua imobilidade milenar, e conclui que entre o discurso econômico, de duvidosa correção, e o discurso jurídico claramente enunciado na Constituição, não havia o que hesitar.

---

[14] STRECK, Lenio. *O que é isto – decido conforme minha consciência?* Porto Alegre: Livraria do Advogado. 2010, p. 61.

Em vez de julgar o abrupto ato de bloqueio – tomado por um presidente legitimamente eleito após anos de regime autoritário – mediante a compreensão do Direito com base na realidade brasileira naquele instante de grande instabilidade econômica, investigando o grau evolutivo dos preceitos pertinentes ou mesmo das diversas abordagens sobre o assunto, preferiu o julgador pensar em montanhas, neve e no mar, crendo que com essa postura estaria mais apto a compreender o caso.

Sobre a concepção da decisão como ato de vontade e sua consequência sobre os elementos da fundamentação, observe-se o seguinte julgamento do Tribunal Superior do Trabalho:

> Vale ressaltar, ainda, que o acórdão não deixou de analisar nenhum ponto do apelo, não sendo necessário, contudo, emitir pronunciamento específico acerca de todos os fundamentos ali apresentados, conforme já decidiu o Tribunal Superior do Trabalho, vejamos:
> SENTENÇA – NÃO APRECIAÇÃO DE TODOS OS FUNDAMENTOS EXPENDIDOSPELAS PARTES – POSSIBILIDADE. A sentença é um ato de vontade do juiz como órgão do Estado. Decorre de um prévio ato de inteligência com o objetivo de solucionar todos os pedidos, analisando as causas de pedir, se mais de uma houver. Existindo vários fundamentos (raciocínio lógico para chegar-se a uma conclusão), o juiz não está obrigado a refutar todos eles, A sentença não é um diálogo entre o magistrado e as partes. Adotado um fundamento lógico que solucione o binômio "causa de pedir/pedido", inexiste omissão. (TST – 1ª T. – EDRR 6443/89 – Ac. 2418/90 – Rei. Min. Fernando Damasceno – DJU 15.02.91). Como se vê, o Tribunal enfrentou a matéria com o acuro necessário, restando plenamente fundamentada, nos termos do art. 93, IX, da Constituição Federal de 1988, emitindo pronunciamento segundo seu livre convencimento motivado, nos termos do art. 131. No mais, o prequestionamento a que se refere a Súmula n. 297 do TST não afasta uma das hipóteses de cabimento dos embargos declaratórios, que é a omissão. Da leitura do referido verbete, depreende-se que só cabe falar em prequestionamento da matéria, quando o julgado que se quer aperfeiçoar não adota tese explícita a respeito de assunto agitado no recurso, servindo, portanto, os embargos, para provocar o pronunciamento do Tribunal acerca de determinada questão. Aqui não há necessidade de se revolver a matéria agitada nos embargos, pois o tema questionado foi enfrentado.[15]

Este último julgado é bem elucidativo das influências positivistas subjacentes que eclodem em uma concepção própria de motivação. Ao consignar que a decisão é um ato de vontade do juiz precedido de um ato de inteligência, o fundamento é apenas o raciocínio lógico para chegar-se a esse ato de vontade conclusivo, não sendo, ainda, um diálogo entre as partes e o juiz. Basta um "fundamento lógico que solucione o binômio causa de pedir/pedido" para que se tenha motivação adequada. Percebe-se, pois, a compreensão em torno do objeto (solução do binômio causa de pedir/pedido, compreendido isoladamente) mediante um raciocínio lógico que ocasione um ato de vontade individual do julgador precedido de um ato de conhecimento.

Não se coloca qualquer compreensão do objeto em face do círculo hermenêutico em que inserido, no qual entram em jogo uma série extensão de elementos necessários para o ato de compreensão, o qual, por sua vez, não se distingue do próprio ato de aplicação das normas. Do mesmo modo, a íntima vontade manifestada logicamente é suficiente para definir o ato decisório fundamentado, não importando sequer os argumentos tecidos pelas partes em razão da garantia constitucional do contraditório e da ampla defesa.

---

[15] Processo: RR – 1542-45.2010.5.19.0003. Data de Julgamento: 17/12/2014, Relator Ministro: José Roberto Freire Pimenta, 2ª Turma: DEJT 30/01/2015.

Eis um ponto relevante, mesmo uma análise meramente dogmática em torno do direito positivo, o dever de motivação é entendido de modo a restringir enormemente a razão de ser do princípio do contraditório, essencial para conformação do devido processo legal. Na medida em que o magistrado não é obrigado a se pronunciar sobre todos os argumentos das partes, mas apenas expor um raciocínio lógico para a conclusão que apresenta, retira das partes qualquer direito a exigir que seus argumentos sejam detidamente examinados. Essa visão reduz – e mesmo afasta por completo – a legitimação dialética pelo processo tão defendida pelo constitucionalismo contemporâneo, e deixa desprendido o julgador de qualquer dever de integridade, entendida na necessidade de compreensão sistêmica do Direito, conforme muito bem explicado Dworkin e Lenio Streck, que atraí mesmo o envolvimento de questões morais no Direito.

Para uma decisão ser bem fundamentada, basta expor um raciocínio concatenado com a conclusão que apresenta, não importando a integridade com outras fontes jurídicas, com a tradição judiciária sobre o assunto, com as aspirações morais envolvidas, os argumentos das partes tecidos por seus advogados. Isso, repita-se, traduz uma perspectiva reducionista desse dever constitucional, pois mitiga a legitimação, ao afastar a legitimação dialética/contraditória e mesmo comprometer a legitimação por relação a outras fontes, já que não exige a análise de todos os aspectos jurídicos pertinentes, bastando o julgador escolher uma premissa maior genericamente adequada para sua decisão, sem justificar por que não utiliza outras premissas eventualmente divergentes.

Já é bem conhecida a falha racional da lógica positivista de fundamentação, justamente no ponto de escolha da premissa maior do silogismo consagrado pelo positivismo. Richard Posner exemplifica que, quando se apresenta o raciocínio "todos os homens são mortais, Sócrates é homem, logo Sócrates é mortal", ele possui uma lógica interna bem encadeada, mas ela em nada contribui ou justifica a respeito da colocação da afirmação "todo os homens são mortais". Sequer produz alguma justificação de por que os homens são mortais. Não há nada do silogismo que demonstre sua veracidade. Isso decorre de fatores plenamente estranhos à dedução. Essa dificuldade é recrudescida ao não se exigir do magistrado qualquer justificativa para não considerar os argumentos das partes que tragam raciocínios diversos ou mesmo premissas ampliadas que levem a conclusões distintas.

Como ilustra Posner, ao integrar Sócrates ao conjunto "homens", tendo-se admitido previamente serem todos mortais, a conclusão de que ele é mortal já estava inserida na premissa maior. A menor não agrega absolutamente nada nisso. Portanto, a validade da conclusão (Sócrates é mortal) depende da validade da premissa maior (todos os homens são mortais), a qual o silogismo em nada contribui ou sequer perquire, apenas admite sua mais absoluta precisão.

Essa questão da definição da premissa maior era solucionada pelo positivismo exegético com facilidade: ela é a norma posta pelo legislador. Lembre-se que se partia da ideia, nesse período de formação da Ciência Jurídica, de que a lei era um dado perfeito e acabado, de evidente intelecção pela mera leitura do texto escrito. Possuía supedâneo político ao se imaginar que o legislador era a pura manifestação da vontade popular, que, na qualidade de soberana, era mais do que suficiente para justificar sua colocação como premissa maior abrangente.

Posteriormente, no positivismo normativista, sofisticou-se que o dado era colocado por um ato de vontade legislativa. Estava, assim, solucionada a questão de como se coloca a premissa maior do silogismo: o legislador racional, representante da vontade geral, a punha volitivamente. Ele teria a rigidez lógica e a firmeza de definição para comportar em si todas as conclusões. O quadro hermenêutico dava os lindes da atuação. As infraestruturas filosóficas sustentavam esses arquétipos.

Repare-se que, no âmbito da teoria do Direito positivo, ao se questionar o que justificava esse poder do legislador em colocar a premissa maior, se deslocava o problema para um outro nível hierárquico (à Constituição), e assim sucessivamente até se chegar a um axioma. Em outras palavras, o positivismo deslocava a pergunta do porquê da premissa maior mediante um sucessivo deslocamento da questão, da lei para o legislador, do legislador para a Constituição, da Constituição ao poder constituinte, do poder constituinte à norma hipotética fundamental ou à norma de reconhecimento. Tudo isso até que se tornasse desnecessário ou autoevidente (ou talvez cansativo) perguntar, afinal, o porquê do nível mais elevado.

Acontece que, como expõe Posner, "a solidez depende não só da validade do silogismo em questão, mas também da validade das premissas".[16] Daí por que é um engano afastar a necessidade de o magistrado apreciar todos os argumentos das partes que apresentem premissas distintas e conclusões diversas, pois representa um avanço na racionalidade do raciocínio decisório. E isso ainda dentro mesmo de uma perspectiva positivista. O erro se agrava ao se vislumbrar a questão sob a perspectiva da hermenêutica filosófica, que indica que a própria compreensão decorre de um jogo dialético de perguntas e respostas, que, no processo judicial, são apresentadas efetivamente pelas partes, compondo necessariamente o horizonte de compreensão do julgador, que certamente, ainda que não declare, será influenciado pelo embate deduzido em juízo.

É um engano imaginar que consagrar o modelo decisório apresentado pelo julgado do Tribunal Superior do Trabalho assegura uma maior autonomia do magistrado. Em verdade, fragiliza seu poder decisório, pois o controle a ser exercido por instâncias mais elevadas também terá a nota da absoluta arbitrariedade dialética, pois poderá ser reformada também por um raciocínio meramente substitutivo.

Para Brian Barry, é "um grande erro" supor que "justiça como imparcialidade" pode ser concebida como um sistema moral autossuficiente. Dado que todos temos ideias diferentes, o desafio da justiça como imparcialidade é saber "como vivemos juntos".[17] Este também tem sido o desafio enfrentado pelo pensamento filosófico, da mesma forma a abandonar o preceito da moral como elemento regulador da vida em comum na *res publica*. Recorreremos à filosofia de Baruch de Espinosa para fundamentar a rejeição da abstrata moral, e de

---

[16] POSNER, Richard A. *Problemas da filosofia do direito*. Traduzido por Jefferson Luiz Camargo. São Paulo: Martins Fontes, 2007, p. 57.

[17] BARRY, Brian. *Justice as Impartiality*. New York: Oxford University Press, 1996, p. 77.

seu caráter pernicioso na aplicação da constituição e das leis numa sociedade plural e democrática. Afinal, de forma surpreendentemente atual, a afirmação de que o "sumo bem se vivencia coletivamente, o que permite a Spinoza, na Ética, que a alegria se experimenta não individualmente, na solidão, mas em companhia dos demais, na Cidade",[18] é reveladora do engano da vinda da moral à esfera pública, sem a decisão de todos da Cidade, sem a objetividade das leis fixas da razão.

Será esta a dialeticidade imanente ao procedimento decisório, apoiada, portanto, no caráter plural da lei, de seus autores e, sobretudo, de seus aplicadores, todos vinculados ao poder constituinte, igualmente plural, da modernidade democrática. Assim é que a "potência da multidão" é o poder constituinte, isto é, o desejo de constituir a cidade, e de juntos vivenciar os desafios, provenientes do uso racional das leis. A tentativa de ultrapassagem do poder soberano seria uma "impossibilidade física", já que não se pode admitir que juízes (e também os poderes legislativo e executivo) ultrapassem o poder soberano.[19] Tal mecânica decorre do fato de que ninguém deve ir além do poder da *multitudo*. Quando esta intenção – da ultrapassagem do poder da multidão – aterrissa no mundo do concreto, opera-se, igualmente, o que Espinosa definiu como poder da revelação. É que para Espinosa a revelação dos profetas em relação às sagradas escrituras e seus acontecimentos nada mais traduzem do que a disputa de poder pelo qual estes lutavam interior da cidade. Nos capítulos I, II e III do Tratado Teológico-Político, Espinosa discorre sobre a "religião revelada", como obra dos profetas; como obra, portanto, da teologia, vez que dissociada da razão. E quem faz da razão e da filosofia servas da fé com certeza "ensandecerá".[20] A revelação das sagradas escrituras é ditada pelos profetas com certeza profética, a qual "(...) não era, evidentemente, uma certeza matemática, mas apenas moral, conforme consta também na própria Escritura".[21] Ao se reivindicar última instância com a legitimidade de "errar por último" em todos os casos, mesmo que isto implique a ultrapassagem da potência da multidão enquanto corpo político, qualquer juízo atrai para si a condição de revelador do texto constitucional, a depender da "certeza da moral" e do temperamento de seus integrantes, conforme lhe seja o caso enfrentado. Não precisa ir muito além para perceber, com Espinosa, que este tipo de funcionamento institucional não somente não mantém a unidade do corpo da sociedade, como afasta a possibilidade de leis a "que todos estejam sujeitos".[22] O risco, pois, de abandono da imanência em favor da transcendência acarreta o abandono da democracia, e da possibilidade de operação dialógica do direito e de aplicação de suas decisões. Se assim o é no resultado, é precisamente porque o procedimento assim igualmente o possibilitou.

Somente se faz sentido elaborar a decisão com: a) o recurso ao imanente pelo aplicador do direito desde a origem do procedimento, vale dizer, quando

---

[18] GUIMARAENS, Francisco. *Direito, Ética e Política em Spinoza*. Rio de Janeiro: Lumen Juris, 2010, p. 168.
[19] ESPINOSA, Baruch de. *Tratado Político*. São Paulo: Martins Fontes, 2009, p. 38 (Cap. IV, 3).
[20] ESPINOSA, Baruch de. *Tratado Teológico-Político*. São Paulo: Martins Fontes, 2003, p. 224 (Cap. XV).
[21] ESPINOSA, Baruch de. Op. cit., p. 34 (Cap. II).
[22] ESPINOSA, Baruch de. Op. cit., p.5 4 (Cap. III).

de seu processo; b) o reconhecimento da pluralidade da sociedade que fez definir suas regras com base na razão; c) como consequência, a retirada de quaisquer subjetivismos como "decido conforme minha consciência" ou "conforme a moralidade recomenda" por não corresponderem à gênese da elaboração do direito e do poder que o elaborou. Se o poder constituinte não agiu com recurso ao subjetivismo, não será, numa democracia o poder decisório que o fará.

3. Conteúdo do dever de fundamentação e competência para determiná-lo: o próprio Judiciário ou o Legislativo?

O dever de motivação das decisões judiciais tem estatura constitucional, porquanto consagrado no art. 93, IX, da Constituição Federal, que não pormenoriza, contudo, seus elementos indispensáveis, tendo deixado para embates doutrinários e jurisprudenciais, ao longo de anos, o delineamento de seus contornos.

No plano legislativo, coube somente ao recém-editado Código de Processo Civil esquadrinhar esse dever mediante a indicação de quando não se considera fundamentada uma decisão, ora consagrando parâmetros jurisprudenciais, ora os afastando, quando não se adequassem ao desenvolvimento dialético do processo e a legitimação pelo devido processo legal em contraditório. Nesse sentido, vale a transcrição do respectivo dispositivo:

Art. 489. São elementos essenciais da sentença:

I – o relatório, que conterá os nomes das partes, a identificação do caso, com a suma do pedido e da contestação, e o registro das principais ocorrências havidas no andamento do processo;

II – os fundamentos, em que o juiz analisará as questões de fato e de direito;

III – o dispositivo, em que o juiz resolverá as questões principais que as partes lhe submeterem.

§ 1º Não se considera fundamentada qualquer decisão judicial, seja ela interlocutória, sentença ou acórdão, que:

I – se limitar à indicação, à reprodução ou à paráfrase de ato normativo, sem explicar sua relação com a causa ou a questão decidida;

II – empregar conceitos jurídicos indeterminados, sem explicar o motivo concreto de sua incidência no caso;

III – invocar motivos que se prestariam a justificar qualquer outra decisão;

IV – não enfrentar todos os argumentos deduzidos no processo capazes de, em tese, infirmar a conclusão adotada pelo julgador;

V – se limitar a invocar precedente ou enunciado de súmula, sem identificar seus fundamentos determinantes nem demonstrar que o caso sob julgamento se ajusta àqueles fundamentos;

VI – deixar de seguir enunciado de súmula, jurisprudência ou precedente invocado pela parte, sem demonstrar a existência de distinção no caso em julgamento ou a superação do entendimento.

Houve quem discutisse a constitucionalidade desse dispositivo, sob o argumento de que somente ao Judiciário caberia concretizar o preceito constitucional, sendo a prescrição legislativa uma invasão autoritária de um poder sobre o outro. Contudo, isso não prospera, não só por razões teóricas – mediante a percepção de que cabe prioritariamente ao Legislativo disciplinar os preceitos fundamentais para situações gerais e abstratas, por ser da própria essência do Estado de Direito, conforme exposto linhas atrás –, mas também porque a jurisprudência pouco avançou no fortalecimento desse dever, e os avanços observados foram devidamente incorporados.

Com efeito, a maior parte dos precedentes judiciais a respeito do dever de motivação ou apresenta fórmulas genéricas ou traduzem uma mitigação do dever, conforme o julgado acima analisado do Tribunal Superior do Trabalho, no sentido de o julgador não ser obrigado à fundamentação em contraditório. Quando a jurisprudência assentou elementos concretos e delimitados – como a impossibilidade de se considerar a decisão fundamentada quando utiliza de conceitos cambiáveis para qualquer caso, paráfrases ou conceitos indeterminados sem especificar seu conteúdo concreto –, o entendimento foi inserido no texto legislativo.

Conforme já tratado em outra oportunidade,[23] a tradição brasileira ao colocar o silogismo como o parâmetro de raciocínio jurídico, amesquinhou esse dever constitucional, autorizando deturpações. Ainda é comum encontrar meras indicações de expressões vazias, tais como, "em face do que conta dos autos" ou "em atenção ao melhor direito". Mais recentemente, a maneira de desatender tal exigência é simplesmente citar uma ementa de julgamento ou enunciado de uma súmula sem qualquer explicação de sua específica pertinência ou o motivo da escolher. O choque jurisprudencial ou as guinadas de entendimentos dos tribunais muito raramente são analisados. Há muito, a doutrina resiste a essas falsas motivações, mas também sem detalhar mais elementos. É clássica a lição de Nelson Nery Júnior a esse respeito:

> Fundamentar significa o magistrado dar as razões, de fato e de direito, que o convenceram a decidir a questão daquela maneira. A fundamentação tem implicação substancial e não meramente formal, donde é lícito concluir que o juiz deve analisar as questões postas a seu julgamento, exteriorizando a base fundamental de sua decisão. Não se consideram "substancialmente" fundamentadas as decisões que afirmam que "segundo os documentos e testemunhas ouvidas no processo, o autor tem razão, motivo por que julgou procedente o pedido". Essa decisão é nula porque lhe falta fundamentação.[24]

Essa lição doutrinária vai ao encontro de pronunciamentos do Supremo Tribunal Federal no sentido de que

> [...] não satisfaz a exigência constitucional de que sejam fundamentadas todas as decisões do Poder Judiciário (CF, art. 93, IX) a afirmação de que a alegação deduzida pela parte é 'inviável juridicamente, uma vez que não retrata a verdade dos compêndios legais': não servem à motivação de uma decisão judicial afirmações que, a rigor, se prestariam a justificar qualquer outra.[25]

Eis, então, um primeiro parâmetro: não se considera fundamentada uma decisão cuja generalidade de exposição autoriza a transposição para qualquer outro julgado. Eis a origem pretoriana da disposição codificada

Destaque-se que, conquanto Nelson Nery avance e faça uma exigência substancial, ainda gira a ideia de fundamentação em torno do esquema silogístico, com a divisão de fato e de direito. Ainda pressupõe que o juiz "conhece a causa" em busca dos *dados* para o juízo silogístico. Os argumentos das partes são situados em plano secundário porque eles, quando muito, somente expli-

---

[23] LOPES FILHO, Juraci Mourão. *Os precedentes judiciais no constitucionalismo brasileiro contemporâneo*. Salvador: Juspodivm. 2014.

[24] NERY JUNIOR, Nelson. *Princípios Constitucionais do Processo Civil na Constituição Federal*. 5. ed. São Paulo: Revista dos Tribunais 1999, p. 175-176.

[25] RE 217631, Relator(a): Min. SEPÚLVEDA PERTENCE, Primeira Turma, julgado em 09/09/1997, DJ 24-10-1997 PP-54194 EMENT VOL-01888-12 PP-02408.

citariam esses *dados* a serem inseridos no silogismo, não tendo valor intrínseco ou autônomo, como uma construção que efetivamente determine o Direito.

Os argumentos das partes importam, entretanto, não só para a determinação do Direito, como também para a legitimação da atividade jurisdicional, a qual obriga que o juiz considere e análise aquilo que foi arguido pelas partes. É a ideia de que aqueles que serão afetados pelo resultado final têm o direito de ter suas considerações apreciadas nele. Nesse sentido, o próprio Supremo Tribunal Federal vem assentando a ideia de que "a fundamentação constitui pressuposto de legitimidade das decisões judiciais". A isto acrescenta que "a inobservância do dever imposto pelo art. 93, IX, da Carta Política, precisamente por traduzir grave transgressão de natureza constitucional, afeta a legitimidade jurídica da decisão e gera, de maneira irremissível, a consequente nulidade do pronunciamento judicial".[26] No mesmo sentido,

> a exigência de motivação dos atos jurisdicionais constitui, hoje, postulado constitucional inafastável que traduz, em sua concepção básica, poderoso fator de limitação do próprio poder estatal, além de constituir instrumento essencial de respeito e proteção às liberdades públicas. Atos jurisdicionais, que descumpram a obrigação constitucional de adequada motivação decisória, são atos estatais nulos.[27]

A dificuldade está em determinar com precisão nos precedentes dos tribunais superiores quando há uma decisão adequadamente fundamentada. Os julgados do Supremo Tribunal Federal tocam no assunto sem precisar critérios objetivos. Mencionam clareza, completude, convencimento e necessidade de enfrentar as matérias arguidas. É o que se percebe no seguinte exemplo:

> A decisão, como ato de inteligência, há de ser a mais completa e convincente possível. Incumbe ao Estado-juiz observar a estrutura imposta por lei, formalizando o relatório, a fundamentação e o dispositivo. Transgride comezinha noção do devido processo legal, desafiando os recursos de revista, especial e extraordinário pronunciamento que, inexistente incompatibilidade com o já assentado, implique recusa em apreciar causa de pedir veiculada por autor ou réu. O juiz é um perito na arte de proceder e julgar, devendo enfrentar as matérias suscitadas pelas partes, sob pena de, em vez de examinar no todo o conflito de interesses, simplesmente decidi-lo, em verdadeiro ato de força, olvidando o ditame constitucional da fundamentação, o princípio básico do aperfeiçoamento da prestação jurisdicional.[28]

Chega-se ao cúmulo da imprecisão em se admitir atendida a exigência constitucional "se a fundamentação, existente, for mais ou menos completa".[29] O que é uma fundamentação "mais ou menos completa"?

O dado objetivo que indica para averiguar a devida fundamentação é a resposta a todas as questões propostas, entendidas questões no sentido desenvolvido pelo Direito processual com espaldar nas lições de Francesco Carnelutti:

> A decisão judicial deve analisar todas as questões suscitadas pela defesa do réu. Reveste-se de nulidade o ato decisório, que, descumprindo o mandamento constitucional que impõe a qualquer juiz ou tribunal o

---

[26] HC 80892, Relator: Min. CELSO DE MELLO, Segunda Turma, julgado em 16/10/2001, DJe-147 DIVULG 22-11-2007 PUBLIC 23-11-2007 DJ 23-11-2007 PP-00115 EMENT VOL-02300-02 PP-00392.

[27] HC 68422, Relator: Min. CELSO DE MELLO, Primeira Turma, julgado em 19/02/1991, DJ 15-03-1991 PP-02650 EMENT VOL-01612-03 PP-00441.

[28] RE 435256, Relator: Min. MARCO AURÉLIO, Primeira Turma, julgado em 26/05/2009, DJe-157 DIVULG 20-08-2009 PUBLIC 21-08-2009 EMENT VOL-02370-06 PP-01253.

[29] AI 351384 AgR., Relator: Min. NÉRI DA SILVEIRA, Segunda Turma, julgado em 26/02/2002, DJ 22-03-2002 PP-00039 EMENT VOL-02062-08 PP-01589.

dever de motivar a sentença ou o acórdão, deixa de examinar, com sensível prejuízo para o réu, fundamento relevante em que se apoia a defesa técnica do acusado.[30]

Eis, então, o fundamento teórico-processual para a prescrição codifica que afasta o entendimento de que não é necessária a análise de todas as questões suscitadas pelas partes. Assim, além de evitar arrazoado genérico e menção a razões abstratas[31] transplantáveis para qualquer outro julgado, a decisão deve analisar todas as questões postas em juízos. Como questão é um ponto de fato ou de direito controvertido pelas partes, deve o Judiciário enfrentá-las.

Com relação aos precedentes, súmulas e jurisprudência, há muito Lenio Streck denuncia seu mau uso, por meio de mero apego semântico a ementas ou ao enunciado da súmula, os quais não traduzem todo o precedente. Por essa razão, também acertada a solução codificada.

Em face disso, tem-se por plenamente válida e acertada a prescrição legislativa que muito bem assegura de maneira geral a abstrata o dever de fundamentação.[32]

---

[30] HC 74073, Relator(a): Min. CELSO DE MELLO, Primeira Turma, julgado em 20/05/1997: DJ 27-06-1997 PP-30227 EMENT VOL-01875-03 PP-00597.

[31] "1. AÇÃO PENAL. Prisão preventiva. Decreto carente de fundamentação idônea. Nulidade caracterizada. Menção a razões abstratas. Ofensa ao art. 93, IX, da CF. Constrangimento ilegal configurado. HC concedido. É nula a decisão que decreta prisão preventiva com base em razões abstratas. 2. AÇÃO PENAL. Prisão preventiva. Decreto fundado na gravidade concreta do delito. Inadmissibilidade. Razão que não autoriza a prisão cautelar. Precedentes. É ilegal o decreto de prisão preventiva que se funda na gravidade concreta do delito. 3. AÇÃO PENAL. Prisão preventiva. Decreto fundado na exigência do clamor público. Inadmissibilidade. Razão que não autoriza a prisão cautelar. Precedentes. É ilegal o decreto de prisão preventiva baseado em exigência do clamor público. 4. AÇÃO PENAL. Prisão preventiva. Decreto fundado na periculosidade presumida dos réus. Inadmissibilidade. Razão que não autoriza a prisão cautelar. Ofensa à presunção constitucional de inocência. Aplicação do art. 5º, inc. LVII, da CF. Precedente. É ilegal o decreto de prisão preventiva que se funda na periculosidade presumida do réu". (HC 84311, Relator(a): Min. CEZAR PELUSO, Segunda Turma, julgado em 03/04/2007, DJe-032 DIVULG 06-06-2007 PUBLIC 08-06-2007 DJ 08-06-2007 PP-00045 EMENT VOL-02279-02 PP-00236)

[32] Para tanto, cf. STRECK, Lenio Luiz. ABBOUD, Georges. O que é isto – precedente judicial e as súmulas vinculantes? Porto Alegre: Livraria do Advogado, 2013. No mesmo sentido: LOPES FILHO, Juraci Mourão. Os precedentes judiciais no constitucionalismo brasileiro contemporâneo. Salvador: Juspodivm. 2014.

— 27 —

O desafio de uma hermenêutica jurídica transnacional: uma breve reflexão a partir da obra de Lenio Streck

PAULO MÁRCIO CRUZ[1]

CLAUDIO MELIM[2]

O início do Século XXI marcou a consagração da massificação do acesso aos meios de comunicação (sem censura e sem fronteiras), que viabilizaram definitivamente a disseminação mundial de uma cultura pautada pelo consumismo desenfreado. O consumo pelo consumo virou tradição e caracterizou-se como uma espécie de eixo de agregação social no âmbito dos países desenvolvidos e emergentes. Esse contexto impulsionou um processo de exploração desmedida do meio ambiente natural e potencializou a inescapável interdependência econômica entre os países. Como esclarecem Paulo Cruz, Zenildo Bodnar e Gabriel Ferrer:

> A soberania dos parlamentos e governos nacionais se reduz e, em escala mundial, faltam meios políticos democráticos para estabilizar o frágil sistema de uma economia de livre mercado. O capitalismo assim avançado acaba sendo um predador absolutamente destrutivo. A fome e a miséria aumentam e a extensão do consumo de recursos e da destruição do meio ambiente, em continuação quantitativamente ampliada, pode determinar um colapso em escala global que requer um novo institucionalismo.[3]

Além disso, o fluxo informacional globalizado explicitou os efeitos nefastos de algumas práticas e costumes regionalizados, normalmente decorrentes de fanatismos de cunho religioso, que acoberta(va)m impunemente um tipo de violência ofensiva aos princípios mais básicos de proteção à dignidade humana. A ebulição desse ambiente evidenciou a premência pela construção de uma nova dimensão de ordem jurídica, capaz de tutelar demandas de caráter

---

[1] Pós-Doutor em Direito do Estado pela Universidade de Alicante, na Espanha, e Doutor em Direito do Estado e Mestre em Instituições Jurídico-Políticas pela Universidade Federal de Santa Catarina – UFSC. Coordenador e professor do Programa de Pós-graduação *Strictu Sensu* em Ciência Jurídica da Universidade do Vale do Itajaí – UNIVALI. Professor visitante nas universidades de Alicante, na Espanha, e de Perugia, na Itália. (pcruz@univali.br)

[2] Mestre e Doutorando em Ciência Jurídica pela Universidade do Vale do Itajaí – UNIVALI. Possui graduação em Direito e Ciência da Computação pela mesma instituição. Atua profissionalmente como consultor empresarial e advogado na área de Direito Tributário. (claudio@melim.com)

[3] CRUZ, Paulo Márcio; BODNAR, Zenildo. Globalização, transnacionalidade e sustentabilidade. Itajaí: UNIVALI, 2012. (p. 82). Recurso eletrônico disponível em <www.univali.br/ppcj/ebook>.

supraestatal, e que vem sendo tematizada sob o nome de Direito Transnacional.[4]

Um dos primeiros pesquisadores modernos a utilizar esse termo foi Philip Jessup em um livro intitulado "Direito Transnacional"[5] ou "Transnational Law", no título original, de 1965. Nessa obra, Jessup tratou dos problemas aplicáveis à comunidade mundial inter-relacionada, que principia com o indivíduo e alcança a sociedade de estados. Por considerar que a comunidade mundial estava criando laços cada vez mais complexos, esse autor entendia que a expressão *Direito Internacional* estaria superada e já não atendia às exigências conceituais da nova época que se desenhava. Nesse sentido, consignou que utilizaria o termo *Direito Transnacional* para incluir todas as normas que regulassem atos ou fatos que transcendessem fronteiras nacionais. Jessup estava preocupado, na época, em não polemizar e evitava fazer afirmações que ensejassem discussões acadêmicas sobre a utilização do termo Direito Transnacional. Para evitar os longos debates, ele reduziu a noção dessa categoria como sendo apenas uma fonte mais abundante de normas destinadas a guiar as relações além das fronteiras nacionais.

Mas a citação de Jessup serve mais como ponto de inflexão, pois o que ele estava captando, na época, era o início do fenômeno que se convencionou chamar de globalização, que se tornou perceptível pelo surgimento de um complexo emaranhado de relações à margem da capacidade regulatória e de intervenção do Estado Constitucional Moderno. A proposição desse autor, até mesmo pelo contexto histórico em que foi formulada, é insuficiente para amparar a discussão empreendida nos dias de hoje sobre o Direito Transnacional. Um pouco diferente do que ele pensava, nas primeiras décadas do Século XXI, o debate sobre o tema tornou-se fundamental.[6]

A expressão latina *trans* significa algo que vai "além de" ou "para além de", a fim de evidenciar a superação de um *locus* determinado, que indicaria que são perpassadas diversas categorias unitárias, num constante fenômeno de desconstrução e construção de significados. Diversamente da expressão *inter*, a qual sugere a ideia de uma relação de diferença ou apropriação de significados relacionados, o prefixo *trans* denota a emergência de um novo significado construído reflexivamente a partir da transferência e transformação dos espaços e modelos nacionais.[7] Ulrich Beck esclarece que a transnacionalização é uma conexão forte entre os espaços nacionais, não pensados internacionalmente,

---

[4] Nesse sentido, destaca-se o esforço teórico desenvolvido pelos professores e alunos do Curso de Doutorado em Ciência Jurídica da UNIVALI, em sua área de concentração Constitucionalismo, Transnacionalidade e Produção do Direito, mormente no âmbito da linha de pesquisa identificada como Estado, Transnacionalidade e Sustentabilidade. Maiores informações podem ser obtidas pelo site: <www.univali.br/ppcj>.

[5] JESSUP, Philip C. Direito transnacional. Tradução de Carlos Ramires Pinheiro da Silva. São Paulo: Fundo de Cultura, 1965.

[6] O trecho sobre Philip Jessup foi adaptado do texto: CRUZ, Paulo; BODNAR, Zenildo. A transnacionalidade e a emergência do estado e do direito transnacionais. Em: CRUZ, Paulo; STELZER, Joana (organizadores). Direito e transnacionalidade. Curitiba: Juruá, 2011. (p. 63-64)

[7] CRUZ, Paulo; BODNAR, Zenildo. A transnacionalidade e a emergência do estado e do direito transnacionais. Em: CRUZ, Paulo; STELZER, Joana (organizadores). Direito e transnacionalidade. Curitiba: Juruá, 2011. (p. 58)

mas como algo novo, um espaço "transpassante", que não se encaixa nas velhas categorias modernas.⁸

Para que se possa compreender a problemática de uma transnacionalidade jurídica, é preciso ter em mente que o Direito é algo que sempre diz respeito à formalização de um conjunto de pretensões político-diretivas de conduta, que pressupõe, por sua vez, uma estrutura organizacional mínima que dê conta de instrumentalizar a imprescindível coercibilidade garantidora da eficácia jurisdicional. Por esse motivo, o cenário de discussões acadêmicas acerca da construção de um Direito Transnacional é permeado majoritariamente pela tematização da viabilização desta coercibilidade numa dimensão supraestatal. Há um debate que se justifica pelo "fato de o Direito Internacional – mesmo considerando a criação de novas estruturas e organizações interestatais – não gerar mecanismos eficazes de governança, regulação, intervenção e coerção para demandas transnacionais".⁹

Ocorre que a leitura dos textos de Lenio Streck demonstra que, além dos aspectos relativos à instrumentalização da coercibilidade, há um "algo mais" a ser percebido no que concerne a construção teórica de uma nova ordem jurídica transnacional, especialmente no que diz respeito ao que está por trás daquilo que o autor denominou de "crise de paradigmas de dupla face". Para Streck:

> [...] mais do que a superação das crises do Estado, torna-se imprescindível superar a crise do direito, calcada em uma crise de paradigmas de dupla face: de um lado, o velho modelo de direito liberal-individualista-normativista teima em obstaculizar as possibilidades do novo modelo representado pelo paradigma do Estado Democrático de Direito; de outro, uma crise de cunho hermenêutico, a partir da qual os juristas continuam submersos num imaginário metafísico-objetificante, no interior do qual ainda ocorre a separação sujeito-objeto, refratário à viragem linguística ocorrida no século XX. Essa crise de dupla face obstaculiza o acontecer da Constituição, perdendo-se dia a dia a especificidade do direito, tão cara aos propósitos da ideia de Estado Democrático de Direito.¹⁰

Importante registrar que os escritos de Lenio Streck focam a efetividade do Estado Democrático de Direito em âmbito(s) nacional(is), mas não há como pensar a construção de uma ordem jurídica transnacional fora do paradigma de uma democracia de direito. Nesse sentido, tanto as descrições denunciativas que o autor faz em relação ao que ele denomina como crise de dupla face, quanto à perspectiva teórica que ele oferece como ferramenta para o enfrentamento dos problemas daí decorrentes, prestam-se (também) para apontar um desafio hermenêutico extremamente relevante para o desenvolvimento de um pretenso ambiente jurídico transnacional.

Parece natural que o debate acerca de um Direito Transnacional deva contemplar a identificação de pretensões normativas que possam acolher a percepção das diversas nações em relação às demandas supraestatais. Nesse sentido, a essência de uma democracia de direito (transnacional) mostra-se

---

[8] BECK, Ulrich. *Liberdade ou capitalismo*. Tradução de Luiz Antônio Oliveira de Araújo. São Paulo: Littera Mundi, 2001. (p. 100)

[9] CRUZ, Paulo; BODNAR, Zenildo. A transnacionalidade e a emergência do estado e do direito transnacionais. Em: CRUZ, Paulo; STELZER, Joana (organizadores). *Direito e transnacionalidade*. Curitiba: Juruá, 2011. (p. 56)

[10] STRECK, Lenio Luiz. *Jurisdição constitucional e decisão jurídica*. 4. ed. São Paulo: Revista dos Tribunais, 2014. (p. 102)

imprescindível como mecanismo apto para viabilizar a conciliação da pluralidade de percepções das diversas nações em relação às questões de natureza difusa, como, por exemplo, os problemas de proteção do meio ambiente natural e da dignidade da pessoa humana. A existência de um Direito Transnacional, portanto, permite (ou permitirá) o compartilhamento solidário de responsabilidades para a efetivação de uma jurisdição protetiva em relação a esse tipo de questões.

Mas a institucionalização dessas percepções, que se dá necessariamente através de textos, requer o alinhamento da tradição (pré) compreensiva de cada uma das diversas culturas que se submetem (ou se submeterão) a essa pretendida jurisdição transnacional. E é justamente esse alinhamento que se caracteriza como o principal desafio para a construção de uma hermenêutica jurídica transnacional, uma vez que a compreensão/interpretação dos textos, sejam eles jurídicos ou não, pressupõe a história de vida do próprio intérprete, o que se põe como um grande obstáculo em potencial, tendo em vista a diversidade sociocultural existente entre as diferentes nações que est(ar)ão submetidas aos efeitos do Direito Transnacional.[11]

O que se denomina neste texto como "obra" de Lenio Streck não se refere a um livro específico, mas ao que ele chama de Crítica Hermenêutica do Direito, que perpassa essencialmente o conteúdo da grande maioria dos seus escritos sobre teoria do direito.[12] Essa linha mestra do trabalho de Streck se caracteriza como uma forma crítica de olhar o direito a partir de bases paradigmáticas fundadas pela filosofia hermenêutica de Martin Heidegger e pela hermenêutica filosófica de Hans-Georg Gadamer. É uma postura teórica que identifica e tenta superar, no âmbito do direito, as insuficiências daquilo que se convencionou chamar de paradigma sujeito-objeto. Para tanto, Lenio denuncia o problema do descaso com a diferença ontológica e o círculo hermenêutico percebidos por Heidegger, explicitando os efeitos nocivos da discricionariedade interpretativa no âmbito da jurisdição nacional, e demonstrando a necessidade de "mecanismos que assegurem as condições de possibilidade para a implementação"[13] de textos jurídicos.

A partir da obra de Lenio Streck, percebe-se que é imprescindível que se tenha uma preocupação com a relação que se estabelece entre a compreensão e a interpretação do direito, pois a efetividade duradoura de qualquer tutela jurisdicional (inclusive em âmbito transnacional) depende diretamente da legitimidade de sua respectiva construção normativa, que, por sua vez, está relacionada muito mais com aspectos hermenêutico constitutivos da pretensão normativa do que com o próprio poder de coerção. Não é demais lembrar que,

---

[11] Sobre isso, ver: CRUZ, Paulo Márcio; REAL FERRER, Gabriel. Los nuevos escenarios transnacionales y la democracia asimétrica. *Revista Arazandi de Derecho Ambiental*. Barcelona, 2012. (p. 15)

[12] Lenio Luiz Streck é um escritor extremamente profícuo e seria praticamente impossível fazer referência a todos os seus textos neste capítulo. Para efeito deste trabalho, foram utilizadas suas três principais obras: *Hermenêutica Jurídica e(m) Crise*, *Verdade e Consenso*, e *Jurisdição Constitucional e Decisão Jurídica*.

[13] STRECK, Lenio Luiz. *Jurisdição constitucional e decisão jurídica*. 4. ed. São Paulo: Editora Revista dos Tribunais, 2014. (p. 113)

sob a ótica heideggeriana, "a hermenêutica é a teoria das operações da compreensão em sua relação com a interpretação dos textos".[14]

O entendimento que (ainda) prevalece majoritariamente é o de que a interpretação se caracteriza(ria) como uma ação que busca decifrar os códigos do texto com o intuito de viabilizar a compreensão da mensagem transmitida pelo autor. Fala-se em tipos de interpretação, como a gramatical, a lógica, a sistemática, a histórica etc. Sob essa ótica procedimentalista, a interpretação se caracteriza(ria) como uma ação metodologicamente guiada para traduzir representativamente as intenções do autor. Nessa perspectiva, o texto é (primeiro) interpretado para (então) poder ser compreendido.[15] Mas Heidegger rompe com essa visão e, como destaca Lenio Streck, mostra que não "interpretamos para compreender, e, sim, compreendemos para interpretar".[16]

O fenômeno jurídico não é uma coisa física posta no espaço. Não existe direito no texto, o texto é mera marca de tinta em papel. A linguagem é a condição de possibilidade de acesso ao ser do direito, mas a fenomenologia jurídica não se dá em relação à linguagem enquanto coisa simplesmente dada, mas em relação aos sentidos por ela estimulados. O direito não está nas coisas jurídicas. O intérprete é a condição de possibilidade fundamental do fenômeno jurídico. Sem intérprete, não há direito. As coisas jurídicas (leis, decisões, pareceres, doutrina) são apenas manifestações do fenômeno jurídico. Uma confusão perceptiva acerca da diferença entre o fenômeno propriamente dito e sua manifestação é um erro básico que fulmina qualquer possibilidade de compreensão acerca da existencialidade hermenêutica do direito. Por isso, Lenio Streck esclarece que:

> Definitivamente, uma hermenêutica jurídica que se pretenda crítica, hoje, não pode prescindir dos dois teoremas fundamentais formulados por Heidegger: o círculo hermenêutico, de onde é possível extrair a conclusão de que o método (ou o procedimento que pretende controlar o processo interpretativo) sempre chega tarde, porque o Dasein já se pronunciou de há muito, e a diferença ontológica, pela qual o ser é sempre o ser de um ente, rompendo-se a possibilidade de subsunções e deduções, uma vez que, para Heidegger, o sentido é um existencial do *Dasein*, e não um propriedade "colada" sobre o ente, colocado atrás deste ou que paira não se sabe onde, em uma espécie de "reino intermediário".[17]

A abordagem de alguns aspectos pontuais dos teoremas heideggerianos referidos pelo autor (círculo hermenêutico e diferença ontológica) é importante para que se possa compreender mais claramente a denúncia feita por Lenio Streck acerca dos efeitos nocivos decorrentes do arraigado paradigma sujeito-objeto. Esse alerta feito por ele acerca do problema da efetividade hermenêutica do Estado Democrático de Direito (em âmbito nacional) serve também para evidenciar o desafio fundamental que está(rá) inevitavelmente na base de qualquer pretensão de legitimidade jurídica transnacional.

---

[14] RICOEUR, Paul. *Interpretação e ideologias*. 2. ed. Tradução de Hilton Japiassu. Rio de Janeiro: Francisco Alves Editora, 1983. (p. 17)

[15] MELIM, Claudio. *Ensaio sobre a cura do direito: indícios de uma verdade jurídica possível*. Florianópolis: Empório do Direito, 2015. (p. 30)

[16] STRECK, Lenio Luiz. *Hermenêutica jurídica e(m) crise*: uma exploração hermenêutica da construção do direito. 10. ed. Porto Alegre: Livraria do Advogado, 2011. (p. 357)

[17] STRECK, Lenio Luiz. *Verdade e consenso*: constituição, hermenêutica e teorias discursivas. 4. ed. São Paulo: Saraiva, 2011. (p. 291-292)

Hans-Georg Gadamer construiu sua hermenêutica filosófica a partir dos teoremas de Heidegger, demonstrando, entre outras coisas, a relevância da historicidade constitutiva das possibilidades de compreensão dos textos. Ele cunhou a expressão "história efeitual" (história que provoca efeitos), esclarecendo que:

> O que precisamos é apenas aprender a conhecer-nos melhor e reconhecer que os efeitos da história efeitual operam em toda compreensão, estejamos ou não conscientes disso. Quando se nega a história efeitual na ingenuidade da fé metodológica, a consequência pode ser até uma real deformação do conhecimento. Sabemos disso através da história da ciência, quando ela apresenta a prova irrefutável de coisas evidentemente falsas.[18]

No que diz respeito especificamente ao tema deste texto, fica claro que o problema da legitimação das pretensões normativas não se dá só em relação à instrumentalização da coercibilidade, mas também (e principalmente) no que diz respeito à efetividade dos limites interpretativos da pretendida textualidade transnacional. É indiscutível que a construção desses limites interpretativos está umbilicalmente conectada àquilo que Gadamer chamou de história efeitual. Não há como buscar a institucionalização de pretensões normativas em âmbito transnacional sem levar em conta o problema da diversidade sociocultural existente entre as nações. Os textos normativos transnacionais serão inevitavelmente interpretados a partir da história de vida do próprio intérprete, sendo que cada intérprete possui(rá) uma história de vida (história efeitual) própria que está(rá) ligada ao contexto sócio cultural específico de sua nação.

Como referência ilustrativa dessa problemática interpretativa, é possível citar, por exemplo, a questão da pesca indiscriminada de baleias para consumo como alimento no Japão. Não há dúvida de que um japonês, criado num ambiente onde o consumo de carne de baleia é algo aceito e, até, estimulado, compreenderá uma regra de proibição nesse sentido diferentemente de um estrangeiro preocupado com a extinção potencial do referido mamífero. Há inúmeros exemplos desse tipo que demonstram o desafio hermenêutico de um Direito Transnacional no que diz respeito à necessária legitimação das pretensões normativas.

Para compreender ilustrativamente o primeiro axioma heideggeriano, pode-se recorrer a um exemplo bem simples. Quando se olha um automóvel íntegro (um carro qualquer parado na rua), vê-se um veículo automotor, e não um amontoado de ferro, plástico, vidro, borracha e fluídos. Entretanto, do ponto de vista meramente físico, um automóvel nada mais é do que um amontoado de materiais dispostos no espaço. Essa constatação demonstra que o ser um automóvel não está na constituição física do veículo automotor, mas nos efeitos (sentidos) da percepção histórica de quem o observa. Essa diferença perceptiva que se estabelece entre o que é um amontoado de materiais e o que é um automóvel (enquanto veículo automotor), serve para caracterizar exemplificativamente (e de forma simplista) o primeiro axioma filosófico de Heidegger: a diferença ontológica.[19]

---

[18] GADAMER, Hans-Georg. *Verdade e método I*: traços fundamentais de uma hermenêutica filosófica. Tradução de Flávio Paulo Meurer e Enio Paulo Giachini. 11. ed. Petrópolis: Vozes, 2011. (p. 398)

[19] MELIM, Claudio. *Ensaio sobre a cura do direito*: indícios de uma verdade jurídica possível. Florianópolis: Empório do Direito, 2015. (p. 24)

Segundo Oswaldo Giacoia Junior:

> Diferentemente do existencial ôntico, limitado ao plano do entes, o existencial-ontológico remete ao plano do Ser, em sua diferença para com os entes. O termo ontológico não diz respeito às características particulares dos entes existentes ou possíveis, mas designa o fundamento originário que os torna o que eles essencialmente são, ou seja, que os constitui em seu ser próprio. [...] É a partir dessas noções que se explicita a temática da *diferença ontológica* tal como a pensa Heidegger.[20]

O horizonte paradigmático alcançado pela percepção de Heidegger acerca da diferença ontológica assume um caráter ruptural em relação às bases de sustentação do "senso comum teórico dos juristas"[21] (Warat), pautadas por uma relação dicotômica formada pelas categorias sujeito e objeto. Trata-se de uma arraigada estrutura (pré) compreensiva que cria uma ilusão perceptiva acerca de uma suposta autossuficiência semântica das coisas que se oferecem ao conhecimento humano. Não há como negar que a busca pelo conhecimento nasce da inevitável percepção de uma dicotomia material que se estabelece entre um sujeito que conhece e um objeto a ser conhecido, o que gera uma inescapável sensação de alteridade que está naturalmente presente em qualquer contexto cognitivo,[22] entretanto, como aponta Heidegger:

> [...] o que é mais evidente do que um "sujeito" referir-se a um "objeto" e vice-versa? [...] Mas tudo isso, embora inatacável em sua facticidade, ou melhor, justamente por isso, permanece um pressuposto fatal, quando se deixa obscura a sua necessidade e, sobretudo, o seu sentido ontológico[23]

Dessa percepção básica introdutória sobre a ideia da diferença ontológica tratada por Heidegger, e da consequente evidenciação do "pressuposto fatal" que se caracteriza pelo descaso e/ou ignorância em relação ao "sentido ontológico" que está na base constitutiva do conhecimento, viabiliza-se um entendimento um pouco mais claro acerca do que pretende Lenio Streck com a sua *Crítica Hermenêutica do Direito*. Em *Verdade e Consenso*, o autor esclarece que:

> Em face disso, no presente livro, procuro abordar toda a problemática exposta à luz da hermenêutica da faticidade, retrabalhada a partir do que denomino Crítica Hermenêutica do Direito (Nova Crítica do Direito), recolocando a discussão do enfrentamento do positivismo e da indeterminabilidade do direito no contexto não da simples dicotomia texto e norma, mas, sim, a partir da filosófica diferença – que é ontológica – entre texto e sentido do texto (aqui denomino 'norma', que é o texto em forma de enunciados, em que o conteúdo veritativo não é nada mais do que a dimensão predicativa, isto é, aquilo que se diz sobre o texto), abrindo espaço para a construção de respostas adequadas hermeneuticamente à Constituição, insistindo na perspectiva de verdades conteudísticas, entendidas a partir da perspectiva fenomenológica, isto é, de que esta se afere como correção que tem por base um texto constitucional que resgata o ideal de vida boa, que também pode ser compreendido, aqui, como o mundo prático que fora deixado de fora do mundo das regras do positivismo.[24]

Essa formulação de Lenio, além de confirmar seu fundamento na diferença ontológica de Heidegger, evidencia a razão pela qual, para efeito da "construção de respostas adequadas hermeneuticamente", há a necessidade

---

[20] GIACOIA JUNIOR, Oswaldo. *Heidegger urgente: introdução a um novo pensar*. São Paulo: Três Estrelas, 2013. (p. 57-58)

[21] WARAT, Luiz Alberto. *Mitos e teorias na interpretação da lei*. Porto Alegre: Síntese, 1980. (p. 19)

[22] MELIM, Claudio. Ensaio sobre a cura do direito: indícios de uma verdade jurídica possível. Florianópolis: Empório do Direito, 2015. (p. 23)

[23] HEIDEGGER, Martin. *Ser e tempo*. Tradução de Marcia Sá Cavalcante Schuback. 6. ed. Petrópolis: Vozes, 2012. (p. 105-106)

[24] STRECK, Lenio Luiz. *Verdade e consenso*: constituição, hermenêutica e teorias discursivas. 4. ed. São Paulo: Saraiva, 2011. (p. 70)

de resgate do que ele chama de "mundo prático", mostrando, assim, a relevância do aspecto hermenêutico no que diz respeito à construção de um Direito Transnacional, haja vista a excessiva diversidade cultural constitutiva desse "mundo prático" no âmbito de uma transnacionalidade jurídica.

Para que um texto faça sentido (particípio do verbo *sentir*), é preciso que o intérprete seja estimulado pelo texto. O conteúdo lido precisa proporcionar algum sentido para quem o lê. O texto precisa ser capaz de acionar a memória do leitor de forma a produzir estímulos que gerem sentido. Não se trata de um sujeito que retira o véu de um objeto autossuficiente que está a sua frente, mas de um estímulo sensorial que ilumina/desperta um conteúdo de significação que (já) se encontra no ser do intérprete. Compreender é abrir uma possibilidade de sentido delimitada pela história efeitual do próprio intérprete.[25] Para Paul Ricoeur:

> A primeira função do compreender é a de nos orientar numa situação. O compreender não se dirige, pois, à apreensão de um fato, mas à de uma possibilidade de ser. [...] compreender um texto, diremos, não é descobrir um sentido inerte que nele estaria contido, mas revelar a possibilidade de ser indicada pelo texto. Desta forma, seremos fiéis ao compreender heideggeriano que é, essencialmente, um projetar num ser-lançado prévio.[26]

Por isso, Lenio Streck alerta que:

> O intérprete do Direito é um sujeito inserido/jogado, de forma inexorável, em um (meio) ambiente cultural-histórico, é dizer, em uma tradição. Quem interpreta é sempre um sujeito histórico concreto, mergulhado na tradição. Para ter acesso a um texto (e compreendê-lo), é impossível ao intérprete fazê-lo como se fosse uma mônada psíquica, utilizando o cogito herdado da filosofia da consciência. O intérprete é já, desde sempre, integrante de um mundo linguístico. [...] a linguagem não é em primeiro lugar aquilo que o indivíduo fala, e sim aquilo pelo qual o indivíduo é falado. [...] A tradição, diz Gadamer, não é algo que subjuga nossa mente, mas algo trazido à luz por nós mesmos, que participamos do acontecer da tradição e continuamos determinando-a desde nós mesmos.[27]

Esse é o pano de fundo que está por trás da temática contemplada pelo segundo teorema heideggeriano: o círculo hermenêutico. O intérprete de um texto compreende o respectivo texto compreendendo a si mesmo. Não há como alguém compreender que um amontado específico de materiais dispostos no espaço possa ser um automóvel, se esse intérprete não souber, por experiências anteriores, que aquele amontoado específico de materiais é um veículo automotor. O intérprete não tem controle sobre o fenômeno da compreensão. Ou ele compreende ou não compreende. Não há escolha sobre o que ou como deve ser compreendido. Eis a razão pela qual se demonstra o equívoco fundamental do paradigma sujeito-objeto.

Ernildo Stein explica que:

> Não podemos dizer simplesmente que a estrutura hermenêutica ou a estrutura da compreensão do ser humano produz história, cultura e tradição sem, ao mesmo tempo, pressupor que a história, a cultura e a tradição estão na operação da compreensão. Quer dizer, há uma circularidade. Já sempre compreendemos enquanto compreendemos o todo. O contrário também vale: enquanto compreendemos o todo, já sempre nos compreendemos. Essa estrutura básica do círculo hermenêutico termina sendo aquilo que se projeta sobre todas as

---

[25] MELIM, Claudio. *Ensaio sobre a cura do direito*: indícios de uma verdade jurídica possível. Florianópolis: Empório do Direito, 2015. (p. 30)

[26] RICOEUR, Paul. *Interpretação e ideologias*. 2. ed. Tradução de Hilton Japiassu. Rio de Janeiro: Francisco Alves Editora, 1983. (p. 33)

[27] STRECK, Lenio Luiz. *Hermenêutica jurídica e(m) crise:* uma exploração hermenêutica da construção do direito. 10. ed. Porto Alegre: Livraria do Advogado, 2011. (p. 330-331)

ciências hermenêuticas. Há uma impossibilidade de separação entre sujeito e objeto. É impossível separar o sujeito do objeto porque, no fato histórico, já sempre estamos, de certo modo, mergulhados, não podemos ter uma distância total, como na observação de um fenômeno físico.[28]

Pelo exposto, verifica-se que uma compreensão sobre os fundamentos paradigmáticos que estão na base da *Crítica Hermenêutica do Direito*, de Lenio Streck (diferença ontológica e círculo hermenêutico), ainda que superficial, mostra-se suficiente para explicitar alguns aspectos extremamente relevantes em relação ao desafio de uma hermenêutica jurídica transnacional. A diferença ontológica mostra que os textos não são autossuficientes, e que os sentidos das pretensões normativas neles contidas dependerão sempre de um processo compreensivo/interpretativo. Igualmente, o círculo hermenêutico não deixa dúvida de que esse processo compreensivo/interpretativo dependerá sempre da história efeitual do próprio intérprete, que estará inescapavelmente vinculado ao contexto sociocultural de sua história de vida.

Necessário consignar que o embate epistemológico assumido por Lenio Streck foca (mais fortemente) os efeitos danosos do descaso com a discricionariedade da interpretação jurídica. Essa também deve ser (mais) uma preocupação no âmbito da jurisdição transnacional. Entretanto, a diversidade sociocultural havida entre as nações acaba assumindo um caráter emergencial anterior (preliminar) aos efeitos da discricionariedade, tendo em vista que ela suscita o problema da delimitação das bases (pré) compreensivas imprescindíveis a qualquer estratégia de enfrentamento da discricionariedade sob a ótica da *Crítica Hermenêutica do Direito*. Sem o compartilhamento de uma (mínima) tradição autêntica que seja comum a todas as nações que venham a se submeter às pretensões normativas transnacionais, tornar-se-á praticamente inexequível qualquer projeto de construção de um Direito Transnacional.

Como explica o próprio Lenio Streck:

> Resgatar o mundo prático do direito e no direito significa colocar a interpretação no centro da problemática da aplicação jurídica, explorar o "elemento hermenêutico" da experiência jurídica e enfrentar aquilo que o positivismo desconsiderou: o espaço da discricionariedade do juiz e o que isso representa na confrontação com o direito produzido democraticamente. À luz de uma hermenêutica constitucional superadora das diversas posturas positivistas, esse espaço discricional é preenchido pela tematização dos princípios constitucionais, que nada mais fazem do que resgatar o mundo prático esquecido pelo fatalismo das posturas teóricas positivistas.[29]

Ocorre que o Direito Transnacional reclama um novo existencial hermenêutico. A (pré) compreensão precisa ser construída sobre bases transnacionais em lugar da simples tradição histórico regional do próprio intérprete. Essa questão é anterior ao problema da discricionariedade e não pode ser enfrentada por um simples processo decisório de órgãos políticos supraestatais, mas, necessariamente, demandará uma (re)educação hermenêutica (prévia) das pessoas envolvidas com a construção dessa nova prática jurídica. A viabilização do resgate interpretativo de um "mundo prático" pertinente a uma ordem jurídica transnacional é o maior de todos os desafios hermenêuticos postos a qualquer projeto de jurisdição transnacional. A percepção de cada um sobre a

---

[28] STEIN, Ernildo. *Aproximações sobre hermenêutica*. Porto Alegre: EDIPUCRS, 1996. (p. 42)

[29] STRECK, Lenio Luiz. *Verdade e consenso*: constituição, hermenêutica e teorias discursivas. 4. ed. São Paulo: Saraiva, 2011. (p. 46)

própria essência de uma democracia de direito já está, antes de tudo, em questão. Não é uma tarefa simples, pois ela contempla o revolvimento de práticas políticas já consolidadas historicamente no âmbito sociocultural de cada uma das nações envolvidas e que, por esse motivo, põe em xeque a efetividade dos princípios democráticos nos moldes do Estado Constitucional Moderno.

Paulo Cruz, Zenildo Bodnar e Gabriel Ferrer explicam que:

> Às comunidades tradicionais, como a cidade ou o Estado Constitucional Moderno, nas quais hoje a capacidade de opção do indivíduo não só se mantêm, mas se amplia, são somadas novas comunidades das quais é mais difícil se desvincular, como é o caso das realidades regionais, fruto dos processos de integração, ou simplesmente, de impossível persecução, como é o caso da comunidade mundial ou global. A construção política das comunidades regionais, transnacionais e da comunidade planetária obrigará a se buscar fórmulas de implementação dos princípios democráticos que necessariamente não poderão ser idênticos aos que serviram para as comunidades tradicionais, o que dará lugar inexoravelmente a modelos de democracia assimétrica.[30]

Trata-se, pois, de uma assimetria entre experiências de vida e expectativas de futuro, entre o que se tem e o que se quer. Uma assimetria que origina uma espécie de novo cenário de esperança social. Para os referidos Autores:

> O que caracteriza a Sociedade Moderna é que, nela, existe uma discrepância interessante entre as experiências que vivemos e as expectativas que temos. As sociedades antigas eram simétricas entre experiência e expectativas: o que nascia pobre morria pobre. Quem nascia analfabeto, morria analfabeto. Ao contrário, a sociedade moderna tentou recriar esta discrepância: quem nasce pobre pode ficar rico e quem nasce analfabeto pode tornar-se um profissional de nível superior. Em suma, a Sociedade Moderna acena com esperança.[31]

Essa esperança, que nasce pela assimetria existente entre o que se tem e o que se quer, é fruto de uma das principais características da vida social moderna, a qual se convencionou chamar de reflexividade, e que, para Anthony Giddens: "consiste no fato de que as práticas sociais são constantemente examinadas e reformadas à luz de informação renovada sobre estas próprias práticas, alterando assim constitutivamente seu caráter".[32] Os indivíduos socialmente relacionados estabelecem seus desejos a partir daquilo que conhecem. Quanto mais conhecimento proporcionado ao indivíduo, maior será a quantidade e a qualidade dos seus desejos em relação às coisas do mundo.

O problema é que a massificação do acesso aos meios de comunicação (sem censura e sem fronteiras) cuidou de potencializar superlativamente essa reflexividade, criando o cenário perfeito para a eclosão da epidemia global do consumismo desmedido. Essa epidemia, como já referido, demandou a construção de uma nova tradição jurídica em âmbito transnacional. Uma construção que deverá contemplar inevitavelmente novas bases paradigmáticas para a efetividade dessa democracia assimétrica, tendo em vista que "O mundo complexo da globalização e as sociedades cada vez mais heterogêneas praticamente reduziram a democracia a mero procedimento".[33] Para Paulo Márcio

---

[30] CRUZ, Paulo Márcio; BODNAR, Zenildo. *Globalização, transnacionalidade e sustentabilidade*. Itajaí: UNIVALI, 2012. (p. 79). Recurso eletrônico disponível em <www.univali.br/ppcj/ebook>.

[31] Ibidem.

[32] GIDDENS, Anthony. *As consequências da modernidade*. Tradução de Raul Fiker. São Paulo: UNESP, 1991. (p. 45).

[33] CRUZ, Paulo Márcio; BODNAR, Zenildo, cit. (p. 76).

Cruz, o desafio é politizar a globalização em busca daquilo que se pode chamar de "republicanização da globalização".[34]

Há que se trabalhar para a construção de uma nova tradição política em escala global, a fim de viabilizar a institucionalização democrática de uma ordem jurídica transnacional, que possa converter o fenômeno da globalização num progresso civilizatório em lugar da atual mundialização da barbárie. Entre a vontade universalista (mas apolítica) do mercado, fundada sobre a ilusão de um indivíduo universal e abstrato que seria tomado como referência absoluta, e a experiência política das comunidades particulares às quais pertencem os cidadãos, faz-se urgente encontrar meios jurídicos que amenizem essa falta de intermediação política que coloca a todos cara a cara, de forma insuportável, com os efeitos nocivos de uma globalização desgovernada.[35]

Essa desgovernança globalizada está se convertendo na essência fundante de um novo direito econômico internacional, que suprime a participação democrática em benefício de um descarado decisionismo tecnocrático,[36] uma vez que sepulta os mais elementares princípios de publicidade sob o império da opacidade e do segredo. Nesse contexto, amplos contingentes sociais são atingidos em seus direitos mais básicos por regras que os ignoram completamente, as quais são aprovadas por uma elite que poucas vezes opera na superfície, mantendo-se nos subsolos do complexo jogo político.[37]

Um mundo politicamente menos baseado na territorialidade ou nas contingências da história e da geografia não significa o desaparecimento completo da democracia própria dos antigos, mas uma adaptação aos novos tempos, a uma civilização progressivamente mais empática. O processo gradual que vai das comunidades por herança, que nos são impostas pela evidência da história e da geografia, às comunidades por opção, deverá renovar essa concepção política no lugar de eliminá-la. É um processo não linear que depende(rá) das especificidades sócio culturais das comunidades onde est(ar)ão vinculados os indivíduos, mas que precisará, necessariamente, dar conta de uma nova tradição democrática.

Referências

BECK, Ulrich. *Liberdade ou capitalismo*. Tradução de Luiz Antônio Oliveira de Araújo. São Paulo: Littera Mundi, 2001.

CRUZ, Paulo Márcio; BODNAR, Zenildo. A transnacionalidade e a emergência do estado e do direito transnacionais. Em: CRUZ, Paulo Márcio; STELZER, Joana (organizadores). *Direito e transnacionalidade*. Curitiba: Juruá, 2011.

——; ——. *Globalização, transnacionalidade e sustentabilidade*. Itajaí: UNIVALI, 2012. Recurso eletrônico disponível em <www.univali.br/ppcj/ebook>.

---

[34] CRUZ, Paulo Márcio; CADEMARTORI, Luiz Henrique. *O princípio republicano*: aportes para um entendimento sobre o interesse da maioria. Revista de Estudos Constitucionais, Hermenêutica e Teoria do Direito – RECHTD. São Leopoldo: UNISINOS, janeiro-junho de 2009. (p. 93). Recurso eletrônico disponível em <http://revistas.unisinos.br/index.php/RECHTD/article/view/5139>

[35] GUÉHENNO, Jean-Marie. *El fin de la democracia: la crisis política y las nuevas reglas del juego*. Barcelona: Paidós, 1995. (p.156)

[36] DEL CABO, Antonio. *Constitucionalismo, mundialização e crise del concepto de soberania*: alguns efectos em América Latina y e Europa. Alicante: Publicaciones Universidad de Alicante, 2000. (p.32)

[37] CRUZ, Paulo Márcio; REAL FERRER, Gabriel. Los nuevos escenarios transnacionales y la democracia asimétrica. *Revista Arazandi de Derecho Ambiental*. Barcelona, 2012. (p. 17)

——; CADEMARTORI, Luiz Henrique. O princípio republicano: aportes para um entendimento sobre o interesse da maioria. *Revista de Estudos Constitucionais, Hermenêutica e Teoria do Direito* – RECHTD. São Leopoldo: UNISINOS, janeiro-junho de 2009. Recurso eletrônico disponível em <http://revistas.unisinos.br/index.php/RECHTD/article/view/5139>

——; REAL FERRER, Gabriel. Los nuevos escenarios transnacionales y la democracia asimétrica. *Revista Arazandi de Derecho Ambiental*. Barcelona, 2012.

DEL CABO, Antonio. *Constitucionalismo, mundialização e crise del concepto de soberania*: alguns efectos em América Latina y e Europa. Alicante: Publicaciones Universidad de Alicante, 2000.

GADAMER, Hans-Georg. *Verdade e método I*: traços fundamentais de uma hermenêutica filosófica. Tradução de Flávio Paulo Meurer e Enio Paulo Giachini. 11. ed. Petrópolis: Vozes, 2011.

GIACOIA JUNIOR, Oswaldo. *Heidegger urgente: introdução a um novo pensar*. São Paulo: Três Estrelas, 2013.

GIDDENS, Anthony. *As consequências da modernidade*. Tradução de Raul Fiker. São Paulo: UNESP, 1991.

GUÉHENNO, Jean-Marie. *El fin de la democracia*: la crisis política y las nuevas reglas del juego. Barcelona: Paidós, 1995.

HEIDEGGER, Martin. *Ser e tempo*. Tradução de Marcia Sá Cavalcante Schuback. 6. ed. Petrópolis: Vozes, 2012.

JESSUP, Philip C. *Direito transnacional*. Tradução de Carlos Ramires Pinheiro da Silva. São Paulo: Fundo de Cultura, 1965.

MELIM, Claudio. *Ensaio sobre a cura do direito: indícios de uma verdade jurídica possível*. Florianópolis: Empório do Direito, 2015.

RICOEUR, Paul. *Interpretação e ideologias*. 2. ed. Tradução de Hilton Japiassu. Rio de Janeiro: Francisco Alves Editora, 1983.

STEIN, Ernildo. *Aproximações sobre hermenêutica*. Porto Alegre: EDIPUCRS, 1996.

STRECK, Lenio Luiz. *Hermenêutica jurídica e(m) crise*: uma exploração hermenêutica da construção do direito. 10. ed. Porto Alegre: Livraria do Advogado Editora, 2011.

——. *Jurisdição constitucional e decisão jurídica*. 4. ed. São Paulo: Editora Revista dos Tribunais, 2014.

——. *Verdade e consenso*: constituição, hermenêutica e teorias discursivas. 4. ed. São Paulo: Saraiva, 2011.

WARAT, Luiz Alberto. *Mitos e teorias na interpretação da lei*. Porto Alegre: Síntese, 1980.

— 28 —

Juízo reflexionante e ética hermenêutica crítica: primeiras notas

JACI RENE COSTA GARCIA[1]

VICENTE DE PAULO BARRETTO[2]

Sumário: 1. Introdução; 2. A ética hermenêutica embrionária na crítica do juízo: a relação entre juízos determinantes e reflexionantes e a estética como mediação entre a liberdade e a natureza; 3. O *Gemüt* e a centralidade criticismo kantiano: da ausência de um esquematismo puro e a identificação do modo de operar dos juízos reflexionantes; 4. A ética hermenêutica crítica: uma proposta de Conill Sancho a partir da crítica do juízo e da antropologia de um ponto de vista pragmático; 5. Conclusão; Referências.

1. Introdução

Em sede da filosofia racionalista, este artigo mobiliza o juízo reflexionante como a condição epistêmica para uma hermenêutica que deita suas raízes na Crítica do Juízo, permitindo as articulações que se organizam a partir da pergunta orientadora da pesquisa: em que medida uma ética hermenêutica crítica pode oferecer uma orientação epistemológica ao Direito na contemporaneidade?

Dentro deste debate, faz-se possível mencionar a singular contribuição de Lenio Streck para a temática da hermenêutica, em especial na área jurídica, sobretudo nas obras *Verdade e Consenso* (2014) e *Hermenêutica Jurídica e(m) Crise* (2014). Embora a perspectiva epistemológica e crítica de Streck seja distinta da proposta do presente artigo, vale ressaltar sua originalidade quanto à ideia do diálogo entre o Direito e a Filosofia, ao lançar um olhar de matriz heidegger--gadameriana.

---

[1] Doutorando em Direito pela UNISINOS, Advogado, <garcia@garcias.com.br>. Vinculado ao Grupo de Pesquisa Fundamentação Ética dos Direitos Humanos/Linha de Pesquisa Sociedade, Novos Direitos e Transnacionalização do PPG em Direito da UNISINOS e vinculado ao Grupo de Pesquisa Teoria Jurídica no Novo Milênio/Linha de Pesquisa Teoria Jurídica, Cidadania e Globalização do Curso de Direito da UNIFRA.

[2] Livre-Docente em Filosofia, Professor no Programa de Pós-Graduação em Direito da UNISINOS, Decano da Escola de Direito da UNISINOS, Líder do Grupo de Pesquisa Fundamentação Ética dos Direitos Humanos/Linha de Pesquisa Sociedade, Novos Direitos e Transnacionalização do PPG em Direito da UNISINOS, vpbarreto@terra.com.br.

O presente estudo encontra-se delimitado: [i] a um, numa abordagem filosófica unificada pelo sistema crítico kantiano capaz de identificar os pressupostos para uma epistemologia que permita a realização dos julgamentos e [ii] a dois, na interceptação do entendimento e da razão prática a partir dos postulados do juízo estético, em especial, o juízo reflexionante e [iii] a três, em indicativos sobre as possibilidades de uma ética hermenêutica crítica servir de orientação epistemológica ao Direito.

De forma sintética, a discussão posta envolve juízos determinantes e juízos reflexionantes, o primeiro como a diferença que permite a delimitação do segundo e, ainda, pelas dessemelhanças, ambos sirvam de linhas auxiliares ao aclaramento do problema em toda a sua extensão e complexidade.

Busca-se, nesse contexto, o encontro de uma ética hermenêutica crítica que permita desfazer a aparente antinomia entre a produção de conhecimento deduzido de postulados puros e a compreensão imersa desde sempre na historicidade e atravessada pela sensibilidade: estes dois momentos, aparentemente em choque, podem ser superados pela inteireza e unidade do conjunto da obra kantiana, permitindo novas perspectivas à compreensão dos complexos problemas enfrentados no século XXI (diga-se: desde sempre perpetrados pelo humano e sua condição no mundo).

Nessa linha, a análise do juízo reflexionante e do percurso para a construção de uma ética hermenêutica haverá de permitir o encontro de uma nova postura diante dos problemas enfrentados pelo Direito, a partir da orientação epistemológica que se poderá apreender com a pesquisa.

2. A ética hermenêutica embrionária na crítica do juízo: a relação entre juízos determinantes e reflexionantes e a estética como mediação entre a liberdade e a natureza

O problema enfrentado no início da Crítica do Juízo[3] já envolve uma pequena amostra da relação entre juízos determinantes e reflexionantes, na medida em que a relação posta entre causalidade (leis naturais) e finalidade (leis da liberdade) envolve postulados da razão teórica e da razão prática, aparentemente inconciliáveis, pois adverte Kant que subsiste "um abismo intransponível entre o domínio do conceito da natureza, enquanto sensível, e o do conceito da liberdade, como supra-sensível". (KU, XX)

Ainda na parte inicial da obra, afirma Kant que mesmo considerando impossível a passagem do domínio da natureza ao da liberdade, o conceito de liberdade deverá realizar no mundo sensível o fim imposto por suas leis, ou seja, o mundo sensível deve ser conforme aos fins das leis da liberdade, sob pena de ser incongruente com a leis da liberdade e impossibilitar a compreensão da ação moral no mundo.

O grande desafio da terceira crítica é o de encontrar na base da natureza o elo entre o sensível e o suprassensível, nas palavras de Kant:

---

[3] Com a *Crítica do Juízo* (1790) encerra o ciclo das três Críticas: *Crítica da Razão Pura* (1ª Edição 1781 e 2ª Edição 1787) e *Crítica da Razão Prática* (1788).

> [...] tem que existir um fundamento da unidade do suprassensível, que esteja na base da natureza, com aquilo que o conceito de liberdade contém de modo prático e ainda que o conceito desse fundamento não consiga, nem de um ponto de vista teórico, nem de um ponto de vista prático, um conhecimento deste [...] mesmo assim torna possível a passagem da maneira de pensar segundo os princípios de um para a maneira de pensar segundo os princípios do outro". (KU, XX)

Constata-se que ao apontar a respeito da impossibilidade de o conceito de um fundamento da unidade do suprassensível chegar a atingir um conhecimento, parece indicar, num juízo preliminar, que Kant estabelece a possibilidade de passagem entre natureza e liberdade como uma espécie de crença.[4] Por certo, o que Kant quer dizer é que as leis da natureza (em geral) e o princípio da causalidade (em particular) não devem se tornar um óbice às ações conforme as leis que regem a liberdade, ou seja, as condutas dos agentes morais necessitam de uma compreensão que dê unidade e conformação aos princípios da causalidade (natureza) e da finalidade (moralidade).

A partir de Kant, há que se perguntar onde se situa o intermédio que permita a unificação entre as faculdades da cognição e da vontade,[5] ambas sustentadas em princípios *a priori*,[6] especulando Kant que "na família das faculdades de conhecimento superiores existe ainda um termo médio entre o entendimento e a razão. Este é a faculdade do juízo, da qual se tem razões para supor, segundo a analogia, que também poderia precisamente conter em si *a priori*, se bem que não uma legislação própria, todavia um princípio próprio para procurar leis [...]". (KU, XXII)

Assim, com a faculdade de julgar – *Urteilskraft* –, o ponto médio passa a ser estabelecido, e uma ponte pode ser edificada entre a natureza (sensível) e a liberdade (suprassensível). Porém, ficam as questões: qual seria esse juízo? É demonstrável? Qual o seu *status* epistemológico? Há alguma relação com a hermenêutica ou com a moral?

No momento, faz-se mister tratar um pouco mais das diferenças entre os juízos determinantes e os juízos reflexionantes. Os primeiros tratados na *Crítica da Razão Pura* tinham a sua realização a partir da aplicação de conceitos universais a situações particulares; os segundos, juízos gerados a partir das contingências externas que procuram a unidade no conceito.[7]

---

[4] Segundo Kant: "Crer, ou assentir a partir de um fundamento insuficiente objetivamente mas suficiente subjetivamente, refere-se a objetos [...] a respeito dos quais podemos meramente estar certos de que não é contraditório pensar tais objetos do modo como os pensamos [...] não é uma fonte particular de conhecimento [...] cremos que a causa do mundo atua também como uma sabedoria moral para o bem supremo [...] Trata-se do casus extraordinarius, sem o qual a razão prática não pode manter-se na relação com o seu fim necessário [...]" (KANT, 2003, p. 137-139).

[5] Na *Crítica da Razão Pura* (faculdade cognitiva) o entendimento dá, *a priori*, sua lei e no âmbito da Razão Prática (faculdade apetitiva – vontade), a razão atribui, *a priori*, a sua lei.

[6] Princípios *a priori* são conceitos puros que são definidos como "puro é o conceito que não pode ser tirado da experiência (*Erfahrung*) e, mesmo segundo o conteúdo (*dem Inhalte nach*), surge do intelecto (*aus dem Verstande*) (KANT, 2003, p. 183) O conceito opõe-se à intuição por ser uma representação universal ou uma representação do que é comum a vários objetos e, assim, uma representação na medida em que pode estar contida em várias (KANT, 2003, p. 181) Como os conceitos se dividem em puros e empíricos e são classificados em categorias universais, particulares e singulares, Kant adverte "[...] É por mera tautologia que se fala em conceitos universais [...] não são os conceitos eles mesmos, mas somente o seu uso (*Gebrauch*) que pode ser dividido dessa maneira." (KANT, 2003, p. 181).

[7] Entenda-se conceito – no contexto – como a possibilidade de unidade do múltiplo dado na experiência.

A busca do juízo reflexionante em Kant advém da constatação de que na natureza há um grande número de leis que não são determinadas *a priori*, pois segundo Kant, "[...] enquanto empíricas, podem ser contingentes segundo a nossa perspiciência intelectual" (KU, XXVII), sendo necessário refletir sobre os fins, nas palavras do filósofo:

> [...] como as leis universais têm o seu fundamento no nosso entendimento, que as prescreve à natureza (ainda que somente segundo o conceito universal dela como natureza) têm as leis empíricas particulares, a respeito daquilo que nelas é deixado indeterminado por aquelas leis, que ser consideradas segundo uma tal unidade, como se igualmente um entendimento (ainda que não o nosso) as tivesse dado em favor da nossa faculdade de conhecimento, para tornar possível um sistema da experiência segundo leis da natureza particulares. Não como se deste modo tivéssemos que admitir efetivamente um tal entendimento (pois é somente à faculdade de juízo reflexiva, mas para refletir, não para determinar); pelo contrário, desse modo, esta faculdade dá uma lei a si mesma e não à natureza. (KU, XXVIII)

Como se vê, o juízo reflexionante necessita constituir uma inteligência na natureza que contenha fins, encontrado num exercício (experimento mental) que visa a justificar a reflexão e a permitir a unificação dos mundos. A faculdade da imaginação – evocada na construção kantiana – permite a inserção da ideia[8] de finalidade para o interior do juízo, constituindo-se num princípio regulador, aproximando causalidade e finalidade com fito de harmonizar as leis da natureza e as leis da liberdade.

Tem-se, assim, a relação entre imaginação, entendimento e sensibilidade[9] na descoberta (heurística) do princípio da conformidade a fins que serve de termo médio entre a causalidade natural e a finalidade moral e, como se investiga, desde Kant uma Hermenêutica a partir da Estética possui (e é o que se defende) um invólucro epistemológico e moral.

No ponto em que aborda o juízo reflexivo na relação do diverso intuído da experiência sob o princípio da conformidade a fins, apropriado trazer a passagem

> [...] Ora este conceito transcendental de uma conformidade a fins da natureza não é nem um conceito de natureza, nem de liberdade, porque não acrescenta nada ao objeto (da natureza), mas representa somente a única forma segundo a qual nós temos que proceder na reflexão sobre os objetos da natureza com o objetivo de uma experiência exaustivamente interconectada, por conseguinte é um princípio subjetivo (máxima) da faculdade do juízo. Daí que nós também nos regozijemos (no fundo porque nos libertamos de uma necessidade), como se fosse um acaso favorável às nossas intenções, quando encontramos uma tal unidade sistemática sob simples leis empíricas, ainda que tenhamos necessariamente que admitir que uma tal necessidade existe, sem que contudo a possamos descortinar e demonstrar. (KU, XXXIV)

Se o mote do juízo reflexionante é o *princípio da conformidade a fins*, a partir da observação da natureza e da organização de um ser vivo leva Kant a afirmar que "um produto organizado da natureza é aquele em que tudo é fim e reciprocamente meio. Nele nada é em vão, sem fim ou atribuível a um mecanismo

---

[8] A impressão é que procura construir uma arquitetônica que permita um grau de organização no trato da questão, sendo apropriado demonstrar que a ideia de liberdade é um axioma para Kant, quando diz "não se pode conferir realidade objetiva (objective Realität) a nenhuma Ideia teórica, nem prová-la, a não ser a ideia de liberdade, porque é certamente condição da lei moral, cuja realidade é um axioma." (KANT, 2003, p. 185).

[9] Nos estudos pré-críticos já aparece a definição de sensibilidade como "a receptividade de um sujeito, pela qual é possível que o estado representativo dele seja afetado de certo modo pela presença de algum objeto. Inteligência (racionalidade) é a faculdade de um sujeito, pela qual ele tem o poder de representar o que, em virtude de sua qualidade, não pode cair-lhe os sentidos. O objeto da sensibilidade é o sensível; o que, porém, nada contém senão o que é cognoscível pela inteligência é inteligível." (KANT, 2005, p. 235)

natural cego" (KU, § 66, 296), identificando, assim, o princípio da finalidade no interior dos seres organizados (em suma, na própria natureza).

Nessa linha, embora o princípio da finalidade possa ser deduzível da experiência pela observação, nutrindo-se de uma transcendentalidade em razão da uma universalidade e necessariedade que o princípio carrega, adverte Kant que não é

> [...] um princípio para a faculdade de juízo determinante, mas sim para a reflexiva, que seja um princípio regulador e não constitutivo e por ele somente recebamos um fio orientador para considerar, segundo uma nova ordem legisladora, as coisas da natureza relativamente a um fundamento de determinação que já foi dado, e alargar o conhecimento da natureza segundo um outro princípio, nomeadamente o das causas finais, porém sem danificarmos o princípio do mecanismo da sua causalidade. (KU, § 67, 301)

O exercício kantiano no § 67 é o de demonstrar que elementos da natureza de forma isolada, na sua manifestação externa, não permite a ilação de que há uma conformidade a fins, algo que somente pode ser ajuizado hipoteticamente da natureza no seu todo como um sistema segundo a regra dos fins (KU, § 67, 301), orientados por um máxima subjetiva da razão (indemonstrável, portanto) que diz que tudo no mundo é bom para alguma coisa e que a natureza se orienta por uma conformidade a fins no seu todo.

E com isso Kant desfaz qualquer tensionamento entre determinismo e o princípio da conformidade a fins, uma vez que a finalidade é um princípio regulador (não se tratando de um princípio constitutivo do entendimento), escapando de uma relação de antinomia que aparentemente poderia envolver os princípios. Ainda, pode-se inferir que o juízo reflexionante pensa para si um princípio regulador e – por se tratar de um juízo – há que ser em algum momento determinante, mesmo que apenas exerça a subsunção[10] através de conceitos encontrados na própria reflexão.[11] Dessa forma, lícito concluir que o juízo reflexionante passa a ter por princípio o poder de refletir a partir da sensibilidade para a produção de conceitos não dados *a priori*, constituindo-se numa estratégia para pensar conceitos que nascem do empírico e, por força da faculdade da imaginação operando sob a égide da reflexão, estes conceitos passam a constituir o universo que irão permitir os julgamentos.

Pascal irá dizer que o "entendimento intuitivo teria um conhecimento direto da natureza como totalidade [...] conheceria as partes como fins, através da sua relação ao todo" (PASCAL, 2011, p. 186), assim a Crítica do Juízo cumpriria uma papel de transição entre o mundo sensível e o mundo inteligível, aparecendo a terceira crítica como mediadora, podendo-se dizer com o autor que irá permitir um contato mais autêntico com a experiência, há verdadeira "primazia da razão prática: a beleza e a harmonia deste nosso mundo têm um

---

[10] Entende-se que exerce a subsunção de forma secundária.

[11] Um exemplo da aplicação é a analogia que surge no uso da faculdade reflexionante expressa na relação que demonstra que as ideias estéticas são símbolos das ideias racionais "[...] o belo é o símbolo do moralmente-bom, e também somente sob este aspecto (uma referência que é natural a qualquer um e que também se exige de qualquer outro como dever), ele apraz com uma pretensão de assentimento de qualquer outro [...]". (KU, § 59, 258)

[...] the Beautiful is the symbol of the morally Good, and that it is only in this respect (a reference which is natural to every man and which every man postulates in others as a duty) that it gives pleasure with a claim for the agreement of [251] every one else [...]". (KU, § 59, 258)

significado moral" (PASCAL, 2011, p. 187), apontando para uma investigação das bases de uma ética hermenêutica no criticismo kantiano.

Esse princípio da conformidade a fins nasce do prazer que a sensação do externo provoca no encontro entre imaginação e entendimento sem a mediação conceitual, constituindo-se numa relação direta com a razão pura donde *ex surge* um princípio transcendental e unificador do sistema crítico kantiano (envolvendo o campo pré-conceitual ainda não enfrentado pelas outras duas Críticas).

O tipo de relação que apraz e – ao mesmo tempo – coloca em suspenso interesses, talvez seja retratada de forma mais fidedigna pelas definições dos juízos estéticos que Kant nos fornece quando diz que belo "é o que apraz no simples julgamento (logo não mediante a sensação sensorial segundo um conceito do entendimento). Disso resulta espontaneamente que ele tem de comprazer sem nenhum interesse" (KU, § 29, 115) e, sobre o sublime diz que "é o que apraz imediatamente pela sua resistência contra o interesse dos sentidos" (KU, § 29, 115), tendo demonstrado que a sensibilidade pode unir a faculdade de entendimento (razão pura) uma conformidade a fins como referência a um sentimento moral (razão prática), indicando que há uma unidade do sistema filosófico kantiano.

A "sensação provocada pela externalidade" concilia-se com o prazer de conhecer, com o sentimento moral e com o sentimento de vida, estes admitidos expressamente por Kant:[12]

> Na verdade nós já não pressentimos mais qualquer prazer notável ao apreendermos a natureza e a sua unidade da divisão em gêneros e espécies, mediante o que são apenas são possíveis conceitos empíricos, pelos quais a conhecemos segundo as suas leis particulares. Mas certamente esse prazer já existiu noutros tempos e somente porque a experiência mais comum não seria possível sem ele, foi-se gradualmente misturando com o mero conhecimento, sem se tornar mais especialmente notado. (KU, XL)

Apropriado trazer uma conclusão de Rodhen (2009) ao tratar da primeira crítica e relacionar com a terceira, uma vez que atende perfeitamente o presente trabalho, em especial na identificação de uma relação original entre cognição e apetição:

> O que quero, pois, propor no conjunto desta apresentação é que se vá ao encontro dessa advertência de Kant, da conexão entre conhecimento e prazer, e assim se dê um novo sentido à frase dicotômica de Goethe:
> Cinzenta, caro amigo, é toda teoria
> E verde a árvore dourada da vida.
> -Grau, teurer Freund, ist alle Theorie
> Und grün des Lebens goldner Baum.
> De acordo com o que vimos até aqui, eu diria a propósito dessa frase do grande leitor de Kant que foi Goethe: a teoria é cinzenta, se ela perdeu a relação com a vida. Nesta medida ela se banaliza e burocratiza, e deixa de ser criativa. Na medida em que, contrariamente, quiser manter a sua criatividade, que envolve uma relação da teoria com o prazer de conhecer, nessa medida poderemos dizer que a teoria deixa de ser

---

[12] A citação apropriada no contexto do presente trabalho integra elementos de conclusão do artigo "A função transcendental do *Gemüt* na Crítica da razão pura", de Luiz Rodhen. A abordagem de equivalência entre *Gemüt* (ânimo) e homem é leva da a termo por Rodhen (2009) afirmando que a "referência ao *Gemüt* envolve uma relação aberta do conhecimento com as demais faculdades. É por isso que a razão, sendo vista em analogia com um organismo, articula o conhecimento com um todo humano, que remete à quarta pergunta, introduzida na *Lógica*, 'que é o homem?', à qual podem se reduzir todas as demais.".

cinzenta. E o conhecimento, pensado na *Crítica da razão pura* em analogia com uma árvore, passará então a reconhecer-se como a árvore dourada do conhecimento.

Trazer o trabalho de Rodhen à colação auxilia a pesquisa ao tratar da orientação epistemológica presente na terceira crítica, possuindo grande afinidade com a proposta do presente artigo, pois afirma Rodhen (2009) que o ânimo humano, admitido na *Crítica da faculdade do juízo* como princípio da vida, possui estreito e fecundo vínculo com o nível da produção do conhecimento humano.

Em Kant, a relação com a vida é dada pelo sentimento de vida (*Lebensgefühl*) que – para além de permitir uma relação de continuidade entre Kant e Dilthey – apresenta-se como uma verdade elementar, apontando Schmidt (2001) que nossa compreensão do original e mais profundo senso de verdade necessita começar por esse sentimento[13] (*feeling of life*).

3. O *Gemüt* e a centralidade criticismo kantiano: da ausência de um esquematismo puro e a identificação do modo de operar dos juízos reflexionantes[14]

Nos dois pontos anteriores, foram apresentados aspectos centrais da epistemologia kantiana que apontam a cognição como um processo derivado da razão e que se encontra envolto pelas faculdades. Nessa linha, os juízos determinantes – encetados pelas categorias do entendimento – sempre foram o ponto de partida dos estudiosos para a compreensão do sistema crítico kantiano, apagando-se a estética (sensibilidade), o que acabou por enfraquecer o papel na ampliação do conhecimento. Procurou-se recuperar o pontencial cognitivo da sensibilidade utilizando, especialmente, transcrições da própria obra kantiana a fim de marcar a sua importância no sistema transcendental kantiano.

Como ilustração, a conhecida história do Ornitorrinco, de Umberto Eco,[15] parece providencial nesse momento por dois motivos: primeiro, pela redução simplificadora da proposta; segundo, pela clareza que surge na crítica ao racionalismo kantiano, especialmente porque o autor italiano procura testar e provar a insuficiência da cognição a partir do esquematismo kantiano.

Em *Kant e o Ornitorrinco*, Eco irá questionar os pressupostos e os limites da cognição esquemática, ou seja, aquela que parte de conceitos prontos para vestir a realidade como se tudo estivesse preestabelecido, elegendo Kant como filósofo "conceito" para legitimar a crítica. O ornitorrinco, pela "natureza transgressora", passa a ser o modelo para demonstrar que o "empírico" se debela da regularidade do conceito que tudo pretende determinar.[16] Não é pretensão ela-

---

[13] Sobre o sentimento de vida, diz Schmidt (2001, p. 44) a partir de Kant: este movimento que está no centro de uma experiência estética é realmente a abertura do que devemos chamar verdadeiro (*this movement that is at the center of a esthetic experience is really the opening up of that which we must call true*).

[14] Condição para a unificação das faculdades que restará incosteste na terceira crítica.

[15] ECO, Umberto. *Kant si ornitorincul*, traducere de Stefania Mincu, Constanta, Editura Pontica, 2002.

[16] O estranhamento no direito não é diferente, inúmeras vezes situações empíricas se apresentam sem uma norma antecedente que possa dar conta da situação nova, exigindo do intérprete uma postura análoga àquela descrita por Eco. O que a pesquisa quer demonstrar é que – diferente do que Eco preconiza – em Kant já é possível uma resposta a partir da hermeneutização proposta na tese que se defende.

borar uma crítica a Eco (inúmeras já foram realizadas), mas demonstrar que a crítica que o autor elabora reduz o pensamento kantiano ao conceito de juízos determinantes, esquecendo-se de uma parte significativa da filosofia kantiana, ou seja, Kant não é o que diz Eco (talvez a interpretação de Eco tenha transformado Kant num Ornitorrinco), e a abrupta simplificação esquece a "outra metade" que implica estudar o potencial cognitivo existente nos juízos reflexionantes desenvolvidos a partir do juízo estético.

Para demonstrar alguns problemas e, de forma concomitante, apresentar – ainda de forma insipiente – um Kant hermeneutizável, há de se retomar a distinção entre a faculdade judicativa determinante e a faculdade judicativa reflexionante (refletente), trazendo a distinção mais dura presente na Lógica quando Kant diz

> A faculdade judicativa (Urtheilskraft) é dúplice: ou faculdade judicativa determinante (bestimmende) ou faculdade judicativa refletente (reflectirende). A primeira vai do universal ao particular (Allgemeinen zum Besondern); a segunda, do particular ao universal. Esta só tem validade subjetiva, pois o universal para o qual ela progride, a partir do particular, é apenas uma generalidade empírica (empirische Allgemeinheit) – um mero análogo (Analogon) da universalidade lógica (logischen Allgemeinheit). (Log, AK 132, § 81)

Com a citação restam claras as duas funções da faculdade de julgar, nas palavras de Rodhen (2009): "uma consiste em determinar, subsumindo o particular sob o universal dado; e a outra, em refletir, isto é, em comparar representações empíricas em vista de um universal não dado", sendo que as reflexões estéticas estão ligadas à faculdade de julgar reflexionante.[17]

Com a diferença estabelecida, constata-se que o juízo reflexionante, ao progredir do particular ao universal, produz duas espécies de ilações: uma por indução e outra por analogia. Kant (Log, AK 133) irá dizer que a indução atua segundo o princípo da generalização, apontando que o conveniente a muitas coisas de um gênero também seria conveniente às restantes dele. Sobre a analogia, irá dizer que opera sob o princípio da especificação, ou seja, as notas concordantes que conhecemos de alguns indivíduos de um gênero podem concordar com outras notas de indivíduos desse gênero. Numa simplificação do próprio Kant "um em muitos, logo em todos: indução; muitos em um (que estão também em um outro): analogia." (Log, AK 133).

O problema a ser enfrentado no presente ponto está suficientemente conformado quando se verifica que tanto a indução quanto a analogia permitem ilações empíricas não universalizáveis (apenas generalizáveis), gerando um déficit em termos de conhecimento nos moldes fornecidos pelos juízos determinantes, a ponto de Kant advertir que essas ilações empíricas são presunções lógicas, não sendo ilações da razão por não estarem sob a categoria da neces-

---

[17] Não é objetivo do trabalho transpor a questão filosófica para estudos cognitvos, mas para exemplificar a atualidade da questão, vale citar Piaget quando, sob influência kantiana, diz que: "A abstração reflexionante é a retirada, pelo sujeito, das qualidades da coordenação de suas ações. É um processo que procede das ações ou operações dos sujeitos, remetendo para um plano superior o que foi retirado de um nível inferior de atividade. A partir disto leva para composições novas e generalizadoras. [...] a abstração 'reflexionante' [...] apoia-se sobre as coordenações das ações do sujeito, podendo estas coordenações, e o próprio processo reflexionante, permanecerem inconscientes, ou dar lugar a tomadas de consciência e conceituações variadas". (PIAGET, 1995, p. 274)

sidade. Válido dizer que as ausências de universalidade e de necessidade[18] se apresentam como um óbice ao conhecimento objetivo, embora reconheça que a indução e a analogia são úteis e indispensáveis à ampliação do nosso conhecimento da experiência, recomendando apenas prudência e cautela na sua utilização.[19]

Na relação estabelecida entre os dois tipos de juízo, a lógica formal kantiana parece ter estabelecido uma hierarquia, fazendo-se necessário buscar uma fonte na primeira crítica a restabelecer um novo nivelamento, sob pena de ausência de unidade entre as três críticas e um prejuízo epistemológico irreparável a uma hermenêutica tão fortemente ligada à estética kantiana (como a que se propõe e defende). O *Gemüt*[20] a ser investigado poderá representar o elo entre as razões kantianas (pura, prática e estética) e um redimensionamento dos juízos reflexionantes.

Antes de demonstrar a presença do *Gemüt* na primeira crítica,[21] há de se percorrer brevente sobre a definição colhida no trato da expressão laborada por Rhoden (KU, rodapé 20), apontando que o próprio Kant escolhe Gemüt preferencialmente ao termo *Seele* (anima) pela sua neutralidade face ao sentido metafísico que o último remete. Os termos latinos *animos* e *mens* seriam termos equivalentes, mas Rodhen inclina-se a traduzir por ânimo traria a possibilidade de unir *Geist* (gênio) ao *Müt*, que também carrega o sentido estético de vida. Na sequência de seu estudo filológico do termo, Rohden (KU) diz que o termo *"muot"* (antigo alto alemão – ahd) significou a faculdade do pensar, querer e sentir, e o prefixo *"ge"* funciona como partícula integradora que remete às partes de um todo, inferindo que *Gemüt* tenha esse sentido originário de totalidade das faculdades.

Sobre a expressão, encontra-se uma relação do juízo reflexionante com o *Geist* na Antropologia (Antrop, § 67, 241), afirmando o filósofo que o juízo do gosto é tanto um juízo estético quanto um juízo do entendimento, devendo ser pensado no vínculo entre ambos. Com isso, o juízo reflexionante modera e limita o momento de vivificação do *Geist*,[22] uma vez que no juízo reflexionante o jogo livre da imaginação não deve colidir com as regras do entendimento. O que se colhe na Antropologia vem ao encontro da unidade sintetizadora do *Gemüt*, ou seja, a vivificação é compreendida pelo juízo reflexionante (unida-

---

[18] Estes dois juízos que envolvem o universal (totalidade) e o necessário (apodítico) são epeistemologicamente relevantes e fortemente presentes nos juízos determinantes. A intenção da pesquisa – além de estabelecer a relação da hermenêutica com os juízos reflexivos – e de como estes resolvem a sua relação com a necessidade e a universalidade.

[19] É de se recordar que se faz a defesa de que a hermenêutica se caracteriza epistemologicamente pelo envio de juízos estéticos a juízos cognitivos, já se encontrando na definição kantiana dos juízos reflexionantes um ganho na medida em que aponta para uma extensão do conhecimento e, *pari passu*, um prejuízo em termos de precisão estando a indicar um possível limite. Tais limites serão objeto de pesquisas futuras.

[20] O eu penso, eu quero, eu sinto possui uma relação que permite a ideia de unidade das três críticas, sendo que o Kant hermeneutizável ou uma hermenêutica a partir do criticismo parte de tal pressuposto. O *Gemüt* como sentimento de vida pode representar tal unidade.

[21] Foi fundamental ao desenvolvimento do presente capítulo o estudo criterioso levado a termo por de Valerio Rohden, denominado "A função transcendental do Gemüt na Crítica da razão pura", publicado em Kriterion, vol.50, n° 119, Belo Horizonte, Junho de 2009, <http://dx.doi.org/10.1590/S0100-512X2009000100001>, acesso em 23 de fevereiro de 2015.

[22] Deinido por Kant como "o princípio vivificador no ser humano". (Antrop, § 57)

de das faculdades em jogo) e não implica uma oposição aos juízos determinantes.

Na KrV, a presença unificadora do *Gemüt* resta presente na seguinte passagem

> O nosso conhecimento provém de duas fontes fundamentais do espírito, das quais a primeira consiste em receber as representações (a receptividade das impressões) e a segunda é a capacidade de conhecer um objeto mediante estas representações (espontaneidade dos conceitos); pela primeira é-nos dado um objeto; pela segunda é pensado em relação com aquela representação (como simples determinação do espírito). (KrV, A 50/B 74)

As duas fontes fundamentais (os troncos referidos por Kant) possuem uma ligação com a raiz que pode ser descrito como as determinações do vivido, isto é, o *Gemüt*[23] capaz de realizar a ponte no sistema crítico kantiano e que já dá os primeiros sinais na KrV.

Sobre a questão, Rodhen afirma que o "ânimo seria esse elemento comum às duas fontes, da receptividade e da espontaneidade [...] ter-se-ia de admitir certa unidade originante e enfim um todo, ao qual essas fontes do conhecimento se destinam e com vistas ao qual se articulam". (Rhoden, 2009)

Ingressando na primeira crítica, é possível extrair uma nova citação onde Kant propõe uma analogia do conhecimento a uma árvore, dizendo que "há dois troncos do conhecimento humano, porventura oriundos de uma raiz comum, mas para nós desconhecida, que são a sensibilidade e o entendimento" (KrV, B 29), onde a expressão "raiz comum" contém a ideia de unidade de uma totalidade das faculdades (*Ge-Müt*).

Também na Antropologia Kant vai tratar da afinadade entre as faculdades, remetendo a uma ação recíproca entre elas e considerando que, embora heterogêneas, "entendimento e sensibilidade se irmanam por si mesmos para a realização de nosso conhecimento, como se um tivesse origem no outro, ou ambos em um tronco comum". (Antrop, § 31, 177)

As duas passagens remetem a uma ideia de unidade e de relação de reciprocidade entre as faculdades. Nesse contexto, para a faculdade de julgar reflexionante (estética, portanto) o *Gemüt*, enquanto conceito unificador, assume importância fundamental por representar um todo vivido e não dado, a possibilidade de uma escolha de um modo universalmente válido, embora com a consciência de que a representação da experiência estética é referida ao sujeito em relação ao sentimento de vida[24] ou de prazer/desprazer.

O sentimento de prazer que poderia estar desconectado do conhecimento em dois momentos pode-se notar a profunda afinidade:[25] [i] primeiro, na passagem que diz que já não sentimos prazer ao conhecermos a natureza e suas divisões a partir das suas leis particulares, embora entenda que esse prazer

---

[23] Como já referido, em respeito à tradução portuguesa utilizada, restou mantida a expressão *espírito* que, registra-se que na presente pesquisa otpou-se pela tradução por *ânimo*, forte no acolhimento do estudo de Valério Rodhen sobre a expressão original *Gemüt*.

[24] Sobre o sentimento de vida e a identidade deste com o sentimento de prazer próprio do juízo estético, a Reflexão 4857, datada de 1776-78 traz: "Unicamente prazer e desprazer constituem o absoluto, porque eles são a própria vida".

[25] Entendo por afinidade a unificação que faz o diverso derivar de um fundamento (Antrop, § 31, 177) [*Ich verstehe unter der Verwandschaft die Vereinigung aus der Abstammund des Mannigfaltigen von einem Grunde*]

já existiu e foi gradualmente deixando de ser notado (KU, XL); [ii] também na Antropologia, ao comparar a expressão *sabor* (*sapor*) com *saber*, diz que a primeira foi sendo elevada até passar a denominar a sabedoria (*sapientia*), inferindo que um fim incondicionalmente necessário surge imediatamente ao espírito como que pelo sabor, estando-se autorizado a partir de Kant a dizer que o saber tem sabor. (Antrop, § 67, 243)

Acerca do sentimento de vida e de sua capacidade unificadora, vale citar Rodhen quando diz:

> O sentimento de vida é um sentimento concernente ao todo, ao todo do mundo em que vivemos, é um sentir-se bem no todo do mundo ou em relação a um todo humano. O texto remete ao *Gemüt* como a inteira faculdade de representações, e diz que o ânimo, que sente a beleza ou o prazer no sentimento de seu estado, tem um sentimento em relação ao todo da faculdade de representações. A presença desse todo é denunciada no prefixo *Ge*, do *Gemüt*. *Mut*, além de seu sentido usual de coragem, significa aqui faculdade. *Gemüt* significa então o todo das faculdades representativas. Então o importante nisso é que o sentimento estético e o juízo estético remetem a um todo vivido. O juízo sobre o belo e o feio remete a um todo, como se o mundo inteiro se impregnasse da minha apreciação da beleza de um objeto singular, efêmero, como se para poder ver beleza numa flor esse sentimento extravasasse como um sentimento em relação ao todo ao qual o sentimento da flor se liga, ou seja, a uma presumível concordância universal de todos com ele e com o universal sentimento de vida.

O universal não dado *a priori* pelo conceito é transcendentalmente possível pelo princípio transcendental da conformidade a fins, que será tratado na sequência do trabalho, apresentado na citação de Höffe:

> Enquanto os fenômenos deixam constatar-se empiricamente (eles formam o particular dado), a suposição da totalidade conforme a fins não surge da experiência. A totalidade conforme a fins é o universal não dado, que a faculdade de julgar descobre por espontaneidade própria. Assim em juízos de conformidade a fins, o dar-se sensível, a natureza e o ato de pôr espontâneo, a liberdade, formam uma unidade originária. (HÖFFE, O. Immanuel Kant. São Paulo: Martins Fontes, 2005. p. 295)

Irá concluir Rodhen – com o que se concorda integralmente – que o sistema kantiano das três críticas forma "um todo articulado como um organismo [...] a KrV pode ser entendida transcendentalmente na perspectiva do *Gemüt* como *Ge-müt*, ou seja, como um todo de faculdades em relação recíproca, sob o primado da razão e sob a mediação do juízo." (RODHEN, 2009).

Desse modo, com o princípio da conformidade a fins, o esquematismo kantiano passa a adquirir uma perspectiva de abordagem hermenêutica e ética, dado que a finalidade possui uma relação com a externalidade onde os fins se realizam e constituem o lugar de significação da faculdade de julgar (que é estética na origem, mas encontra a ética e a cognição). Traçadas as considerações na obra kantiana que servem de sustentação a uma proposta hermenêutica crítica, passa-se a investigar uma proposta contemporânea sustentada pelo criticismo.

4. A ética hermenêutica crítica: uma proposta de Conill Sancho a partir da crítica do juízo e da antropologia de um ponto de vista pragmático

Conill Sancho[26] cita diversos autores contemporâneos que tratam da hermenêutica nas suas diversas perspectivas (Rawls, Taylor, Gadamer, Apel,

---

[26] A obra Ética hermenéutica: crítica desde la facticidad de Jesus Conill Sancho (2006) divide-se em três grandes partes: a primeira gravita em torno da pergunta sobre a possibilidade de uma ética hermenêutica; a segunda, na relação entre hermenêutica e facticidade; a terceira, na crítica de uma ética hermenêutica pura.

Habermas, dentre outros), causando estranhamento que tais autores, embora tratando de filosofia moral e política, não se dedicaram ao estudo particularizado de uma ética hermenêutica. Nesse contexto, nasce a pergunta que irá orientar o trabalho de pesquisa: é possível uma autêntica ética hermenêutica crítica que atenda a dois lados irrenunciáveis: *logos* e experiência?

A proposta de Conill Sancho pressupõe a relação entre a hermenêutica e Kant e, como caminho, elege a "via gademeriana" que, além de passar por Schleirmacher e Dilthey, tem na base a hermenêutica heideggeriana da faticidade. A via eleita para empreender o trabalho de descobrir as raízes kantianas da hermenêutica encontra objeções em Gadamer que de início são identificadas: [a] Gadamer entende que a Crítica do Juízo kantiana incorre em desvios subjetivos que não se prestam a oferecer um modelo para o pensamento hermenêutico; [b] seguindo a linha de Heidegger, a hermenêutica de Gadamer seria incompatível com uma ética engendrada no espírito crítico moderno; [c] não há centralidade da ética na "via gadameriana" (de Dilthey a Gadamer, passando por Heidegger), prevalecendo o interesse estético e ontológico.

Como Gadamer chama a atenção para a subjetividade presente no juízo estético, aguça-se a necessidade de tomada de consciência do cuidado que se deve ter quando se propõe qualquer avanço tomando por base um sistema altamente complexo como a filosofia kantiana, sendo apropriado novamente referir Hamm quando repete Kant ao afirmar que "não pode haver um conceito constitutivo para o belo" (HAMM, 2000, p. 51), em face de que a teoria do juízo estético está assentada na experiência estética e, dessa forma, "implica necessariamente a renúncia – aliás, uma renúncia deliberada – tanto a uma ideia de obra enquanto 'possuidora' ou 'geradora' de verdade, como a qualquer dominação da arte por conceitos em geral" (HAMM, 2000, p. 51).

Esta questão da impossibilidade da verdade alcança em Gadamer uma extensão maior que será fundadora da sua hermenêutica que também não se deixa dominar pelo conceito (embora não renuncie à verdade), especificamente quando diz que o ponto de partida da sua teoria hermenêutica foi a obra de arte, entendendo que a arte se constitui numa "provocação para nossa compreensão porque se subtrai sempre de novo às nossas interpretações e se opõe com uma resistência insuperável a ser transposta para a identidade do conceito". (GADAMER, 2002a, p. 15)

Contrariando Gadamer e a interpretação de Kant realizada por Hamm, Conill Sancho propõe uma hermeneutização de Kant partindo especialmente de duas obras kantianas:[27] [a] Crítica do juízo, em que sobressai a capacidade de julgar, uma nova função da imaginação[28] e uma ideia subjacente de vida; [b]

---

identificando-se uma forte influência kantiana ao longo de todo o trabalho desenvolvido. No presente tópico, as considerações são gerais e consideram a integralidade da obra.

[27] Na mesma linha, critica a interpretação de Gadamer por entender que "se debe a un deficiente estúdio del pensamiento kantiano, al desaprovechar relevantes aportaciones provenientes, en especial, de la Crítica del Juício, de la Metafísica de las costumbres y de la Antropología en sentido pragmático". (SANCHO, 2006, p. 64)

[28] A faculdade da imaginação já aparece no início da Crítica do Juízo quando Kant, ao tratar da analítica do belo, contata que o juízo do gosto se trata de um juízo estético (e não um juízo lógico), afirmando "Para discernir se algo é belo ou não, relacionamos a representação, não pelo entendimento ao objeto com vistas ao conhecimento, mas pela imaginação (talvez unida ao entendimento) ao sujeito e ao sentimento de agrado ou desagrado experimentado por este." (CJ, p. 47).

Antropologia em sentido pragmático, onde Kant traz uma "estética da liberdade" e uma metodologia da razão prática, que ao lado da capacidade de julgar constitui a base de um novo modelo de aplicação ética, nas palavras de Conill Sancho, uma pragmática da liberdade.

Traçando um paralelo entre a primeira Crítica (KRV) e a terceira crítica (KU), Conill Sancho irá sublinhar a importância da imaginação para a filosofia kantiana, quando na primeira Crítica (KRV) a imaginação está a serviço do entendimento, tornando possíveis os juízos sintéticos *a priori* que irão permitir uma compreensão científica da natureza, sendo que na Crítica do Juízo, através de suas funções reflexivas, contribui para a interpretação da experiência e abre um espaço próprio para um processo hermenêutico. Como a terceira crítica traz uma capacidade de julgar reflexionante – afastando-se de uma capacidade de julgar determinante – obtém-se uma função interpretativa e orientadora, afastando-se de uma função legisladora, esta que aparece na primeira e na segunda críticas.

Ressalta Conill Sancho que – embora o juízo reflexivo esteja mais livre e permita que a imaginação crie suas próprias ideias para organizar a experiência – não existem muitos trabalhos estendendo a teoria kantiana da Crítica do Juízo para além dos problemas do gosto[29] e da sua finalidade na natureza (cita, como exemplo, Hanna Arendt, em rodapé 4, apontando trabalho da filósofa onde aplicam as condições reflexivas do juízo estético na análise do juízo político).

Para defender a tese de uma hermenêutica a partir da terceira crítica (CJ), Conill Sancho aduz que no sentimento do sublime a imaginação passa da apreensão a uma compreensão estética, captando instantaneamente a multiplicidade como unidade, sendo que tal enfoque holístico aponta para uma filosofia transcendental que permita uma visão mais integral do homem. Para Conill, o estético no sistema kantiano não está num lugar secundário, trazendo a função hermenêutica de mediação entre entendimento e razão, tendo como resultado uma orientação: segundo o filósofo, nem dedução, nem indução, senão uma compreensão interpretativa que tem como base um movimento harmonioso das faculdades.

Conill Sancho também irá identificar que o sentimento da vida – interpretado moralmente – poderia ser considerado a manifestação estética da liberdade transcendental, trazendo como correlato o sentimento de respeito como manifestação estética da consciência racional da lei moral. Nesse sentido, em Kant, a existência pode ser sentida e, embora não possa ser conceituada, não se pode afastar a sua anterioridade e sua relação original com o sentimento. Nessa perspectiva, reflete sobre uma relação de continuidade entre Kant e Dilthey, pois para Conill Sancho a obra kantiana já anuncia uma insipiente filosofia da vida, porque acreditava que a vida somente poderia ser sentida, mas não poderia ser conhecida. Kant e Dilthey concordam que a vida é primordialmente

---

[29] Makkreel sustenta a relevância da filosofia kantiana para a hermenêutica desde que se encontre uma unidade epistemológica entre a *Crítica da razão pura* e a *Crítica do juízo*, ampliando-se a concepção epistemológica e permitindo uma hermenêutica crítica. (MAKREEL, 1990, p. 2). A unidade entre estética e cognição (ver rodapé 15) já tem sido realizado na contemporaneidade tanto pela semiótica quanto pela hermenêutica na via gaddameriana, restando não suficientemente respondido se [i] o sistema crítico kantiano permite tal relação e [ii] se é possível uma hermenêutica crítica compatível com a ideia de uma ética orientadora.

acessível através do sentimento e, conclui Conill Sancho, [i] que o uso kantiano do conceito de vida na Crítica do Juízo demonstra a relação de continuidade com a obra *Crítica da razão histórica*, de Dilthey, e [ii] a filosofia da vida em Dilthey busca a autorreflexão (*selbstbesinnung*) histórica, devendo ser considerada como uma ampliação do princípio do juízo reflexionante kantiano.[30]

A grande questão de Conill Sancho é descobrir a mediação entre hermenêutica (condicionalidade, historicidade) e crítica (incondicionalidade, universalidade), para compreender uma razão prática, condicionada historicamente e capaz de princípios éticos incondicionados, em outras palavras, a possibilidade de validade de uma universalização impura (histórica e prática, portanto). Cita a proposta de Wellmer (CONILL SANCHO, p. 213), que defende que uma lei ética incondicionada, como o imperativo categórico de Kant, não necessita ser pensada como um "fato da razão", mas deve ser pensada como "fato de uma vida sob condições da razão", sendo suficiente a evidência de que se trata de um modo histórico de vida governada pela razão. Conill Sancho arrasta a temporalidade do ser para a temporalidade da razão, unindo ser, *logos*, sentimento de vida, permitindo, então que se postule um universalismo hermenêutico.

Uma hermenêutica ética crítica como pretende Conill Sancho é um projeto que, muito embora buscando os seus fundamentos no criticismo kantiano, avança e reconstrói a partir de um recomeço radical a partir de Kant. Enfim, verificar se o recomeço proposto está suficientemente autorizado pelo filósofo continente é uma discussão que desborda os limites estreitos da presente investigação, restando, apenas, indicações de que a proposta já encontra alguma recepção na contemporaneidade.

5. Conclusão

Ao final, a pergunta se redefine: afinal, estender o juízo reflexionante para o campo da ética e do direito é possível? A toda evidência, trata-se de direcionamento de um sistema estético a um sistema cognitivo, onde se redefine o jogo entre razão, entendimento e sensibilidade, estando a última no papel de mediadora do processo de compreensão. Nesse sentido, a proposta do Conill Sancho é inovadora e coloca a ética no centro, prestando-se, com a função orientadora presente no juízo reflexionante, a servir de orientação para os casos que se apresentam em Direito. Por derradeiro, realizar um estudo pragmático da aplicação também estaria além dos limites propostos pelo tema, sendo possível inferir com o artigo que a internalização do modelo hermenêutico proposto possui um alcance pragmático por [i] representar uma nova relação com a ex-

---

[30] Embora não seja objeto do presente estudo, importante referir que as diversas "classificações" da semiótica operam no sentido de direcionarem sistemas estéticos a sistemas cognitivos, sendo também objeto do cognitivismo e da linguística o estudo do juízo reflexionante, demonstrando-se que após Kant a lógica (tanto formal como transcendental) perde espaço para o trato da cognição num outro plano, citando-se Piaget que traz estudos sobre a abstração reflexionante: "psicologicamente, cada nova reflexão supõe a formação de um patamar superior de "reflexionamento", onde o que permanecia no patamar inferior, como instrumento a serviço do pensamento em seu processo, torna-se um objeto de pensamento e é, portanto, tematizado, em lugar de permanecer no estado instrumental ou de operação [...] Novos patamares de "reflexionamentos" constroem-se, portanto, sem cessar, para permitir novas "reflexões"[...]. (PIAGET, 2005, p. 275)

ternalidade e [ii] implicar sempre uma mudança comportamental do intérprete (restando evidente nos casos das teorias que cindem direito e ética).

Mais algumas conclusões podem ser explicitadas:

1º Os juízos determinantes foram objeto da Crítica da Razão Pura e tinham a sua realização a partir da aplicação de conceitos universais a situações particulares; os juízos reflexionantes (Crítica do Juízo) advêm da constatação de que na natureza há um grande número de leis que não são determinadas *a priori* e tais contingências externas procuram a unidade no conceito que necessita ser encontrado.

2º A finalidade é um princípio regulador corolário do juízo reflexionante (não se tratando de um princípio constitutivo do entendimento), escapando de uma relação de antinomia que aparentemente poderia envolver os princípios (finalidade e causalidade).

3º O juízo reflexionante passa a ter por princípio o poder de refletir a partir da sensibilidade para a produção de conceitos/universais não dados *a priori*, constituindo-se numa estratégia para pensar conceitos que nascem do empírico e, por força da faculdade da imaginação, operando sob a égide da reflexão, passam a constituir o universo conceitual que permite o julgamento (no direito poderia se tratar de conceitos novos ao lado de conceitos existentes permitindo uma resposta orientada pela facticidade).

4º A reflexão estética está na base da hermenêutica tanto em Dilthey quanto em Gadamer, representado uma ruptura com a dominação do conceito e, nessa medida, servindo para questionar o instituído e para servir de guia ao desvelamento do sentido.

5º Levando em conta que as decisões em Direito invariavelmente envolvem um juízo com poder criativo que permite ponderações que partam da externalidade (ainda não configurada normativamente, muitas vezes), o juízo reflexionante pode servir de orientação epistemológica ao estudo de casos.

6º O juízo reflexionante como instrumento a serviço da ética hermenêutica crítica permite que o múltiplo dado na experiência suba (internalização) e se condense a partir da vivificação: surgem conceitos refletidos que realimentam as práticas. Esse processo tende ao infinito e somente é possível [i] pela finalidade inerente ao juízo e [ii] pela vinculação ética que gera "normatividade fraca" que se externaliza como orientação (fio condutor). Esse é o sentido de uma ética hermenêutica crítica: saber que no fundamento há uma ética a definir contornos, projetar sentidos e garantir objetividade aos juízos emitidos diante das ocorrências do mundo.

Com isso, submetidas aos contornos da faticidade e da historicidade, cada vez mais as ciências humanas e sociais precisam dialogar com os processos oriundos de uma realidade complexa e ser capaz de produzir respostas adequadas, podendo-se inferir que a construção de sentidos é cada vez mais dependente da reflexão (e seus níveis) e dos fundamentos éticos que necessitam integrar o processo hermenêutico.

Referências

CONILL SANCHO, Jesús. *Ética Hermenêutica*: Crítica desde la facticidad. Madrid: Editorial Tecnos, 2006.

DILTHEY, Wilhelm. *A construção do mundo histórico nas ciências humanas*. Tradução de Marco Casanova. São Paulo: Editora UNESP, 2010.

ECO, Umberto. *Kant si ornitorincul*. Constanta, Editura Pontica, 2002.

GADAMER, Hans-Georg. Entre fenomenologia e dialética – tentativa de uma autocrítica. In: *Verdade e método I*. Petrópolis: Vozes, 2012.

——. Entre fenomenologia e dialética – tentativa de uma autocrítica. In: *Verdade e método II*. Petrópolis: Vozes, 2011.

HABERMAS, Jürgen. *Consciência moral e agir comunicativo*. 2. ed. Rio de Janeiro: Tempo Brasileiro, 2003.

HAMM, Christian. A hermenêutica da consciência estética. Anotações sobre a teoria de Gadamer. In: *Filosofia hermenêutica*. Organizadores: Róbson Ramos dos Reis, Ronai Pires da Rocha. Santa Maria: Ed. da UFSM, 2000.

HÖFFE, O. *Kant: crítica da razão pura: os fundamentos da filosofia moderna*. Kants: Kritik Der Reinen Vernunft: die Grundlegung der modernen Philosophie, Tradução de Roberto Hofmeister Pich. São Paulo: Edições Loyola, 2013.

KANT, Immanuel. *Crítica da faculdade do Juízo*. 2. ed. Tradução de Valério Rohden e Antonio Marques. Rio de Janeiro: Forense Universitária, 1995.

——. *Anthropologie du point de vue pragmatique*. Paris: Flammarion, 1993.

―. *Crítica da razão pura*. Tradução de Manuela Pinto dos Santos e Alexandre Fradique Morujão. Tradução do original alemão intitulado Kritik Der Reinen Vernunft baseada na edição crítica de Raymund Schmidt, confrontada com a edição da Academia de Berlim e com a edição de Ernst Cassirer. Edição da Fundação Calouste Gulbenkian, Lisboa, 2001.

―. *Escritos pré-críticos*. Tradução de Jair Barboza... [et al.]. São Paulo: Editora UNESP, 2005.

―. *Manual dos Cursos de Lógica Geral*. Tradução: Fausto Castilho. 2ª ed. Campinas, SP: Editora da Unicamp, 2003.

MAKKREEL, Rudolf A. *Imagination and Interpretation in Kant*: The hermeneutical importo of the Critique of Judgment. Chicago: Chicago Press, 1990.

PASCAL, George. *Compreender Kant*. 7. ed. Petrópolis: Vozes, 2011.

PIAGET, Jean. *Seis estudos de psicologia*. Rio de Janeiro: Forense Universitária, 2005.

RODHEN, Luiz. *A função transcendental do Gemüt na Crítica da razão pura*. Kriterion, vol. 50, nº 119, Belo Horizonte, 2009. Disponível em: <http://www.scielo.br/scielo.php?pid=S0100-512X2009000100001&script=sci_arttext>. Acesso em 27 de novembro de 2014

SCHIMIDT, Dennis J. *On the idiom of Truth and the Movement of Life*.

STEIN, Ernildo. *Racionalidade e Existência*. 2 ed. Ijuí: Editora Unijuí, 2008.

―. *Epistemologia e Crítica da Modernidade*. 3 ed. Ijuí: Editora Unijuí, 2001.

STRECK, Lenio. *Hermenêutica Jurídica e(m) Crise*: uma exploração hermenêutica da construção do Direito. 11. ed. Porto Alegre: Livraria do Advogado, 2014.

―. *Verdade e Consenso*: Constituição, Hermenêutica e Teorias Discursivas. 5 ed. São Paulo: Saraiva, 2014.

WITTGENSTEIN, Ludwig. *Philosophical Investigations* [Investigações Filosóficas]. Bilíngue Alemão/Inglês. G.E.M. Anscombe & Rush Rhees (eds.). Trad. G.E.M. Anscombe. Oxford: Blackwell, 2000.

Parte VI
DIREITO E HUMANIDADES

— 29 —

Consistencia narrativa y relato procesal (estándares de discursividad en las narraciones judiciales)

JOSÉ CALVO GONZÁLEZ[1]

Resumen: 1. Introducción; 2. Estándares de discursividad en la narración de hechos del Ministerio Fiscal; 3. Estándares de discursividad en la narración de hechos de la Defensa; 4. Estándares de discursividad en la narración de hechos del Testigo; 5. Historia, relato, narración y memoria.

> There is a story by Franz Kafka –perhaps you know it– in which an ape, dressed up for the occasion, makes a speech to a learned society. It is a speech, but a test too, an examination, a viva voce. The ape has to show not only that he can speak his audience's language but that he has mastered their manners and conventions, is fit to enter their society. Why am I reminding you of Kafka's story? Am I going to pretend I am the ape, torn away from my natural surroundings, forced to perform in front of a gathering of critical strangers? I hope not. I am one of you, I am not of a different specie".[2]
> *J. M. Coetzee, Elizabeth Costello* (2003)

> Im ganzen habe ich jedenfalls erreicht, was ich erreichen wollte. Man sage nicht, es wäre der Mühe nicht wert gewesen. Im übrigen will ich keines Menschen Urteil; ich will nur Kenntnisse verbreiten; ich berichte nur; auch Ihnen, hohe Herren von der Akademie, habe ich nur berichtet.[3]
> *Franz Kafka, Ein Bericht für eine Akademie* (1917)

---

[1] Catedrático de Filosofía del Derecho. Facultad de Derecho. Universidad de Málaga. España (jcalvo@uma.es).

[2] J. M. Coetzee, *Elizabeth Costello* (2003), Vintage, London, 2004, p. 18. "Hay un relato de Franz Kafka, tal vez lo conozcan, en el que un simio, vestido para la ocasión, pronuncia un discurso ante una asociación de gente erudita. Se trata de un discurso pero también de un test, un examen, una defensa de tesis. El simio no solamente tiene que demostrar que puede hablar el idioma de su público, sino que ha aprendido a dominar sus modales y convenciones y es apto para entrar en su asociación. ¿Por qué les estoy recordando el relato de Kafka? ¿Acaso voy a fingir que soy el simio, arrancado de mi entorno natural y obligado a actuar ante una reunión de desconocidos enjuiciadores? Espero que no. Soy una de ustedes, no soy de una especie distinta." J. M. Coetzee, *Elizabeth Costello*, trad. de Javier Calvo Perales, Random House Mondadori, Barcelona, 2004, p. 26.

[3] Franz Kafka, *Ein Bericht für eine Akademie* (1917). "En general he conseguido todo lo que quería. No se puede decir que no haya valido la pena. Por lo demás, no quiero que me juzguen los hombres; sólo quiero difundir conocimientos; me limito a informar, también a ustedes, honorables miembros de la Academia, también a ustedes sólo les he informado." Franz Kafka, "Informe para una Academia", en Id., *Cuentos completos*, trad. de José Rafael Hernández Arias, Valdemar, Madrid, 2000, p. 282.

1. Introducción

Los tratados clásicos de Retórica no contienen referencias a la idea de *consistencia narrativa*. Sólo es posible hallarlas en la moderna Teoría de la Argumentación jurídica, aunque siempre de manera parca y muy limitada. La atención que allí recibe resulta, además, menor y subsidiaria respecto de la concedida al *test de coherencia narrativa*, sin recabar otro mérito que el apenas servirle de preámbulo. Así pues, la noción de coherencia narrativa, diversamente enfocada por los autores que de ella se ocuparon al abordar cuestiones de argumentación en materia de hechos (y también de normas como *coherencia normativa*),[4] ha venido constituyendo el núcleo principal de su interés – con abundancia de la literatura crítica –[5] mientras que la de consistencia narrativa

---

[4] Ronald Dworkin, "No Right Answer?", en *Law, Morality and Society. Essays in Honour of H.L.A. Hart*, P. M.S. [Peter Michael Stephan] Hacker and Joseph Raz (eds.), Oxford UP, Oxford, 1977, pp. 58-84, *Taking Rights Seriously*. Harvard UP, Cambridge, MA, 1977, caps. 4 y 13, *A Matter of Principle*. Harvard UP, Cambridge, MA, 1985, caps. 5 y 7, *Law's Empire*, Fontana, London, 1986, cap.7, y "Objectivity and Truth. You'd Better Believe it", *Philosophy and Public Affairs* 25 (1996), pp. 87-139; Neil MacCormick, *Legal reasoning and legal theory* (1978), Clarendon Press, Oxford, 1997, pp. 90 y 91; "The coherence of a case and the reasonableness of doubt", *Liberpool Law Review* 2 (1980), pp. 45-50; "Coherence in legal justification", en *Theorie der Normen. Festgabe für Otta Weinberger zum 65. Geburtstag*. Werner Krawietz, Helmut Schelsky, Günter Winkler und Alfred Schramm (Hrsg.), Duncker & Humblot, Berlin, 1984, pp. 37–53 [asimismo en *Theory of legal science. Proceedings of the Conference on Legal Theory and Philosophy of Science, Lund, Sweden, December 11-14,1983*, Aleksander Peczenic, Lars Lindahl and Bernard van Roermund (dir.), Reidel, Dordrecht-Boston-Lancaster, 1984, pp. 235-251]; "Notes on narrativity and the narrative syllogism", en *International Journal for the Semiotics of Law* [en adelante *IJSL*] 11, 1991, pp. 163-174, y *Rhetoric and the rule of law: a theory of legal reasoning*, Oxford University Press, Oxford-New York, 2005, pp. 224 y 227; Bernard S. Jackson, *Law, Fact, and Narrative Coherence*, Deborah and Charles Publications, Mersyside, 1988, pp. 61 ss., 151 ss. y 166 ss., "Narrative models in legal semiotics", en *Narrative in culture. The uses of storytelling in the sciences, philosophy and literature*, Cristopher Nash (ed.) Routledge & Kegan Paul, Londres, 1990, pp. 23-52, "Narrative Models in Legal Proof", *IJSL* 1, 1 (1998), pp. 225-246 y *Making Sense in Jurisprudence*, Deborah Charles Publications, Liverpool, 1996, pp. 263-277; Patrick Nerhot, "L'interpretation en sciences juridiques. La notion de cohérence narrative", en *Revue de Synthèse* CXI, 1990, pp. 299-329 [asimismo como "Interpretation in Legal Science: The Notion of Narrative Coherence", en *Law, Interpretation and Reality: Essays in Epistemology, Hermeneutics and Jurisprudence*, Patrick Nerhot (ed.), Kulwer Academic Publishers, Dordrecht, Boston, 1990, pp. 193-225]; Bert C. van Roermund, " Narrative Coherence in Legal Context", en *Reason in Law*, Vlaudia Faralli e Enrico Patttaro (eds.), Giuffrè, Milano, 1988, v. III, pp. 159-170, "Narrative Coherence and the Guises of Legalism", en *Law, Interpretation and Reality*, cit., pp. 310-345, y "Narrative Coherence and the System of Legal Norms", en *Law, Narrative and Reality: An Essay in Intercepting Politics*, Id. (ed.), Springer, New York, 1997, pp. 49-73; Joseph Raz, "The Relevance of Coherence", *Boston University Law Review* 72 (1992), pp. 273-320 [asimismo en *Ethics in the Public Domain. Essays in the Morality of Law and Politics*, Id. (ed.), Clarendon Press, Oxford, 1994, pp. 276-325]; Aleksander Peczenik, "Coherence Theory of Juristic Knowledge", en *On Coherence Theory of Law*, Aulis Aarnio et al. (eds.), Juristförlaget, Lund, 1998, pp. 7-15; Robert Alexy, "Coherence and Argumentation or the Genuine Twin Criterialess Super Criterion", en *On Coherence Theory of Law*, cit., pp. 41-49, y Robert Alexy and Aleksander Peczenik, "The Concept of Coherence and its Significance for Discursive Rationality", *Ratio Juris* 3 (1990), pp. 130-147.

[5] Barbara Levenbook, "Coherence in Legal Reasoning", *Law and Philosophy* 3 (1984), pp. 355-374; Paolo Comanducci, "Osservazioni in margine a N. MacCormick's 'La congruenza nella giustificazione giuridica'", en *L' analisi del ragionamento giuridico*, Paolo Comanducci e Guastini, Ricardo (eds.), Giappichelli, Torino, 1987, pp. 265-275; Giuseppe Zaccaria, "Ermeneutica e comprensione narrativa", *Materiali per una storia della cultura giuridica* 18 (1988), pp. 189-211 [asimismo en Id., *L'arte dell'interppretazione. Saggi sull'ermeneutica giuridica contemporanea*, Cedam, Padova, 1990, pp. 121-150]; Letizia Gianformaggio, "Certezza del diritto, coerenza e consenso. Variazioni su un tema di MacCormick", *Materiali per una storia della cultura giuridica* XVIII, 2 (1988), pp. 459-487; Vittorio Villa, "La coerenza normativa e i presupposti epistemologici della giustificazione", *RIFD* 65, 3 (1988), pp. 567-597; Jacques Lenoble, "La théorie de la cohérence narrative en droit. Le débat Dworkin-MacCormick", *Archives de philosophie du droit* 33 (1988): 121-139, y "Narrative Coherence and the Limits of the Hermeneutic Paradigm" en *Law, Interpretation and Reality*, cit., pp.127-168; Monica Den Boer, "Two in one trolley: Reflections on the relation between MacCormick's institutional and narrative theory of law", *IJSL* IV, 12 (1991), pp. 255-266; José Calvo González, "Coherencia narrativa y razonamiento judicial",

parecía exenta de mayor problematicidad luego de verificar satisfecho un mínimo de estándares de discursividad. Para superar el *test de consistencia narrativa* bastaba, en efecto, con evidenciar la continuidad del relato y comprobar la existencia de inferencias lógicas convencionales –deductivas o inductivas– o algo menos habituales – de tipo abductivo – en el encadenamiento entre los elementos fácticos – fueran patentes, o disipados a través de indicios – como condiciones suficientes de firmeza y conexión exigibles en la construcción del curso ordenado, secuencial y sucesivo de la narración de los hechos. La consistencia narrativa se mantuvo así, por tanto, ausente de desarrollos jurídico-teóricos, sin que tampoco obtuviera excesiva presencia en la lingüística aplicada al Derecho.[6] Creo, no obstante, que en absoluto se la debería tener por un asunto desatendible en el estudio de las estructuras narrativas del proceso judicial, ni como una cuestión de valor inapreciable. La *consistencia narrativa* y sus múltiples alcances – teóricos y prácticos – constituyen un ámbito de la interpretación operativa en materia de hechos prácticamente inexplorado, pero del todo necesario para comprenderla.

Varias consideraciones, que aquí desarrollaré, intentarán poner de manifiesto aspectos en los que la idea de consistencia narrativa se convierte en una pieza clave en la fábrica discursiva de los diversos relatos originados en un proceso judicial, cuya configuración es asimismo relevante para comprender

---

en *Revista del Poder Judicial*, 25 (1992), pp. 97-102 y *El Discurso de los hechos. Narrativismo en la interpretación operativa*, Edit. Tecnos, Madrid, 1993 (1998[2]); Baldassare Pastore, "Coerenza e integrita nella teoria del ragionamento giuridico de Ronald Dworkin", *Rivista di diritto civile* 70 (1992), pp. 423-445; Luc J. Wintgens, "Coherence of the Law", *ARSP* 79, 4 (1993), pp. 483-519; Christina Hellman, "The Notion of Coherence in Discourse. In *Focus and Coherence in Discourse Processing*, Gert Rickheit and Christopher Habel (eds.), Walter de Gruyter, Berlin, 1995, pp. 190-202; Giorgio Pino, "Coerenza e verità nell'a<rgumentazione giuridica. Alcune riflessioni", *RIFD* 1 (1998), pp. 84-126; Daniel González Lagier, "Los hechos bajo sospecha. Sobre la objetividad de los hechos y el razonamiento judicial", en Paolo Comanducci e Riccardo Guastini (eds.) *Analisi e diritto 2000. Ricerche di giurisprudenza analitica*, Giappichelli, Torino, 2000, pp. 69-87, "Hechos y argumentos. Racionalidad epistemológica y prueba de los hechos en el proceso penal" (I y II), *Jueces para la Democracia*, 46 y 47 (2003), respec. pp. 17-26 y 35-51, y *Quaestio facti. Ensayos sobre prueba, causalidad y acción*, Palestra, Lima-Bogotá, 2005; Juan Igartua Salaverría, "La coherencia narrativa en la valoración judicial de las pruebas", en Martínez-Calcerrada y Gómez, Luis, *Homenaje a Don Antonio Hernández Gil*, Editorial Centro de Estudios Ramón Areces, Madrid, 2001, vol. I, p. 795-804; Aldo Schiavello, "On 'coherence' and 'law': an analysis of different models", *Ratio Juris* 14, 2 (2001), pp. 233-243; Mario Ruiz Sanz, "Dialogando sobre lo fáctico en el Derecho. a propósito del modelo cognocitivista de la prueba", *AFD* XIX (2002), pp. 475-488 y *La construcción coherente del Derecho*, Dykinson, Madrid, 2009, en esp. caps. III, IV y V. 'Los hechos y la coherencia narrativa' 1. Narración, relatos y mundos posibles; Leonor Moral, "A Modest Notion of Coherence in Legal Reasoning: A Model for the European Court of Justice", *Ratio Juris* 16 (2003), pp. 296-323; Amalia Amaya, "Formal Models of Coherence and Legal Epistemology", *Artificial Intelligence and Law* 15 (2007), pp. 429-447. "Justification, Coherence, and Epistemic Responsibility in Legal Fact-Finding", *Episteme: A Journal of Social Epistemology* 5 (2008), pp. 306-320, "Inference to the Best Legal Explanation", en *Proof: Statistics, Stories, Logic*, Hendril Kaptein et al. (eds.), Ashgate, Farnham, 2009, pp. 135-159, "Legal Justification by Optimal Coherence", *Ratio Juris* 24, 3 (2011), pp. 304-329, "Coherence, evidence, and legal proof", *Legal Theory* 19, 1 (2013), pp. 1-43 y *The Tapestry of Reason: An Inquiry into the Nature of Coherence and its Role in Legal Argument*. Hart Publishing, Oxford, 2015, y Sylvie André, "Droit et semiotique: la coherence narrative", *Victoria University of Wellington Law Review*, 42, 2 (2011), pp. 163-175.

[6] Robert Nofsinger, "Tactical coherence in courtroom conversation", en *Conversational coherence: form, structure and strategy*, Robert Craig and Karen Tracy (eds.), Sage, Beverly Hills, 1983, pp. 243-258; Guadalupe Valés "Analyzing the demands that courtroom interaction makes upon speakers of ordinary English: towards the development of a coherent descriptive framework", *Discourse Processes* 9, 3 (1986), pp. 269-303; Robyn Penman (1987): "Discourse in court: cooperation, coercion and coherence", *Discourse Processes* 10, 3 (1987), pp. 201-218; Monica Den Boer, "A linguistic analysis of narrative coherence in the court-room", en Patrick Nerhot (ed.) *Law, interpretation and reality*, cit., pp. 346-378, y Raquel Taranilla, *La justicia narrante. Un estudio sobre el discurso de los hechos en el proceso penal*, Thomson-Reuters-Aranzadi, Cizur Menor. Pamplona, 2012.

la *promesa de sentido* que, como coherencia narrativa, cada uno de ellos elabora y formula al plantear su *apuesta narrativa* a la *instancia de triunfo*, procesalmente diferida ésta al *otorgamiento* que el juez establecerá como *judicium facti* en su narración sobre la ocurrencia histórica del hecho.[7]

A este respecto he seleccionado tres estándares de discursividad; dos en fase alegatoria, correspondientes al relato de hechos en la narrativa del Ministerio Fiscal y de la Defensa, y un tercero, ubicado en la fase probatoria, concretamente relativo a la práctica del medio probatorio de la declaración testifical en la que a preguntas de la parte que le hubiera propuesto el testigo expresará 'la razón de ciencia de lo que diga', conocida también como 'prueba narrativa', pues – en principio – el declarante narra acerca de los hechos sobre los que atestigua. El análisis de la construcción discursiva de las dos primeras narraciones judiciales revela, ciertamente, la presencia de estereotipos en la operativa del *usus fori* por quienes los construyen, que también constituyen expresión del desempeño de sus respectivos roles procesales. El valor y la utilidad de su conocimiento no se limita, sin embargo, a la identificación de tales 'modelos' operacionales y a la simplificación de la dinámica 'comunicacional' de y entre esos actores,[8] sino que sirve igualmente para esclarecer el tipo de función mediante la cual esos artefactos narrativos actúan durante el Proceso con carácter de *maior* o *minor* ventaja estratégica, que es asimismo ideológico-jurídica, en cada caso. Desde este punto de vista, y a efectos tanto teóricos como prácticos, la consistencia narrativa resulta allí un dispositivo fundamental que, al cabo, también pone al descubierto la índole meramente didáctica de su diferenciación conceptual con la noción de coherencia narrativa. Consistencia y coherencia narrativas ciertamente se hallan imbricadas en los relatos procesales del Ministerio Fiscal y de la Defensa. Por último, la distinción entre consistencia y coherencia narrativa tampoco sería efectiva tratándose de la narración de los hechos sobre los cuales el testigo declare al momento de practicar la prueba testifical. Y no únicamente por la simplicidad que aquella asignación distributiva demasiado a menudo comporta, sino debido a los problemas generales de conectividad de la información fáctica para formar – no sólo en contigüidad lógico-causal – el *continuum* de discurso narrativo, como también a resultas de la influencia de las específicas condiciones discursivas derivadas del formato en que el relato del testigo produce la recuperación episódica de la ocurrencia del suceso sobre el que se testimonia. Por tanto, no menos que la aparente consecutividad de toda narración, igualmente la variable fórmula – narrativa, interpelativa o mixta – en la conformación del interrogatorio, junto a la propia dinámica del contradictorio, afectan al estándar discursivo de esa narrativa generando discontinuidades que habrán de ser resueltas por el narratario – el juez (de la instrucción o del juicio oral) – que presencia y recibe la declaración

---

[7] Me he ocupado con anterioridad de la estructura discursiva del *judicium facti* en la narración de los 'hechos probados' en "Modelo narrativo del juicio de hecho: *inventio* y *ratiocinatio*", en *Horizontes de la Filosofía del Derecho. Libro Homenaje al Profesor Luis García San Miguel*, Virgilio Zapatero (ed.), Universidad de Alcalá de Henares, Madrid, 2002, T. II, pp. 93-102 [también en *Contrapuntos y entrelíneas sobre cultura, comunicación y discurso*, Carlos F. del Valle Rojas et al. (eds.), Universidad de La Frontera, Temuco (Chile), 2008, pp. 333-343.

[8] William Twining, *Rethinking evidence. Exploratory Essays*, Northwestern UP, Evanston, 1994, p. 254. [2ª ed. Cambridge UP, Cambridge, 2006].

testifical. En la medida en que así, efectivamente, la autoridad judicial actúa sobre la consistencia narrativa del testimonio implantando en aquellos espacios de discurso 'inaudito' una proyectiva de sentido narrativamente coherente no tanto dirigida a suplir 'lo que no está dicho' en el discurso del declarante como más bien a activar 'lo que está suspenso', consistencia y coherencia narrativa también allí aparecen uncidas.

A estos tres relatos procesales se ciñe la contribución que ahora presentaré, orientada al estudio de los estándares de discurso en sus respectivas estructuras narrativas. Confío, sin embargo, que la metodología utilizada y los resultados obtenidos – aun si modestos – reviertan en otros como sugestión bastante para emprender un proyecto más ambicioso, destinado a profundizar en la sistemática de otros relatos integrantes de la narrativa procesal en su conjunto,[9] si no tal vez tan emblemáticos como los aquí examinados, en nada carentes de interés.[10]

---

[9] Las narrativas que, abarcando los distintos órdenes jurisdiccionales, presentan estructuras discursivas relativas al 'relato de hechos' son numerosas. En la jurisdicción penal, quizá la más expresiva, ya desde las diligencias de denuncia recogidas en el atestado policial, prolongándose con intervención judicial en las actuaciones instructoras y en el dictado auto de procesamiento. Seguidamente, una vez acordada la apertura de juicio oral, aparecen de nuevo en diferentes estadios del procedimiento, y según cada tipo, incluida la modalidad de juicio ante Tribunal del Jurado. Por fortuna, va acumulándose literatura sobre gran parte de ellas. Véase Jenny Cubells Serra, "Navegando entre narraciones: voces que construyen y socavan la credibilidad en el ámbito jurídico", *Athenea Digital*, 8 (2005), pp. 109-128; Jenny Cubells Serra & Lupicinio Iñiguez-Rueda, "La construcción de hechos en el discurso jurídico: Análisis del caso de los 'robos en cajeros automáticos en la ciudad de Barcelona'", *Revista Española de Investigación Criminológica* 4, 6 (2008), pp. 1-24; Raquel Taranilla, "Consideraciones sobre la polifonía en el escrito de declaración del atestado policial", en *Actas de V Congreso Internacional AELFE*, Claus-Peter Neumann et al. (eds.), Publics. de la Universidad de Zaragoza, Zaragoza, 2006, pp. 70-76, "*Con cuentos a la policía*: las secuencias narrativas en el acta de declaración del atestado policial", *Revista de Llengua i Dret* 47 (2007), pp. 79-112, y "Análisis lingüístico de la transcripción del relato de los hechos en el interrogatorio policial", *Estudios de Lingüística* (Universidad de Alicante) 25 (2011), pp. 101-134; Carlos Del Valle et al., "Sentencia penal y actos de discurso", en *Implicación Derecho Literatura. Contribuciones a una teoría literaria del Derecho*, José Calvo González (dir.), Edit. Comares, Granada, 2008, pp. 431-450; Rodrigo Coloma Correa, "Vamos a contar mentiras, tralará..., o de los límites a los dichos de los abogados", *Revista de Derecho* (Pontificia Universidad Católica de Valparaíso) XIX, 2 (2006), pp. 27-52; José Calvo González, "El modelo de controversia fáctica en la audiencia preliminar. (Una visión narrativista acerca de qué y cómo conocemos sobre los hechos en litigio)", *Ideas y Derecho, Anuario de la Asociación Argentina de Filosofía del Derecho* (Buenos Aires), Año VI, núm. 6, 2008, pp. 191-222 [asimismo en *Anuario de Filosofía Jurídica y Social* (Sociedad Chilena de Filosofía Jurídica y Social. Valparaiso, Chile), 26 (2008), pp. 221-256, y con título de "La controversia fáctica. Contribución al estudio de la quaestio facti desde una perspectiva narrativista del Derecho", en *Implicación Derecho Literatura. Contribuciones a una teoría literaria del Derecho*, cit., pp. 363-389 (por donde citaré)]; Flora Di Donato, *La costruzione giudiziaria del fatto. Il ruolo della narrazione nel 'processo'*, FrancoAngeli, Milano, 2008, y Claudio Agüero San Juan y Juan P. Zambrano Tiznado, "La narración en las sentencias penales", *Universum* (Talca. Chile) 24, 2 (2009). pp. 28-41. No menos importante la aportación ofrecida por estudios de carácter histórico. Así Maximiliano Soler Bistué, "Derecho, narración y racionalidad jurídica. El caso de la *fazaña* bajomedieval", *Cuadernos Electrónicos de Filosofía del Derecho* 22 (2011), pp. 162-189, y Cuauhtémoc Banderas Martínez, "Pragmática del discurso jurídico. Análisis de la estructura argumentativa en un texto de los papeles de derecho de la real audiencia de la Nueva Galicia", *Sincronía* (Universidad de Guadalajara. Guadalajara, Jalisco. México) 2 (2012), pp. 1-38.

[10] Interés ya anticipado, sin pérdida de actualidad, en el área anglosajona. Véase Ruth Wodak, "Discourse analysis and courtroom interaction", *Discourse Processes* 3, 4 (1980), pp. 369-380; Robert L. Kidder, "The End of the Road? Problems in the Analysis of Disputes", *Law & Society Review* 15, 3-4 (1980/1981), pp. 717-725; Dennis Kurzon, "How lawyers tell their tales. Narratives aspects of a lawyer's brief", *Poetics* 14 (1985), pp. 467-481, "Linguistics and legal discourse: An introduction", *IJSL* 7, 1 (1994), pp. 5-12 y *Discourse of silence*, Jonn Benjamins, Amsterdam and Philadelphia, 1998; Laura Gardner Webster, "Telling Stories: The Spoken Narrative Tradition in Criminal Defense Discourse", *Mercer Law Review* 42 (1990), pp. 553-558; Nancy Pennington and Reid Hastie, "A Cognitive Theory of Juror Decision Making: The Story Model", *Cardozo Law Review* 13 (1991), pp. 519-557 y "Explaining the evidence: The Story Model for juror decision making", *Journal of Personality and Social Psychology* 62, 2 (1992), pp. 189-206; Sandra Harris, "Fragmented narratives

2. Estándares de discursividad en la narración de hechos del Ministerio Fiscal

Partiendo de que los hechos en un proceso son propiamente sólo *efecto de discurso*, el primero en producirse tiene lugar con la narrativa promotora de la *quaestio facti disputata* que va contenida en el relato de hechos del escrito de acusación. Se sigue de aquí, a mi parecer, la posibilidad de formular dos proposiciones.

La primera, que como narrativa inaugural produce un *efecto de discurso* invasivo capaz de penetrar todo el proceso. La segunda, que desde ocupar ese *locus* genera, a su vez, efectos discursivos de reubicación en las restantes narrativas judiciales.

Una interpretación *garantista* del proceso nos presentará la narrativa de la acusación, necesariamente, con el carácter de *hipótesis*, en tanto que la condición de *tesis* narrativa pertenecería al del escrito de defensa. Observada, sin embargo, con enfoque discursivo a aquella compete en realidad el papel de *tesis*. Este estatus va a influir además, sobremanera, en la configuración discursiva del resto de las narrativas judiciales que la sucedan; es decir, la narrativa de la acusación irrumpe y, asimismo, predetermina la posición – o lo que es igual, la disposición constructiva – que habrán de adoptar los discursos narrativos en materia fáctica y normativa de la defensa y del juez.

El estándar discursivo presente en la narrativa de la acusación impone, ciertamente, el canon narrativo del proceso sobre el que la defensa – y ya se verá cómo (fenómeno, en todo caso, típicamente asociado con las variantes estratégicas del *modus operandi* defensivo) – habrá de postular sobre hechos (y derecho), por lo que desde entonces su régimen consistencia y coherencia narrativa será ya 'dependiente' respecto de aquél, e igualmente en el relato de hechos (y derecho) pendiente de establecer por el juez, que estará – en tanto que vinculado por el principio acusatorio y sujeto a restricciones sobre *qué* y hasta *cómo* relata en torno a hechos y derechos (incongruencia *extra petita* y *ultra petita*, e incongruencia interna) – igualmente 'condicionado' por aquél.

El *efecto de discurso* de la narrativa de la acusación es, por consiguiente, doble: de *colonización*[11] y de *irradiación*. Ambos, al propio tiempo, *efectúan* con-

---

and multiple tellers: witness and defendant accounts in trials", *Discourse studies* 3, 1 (2001), pp. 53-74; Janet Cotterill, *Language and power in court. A linguistic analysis of the O.J. Simpson trial*, Palgrave, Basingstone, 2003; Isolda Carranza, "Genre and institution: narrative temporality in final arguments", *Narrative Inquiry* 13, 1 (2003), pp. 41-69; Greig Henderson, "The Cost of Persuasion: Figure, Story, and Eloquence in the Rhetoric of Judicial Discourse", *University of Toronto Quarterly* 75 (2006), pp. 905- 924; Chris Heffer, *The language of jury trial: a corpus-aided analysis of legal-lay-discourse*, Palgrave, Basingstoke, 2005, Chris Heffer, "Judgement in court: evaluating participants in courtroom discourse", en *Language and the Law: International Outlooks*, Krzysztof Kredens (ed.), Peter Lang, Frankfurt am Mein, 2007, p. 145-79 y "Narrative in trial. Constructing crime stories in court", en *The Routledge handbook of forensec linguistics*, Malcolm Coulthard and Alison Johnson (eds.), Routledge, London, 2010, pp. 199-217, y Don Winiecki, "The expert witnesses and courtroom discourse: applying micro and macro forms of discourse analysis to study process and the 'doings of doings' for individuals and for society", *Discourse & Society* 19, 6 (2008), pp. 765-781.

[11] Aprovecho aquí la expresión empleada por Sara Cobb al presentar su 'modelo circular-narrativo' de mediación. Cobb busca la 'desestabilizar" las historias a fin de evitar la colonización de la primera historia narrada, pues la historia contada en segundo lugar quedaría "colonizada" por la narrativa primaria, siendo altamente probable que el mediador también lo sea por ese primer relato y se abstenga de ingeniar alternativas narrativas. Es claro, no obstante, que esa alternativa no es factible en el funcionamiento del modelo

secuencias discursivas específicas sobre la narrativa de la defensa y del juzgador que, a partir de entonces, cabrá enunciar bajo el rasgo de *sub-modelos*, determinándolas así respectivamente como *secundaria* y *subalterna*. Desde otra perspectiva, el efecto discursivo puede también ser designado como *interactivo* y *aglutinante*. Esta denominación, menos provocadora y más arreglada quizá al rol que el rito procesal tradicionalmente ha atribuido a las narrativas de la defensa y del juez, no esconderá sin embargo el efectivo predominio *discursivo* de la narrativa de la acusación.

La prueba de esa determinante posición creo que resulta al desambiguar la relación entre la narrativa de la acusación y de la defensa, que en general venía asumida como de equipolencia, por lo que asimismo reubicará la del juzgador. Es fundamental para ello el examen del estándar discursivo con que se configura el relato de hechos por la parte acusadora. En él aparece, con claridad, una conjunción constructiva entre consistencia y coherencia narrativas que, igualmente, pone de manifiesto el contexto ideológico-jurídico desde el que opera la que llamaré 'retórica de la imparcialidad'. Previo, no obstante, a entrar en su detalle conviene el recordatorio sobre la inexistencia de antecedentes jurídicos (desde luego en Derecho histórico español) durante la Alta y Plena Edad Media en torno a la idea equipolencia; acusar y defender no estaban en razón de equicontendencia, o lo que es igual, los términos de la relación fueron disimétricos. Es así que se ha propuesto para representación de la geometría procesal de las posiciones entre acusación, defensa y juzgador en ese período antes mejor la forma del triángulo escaleno que la del isósleles.[12]

Es cierto que los avances técnico-jurídicos de los que el Proceso se dota a lo largo de las etapas bajomedieval y moderna, además de la progresiva especialización profesional que ello habrá de requerir,[13] serán luego responsables del afianzamiento de la figura del abogado y de la articulación del derecho a la defensa. No es esto, sin embargo, lo que aquí me más interesa destacar sino, sobre todo si, una vez ya en la modernidad y bajo la universal constitucionalización contemporánea de aquel derecho, cabe constatar que se haya modificado

---

jurisdiccional de litigación convencional, aunque lo pueda ser en aquellos procesos que alberguen formas de mediación intra-procesal. Sobre el modelo de Cobb véase: Sara Cobb and Janet Rifkin, "Practice and Paradox: *Deconstructing Neutrality* in Mediation", *Law & Social Inquiry* 16, 1 (Winter, 1991), pp. 35-62, Sara Cobb, "Empowerment and Mediation: A Narrative Perspective", *Negotiation Journal* 9, 3 (July 1993), pp. 245-255, "A Narrative Perspective on Mediation: Toward the Materialization of the Storytelling Metaphor", en *New Directions in Mediation: Communication Research and Perspectives*, Joseph P. Folger and Tricia S. Jones (eds.), SAGE Publications, Thousand Oaks, Ca., 1994, pp 48-63. Véase sobre la posición de Cobb los trabajos de Toran Hansen, "The Narrative Approach to Mediation", *Pepperdine Dispute Resolution Law Journal* 4, 2 [' Collaborative Law'] (2004), pp. 297-308; Hilary Astor, "Mediator Neutrality: Making Sense of Theory and Practice", *Social & Legal Studies* 16 (June 2007), pp. 221-239; Stephan Markas, "Hidden Stories, Toxic Stories, Healing Stories: the Power of Narrative in Peace and Reconciliation", disponible en: *http://journals.hil.unb.ca*. Asimismo, entre nosotros, Pilar Munuera Gómez, "El modelo circular narrativo de Sara Cobb y sus técnicas", *Portularia* VII, 1-2 (2007), pp. 85-106, y Salvador Garrido Soler y Pilar Munuera Gómez, "Contra la neutralidad. Ética y estética en el modelo circular-narrativo de mediación de conflictos", *Revista Telemática de Filosofía del Derecho* 17 (2014), pp. 139-166.

[12] Alberto Montaner, "Acusar y defender en la Edad Media: Una aproximación conceptual", en *Historia de la abogacía española*, Santiago Muñoz Machado (dir.), Thomson-Reuters-Aranzadi, Cizur Menor. Pamplona, 2015, v. I, pp. 245-296.

[13] Así lo estudiado para el *Dominio veneciano* por Cristina Setti, "Avocats, proceseurs, juges. Rhétorique et praxis dans le procès pénal vénetien", en *Récit et justice (France, Italie, Espagne, XIVe-XIXe siècles)*, Lucien Faggion et Christiphe Regina (dir.), Aix-en-Provence, Presses universitaires de Provence, 2014, pp. 105-119.

verdadera y sustantivamente aquella geometría que el espacio procesal tuvo en origen. Que el Proceso hoy se halle triangulado en tres, dos o ningún lados/ángulos iguales no parece cuestión sin importancia e irrelevante, y así tampoco falta de significado que la geometría procesal se represente a la manera de un triángulo isósceles rectángulo o en forma triángulo rectángulo escaleno.

A despejar la respuesta en este interrogante colabora también el análisis que vengo anunciando, especialmente si basado en corpus (*corpus-based*). Orientados al estudio del escrito de acusación penal (art. 650 LECrim.), recientes trabajos interdisciplinares – que son todavía entre nosotros práctica metodológica muy infrecuente –[14] han detectado la presencia de 'convenciones genéricas' en la configuración del relato de hechos. Se comprueba en él lo que, respecto a la posibilidad de aislar su estándar de discursividad, revela la presencia de un tipo de composición del discurso narrativo donde la historia del suceso justiciable viene integrada por elementos fácticos naturales y jurídico-institucionales. El escrito de acusación penal se presenta, pues, discursivamente conformado a la par que por los elementos constructivos de la consistencia narrativa con los que se asegura la firmeza y conexión exigibles en la fábrica narrativa de un curso ocurrencial ordenado, secuencial y sucesivo de los hechos naturales, también mediante la inserción, en absoluto disimulada, de efectos de discurso que directamente se extraen de, o remiten a, circunstancias fáctico-normativas de cuya coherencia narrativa también se nutre. Por tanto, hechos brutos – no calificados jurídicamente – conviven en él junto a hechos precalificados por la norma, actuando de ese modo una *unidad de sentido narrativo* en la que consistencia y coherencia (narrativa y normativa) se hayan reunidas, y ambas fusionadas.

La derivada, en adelante, para con el discernimiento de la múltiple organización narrativa en el proceso judicial pienso que rebasa el límite de lo lingüístico (gramatical y sintáctico)[15] y, por supuesto, va más allá, claramente, de

---

[14] Raquel Taranilla, *La justicia narrante*, cit., pp. 91-132 y "El escrito de acusación penal: convenciones genéricas en la configuración del relato de los hechos", *I VARDANDE Revista Electrónica de Semiótica y Fenomenología Jurídicas* 2, 2 (marzo 2013 – febrero 2014), pp. 64-94.

[15] Se observa sin dificultad el empleo de fraseo largo presentando su interior compactación alineada de la totalidad de elementos objetivos y subjetivos del tipo (Raquel Taranilla, "El escrito de acusación penal", *cit.*, pp. 76-77). En su sintaxis abunda, asimismo, la presencia de conectores subordinantes o coordinantes destinados a la elaboración de oraciones adverbiales consecutivas mediante las que *se cuenta* y *se da cuenta* de "la consecuencia de una acción, circunstancia o cualidad indicada en la oración principal" (*RAE*). En las oraciones compuestas los conectores de subordinación aparecen identificables, morfológica pero también semánticamente, por la utilización de expresiones que sirven para establecer 'consecutivas de intensidad' entre una oración subordinada por *que* y un antecedente de valor intensivo {*tan[to], tal, cada, un, así, <de + adjetivo>, <de un + adjetivo>, <una de + sustantivo>*}, 'consecutivas de modo' {entre alguna de las frases adverbiales *de modo, de manera, de forma o de suerte* y una oración subordinada por el relativo *que*} y 'consecutivo-comparativas' {entre cuantificadores como *tanto, bastante* o *suficiente* y una frase introducida por *como para*}. Respecto a los conectores de coordinación, donde la pretensión no es sólo oracional sino además discursiva, se las identifica por el manejo de ya sea 'conjunciones coordinantes consecutivas' {*luego, conque, de [modo, manera, suerte] que* y *así (es) que*}, ya sea 'adverbios o frases adverbiales de función cohesiva' {*por lo tanto, en consecuencia, por consiguiente, entonces, pues, así [pues], de [este/ese] modo, de [esta/esa] manera, de [esta/esa] forma, de [esta/esa] suerte*}. Véase Alfredo Ignacio Álvarez Menéndez, "Las construcciones consecutivas", en *Gramática descriptiva de la lengua española*, Ignacio del Bosque y Violeta Demonte (coord.), Espasa, Madrid, v. 3 ('Entre la oración y el discurso. Morfología'), 1999, pp. 3739-3804. A esta última variante de conectores – la adverbial – corresponde en mi opinión una importante función textual dentro relato, pues marcan la lógica de causalidad y consecutividad con el hecho precedente y semánticamente la explicativa discursiva al *por qué* o *entonces* y el *para qué*. En tal sentido no resulta de menos provecho atender a los conectores de

las apreciaciones de carácter para-lingüístico (figuras de estilo). Así, creo que cabe señalar dos: la racionalidad lógica de la subsunción y el irracionalismo de la superstición legal. El primero, porque el escrito de acusación esboza el mecanismo de subsunción al mostrar en su relato un ejemplo real y efectivo de inclusión de caso concreto bajo una regla; el supuesto de hecho aparece como un caso particular de la clase (supuesto de hecho abstracto considerado en la ley). En cuanto al segundo, introduce a una materia, en realidad, mucho más estructural. Me parece que lo interesante de este fenómeno discursivo legal-fetichista es que, desde una perspectiva ideológico-jurídica, presta argumentos a la discusión sobre el rol narrativo del relato procesal en quien acusa – relato del Ministerio Fiscal, o Ministerio Público – ya que provoca una percepción y comprensión de la historia sobre la ocurrencia de los hechos rodeada de un 'nimbo de neutralidad' en tanto que *discurso de la Ley* o *defensa de la Legalidad*. Se activa entonces una *retórica de imparcialidad* que deshace y borra la posición 'parcial' del Ministerio Fiscal, una más, no obstante, entre las varias partes del Proceso penal (y del civil,[16] interviniendo a llamada de la *protección del interés público tutelado por la Ley*, o *interés superior de la Ley*); esa 'parte' ya no parece partidaria o parcial, sino que está enteramente 'de parte' de la Ley y con ella se cofunde y confunde. La consistencia y coherencia narrativa de su discurso, conformado por piezas explícitamente extraídas del discurso legal-normativo, convierte a su narrador en el *Ministerio de la Ley*, locución a la que no faltan ocasiones de visibilidad, incluso como *nomen* categórico, en las sentencias. El análisis político(-procesal) – ideológico-institucional – con relación a la plausibilidad de la 'verdad de los hechos' narrada con ese estándar discursivo – al margen de desciframientos analíticos sobre la 'verdad en el discurso normativo' –[17] no podrá omitir, por tanto, ese 'peso del sentido', a menudo extenuante, ni el que efectivamente *desequilibra* – pautemos el vocablo: *des-equi-libra* – la lucha (*litis*) formalmente dispuesta como equipolencia.

3. Estándares de discursividad en la narración de hechos de la Defensa

Un principio preside y conduce la estrategia narrativa en el relato de los hechos del escrito de la Defensa: presentar *la mejor defensa posible* al relato contenido en el escrito de la acusación. Dicha estrategia se despliega a partir de tres posibilidades defensivas, igualmente combinadas o combinables entre sí: refutarlo simple y directa y plenamente; refutarlo mediante una historia alternativa o disyuntiva,[18] y – por último – admitirlo, si bien yuxtaponiendo una

---

realización de las oraciones adverbiales finales, ocupados de manifestar una relación causa-efecto en la que éste se interpreta como posterior – propósito virtual – frente a la anterioridad –motivo realizado– que hubieren designado las causales. Por ejemplo, acudiendo a conectores finales tales como, de ordinario, <para + infinitivo>. Véase por extenso y con detalle de variantes Carmen Galán Rodríguez, "La subordinación causal y final", en *Gramática descriptiva de la lengua española*, cit., v. 3, pp. 3597-3642, en esp. p. 3621.

[16] En materia de derecho de familia a fin de velar por el 'interés superior' del menor como interés tutelado por la Ley.

[17] Eugenio Bulygin, "El papel de la verdad en el discurso normativo", *Doxa: Cuadernos de Filosofía del Derecho* 26 (2003), pp. 79-86.

[18] En el orden jurisdiccional civil la reconvención como disyuntiva a la demanda.

diferente calificación jurídica. En los supuestos de refutación, ésta no necesariamente se produce en términos de negación, por más que a veces, y cierto que hasta con frecuencia, el escrito de defensa incorpore una negativa manifiesta en uso de la partícula lingüística [*no*], que es sin embargo utilizada como *acto de habla* invariablemente impugnatorio u objetante, de propósito devolutivo, en calidad de oposición,[19] rechazo o rebate que aparta, desecha o repudia la historia narrada en el relato de acusación. En cuanto a la eventual defensa basada en la admisión – total o parcial – del relato acusatorio, se ha de precisar que tiene lugar siempre con carácter subsidiario a la *petitio* principal – la opción primaria de defensa es fundamentalmente de refutación radical. En los tres supuestos lo que se produce son, por tanto, *afirmaciones* frente a lo afirmado por la acusación.[20] Es este estado concurrente de afirmaciones el que, a la postre, genera la controversia fáctica, pues se afirman versiones contradictorias en torno a unos mismos (o similares) los hechos, de donde rivalizan entre sí como incompatibles o mutuamente excluyentes. La fórmula empleada por el escrito de defensa es, en tal sentido, sólo de una aparente ambigüedad semántica; la discrepancia o divergencia se expresa como 'disconformidad': la defensa afirma su disconformidad.[21] Con ello el estándar discursivo del escrito de Defensa

---

[19] Oposición que se produce por imperativo legal

[20] Véase José Calvo González, "La controversia fáctica. Contribución al estudio de la *quaestio facti* desde una perspectiva narrativista del Derecho", *cit.*, pp. 368 y ss.

[21] Para el Procedimiento Abreviado y tanto sea en trámite de preparación del Juicio Oral como en la de Apertura del mismo, en lo prevenido por el art. 800.2, párrafo 1.º de la LECrim. se indica sólo que "en otro caso" a no prestar el acusado 'conformidad' "presentará inmediatamente escrito de defensa, o formulará ésta oralmente", sin precisar forma. La práctica de trámite previsto aporta un estándar discursivo de escrito de defensa en el que figura lo siguiente:
PRIMERA.- Disconformidad con la correlativa del Ministerio Fiscal... (en ocasiones, pero no con carácter imperativo pues podría 'descubrir' el guión de defensa, redacción de los hechos desde el punto de vista de la defensa)
SEGUNDA.- Disconformidad con la correlativa del Ministerio Fiscal. Los hechos relatados no son constitutivos de delito/son constitutivos de (calificación jurídica de la defensa)
TERCERA a SEXTA.- Disconformidad con las correlativas del Ministerio Fiscal. Es responsable del delito de … D…, en concepto de (autor, inductor, cooperador necesario, cómplice -calificación de la defensa-)/Procede en consecuencia la libre absolución de mi representado.
O con más detalle:
PRIMERA.- Disconforme con la correlativa del Ministerio Fiscal [por cuanto que los hechos relatados no se corresponden con ilícito alguno (enfático) contra (…) y las afirmaciones del Ministerio Fiscal sobre la actuación de mi representado carecen de base probatoria/eventual redacción de los hechos desde el punto de vista de la defensa].
SEGUNDA.- Disconforme con la correlativa del Ministerio Fiscal [por cuanto los hechos no hechos así relatados no constituyen delito alguno/ son constitutivos de (calificación jurídica de la defensa)].
TERCERA.- Disconforme con la correlativa del Ministerio Fiscal [por no ser responsable del delito a él imputado, ya que no ha tenido participación alguna (enfático) en los hechos. Sin delito no hay autor].
CUARTA.- Disconforme con la correlativa del Ministerio Fiscal [por no concurrir circunstancias modificativas de la responsabilidad criminal/ no obstante, habrá de tenerse en cuenta que en los informes que en este momento se aportan se aprecia que mi representado tiene limitada su capacidad de querer y entender *(por su consumo habitual de drogas tóxicas)*, por lo que, en su caso y en su momento, podría ser de aplicación lo establecido en los artículos 20.2 o 21.2 del Código Penal.].
QUINTA.- Disconforme con la correlativa del Ministerio Fiscal [No procede imponer pena alguna y sí acordar la libre absolución del demandado con las consecuencias legales inherentes al pronunciamiento invocado/ con carácter subsidiario y/ o complementario de la anterior, caso de ser desestimada la pretensión principal, se interesa que los hechos sean constitutivos de un delito de (…), por el que se le imponga la pena de (…)].
SEXTA.- Disconforme con la correlativa del Ministerio Fiscal [No puede haber responsabilidad civil derivada del delito cuando éste no se ha cometido].

que *cuenta y da cuenta* de los hechos adopta la brevedad como fórmula expresiva de su contenido narrativo; es un micro-relato, y aún más, un *sudden fiction* o relato súbito: "disconforme". Sin embargo, observada esta 'disconformidad' pragmáticamente, su calado y fuerza procesal son extraordinarios. El *acto de habla* que como un contra-relato dice 'disconforme' posee – una vez su dicente ha quedado investido de las facultades procesales necesarias para proferirlo – toda la intensidad de un acto perlocutivo capaz de originar irritación – en el sentido luhmaniano –[22] al sistema; a partir de ahí, el proceso pone en marcha el mecanismo de enjuiciamiento de los hechos.[23] Y, además, esa dicción de disconformidad simboliza, asimismo, una respuesta contendiente, de *litis*, al reto fáctico-normativo de la acusación; significa recoger el guante arrojado por el Ministerio de la Ley; o lo que es igual, responder a la provocación ritual del retador planteando en todo su potencial dramático el *desafío*. Y desafiar – *des-afiar* – es aquí no otra cosa que disputar la garantía, fianza, fiabilidad, confianza, *Fe en la Ley*; rechazar, rehusar, luego descreerlo. Es así como también la defensa incluye en el estándar discursivo de su relato, no por motivos de conmiseración pietista o clemente, sino de combate desde *la mejor defensa posible*, un ardid narrativo claramente estratégico: cuando en la narrativa de su escrito yuxtapone una diferente calificación jurídica está ejercitando la retorsión del *topos* de coherencia narrativa en la Legalidad – dada la consignada intertextualidad del relato de la acusación con el prototipo legal proporcionado en la norma – apropiándose, pues, de ese arma del acusador – *Ministerio de la Ley* – para enmendarlo; corrige a la *Ley con la propia Ley*, al objeto de dar mejor ejemplo *retórico* de 'imparcialidad', por lo que genera un *conflicto interno de Ley* en el que impugna con argumentos o razones legales discordantes lo que el representante de la Ley, concorde a ésta, hubo afirmado en su relato. Al introducir esa divergencia trata de crear un estado de dis-armonía entre aquél y *la Ley*, como haciendo ver que no estaba 'de parte de la Ley' y, por tanto, 'apartándolo' de ella, mientras que sería ahora la Defensa, a través de ese movimiento de proximidad y acercamiento hacia ella, quien la 'participa' y, en tal caso, la 'comparte'.

Por lo demás, es igualmente claro que aquí existe convergencia entre consistencia y coherencia narrativa. Y hasta diría que el *ars narrandi* – o, de otro modo expresado, la destreza en la fábrica discursiva del *storytelling* de su disconformidad – con que la defensa rentabilizará en su favor el impacto comunicativo de los hechos afirmados de contrario, reside, precisamente, en saber inducir la segunda de la primera.

---

[22] El sistema judicial responde a las irritaciones comunicativas del entorno y le conduce a autodeterminarse en su función. Las irritaciones pueden ser positivas o negativas, o sea, no tipificables. En ambos casos debe 'pronunciarse' (principio de *non liquet*). "El sistema tiene, entonces, la posibilidad de encontrar en sí mismo la causa de la irritación y aprender de ella, o bien de atribuir la irritación al entorno y así tratarla como casualidad, o bien de buscarle su origen en el entorno para aprovecharla o desecharla", Cf. Niklas Luhmann, *La sociedad de la sociedad* (1997), trad. de Javier Torres Nafarrete, Herder/Universidad Iberoamericana, México, 2006, p. 87.

[23] Art. 784.5 LECrm. De contrario, la conformidad en la calificación acusadora ya sea al momento del escrito inicial (art. 787 LECrim.), en uno nuevo o en cualquier momento anterior a la celebración de las sesiones del juicio oral – según lo previsto en el art. 784. 3 LECrim. – dará lugar a un *proceso sin controversia* y, por tanto, al 'craked trial' o, como sería preferible denominarlo, 'juicio penal truncado'; véase Niceto Alcalá-Zamora y Castillo, "El juicio penal truncado del derecho hispano-cubano", en Id., *Ensayos de Derecho Procesal (Civil, Penal y Constitucional)*, Revista de Jurisprudencia Argentina, Buenos Aires, 1944, pp. 411-500, reimpreso como *El allanamiento en el Proceso penal*, Eds. Jurídicas Europa-América, Buenos aires, 1962.

4. Estándares de discursividad en la narración de hechos del Testigo

El panorama narrativo compuesto por el estándar discursivo de la acusación en su relato de hechos (y de derecho) y las incitaciones que a intervención disconforme de la Defensa desencadenan en el sistema judicial la interposición del juez como sujeto procesal *intra* aquellas partes (pública y privada) y, en diferido, una acción constructiva de fijación y dación de sentido, se hace más complejo con la entrada al Proceso de quienes son terceros con relación a él. La concurrencia de éstos, sea de *motu propio* o a petición de las partes,[24] aportará al juez conocimiento sobre la controversia ya planteada; entre esas figuras se encuentra la del testigo. Su estatus procesal ha de ser 'extraño' a la relación jurídica orgánica entre las partes y respecto del juez, así como no 'acordada' al interés de la causa que allí se ventila. Su presencia en el Proceso será transitoria, retirándose una vez hayan cumplido con el motivo para el que fue convocado, en lo fundamental relativo al subsidio de elementos probatorios en la controversia fáctica que las partes han entablado con vista a obtener del juez el otorgamiento de 'triunfo narrativo' a su versión de lo ocurrido.

La prueba testifical admite de este modo una lectura 'narrativista'; frente al juez que otorgue triunfo narrativo a una de las 'apuestas narrativas' – relatos de hechos donde se cuenta qué ocurrió y, de haber ocurrido, cómo – la prueba testifical se formaliza en calidad de 'postura' al lance que con los escritos de acusación o defensa quedó entablado acerca de si todo o algo de lo afirmado en cada uno ellos será o no será lo que finalmente cuente el juez. La propuesta de prueba testifical representa, por tanto, la asunción del riesgo potencial inherente a la persistencia del *dilema narrativo de igual incredulidad*, o *de pareja credibilidad*, sustanciado ante el juez imparcial, y que llegado el tiempo de su práctica cada parte probará frente a la adversa bien a enervar o robustecer, bien a conservar o destruir, con el fin de atraer hacia sí la decisión judicial que otorgará rango de triunfo por vencimiento objetivo (*victus, victori*) de una sobre otra razón narrativa, o en 'duda razonable' de triunfo – que también es aquí triunfo de la Razón – *pro reo*, censando en cualquiera de ambos casos, definitivamente, la dualidad narrativa de partida.

De la práctica de las diligencias de prueba testifical resulta elemento probatorio el aportado en la declaración del testigo – conducida a través de preguntas dirigidas a 'depurar' los hechos sobre los que atestigüen (art. 708 párrafo 2º LECrim.) – con expresión de la *razón de su dicho* (art. 710 LECrim.).[25] La mecánica propia del medio – el interrogatorio – y los enunciados de manifestación – las *razones del dicho* – comportan, no obstante, efectos sobre la narratividad del discurso (consistencia narrativa) que permanecen ayunos de adecuado análisis. La prueba testifical, procesalmente diseñada con miras a que el narratario (juez) reciba en ella información fáctica (historia o suceso) de

---

[24] Art. 656 LEcrim.: "El Ministerio Fiscal y las partes manifestarán en sus respectivos escritos de calificación las pruebas de que intenten valerse, presentando listas de peritos y testigos que hayan de declarar a su instancia." Como puede observarse el legislador se produce con vaguedad expresiva al parecer distinguir entre Ministerio Fiscal y partes.

[25] O "razón de ciencia de lo que diga" (art. 370.3 LECv.).

un modo discursivo (relato del hecho), no parece sin embargo gobernada por la idea constructiva de curso ordenado, secuencial y sucesivo en la narración de los hechos – esto es, de *discurso narrativo* – sino más bien sometida a un estado narrativo desestructurado, episódico y disgregado. Ello, obviamente, produce quiebras – o, cuanto menos, fragilidades – e interrupciones – segmentaciones más profundas – de metódica, período y adherencia discursiva de lo narrado.

Con tal morfología, ¿se puede seguir considerando la prueba testigos en Plenario como prueba *narrativa*? Me inclino a entender que no, pero con matizaciones que resultan del todo imprescindibles. Mi opinión – madurada también desde la experiencia jurisdiccional – es que el testigo, si bien acude a la práctica de la prueba testifical llamado a prestar declaración que contribuya a depurar (memorísticamente)[26] los hechos, raramente encuentra oportunidad – *prima facie* – a que el contenido de esa manifestación discurra en forma narrativa. La *razón de su dicho* sólo en muy escasas oportunidades se reviste de *razón narrativa*. Serían aquellas en que se le formulan preguntas del tipo *recuerdo libre* (MF/D: – *Cuente a este Tribunal qué recuerda de los hechos*) y por ello mismo de respuesta abierta,[27] cuyo formato memorioso es de recuperación narrativa.[28] En el resto de ocasiones, la inmensa mayoría, al testigo – por la dinámica misma de la prueba en la que interviene como 'postura' – le cumple la función de producir un efecto de *sobreabundancia* o *mengua* en la credibilidad de las 'apuestas narrativas' preexistentes. No se le requiere para relatar, sino para redundar en el relato de la parte que lo propuso. Y ese es el motivo por el cual, esencialmente, se le formulan interrogaciones claras y precisas de respuesta cerrada y escueta.[29] Así, su testifical tendrá *efecto* de sobreañadido o de descuento para certificación o des-refrendo, y, por tanto, igualmente de validación o desautorización – homodiegética –[30] hacia quien hasta entonces ha contado de los hechos como narrador sólo heterodiegético. De aquí – y no pretendo parecer incrédulo, pero tampoco ingenuo – que los testimonios sean comúnmente tan inequívocos como previsibles. El 'juramento de verdad' que al testigo se le toma o bien lo es sobre una verdad ya prometida en el relato de su proponente, pues se hace difícil imaginar la propuesta de un testigo que la comprometa, es decir, que la ponga en peligro, o bien si así fuera, será propuesto de contrario para que su 'juramento de verdad' produzca efecto de inveracidad sobre la versión de la contraparte. Este cúmulo de contingencias al que la prueba testifical se encuentra sometida conduce a considerar que la verdad sobre los hechos obtenida en ella es, también en este caso, una *verdad construida*. Con

---

[26] En el doble sentido de ofrecer una rememoración y de acudir sólo a su memoria, es decir, "sin valerse de ningún borrador de respuestas", salvo cuando la pregunta se refiera a cuentas, libros o documentos, permitiéndosele su consulta antes de responder (art. Artículo 370.2 LECv.).

[27] Sobre forma y función de las 'preguntas abiertas' en el interrogatorio véase Raquel Taranilla, *La justicia narrante*, cit. pp. 184-188.

[28] Véase Antonio L. Manzanero, *Memoria de testigos: Obtención y valoración de la prueba testifical*, Eds. Pirámide, Madrid, 2010.

[29] Sobre forma y función de las 'preguntas cerradas' en el interrogatorio, *ibid*., pp. 188-194.

[30] El *dicho* del testigo ha de provenir de una experiencia directa del hecho. Sobre el 'testimonio de referencia', si bien admisible – excepto en "causas por injuria o calumnia vertidas de palabra" (art. 813 LECrim.) – igualmente "poco recomendable" (STS de 21 de diciembre de 1989) y nunca incondicional, véase por extenso Antonio Pablo Rives Seva, *La prueba de testigos en la jurisprudencia penal*, Edijusa, Madrid, 2003.

esta toma de posición[31] – a la que no pretendo dar aire de manifiesto, aunque comprenda bien su polémico alcance – procuro sólo y exclusivamente llamar la atención sobre la falibilidad de las técnicas probatorias del interrogatorio para con el afán 'metafísico' de búsqueda de la verdad.

Fuera de ello, la única lectura posible en términos de estándar discursivo del testimonio para con las narrativas judiciales concierne, como he señalado, a su función de acrecimiento narrativo o de des-narración de otras previas, incluida asimismo la aportada por el propio testigo en fase sumarial (de comprobación del delito y averiguación del delincuente), que entonces sí, ciertamente, se configuró con carácter de recuperación narrativa. Resulta en este sentido del todo pertinente subrayar lo dispuesto al efecto de que el Juez instructor le deje "narrar sin interrupción los hechos sobre los cuales declare".[32] Esta misma narración, además, podrá reentrar a fase de plenario, por vía de lectura y a petición "de cualquiera de las partes" cuando la declaración "no sea conforme en lo sustancial con la prestada en sumario",[33] produciendo excepción de *sobreabundancia* – desde la ratificación que de aquélla hubiere dado – y, por tanto, *mengua* de su actual y/o pasada credibilidad, de lo que a su vez le podrán parar a ese testigo, con solicitud de que sea librado testimonio por falso testimonio, las consecuencias que en la infidelidad de cuanto hubiere manifestado durante el juicio oral se califican de perjurio.[34]

El contexto de la prueba testifical es, por tanto, el de un *κόσμος narrativo*. Aquí, sin embargo, me interesa incidir, en específico, sobre la modalidad de testifical en la fase de diligencias sumariales, última a la que he hecho referencia. Su carácter de narración 'libre' en el sentido de inmediada, no obvia *per se* la posibilidad de plantear algunos problemas en torno a la organización consistente y coherente de su discurso que además, según entiendo, creo que comportan especial complejidad.

Para comenzar, conviene que se la sitúe como la narrativa oral que efectivamente es. De aquí se trae, por ejemplo, la necesidad de tomar conciencia de que su expresión oral no siempre ha tenido equivalente modo de asiento y archivo de constancia, como sí sucede hoy tras la introducción en las actuaciones procesales de técnicas videográficas de reproducción, empleadas también en la práctica de algunas diligencias de investigación sumarial relacionadas con la comprobación de los hechos. Hasta hace bien poco lo que permanecía de aquella narrativa oral era sólo el residuo e insuficiencia de su elaboración en el texto escrito – medio documental – que el escribano producía en el acta

---

[31] Remito a mis trabajos "La verdad de la verdad judicial. Construcción y régimen narrativo", en *Rivista Internazionale di Filosofia del Diritto* LXXVI, 1 (1999), pp. 27-54 y Ponencia: "Decidir la verdad de los hechos. Narrativismo y verdad judicial constitucionalizada", en *Actas del Primer Congreso Iberoamericano de Filosofía Jurídica y Social- XXVIII Jornadas Argentinas de Filosofía Jurídica y Social*, 'La decisión y el rol de los tribunales en el Estado democrático de Derecho', Buenos Aires, 15-17 de octubre de 2014 (en prensa).

[32] "El Juez dejará al testigo narrar sin interrupción los hechos sobre los cuales declare, y solamente le exigirá las explicaciones complementarias que sean conducentes a desvanecer los conceptos oscuros o contradictorios. Después le dirigirá las preguntas que estime oportunas para el esclarecimiento de los hechos." (art. 436 párrafo 2º LECrim.). Le permitirá igualmente "consultar algún apunte que contenga datos difíciles de recordar." (art. 437 párrafo 2º LECrim.).

[33] Art. 714 LECrim.

[34] Arts. 715 LECrim. y 458.1 CP.

de la diligencia o del juicio. Pero aún al margen de la cuestión sobre la *ficción de la fe* en la escritura del actuario – incluso si empleaba estenotipia – que estas innovaciones tecnológicas (para conservación de imagen – incluyendo comunicación no verbal –[35] y sonido) puedan haber zanjado, subsistirá ahora – y aún con mayor intensidad – el particular de su oralidad. Así, por tanto, tratándose de una narrativa oral se debe tener muy presente que la estructura discursiva en la que fijar su estándar concierta características de consistencia donde la historia – esto es, el material informativo fáctico de que se compone la narración – no se modela y concreta en un relato de lógica siempre causo-temporalmente estructurada, lineal y en desplazamiento sin solución de continuidad. Toda narrativa oral es movediza, gira sobre sí misma, implanta digresiones varias, recalca determinadas partes, comprime o resume otras, retorna a una etapa anterior, regresa al punto de avance y torna de nuevo a alejarse, etc. Ello condiciona, y a veces limita seriamente, el grado de coherencia de lo contado en la narración. La variación del orden discursivo (*ordo artificialis* frente a la convencionidad del *ordo naturalis*), la retroalimentación (*feed-back*) y otros comportamientos narrativos alteran las proyecciones de sentido. Las expectativas ligadas a la promesa de sentido pueden verse así afectadas por la consistencia. Pero es más; incluso si la evocación del acontecimiento (hecho pasado) que el relato trae a presente, y de ese modo propicia hacia futuro en encadenadas predicciones de sentido, se articulara satisfaciendo la totalidad de requisitos constructivos de consistencia discursiva, tampoco entonces lograríamos que desaparecería por completo la tensión problemática que relaciona la consistencia narrativa con la coherencia narrativa. La coherencia de un relato es una proyección del discurso donde los saltos y los lazos narrativos se impulsan y anudan por contigüidad, pero sin que sea posible colmatar plenamente todos los espacios intersticiales que se producen en la discursividad – en la marcha discursiva – del relato mediante la sola apelación a su recorrido narrativo. El agarre discursivo de la historia a su relato durante la narración – esto es, durante el acto de contar – nunca es total y perfecto.

Lo que con ello intento sugerir es que el 'proyecto de sentido' al narrar (acto de contar) la historia (facticidad) *confabula* (interacciona) narrativamente desde el exterior del recorrido de su discurso; o lo que es igual, que el discurso podría contar sin sentido, pese a discurrir en forma convencionalmente consistente, y que si el *efecto sentido* sin duda tiene lugar en su relato, es decir durante el recorrido en el que la concomitancia y compatibilidad lógicas trasladan narrativamente de un acontecimiento con otro, éste 'trans-curre' a pesar de las imponderables discontinuidades discursivas merced, en realidad, a intermediaciones (intervenciones, entremetimientos, interposiciones) que proceden *del afuera* discursivo del relato. La receta genettiana es: "Le discours peut

---

[35] Se abre aquí, muy sugestiva y pendiente de abordaje, una dimensión a la *semionarrativa* del gesto en la prueba testifical de enorme interés en orden a su valoración. He dedicado algunas páginas a explorar *qué cuenta la semiótica del gesto* de los jueces en "Justicia y Semionarrativa: Imagen, Gesto y Relato. Preliminar a una historia que no abre capítulo", nota a la 2ª ed. de *La Justicia como relato. Ensayo de una semionarrativa sobre los jueces*, Editorial Ágora, Málaga, 2002, pp. 13-45.

«raconter» sans cesser d'être discours, le récit ne peut «discourir» sans sortir de lui-même".³⁶

La clave será, a partir de aquí, averiguar de qué se integran esas mediaciones exógenas al relato y cómo se gestiona con ellas la sutura (*continuum*) de los espaciados discursivos (pérdida de consecutividad presente en todo discurso) entre los acontecimientos que forman parte de la historia, y que así el avance de la narración – esto es, del acto de narrar el relato – mantenga proactiva la promesa de sentido en contar – armar narrativamente – la ocurrencia histórica de lo acontecido. Es claro que la clase de elementos adhesivos a que me refiero son invisibles al discurso, o sea, no dejan marcas o huellas sobre su superficie. La principal razón reside en que no es el discurso proferido quien los recibe, sino el relato, y es su narratario quien desde el exterior a éste instala en él una *elástica creativa* de expansión y/o contracción sobre la facticidad de la historia. Esa recreación de la historia, que permite al discurso seguir contando, obedece a que su relato no resuena en el vacío mientras se narra. La historia, organizada en un discurso cuyo relato es la narración que cuenta y da cuenta de la acción de los hechos y los hechos en acción, es identificada por el narratario desde un punto de vista externo al relato y que así le permite *enganchar* (*Post hoc, ergo propter hoc*) las etapas ociosas del discurso que, de lo contrario, generarían lapsos inactivos en la coherencia narrativa del relato. Para entonces, ya las fronteras de la consistencia y la coherencia narrativas se superponen, hibridadas de un modo constante una a la otra, porque una como otra se precisan. Decir discurso consistente y relato coherente es afirmar que la consistencia y la coherencia narrativas son sincrónicas, son en la narración al propio tiempo, pero también que esto sucede porque los constructos narrativos socialmente institucionalizados y culturalmente disponibles (imaginarios) junto a las reconstrucciones de memoria jurídica que aporta el narratario negocian su simultaneidad para, supliendo los déficit de rectilinealidad (grietas) y disposición progresiva segmentada (hendiduras) que se presentan en el discurso, estimular la traslativa de promesa de sentido en el discurso de su relato que, de lo contrario, éste estaría siendo perezoso en entregar.

Comprendo bien la peripecia que aquí asume mi exposición al incursionar el territorio de la psico y sociolingüística, en gran parte atravesado por los caminos del procesamiento cognitivo – neurofuncional – que llevan no sólo a recorrer en el área de la práctica jurisdiccional determinadas zonas cuya extensión apenas ha comenzado a ser topografiada – así, por ejemplo, la *fides* y el *simulacrum* en las declaraciones testificales – o a trazar el mapa de la memoria

---

³⁶ Gérard Genette, "Les frontières du récit", *Communications* 8, 8 (1966), pp. 152-163, cit. p. 162. "El discurso puede «contar» sin dejar de ser discurso, el relato no puede «discurrir» sin salir de sí mismo". Gérard Genette, "Las fronteras del relato", en VV. AA., *Análisis estructural del relato*, Silvia Niccolini (comp.), trad. de Beatriz Dorriots, Tiempo Contemporáneo. Centro Editor de América Latina, Buenos Aires, 1970, pp. 193-208, cit. a p. 206. Para asimilar correctamente este fragmento es necesario no olvidar el modo particular en que Genette emplea las categorías narratológicas *historia, discurso* y *relato*. Genette llama *historia* (*histoire*) a la "sucesión de acontecimientos, reales o ficticios, que son objeto del discurso" y que en su terminología también corresponde, *sensu stricto*, al relato; *relato* (*récit*) al "enunciado narrativo, el discurso oral o escrito que entraña la relación de un acontecimiento o de una serie de acontecimientos" – lo que en la terminología que nuestro trabajo emplea se corresponde con discurso – y *narración* (*narration*) al "el acontecimiento consistente en que alguien cuente algo: el hecho de narrar tomado en sí mismo". Véase al respecto en Gérard Genette, *Nuevo discurso del relato*, trad. de M. Rodríguez Tapia, Cátedra, Madrid, 1998.

del testigo,[37] sino que llegando a una encrucijada llevan hasta donde convergen con la imaginación narrativa de los jueces[38] y el funcionamiento narrativo de su memoria en el proceso. Lo señalo porque estoy en el convencimiento de que las interacciones realizadas por el juez como narratario del discurso narrativo del testigo para con la pretensión de sentido de su relato tienen a esos dos factores – representaciones del imaginario cultural narrativo y memoria – por los verdaderos dispositivos subsanadores del *inauditum* discursivo (exceso de *ruido* o *resonancia* por demasía de indexicalidad) y la *praedictionem* del relato.

5. Historia, relato, narración y memoria

El imaginario cultural narrativo – depósito de cultura narrativa común – es un punto de vista externo al relato[39] – en la teoría de los sistemas de Luhmann el influjo de la contingencia 'ambiente' –[40] que cabe asimilar a categorías de programa narrativo (*programme narratif*) o esqueleto narrativo (*story skeleton*), estudiadas por la teoría general del discurso y la semiótica de la narratividad, cuya virtud consiste en anticipar futuras realizaciones de sentido,[41] o lo que es igual, precomprensiones o sobreentendidos de sentido. De ellas ha aprovechado la Teoría del Derecho en los llamados "anclajes narrativos" (*anchored narratives*) que promueven la aceptabilidad y confiabilidad de la decisión de acuerdo al grado de incumbencia específica de las historias al contexto cultural de generalizaciones del 'sentido común', así como de mayor plausibilidad en

---

[37] Es pertinente recuperar aquí un pasaje de *Ulrica* de Borges. "Mi relato será fiel a la realidad o, en todo caso, a mi recuerdo personal de la realidad, lo cual es lo mismo." Jorge Luis Borges, "Ulrica", en Id., *El libro de arena*, Emecé Editores, Buenos Aires, 1975, p. 25.

[38] El narrador, una vez sale del silencio, provoca el imaginario narrativo del oyente, porque "puede que la esencia de la narrativa no esté en comunicar lo que pasa por la cabeza de uno sino lo que pasa por la cabeza de los demás. La responsabilidad del autor es crear el punto de vista de otra persona". Véase Kevin Power, "Mons narratius i acumulació de significats/Mundos narrativos y acumulación de significados", en *El poder de narrar*. Espai d'Art contemporari de Castelló, Generalitat Valenciana, Castelló, 2000, pp. 20-159, en esp. p. 31.

[39] A las ideas de 'correlato' y 'memoria compartida' remití, allá por 1993 (1998²); en *El Discurso de los hechos. Narrativismo en la interpretación operativa*, cit.,, pp. 46-48.

[40] "Los sistemas de interacción no se forman fuera de la sociedad para luego venir a entrar a la sociedad como formaciones concluidas. Puesto que utilizan comunicación, son siempre consumación de la sociedad dentro de la sociedad. Sin embargo, tienen una forma propia de operar que no se realizaría sin interacción. Al mismo tiempo, cuentan con sensibilidades especiales para tomar en consideración lo que se les presenta como entorno dentro de la sociedad. Están, pues, constitutivamente concertados para una *autopoiesis* en la sociedad". Cf. Niklas Luhmann, *La sociedad de la sociedad*, cit., p. 645.

[41] Algirdas Julien Greimas, *Sémantique structurale: recherché de méthode*, Larousse Paris, 1966 (*Sémantica estructural: investigación metodológica*, trad. de Alfredo De la Fuente, Gredos, Madrid, 1971), *Du sens. Essais sémiotiques*, Éditions du Seuil, Paris, 1970 (*En torno al sentido. Ensayos semióticos*, trad. de Salvador García Bardón y Federico Prades Sierra, Fragua, Madrid, 1973), *Sémitique et sciences sociales*, Éditions du Seuil, Paris, 1979 (*Semiótica y ciencias sociales*, trad. De José Adolfo Arias Muñoz, Fragua, Madrid, 1980), *Du sens II. Essais sémiotiques*, Éditions du Seuil, Paris, 1983 (*Del sentido II. Ensayos semióticos*, trad. de Esther Diamante, Gredos, Madrid, 1989); Algirdas Julien Greimas et Joseph Courtés, *Sémiotique. Dictionnaire raisonné de la théorie du langage*, Librairie Hachette, Paris, 1979 (*Semiótica. Diccionario razonado de la teoría del lenguaje*, rad. de Enrique Palló y Hermis Campodónico Carrión, Gredos, Madrid, 1982), Roland Barthes, "Introduction à l'analyse structurale des récits", *Communications* 8 (1966), pp. 1-27 [asimismo en Roland Barthes et al., *Poétique du récit*, Éditions du Seuil. Paris, 1977, pp. 7-57 y VV. AA., *Análisis estructural del relato*, cit., pp. 9-43], y Roger Schank, *Tell me a story. Narrative and intelligence*, Northwestern UP, Evanston, 1995.

tanto que conexas a "esquemas de narrativos" (*story schemes*).⁴² También se han obtenido utilidades a partir del concepto 'contexto', 'encuadre' o 'marco de interpretación' cultural (*frame*)⁴³ como estereotipo necesario para la comprensión receptiva de mensajes, aunque con mucha menor eco en la literatura crítica.⁴⁴

En cuanto al funcionamiento narrativo de la memoria del juez en el proceso es – a excepción de un excelente y precursor trabajo –⁴⁵ nada todavía lo elaborado. Aquí, por mi parte, me limitaré a aventurar algunas ideas tentativas y aún embrionarias, como provocación a un estudio con segura virtualidad epistémica respecto a operaciones intelectuales que repercuten en la genética de la apreciación judicial de los hechos, introducen a la valoración de éstos y desembocan en la expresión justificativa de su rendimiento probatorio.

El juez juzgador dispone de un abundante acervo narrativo que acumula memoria procesal de los hechos. Se ha ido formando por el juez instructor a lo largo de las diligencias previas o preliminares de averiguación sumarial de los hechos con el relato contenido en el atestado de la autoridad gubernativa o Policía judicial, por lo sustanciado acerca de ellos en la denuncia o querella, así como por todo el material fáctico ingresado desde las declaraciones prestadas – sea a requerimiento imperativo de aquel juez instructor o voluntariamente – por imputados o investigados. Seguidamente, una vez abierta la

---

⁴² Willem A. Wagenaar- Peter J. van Koppen- Hans F.M. Crombag, *Anchored narratives. The psychology of criminal evidence*, St. Martin's Press, New York, 1993. De interés asimismo la recensión de Monica den Boer, "Anchored Narratives" (Review of W.A.Wagenaar, P.J. van Koppen and H.F.M. Crombag, *Anchored Narratives. The Psychology of Criminal Evidence*)", *International Journal for the Semiotic of Law* VIII, 24, 1995, pp. 327-334, el comentario de William Twining, "Anchored Naratives. A Comment", *European Journal of Crime, Criminal Law and Criminal Justice* (1995), pp. 106-114, y Bernard S. Jackson, "'Anchored narratives' and the interface of law, psychology and semiotics", *Legal and Criminological Psychology* 1 (1996), pp. 17-45. Véase también, como desarrollos más recientes a través del concepto de 'story schemes', los trabajos de Floris Bex- Henry Prakeken Bart Verheij, "Anchored narratives in reasoning about evidence", en *Legal Knowledge and Information Systems. JURIX 2006: The Nineteenth Annual Conference. [Frontiers in Artificial Intelligence and Applications]*, Tom M. van Engers (ed.), IOS Press, Amsterdam, 2006, pp. 11-20, Floris Bex, "Analyzing stories using schemes" y Bart Verheij- Floris Bex, "Accepting the Truth of a Story About the Facts of a Criminal Case", ambos en *Legal Evidence and Proof: Statistics, Stories, Logic*, Hendrik Kaptein, Henry Prakken- Bart Verheij (eds.), Ashgate, Farnham, 2009, respect. pp. 93-116 y pp. 161-193.

⁴³ Gregory Bateson, *Steps to an Ecology of Mind. Collected Essays in Anthropology, Psychiatry, Evolution and Epistemology*, Chandler Pub. Co., San Francisco, 1972 y A sacred unity: futher steps to an ecology of mind, Rodney E. Donaldson (ed.), Cornelia & Michael Bessie Book, New York, 1991 (*Una unidad sagrada. Pasos ulteriores hacia una ecología de la mente*, pról.. de Marcelo Pakman, trad. de Alcira Bixio, Gedisa, Barcelona, 1993). Véase también Antonio Rivas, "El análisis de marcos: una metodología para el estudio de las ciencias sociales", en *Los movimientos sociales. Transformaciones políticas y cambio cultural*, Pedro Ibarra y Benjamin Tejerina (eds.), Trotta, Madrid, 1998, pp. 181-215.

⁴⁴ Con referencia a su utilidad en la práctica forense y en la educación jurídica véase Laura E. Little, "Frame: Characterization and Legal Discourse", *Journal of Legal Education* 46, 3 (September 1996), pp. 372-406. El concepto de 'encuadre' si ha tenido, sin embargo, aplicación ulterior en el campo de la pragmática del discurso jurídico. Véase, entre otros, Robert W. Van Kralingen, *Frame-based conceptual models of statute law*, Kluwer Law International, Boston, 1995, y Emile de Maat and Radboud Winkels, "Formal models of sentences in dutch law", en Proceedings of the Workshop Applying Human Language Technology to the Law (AHLT), Pittsburgh, Pennsylvania, 2011, pp. 28-40.

⁴⁵ Raffaele De Giorgi, "A Memoria do Direito", *Revista Latino-Americana de estudos constitucionais* 2 (julho/dezembro de 2003), pp. 59-77 [luego incluído en *Direito, Tempo e Memória*, trad. de Guilherme Leite Gonçalvez e rev. técnica Celso Fernandes Campilongo e Carolina Cadavid, Quartier Latin, São Paulo, 2006. Asimismo en versiones alemana como "Das Gedächtnis des Rechts", en *Summa. Dieter Simon zum 70. Geburstag*, Rainer Maria Kiesow, Regina Ogorek, Spiros Simitis (Hrsg.), Klostermann, Frankfurt am Main, 2005, pp. 99-116, e italiana como "Memoria del Diritto" en Raffaele De Giorgi, *Temi di filosofia del diritto*, Pensa MultiMedia, Lecce, 2006, pp. 149-166].

fase de enjuiciamiento ese acopio no desaparece, aunque se tamiza en el relato de hechos del auto de procesamiento dictado por el juez instructor y en los escritos acusatorios (Ministerio Público y Acusación particular) y de defensa. Ese acopio narrativo que recibe el juez del Plenario se convierte en una *memoria Central* o *memoria de Masa, no volátil y no reescribible*. Si utilizáramos un símil informático podría decirse que esa memoria ocupará la mayor parte del espacio del dispositivo hardware del *chip de memoria operativa del sistema*. El resto, en mucha menor medida, correspondería a los 'programas' normativos generales (derecho objetivo) y a los diferenciales (derecho adjetivo) creados para desenvolver tareas específicas. Ciertamente, el PC no podrá 'arrancar' si no dispone de aquella *memoria Central* o *Masa* en acervo narrativo sobre los hechos, y su funcionamiento será más o menos veloz en el tratamiento del mismo dependiendo del tipo de secuencias de instrucciones de los programas normativos instalados (especialidades de procedimiento),[46] y si para su ejecución se requiere de 'intérprete' (lectura) o si se encuentran ya instalados en el hardware para ser ejecutados automáticamente. El diverso despliegue que corresponda al procesamiento jurisdiccional de los hechos almacenados y su movilización operativa conforme a los 'programas' normativos produce, a su vez, *memoria RAM* (Randon Access Memory), que es *aleatoria, no permanente y reescribible*, porque se mantiene abierta mientras el material narrativo está siendo procesado, desapareciendo cuando se interrumpe la operativa de su actividad procesal. Los efectos de la *memoria RAM* adquieren una especial relevancia durante la práctica de la prueba en el juicio oral y, de modo particular de la testifical, donde esencialmente rige el principio de unidad del acto de la vista y la garantía de inmediación y de concentración de la prueba. Así, con carácter excepcional, y en exclusiva referencia al Procedimiento abreviado, sólo resulta admisible la interrupción que paralizaba la actividad procesal no más de 30 días, durante los cuales los actos procesales realizados 'conservarán su validez', y sin superar ese plazo, so pena de nulidad.[47]

No obstante, las cuestiones incumbidas en la temporalidad de la *memoria RAM* y relativas al proceso de conformación de los hechos y de valoración de la prueba que les concerniera, especialmente tratándose de pruebas de carácter personal como la testifical, requieren hoy una "modulación" de acuerdo al progreso de las técnicas de grabación y reproducción de los soportes audiovisuales, que hacen posible "compensar el posible déficit de concentración en la práctica de la prueba por exceso del plazo del art. 788.1 [LECrim.] con el visionado de la grabación del acta del juicio oral".[48] O sea, es posible mantener

---

[46] Pensemos en el Procedimiento de Juicio rápido penal del art. 795 LECrim.

[47] Art. 788.1 LECrim.: "la práctica de la prueba se realizará concentradamente en las sesiones consecutivas que sean necesarias. Excepcionalmente, podrá acordar el Juez o Tribunal la suspensión o aplazamiento de la sesión, hasta el límite máximo de treinta días, en los supuestos del art. 746, conservando su validez los actos realizados [...]."

[48] Cf. STS 97/2010, de 10 de febrero, donde se rechaza la nulidad de toda la prueba por superación del plazo del art. 788.1 LECrim. Señala, asimismo, que conforme al principio de unidad del ordenamiento jurídico "no dejaría de ser un contrasentido jurídico que en el procedimiento abreviado la superación del plazo de 30 días para la suspensión o aplazamiento de la sesión del juicio oral, art. 788.1, implique la nulidad de la prueba practicada y en el procedimiento por sumario – aplicable al enjuiciamiento de los delitos más graves, con penas privativas de libertad superiores a 9 años – se permite la suspensión sin fijación de plazo máximo y por tanto, con validez de lo actuado (arts. 744, 746 y 748 LECrim.)".

en *stand by* la *memoria RAM* y 'refrescar' los hechos en proceso sin necesidad de reiniciar el sistema con la secuela pérdida (invalidación) de todo lo actuado.

En cualquier caso, el hábito operativo que un juez va adquiriendo en el manejo de las narrativas sobre hechos tanto a través de la *memoria Central* o *memoria de Masa* como de la *memoria RAM*, repetido cientos de veces en su labor jurisdiccional, no tiene como punto de entrada y destino sola y exclusivamente cada proceso en que interviene. Del quehacer profesional con esas memorias procesales de los hechos, así como al circuitar con la narrativa jurisprudencial (antología de la narrativa judicial) y su potencial de reciclaje, los jueces forman asimismo una memoria individual y orgánica de *Álbum* sobre la *quaestio facti*. Esta modalidad de *memoria Álbum* es, como las anteriores, intrasistemática, interna al sistema, porque almacena estándares de discursividad sobre experiencias fácticas, pero es asimismo una memoria plana y estática. Este nuevo nivel de memoria le permite resucitar experiencias estancas de facticidad, útiles para recordar – se trata, en realidad, una mnemotecnia, una técnica para recordar – la parte del estándar de consistencia discursiva en la que se relata acerca de la *acción de los hechos*.

Sin embargo, las averías del estándar de consistencia discursiva en la prueba de testigos conciernen a los tramos de relato sobre *los hechos en acción*. Precisamente por ello no cabe repararlas desde dentro de la narración, que todavía ésta por contar y que no se cuenta coherentemente sino cuando el relato *da cuenta* de la *acción de los hechos* y también de *los hechos en acción*. Las fragilidades discursivas que afectan a – es decir, tienen su efecto sobre – ese recorrido ulterior a la *acción de los hechos* únicamente creo que pueden consolidarse a través de una 'memoria' donde del juez opere un 'bucle'. Con esta palabra trato de expresar no sólo insistencia en la *memoria Álbum*, sino un proceso iterativo que se repite con datos nuevos; es decir, la circularidad de un *loop*. Al operar con *memoria Bucle* el juez produce desde la última información histórica del suceso recibida un avance que retoma – repite, hace recursivo – el discurso en fase de primer punto del recorrido. Es así como la *memoria Bucle* opera cíclicamente el efecto de discurso narrativo desde fuera del relato que lo narra, porque al acotar de qué debe guardar memoria y sobre qué olvidar lo 'reanuda', lo que expresivamente significa tanto reactualizarlo como suturar las costuras de las heridas abiertas del discurso que cuenta acerca de la ocurrencia histórica de un suceso. Por tanto, mientras en cada *loop* de relato recupera la sucesión de sentido, fortalece asimismo la consistencia del discurso que cuenta.

Otra vez se cumple, pues, la superposición de divisorias – que eran meramente didácticas – entre la consistencia y la coherencia narrativas, trenzadas ahora en una sola hilatura, el hilo del relato, que avanza en la promesa de sentido y progresiva anticipación de aceptabilidad o, en su retroceso, genera rechazo, y todo ello conforme desovilla la historia que se narra.

En lo demás y para finalizar, el conjunto de lo expuesto aquí pretendió ofrecer, siempre dentro de la tradición crítica del derecho, una modesta reflexión sobre problemas de teoría y experiencia de Derecho procesal, ante los que la contribución jurídico-narrativista no renuncia a postularse con aptitud análisis teórico del Derecho.

— 30 —

Leyes y castigos a propósito de
La Isla del Doctor Moreau, de H. G. Wells

JUAN ANTONIO GARCÍA AMADO[1]

La novela *La Isla del Doctor Moreau* fue publicada por H. G. Wells (1866-1946) en 1896. El protagonista, que narra sus propias vivencias, se llama Edward Prendick. Después de un naufragio y varias peripecias en los mares, acaba en una pequeña isla remota en compañía de dos médicos, el doctor Montgomery, que antes le había salvado la vida y es adicto al alcohol, y el doctor Moreau, un famoso cirujano que ha tenido problemas por causa de sus experimentos y que ha acabado organizando en esa isla su muy peculiar laboratorio. El resto de criaturas que habitan la isla son resultados de los experimentos del doctor Moreau.

Moreau practica la vivisección con animales para convertirlos en humanos o en seres con atributos humanos y alguna apariencia humana. Ha construido una casa para los dos médicos y como centro de sus experimentos, edificio que es conocido por sus criaturas como la Casa del Dolor. Todos esos seres recuerdan el dolor tremendo que han padecido con las operaciones de Moreau y lo temen a él como a una especie de dios que los domina y puede volver a causarles enormes padecimientos físicos.

Moreau toma distintos animales, mezcla sus cuerpos y crea nuevos seres con capacidades humanas. Los hace aptos para hablar y también pone en todos ellos propiedades de los humanos, como el lenguaje, el pensamiento y otras sensaciones de los hombres. Su reto es llegar a hacer, mediante su cirugía, auténticos seres humanos, pero todavía no ha conseguido su obra perfecta y en cada una de tales criaturas están entremezcladas características del animal o los animales originarios y de las personas. Mientras dura la historia que se nos cuenta, algo menos de once meses, Moreau está experimentando con un puma que acaba de llevar a la isla en un barco, puma que luego se librará de sus cadenas en el laboratorio y que matará a Moreau mientras éste lo perseguía. También el doctor Montgomery termina por perecer a manos de aquellas criaturas. Al fin, Prendick queda solo en la isla con esos seres, hasta que consigue hacerse al mar en un bote que ha llegado a la isla con dos tripulantes muertos y es rescatado por un barco, en el que vuelve a la civilización.

---

[1] Catedrático de Filosofía del Derecho. Universidad de León (España).

¿Son humanas aquellas criaturas que salen del bisturí de Moreau? Su creador sabe que pueden retornar a la plena animalidad y que eso ocurrirá cuando prueben la sangre, si se les permite regresar a la violencia animal. Por eso la sangre es tabú y tienen absolutamente vedada toda agresión. La tragedia en la isla se desencadena precisamente cuando aparece muerto y desollado algún conejo de los que habían sido llevados a la isla recientemente por Moreau y Montgomery para disponer de más alimento para ellos mismos. Y, sobre todo, se inculca a aquellas criaturas la Ley. Uno de esos animales-persona es el recitador de la Ley y todos repiten la Ley y están convencidos de que vulnerarla supondrá regresar a la Casa del Dolor y padecer a manos de Moreau. En la última parte de la narración, Moreau está muerto y aquellos seres que salieron de su mano lo saben, han visto su cadáver. Prendick va matando con su revólver a los que se vuelven más fieros y peligrosos o intentan atacarlo. A los otros trata de convencerlos de que Moreau puede regresar en cualquier momento, de que no está de verdad muerto y que sigue en pie la Casa del Dolor. Pero van perdiendo el lenguaje, dejan de caminar erguidos y se comportan cada vez más como los animales que en principio eran. A Prendick no le quedan balas para acabar con todos y sabe que ellos lo matarán a él si no escapa de la isla.

La primera vez que Prendick llegó hasta el barranco donde vivían las criaturas, lo tomaron por una de ellas. Se identificaban a sí mismas como hombres y entre los hombres consideraban superiores a los que tenían cinco dedos en la mano. Por encima veían a Moreau y Montgomery porque podían causarles sufrimiento en la Casa del Dolor y porque tenían revólveres y látigos. Como consideraban a Prendick como uno de ellos, decían "Es un hombre. Debe aprender la Ley". El recitador se la iba diciendo:

- "Repite estas palabras. No caminarás a cuatro patas: ésa es la Ley. ¿Acaso no somos hombres?".
- "No sorberás la bebida: ésa es la Ley. ¿Acaso no somos hombres?".
- "No cazarás a otros hombres: ésa es la Ley. ¿Acaso no somos hombres?"

Tenían una lista de prohibiciones así, que repetían. Luego se referían a Moreau, a su creador:

- "Suya es la Casa del Dolor".
- "Suya es la mano que crea".
- "Suya es la mano que hiere".
- "Suya es la mano que cura".
- "Suyo es el rayo cegador. Suyo el profundo mar salado".
- "Suyas son las estrellas del cielo".

Temen la Ley porque temen el castigo que el dueño de todo puede aplicar al que la viola. El Recitador de la Ley se lo recuerda: "Terrible es el castigo para quienes quebrantan la Ley. No hay escapatoria". Y los demás repiten: "No hay escapatoria".

El castigo es real, tienen experiencia:

No hay escapatoria – repitió el Hombre Mono -. No la hay. ¡Mira! Una vez hice algo malo, algo sin importancia. Dejé de hablar y empecé a chapurrear. Nadie me entendía. Y me quemaron, me marcaron la mano con un hierro candente. ¡Él es grande: Él es bueno!

Y siguen recordando las prohibiciones y temiendo los castigos:

Porque todos deseamos el mal –continuó el recitador de la Ley– No sabemos lo que tú deseas. Pero lo sabremos. Algunos quieren perseguir a las cosas que se mueven; acechar y atacar; matar y morder; morder profundamente y succionar la sangre... Eso está mal. No cazarás a otros Hombres; ésa es la Ley. ¿Acaso no somos Hombres?

"Porque todos deseamos el mal – dijo el Recitador de la Ley –. Algunos arrancan las raíces con manos y dientes, husmean por el suelo... Eso está mal". Y los demás, al oír eso, repetían: "No hay escapatoria". "Algunos clavan las garras en los árboles: otros escarban en las tumbas de los muertos; algunos pelean con frentes o pies o con garras; algunos muerden de pronto sin que nadie les provoque; algunos aman la suciedad". "No hay escapatoria".

Y querían inculcarle la Ley y el temor a Prendick, tomándolo por un hombre más como ellos: "Severo y cierto es el castigo; así pues, ¡aprende la Ley! Repite estas palabras –y, sin poderse contener inició de nuevo la extraña letanía, y todos comenzamos a cantar y a movernos al compás".

Moreau quería hacerlos completamente humanos, pero sabía que su condición de bestias sólo podría mantenerse a rayas por el temor a la Ley y a él, su ejecutor; que sin el miedo al castigo ningún orden social se mantendría y él mismo acabaría muerto. *¿Se hacen humanas en plenitud esas criaturas al temer la Ley y respetarla, al acatar por miedo las normas que reglamentan el estilo humano de sus conductas? ¿O acaso si fueran completamente humanos no sería necesaria la Ley o no tendría que ser impuesta de ese modo mecánico e irracional? ¿Acecha la bestia sanguinaria detrás de cada ser, incluidos los humanos, y no puede haber sociedad humana sin el temor al castigo y a seres superiores que lo aplican, o cabe imaginar sociedades de perfecta humanidad en las que el orden no sea fruto del temor al castigo y del miedo supersticioso a seres superiores de cualquier tipo?*

Al final de la historia, con Prendick ya de vuelta en Inglaterra, su conclusión es pesimista, o temerosa al menos. Si en la isla tenía dificultades para ver personas en aquellas criaturas, ahora no deja de ver a las bestias detrás de las maneras civilizadas de sus conciudadanos y se retira al campo y a una vida muy poco sociable, porque es él quien no consigue librarse del miedo, pero ya no el miedo a la Ley, sino el miedo a la naturaleza real de los hombres, bajo la máscara de las normas.

Los "monstruos" temían la ley de los hombres; los hombres temen la otra ley, la de la naturaleza de los monstruos. Justamente eso es lo que se puede decir que, en tanto que filosofía jurídica e ideología, vino a solucionar el iusnaturalismo de todos los tiempos al querer convencernos de que en la naturaleza humana hay algo más que "naturaleza" en bruto, instinto, pulsión primaria. Habría también ley de la otra en la naturaleza humana, ley moral y jurídica, norma auténtica, sentido innato de lo debido. Por eso, para el iusnaturalismo, el hombre que va contra la norma moral y contra la norma jurídica con la moral acorde na obra según su naturaleza humana, sino contra lo más profundo de ella, degenera en el animal que propiamente no es. Esa idea que "naturaliza" la moral, la moral verdadera y objetiva, permite ver en la moral algo distinto de un producto social y cultural o un rasgo evolutivo o adaptativo: la moral no la hacen las sociedades, es condición de posibilidad de las sociedades mismas, pero en cuanto moral objetiva y verdadera.

Conocemos el ideal de la Modernidad y el Racionalismo moderno. Precisamente la filosofía política y moral de la era moderna nos presentó la sociedad plenamente civilizada como antítesis del estado de naturaleza. Sobre la historia real de la humanidad y de sus culturas se superpuso la narración justificadora de la superioridad del mundo moderno. El racionalismo primeramente reconcilia al hombre con la naturaleza y luego "naturaliza" en un estadio superior las sociedades. El ser humano pleno es egoísta y autointeresado y tiene en su fondo ese haz de instintos primarios, depredadores y agresivos que lo emparentan con el animal. Pero la sociedad, con sus normas, es el resultado de otro atributo natural del ser humano, la razón. Poseen los humanos un atributo específico, la razón, y es la razón la que les permite captar que el interés de cada uno y hasta la supervivencia de cada cual quedarán mejor salvaguardados si todos cooperan bajo unas reglas comunes. Pero ¿cuáles reglas?

Una posibilidad para sentar las reglas y que sean obedecidas está en el poder, el poder sobre las vidas, la capacidad del poderoso, sea Dios o sean los reyes y los señores, para dictar la ley y fijar lo debido y para hacer que la norma se cumpla a base exhibir la potencia del castigo o de fundar el respeto en la superstición, en la acrítica y sumisa asunción de los poderes y las penas. La otra posibilidad, la que la Ilustración quiso cultivar, es la de construir la sociedad sobre un sistema de reglas que cada uno por sí y de consuno con los demás pudiera aprobar a base de un cálculo de conveniencia que es producto nada más que del puro ejercicio de la razón, de una razón que ya no se somete al poder ni es rehén del miedo, sino que funda el poder mismo y lo organiza en beneficio de todos. La norma, así, no nace del castigo, sino que el castigo es consecuencia de la norma, su reverso. Como quisieron enseñar tanto Kant como Hegel con su teoría de la pena, el castigo no es negación del infractor o minusvaloración de él mismo y de su libertad, es homenaje a su libertad misma. La pena reconduce al delincuente a su humanidad y es reconocimiento de su condición de ser libre y no determinado por el instinto animal. Si, en verdad y según tal pensamiento, el ser humano al obedecer la norma social se obedece a sí mismo, acata el producto de lo que de humano hay en él mismo y en sus conciudadanos, el castigo penal es igualmente autocastigo que el infractor de la ley se inflige por haberse negado a sí mismo, por haber negado lo que en sí hay de humanidad y por desconocer que su ser humano nada más que puede ser un ser en sociedad y entre iguales, entre iguales porque de la razón de cada uno nace la norma que a todos es común.

Se piensa que la humanidad ha llegado, así, a un momento de plenitud, que se acerca a su cénit. Se quiere enterrar la superstición y se han de superar las tradiciones como fuente de las normas y el orden. No es el temor de Dios ni la reverencia ante los poderes terrenales lo que tiene que abonar el respeto a la ley y que fundamentar el orden social. La razón humana, libre del miedo y el engaño, permite a cada cual elegir entre el animal y el hombre, entre la vida en estado de naturaleza y la vida en sociedad. La razón enseña que es mejor y más útil vivir bajo las normas que la razón descubre en el fondo de cada uno. Siendo común la razón, serán, sin violencia, comunes las normas que produce, y el acuerdo de todos surgirá desde el momento que a todos se los libere del temor y la superstición. A partir de ahí, la sanción ya no será garantía de la norma heterónoma, de la norma que viene del otro, será el complemento que nos ayude a mantenernos en lo que somos, salvaguarda de nuestra propia autonomía como humanos. Al animal lo puede mover el temor, un miedo al castigo que pese más que su propio instinto. Al ser humano no lo vence más temor que el de deshumanizarse, y al acatar la norma social que de la razón de todos emana, no pierde su libertad, la gana. No nos socializamos bajo la norma para superar la condición animal y sus instintos, sino que es en sociedad y bajo la norma cuando nos mantenemos en la humanidad que somos. El desorden social no es regreso a la naturaleza primera y más propia, es caída en un modo de ser inferior al que como humanos nos corresponde, es abandono de nuestra específica condición, es muerte civil, y la muerte civil es la muerte del hombre porque supone la dejación de su razón.

En realidad, aquellas filosofías contractualistas no fundaban la sociabilidad y la normatividad, se apoyaban en ellas como axioma. El estado de naturaleza no se presentaba como la condición animal de unos individuos que buscaban el imposible de salir de esa condición sin poseer los atributos para ello necesarios. La del estado de naturaleza es la hipótesis de unos sujetos ya humanos en plenitud pero que no vivían en consonancia con su ser auténtico. El contrato social es acuerdo entre los que ya son humanos y tienen todas la características de lo humano y nada más que quieren poner los medios para que su modo de vivir se acompase a su modo de ser. Ésa es la magnífica ficción fundadora de la filosofía política moderna, la ficción de una humanidad que ya tiene lenguaje humano y pensamiento humano y sentimientos humanos antes de que cualquier sociedad exista, y que hace nacer la sociedad, con sus reglas, del consenso entre quienes antes ya de vivir en sociedad son plenamente sociales y racionales. La moral básica, con sus normas de trato con el otro, el lenguaje, como manera de comunicarse con el otro, la compasión, basada en ver en el otro un igual a uno mismo, no son aleatorios resultados de la sociedad, sino la materia prima de las sociedades, y en particular de las sociedades en las que se quiere ver la garantía del único atributo humano del que no se puede tener garantía sino en coordinación con los otros: la libertad.

Volvamos a la novela de Wells para hacernos algunas preguntas. ¿Tenía la Ley que ser inculcada de aquella manera, con apoyo en el temor físico y el miedo supersticioso al poder de Moreau porque no habían llegado a ser perfectamente humanas esas criaturas? ¿Acaso cuando Moreau consiguiera convertir animales en seres humanos perfectos nacerían en ellos sentimientos de genuino aprecio a la ley por ser la ley y porque se vieran naturales sus contenidos? ¿Cómo habría sido la vida y la organización en la isla si los experimentos de Moreau hubieran sido totalmente satisfactorios? ¿Se seguiría respetando el poder de Moreau, como reconocimiento de su superior inteligencia o de sus capacidades? ¿Habría podido Moreau seguir adelante con sus experimentos para hacer que del dolor tremendo del animal surgiera el humano que llevara el recuerdo de ese dolor primero, pero ya no el temor, no la sed de venganza ni el respeto reverencial? ¿La humanidad que había en Moreau le habría hecho reconocerse igual a sus criaturas y reconocerlas a ellas iguales a él y con el mismo valor e idénticos derechos? ¿O acaso era Moreau el auténtico monstruo, el humano menos humano y más plenamente animal? ¿Tal vez la exacerbación de ciertas capacidades humanas en Moreau lo condujo precisamente a la pérdida de lo más peculiar de los humanos?

Es tentadora también la lectura de esta novela en clave de alegoría de la religión. Moreau se parece enormemente al Dios bíblico que, en su perfección, hace imperfectas a sus criaturas, que les inculca la Ley que contraviene su naturaleza inmediata y con la promesa de que serán plenamente hombres nada más que cuando, por una mezcla de temor al Creador y de amor al Creador, consigan vivir con arreglo a esa Ley que no es en puridad la suya y que no encaja con lo más natural de su naturaleza; una Ley que con su obediencia promete el acceso a una naturaleza superior y mejor, pero una Ley que nada más que se puede obedecer por el terror al castigo. Una Ley que promete el imposible de acabar siendo como Dios y viviendo sin miedo a su lado a los que nada más que pueden ser como son y como fueron creados, criaturas dolientes que se niegan a sí mismas bajo la esperanza de alcanzar lo que en vida jamás podrán ser. Pues todo lo que de humanidad se pueda ver en esos habitantes de la isla por Moreau hechos no tiene más razón de ser que el infundir en ellos el respeto a la Ley, son hombres si acatan la Ley, aunque no la entiendan y aunque por encima de todo la teman. Cuando el hacedor de la Ley muere, el animal que está en cada uno retorna, la naturaleza impone su verdadera ley y de la Ley no quedará rastro. El experimento se consuma en fracaso porque el experimento nacía de la soberbia y la crueldad del creador. Quizá, en el fondo, Wells quería mostrar que la maldad no está en el que come del fruto prohibido, pues es natural en él comer la manzana y no es capaz de entender por qué se le prohíbe la manzana. Moreau, además, muere a manos de sus propias criaturas y no sabemos cuáles eran sus designios, si quería hacer una humanidad nueva para que fuera libre o una humanidad para que lo honrara, lo exaltara y lo temiera.

La literatura contemporánea está bien poblada de situaciones imaginarias en las que humanos son puestos a convivir en lugares en los que no hay sociedad ni ley y tienen que organizarse desde el principio, produciendo reglas donde no las hay y procurando un orden que no viene dado. La conclusión no suele ser optimista. Un buen ejemplo, entre tantos, lo hallamos en *El señor de las moscas*, de William Golding. Y la historia contemporánea también nos da abundantes ejemplos del empeño en crear el "hombre nuevo", para el que el orden sea puro resultado de la natural solidaridad y de modo que la ley termine por ser ociosa, prescindible. La labor de esos "cirujanos" que habían de alumbrar la sociedad perfecta ha hecho correr ríos de sangre en el siglo XX y una y cien veces se ha visto que no era la humanidad la enferma, que no había más que insania y vesania en cada Moreau de turno.

¿Se anticipaba Wells a tanta literatura distópica del siglo XX? ¿Avisaba ya, a fines del XIX, de los riesgos de querer a aplicar la ciencia el perfeccionamiento de la humanidad, a la producción del ser humano perfecto? Así se explicaba Moreau ante Prendick:

> A un cerdo se le puede educar. La estructura mental es aún menos determinada que la corporal. La ciencia del hipnotismo, cada vez más cultivada, parece apuntar a la posibilidad de sustituir viejos instintos inherentes por sensaciones nuevas. De hecho, gran parte de lo que llamamos educación moral es una transformación artificial y una perversión del instinto semejante a las obtenidas bajo hipnosis; la belicosidad se domestica y se convierte en valeroso instinto de sacrificio, mientras que la sexualidad reprimida se transforma en emoción religiosa. Y la gran diferencia entre el hombre y el mono reside en la laringe (…), en la incapacidad para pronunciar con delicadeza diferentes símbolos sonoros que actúan como soporte del pensamiento.

Pareciera que, Moreau confiaba en que el ser humano requiere también una manipulación de los sentimientos y una dirección de los pensamientos. En suma, que la humanidad se hace a base de reprimir el instinto mediante la inducción de determinadas creencias, tal vez entre ellas la creencia en la Ley, en el más amplio sentido de la palabra. Entonces, ya no se trata de crear el hombre perfecto, sino el perfecto ser social, el que recicla sus impulsos naturales en sentimientos de solidaridad y sacrificio, el perfecto peón social. El más deseable ser social, así, sería el primitivo alienado. No otra cosa pensaron todos los totalitarismos del pasado siglo.

Moreau quiere crear, a partir de los animales, seres a los que el dolor no condicione y dirija,[2] pues no es humano el que se mueve por el dolor, tampoco el que es movido por el placer.[3] Ha transformado los animales aquellos en criaturas que se acercan a la figura humana, que hablan el idioma de Moreau, les ha insuflado ciertos sentimientos morales, pero no son el humano total que ansía, pues el dolor y el placer los determinan. ¿Por eso tiene que inculcarles también un respeto irreflexivo a la Ley, un respeto a la Ley basado en el miedo al dolor? Pero Moreau acaba explicando que su fracaso es cada vez mayor con esos seres puesto que cada vez se vuelven más rebeldes. ¿Es el perfecto humano el que no se rebela, el que se pliega a la Ley porque es la Ley y no porque traiga castigo y dolor su vulneración? ¿Es la plena sociedad aquella en la que ninguno se rebela porque el valor en sí de la Ley está asumido plenamente por todos? ¿Sería ésa que Moreaun busca la sociedad perfecta de humanos libres o la sociedad de individuos radicalmente alienados? ¿Es la rebeldía ante la norma el indicio de la animalidad que resta, del instinto primario no felizmente superado, o es el resquicio de la mejor humanidad que no se resigna a ser puro objeto social y herramienta del interés de un organismo social vivo y único depositario de todo derecho? De nuevo, visto desde hoy, asoma la historia de los totalitarismos tan recientes y cobra sentido ese dicho que tantas veces se ha aplicado al ideal Ilustrado llevado a su extremo, el de que el sueño de la Razón engendra monstruos. Pues, como en la novela acaba captando Prendick, los monstruos no son las criaturas de Moreau, el monstruo es Moreau, puede que sea la de Moreau la mayor inhumanidad.

¿Otra vez la soterrada advertencia de los riesgos de la fe excesiva en la razón y su poder? Si el ansia que define la Modernidad es la del ciudadano racional y perfectamente reflexivo que asume las reglas porque son suyas y comunes con todos, en cuanto resultantes de la razón que aúna, existe el riesgo de querer buscar atajos ante la frustración que produce la humana diversidad en individuos, culturas y concepciones del bien. Si la razón no se manifiesta en coincidencia de propósitos y en la aceptación de unas mismas normas comunes como pauta de convivencia, hágase que la razón humana, proclamada por quienes se quieren sus supremos cultivadores, produzca el hombre perfecto que quiera lo que debe y que se identifique absolutamente con lo que se dice que lo identifica, las reglas racionales. De esa manera, el proceso histórico

---

[2] "Desde el momento en que su propio dolor le arrastra, desde el momento en que el dolor es la razón fundamental de sus premisas sobre el pecado, desde ese momento, es usted un animal: un animal que piensa, con un poco más de claridad, lo que un animal simplemente siente".

[3] "El dolor y el placer serán para nosotros una característica sólo mientras nos movamos entre el polvo".

real se invierte y se empieza por concebir la sociedad ideal, que es vista como proveniente de la Razón, y, en un segundo paso, se fabrica el ciudadano que a ese ideal corresponda y sirva. Ya no nacerá la sociedad de la coincidencia de las razones de los sujetos racionales, sino que será la razón, como razón política de los líderes más ilustrados, la que producirá los humanos necesarios. La impaciencia histórica del racionalismo reemplaza, así, al proceso histórico que una y otra vez frustra las expectativas de la Historia racional. Si el hombre puede dominar la naturaleza, domínese la naturaleza humana y háganse los ciudadanos a imagen y semejanza de lo que de la Razón la Historia espera. El hombre nuevo ya no es la desembocadura de la Historia, la Historia verdadera empieza con el hombre nuevo, hecho por el hombre en nombre de la Razón.

De ese sueño surgieron en nuestro tiempo las pesadillas de los totalitarismos. El humano en el que todavía predomine el autointerés, la búsqueda de su placer, el deseo de su libertad, el que ponga por delante su personal bienestar y no se doblegue a la ley de la Historia que es, ya, la misma ley del Estado, se torna prescindible, un obstáculo, un animal egoísta e inadaptado cuyo sacrificio se justifica por bien de la humanidad misma. El Poder y el Estado se han apropiado de la Razón, construyen la Historia y dan derecho a existir al buen ciudadano, aquél que acepta la Ley. Los otros serán enemigos a los que se puede destruir o bestias de carga a las que está permitido utilizar con pleno derecho porque no tienen derechos, pues no los merecen. Perfeccionismo y paternalismo con retórica humanista, opresión de la libertad en nombre de la Libertad verdadera, paradoja de un poder político que mata la libertad para liberarnos, y de una ciencia que, al servicio del Poder, nos trata como objetos cuando nos moldea para que queramos ser como debemos ser y para que nos veamos libres mientras obedecemos.

Moreau desprecia a Montgomery porque se ha encariñado con algunas de aquellas bestias, a las que ve como humanas. Moreau no transige y aborrece esas creaciones suyas porque no tienen la perfección que busca. Dice:

> Hay algo a lo que llaman la Ley. Cantan himnos, construyen sus propias guaridas, recogen fruta de los árboles y arrancan hierbas: incluso se casan. Pero yo veo más allá de todo esto, veo el interior de sus almas y sólo encuentro el alma de las bestias, bestias perecederas, su cólera y el deseo de vivir y satisfacerse a sí mismas (...) El resultado para mí es vana burla.

Su esperanza es el puma con el que ahora está trabajando. El puma que lo matará.

Pero era Moreau mismo el que los hacía limitados para que no fueran más peligrosos. Montgomery le explica a Prendick que "su relativa seguridad residía en la limitada capacidad intelectual de los monstruos. A pesar de su relativa inteligencia y de la tendencia de sus instintos animales a reaparecer, Moreau había implantado en sus mentes ciertas ideas fijas que limitaban por completo su imaginación. En realidad, estaban hipnotizados, les habían inculcado que ciertas cosas son imposibles y otras están prohibidas, y estas prohibiciones se hallaban implícitas en sus mentes, anulando todo intento de desobediencia o litigio".

Moreau no podía hacerlos perfectos y libres sin riesgo de perecer. Era necesario que creyeran en la Ley para que no se volvieran incontrolables. La Ley era el escudo frente a la naturaleza animal.

¿Pero puede la ley ser eficaz sin el miedo, incluso sin el miedo más irracional, sin el miedo al que tiene el poder y sus instrumentos más temibles? Los monstruos, que en tantas cosas actuaban como humanos, aunque no como seres humanos perfectos, saben que Moreau ha muerto. Prendick tiene que decirles que su muerte no es auténtica y definitiva y que, por tanto, la Ley se mantiene y se mantiene el castigo para el que la desobedezca. Ley que, por cierto, prohíbe las más variopintas cosas, so pretexto de que parezcan hombres los monstruos, pero que en su fondo no tiene razón de más peso que la de evitar que el instinto agresivo de aquellos seres reaparezca si se libran del miedo al castigo.

– ¿Hay alguna Ley ahora? – preguntó el Hombre Mono. – ¿Está muerto de verdad?
– ¿Hay una Ley, tú, Hombre del Látigo? Él está muerto – dijo el Monstruo de pelo gris.

Nos miraban fijamente.

– Prendick – dijo Montgomery, volviendo hacia mí sus inexpresivos ojos –. Está muerto. Es evidente.

Yo había permanecido detrás de él durante toda la conversación. Empezaba a comprender lo que ocurría. Entonces, di un paso al frente y, alzando la voz, exclamé:

– ¡Hijos de la Ley! ¡Él no ha muerto!

M´ling volvió hacia mí su intensa mirada.

– Ha cambiado de forma. Ha cambiado de cuerpo -continué –. Durante algún tiempo no lo veréis. Está... allí – y señalé hacia lo alto –, y desde allí os vigila. Vosotros no lo veis, pero Él sí os ve a vosotros. ¡Respetad la Ley!

Los miré fijamente y retrocedieron.

– Él es grande. Él es bueno – dijo el Hombre Mono, mirando atentamente hacia el cielo entre los densos árboles.

Prendick insiste:

– Algunos han quebrantado la Ley – dije – Ésos morirán. Otros ya han muerto.
– Mira – dije, señalando a la bestia muerta –. ¿No está viva la Ley? Esto le ha pasado por quebrantar la Ley.

Cuando yo releía esta novela y tomaba unas primeras notas, en diciembre de 2013, los medios de comunicación informaban de las tremendas agresiones en un estadio de fútbol en Brasil y aparecían fotos de salvajes aficionados de un equipo golpeando con barras de hierro a uno del otro equipo, que está ya inconsciente. ¿Algo más que el temor a la pena puede retener al monstruo dispuesto a matar por su pasión futbolística? ¿Tiene sentido seguir soñando con una ciudadanía plenamente racional que asuma la ley por razón de humanidad o por sus contenidos propicios para el bien de todos y el interés general? ¿Cómo apearse de tan noble utopía sin caer en las redes de un autoritarismo estatal en el que sea la autoridad la que mate al infiel a la ley por no ser fiel a su autor, el Estado? Ésa es la dramática antítesis en que se mueven la Política y el Derecho en nuestra era.

Ha muerto también Montgomery, el Hombre del Látigo. Ha muerto igualmente el Recitador de la Ley. Prendick se queda solo con aquellos seres que van perdiendo el miedo, el miedo a la Ley que era el miedo a sus ejecutores. "¡Qué desgracia!... Ahora sabían que los Hombres del Látigo podían morir igual que ellos". Antes la Ley era inmortal porque se pensaba que eran inmortales sus guardianes. Ahora todos se ven iguales y a los iguales no se los teme. Tampoco a la Ley cuando es la ley de los iguales. *¿Cómo lograr el respeto a una* *ley que no viene del puro poder misterioso e inalcanzable?* Otro dilema de nuestra época, otro reto para el Derecho moderno, abocado a legitimar la ley por su origen en los ciudadanos y a tener que asustar a los ciudadanos para que teman esa ley que se dice suya. O de cómo conciliar la legitimidad política democrática con la coacción jurídica.

Los monstruos dicen: "El Maestro ha muerto; el del látigo ha muerto. El que camina sobre las aguas es... como nosotros. Ya no hay Maestro, ni Látigos, ni Casa del Dolor. Se acabó. Amamos la Ley y la respetaremos, pero ya no habrá más dolor, ni Maestro, ni Látigo". Tampoco pueden darse otra ley a sí mismos, no han sido creados por Moreau para autogobernarse, pues su autogobierno era peligro para Moreau, para el Maestro y para el Hombre del Látigo también. A Prendick no le queda más que escapar de allí.

Durante un tiempo todavía "respetaron las costumbres establecidas por la Ley y se comportaron con moderación". Pero era cuestión de tiempo. Sin la eficacia coactiva de la Ley, llegaba la regresión. Dejaron de andar erguidos, perdieron la facultad de hablar. No podían vivir sin la ley inhumana y carecían de capacidad para darse a sí mismos una ley humana. Quedaba solamente su naturaleza animal. Desatendieron las normas del decoro. "Otros se rebelaron en público contra la institución de la monogamia". Se quedaron sin el miedo y sin la vergüenza, habían perdido así, dice Prendick, "el último vestigio de su procedencia humana". Se olvidaron también de otras habilidades aprendidas, como el arte de hacer fuego, y volvieron a temer animalmente el fuego.

Prendick consigue escapar de la isla, pero en él ha quedado para siempre la duda:

> No lograba quitarme de la cabeza la idea de que los hombres y mujeres que conocía eran otros monstruos pasablemente humanos, animales con forma de persona, y que en cualquier momento podían comenzar a transformarse, a mostrar este o aquel síntoma de su naturaleza bestial.

Las criaturas aquellas eran humanas por la ley, pero en los hombres con ley sigue latiendo el peligro de la bestia. Prendick se retira al campo y se dedica al estudio. Sólo así se siente tranquilo.

> Creo que es allí, en las vastas y eternas leyes de la materia, y no en las preocupaciones, en los pecados y en los problemas cotidianos de los hombres, donde lo que en nosotros pueda haber de superior al animal debe buscar el sosiego y la esperanza. Sin esa ilusión no podría vivir. Y así, en la esperanza y la soledad, concluye mi historia.

Moreau los había hecho humanos y los había adiestrado en el temor a la Ley para que no fueran tan peligrosos. Pero no los había educado para entender la ley o para hacerla y velar por ella sin temores y por su propio interés. Tal vez H.G. Wells quería también con esta novela decirnos que entre los polos antitéticos de la naturaleza y la ley social hay una síntesis posible en la educación; que no es la ley, cualquier ley, la que nos hace libres, sino que únicamente la libertad nos ayuda a hacer leyes para no ser víctimas y rehenes del poder y su crueldad, tampoco del poder y crueldad de la naturaleza en bruto. O quizá, más pesimista, pretendía enseñarnos que al sabio nada más que le queda el retiro, el estudio y la contemplación, mientras la humanidad sigue su camino de sangre, mientras tantos están dispuestos hasta a matar por su equipo de fútbol o por una patria cualquiera.

— 31 —

Com a palavra, o silêncio

ALDACY RACHID COUTINHO[1]

1. Explorando a *terrae brasilis* no trânsito da hermenêutica para construção do direito, afirma Lenio Luiz Streck que "[...] 'o intérprete sempre atribui sentido *(Sinngebung)* ao texto' [e] nem de longe pode significar a possibilidade deste – o intérprete – estar autorizado a 'dizer qualquer coisa sobre qualquer coisa'", atribuindo sentidos de forma arbitrária aos textos [...]".[2]

A linguagem, enquanto o "primeiro 'lugar' da hermenêutica",[3] não comporta por meio dos enunciados discursivos o emprego de qualquer significante, tampouco de qualquer significado para um signo, nem qualquer significado para um específico significante; são ambos, significante e significado, aspectos constitutivos de uma unidade. Aliás, poderia sintetizar a negação da possibilidade de dizer qualquer coisa com "esta atividade de discernimento [que] é propriamente a interpretação: [e que] consiste em reconhecer qual a mensagem relativamente unívoca que o locutor construiu apoiado na base polissêmica do léxico comum".[4] Lenio Luiz Streck reconhece, entretanto, que "as palavras da lei não possuem um sentido unívoco, [como] Kelsen já nos ensinara de há muito. Mas, com Warat [...] o Direito passa a ser linguagem, com referência a alguma coisa. Detectar o sentido do Direito passa pela aferição do problema pelas regras da língua, do cotidiano e da história".[5]

Se levarmos em consideração a linguística pelo pensamento de Saussure, por exemplo, concluiremos que há um laço que une o significante e o significado, mas ele é originalmente arbitrário, além de convencional e imotivado, pois não há na língua, formada por unidades abstratas, qualquer motivo para que cavalo (animal) se chame cavalo. Uma vez assim convencionado, adquire um

---

[1] Professora Associada de Direito do Trabalho da Universidade Federal do Paraná. Presidente da Academia Paranaense de Direito do Trabalho. Coordenadora do Núcleo de Pesquisa 'Trabalho Vivo'.

[2] STRECK, Lenio Luiz. *Hermenêutica jurídica e(m) crise:* uma exploração hermenêutica da construção do Direito. 5.ed. rev. atual. Porto Alegre: Livraria do Advogado, 2004. p. 312.

[3] RICOEUR, Paul. *Interpretação e ideologias.* Rio de Janeiro : Francisco Alves, 1977. p. 18.

[4] "Produzir um discurso relativamente unívoco com palavras polissêmicas, identificar essa intenção de univocidade na recepção das mensagens, eis o primeiro e o mais elementar trabalho da interpretação." RICOEUR, Paul. *Interpretação e ideologias.* Rio de Janeiro : Francisco Alves, 1977. p. 19.

[5] STRECK, Lenio Luiz. Notas introdutórias. In: *Compreender o direito:* desvelando as obviedades do discurso jurídico. São Paulo: Revista dos Tribunais, 2013. p. 10.

valor na língua e já não é mais possível chamar cavalo de gato... embora seja possível chamar uma "coisa" (peça de xadrez qualquer que seja a sua forma, desde que presente naquele lugar para aquela função) de cavalo ou empregar a palavra "cavalo" com sentido metafórico... É o trânsito ruidoso e repleto de percalços entre a ilusão de um sentido único e o equívoco de todos os sentidos.[6] Os sentidos, para Saussure, estão dimensionados nas referências e relações estabelecidas com outros termos da frase até o ponto final. Um e múltiplo: a incompletude é a face do discurso como processo de significação.

A adoção de um signo linguístico está permeada, carregada de ideologia, sendo certo que o mundo do texto é autônomo em relação ao emissor, que neste aspecto nada pode fazer em relação ao ulterior processo de interpretação. As palavras ou signos linguísticos não são transmissores de nenhum específico e autônomo pensamento, não carregam nenhum sentido intangível, não se submetem a controle de adequação na conexão com a realidade como se pudéssemos inferir uma essencialidade. Por um lado, não há um único sentido possível, até porquanto tem-se que lidar com metáforas[7] como figuras de estilo, ou com metonímias, com chistes, com atos falhos, com a conotação, o que conduz a uma escolha entre possíveis. De outra parte, não abrem um campo ilimitado e indeterminado nos significados por um caótico e livre casual, tomado na expressão do que depende exclusivamente da vontade (ou do "achismo") irresponsável e interessado do sujeito. Os textos gráficos e os sons (signos linguísticos, significantes), entretanto, recebem a projeção, como um espelho, da mirada dos intérpretes no processo hermenêutico de construção de sentidos.

E, agregue-se que por certo existem limites em todo discurso significativo, pois as possibilidades do que pode ser dito estão estabelecidas pelas "pré-condições sem as quais uma proposição significativa não pode se constituir".[8] Primeiramente, há uma ordem de implicação conceitual mediante a qual cada proposição como significante remete necessariamente a outras proposições, que atuam como "premissas" de sentido: eis o paradoxo da regressão ou da proliferação indefinida: "quando designo alguma coisa, suponho sempre que o sentido é compreendido e já está presente [...] o sentido está sempre pressuposto desde que o eu começa a falar; eu não poderia começar sem esta pressuposição. Por outras palavras: nunca digo o sentido daquilo que digo".[9] Regressão ao infinito? Para evitá-la, deve-se imobilizá-la, no momento em que o sentido é forçado.[10]

Em seguida, o paradoxo do absurdo ou dos objetos impossíveis: proposições contraditórias comportam sentidos e se aplicam ao real e ao possível; se absurdas ou impossíveis, comportam sempre sentidos, mas são sem significação, como na afirmação quadrado redondo.[11] Ou seja, não há possibilidade de significação fora das margens do possível, para além do real, mas na

---

[6] ORLANDI, Eni Puccinelli. *As formas do silêncio*: no movimento dos sentidos. 5. ed. Campinas: Unicamp, 2002. p. 17.

[7] Sobre metáfora e metonímia, ver CITELLI, Adilson. *Linguagem e persuasão*. São Paulo: Atica, 2002. p. 19-22.

[8] MARQUES, Edgar. *Wittgestein & O Tractatus*. Rio de Janeiro: Jorge Zahar, 2005. p. 15.

[9] DELEUZE, Gilles. *Lógica do sentido*. São Paulo: Perspectiva, 2007. p. 31.

[10] DELEUZE, Gilles. *Lógica do sentido*. São Paulo: Perspectiva, 2007. p. 34.

[11] O exemplo é de Gilles Deleuze. DELEUZE, Gilles. *Lógica do sentido*. São Paulo: Perspectiva, 2007. p. 38.

implicação conceitual o modo hipotético da condição de verdade ("conjunto das condições sobre as quais uma proposição 'seria' verdadeira"): "eis por que a condição de verdade não se opõe ao falso, mas ao absurdo: o que é sem significação, o que não pode ser verdadeiro nem falso".[12]

E poderíamos supor que não poder dizer qualquer coisa sobre qualquer coisa estaria adstrito pelos exatos limites do pensar: "o que não podemos pensar, não podemos pensar; portanto, tampouco podemos *dizer* o que não podemos pensar".[13] Teríamos, então, que a linguagem é, em princípio, delimitada pelo nosso pensar e, desta forma, pelo conhecimento, pela razão, na consciência. No entanto, se o sujeito é o sujeito do consciente, da razão, ainda é, igualmente, e de forma inseparável (e não se pode negar, embora se pretenda ocultar), o sujeito do inconsciente, do furo. E, se não se pode ou deve esquecer que a totalidade é impossível, sempre sobra um resto que não damos conta. Aí reside o problema, pois a fala enuncia por nós, transborda-nos. A fala é por vezes incontrolável, escapa-nos, como nas situações dos atos falhos, em que dizemos o que não pretendíamos conscientemente dizer, ou melhor, dizemos mesmo quando nos calamos. Afinal, somos consciente e inconsciente.

Se a linguagem, ao se referir a uma proposição, procura transmitir uma informação, permitir a comunicação ou designar uma realidade (pre)existente, faz em última instância transparecer o próprio sujeito e, portanto, "o texto é a mediação pela qual nos compreendemos a nós mesmos".[14] Desvela o sujeito inclusive naquilo que sobre ele nem ele mesmo sabe, ou pensou, mas ali, no inconsciente, está presente, como o mais revelador íntimo do seu ser: "Daí Gadamer dizer, homenageando Lacan em seus *Kleine Schriften*, que 'a linguagem não é em primeiro lugar aquilo que o indivíduo fala, e sim aquilo pelo qual o indivíduo é falado'".[15]

A fala se coloca como discurso, narrativa que pontua a historicidade em que o sujeito está imerso no mundo em que vive. É produtor e efeito de sentidos. É, desta forma, eminentemente contexto da vida em sociedade. Desejamos na vida tudo nomear. Da mesma forma, constitui – nele e para ele, sujeito – o mundo em que vive.[16] Com as advertências de Wittgestein, "mundo e vida são um só"; "que o mundo seja *meu* mundo, é que se mostra nisso: os limites *da* linguagem (a linguagem que, só ela, eu entendo) significam os limites do *meu* mundo": "os *limites da minha linguagem* significam os limites do meu mundo".[17]

E, como o sujeito "se marca naquilo que diz",[18] sempre que diz sobre outro, sobre uma coisa, projetando-se, diz mais sobre si mesmo:

> [...] o locutor, no exercício da fala, se apropria das formas de que a linguagem dispõe e às quais ele refere a sua pessoa, definindo-se a si mesmo (como eu) e a seu interlocutor (como tu). É nessa relação de interlocução que está o fundamento linguístico da subjetividade.

---

[12] DELEUZE, Gilles. *Lógica do sentido*. São Paulo: Perspectiva, 2007. p. 15.
[13] WITTGESTEIN. Ludwig. *Tractatus lógico-philosophicus*. 3. ed. São Paulo: Edusp, 2001. p. 245.
[14] RICOEUR, Paul. *Interpretação e ideologias*. Rio de Janeiro: Francisco Alves, 1977. p. 57.
[15] STRECK, Lenio Luiz. *Hermenêutica jurídica e(m) crise*: uma exploração hermenêutica da construção do Direito. 5. ed. rev. atual. Porto Alegre: Livraria do Advogado, 2004. p. 270.
[16] ORLANDI, Eni Pulcinelli. *O que é linguística?* São Paulo: Brasiliense, 2007. p. 53.
[17] WITTGESTEIN. Ludwig. *Tractatus lógico-philosophicus*. 3. ed. São Paulo: Edusp, 2001. p. 245.
[18] ORLANDI, Eni Pulcinelli. *O que é linguística?* São Paulo: Brasiliense, 2007. p. 59.

> Em suma, a linguagem não é só instrumento de pensamento ou instrumento de comunicação. Ela tem função decisiva na constituição da identidade.[19]

2. Do dito e pelo não dito, resta então o silêncio do que não se quer dizer, do que não se pode dizer, do que se quer esconder. O silêncio sempre "diz", e "diz" mais do que as palavras ditas poderiam eventualmente dizer:

> Silêncio que atravessa as palavras, que existe entre elas, ou que indica que o sentido pode sempre ser outro, ou ainda que aquilo que é o mais importante nunca se diz, todos esses modos de existir dos sentidos e do silêncio nos levam a colocar que o silêncio é 'fundante'.
> [...]
> Assim, quando dizemos que há silêncio nas palavras, estamos dizendo que: elas são atravessadas de silêncio; elas produzem silêncio; o silêncio fala por elas; elas silenciam.[20]

O silêncio "diz" nas palavras não enunciadas ou quando uma é escolhida em detrimento de outras tantas abandonadas. "Diz" nas pausas e suspensões entre as palavras. "Diz" nas significações implícitas das entrelinhas, na ironia, no duplo sentido. O silêncio "fala por si", nos sentidos dos significados em uma dimensão ideológica e na correlação de forças e de poder do próprio discurso.

Dizendo, constitui o lugar da fala. E, neste trilhar, imperioso ressaltar que o silêncio pode se revelar como o mais terrível dos argumentos, eis que não raras vezes esconde a astúcia, o engodo do que não se quer permitir em termos de embate, ficando o dito pelo não dito no não dizer e, assim, porta não raras vezes a recusa provocativa de reflexões.

3. O silêncio não é o nada,[21] não é o vácuo, não é o vazio, não é pura negatividade. É o nada-como-algo, o positivo no negativo, a presença na ausência. O silêncio está presente tanto na ausência quanto na presença da palavra. É sempre o um, algo. Pois se é silêncio, havia a expectativa ou a possibilidade de se dizer; há um significante presente na ausência, a que é referido no calar-se. Tem-se a impressão, incorreta aliás, de que falando o "vazio" se esvai, como se não encontrássemos sentidos no silêncio. E assim falamos, para extravasar a angústia, ocultar o sujeito da vida. A palavra, bem como o silêncio, é fundante, é simbolização, é sublimação, é significação.

4. Diz-se que "Fazer silêncio hoje é um princípio de transgressão. Porque se fala muito para se dizer absolutamente nada. Quem tem muito a dizer – dissidentes dos rumores – , se cala para não fazer eco a este ramerrame".[22] Quem não tem o que dizer, aí coloca palavras. De toda sorte, para falar e dizer, é preciso ouvir, é preciso ouvir o que o silêncio tem a dizer sobre o sujeito, pois o silêncio "significa". O mesmo vale para o direito. Variadas formas, diversos sentidos toma o silêncio: "no silêncio, o sentido é".[23]

---

[19] ORLANDI, Eni Pulcinelli. *O que é linguística?* São Paulo: Brasiliense, 2007. p. 59-60.

[20] ORLANDI, Eni Pulcinelli. *As formas do silêncio*: no movimento dos sentidos. 5. ed. Campinas: Unicamp, 2002. p. 14.

[21] Sobre o nada, ver BARROW, John D. *El libro de la nada*. Barcelona: Critica, 2000.

[22] CASTILHO, Cristiano. Shhhh. Gazeta do Povo. Caderno G. 19ago2015. p. 6.

[23] ORLANDI, Eni Puccinelli. *As formas do silêncio no movimento dos sentidos*. 5. ed. Campinas: Unicamp, 2002. p. 32.

5. **O silêncio é conquista civilizatória, que pauta a eticidade das condutas.** A recepção do silêncio nos marcos do direito representa uma das formas da superação da barbárie e, portanto, ora é expressão da liberdade, ora é garantia constitucional, ora é vedado como possibilidade, ora é imposto como dever de conduta. Sempre por razões éticas, na imperativa e infastável proteção diante da vulnerabilidade do indivíduo que vive em sociedade diante do poder do Estado e do Capital.

6. **O silêncio é expressão máxima do direito à vida privada:** a garantia do não dizer[24] é expressão do direito do indivíduo de ser deixado só (*the right of the individual to be let alone*), enquanto preservação da vida privada e da intimidade – *the right to privacy* – , na expressão do Judge Cooley adotada por Warren e Brandeis já em 1890:

> The common law secures to each individual the right of determining, ordinarily, to what extent his thoughts, sentiments, and emotions shall be communicated to others. Under our system of government, he can never be compelled to express them (except when upon the witness stand); and even if he has chosen to give them expression, he generally retains the power to fix the limits of the publicity which shall be given them. [...] lead to the conclusion that the protection afforded to thoughts, sentiments, and emotions, expressed through the medium of writing or of the arts, so far as it consists in preventing publication, is merely an instance of the enforcement of the more general right of the individual to be let alone.[25]

Trata-se da expressão da liberdade individual na imprescindível garantia contra devassa indesejada da intimidade, assim entendida como esfera reservada que permite o desenvolvimento de relações pessoais e da personalidade. O mesmo ocorre na vida privada, que remete a um círculo mais amplo na vida social, com a proteção do direito à solidão, ao anonimato e à reserva (não ter seus segredos revelados).[26]

7. **O silêncio é uma garantia, um direito de defesa**: o silêncio transita no direito pela via do processo penal, revelado no direito a não se autoincriminar. Inserido no artigo 5º, inciso LXVIII, da Constituição da República de 1988,[27] não se restringe à não autoincriminação. Vinculado ao princípio da presunção de inocência, acarretou, mesmo que tardiamente, a alteração[28] do artigo 186,[29] do Código de Processo Penal, na redação trazida pela Lei 10.792/2003.

---

[24] Constituição da República de 1988. Artigo 5, inciso X – são invioláveis a intimidade, a vida privada, a honra e a imagem das pessoas, assegurado o direito a indenização pelo dano material ou moral decorrente de sua violação.

[25] WARREN, Samuel D.; BRANDEIS, Louis D. The right to privacy. In: *Harvard Law Review*. v.4, n.5, 15dec1890. Disponível em <http://groups.csail.mit.edu/mac/classes/6.805/articles/privacy/Privacy_brand_warr2.html>. Acesso em 03ago2015

[26] KAYSER, Pierre. *La protection de la vie privé*. 2. ed. Aix-en-Provence: Presses universitaires d'Aix-Marseille, 1990, p.3.

[27] Constituição da República de 1988. Artigo 5º [...] inciso LXVII – o preso será informado de seus direitos, entre os quais o de permanecer calado, sendo-lhe assegurada a assistência da família e de advogado.

[28] Código de Processo Penal. Artigo 186 – Antes de iniciar o interrogatório, o juiz observará ao réu que, embora não esteja obrigado a responder às perguntas que lhe forem formuladas, o seu silêncio poderá ser interpretado em prejuízo da própria defesa. Redação revogada.

[29] Código de Processo Penal. Artigo 186. Depois de devidamente qualificado e cientificado do inteiro teor da acusação, o acusado será informado pelo juiz, antes de iniciar o interrogatório, do seu direito de permanecer calado e de não responder perguntas que lhe forem formuladas. (Redação dada pela Lei 10.792, de 1º.12.2003). Parágrafo único. O silêncio, que não importará em confissão, não poderá ser interpretado em prejuízo da defesa. (Incluído pela Lei 10.792, de 1º.12.2003); Código de Processo Penal. Artigo 198 – O silêncio do acusado não importará confissão, mas poderá constituir elemento para a formação do convencimento do juiz.

Resta igualmente presente pela incorporação da Convenção Americana sobre Direitos Humanos (Pacto de São José da Costa Rica),[30] em seu artigo 8º, bem como no artigo 14,[31] do Pacto internacional sobre direitos civis e políticos.[32]

O silêncio é a expressão da garantia da igualdade de armas, diante da adoção de um sistema acusatório no direito processual penal norteamericano. Absorto de preocupações sobre como fazer triunfar a verdade ou sem deveres de defender os interesses da sociedade, assenta bases em garantias de contraditório, por meio de procedimento essencialmente público e oral, gravitando em torno da acusação e da defesa a administração das provas à cargo das partes. Nos Estados Unidos da América, o caso é o Miranda *versus* Arizona,[33] em que a *Supreme Court of the United States*, decidiu a favor de Miranda por 5 votos a 4, dando origem ao que se chama "Miranda Warning" ou "Miranda Rights":[34] "The person in custody must, prior to interrogation, be clearly informed that he has the right to remain silent, and that anything he says will be used against him in court". O fundamento jurídico decorre da 5ª Emenda da Constituição, segundo a qual "no person shall be [...] compelled in any criminal case to be a

---

[30] Decreto 678, de 6 de novembro de 1992, promulga a Convenção Americana sobre Direitos Humanos – Pacto de San José da Costa Rica, de 22 de novembro de 1969. Artigo 8º [...] 2. Toda pessoa acusada de delito tem direito a que se presuma sua inocência enquanto não se comprove legalmente sua culpa. Durante o processo, toda pessoa tem direito, em plena igualdade, às garantias mínimas: [...] g) direito de não ser obrigado a depor contra si mesma, nem a declarar-se culpada;

[31] Article 14 [...] 3. Toute personne accusée d'une infraction pénale a droit, en pleine égalité, au moins aux garanties suivantes : [...] g) À ne pas être forcée de témoigner contre elle-même ou de s'avouer coupable.

[32] Decreto 592, de 6 de julho de 1992, promulga o Pacto internacional sobre direitos civis e políticos de 16 de dezembro de 1966. Artigo 14 [...] 2. Toda pessoa acusada de um delito terá direito a que se presuma sua inocência enquanto não for legalmente comprovada sua culpa. 3. Toda pessoa acusada de um delito terá direito, em plena igualmente, a, pelo menos, as seguintes garantias: [...] g) De não ser obrigada a depor contra si mesma ou a confessar-se culpada;

[33] "1. The prosecution may not use statements, whether exculpatory or inculpatory, stemming from questioning initiated by law enforcement officers after a person has been taken into custody or otherwise deprived of his freedom of action in any significant way, unless it demonstrates the use of procedural safeguards effective to secure the Fifth Amendment's privilege against self-incrimination. p. 444-491.
(a) The atmosphere and environment of incommunicado interrogation as it exists today is inherently intimidating, and works to undermine the privilege against self-incrimination. Unless adequate preventive measures are taken to dispel the compulsion inherent in custodial surroundings, no statement obtained from the defendant can truly be the product of his free choice. pp. 445-458.
(b) The privilege against self-incrimination, which has had a long and expansive historical development, is the essential mainstay of our adversary system, and guarantees to the individual the "right to remain silent unless he chooses to speak in the unfettered exercise of his own will," during a period of custodial interrogation [p437] as well as in the courts or during the course of other official investigations. Pp. 458-465.
[...]
(d) In the absence of other effective measures, the following procedures to safeguard the Fifth Amendment privilege must be observed: the person in custody must, prior to interrogation, be clearly informed that he has the right to remain silent, and that anything he says will be used against him in court; he must be clearly informed that he has the right to consult with a lawyer and to have the lawyer with him during interrogation, and that, if he is indigent, a lawyer will be appointed to represent him. Pp. 467-473.
(e) If the individual indicates, prior to or during questioning, that he wishes to remain silent, the interrogation must cease [...] p. 473-474."
Supreme Court of the United States. 84 U.S. 436. Miranda v. Arizona (No. 759). Argued on February 28 – March 1, 1966. Decided on June 13, 1966. Disponível em <http://www.law.cornell.edu/supct/html/historics/USSC_CR_0384_0436_ZS.html>. Acesso em 03ago2015.

[34] You have the right to remain silent. Anything you say can and will be used against you in a court of law. You have the right to an attorney. If you cannot afford an attorney, one will be provided for you. Do you understand the rights I have just read to you? With these rights in mind, do you wish to speak to me?" Disponível em <http://www.mirandawarning.org/whatareyourmirandarights.html>. Acesso em 03ago2015.

witness against himself".[35] Foi posto em causa, entretanto, em decorrência do combate ao terrorismo, no caso USA *versus* Zacarias Moussaoui.[36]

No Reino Unido, o direito ao silêncio,[37] [38] não obstante observado desde o século 17 na common law, integra desde 1912 os "Judges' Rules", tendo sido consagrado no conceito de "Privilege against self-incrimination"(PSI), acolhido em 1942 no caso Blunt *versus* Park Lane Hotel: "the rule... that no one is bound to answer any question if the answer there to would, in the opinion of the judge, have a tendency to expose [him] to any criminal charge or penalty, or forfeiture which the judge regards as reasonably likely to be referred or sued for' and further that the rule 'applies to oral evidence, interrogatories and the discovers of documents".

8. O silêncio é proibido, não é permitido: o princípio da transparência[39] acompanhado do dever de informação, pautam a confiança nas relações jurídicas. Trata-se de um dever anexo, corolário da cláusula geral de boa-fé, no sentido de que os sujeitos devem agir em consonância com a devida e esperada cooperação e respeito mútuos. O Código de Defesa do Consumidor, com o escopo de fixar limites ao poder econômico (embora indiretamente o reconheça), estatui um dever de visibilidade, impondo a informação ao consumidor. O direito a ser informado veda o silêncio, de sorte que possa emitir a vontade ciente das condições reais quando da assunção de obrigações perante o fornecedor.[40] Desta forma, é recebido como vício em negócio jurídico bilateral a ausência de

---

[35] "No person shall be held to answer for a capital, or otherwise infamous crime, unless on a presentment or indictment of a grand jury, except in cases arising in the land or naval forces, or in the Militia, when in actual service in time of war or public danger; nor shall any person be subject for the same offense to be twice put in jeopardy of life or limb; nor shall be compelled in any criminal case to be a witness against himself, nor be deprived of life, liberty, or property, without due process of law; nor shall private property be taken for public use, without just compensation." Fifth Amendment, U.S. Constitution.

[36] Zacarias Moussaoui era um membro da al Qaeda, com treinamento recebido nos campos do Afganistão, foi condenado a prisão perpétua em 04 de maio de 2006, por participação nos ataques de 11 de setembro. United States District Court Eastern District of Virginia. United States v. Zacarias Moussaoui. Criminal N. 01-455-A. Disponível em <http://www.vaed.uscourts.gov/notablecases/moussaoui/>. Acesso em 03ago2015. Recurso interposto para UNITED STATES COURT OF APPEALS FOR THE FOURTH CIRCUIT. Disponível em <http://www.ca4.uscourts.gov/opinions/published/064494.p.pdf>. Acesso em 03ago2015.

[37] No âmbito civil também está consagrado o direito ao silêncio por meio do s14(1) of the Civil Evidence Act 1968, que garante a toda pessoa a possibilidade de se recusar a responder a qualquer pergunta ou produzir qualquer documento se acarretar a possibilidade de vir a ser incriminada pelo seu conteúdo.

[38] No Reino Unido, observa-se igualmente a obrigatoriedade de informar sobre o direito a não autoincriminação: "You do not have to say anything but anything you do say will be taken down and may be given in evidence". Em 1994, por meio da Criminal Justice and Public Order Act foi modificada enquanto um direito ao silêncio assegurado a todas as pessoas sob investigação pela polícia, passando-se a seguinte advertência: "You do not have to say anything. But it may harm your defence if you do not mention when questioned something which you later rely on in court. Anything you do say may be given in evidence." Sobre os direitos assegurados a quem foi preso, ver <https://www.gov.uk/arrested-your-rights/when-youre-arrested>. Acesso em 03ago2015 Sobre o tema, ver the Criminal Justice and Public Order Act 1994, do Parliament of the United Kingdom. Disponível em <http://www.legislation.gov.uk/ukpga/1994/33/contents>. Acesso em 03ago2015.

[39] Código de Defesa do Consumidor. Lei 8.078, de 11 de setembro de 1990, sobre a proteção do consumidor. Art. 6º São direitos básicos do consumidor: [...] III – a informação adequada e clara sobre os diferentes produtos e serviços, com especificação correta de quantidade, características, composição, qualidade, tributos incidentes e preço, bem como sobre os riscos que apresentem; (Redação dada pela Lei nº 12.741, de 2012) IV – a proteção contra a publicidade enganosa e abusiva, métodos comerciais coercitivos ou desleais, bem como contra práticas e cláusulas abusivas ou impostas no fornecimento de produtos e serviços.

[40] Código de Defesa do Consumidor. Artigos 4º, *caput*, 6º, inciso III, 8º, *caput*, 31, 37, § 3º, 46 e 54, §§ 3º e 4º.

comunicação, intencionalmente, sobre fato ou qualidade ignorado e que, se a outra parte soubesse, não teria pactuado.[41]

9. **O silêncio é um direito, é a liberdade, é uma possibilidade**: Direito constitucional à livre manifestação do pensamento, para além da liberdade de expressão, que não é, entretanto o direito de dizer qualquer coisa, nem de falar sobre qualquer coisa.[42]

É igualmente uma possibilidade de se manifestar quanto ao dever constitucionalmente previsto de informação pelos órgãos públicos: está previsto no artigo 5º, inciso XXXIII,[43] da Constituição Federal de 1988 e vem regulamentado na Lei 12.527, de 2011.[44] Trata-se da possibilidade de exercício de um controle social em sociedades democráticas,[45] por meio do qual o povo poderá exercer algum controle sobre a ação da Administração Pública, visando à elaboração, bem como ao acompanhamento e fiscalização de ações da gestão pública.

10. **O silêncio é um dever, na manutenção do sigilo e do segredo profissional.** Há uma política do silêncio, como apontam Orlandi[46] e Le Breton:

> Forma política do silêncio é o facto de, se certas coisas são próprias para serem ditas, outras são menos, ou nem são, em função das situações e dos protagonistas. Os laços sociais deveriam dispor de uma palavra que não tivesse um resguardo. O segredo, por exemplo, é uma disciplina de linguagem que se exerce a favor ou em detrimento daqueles que ignoram a sua existência. Protege ou danifica, às vezes destrói. O segredo, em certas mãos, é às vezes um poder.[47]

Garantia constitucional[48] do cidadão e prerrogativa do profissional, o silêncio é imposto como limite ético no desempenho de todas as profissões,[49] de

---

[41] Código Civil de 2002. Artigo 147. Art. 147. Nos negócios jurídicos bilaterais, o silêncio intencional de uma das partes a respeito de fato ou qualidade que a outra parte haja ignorado, constitui omissão dolosa, provando-se que sem ela o negócio não se teria celebrado.

[42] Constituição da República de 1988. Artigo 5º [...] inciso IV – é livre a manifestação do pensamento, sendo vedado o anonimato.

[43] Constituição Federal de 1988. Artigo 5º [...] inciso XXXIII – todos têm direito a receber dos órgãos públicos informações de seu interesse particular, ou de interesse coletivo ou geral, que serão prestadas no prazo da lei, sob pena de responsabilidade, ressalvadas aquelas cujo sigilo seja imprescindível à segurança da sociedade e do Estado.

[44] Regulamentada no âmbito do Poder Executivo Federal, em relação a procedimentos para a garantia do acesso à informação e para a classificação de informações sob restrição de acesso, observados grau e prazo de sigilo, por meio do Decreto 7.724, de 16 de maio de 2012.

[45] Previsto ainda em instrumentos internacionais de direitos humanos, tais como Artigo 19, Declaração Universal dos Direitos Humanos; Artigo 19, Pacto Internacional sobre Direitos Civis e Políticos; Artigo 13, Convenção Interamericana sobre Direitos Humanos; Artigo 9, Carta Africana sobre os Direitos Humanos e dos Povos; e Artigo 10, Convenção Europeia sobre Direitos Humanos.

[46] Para a autora, a política do silêncio se subdivide em (i) silêncio constitutivo, isto é, uma palavra apaga as outras, pelo que para dizer é preciso não-dizer; e (ii) silêncio local, ou seja, a censura, o que é proibido dizer em uma conjuntura. ORLANDI, Eni Pulcinelli. *As formas do silêncio*: no movimento dos sentidos. 5. ed. Campinas: Unicamp, 2002. p. 24.

[47] LE BRETON, David. *Do silêncio*. Lisboa: Instituto Piaget, s.d. p. 20.

[48] Constituição da República de 1988. Artigo 5º, inciso XIV – é assegurado a todos o acesso à informação e resguardado o sigilo da fonte, quando necessário ao exercício profissional.

[49] Como exemplo e, por todos, ver a prerrogativa dos advogados no Estatuto da Advocacia e da Ordem dos Advogados do Brasil (Lei 8.906, de 04 de julho de 1994). Art 7º, inciso II, de "ter respeitada, em nome da liberdade de defesa e do sigilo profissional, a inviolabilidade de seu escritório ou local de trabalho, de seus arquivos e dados, de sua correspondência e de suas comunicações, inclusive telefônicas ou afins, salvo caso de busca e apreensão determinadas por magistrado [acompanhado de representante da OAB]. Última parte do artigo teve a sua eficácia suspensa por liminar concedida pelo Supremo Tribunal Federal na Ação Direta de Inconstitucionalidade 1.127-8, proposta pela Associação dos Magistrados Brasileiros. Faz-se necessário

sorte a explicitar a proteção da segurança aos cidadãos diante da sua intimidade e vida privada, mantendo-se a integridade física e moral como uma dimensão indisponível da individualidade. Nas relações profissionais a garantia do sigilo profissional das informações obtidas pelos pacientes decorre ainda de uma relação pautada pela confiança. No mesmo sentido atua a preservação do segredo profissional de todos aqueles que de alguma forma tiveram contato com informações que não podem ser reveladas.

Visando a assegurar a absoluta eficácia da garantia de liberdade individual e a evitar ofensas à coletividade, porquanto o bem público é a confiança entre os cidadãos,[50] o artigo 154 do Código Penal Brasileiro tipifica como crime a violação do segredo profissional a todo aquele que "Revelar a alguém, sem justa causa, segredo, de quem tem ciência em razão de função, ministério, ofício ou profissão, e cuja revelação possa produzir dano a outrem". E, no mesmo trilhar, no Código de Processo Penal, em seu artigo 207, protege o sigilo profissional ao prescrever que: "são proibidas de depor as pessoas que, em razão de função, ministério, ofício ou profissão, devam guardar segredo, salvo se, desobrigadas pelas parte interessada, quiser dar seu testemunho". A prerrogativa é irrenunciável, embora o direito ao sigilo possa ser afastado por aquele a quem se beneficia, ou seja, o cliente, paciente.

Nas relações de emprego, eis que o contrato individual do trabalho está assentado em bases de lealdade e confiança, inscreve como descumprimento das obrigações contratuais, a violação de segredo da empresa, nos termos da Consolidação das Leis do Trabalho, artigo 482.[51]

Lembremos, ainda, do direito do jornalista não revelar a fonte jornalística ou das cláusulas de confidencialidade acordadas em contratos.

11. **O silêncio é a vontade emitida, palavra não dita**. Diz-se que "quem cala, consente"; ou se resigna, aceitando as circunstâncias. No campo do direito civil, declarações ingressam como ciência e vontade em comportamentos declarativos ou concludentes. O comportamento concludente não é intencionalmente comunicativo, mas seu sentido é dessumido a partir do agir do sujeito. O silêncio, no campo civilista, não toma o lugar do comportamento do agente, mas é revelação comunicativa da declaração expressa linguisticamente significativa sem palavras. É o dito na palavra não enunciada.

<small>La dichiarazione è l'atto comunicativo con il quale l'agente trasmette un significato: essa può essere di scienza e di volontà. Nella prima ipotesi l'autore comunica ciò che sa [...] Nella seconda ipotesi l'autore comunica la volontà, fonti di effetti [...] Il comportamento comunicativo non deve essere necessariamente verbale. Vi è dichiarazione di volontà ogni volta che il comportamento realizza un atto di significazione traducibile in termini linguistici [...] è dichiarazione anche il silenzio se esso, per le particolari circostanze nelle quali si presente, assume il significato inequivoco di una dichiarazione di assenso o di rifiuto. In queste ipotesi si discorre</small>

<small>lembrar da exceção inscrita no artigo 25, do Código de Ética e Disciplina da Ordem dos Advogados do Brasil: "O sigilo profissional é inerente à profissão, impondo-se o seu respeito, salvo grave ameaça ao direito à vida, à honra, ou quando o advogado se veja afrontado pelo próprio cliente e, em defesa própria, tenha que revelar segredo, porém sempre restrito ao interessa da causa."

[50] GARCIA, Basileu. Violação de segredo. In: *Revista da USP*. p. 51-76. Disponível em <http://www.revistas.usp.br/rfdusp/article/viewFile/66107/68717>. Acesso em 01ago2015.

[51] Consolidação das Leis do Trabalho. Artigo 482 – Constituem justa causa para rescisão do contrato de trabalho pelo empregador: [...] g) violação de segredo da empresa.</small>

di dichiarazione espressa (cioè espressione linguisticamente significativa, anche se non manifestata con il linguaggio delle parole).[52]

No âmbito contratual, para celebração de negócios jurídicos ou prorrogação de contratos, para cumprimento dos legados.[53] Para celebração dos negócios jurídicos,[54] o silêncio tem o sentido de declaração de vontade[55] na perspectiva da anuência, salvo se houver previsão legal de declaração expressa e no silêncio dos contratos reputam-se os administradores autorizados a praticar todos os atos compatíveis com a gestão da sociedade.[56] No silêncio do testamento, o cumprimento dos legados incumbe aos herdeiros.[57] Em relação ao objeto do pagamento,[58] o silêncio comporta a aceitação e na hipótese de venda sobre documentos a tradição da coisa é substituída pelos usos.[59] Porém, em se tratando de assunção de dívida, na mesma esteira da preservação, caso no prazo assinalado ao credor para que possa consentir na assunção da dívida por terceiro, reste silente, a interpretação legalmente fixada é no sentido da sua recusa.[60]

12. Não posso dizer qualquer coisa sobre qualquer coisa. Em síntese, na dimensão do incontrolável dizível, não controlo a mim mesma, não controlo os pensamentos, não controlo a fala, não controlo a palavra, não controlo os sentidos, mas estou adstrita e controlada não pelo arbitrário das designações,

---

[52] PERLINGIERI, Pietro. *Manuale di diritto civile*. 2.ed. Napoli: Edizioni schentifiche italiane, 2000. p. 58.

[53] Outras disposições sobre o silêncio encontram-se no Código Civil de 2002: Artigo 61. Dissolvida a associação, o remanescente do seu patrimônio líquido, depois de deduzidas, se for o caso, as quotas ou frações ideais referidas no parágrafo único do art. 56, será destinado à entidade de fins não econômicos designada no estatuto, ou, omisso este, por deliberação dos associados, à instituição municipal, estadual ou federal, de fins idênticos ou semelhantes. § 1º Por cláusula do estatuto ou, no seu silêncio, por deliberação dos associados, podem estes, antes da destinação do remanescente referida neste artigo, receber em restituição, atualizado o respectivo valor, as contribuições que tiverem prestado ao patrimônio da associação; Artigo 648. O depósito a que se refere o inciso I do artigo antecedente, reger-se-á pela disposição da respectiva lei, e, no silêncio ou deficiência dela, pelas concernentes ao depósito voluntário; Artigo 1.126. É nacional a sociedade organizada de conformidade com a lei brasileira e que tenha no País a sede de sua administração. Parágrafo único. Quando a lei exigir que todos ou alguns sócios sejam brasileiros, as ações da sociedade anônima revestirão, no silêncio da lei, a forma nominativa. Qualquer que seja o tipo da sociedade, na sua sede ficará arquivada cópia autêntica do documento comprobatório da nacionalidade dos sócios; Artigo 1.114. A transformação depende do consentimento de todos os sócios, salvo se prevista no ato constitutivo, caso em que o dissidente poderá retirar-se da sociedade, aplicando-se, no silêncio do estatuto ou do contrato social, o disposto no art. 1.031.

[54] Código Civil de 2002. Artigo 111. O silêncio importa anuência, quando as circunstâncias ou os usos o autorizarem, e não for necessária a declaração de vontade expressa.

[55] Consolidação das Leis do Trabalho. Artigo 442 – Contrato individual de trabalho é o acordo tácito ou expresso, correspondente à relação de emprego.

[56] Código Civil de 2002. Art. 1.015. No silêncio do contrato, os administradores podem praticar todos os atos pertinentes à gestão da sociedade; não constituindo objeto social, a oneração ou a venda de bens imóveis depende do que a maioria dos sócios decidir.

[57] Código Civil de 2002. Art. 1.934. No silêncio do testamento, o cumprimento dos legados incumbe aos herdeiros e, não os havendo, aos legatários, na proporção do que herdaram.

[58] Código Civil de 2002. Art. 326. Se o pagamento se houver de fazer por medida, ou peso, entender-se-á, no silêncio das partes, que aceitaram os do lugar da execução.

[59] Código Civil de 2002. Art. 529. Na venda sobre documentos, a tradição da coisa é substituída pela entrega do seu título representativo e dos outros documentos exigidos pelo contrato ou, no silêncio deste, pelos usos.

[60] Código Civil de 2002. Art. 299. É facultado a terceiro assumir a obrigação do devedor, com o consentimento expresso do credor, ficando exonerado o devedor primitivo, salvo se aquele, ao tempo da assunção, era insolvente e o credor o ignorava. Parágrafo único. Qualquer das partes pode assinar prazo ao credor para que consinta na assunção da dívida, interpretando-se o seu silêncio como recusa.

nem pelo vazio dos designantes, mas pelos limites do non-senso, do absurdo, do impossível. Entre o um e o múltiplo, entre o dito e o não dito, transito.

Particularmente nas formas do silêncio, mesmo no não dizer, se não é possível dizer qualquer coisa sobre qualquer coisa, tampouco é possível afirmar que há um só dizer. E, em algumas circunstâncias, não se pode não dizer qualquer coisa sobre qualquer coisa. É na incompletude que se encontra o homem da linguagem, que não abre mão do risco da significação, da ameaça dos sentidos e assume a sua própria mediação na fala.[61] E tenho dito. Agora, o silêncio...

---

[61] ORLANDI, Eni Pulcinelli. *As formas do silêncio:* no movimento dos sentidos. Campinas: Editora da Unicamp, 1995. p.37.

— 32 —

O morto, corpo do morto e nós

ALFREDO CULLETON[1]

> - Deve ser a sementeira
> O defendido hectare,
> Onde se guardam as cinzas
> Para o tempo de semear.
> *João Cabral de Melo Neto*
> (Cemitério pernambucano)

Matar e morrer não parecem ser as coisas mais trágicas na cultura humana. Morrer, porque natural e irremediável; matar porque socialmente encoberto por mecanismos e instituições que legitimam essa prática desde o banal acidente até a chamada legítima defesa – própria, de terceiros e do patrimônio – e a da violenta emoção entre outras sofisticadas justificativas. Mas o que se faz com o cadáver, o tratamento que se dá aos mortos, é onde reside o ponto mais importante e traumático.

O tema da morte, ou do morto, assim como o da sexualidade humana, é tão delicado que mal pode ser pensado como objeto de investigação ou pesquisa sistemática. É natural que, por esse motivo, sejam temas favoritos da literatura e da fantasia e, paradoxalmente, sejam das coisas humanas mais regradas socialmente, mas em homenagem a um valente pensador como Lenio Streck, vamos brincar de pensar coisas sérias desde um outro lugar que não seja o do já instituído, mas do avesso.

É de conhecimento de todos que uma civilização pode ser conhecida a partir dos seus mortos e do tratamento dado a eles. Sabemos igualmente que a nossa antepassada mais próxima no reino animal, a Chimpanzé, e mesmo a Orangotanga, diante de um filhote morto, continuam a carregá-lo como se estivesse vivo para depois abandoná-lo; com o fim da amamentação e a volta dos ciclos menstruais normais, termina o apego pelo cadáver, já que as fêmeas podem engravidar novamente.[2] Se entre os animais a morte (o morto) é um evento natural, ainda que presumivelmente indesejado quando se trata de iguais,

---

[1] Filosofia Unisinos/CNPq.
[2] <http://www1.folha.uol.com.br/folha/ciencia/ult306u726719.shtml>.

entre os seres humanos é o evento constitutivo da sua cultura, um patrimônio cultural, e é isso o que vou tentar sustentar neste ensaio.

Clássicos tratados de Filosofia Moral, Ética e Fundamentação do Direito destacam a tragédia Antígona, de Sófocles, como o primeiro registro escrito de uma demanda pela dignidade humana e da primazia da dignidade diante da vida.[3] Chama a atenção que o morto, que é o tema central desta tragédia grega Antígona, da própria civilização ocidental e do cristianismo, não seja objeto de Direitos na Declaração Universal dos Direitos Humanos.

O clássico livro de Philippe Ariés *Sobre a história da morte no ocidente*[4] mostra o comportamento humano diante da morte. O historiador e sociólogo nos apresenta como se passou, lenta, mas progressivamente, da morte familiar, "domesticada" da Idade Média, para a morte repelida, maldita, "interdita" dos dias atuais. Mas a perspectiva que nos propomos é filosófica, e é a de pensar o próprio conceito ou ideia de relação com essa entidade real e abstrata que é o morto. É este o roteiro que pretendo desenvolver:

> I. Em primeiro lugar, vou evidenciar momentos na história em que o trato ao morto foi altamente significativo para a nossa cultura, são os casos de José de Arimateia, da Antropofagia na América, o caso dos Charruas que comeram Solís, os casos dos desaparecidos sob regimes autoritários, os campos de concentração, a repatriação de mortos, San Martin, Peron, Evita.
>
> II. Em segundo lugar, mostrar a importância da morte em algumas passagens memoráveis da literatura a começar por Antígona, seguindo com Homero e Shakespeare, Jonathan Swift e João Cabral de Mello Neto, sem tocar, na medida do possível, o cristianismo.
>
> III. Por último, o morto como *patrimônio cultural* e um eventual *Direito Humano* ao morto (não do morto, ou sim) e o pouco caso dado aos mortos no Brasil.

I.

Vou mencionar alguns poucos fatos históricos apenas para ilustrar o tema e a sua complexidade e assim ressaltar a sua relevância.

Quando da chegada dos conquistadores nas Américas, um dos mais importantes motivos para considerar os nativos selvagens e incivilizados era o tratamento que algumas das populações locais davam aos mortos, praticando, em alguns casos, a antropofagia. Um caso memorável foi o de Juan Diaz de Solís, navegador e cartógrafo espanhol que foi capturado e morto pelos Charruas e que teria sido comido por eles na costa do Uruguai em 1516. Este tipo de acontecimento seria motivo suficiente para que os conquistadores arguissem a favor da escravização dos nativos fundados em interpretações que poderiam ser feitas de certas passagens da *Política,* de Aristóteles, na qual o autor diz que alguns grupos humanos mais se parecem com *feras* e devem ser submetidos à escravidão para serem tornados civilizados. Teóricos religiosos como Francisco de Vitória e Bartolomé de Las Casas os defendiam, evocando os católicos que na Ceia Eucarística cometem o mesmo ato antropofágico ao se alimentarem do corpo e sangue de Cristo.

Vale destacar um dos pontos cruciais na condenação à morte do judeu Jesus de Nazaré: foi a sua posição a respeito do destino do corpo depois da

---

[3] FREITAG, Bárbara. *Itinerário de Antígona*: a questão da moralidade. São Paulo: Papirus, 1992.

[4] ARIÉS, Philippe. *Sobre a historia da morte no ocidente*. Lisboa: Teorema, 2011.

morte que se tornará dogma de fé para os cristãos no Concílio de Niceia na fórmula "creio na ressurreição da carne". Na mesma linha lembremos uma figura coadjuvante no cenário da tradição cristã: José de Arimateia (Jo, 19, 38). Foi ele quem mediou o sepultamento de Jesus que, como os outros, inclusive os dois ladrões, teria sido deixado pendurado no Monte das Caveiras (Calvário) para ser devorado pelos abutres.

Já a repatriação tem sido em toda a história do ocidente um tema importante e delicado do direito e da política internacionais, na tensão entre o suposto direito do morto, o direito dos vivos com relação ao cadáver e o da própria natureza que com uma rapidez assustadora quer absorver (ou reincorporar: "lembra-te, homem, que és pó, e em pó te hás de tornar / *memento homo quia pulvis es, et in pulverem reverteris*") o corpo do defunto ao ecossistema local. Na história argentina, têm-se casos mais delicados ainda quando se trata de figuras destacadas que morrem no exílio, como San Martin, Juan Manuel de Rosas, ou Eva Duarte de Perón (Evita). Esta, por exemplo, morreu na Argentina, mas o marido levou seus *restos mortais*[5] à Espanha durante o seu exílio, e mais tarde os trouxe de volta à Argentina para depositá-los no cemitério da Recoleta. Também a profanação do túmulo do mesmo Juan Domingo Perón, em 1987, quando teve uma das mãos roubadas, destaca certa fixação com o corpo do morto. Ou o caso de Jorge Luis Borges, que desejou ser sepultado no cemitério de Plainpalais, em Genebra, para ira dos nacionalistas argentinos, que consideraram o desejo explícito do autor do Alef uma afronta ao solo pátrio. Nesse mesmo cemitério suíço jazem os restos do filósofo e diplomata brasileiro Sergio Viera de Mello, morto num atentado no Iraque, em 2003, quando prestava serviços para a ONU, figura esta inexistente até então para a maioria dos seus compatriotas.

Meus trinta anos de Brasil não registram lembranças de debates a respeito aos destinos dos corpos de figuras públicas a não ser alguma discussão quando do trágico desaparecimento de Ulisses Guimarães ou da repatriação do corpo do ex-presidente brasileiro João Goulart, que morreu no Uruguai. Na história do Brasil, encontramos a tentativa do Dom Pedro II de trazer para o Rio de Janeiro os restos de Pedro Álvares Cabral e a repatriação do mesmo Dom Pedro II ao Brasil, em 1939, por Getúlio Vargas, para ser enterrado no mausoléu da Catedral de Petrópolis.

Com dificuldade, fiz uma rápida pesquisa sobre o paradeiro de algumas figuras da história brasileira. Encontrei uma estranha dispersão. Na longínqua cidade de São Borja, no interior do Rio Grande do Sul, quase fora do país, Getúlio Vargas, João Goulart e Leonel de Moura Brizola. Pouca gente sabe que Juscelino Kubistchek foi enterrado em Brasília, duas vezes, uma no cemitério Campo da Esperança e, posteriormente, no Memorial JK, ou que Tancredo Neves está em São João Del Rei. Ao procurar o paradeiro de Oswaldo Aranha, uma das figuras mais importantes na internacionalização do Brasil do pós--guerra – que por ter sido um dos articuladores da criação do estado de Israel foi homenageado emprestando seu nome a uma rua em Tel Aviv – não consegui

---

[5] Cabe o destaque, já que a expressão, corriqueira na língua portuguesa e castelhana, é muito estranha uma vez que de mortal não tem muito, dado que está morto.

descobrir onde estão os seus *restos mortais*. Há alguns escondidos no Cemitério da Santa Casa de Misericórdia, em Porto Alegre, como Júlio de Castilhos e Borges de Medeiros. Também de João Pessoa – polêmico político nordestino, vice-presidente de Getúlio Vargas, assassinado na confeitaria Glória, no centro de Recife, pelo seu adversário político João Dantas, em 1930 – não descobri o paradeiro. Dom João VI está no Panteão dos Bragança,, em Lisboa, e Luis Alves de Lima e Silva, o tenebroso Duque de Caxias, num Panteão dedicado a ele no centro do Rio de Janeiro. Também no Rio de Janeiro, mas desta vez na praça Paris, descansam os restos de Deodoro da Fonseca, primeiro presidente do Brasil. Assim coloquei, fora da ordem alfabética, cronológica ou ideológica, para representar a confusão amnésica e a dispersão geográfica.

Sobre os casos dos desaparecidos sob regimes autoritários, basta recordar o quanto foi difícil para os repressores livrar-se dos corpos[6] e quão exaustiva foi a busca dos familiares pelo destino dos seus cadáveres. Parece ser inconcebível a morte sem a materialidade do corpo frio, ou de uma testemunha fidedigna.

Não vou comparar o tratamento dado aos mortos por outros povos e culturas com os quais nos esforçamos tão empenhadamente em nos parecer por considerá-las referências acadêmicas, políticas e culturais; isto seria cansativo e deselegante. Mas bastará visitar, pessoal ou virtualmente, alguns cemitérios, como o Cemetiere Du Pere Lachaise,[7] em Paris, a abadia de Westminster,[8] as catacumbas romanas e algum dos memoriais norte-americanos para ter uma ideia do que os mortos significam para essas culturas.

II.

Vou lembrar algumas passagens memoráveis da literatura universal que nos ajudam a entender a densidade do tema. No caso de Antígona, o mito grego relata a disputa entre Creonte e Antígona a respeito do destino que deve ser dado ao corpo de irmão de Antígona, Polinice. Creonte proíbe, sob pena de morte, de dar sepultamento a Polinice. A irmã debate longamente com Creonte, que representa a lei, e com as amigas, que representariam o senso comum, o destino que deve ser dado ao cadáver do irmão; contrariamente a estes dois, assume perder a própria vida para dar sepultamento ao morto em nome de uma dignidade que todo ser humano teria independentemente da sua moralidade. Este mito grego, que na versão de Sófocles data do ano 490 a. C., é representado, comentado e publicado até os nossos dias, inclusive em lugares distantes dos grandes centros culturais do ocidente, precisamente porque o conflito que apresenta está longe de ser resolvido. O problema que o texto suscita não é o de uma suposta dignidade espiritual ou religiosa da pessoa, mas de uma dignidade material do corpo morto.

---

[6] No dia 15 de dezembro de 2011, a OEA (Organização dos Estados Americanos) entregou à justiça argentina 130 fotos de corpos encontrados na costa uruguaia correspondentes a vítimas dos "vôos da morte" acontecidos durantes as ditaduras na Argentina na década de '70.

[7] *Tour* virtual no *site*: <http://www.pere-lachaise.com/perelachaise.php?lang=en>.

[8] *Tour* virtual no *site*: <http://www.request.org.uk/main/churches/tours/westabbey/tour.htm>.

Ainda entre os gregos vale destacar algumas passagens da Odisseia de Homero, ele próprio, o primeiro ocidental. Muitas são as leituras que podem ser feitas do texto de Homero, mas o que desejo fazer aqui é um resgate daquelas passagens que dão sentido à morte e ao corpo morto.

Odisseu é conhecido ao mesmo tempo por aceitar os limites da natureza e empurrar esses limites que a mesma natureza lhe impõe. O gesto decisivo do seu registro na história de ocidente reside na sua rejeição à imortalidade: essa rejeição afirma seu vínculo com a humanidade e a aceitação dos limites da sua condição de humano, a finitude, a morte como fim último do homem e nessa aceitação à sua transcendência.

A personagem Homérica se enfrenta com duas tentações opostas que o ilustram e caracterizam perfeitamente naquilo que nos interessa. Por um lado, rechaçando a morte resultante do canto das Sereias, e, por outro, rechaçando a imortalidade na oferta de Calipso. Ambas as passagens só se entendem quando ele faz a visita aos mortos que lhe indicam o caminho para casa. Rejeita a imortalidade e luta tenazmente contra a morte.

No caso do Canto Quinto, vemos o pesar de Odisseu diante do apelo de Calipso, que intercede perante os imortais não só pela sua imortalidade como por uma imortalidade com juventude:

> Sua doce vida se consumia sonhando com o retorno pois já não lhe agradava a ninfa, ainda que passasse as noites pela força na côncava cova junto à que o amava sem que ele a amara. Durante o dia sentava-se junto às pedras da beira do mar desgarrando seu ânimo com lágrimas, gemidos e dores, e olha o estéril mar derramando lágrimas. 5: 150-160

O que Calipso mediava não era pouco; o lugar era um verdadeiro paraíso com parreiras, fontes de água fresca, floridos bosques, aves de longas assas, sem falar dela própria, *a de formosas tranças, divina entre as deusas* e que o amava. Ela acaba aceitando a sua vontade, mas o adverte: *Então queres partir para a tua casa e a tua terra pátria? Vai em boa hora. Mas se souberes quantas tristezas te deparará o destino antes de que chegues à tua pátria, ficarias aqui comigo para guardar esta morada e serias imortal por mais desejoso que estiveres de ver a tua esposa, à que continuamente desejas todos os dias.*

Odisseu sabe muito bem o quanto Penélope é inferior a Calipso; diz: *uma é mortal; a outra, imortal.* Quer a mortal. Ainda no Canto Quinto, com a ajuda da *divina entre as deusas* fabricar uma balsa bem resistente, com madeira nobre, boas velas tecidas pela própria Calipso, um leme firme, provisões suficientes, consegue partir com ventos suaves e favoráveis. Depois de dezessete dias de magnífica navegação, o décimo oitavo foi catastrófico quando encontra uma nova irada tempestade. Recorda a profecia de Calipso e diz: *Oxalá houvesse morto eu e assim teria me enfrentado com meu destino o dia em que tantos troianos lançaram contra mim lanças... aí teria obtido honras fúnebres e os áqueos celebrariam a minha glória.*

É esta a criação homérica: detestar a imortalidade e detestar a morte. Não quer morrer, rejeita os dois tipos de morte: rejeita a morte, rejeita dar a vida como no caso de Sócrates pelo saber, no caso das Sereias que cantam: *"vem aqui famoso Odisseu, e faz deter a tua nave para que possas ouvir nossa voz, a doce voz das nossas bocas, pois **sabemos** tudo de quanto os aqueus e troianos fizeram... sabemos* *quanto acontece sobre a terra fecunda".* Dirá ele: *Então meu coração desejou ouvi-las e ordenei a meus companheiros que me soltassem fazendo-lhes sinais com as minhas sobrancelhas, mas eles se curvavam para a frente e remavam.* Rejeita também a morte nos naufrágios, detesta morrer em mãos da natureza, em mãos do destino, em mãos dos humores dos deuses; também não quer o fim nas mãos das deliciosas substâncias que lhe oferece Cirse e das que desfrutou, nem morrer heroicamente nas mãos do Ciclope, que poderia representar qualquer um dos nossos conhecidos totalitarismos, não é o herói que dá a vida por seus amigos.

O sentido é outro e vai buscá-lo no *decensus ad ínferos*, no Canto Sexto quando por orientação de Cirse, oferece libações para os defuntos, primeiramente com leite e mel, depois com deliciosos vinhos, e em terceiro lugar com água; por último, *espargi por cima,* diz Odisseu, *branca farinha.* Depois sacrificou o gado. *Então começaram a se congregar as almas dos defuntos,* aí o autor descreve os grupos, ternas donzelas, anciãos, mortos em guerras, *andavam a um e outro lado do fosso, com um clamor sobrenatural e de mim se apoderou o pálido terror.*

Num momento ele tem que tirar a espada porque os mortos o importunam. O primeiro a chegar para lhe falar é seu companheiro Elpenor, *pois tinham abandonado seu cadáver, não chorado e não sepultado.* Este lhe conta sobre as circunstâncias da sua morte,[9] e lhe faz uma súplica que resumidamente é esta: *Te peço, soberano, que te lembres de mim lá, que não te afastes me deixando sem chorar nem sem sepultura, não seja que me converta para ti numa maldição dos deuses. Constrói uma tumba para mim sobre a beira do mar para que o saibam também os viandeiros. Cumpre isto e crava no meu túmulo o remo com o qual eu remava quando estava vivo, quando estava entre meus companheiros.* O remo é essa extensão da vontade sobre a natureza.

Imediatamente depois o encontro com a sua mãe; depois com o Rei Tebano Tirésias que o repreende: *Filho de Laertes, de linhagem divina, rico em engenho, por que viestes, desgraçado, abandonando a luz de Hélios, para ver os mortos e este lugar carente de gozos?* E proclama a mais terrível profecia que me parece o momento mais forte de toda a obra. Dize-lhe que chegará a Ítaca, ainda que depois de muito sofrimento, que perderá navio e companheiros, chegará mal e em nave alheia, *encontrará desgraça em casa, uns homens insolentes que te comem tua comida, que pretendem tua divina esposa e lhe entregam presentes esponsais... mas, com tudo, vingarás ao voltar as violências de aqueles. Depois... toma um remo bem fabricado, e ponte a caminho até chegar aos homens que não conhecem o mar, que não conhecem as naves vermelhas* (isto é difícil na Grécia, deve significar um lugar isolado e interior) *...quando um caminhante saia ao teu encontro e te diga que levas um bieldo* (forquilha) *sobre teu esplêndido ombro, crava em terra o remo, realiza sacrifícios, volta a casa, realiza hecatombes aos deuses imortais. E então te chegará à morte fora do mar, uma morte muito suave que te consuma esgotado sob a suave velhice.* Não profetiza

---

[9] Elpenor, integrante do contingente de Ítaca que foi à guerra de Troia sob o mando de Odisseu remeiro, o mais jovem da tripulação. Foi daqueles que Circe metamorfoseou em porco. A noite anterior à partida de Odisseu e os seus, Elpenor excedeu-se no vinho e dormiu a bebedeira no telhado do palácio da feitizeira. Na manhã seguinte, sob os efeitos da ressaca caiu do alto e faleceu. Ao regressar à morada de Circe, na Ilha de Ea recuperam o seu cadáver, o choram e celebram exéquias. Finalmente é queimado e levantam um túmulo coroado pelo remo que em vida manejava.

glória, conquistas, profetiza, sim, sofrimentos, sacrifícios e uma morte muito suave vinda do mar. Uma morte de imortal.

A conversa com a sua mãe é comovente. Enchem-se mutuamente de perguntas e ela o interroga sobre sua presença: *Tens vindo errante desde Troia? Não tens chegado ainda a Ítaca? Não tens visto no palácio a tua esposa?* Ao que ele responde: *A necessidade tem me trazido a Hades; ando errante e não consigo chegar a Ítaca.* Só os mortos permitem que ele se encontre, encontre a sua Ítaca, a sua intimidade, o seu lugar, o seu sentido.

Se Homero só pode encontrar Ítaca depois de ir ao encontro dos mortos e ouvi-los, o outro sobrevivente de Troia, Enéias, na obra de Virgilio, não volta à sua origem, mas sai para conquistar um novo mundo, o Lácio, onde sentaria as bases do império Romano. Mas para tanto sai de Troia levando a sua esposa Creusa, o filho Ascânio e seu velho pai, Anquises, que ele em pessoa carrega nas costas; na verdade, com um moribundo que só será enterrado ao chegar na Sicília. A discussão é sobre por que carregar um morto para terras novas? Nada pode ser sério e duradouro sem mortos, será a resposta. Todo o Livro V da Eneida é dedicado a uma minuciosa descrição dos jogos fúnebres organizados por Enéias para a celebração do primeiro aniversário da morte de Anquises. Para esses longos ritos, dignos de um rei, ele volta a Sicília.

Mesmo que a obra mais popular do Jonathan Swift, *As viagens de Gulliver*, possa ser lida como um livro de aventuras para crianças, o autor é conhecido como o maior dos satiristas britânicos e mesmo nesta obra seu objetivo é expor o universo das imperfeições humanas. O autor, nascido em Dublin em 1667, diplomático graduado no Trinity College, escreve, em 1729, uma corrosiva paródia de artigo científico, escrito por um presuntivo estudioso que julga o canibalismo a resposta mais sensata para a erradicação da pobreza, chamado *Modesta proposta*,[10] publicado no Brasil na bela e delicada coleção *Pequenos Frascos*, da Editora UNESP. Curiosa é a lápide que ilustra o seu túmulo na Catedral de Saint Patricks, em Dublin, que reza: *Aqui jaz o corpo de Jonathan Swift... onde a colérica indignação não poderá mais dilacerar-lhe o peito. Vai, passante, e imita, se puderes, esse que tudo empenhou pela causa da Liberdade.*

O caso da curiosa *proposta* é o de um suposto pesquisador preocupado com a situação de pobreza de vastos setores da sociedade irlandesa e da abastada situação dos nobres ingleses. Pragmática e realisticamente, depois de fazer um levantamento objetivo da situação do país onde vê *as ruas, as estradas ou a soleira dos casebres apinhadas de mendigas seguidos por três, quatro ou seis crianças, todas em andrajos e importunando todos os transeuntes pedindo esmolas...*, considera que *quem quer que descobrisse um meio justo, fácil e barato de tornar essas crianças membros úteis e saudáveis da nação mereceria uma estátua de Salvador da Patria.*[11]

A seguir argumenta: *Um americano muito entendido, conhecido meu em Londres, assegurou-me que uma criancinha saudável e bem tratada é, com um ano, um alimento realmente delicioso, nutritivo e complexo, seja cozida, grelhada, assada ou fervida; e não tenho dúvidas de que possa servir igualmente para um guisado ou um enso-*

---

[10] SWIFT, Jonathan. *Modesta proposta e outros textos satíricos*. Tradução de José Oscar de Almeida e Dorothée de Bruchard. São Paulo, Editora UNESP, 2002.

[11] p. 19 e 20.

pado. A proposta que, portanto, humildemente ofereço à apreciação do público é que das cento e vinte mil crianças calculadas, vinte mil fossem reservadas para a reprodução, das quais uma quarta parte apenas fosse de machos, o que é mais do que admitimos para ovinos, bovinos ou suínos; e meu argumento é que essas crianças raramente são fruto do matrimônio, circunstância não muito levada em conta por nossos selvagens, sendo portanto um macho suficiente para servir a quatro fêmeas. Que as cem mil restantes fossem, com a idade de um ano, colocadas à venda para pessoas de bem e fortuna em todo o Reino, sempre se aconselhando às mães que as deixem mamar abundantemente durante o último mês de modo a torná-las gordas e rechonchudas para uma boa mesa... Calculei que uma criança recém-nascida pesa em média umas doze libras e que, num ano solar, razoavelmente bem cuidada, aumentaria para vinte e oito libras.

O texto de Swift segue nesse tom repugnante supondo poder demonstrar estar apenas propondo sacrificar alguns em beneficio da maioria, agregando valor a algo que não teria valor algum. Proporá a otimização dos corpos dos mortos para produzir alimento para outros animais que, posteriormente, seriam consumidos por humanos, atacando diretamente o problema da fome que assola a nação; nada mais moderno, prático e econômico.

É evidente que o autor brinca com um sagrado que a modernidade se empenha em negar o mesmo que Nietzsche faz ao anunciar a morte de Deus, ele está querendo que os homens assumam a radicalidade da sua ideologia, no caso de Nietzsche de que é possível a felicidade sem Deus, e no caso de Swift o pragmatismo.

III.

As referências literárias antes postas têm por finalidade tornar evidente ao leitor que o morto, não a memória do morto, mas o próprio corpo do morto são um bem cultural por ser constitutivo da identidade não só de qualquer ser humano vivo, mas da identidade de uma sociedade. Desde a sociologia sabemos que um dos elementos que diferenciam uma criança de um adulto é a sua relação com a morte. Enquanto para uma criança matar gente pode ser um jogo de *Videogame* ou *Playstation*, em que os corpos dos mortos somem da tela uma vez dessangrados, os adultos progressivamente começam a não gostar desse tipo de jogos, preferindo os de competitividade entre iguais. Os corpos dos mortos parecem ser mais reais que os dos vivos, produzindo naquele que se relaciona uma pergunta sobre a própria identidade que vai se constituindo a cada novo morto. Por isso o corpo morto é um patrimônio cultural.

O modo como essa relação se estabelece, ou se nega, e quais são os corpos mortos com os quais uma sociedade se considera digna de relação é o que diferencia de uma sociedade a outra e o que a constitui. Se são os gloriosos, se são os virtuosos, se são os poderosos, se são os midiáticos, ou se a morte é sempre um fracasso, onde morrer é considerado um mal em si mesmo que deve ser evitado a qualquer custo e não existe a possibilidade de uma *boa morte* a não ser uma morte rápida e indolor, todos estes modos de se relacionar com o morto constituirão identidades culturais diferentes.

Podemos chamar de natureza humana àquilo que encontramos concretamente em todas as sociedades humanas, mesmo que com identidades diferentes. Por exemplo, em todas as sociedades humanas encontramos algum tipo de restrição ao exercício da sexualidade, mesmo que essas restrições e normas variem de cultura para cultura. Igualmente, em nenhuma sociedade se permite matar outro ser humano sem uma justificativa bem definida, ou em toda sociedade há uma ideia de respeito e inviolabilidade para com o um certo *meu* e *teu*; este meu ou teu mudará de uma cultura à outra, e mesmo dentro de uma cultura, assim como um *certo* e *errado* institucionalizado com punições previstas para cada caso. Não foram instituídos arbitrariamente de uma hora para outra por vontade de uma autoridade, mas construções coletivas, resultado de conflitos e disputas que culminaram em determinadas práticas que dão conta dessa natureza comum e concreta a todos os seres humanos. Por isso, são bens culturais, porque constituem e preservam através dessa identidade própria a espécie humana. A fragilização dessa identidade leva essa cultura à sua dissolução e transformação em outra.

Por isso o direito não explicitado na Declaração Universal do culto aos mortos, o direito de tratá-los conscientemente e ser educado nesse bem cultural específico, assim como somos educados, bem ou mal, no trato com a propriedade, a violência e a sexualidade, é importante. É um Direito Humano não porque esteja explicitado numa Declaração ou Pacto, mas porque constitui e agrega valor a uma sociedade.

Impressão:
Evangraf
Rua Waldomiro Schapke, 77 - POA/RS
Fone: (51) 3336.2466 - (51) 3336.0422
E-mail: evangraf.adm@terra.com.br